Bau- und Bildkunst
im Spiegel internationaler Forschung

Herausgegeben vom Institut für Denkmalpflege
der Deutschen Demokratischen Republik
Zentraler Bereich Dokumentation und Publikation

Bau- und Bildkunst

im Spiegel internationaler Forschung

VEB Verlag für Bauwesen · Berlin

Zusammengestellt und bearbeitet
von Marina Flügge, Dorothea Haffner,
Christa Richter und Angela Schulze
unter Leitung von Erhard Drachenberg

ISBN 3-345-00399-6
© VEB Verlag für Bauwesen, Berlin
1. Auflage 1989
VLN 152 · 905/78/89
Printed in the GDR
Lektor: Renate Marschallek
Gesamtgestaltung: Astrid Güldemann und Christine Bernitz
Gesamtherstellung: Grafische Werke Zwickau
Gesetzt aus: Garamond-Antiqua
LSV 8106
Bestellnummer: 562 589 9
08500

Festschrift zum 80. Geburtstag
von Prof. Dr. Edgar Lehmann
Präsident des CVMA Nationalkomitees
in der DDR

Inhaltsverzeichnis

Vorwort

Ernst Schubert
Edgar Lehmann
*Forscher, Wissenschaftsorganisator und
Universitätslehrer
– zum 20. September 1989*   9

Ernst Bacher
Glasmalerei, Wandmalerei
und Architektur
*Zur Frage von Autonomie
und Zusammenhang der Kunstgattungen
im Mittelalter*   14

Gerhard Leopold
Zur frühen Baugeschichte
der Michaelskirche in Rohr
Ein Vorbericht   27

Ernst Schubert
Magdeburg statt Memleben?   35

Madeline H. Caviness
Rekonstruktion der Hochchorglasfenster
in der Kathedrale von Soissons
Ein Spiel des Zusammensetzens   41

Heinrich Magirius
Der romanische Vorgängerbau
der St.-Bartholomäi-Kirche
in Altenburg und seine Krypta
Ergebnisse archäologischer Untersuchungen der Jahre 1981–1982   52

Ellen J. Beer
Zur Buchmalerei der Zisterzienser
im oberdeutschen Gebiet
im 12. und 13. Jahrhundert   72

Rüdiger Becksmann
Die ursprüngliche Farbverglasung
der Trierer Liebfrauenkirche
Ein frühes Werk deutscher Hochgotik   88

Roland Möller
Steinstrukturbilder in Bauwerken,
Wand- und Glasbildern
in der Spätromanik und Gotik
*Ihre Verwendung und Bedeutung
in der mitteldeutschen Glasmalerei*   101

Lech Kalinowski
Die ältesten Glasgemälde
der Dominikanerkirche in Krakau   114

Victor Beyer
Die Chorverglasung der
Sebastianskapelle in Dambach (Elsaß)   125

Gabriela Laipple
Hainraich der Menger,
Bürger zu Regensburg
*Beobachtungen zu Organisation
und Arbeitsweise einer Glasmalereiwerkstatt im letzten
Drittel des 14. Jahrhunderts*   130

Johannes Voss
Der Standort des Kreuzaltars
in der ehemaligen Zisterzienserklosterkirche zu Doberan   141

Ernst Badstübner
Das nördliche Querhausportal der
Marienkirche in Frankfurt an der Oder   154

Eva Frodl-Kraft
Das Bildfenster im Bild
*Glasmalereien in den Interieurs
der frühen Niederländer*   166

Jane Hayward
Neue Funde zur Glasmalerei aus der
Karmeliterkirche zu Boppard
am Rhein 182

Peter Kurmann und Brigitte Kurmann-Schwarz
Die Architektur und die frühe Glas-
malerei des Berner Münsters in ihrem
Verhältnis zu elsässischen Vorbildern 194

Elisabeth Oberhaidacher-Herzig
Ein Stifterdiptychon in einem Fenster
von St. Leonhard ob Tamsweg 210

Virginis Chieffo Raguin
Der heilige Gereon aus Köln
in San Francisco 217

Ernst Ullmann
Der Altar Leonardo da Vincis
für SS. Annunziata in Florenz 222

Helga Neumann
Die Ausmalung von St. Martin in
Kroppenstedt 229

Hans-Joachim Krause
Die Emporenanlage der Torgauer Schloß-
kapelle in ihrer ursprünglichen
Gestalt und Funktion 233

Gottfried Frenzel
Zwei monumentale Nürnberger Fensterschöpfungen des Amalisten
und Glasmalers
Jacob Sprüngli aus Zürich 246

Sibylle Badstübner-Gröger
Bemerkungen zur deutschen Ausgabe
von Cesare Ripas »Iconologia«
aus den Jahren 1669–1670 261

Elgin Vaassen und Peter van Treeck
Ein Fenster für St. Katharinen in Hamburg
aus der königlichen Glasmalereianstalt
Ainmillers in München vom Jahre 1854 268

Anne Prache
Le Corbusiers Begegnung mit Notre-Dame
in Paris 276

Jean-Marie Bettembourg
Die Konservierung alter Glasmalereien
*Forschungen am Laboratoire de Recherche
des Monuments Historiques* 280

Herman Janse
Bleiverglasungsmuster in den Niederlanden
und das Glaserhandwerk 285

Robert Crêvecoeur, Bernhard A. H. G. Jütte
und Eduard Melse
Die Spectramap
in der Konservierungswissenschaft
*Mehrdimensionale Datenanalyse
einiger Meßdaten zur Glasmalerei
von Gouda* 290

Anhang 296

Verzeichnis der wissenschaftlichen
Veröffentlichungen und Rezensionen
von Professor Edgar Lehmann 296

Herausgebertätigkeit
von Professor Edgar Lehmann 300

Personenregister 302

Ortsregister 305

Ikonographie 309

Abbildungsnachweis 311

Vorwort

Die Werke der bildenden Kunst und der Architektur, die uns aus der Geschichte überliefert sind, bedürfen, wenn sie für ein breites Publikum erschlossen werden sollen, des erklärenden Wortes. Ob sich der Fachmann dabei an den interessierten Laien wendet oder an den Spezialisten, immer erwartet der Leser sein Wissen erweiternde und sein Verständnis vertiefende Informationen, die sich dem Gegenstand, der behandelt wird, adäquat erweisen.

Unser wachsendes Interesse an Geschichte, die spontane Wertschätzung künstlerischer und kultureller Leistungen aus der Vergangenheit, ebenso der Drang, den ursprünglichen Sinn der Überlieferungen zu verstehen, sind ein Zeichen dafür, wie sehr wir uns in einer geschichtlichen Kontinuität stehend begreifen. Viele Eigenarten unserer heutigen Existenz sind im Laufe einer vielhundertjährigen Geschichte entstanden, durch den Fleiß und die Intelligenz unserer Vorfahren geformt worden. Wir sind mit unserem Denken und Handeln viel stärker geschichtlichen Überlieferungen verhaftet, als wir es uns im täglichen Leben bewußt machen. Die Betrachtung von Kunstwerken, ihre Beschreibung, ihre Erforschung und Erklärung sind Zeichen für einen lebendigen Umgang mit den gegenständlichen Überlieferungen unserer Geschichte und können damit ein Schritt zum Verständnis unseres heutigen Lebens sein.

Zu den vertiefenden Untersuchungen über die Funktion und Form der Bau- und Kunstwerke der Vergangenheit treten heute zunehmend Forschungen zu den Möglichkeiten ihrer Konservierung und Restaurierung, d. h. der Bewahrung der Kunstwerke in ihrer ursprünglichen Gestalt bzw. Erscheinungsform.

Um dem hervorragenden Forscher, Lehrer und Freund, dem Kunsthistoriker Professor Dr. Edgar Lehmann zu seinem 80. Geburtstag für sein vielseitiges Wirken in der kunstgeschichtlichen Forschung, der Wissensvermittlung und dem Ringen um die Bewahrung der auf uns gekommenen Werke der bildenden Kunst und Architektur zu danken, haben Kunsthistoriker, Architekten und Konservatoren Beiträge für diese Aufsatzsammlung zur Verfügung gestellt, in denen sie über aktuelle Erkenntnisse aus ihrer Arbeit berichten. Den Schwerpunkt bilden dabei Untersuchungen und Forschungen zur Glasmalerei, einem Gegenstand, dem sich Professor Dr. Lehmann derzeitig als Präsident des Nationalen CVMA-Komitees in der DDR widmet. Die Persönlichkeit des Jubilars hat bewirkt, daß Fachleute aus europäischen Ländern und aus den USA im vorliegenden Band zu Worte kommen. Die Sammlung der Aufsätze macht sichtbar, wie vielfältig die Annäherungsmöglichkeiten an Gegenstände der kunstgeschichtlichen Forschung gegenwärtig sind. Der Kunsthistoriker leistet hier seinen Beitrag, der Archäologe, seit einiger Zeit der Restaurator, zunehmend jedoch auch der Naturwissenschaftler, da die Erhaltung der Kunstwerke keine Selbstverständlichkeit mehr ist.

Das Zustandekommen der Publikation ist durch das außerordentliche Entgegenkommen der Autoren ermöglicht worden. Wir danken ihnen dafür. Einen wichtigen Beitrag haben auch die Mitarbeiter des Instituts für Denkmalpflege der DDR geleistet. Wir möchten damit Professor Dr. Edgar Lehmann für sein Wirken in der Denkmalpflege, für seine umfangreiche Publikationsarbeit und seine vielfältigen Hilfen bei der Bewahrung von gefährdeten Bau- und Kunstdenkmalen danken.

Ein Dank gilt auch dem VEB Verlag für Bauwesen, der den Band zusätzlich in sein Verlagsprogramm aufgenommen hat.

Wir wünschen uns, daß mit dem Blick auf die Leistungen einer vielseitig wirkenden Persönlichkeit neue Freunde für die kunstgeschichtliche Forschung und die Denkmalpflege gewonnen werden.

Peter Goralczyk
Generalkonservator

Ernst Schubert

Edgar Lehmann

Forscher, Wissenschaftsorganisator und Universitätslehrer
zum 20. September 1989

Auch wenn man es weiß, möchte man es nicht glauben: Am 20. September 1989 wird der im Herzen und Denken unverändert jung gebliebene, nach wie vor wissenschaftlich aktive Edgar Lehmann 80 Jahre alt. Als ich ihn im Spätsommer 1954 in Jena kennenlernte, war der damals 45jährige in der Wissenschaft längst ein bekannter Mann. Seine Dissertation *(Der frühe deutsche Kirchenbau. Die Entwicklung seiner Raumanordnung bis 1080)* hatte ihm in der Fachwelt sofort einen Namen gemacht.[1] Nicht ohne Grund erschien dieses Standardwerk trotz der Schwierigkeiten der Nachkriegszeit schon 1949 in zweiter Auflage, gehörte es doch auch dann noch jahrzehntelang zu den meistzitierten Werken in Arbeiten zur mittelalterlichen Architekturgeschichte. Inzwischen, mehr als 50 Jahre nach dem ersten Erscheinen überholt, weil die Forschung vorankam und weil infolge des Krieges Befunde freigelegt wurden, die bis dahin im Boden verborgen waren, wird Lehmanns erste große Monographie doch ihren Wert behalten, weil sie, wie sich erst zurückblickend mit aller Deutlichkeit zeigt, einen Abschnitt in der Forschungsgeschichte markiert: den Beginn der Abwendung von allzu einseitig stilgeschichtlich und formengeschichtlich ausgerichteter Kunstgeschichtsforschung und die gleichzeitige erneute Hinwendung zur Erklärung von Form und ästhetischer Zielrichtung *auch* mit Hilfe historischer Erkenntnisse, sowohl aus den zeitgenössischen literarischen Quellen als auch aus dem gesamten Fundus der Geschichtsschreibung und Geschichtswissenschaft. Für diese neue Kunstgeschichtsforschung nach dem Kriege war der Jubilar einer der Protagonisten, wußte er doch als ausgebildeter Historiker mit der Universitätsprüfung in Geschichte als Hauptfach besser als viele andere, daß Geschichte und Kunstgeschichte einander ergänzen können und müssen, will man nicht auf einen großen Teil der möglichen Erkenntnisse verzichten, daß beide Disziplinen, Geschichte und Kunstgeschichte, als Hilfswissenschaften füreinander besonders fruchtbar werden. Diese persönliche Bindung an die Geschichtsforschung hat Lehmann nie gelockert, sondern eher noch zu festigen versucht. Von seinen Mitarbeitern erwartet und fordert er sie. Die Studie *Über die Bedeutung des Investiturstreites für die deutsche hochromanische Architektur* (1940)[2] ist deshalb nicht nur für seine frühen selbständigen wissenschaftlichen Äußerungen charakteristisch, sondern auch für sein ganzes bisheriges wissenschaftliches Werk. Die in diesem Bande veröffentlichte Bibliographie des Jubilars zeigt das mit aller Deutlichkeit.[3]

Von 1947–1954 war Lehmann an der Friedrich-Schiller-Universität Jena als Hochschullehrer tätig. In seiner bescheidenen und ruhigen, aber damals wie heute konsequenten und unbeirrten Haltung hat er seinen Studenten Eindruck gemacht. Sie dankten und danken es ihm mit Anhänglichkeit und Vertrauen, das sich nicht zuletzt in der Tatsache äußert, daß sein guter Rat gefragt ist.

In seiner Habilitationsschrift *Bibliotheksräume der deutschen Klöster im Nachmittelalter* (1950 bei Eberhard Hempel) wandte er sich einem Thema zu, das ihn nicht wieder losließ. Der Jubilar ist ausgebildeter Bibliothekar und hatte zudem Gelegenheit, auch praktische Erfahrungen in Bibliothek und Photothek zu sammeln. Es lag also nahe, daß er sich mit der Kunstgeschichte und Geschichte der Klosterbibliotheken befaßte. – Im Jahre 1957 erschien seine Monographie *Die Bibliotheksräume der deutschen Klöster im Mittelalter*,[4] und ein großer Teil der umfangreichen Vorarbeiten für eine Geschichte der Klosterbibliotheken des Barocks liegt längst wohlgeordnet zur abschließenden Redaktion bereit. Möchte er sich doch entschließen, diese mühevoll gesammelten und bearbeiteten Katalogtexte und seine ikonographisch-ikonologischen, historischen und kunsthistorischen Überlegungen und Niederschriften zu diesem kunst- und geistesgeschichtlich wichtigen Thema zu überarbeiten und zum Druck zu bringen, auch wenn die inzwischen angeschwollene neuere Literatur zu Einzelproblemen und zahlreichen Künstler-Œuvres nicht in vollem Umfang berücksichtigt werden kann.⁵

Als Richard Hamann 1954 eine Arbeitsstelle für Kunstgeschichte an der damaligen Deutschen Akademie der Wissenschaften zu Berlin gründen konnte, berief er Edgar Lehmann zu seinem Stellvertreter. Nun mußte er sich als Wissenschaftsorganisator bewähren, Hamanns Anregungen in die Tat umsetzen. Er hat die »Arbeitsstelle« nach den Plänen und Direktiven Hamanns aufgebaut und wurde nach dessen Tod am 9. Januar 1961 ihr Leiter. Für Vorlesungen an der Universität, seit 1955 an der Humboldt-Universität zu Berlin, blieb schon bald keine Zeit mehr.

Damals lernten wir uns näher kennen. Ich erlebte den Jubilar mit Berliner Studenten auf einer mehrtägigen Exkursion nach Magdeburg und in den Harz, und im nachhinein scheinen mir Beobachtungen am Rande, die ich auf dieser Studienfahrt machte, Wesentliches zu seiner Person auszusagen: Ich war beeindruckt von seiner Unnachgiebigkeit in der Forderung, die kunstgeschichtliche Terminologie exakt einzuhalten, sowie von seiner Kenntnis der einschlägigen historischen Quellen, und zudem fiel mir seine Standhaftigkeit – erst recht im ursprünglichen Wortsinn – auf; wenn wir alle vom Stehen vor den Objekten hundemüde waren, wirkte er unverändert interessiert und frisch. Es ging hier ja um seine Wissenschaft!

Als Leiter der Arbeitsstelle für Kunstgeschichte gab Lehmann die *Schriften zur Kunstgeschichte* heraus. Der erste Band war für den Inaugurator und ersten Herausgeber, für Richard Hamann, reserviert, den zweiten bestritt er selbst mit der obenerwähnten Studie *Die Bibliotheksräume der deutschen Klöster im Mittelalter*. Aber auch Band 1 wurde von Lehmann zum Druck gebracht: *Richard Hamann in Memoriam* (1963), *mit zwei nachgelassenen Aufsätzen und einer Bibliographie der Werke Richard Hamanns*.⁶ Die zahlreichen anderen Veröffentlichungen dieser Reihe müssen und können hier nicht aufgeführt werden. Einen Hinweis verdienen aber die sechs Bände *Bibliographie zur Kunstgeschichte* (Mecklenburg, Brandenburg, Berlin und Potsdam, Sachsen-Anhalt, Sachsen und Thüringen), die für das ganze Gebiet der DDR erarbeitet wurden.⁷ Es ist das Verdienst des Jubilars, daß diese Bibliographie-Bände zügig erschienen, daß die Reihe vollständig wurde und daß ihre technische Anlage vom ersten bis zum letzten Band unverändert bleiben konnte – was die Benutzung erheblich erleichtert. Erneut brachte Lehmann hier seine Bibliothekserfahrungen ein, und es ist Vorbildliches entstanden. Wie viele präzise Vorüberlegungen dazu notwendig waren, kann wohl nur ermessen, wer selbst einmal mit solchen Plänen und Aufgaben befaßt war.

Auch das Unternehmen *Corpus der romanischen Kunst im sächsisch-thüringischen Gebiet* hat der Jubilar veranlaßt, geleitet und als Herausgeber betreut. Erschienen sind von 1961–1972 sechs Bände (*Die Prämonstratenserkirche Vessra in Thüringen*⁸, *Die Stiftskirche in Wechselburg*⁹, *Die romanischen Bauten in Breitungen an der Werra*¹⁰, *Die frühromanischen Vorgängerbauten des Naumburger Doms*¹¹ und *Die romanischen skulptierten Bogenfelder in Sachsen und Thüringen* ¹²). Hinzuzufügen wären die unter Lehmanns Leitung vom Institut für Denkmalpflege der DDR herausgegebenen Monographien *Der Dom zu Halberstadt bis zum gotischen Neubau*¹³ und *Die Stiftskirche zu Gernrode*¹⁴. Alle diese Bände sind von dem Jubilar entscheidend beeinflußt worden. Lehmann suchte die archäologischen Ausgrabungen immer selbst auf, beriet dann die Archäologen bei der Deutung ihrer Befunde und für die Weiterführung ihrer Arbeit, überprüfte schließlich auch das Druckmanuskript gründlich und gab Druck-Gutachten ab, die aus eigenem Miterleben sachkundig waren.

Als Verantwortlicher für das Gebiet der DDR leitet der Jubilar seit 1956 auch das von der UNESCO betreute *Corpus Vitrearum Medii Aevi*, und alle bisher erschienenen Bände der DDR-Reihe lassen seine Handschrift erkennen – schwer vorstellbar, daß sie ohne ihn zustande gekommen wären.¹⁵

Eine der wichtigsten Aufgaben der Arbeitsstelle für Kunstgeschichte war die Neubearbeitung des *Handbuchs der deutschen Kunstdenkmäler von Georg Dehio* für das Gebiet der DDR. Wohl bei keinem von ihm geleiteten wissenschaftlichen Unternehmen ist sein persönlicher Anteil so groß wie bei diesem. Lehmann hat die Texte unzähliger Objekte selbst erarbeitet und verfaßt und nahezu alle von seinen Mitarbeitern vorgelegten überprüft und korrigiert. Einen beträchtlichen Teil dieser Arbeiten habe ich an seiner Seite miterlebt. Bei den Bereisungen hatten wir begreiflicherweise immer wenig Zeit. Aber trotzdem wurde stets gründlich nachgeprüft, bei fragwürdigen Einschätzungen und fraglichen Datierungen nicht selten noch abends im Hotel das eine gegen das andere Argument abgewogen. Ich bewunderte dabei seine breit gefächerte Kenntnis der Kunstgeschichte von der ottonischen Kunst bis zu der jüngsten Vergangenheit. Der Jubilar trat immer sehr gründlich vorbereitet vor die Denkmäler. Auch gängige Urteile und längst allgemein akzeptierte Meinungen der Forschung wurden am Ort nicht selten in Frage gestellt, und wenn sich die Zweifel erhärteten, wurden Nachforschungen eingeleitet. Die Selbständigkeit der Betrachtung forderte hin und wieder schnellen Mut zur Korrektur an wichtigen Stellen trotz allen Respekts vor Meinungen und Leistungen anerkannter Autoritäten des Fachs. Es ist Lehmanns Verdienst, daß die Dehio-Bände der DDR-Reihe zahlreiche neue Aspekte und Erkenntnisse enthalten, die die Forschung bereichern, den Fachmann und den Laien mit dem letzten Stand der Forschung vertraut machen und deshalb im In- und Ausland besondere Anerkennung fanden. Der Jubilar hat sechs Bände vorlegen können.[16] Nun fehlt nur noch einer, der für die drei thüringischen Bezirke Erfurt, Gera und Suhl, um den neuen DDR-Dehio vollständig zu machen. – Parallel zu den Bänden des Dehio-Handbuchs wurde eine Bildband-Reihe herausgegeben.[17] Auch für sie hat Lehmann Texte verfaßt und zudem alle von anderer Seite vorgelegten kritisch überprüft.

Im Zuge der Akademiereform wurde die Arbeitsstelle für Kunstgeschichte 1971 aufgelöst. Die meisten Mitarbeiter und ihr Leiter kamen nun zum Institut für Denkmalpflege in der DDR, wo Lehmann bis zu seiner Emeritierung im Jahre 1974 die Forschungsabteilung leitete. Nun hätte er allen Grund gehabt, mit Genugtuung auf seine zwanzigjährige Tätigkeit als Forschungsorganisator und -leiter zurückzublicken und kürzer zu treten. Statt dessen arbeitete er ohne Rast weiter. Die Leitung des *Dehio* und des *Corpus Vitrearum Medii Aevi* gab er nicht aus der Hand; beide Unternehmen führt er noch heute. Zugleich aber setzte er seine erst wenige Jahre zuvor begonnene Tätigkeit als Autor wissenschaftlicher Monographien für einen weiten Leserkreis fort. Voraussetzung für das erste dieser Bücher, an denen er selbst als Verfasser mitwirkte, war eine wissenschaftliche Publikation in der Reihe *Schriften zur Kunstgeschichte* mit dem Titel *Der Meißner Dom, Beiträge zur Baugeschichte und Baugestalt bis zum Ende des 13. Jahrhunderts*.[18] Was dort wissenschaftlich begründet – mit dem vollständigen wissenschaftlichen Apparat – publiziert worden war, wurde nun in einer auch für den Nichtfachmann verständlichen Form zusammengefaßt und auf die gesamte Baugeschichte des Doms erweitert. Zusätzlich mußte die gesamte Ausstattung des Bauwerks untersucht und einbezogen werden.[19] Die Arbeit vor dem Monument und am Schreibtisch sowie die Resonanz in der Öffentlichkeit bedeuteten für Lehmann gleichermaßen Freude und Genugtuung, so daß schon bald an eine Fortführung dieser Tätigkeit gedacht wurde. Als nächster Band folgte der über *Dom und Domschatz zu Halberstadt*, zuletzt der über *Dom und Severikirche zu Erfurt*.[20] Auch bei diesen Monographien hat es sich der Jubilar nie leicht gemacht. Für ihren Text mußte Forschungsarbeit in großem Umfang geleistet werden. Sie repräsentieren ja nicht nur den bereits erreichten Wissensstand, sondern bieten zahlreiche neue Erkenntnisse. Von den üblichen wissenschaftlichen Publikationen unterscheiden sich diese Veröffentlichungen in zweifacher Hinsicht. Hier mußte zugunsten der Erschwinglichkeit für weite Käuferkreise einerseits auf den wissenschaftlichen Apparat, auf Anmerkungen, verzichtet werden, und andererseits waren die Formulierungen fachspezifischer Details, war der gesamte Text allgemeinverständlich abzufassen. Tatsächlich scheint es gelungen zu sein, den recht verschiedenen Ansprüchen der unterschiedlichen Adressatengruppen gerecht zu werden; denn diese Monographien wurden und werden vom Fachmann ernst genommen, sind schon Teil der Forschungsgeschichte geworden, und sie haben zugleich bei Nichtfachleuten, bei gebildeten Laien, viel Anklang gefunden. Hohe Auflagen und eine große Nachfrage beweisen es.

Der Jubilar hat auch als Rezensent seit langem einen Namen.[21] Als noch nicht Dreißigjähriger verfaßte er 1937–1939 Annotationen der Neuerscheinungen zur Architekturgeschichte von der Karolingerzeit bis zur Hochromanik sowie der Zisterzienserbaukunst. Dann folgten 20 Rezensionen architekturgeschichtlicher Monographien, alle bis auf eine das Mittelalter betreffend; bis 1955 erschienen die ersten Besprechungen von Forschungen zur Skulptur des Mittelalters. In den nächsten drei Jahrzehnten schrieb Lehmann mehr als 60 weitere Besprechungen, vorwiegend über architekturgeschichtliche Neuerscheinungen. Das Verzeichnis seiner Rezensionen deckt sich weitgehend mit der Liste der wesentlichen neuen Bücher jener Jahre zur mittelalterlichen Kunstgeschichte. – Ich habe selbst die Entstehung vieler seiner Rezensionen miterlebt und kann deshalb aus eigener Kenntnis seiner Arbeitsweise sagen, daß er auch diese Arbeit sehr ernst nimmt. Da werden Vergleiche angestellt, Quellenzitate geprüft, Behauptungen auf ihre Beweiskraft durchdacht und Schlüsse in Frage gestellt, um durch die Rezension neue Grundlagen für die weitere Erforschung zu sichern oder vor kritikloser Übernahme der Ergebnisse zu warnen. Der Tenor dieser Rezensionen ist immer konziliant, aber die Kritik wurde nie zurückgehalten, wenn sie angebracht oder sogar nötig zu sein schien, um künftige Fehlentwicklungen der Forschung vermeiden zu helfen.

Ich hatte schon in den späten 50er Jahren den Eindruck – und er hat sich mir in über drei Jahrzehnten mehrfach bestätigt –, daß der Jubilar die Neuerscheinungen zumeist aus purer wissenschaftlicher Neugier durcharbeitet – die beste Voraussetzung, um durchzuhalten, konsequent weiterzulesen, auch wenn die Ermüdung davon abrät. Diese wissenschaftliche Neugier hat ihn nie losgelassen. Er liest ständig und ist stets bereit, seine Meinung über das Gelesene zur Diskussion zu stellen. Lehmanns Rezensionen sind häufig ein gültiger und nicht selten sogar ein wichtiger Beitrag zur Forschung, und ihre

Erarbeitung füllt ihn im gleichen Maße aus wie die eigene Forschungsarbeit. – Daß er auch bei notwendigerweise unangenehmer, zurückweisender Kritik der Ergebnisse anderer immer nobel blieb, darf und muß hier angemerkt werden, weil damit ein Wesenszug seiner Persönlichkeit zur Sprache kommt.

Edgar Lehmann hat sich als Wissenschaftler, als Wissenschaftsorganisator und als Universitätslehrer betätigt. Wenn ich es richtig sehe, fühlte er sich zum Forscher berufen, zum Wissenschaftsorganisator aufgerufen und zum Lehrer bestellt, zu allen drei Berufen aber fand er die Einstellung, die zu Leistung befähigt. Eine wichtige Grundlage seines Erfolges ist gewiß nicht zuletzt seine persönliche Bescheidenheit, die Spektakulärem mißtraut, sich der großen Öffentlichkeit lieber entzieht als stellt. Hinzu kommt, daß er sich dem Dienste an unserer Wissenschaft von Anfang an ungeteilt hingegeben hat, alle anderen privaten Interessen zuerst hintanstellte und schon bald ganz aufgab. Auch dieser Verzicht war eine notwendige Voraussetzung für seine ungewöhnliche Kapazität, sein stets präsentes Wissen um die Forschungslage und die daraus resultierende Fähigkeit für schöpferisches Weiterdenken. Dabei hat er wahrscheinlich verhältnismäßig selten die nagende Plage des Zweifels an der Richtigkeit des eingeschlagenen Forschungsweges durchmachen müssen. Mit klaren, gut begründeten Überlegungen kann er sich direkt auf das gesteckte Ziel zubewegen, und großer Fleiß und Beharrlichkeit lassen dann weder Abirren noch Aufgeben zu.

Neben persönlicher Bescheidenheit und klarer Zielrichtung des wissenschaftlichen Denkens und der Forschungsarbeit muß hier seine Hilfsbereitschaft besonders hervorgehoben werden. Ohne Rücksicht auf die eigene Person und Reputation diskutiert und disputiert er jede ernste oder doch wenigstens ernst gemeinte Frage. Dafür nimmt er sich Zeit. Wurde er zu archäologischen Ausgrabungen gerufen, dann kam er. Bittet ihn jemand um seine Meinung über eine Studie oder ein Buchmanuskript und um deren korrigierende Durchsicht, dann unterzieht er sich dieser Mühe ohne Aufschub als einer selbstverständlichen Pflicht. Auf diese Weise hatte und hat er auch selbst immer engen Kontakt mit anderen Forschern und Forschungen, nicht nur durch Kenntnisnahme, sondern häufig auch durch Mitdenken in statu nascendi.

Sein Leben für die Wissenschaft, vor allem für die Kunstgeschichte des Medium aevum und besonders für die Architekturgeschichte des frühen und hohen Mittelalters, sein hohes Wissen, seine Hilfsbereitschaft und seine menschliche Integrität haben ihn Freunden und Schülern zum Vorbild werden lassen. Wir grüßen den Nestor unserer Wissenschaft in der DDR zu seinem 80. Geburtstag voller Dankbarkeit, in herzlicher Verbundenheit und Anhänglichkeit in der Hoffnung und mit dem Wunsch, daß er uns in möglichst vielen weiteren Jahren helfend und ratend, belehrend und ermutigend freundschaftlich zur Seite stehen kann und wird.

Halle, im Winter 1987

Edgar Lehmann

Anmerkungen

1 Berlin 1938, Forschungen zur deutschen Kunstgeschichte, Hrsg. v. Deutschen Verein f. Kunstwissenschaft, Bd. 27, 2., leicht veränderte Auflage 1949
2 In: Zeitschrift des deutschen Vereins f. Kunstwissenschaft 7, 1940, S. 75–88
3 vgl. Bibliographie S. 296–301
4 Berlin 1957, Schriften zur Kunstgeschichte, H. 2
5 Die im folgenden aufgeführten Studien Lehmanns stammen aus diesem größeren Zusammenhang: Bartolomeo Altomontes Deckenbilder im Bibliothekssaal des Jesuitenkollegs zu Linz; in: Kunstjahrbuch der Stadt Linz 26, 1962, Wien und München 1962, S. 33–47. Balthasar Neumann und Kloster Langheim; in: Zeitschrift für Kunstgeschichte 25, 1962, S. 213–242. Eine Bermerkung zu den »Programmen« der Barockkunst, in: Forschungen und Fortschritte 38, 1964, S. 207–209. Ein Freskenzyklus Altomontes in Linz und die »Programme« der Barockkunst (Sitzungsberichte der Deutschen Akademie der Wissenschaften zu Berlin, Klasse für Sprachen, Literatur und Kunst, 1964, H. 3). Zum Bibliotheksbau des Klosters Schlierbach; in: Festschrift für Herbert v. Einem zum 16. Februar 1965, Berlin 1965, S. 136–142. Zur Ikonographie der barocken Bibliotheken im deutschen Sprachraum; in: Kunstwissenschaftliche Beiträge 3, Beilage zu »Bildende Kunst«, Jahrgang 1979, H. 10, S. 11–16
6 Berlin 1963, Schriften zur Kunstgeschichte 1
7 Schriften zur Kunstgeschichte H. 4, 7, 8, 11, 13, 16; Bibliographie zur sächsischen Kunstgeschichte von Walter Henschel; Bibliographie zur brandenburgischen Kunstgeschichte von Edith Neubauer und Gerda Schlegelmilch; Bibliographie zur Kunstgeschichte von Mecklenburg und Vorpommern von Edith Fründt; Bibliographie zur Kunstgeschichte von Sachsen-Anhalt von Sibylle Harksen; Bibliographie zur Kunstgeschichte von Berlin und Potsdam von Sibylle Badstübner-Gröger; Bibliographie zur thüringischen Kunstgeschichte von Helga Möbius. In dieser Reihenfolge erschienen die genannten Bände 1960, 1961, 1962, 1966, 1968, 1974.
8 Bearbeitet von Ernst Badstübner, Berlin 1961, Reihe A, Bd. I
9 Bearbeitet von Herbert Küas und Hans-Joachim Krause, Berlin 1968, Reihe A, Bd. II, 1, und bearbeitet von Hans-Joachim Krause, Berlin 1972, Reihe A, Bd. II, 2
10 Bearbeitet von Ernst Badstübner, Berlin 1972, Reihe A, Bd. III
11 Von Gerhard Leopold und Ernst Schubert, mit Beiträgen von Hans Grimm, Paul Grimm, Berthold Schmidt und Waldemar Nitzschke, Berlin 1972, Reihe A, Bd. IV
12 Von Edith Neubauer, Berlin 1972, Reihe B, Plastik, Bd. I
13 Von Gerhard Leopold und Ernst Schubert, mit Beiträgen von Friedrich Bellmann, Paul Grimm, Friederike Happach, Edgar Lehmann und Ulrich Sieblist sowie einem Geleitwort von Hans Berger, Berlin 1984
14 ... und ihre Restaurierung 1858–1872. Von Klaus Voigtländer, mit Beiträgen von Hans Berger und Edgar Lehmann, Berlin 1980 (hrsg. v. Institut für Denkmalpflege)
15 Erhard Drachenberg; Karl-Joachim Maercker; Christa Schmidt: Die mittelalterliche Glasmalerei in den Ordenskirchen und im Angermuseum zu Erfurt, Berlin 1976, hrsg. v. Institut für Denkmalpflege in der DDR (Corpus Vitrearum Medii Aevi, Deutsche Demokratische Republik 1,1). Erhard Drachenberg: Die mittelalterliche Glasmalerei im Erfurter Dom, Textband Berlin 1980, Abbildungsband Berlin 1983, hrsg. v. Institut für Denkmalpflege in der DDR (Corpus Vitrearum Medii Aevi, Deutsche Demokratische Republik 1,2)
16 Die Bezirke Dresden, Karl-Marx-Stadt, Leipzig, bearbeitet v. der Arbeitsstelle für Kunstgeschichte (der Deutschen Akademie der Wissenschaften zu Berlin), Berlin 1965; Der Bezirk Halle, bearbeitet v. der Abteilung Forschung des Instituts für Denkmalpflege, Berlin 1976; Der Bezirk Magdeburg, bearbeitet von der Abteilung Forschung des Instituts für Denkmalpflege, Berlin 1974; Die Bezirke Neubrandenburg, Rostock, Schwerin, bearbeitet von der Arbeitsstelle für Kunstgeschichte (der Deutschen Akademie der Wissenschaften zu Berlin), Berlin 1968, 2. Aufl., überarbeitet von der Abteilung Forschung des Instituts für Denkmalpflege, Berlin 1980; Bezirke Berlin/DDR und Potsdam, bearbeitet von der Abteilung Forschung des Instituts für Denkmalpflege, Berlin 1983; Die Bezirke Cottbus und Frankfurt (Oder), bearbeitet im Institut für Denkmalpflege, Berlin 1987
17 Erschienen: Kunstdenkmäler der Bezirke Dresden, Karl-Marx-Stadt, Leipzig, Bildband, bearbeitet von Ernst Badstübner, Beate Becker, Hans-Joachim Krause, Heinrich Trost, Berlin 1968 (Deutsche Akademie der Wissenschaften zu Berlin, Arbeitsstelle für Kunstgeschichte); Kunstdenkmäler der Bezirke Neubrandenburg, Rostock, Schwerin, Bildband, bearbeitet von Sibylle Badstübner, Beate Becker, Christa Stepansky, Heinrich Trost, 2., unbearb. Auflage, Berlin 1976 (Institut für Denkmalpflege); Kunstdenkmäler des Bezirks Magdeburg, Bildband, bearbeitet von Horst Drescher, Gerda Herrmann, Christa Stepansky, Berlin 1983 (Institut für Denkmalpflege); Kunstdenkmäler der Bezirke Berlin/DDR und Potsdam, Bildband, bearbeitet von Horst Büttner, Ilse Schröder, Christa Stepansky, Berlin 1987 (Institut für Denkmalpflege); in Vorbereitung: Der Bezirk Halle
18 Von Edgar Lehmann und Ernst Schubert, Berlin 1968, 2., unveränderte Auflage 1969, Schriften zur Kunstgeschichte, Heft 14
19 Lehmann, E.; Schubert, E.: Der Dom zu Meißen, Aufnahmen von Klaus G(ünter) Beyer, Berlin 1971, 2., überarbeitete Auflage 1975
20 Johanna Flemming, Edgar Lehmann, Ernst Schubert, Aufnahmen von Klaus G(ünter) Beyer, Berlin 1973, 2., überarbeitete Auflage Berlin 1976, Lizenzausgabe Wien, Köln 1974. – Edgar Lehmann, Ernst Schubert, Aufnahmen von Klaus G(ünter) und Konstantin Beyer, Leipzig 1988, Lizenzausgabe Stuttgart 1988
21 Die bibliographischen Nachweise der Rezensionen siehe das beigegebene Schriftenverzeichnis.

Ernst Bacher

Glasmalerei, Wandmalerei und Architektur

Zur Frage von Autonomie und Zusammenhang der Kunstgattungen im Mittelalter

Die systematische Katalogisierung und kunsthistorische Bearbeitung der mittelalterlichen Glasmalerei im Rahmen des internationalen Forschungsvorhabens des Corpus Vitrearum hat der mittelalterlichen Kunstgeschichte in den letzten Jahrzehnten ein großes, weitgehend neues Feld erschlossen. Die spezialisierte Konzentration auf eine Kunstgattung, zu deren Wesen es gehört, daß sie über lange Strekken ihrer Entwicklung einen integrierenden Bestandteil der Architektur darstellt und daß wesentliche Kriterien ihrer künstlerischen Existenz in diesem größeren Zusammenhang begründet sind, muß zwangsläufig dort Probleme ergeben, wo die isolierte Betrachtung nur einen Ausschnitt aus dem größeren Ganzen erschließt, dieses aber zum Verständnis des herausgegriffenen Teilaspektes notwendig ist. Mit solchen Problemen ist natürlich nicht nur die Glasmalereiforschung konfrontiert, sie betreffen gleichermaßen alle jene Bereiche der Kunstwissenschaft, wo Spezialistentum den Blick fürs Ganze so weit reduziert, daß dabei Dimensionen des Kunstwerkes ausgeklammert bleiben bzw. verlorengehen. Für die mittelalterliche Glasmalerei haben diese Fragen besonderes Gewicht, weil für sie – ebenso wie für die mittelalterliche Wandmalerei – der geltend gemachte, mehr oder weniger integrierende, vom 12. bis ins 16. Jahrhundert einer höchst interessanten Entwicklung unterworfene Zusammenhang mit der Architektur sowohl inhaltlich als auch formal konstitutiv ist.

An zwei umfangmäßig bescheidenen Verglasungen des 13. und 14. Jahrhunderts im Gurker Dom lassen sich einige Aspekte dieses Themenkreises beispielhaft aufzeigen und illustrieren. Die Wandmalereien der Gurker Westempore, ein bedeutendes Denkmal der spätromanischen Monumentalmalerei des Zackenstils, haben in der kunsthistorischen Literatur ein breites Echo gefunden und eingehende Würdigungen erfahren.[1] Die Tatsache, daß in dieses Bildprogramm ursprünglich auch Glasmalereien mit einbezogen gewesen sind, wird in diesem Rah-

Abb. 1 Gurk, Dom. Westempore
Kreuzabnahme im Rundfenster

Glasmalerei, Wandmalerei und Architektur

men wohl erwähnt, aber kaum unter dem Blickwinkel eines in der Konzeption beabsichtigten inhaltlichen und formalen Zusammenhanges wahrgenommen.[2] Dabei ist nicht zu übersehen – worauf bisher nur Otto Demus kurz hingewiesen hat[3] –, daß das Rundfenster der Westwand, in dem sich eine Rundscheibe mit der Darstellung einer Kreuzabnahme erhalten hat (Abb. 1), durch einen rahmenden, von schwebenden Engeln gehaltenen gemalten Nimbus direkt in die Bildkomposition der Wandmalereien der Westwand eingebunden, d. h. mit der Mandorla des verklärten Christus darunter sowie mit dem darüberliegenden Gottvatermedaillon kompositionell unmittelbar verknüpft ist (Abb. 2). In das Kompositionsgerüst der Westwand sind auch die beiden Rundbogenfenster mit einbezogen, und zwar auf gleiche Weise wie der Existenzraum von Moses und Elias – den beiden monumentalen nebenstehenden Prophetenfiguren – durch einen weißen Rahmenstreifen, der die Leibungen begleitet. Die Bemalung der tiefen Leibungen dieser beiden Fenster besteht aus einem von den Teppichgründen der Glasmalerei (vgl. etwa Heiligenkreuz, Stiftskirche) her vertrauten Ornament mit darübergelegten einfachen Medaillonformen, ein Dekorationssystem, das wie eine direkte formale Überleitung in das Vokabular der Bildfenster erscheint.[4] Hier könnten zwei monumentale Standfiguren, eher aber Medaillonkompositionen in der Art der erhaltenen Rundscheibe eingesetzt gewesen sein, ohne daß für eine detaillierte Rekonstruktion – außer der Analogie zur Kreuzabnahme – nähere Anhaltspunkte gegeben wären. Als weitere Parallelen in der formalen Sprache bieten sich auch die Medaillonstreifen mit Halbfiguren an, die sich in den Wandmalereien an den Längswänden beider Joche entlangziehen und wie eine in die Horizontale gedrehte geläufige Medaillonkomposition der Glasmalerei angelegt sind, wo einzelne, in ihrer Abfolge durch kleine Rosettenmotive miteinander verknüpfte Medaillons aus einem Teppichgrund Bildfelder für die Figuren aussondern (Abb. 3).

Setzt man für eine Medaillonkomposition in den Fenstern die im 13. Jahrhundert übliche Einfassung durch Randstreifen und breite Borten voraus, so hätten in jedem der beiden Rundfenster vier vierpaßförmige Medaillons in der im Oculus vorgegebenen Art Platz (Abb. 4). Welches Bildprogramm ist darin im Verein mit der zentralen Kreuzabnahme vorstellbar?[5]

Das Programm der Wandmalereien erscheint – sich an den architektonischen Gegebenheiten orientierend – in sich geschlossen (Abb. 1–4). Die Osthälfte (Abb. 5) des zweigeteilten Raumes ist dem irdischen Paradies, die Westhälfte dem himmlischen Jerusalem gewidmet. Der Bogen dazwischen verbindet durch die Himmelsleiter Jakobs die beiden Sphären. An der Ostwand nimmt über der heute verlorenen Apsis und den ehemals gegen die Kirche zu offenen Arkaden der Thron Salomonis den ganzen Arkadenbogen ein. An der Westwand ist, den Effekt der Überstrahlung durch die Fenster gezielt mit einsetzend, die Verklärung Jesu dargestellt (»... und er wurde verklärt vor ihnen, und sein Angesicht leuchtete wie die Sonne, und seine Kleider wurden weiß wie das Licht...« Matthäus 17/2).[6] Die Ausführung dieses Rahmenprogramms mit

Seite 14:
Abb. 2 Gurk, Dom. Westempore
Blick gegen Westen

Abb. 3 Gurk, Dom. Westempore
Blick gegen Osten

Abb. 4 Gurk, Dom. Westempore
Westwand. Rekonstruktionsvorschlag für die Glasmalereien
in den beiden Rundbogenfenstern

unten:
Abb. 5 Gurk, Dom. Westempore
Südwand des westlichen Joches

Glasmalerei, Wandmalerei und Architektur

Abb. 6 Gurk, Dom. Westempore. Westwand

Vorgeschichte, Erwartung und Vorausdeutung im Osten sowie triumphaler Erfüllung im Westen zeigt eine selten harmonische Verbindung theologischer Finesse und künstlerischer Gestaltungskraft.[7] Welche Ausweitung bzw. Ergänzung könnten die Glasgemälde in den beiden Fenstern zum Programm beigetragen haben? Für eine allenfalls hier anzunehmende Passionsfolge stünden außer der vorhandenen Kreuzabnahme in jedem Fenster vier Vierpässe, also insgesamt acht Bildfelder zur Verfügung, allerdings unter der ungewöhnlichen und der geläufigen ikonographischen Tradition fremden Voraussetzung, daß nicht die Kreuzigung, sondern die Kreuzabnahme herausgehoben den Mittelpunkt bildete. Im linken Fenster wären in einem solchen Konzept vier Szenen vom Abendmahl bzw. Ölberg bis zur Kreuzigung (wahrscheinlich von unten nach oben zu lesen) und im rechten von oben nach unten die Geschehnisse von der Grablegung bis zur Himmelfahrt bzw. zur Herabkunft des Heiligen Geistes vorstellbar. Die Tatsache, daß die Gurker Kreuzabnahme (Abb. 6), über den in den mittelalterlichen Passionsfolgen geläufigen Typus hinausgehend, der ab dem späten 12. Jahrhundert entstehenden isolierten Darstellung dieser Szene entspricht, die von der Kreuzigung abgeleitet ist und zum Teil auch deren Assistenzfiguren übernimmt,[8] weist aber eher auf eine Bildfolge, die – aus repräsentativen christologischen Szenen zusammengesetzt – die Fenster dem übergeordneten Programmkonzept der Westempore integrierte. Mit Bezug auf das Schriftband Gottvaters im Medaillon über dem Rundfenster bietet sich z. B. unter anderem eine Darstellung der Taufe Christi dafür an.[9] Ebenso wäre natürlich eine auf vier Typen und vier Antitypen konzentrierte concordantia veteris et novi Testament hier vorstellbar, eine typologische Serie, wie sie in der Glasmalerei des 13. Jahrhundert geläufig war und hier das theologische Programm der Wandmalereien sinngemäß erweitert hätte. Die Betonung der menschlichen Aspekte in der Kreuzabnahme durch besonders hervorgehobene Motive der Zärtlichkeit und der Klage in den Figuren der Muttergottes und der Maria Magdalena muß jedenfalls als demonstrativer Akzent verstanden werden, den das Bildprogramm der Glasmalerei in das komplexe inhaltliche Gesamtkonzept einbrachte.

Auch wenn – bedingt durch die größtenteils verlorenen Bildfenster – viele Fragen offenbleiben, repräsentiert die Gurker Westempore ein höchst interessantes Exemplum für das inhaltlich und formal integrale Bezugssystem von Architektur, Wandmalerei und Glasmalerei im 13. Jahrhundert. Sie illustriert eindrucksvoll, daß die Sicht des Ganzen notwendig ist, um die einzelnen Teile und Aspekte dieser Ausstattung zu verstehen. Man verlöre also – anders ausgedrückt – den Zusammenhang, wollte man Glasmalerei oder Wandmalerei für sich, separiert und beides ohne den architektonischen Rahmen sehen und deuten. Es stellt sich hier im weiteren natürlich auch die Frage, ob wir – ein einheitliches Ausstattungskonzept für die Westempore voraussetzend – auch davon ausgehen können, daß Wandmalerei und Glasmalerei auf dieselbe »Werkstatt« zurückgehen. Für Gurk wird man ein gemeinsames Atelier annehmen können. Die stilistischen Anhaltspunkte schließen dies – berücksichtigt man die Unterschiede im Maßstab und im Erhaltungszustand sowie die durch Material und Technik bedingten Unterschiede – zumindest nicht aus. Daß die noch kaum erforschten Gesetze und Grundlagen der mittelalterlichen Baugeometrie, die – was in der Gurker Westempore besonders deutlich ablesbar ist – den Formkanon von Architektur und Bauplastik, von Wand- und Glasmalerei in gleicher Weise festlegen und von der großen Gliederung der Komposition über die einzelnen Formelemente bis zum Detailvokabular der Ornamente prägen, die Einheit konstituieren, ist ein grundsätzlicher Aspekt dieses Zusammenhanges.[10]

Leider ist die Gurker Westempore das einzige österreichische Beispiel, wo der für das 13. Jahrhundert charakteristische Zusammenhang von Architektur, Wand- und Glasmalerei noch einigermaßen ablesbar ist. In Heiligenkreuz ist wohl ein großer Teil der Verglasung des Kreuzganges, der Stiftskirche und des Brunnenhauses aus dem zweiten Viertel bzw. dem Ende des 13. Jahrhunderts in situ erhalten geblieben, aber leider nichts mehr von der malerischen Ausstattung an den Wänden und Gewölben.[11] Umgekehrt ist die Situation in der Bischofskapelle in Göss, wo die Wandmalereien im Gesamtzusammenhang vorhanden, aber die Glasmalereien bis auf die als Beleg für eine gleichzeitige Verglasung überlieferten Armaturen in einem Fenster verloren sind.[12] In der St.-Walpurgis-Kapelle ist von den Wandmalereien wenigstens noch der Rest einer Rankendekoration im Gewölbe auf uns gekommen, die – mit dem Hintergrundmuster der Bildfenster identisch – den ursprünglichen Zusammenhang zumindest andeutungsweise belebt.[13]

Der zweite Gurker Glasmalereibestand in der Westwand der Vorhalle ergänzt die Überlegungen zum Themenkreis des Zusammenhanges von Architektur, Wand- und Glasmalerei um eine interessante Facette aus einer nächsten, einige Generationen jüngeren Entwicklungsphase.

1339 wird der Raum zwischen den Türmen des Gurker Domes (über dem die Westempore liegt) durch eine Mauer mit drei Fenstern, deren mittleres

Abb. 7 Gurk, Dom. Westfassade
Eingangssituation mit der
im 14. Jahrhundert zum Abschluß
der Vorhalle eingezogenen Mauer
mit den drei gotischen Fenstern

Seite 19:
Abb. 8 Gurk, Dom. Vorhalle
Ausschnitt aus den Wandmalereimedaillons, die das innere
Westportal begleiten

Abb. 9 Gurk, Dom. Vorhalle
Ausschnitt aus den Glasmalereien
im Maßwerk des westlichen Fensters über dem Eingang
Engel mit Symbol
des Evangelisten Lukas

Glasmalerei, Wandmalerei und Architektur

auch den neuen Eingang umfaßt, geschlossen und im Zuge der Adaptierung als »novam capellam sancte Trinitatis« auch mit Wand- und Glasmalereien ausgestattet.[14] 1343 waren Ausmalung und Ausstattung des Raumes, der nun als Dreifaltigkeitskapelle diente, in der Form, wie er sich im wesentlichen bis heute erhalten hat, vollendet.[15] (Abb. 7–10). Die Ostwand nimmt fast vollständig der große spätromanische Portaltrichter mit seinem reich gestuften, plastisch aufwendig ornamentierten Gewände ein. Die Türflügel mit den aufgelegten, gitterartig durchbrochenen figuralen Reliefs gehören ebenfalls zur Ausstattung des frühen 13. Jahrhunderts. Sie erhielten im 14. Jahrhundert im Zusammenhang mit der neuen Adaptierung des Raumes eine diesem Konzept angepaßte neue farbige Fassung, die zum Teil erhalten geblieben (und in ähnlicher Art wahrscheinlich auch für den romanischen Portaltrichter zu rekonstruieren) ist.[16] Der Hauptanteil des neuen Ausstattungsprogramms fiel der Wandmalerei zu, die den tonnengewölbten Rechteckraum durch ein ornamentales Rahmengerüst in verschiedene, dem inhaltlichen Konzept folgende Zonen teilt.[17] Die Wölbung der Tonne erscheint als blaues Himmelsgewölbe, das mit goldenen Sternen besät ist. Die Teilung im Scheitel durch ornamentale Bordüren, die den Zusammenstoß der Sphären des Alten und des Neuen Testaments an den Längswänden markiert, wird durch das Medaillon mit dem Lamm Gottes als Symbol des Opfertodes Christi überbrückt. 19 Bildfelder mit Szenen aus dem Alten Testament an der Nordwand sind 26 Darstellungen aus der Vita Christi an der Südwand gegenübergestellt. Teile der unteren Bildstreifen und die Sockelzone, die ursprünglich wahrscheinlich mit einem Vorhang abgeschlossen war, sind, bedingt durch Feuchtigkeitsschäden, allerdings mehr oder weniger verloren. Die Westwand ist in diese Bilderfolge der Fresken insofern unmittelbar mit einbezogen, als die Bildstreifen der Längswände

Abb. 10 Gurk, Dom. Vorhalle. Blick gegen Osten

übereck bis zum Fensteransatz weiterlaufen. Eine interessante Parallele zum Programm und zur Konzeption der Westempore stellt hier die Darstellung der Verklärung Christi neben dem südlichen Fenster dar. Sie ist, über zwei Zonen reichend, auch in der Figurengröße deutlich aus dem Gesamtkonzept der Vorhallenfresken hervorgehoben (Abb. 11). Im Bogenfeld der Westwand finden sich, die Zwickel zwischen dem Mittel- und den Seitenfenstern ausfüllend, an Wandmalereien weitere zwei Medaillons mit Prophetenhalbfiguren, und gegenüber an der Ostwand ist in dem die Portalarchivolten begleiten-

Glasmalerei, Wandmalerei und Architektur

Abb. 11 Gurk, Dom. Vorhalle. Blick gegen Westen

den Wandstreifen in einer Medaillonfolge Christus mit den zwölf Aposteln als Halbfiguren dargestellt.

Die Glasgemälde in der Westwand[18] ergänzen und erweitern dieses Wandmalereiprogramm nach zwei Richtungen (Abb. 12). Im Maßwerk des Mittelfensters findet sich an zentraler Stelle der Vierpaß mit dem Pantokrator in frontaler Haltung, die Rechte segnend erhoben, in der Linken die Weltkugel, begleitet von den apokalyptischen Buchstaben A und O, die zu diesem – hier verkürzt wiedergegebenen – Bild der Offenbarung gehören.[19] Der apokalyptische Christus steht dem lehrenden an der

Abb. 12 Gurk, Dom. Vorhalle. Glasmalereien der Westwand

Ostwand gegenüber. Darunter, in den länglichen Zwickeln des Maßwerkes folgen die Symbole der vier Evangelisten mit zwei betenden Engeln sowie Sol und Luna; weiter darunter, in der nächsten Zone die Halbfiguren der Muttergottes mit Kind und des Schmerzensmannes. Die Darstellungen der vier – heute mit Ornamentscheiben von 1886 gefüllten – Rechteckfelder sind leider verloren. Hier wären als weitere Hinweise auf den universalen Zusammenhang des Schöpfungs- und Erlösungswerkes mit der Vierzahl verbundene Darstellungen (etwa die vier Erzengel, die vier großen Propheten, die vier Kirchenväter oder ähnliches) vorstellbar oder aber auch Standfiguren besonderer Heiliger (z. B. Johannes der Täufer usw.), die in einem gewichtigen Bezug zum hier repräsentierten heilsgeschichtlichen Programm stehen. In den seitlichen Fenstern sind jeweils verschiedene Heilige zusammengestellt, deren Auswahl kein übergeordnetes Konzept erkennen läßt und wohl auf das Votum der für die Ausgestaltung des Raumes verantwortlichen geistlichen Herren bzw. Stifter zurückgehen dürfte. (Vier Felder sind verloren und heute mit Ornamentscheiben von 1886 gefüllt.)

Der inhaltliche Bezug der im Mittelfenster erhaltenen Glasgemälde zum Gesamtprogramm ist offensichtlich. Zum historischen Geschehen der Seitenwände, zum lehrenden Christus über dem Portaltrichter inmitten der zwölf Apostel tritt in abbreviierter Form die Majestas Domini. Letztere ist mit den apokalyptischen Buchstaben A und O als Hinweis auf die von Christus begonnene und vollendete Schöpfung nach Raum und Zeit zu verstehen, wie sie an den Längswänden ausführlich bebildert vorkommt.[20] Die Evangelistensymbole, die sonst die Mandorla umgeben, sind hier in einer ganz indivi-

Glasmalerei, Wandmalerei und Architektur

Abb. 13/14 Papst Gregor und der hl. Augustinus, Glasgemälde aus den beiden seitlichen Fenstern der Westwand

duellen Aufteilung und Ordnung, die durch das Maßwerk – die Formgelegenheit der Glasmalerei – vorgegeben ist, darunter aufgereiht, als Repräsentanz der Umgebung des erhöhten Christus. Sol und Luna akzentuieren die im Vordergrund des Gesamtprogramms stehende Antithese von Altem und Neuem Testament und gehören gleichzeitig als sinnbildlicher Hinweis auf das Weltall zum Pantokrator. Sie beziehen sich im weiteren auf den kosmischen Aspekt der Erlösung des Menschen durch den Kreuzestod Christi, den das zentrale Lamm im Scheitel des gestirnten Himmels repräsentiert. Die Muttergottes und der Schmerzensmann mit den Arma Christi fügen sich – vom Bildtypus her gesehen freilich schon auf dem Weg zum sich mehr und mehr verselbständigenden Andachtsbild – als Fürbitter diesem theologischen Programm ein.[21]

Wenn es auch, wie wir gesehen haben, nicht schwierig ist, das inhaltliche Konzept des mittleren Westfensters sinngemäß dem Gesamtkonzept der Ausstattung zu integrieren und so Glasmalerei und Wandmalerei – ähnlich wie in der Westempore – als integrale Einheit zu verstehen, so ist hier doch auch nicht zu übersehen, daß der Zusammenhang ein anderer geworden ist, nicht nur auf der theologisch-inhaltlichen Ebene, wo – abgesehen davon, daß vorhandene ältere Bildprogramme, wie die der Türreliefs, mit einbezogen werden mußten – mit den seitlichen Heiligenfenstern, die hier deutlich distanzierter als etwa die vergleichbaren Halbfiguren in den Medaillons der Längswände in der Westempore zum Gesamtkonzept stehen, ein additiver Aspekt ins Spiel kommt, sondern auch in formaler Hinsicht. Die Tatsache, daß auf der linken Seite die Heiligen in Langpässen, rechts in einer architektonischen Rahmung dargestellt, daß Langpaß- und Ar-

Abb. 15 Gurk, Dom. Vorhalle. Wandmalereizyklus an der Nordwand

kadenkomposition, die geläufigen Bildformen der für diese Scheiben verantwortlichen Werkstätten, ohne unmittelbaren Bezug zum Ausstattungskonzept der Vorhalle, quasi aus dem Musterkatalog ausgesucht, hier nebeneinandergesetzt sind, illustriert den Abstand von der Westempore, wo auch im formalen Aufbau die strukturelle Einheit als Gestaltungsprinzip im Vordergrund steht.[22] Und in der Vorhalle wird man für Wand- und Glasmalereien über die gleiche Entstehungszeit hinaus auch vergeblich nach einem gemeinsamen Nenner der künstlerischen Herkunft suchen. Für die Glasmalerei stand eine große lokale Werkstätte zur Verfügung, die ihren Erfolg offensichtlich ihrem geläufigen traditionellen Repertoire und der exzellenten handwerklichen Ausführung verdankte (Abb. 13, 14).[23] Für die Wandmalereien (Abb. 15, 16) engagierte man ein Atelier, das sich stilistisch an der neuesten Mode trecentesker Raum- und Bildgestaltung orientierte und wahrscheinlich von weiter her engagiert wurde.[24]

Was hier in der Gurker Vorhalle im Ansatz sichtbar ist, wird im weiteren 14. Jahrhundert für derartige Ausstattungen mehr und mehr zur Regel werden. Das heißt, daß Wand- und Glasmalerei ihre Integrationsfähigkeit verlieren, daß die Möglichkeit, beide Kunstgattungen einem im traditionellen Sinn

Abb. 16 Gurk, Dom. Vorhalle
Ausschnitt aus den Wandmalereien der Südwand
Darbietung Christi

übergreifenden formalen und inhaltlichen Gesamtprogramm zu subsumieren, schrittweise aufgehoben wird und neue Bildideen und Gestaltungsprinzipien den Gesamtzusammenhang bestimmen. Das »Bild« für sich, das im Laufe des 14. Jahrhunderts in einem rasanten Entwicklungsprozeß an Autonomie gewinnt, bekommt nun die Oberhand vor der den Architekturraum zusammenfassenden Gesamtausstattung und steht mit ganz neuen Darstellungsproblemen – insbesondere der Auseinandersetzung mit dem innerbildlichen Raum – im Mittelpunkt des Interesses.[25]

Unter Wandmalerei versteht man nun vielfach an die Wand gemalte Bilder, und auch das Bildfenster geht den Weg der Verselbständigung, auch wenn hier die Funktion der Glasmalerei als integrierender Teil der Architektur und der damit gegebene monumentale Anspruch die Möglichkeiten der Autonomie vorerst scheinbar noch einengen. Die Magdalenenkirche in Judenburg[26] illustriert mit ihren Fresken und Glasfenstern als ein prägnantes Beispiel für die zweite Hälfte des 14. und das beginnende 15. Jahrhundert den Weg der weiteren Entwicklung: die fortschreitende Umorientierung des in der Gurker Westempore anschaulich gewordenen Zusammenhanges von Architektur, Wand- und Glasmalerei, welche diesen Ausgangspunkt weit zurückläßt, um anstelle dessen im »Bild« selbst, ganz gleich, ob es sich um ein Wandbild oder ein Bildfenster handelt, neue Dimensionen zu entdecken.

Anmerkungen

1 Siehe zuletzt (mit älterer Lit.): Ginhart, K.: Die Datierung der Fresken in der Gurker Westempore; in: Carinthia I, 157/1, Klagenfurt 1967, S. 99 f. – Demus, O.: Romanische Wandmalerei, München 1968, S. 212 ff. – Bacher, E., in: Ausstellungskatalog »Mittelalterliche Wandmalerei in Österreich«, Wien 1970, S. 105 ff. – Hausherr, R., in: Ausstellungskatalog »Die Kunst der Staufer«, Bd. 1, Stuttgart 1977, Kat.-Nr. 427

2 Zur Glasmalerei siehe zuletzt (mit älterer Lit.): Frodl, W.: Glasmalerei in Kärnten 1150–1500, Klagenfurt, Wien 1950, S. 31, 59, Farbt. II; – ders.: Zur Malerei der zweiten Hälfte des 13. Jh. in Österreich; in: Wiener Jahrbuch für Kunstgeschichte, 20/1954, S. 71; – Frodl-Kraft, E., in: Ausstellungskatalog »Romanische Kunst in Österreich«, Krems 1964, S. 109, 114, Kat.-Nr. 71. – Zu den stilistischen Parallelen der Gurker Rundscheibe mit den einer »gruppo dei maestri Germanici« zuzuordnenden Glasmalereien in der Oberkirche von S. Francesco in Assisi, siehe zuletzt Marchini, G.: Le Vetrate del Umbria, Corpus Vitrearum Medii Aevi, Italia, Vol. I, Roma 1973, S. 35 (vgl. etwa den Moses der Gurker Westwand mit dem Moses im Wurzel-Jesse-Fenster in Assisi, Marchini, Tafel VII).
In diesem Zusammenhang ist auch auf die für unsere Themenstellung grundlegende Studie von Belting, H.: Die Oberkirche von San Francesco in Assisi. Ihre Dekoration als Aufgabe und Genese einer neuen Wandmalerei, Berlin 1977, zu verweisen. Darin wird die in Wand- und Glasmalerei ausgeführte vielfältige und vielschichtige Bilderwelt der Oberkirche von San Francesco im Blickwinkel der Aufgabe als Ganzes (»Dekorationsform« und »Programmform«) analysiert und gewürdigt.

3 Demus, 1968, wie Anm. 1, S. 213

4 Die Leibung des Rundfensters ist wesentlich steiler und daher nicht als Bildfläche, sondern als Maueranschnitt interpretiert und mit – auf geläufige Art und Weise in imitierender Malerei ausgeführten – Marmorplatten ausgelegt.

5 Das Rundfenster ist wesentlich breiter als die Bahnen der Rundbogenfenster, die Kreuzabnahme muß also immer hier gesessen haben.

6 Die Fenster der Westwand waren ursprünglich nicht die einzige Lichtquelle, da die Westempore auch vom Kirchenschiff her durch die geöffneten Arkaden der Ostwand Licht bekam.

7 Demus, 1968, wie Anm. 1

8 Vgl. dazu Schiller, G.: Ikonographie der christlichen Kunst, Bd. 2, Gütersloh 1968, S. 179 f. – Das Motiv der die Füße Christi küssenden Figur Maria Magdalenas vor allem ist für die Kreuzabnahme ungewöhnlich und nur unter dem Blickwinkel einer programmatischen inhaltlichen Ausweitung der Szene zu verstehen.

9 Nach Matthäus 17/5 (Verklärung) in Konkordanz zu Matthäus 3/17 (Taufe): Hic est filius meus dilectus.

10 Siehe dazu Bacher, E.: Der Bildraum in der Glasmalerei des 14. Jh.; in: Wiener Jahrbuch für Kunstgeschichte, Band XXV/1972, S. 89 ff., und Wehdorn, M.: Zur Medaillon-Komposition, Meßgenauigkeit, Konstruktion und künstlerische Freiheit; in: Corpus Vitrearum Medii Aevi, Österreich, Bd. II, Wien 1972, S. LXII ff.

11 Frodl-Kraft, E.: Die mittelalterlichen Glasgemälde in Niederösterreich, 1. Teil, Albrechtsberg bis Klosterneuburg, Corpus Vitrearum Medii Aevi, Österreich, Bd. II, Wien 1972, S. 96 ff. Abb. 239 ff. – Für die Stiftskirche und das Brunnenhaus kann man zumindest eine dekorative Bemalung, wie sie für das spätere 13. Jh. vielfach überliefert und belegt ist, annehmen, auch wenn die Barockisierung und vor allem die purifizierenden Restaurierungen im 19. und 20. Jh. nichts mehr davon übriggelassen haben. Verbliebene Spuren solcher Malereien (z. B. am ehemaligen hölzernen Schlußstein des Brunnenhauses; s. Frey, D.: Die Denkmale des Stiftes Heiligenkreuz, Österreichische Kunsttopographie, Bd. XIX, Wien 1926, S. 251) harren noch der Auswertung.

12 Bacher, E.: Die mittelalterlichen Glasmalereien der Steiermark, 1. Teil, Graz, Straßengel, Corpus Vitrearum Medii Aevi, Österreich, Bd. II, Wien 1979, S. XXV, sowie Lanc, E.: Zum ikonographischen Programm der Wandmalereien in der Michaelskapelle von Göss; in: Österreichische Zeitschrift für Kunst und Denkmalpflege, XL/1986, S. 118 ff.

13 Lanc, 1986, wie Anm. 12, S. 119, Anm. 10

14 Die bei Ginhart, K.; Grimschitz, B.: Der Dom zu Gurk, Wien 1930, S. 102, Anm. 17, zitierte Urkunde vom 18. 1. 1339 aus dem Gurker Kapitelarchiv lautet »Chunradus ... episcopus Gurcensis ... Hainrico ecclesie nostre decano ... tuis precibus favorabiliter annuentes tibi concedimus et de nostra licencia et gracia ac indulgencia speziali pro dote lumi-

naribus ornamentis sacerdotalibus et altarium et ceteris requisitis ad novam capellam sancte Trinitatis intra minores ecclesie Gurcensis ianuas situatam tres mansos in territorio nostro sitos, que ab ecclesia supradicta et nobis retinentur ... valeas conparare«. Hartwagner, S.: Der Dom zu Gurk, Klagenfurt 1963/1969, Nr. 35, erwähnt für das Jahr 1218 eine Meßstiftung für einen Dreifaltigkeitsaltar »inter turres« und bezieht sie auf die Vorhalle, die in diesem Fall bereits in irgendeiner Form geschlossen und als Innenraum adaptiert gewesen sein müßte; diese Nachricht könnte sich aber auch auf die ebenfalls »inter turres« gelegene Westempore beziehen.

15 In der Urkunde vom 17. 3. 1343, welche die Fertigstellung meldet, heißt es: »Hainricus ... prepositus et archidiaconus, Mathias decanus totumque capitulum Gurcensis ecclesie conferunt confrati Germano capellam sancte Trinitatis infra turres sitam, que paradysus dicitur ... et graciam infrascriptam pro tempore vite suo ... (concedunt)«. Ginhart; Grimschitz, 1930, wie Anm. 14, S. 102, Anm. 17

16 Siehe dazu zuletzt Bacher, E., in: Ausstellungskatalog »Hemma von Gurk«, Klagenfurt 1988, S. 403 ff. (mit älterer Lit.). Das ikonographische Programm der Türreliefs, das sich aus dem erhaltenen Drittel rekonstruieren läßt, ist vielschichtig und für die spätere Ausgestaltung des Raumes im 14. Jh. nicht ohne Interesse. Der Rankenbaum des rechten Flügels enthielt in drei Medaillonbahnen in zwölf Reihen einen typologischen Zyklus von der Verkündigung an Maria bis Pfingsten. Am linken Flügel waren mehrere Themenkreise – Majestas, Wurzel Jesse und Weltgerichtsikonographie – zu einem aus den überkommenen Resten nicht mehr voll deutbaren Gesamtzusammenhang vereinigt. In der skizzierten Addition von repräsentativen und narrativen Darstellungen in den Türreliefs zeigen sich aber deutliche Parallelen zum späteren Programm des 14. Jh., das diese Thematik insgesamt auch aufgegriffen hat. Zu den Türreliefs siehe auch Pippal, M.: Figurale Holztüren des Hochmittelalters im deutschsprachigen Raum in Kongreßbericht: Trieste, Porta Latina sui mondi Slavo e Germanico: Le Porte di Bronzo dall' Antichità al secoto XIII. Instituto della Enciclopedia Italiana, Trieste 1987

17 Zu den Wandmalereien siehe Ginhart; Grimschitz, 1930, wie Anm. 14, S. 95 ff., Abb. 103–105. – Frodl, W.: Die gotische Wandmalerei in Kärnten, Klagenfurt 1944, S. 65 f., Taf. 3, 4, Farbt. I, II. – Hartwagner, 1963/1969, wie Anm. 14, Nr. 33 ff., Abb. 33 ff. – Stein-Kaiser, H.: Der alttestamentarische Freskenzyklus in der Vorhalle des Domes zu Gurk unter Berücksichtigung seiner Ikonographie, Diss., Wien 1975

18 Zu den Glasmalereien siehe Ginhart; Grimschitz, 1930, wie Anm. 14, S. 102 f., Abb. 102, sowie Frodl, W., 1950, wie Anm. 2, S. 61, Taf. 38

19 Der Vierpaß wurde bei der Restaurierung 1886 völlig erneuert, wahrscheinlich aufgrund vorhandener Reste oder Anhaltspunkte. Das wallende Haupthaar und der lange Bart, die zur Lesung als Gottvater geführt haben, welche in diesem Zusammenhang aber weniger Sinn ergäbe, dürfte allerdings auf den Restaurator zurückgehen.

20 Zum Symbolgehalt des A und O sowie des Sol und der Luna und der Evangelistensymbole in diesem Zusammenhang siehe Molsdorf, W.: Christliche Symbolik der mittelalterlichen Kunst, Leipzig 1926 (Reprint Graz 1968), passim.

21 Kein direkter Hinweis ist im Ausstellungsprogramm der Vorhalle auf das urkundlich überlieferte Patrozinium als »Capella Sancte Trinitatis« enthalten. Vielleicht war auf dem Portaltympanon (das bemalt und bei der Ausmalung im 14. Jh. in die Neugestaltung mit einbezogen gewesen sein könnte) ein diesbezüglicher Hinweis; sonst kann man nur die für die Vorhalle nachgewiesenen Altäre (siehe Hartwagner, 1963/1969, wie Anm. 14, Nr. 35) dafür in Anspruch nehmen.

22 Die zwei untersten Scheiben im linken Fenster mit den Heiligen Brictius und Barbara gehören natürlich auf die rechte Seite, sie sind bei der letzten Restaurierung der Symmetrie wegen dorthin versetzt worden.

23 Das von Kieslinger seinerzeit als ältere oder erste »Judenburger Werkstätte« bezeichnete, im zweiten Viertel des 14. Jh. seiner großen Produktion wegen gut faßbare Atelier (von dem an vielen Standorten in der Steiermark, vor allem aber in Kärnten eine große Anzahl von Glasgemälden erhalten geblieben ist) muß nicht in Judenburg, sondern kann ebenso in Kärnten (Friesach?) ansässig gewesen sein. Zu diesem Werkstattbetrieb siehe Frodl, W., 1950, wie Anm. 2, S. 33 ff., Taf. 97 ff., und zuletzt (mit älterer Lit.) Frodl-Kraft, E.: Workshop-Problems in the late Middle Ages; in: Papers des XI. Internat. CVMA-Colloquiums, New York 1983

24 Zum Stil der Vorhallenfresken siehe neben Frodl und Stein-Kaiser, beide zit. Anm. 17, auch Hutter, H.: Italienische Einflüsse auf die Wandmalerei in Österreich im 14. Jh., phil. Diss., Wien 1958, S. 20 ff.

25 Siehe dazu Bacher, 1972, wie Anm. 10, – ders.: Zur Wechselbeziehung zwischen Wandmalerei und Architektur im Mittelalter; in: Gotijckie malerstwo Scienne w europie srodkowowschodniej, Universitet w Poznaniu, Seria Historia Sztuki, Nr. 6, Poznan 1977, S. 133 f. – Weiteres Hempel, E.: Der Realitätscharakter des kirchlichen Wandbildes im Mittelalter; in: Kunstgeschichtliche Studien, hrsg. von H. Tintelnot, Breslau 1943, S. 108 ff. – Bandmann, G.: Mittelalterliche Architektur als Bedeutungsträger, Berlin 1951, und Lanc, E.: Die mittelalterlichen Wandmalereien in Wien und Niederösterreich, Corpus der mittelalterlichen Wandmalereien Österreichs, Bd. I, Wien 1983, S. LII ff. und passim.

26 Zu den Glas- und Wandmalereien der Judenburger Magdalenenkirche siehe Bacher, 1979, wie Anm. 12, S. XXXVIII Textabb. 35, sowie Ocherbauer, U.: Die Wandmalereien der Steiermark im 14. Jh., phil. Diss., Graz 1954, S. 19 ff., 79 ff. – ders. in: Ausstellungskatalog, »Gotik in der Steiermark« St. Lambrecht 1978, S. 105

Gerhard Leopold

Zur frühen Baugeschichte der Michaelskirche in Rohr
Ein Vorbericht

Inmitten des Dorfes Rohr, wenige Kilometer östlich von Meiningen, steht auf einem Hügel die ringsum von einer mittelalterlichen Wehrmauer eingeschlossene Pfarrkirche, ein langgestreckter Saal mit Ostturm. Um 1900 entdeckte man unter diesem eine Krypta, deren ungewöhnliche Gestalt in der Folge eine Diskussion über die Entstehungszeit der Kirche auslöste. Seit 1950 wird die Frage diskutiert, ob dieser Bau aus dem 10.[1] oder aus dem 9. Jahrhundert[2] stammt, ohne daß bisher eine überzeugende Antwort gegeben werden konnte. Grundlage für alle Überlegungen bildeten die Aussagen der historischen Quellen.[3]

Der Name Rohr taucht erstmals in einer Urkunde des Jahres 815 auf, in der das Kloster Fulda für seine Knechte in Rohr von dem territorial zuständigen Bischof von Würzburg Zehntfreiheit erhält, das heißt, selbst die Seelsorge übernimmt. Diese Maßnahme wird als Vorbereitung für die Gründung eines Klosters in Rohr durch Fulda verstanden.[4] Eine Urkunde aus dem Jahre 824 schließt mit dem Vermerk »actum in monasterio, quod nuncupatur Rore ...«, d.h. »ausgefertigt in dem Kloster, das Rohr genannt wird«, und erweist, daß damals in Rohr ein Kloster existierte. Mit der ein Jahr später in einer Urkunde erwähnten Michaelskirche in Rohr ist wohl die Klosterkirche gemeint.[5] Das Kloster dürfte demnach zwischen 815 und 824 zu Ehren des hl. Michael von Fulda aus gegründet worden sein. Erwähnt wird der Ort Rohr dann in einer Urkunde König Ludwigs des Deutschen (833–876), deren Ausstellungsdatum unbekannt ist.[6] In ihr überläßt der König das von dem Grafen Christian auf königlichem Boden gegründete Kloster Rohr und den übrigen Besitz des Grafen in Rohr und Umgebung diesem und seiner Gemahlin Heilwich auf Lebenszeit als Lehen. Christian war Graf im Grabfeldgau und starb vielleicht im Jahre 871.[7] Weitere Urkunden des 9. Jahrhunderts erweisen das Fortbestehen des Klosters.[8]

Im 10. und dem beginnenden 11. Jahrhundert befand sich in Rohr eine königliche Pfalz, in der nachweislich Heinrich I., Otto I. und Heinrich II. geurkundet haben.[9] Ein außergewöhnliches Ereignis sah die Pfalz Rohr im Jahre 984. Im Jahre zuvor war Kaiser Otto II. in Rom gestorben und in Anwesenheit der Großen des Reichs feierlich beigesetzt worden. Diese Gelegenheit hatte Herzog Heinrich von Bayern, genannt der Zänker, dazu benutzt, sich des dreijährigen Sohnes Ottos II., des späteren Kaisers Otto III., zu bemächtigen, um selbst zur Herrschaft zu gelangen. Er wurde jedoch im nächsten Jahre durch das Eingreifen der königstreuen Partei gezwungen, den entführten Kaisersohn seiner Mutter, Kaiserin Theophano, und seiner Großmutter, Kaiserin Adelheid, zu übergeben, die dann für ihn bis zu seiner Volljährigkeit die Regentschaft führten. Die feierliche Übergabe des Knaben erfolgte in der Pfalz Rohr.[10]

Das Kloster Rohr wird nach dem 9. Jahrhundert nicht mehr erwähnt. Deshalb hat man vermutet, daß es im Anfang des 10. Jahrhunderts durch die Ungarn zerstört und nicht wieder aufgebaut worden sei.[11] Nach dem Untersuchungsbefund hat aber die Kirche dieses Klosters, doch sehr wahrscheinlich die erhaltene Michaelskirche, diese Zeit ohne größere Schäden überstanden und wurde weiterhin benutzt. Vielleicht diente sie jetzt als Kirche der Pfalz? Versah an ihr nun ein neugegründetes Pfalzstift[12] den Dienst? – Nach dem Aussterben des ottonischen Herrscherhauses wird die Pfalz Rohr in den Schriftquellen nicht mehr erwähnt, und heute sind, von der Michaelskirche abgesehen, keine Spuren mehr von ihr zu sehen. Diese ist nach dem Ende der Pfalz vermutlich nur noch als Pfarrkirche des Dorfes benutzt worden. – Das seit 1206 in den Urkunden genannte Nonnenkloster Rohr, dessen Kirche noch am Ostrand des Dorfes steht, wenn auch profaniert, dürfte eine Neugründung gewesen sein und zu dem alten Benediktinerkloster keinerlei Beziehung gehabt haben.[13]

Die Krypta der Michaelskirche wird von einer

Abb. 1 Die Michaelskirche von Südosten
Abb. 2 Der Turm von Osten

weiten, rechteckig ummantelten Halbkreisapsis umschlossen, auf der einst sicher die zugehörige Apsis des Altarraums stand. Im Osten öffnet sie sich gegen zwei seitliche dreiviertelrunde und eine mittlere rechteckige Nische. Im Westen endet sie mit einem Quergang, in den die beiden Zugänge zur Krypta münden. Vier quadratische, kämpferlose Pfeiler mit profilierten Basen tragen das Gewölbe, das aus sich kreuzenden Tonnen gebildet ist. Licht erhält der Raum durch fünf kleine Rundbogenfenster, je eines in der Nord- und der Südwand sowie in der Ostwand in jeder der drei Nischen. – 1901 veröffentlichte Heinrich Bergner einen ersten Grundriß der Krypta, von der er vermutete, daß sie um 950 entstanden sei. Die ungewöhnliche Länge des Schiffs meinte er mit einer ehemals in dessen Westabschnitt eingebauten Nonnenempore erklären zu können.[14]

In den zwanziger Jahren erkannte Hermann Giesau, der damals zuständige Provinzialkonservator, daß das östliche Drittel der beiden Seitenwände des Schiffs jünger ist als ihr Westabschnitt, und vermutete, daß hier ehemals ein Querhaus gestanden haben könnte. In seinem Auftrag legte Alfred Koch

1930 neben der Kirche mehrere Suchschnitte an und stieß tatsächlich auf die Grundmauern des gesuchten Querhauses. Giesau war überzeugt, daß in dem Westabschnitt des Langhauses, den Fundamenten des Querhauses und in der Krypta Teile der karolingischen Gründungskirche von Christian und Heilwich erhalten sind. Leider ist die von ihm beabsichtigte ausführliche Arbeit über die Kirche in Rohr niemals fertig geworden. Nach einem ersten Bericht von Alfred Koch kam erst 1950, kurz vor Giesaus Tode, von seiner Hand ein kleiner Aufsatz über die Kirche und vor allem über ihre Krypta heraus, in dem er ihre karolingische Entstehung bekräftigte.[15]

Unmittelbar nach dem Giesauschen Aufsatz erschien noch in demselben Jahr ein Beitrag von Edgar Lehmann über dasselbe Thema. Er versuchte die Krypta in die Entwicklungsreihe der damals bekannten frühmittelalterlichen Krypten einzuordnen und stellte abschließend fest: »Zugegeben: die Gründe für eine Datierung von Rohr in ottonische Zeit sind wenig stärker als die Gründe Giesaus für karolingische Entstehung. Eine vorsichtige Forschung wird aber die Frage mindestens zunächst unentschieden lassen müssen.«[16] Diese, der damaligen Kenntnis vergleichbarer Bauten entsprechend vorsichtige Stellungnahme Lehmanns über die Rohrer Krypta behielt seitdem für die meisten Forscher Gültigkeit.[17]

Im Jahre 1961 gab die Instandsetzung der Kirche Gelegenheit zu weiteren Beobachtungen.[18] Von der oberen Empore aus wurde an der Nord- und der Westwand die genaue Lage der vermauerten alten Fenster bestimmt, die im Schiff sämtlich erhalten sind, je sieben in der Nord- und der Südwand und drei in der Westwand. Zwei von ihnen, eins in der Nord- und eins in der Westwand, sind damals geöffnet worden. Dabei ergab sich überraschenderweise, daß ihre engste Stelle nicht wie üblich in der Mitte der Wand liegt und sie sich nach innen und außen trichterartig verbreitern, sondern daß sie von der Außenflucht aus nur nach innen zu weiter werden. An dem westlichen Fenster ist sogar der Putz der Leibung erhalten und trägt Spuren einer Bemalung in geometrischen Formen.[19]

In der Krypta wurde beim Einbringen eines neuen Fußbodens deutlich, daß ihre Wände und Pfeiler seltsamerweise kein Fundament haben, sondern in Höhe des Fußbodens oder wenige Zentimeter darunter auf dem anstehenden Kies ruhen. Ein Längsgraben in der Achse stieß am Ostende, also in der mittleren Nische, auf das Fundament des ehemaligen Hauptaltars und sonst überall auf anstehenden Boden. In der südlichen Nische kam ein weiteres Altarfundament zutage. Die Westwand wurde besonders auf ehemalige Öffnungen – zum Beispiel für ein oder zu einem ehemaligen Reli-

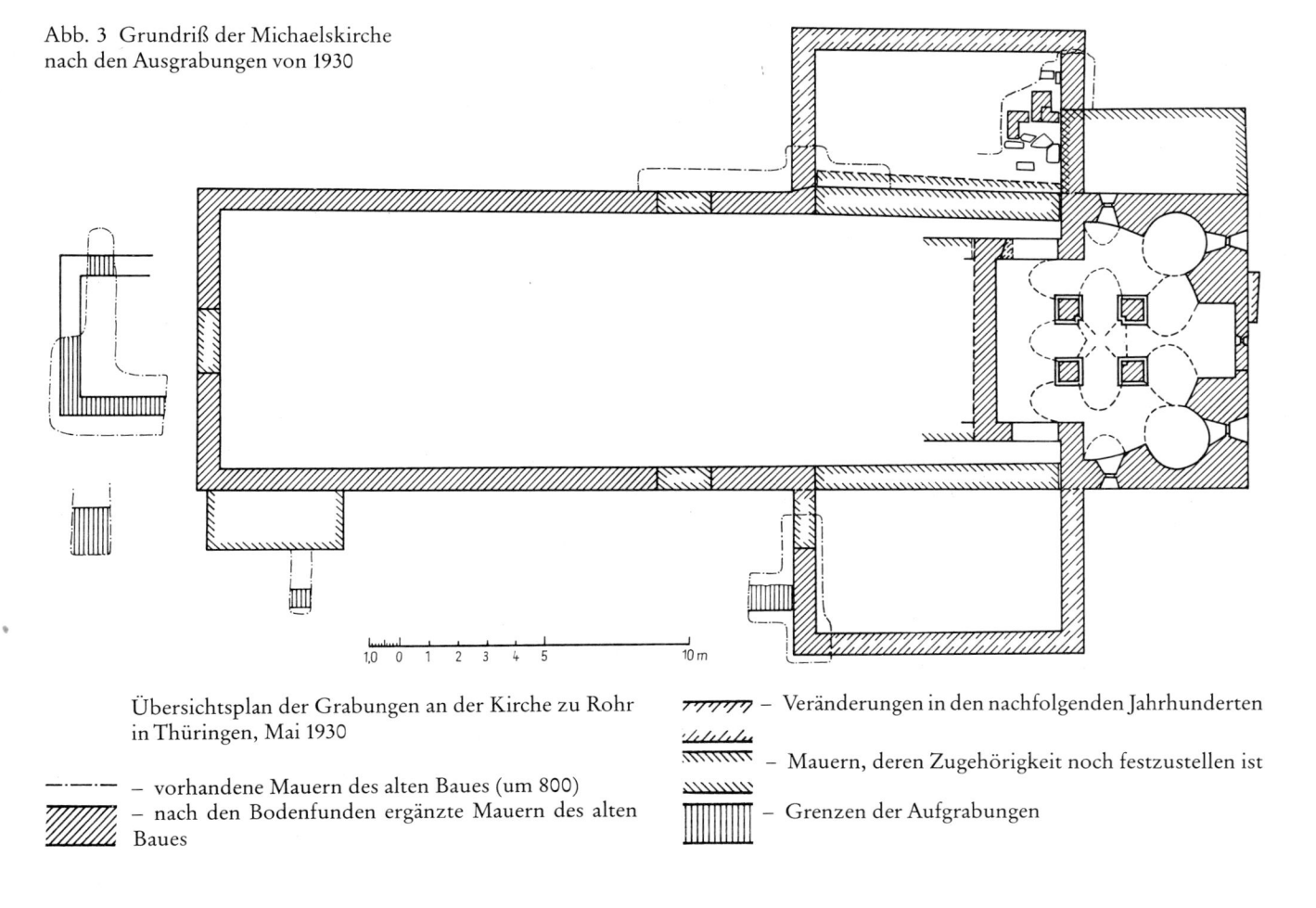

Abb. 3 Grundriß der Michaelskirche nach den Ausgrabungen von 1930

Übersichtsplan der Grabungen an der Kirche zu Rohr in Thüringen, Mai 1930

— · — — vorhandene Mauern des alten Baues (um 800)

▨ — nach den Bodenfunden ergänzte Mauern des alten Baues

▩ — Veränderungen in den nachfolgenden Jahrhunderten

≈ — Mauern, deren Zugehörigkeit noch festzustellen ist

▥ — Grenzen der Aufgrabungen

quiengrab – überprüft mit dem Ergebnis, daß sie ohne jede Unterbrechung durchläuft. Von der Ostwand der Mittelnische ist seit Bergner bekannt, daß sie an ihren beiden Enden lotrechte Fugen aufweist, zwischen denen sich die Krypta ehemals nach Osten öffnete. Dieser Befund ließ nun wieder den Wunsch aufkommen, den Boden östlich der Krypta zu untersuchen, um festzustellen, wohin die Öffnung einst führte.

Die Durchführung dieses Vorhabens wurde erst 1983 und 1984 möglich. Mit einer kleineren Gruppe jüngerer Archäologen konnte damals je eine Woche lang gezielt gegraben werden.[20] Zugleich erfolgte eine genauere Grundrißaufnahme der Krypta. 1985 schloß sich ein Aufmaß ihrer Pfeiler an, bei dem deren ursprünglicher Bestand von den nachträglichen Ausbesserungen getrennt erfaßt wurde. Die Schäfte der Pfeiler und die Gewölbeanfänger über ihnen weisen an ihrer zur Raummitte gerichteten Ecke eine rechtwinklige, lotrecht durchlaufende Ausklinkung auf, die sich bei den beiden nördlichen Pfeilern sogar in den profilierten Basisplatten fortsetzt. Nur der – roh ausgebesserte – Südostpfeiler läßt die Ausklinkung nicht mehr erkennen. Der ausgeklinkte Gewölbeansatz über ihm zeigt aber, daß sie wohl auch dort vorhanden war. – Im Zuge der Untersuchungen konnte 1984 übrigens das Außengelände neben der Krypta auf die ursprüngliche Höhe abgesenkt werden, mit dem Erfolg, daß die Krypta nunmehr besser belüftet und beleuchtet wird und gegen eindringendes Wasser geschützt ist.

Die Ausgrabung begann 1983 östlich der Krypta mit drei Suchgräben, die unter dem völlig umgewühlten Friedhofsboden in der Tiefe auf ein von der Krypta ausgehendes Fundament stießen und dessen Nord- und Ostflucht erfaßten. Seine Länge beträgt 3,50 Meter, und seine Breite läßt sich, bezogen auf die Mittelachse der Krypta, mit 4,30 Meter bestimmen.[21] Es hat offenbar die Außenwände eines kleinen Rechteckraumes getragen. Zwei aus der Kryptenwand nach Osten vortretende und mit dieser im Verband stehende Wandansätze über der Nord- und der Südflucht des Fundaments bezeichnen die Außenfluchten der hier ehemals ansetzenden Umfassungswände des Raums. Ihre Innenfluchten lassen sich ebenfalls bestimmen. In der Mittelnische der Krypta steht neben den Ostenden der Seitenwände je ein monolither Sandsteinpfeiler, der außen mit der Kryptenwand fluchtet und zu deren ursprünglichem Bestand gehört. Die Ostwand der Nische ist offenbar später zwischen den beiden Pfeilern eingefügt worden. Auf diesen setzt ein Tonnengewölbe an, das mit dem Nischengewölbe zwar die gleiche Scheitelhöhe, jedoch eine um die Dicke der beiden Pfeiler verringerte Spannweite hat. Es bricht heute außen unregelmäßig ab, lief ursprüng-

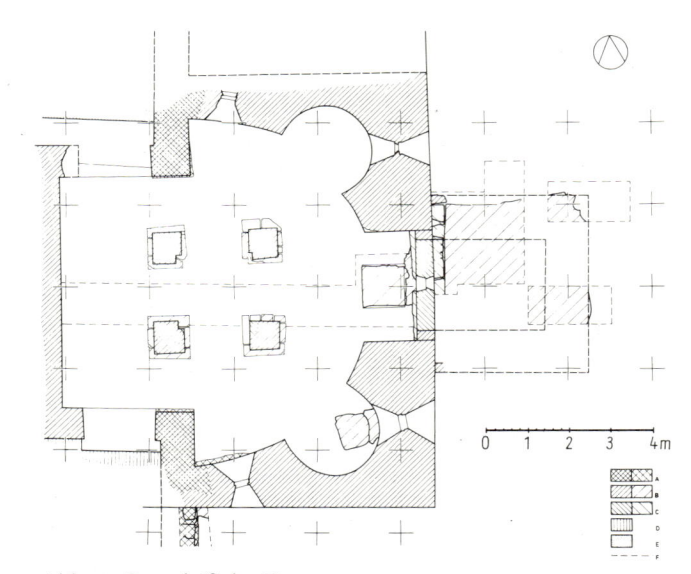

Abb. 4 Grundriß der Krypta
nach den Ausgrabungen von 1983/84
A Mauerwerk von Bau I, Aufgehend – Fundament
B Mauerwerk von Bau II (Krypteneinbau),
Aufgehend – Sockel bzw. Fundament
C Nachträgliche Ostwand,
Aufgehend – Sockel bzw. Fundament
D Nachmittelalterliche Mauern
E Jüngere Ergänzungen der Pfeilersockel
F Grabungsgrenzen

lich zweifellos nach Osten weiter und bildete den oberen Abschluß des kleinen Annexraums. Die Mittelnische der Krypta hat sich also ehemals zwischen den Pfeilern gegen einen 2,24 Meter breiten und etwa 2,70 Meter langen Annexraum geöffnet. Er war bis zum Gewölbescheitel höchstens 1,95 Meter hoch, da sein Fußboden oberhalb des Fundaments gelegen haben muß, also mindestens 30 Zentimeter oder zwei Stufen höher als in der Krypta.

Auch an dieser selbst waren Beobachtungen möglich. Zunächst fällt auf, daß ihre Fenster nicht wie beim Langhaus ihre engste Stelle an der Außenflucht haben, sondern, wie später allgemein üblich, in der Wandmitte. Dieser Unterschied läßt sich schwerlich mit der größeren Dicke der Kryptenwand begründen. – Weiter ergab der Grabungsbefund im Winkel zwischen der Krypta und dem südlichen Querhausarm, daß das Fundament der ehemaligen Querhaus-Ostwand an dem Fundament der Kryptenwand vorbei nach Norden weiterläuft und letzteres nur mit wenigen Steinen – offenbar nachträglich – in das Querhaus-Fundament eingebunden ist.[22] – Ferner fallen an den Innenwänden der Krypta Unregelmäßigkeiten auf. Ihr Mauerwerk besteht aus großen, sauber gearbeiteten, meist in waagerechten Schichten versetzten Quadern, deren Innenflucht, wenn man von späteren Beschädigungen absieht, vom Fußboden bis zum Gewölbeansatz lotrecht verläuft. Davon weichen nur die beiden Ansätze der großen Apsis und vielleicht auch

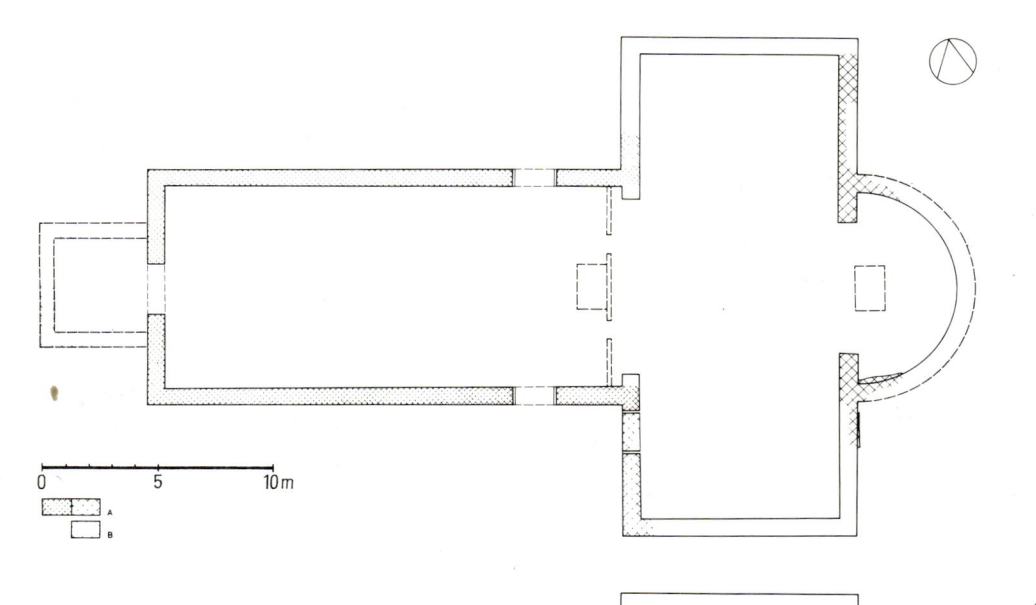

Abb. 5
Grundriß der Kirche I,
Rekonstruktionsversuch
A Erhaltenes Mauerwerk,
Aufgehend – Fundament
B Ergrabenes Fundament der Vorhalle

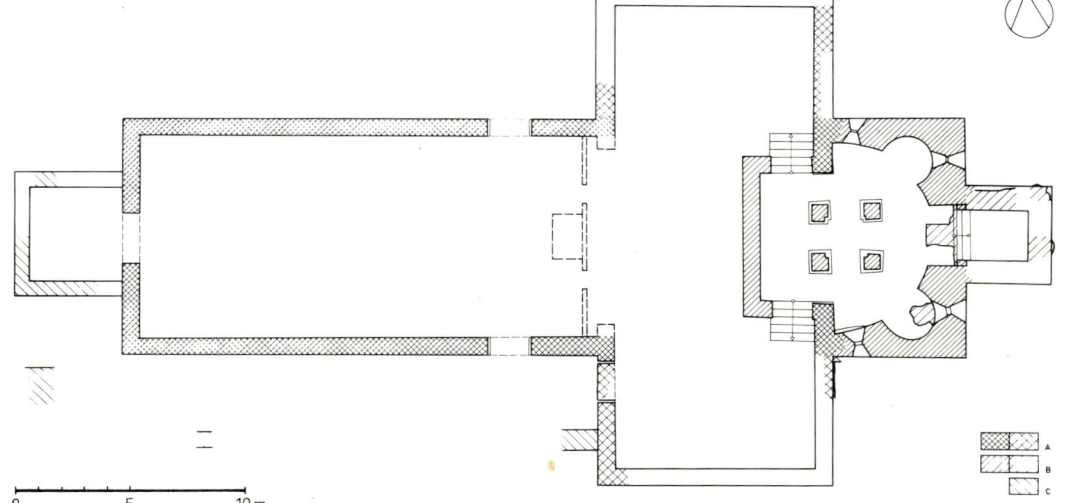

Abb. 6
Grundriß der Kirche II,
Rekonstruktionsversuch
A Erhaltenes Mauerwerk
Kirche I,
Aufgehend – Fundament
B Erhaltenes Mauerwerk
Kirche II,
Aufgehend – Fundament
C Ergrabenes Fundament der Vorhalle

die beiden Vorlagen neben ihnen ab, die in ihren untersten Schichten weder den Fugenschnitt der Wände noch deren Innenflucht einhalten, sondern teils vor-, teils zurücktreten. – Diese Befunde sprechen dafür, daß die erwähnten Wandteile älter sind als die Krypta und ursprünglich als Fundament für eine unmittelbar an das Querhaus anschließende Apsis sowie möglicherweise für die Vorlagen eines Apsisbogens gedient haben. Die Krypta ist hier erst später – zusammen mit dem Annex – eingebaut worden.

Südlich des Langhauses wurde in einem weiteren Graben der Ansatz der Westwand des südlichen Querhaus-Arms mit der nördlichen Leibung eines von Westen in das Querhaus führenden Portals erfaßt, dessen südliche Leibung A. Koch 1921 ergraben hatte. – Die Innenflucht der Querhauswand läuft hier über die Südflucht des Langhauses hinaus nach Norden weiter und hat keine nach Osten gerichtete Vorlage für einen Transversalbogen im Querhaus.[23] Dieser Befund spricht dafür, daß das Querhaus ungeteilt von Süden nach Norden durchlief und infolgedessen die Höhe des Langhauses hatte. Dieses hat sich sehr wahrscheinlich unter einem Scheidbogen auf zwei Wandvorlagen gegen das Querhaus geöffnet.[24]

Die bisher bekannten Säle mit kreuzförmigem Grundriß werden fast durchweg in das 10. und 11. Jahrhundert datiert. Die meisten von ihnen sind von Westen nach Osten durchlaufende, in der Regel mit einer Apsis schließende Räume mit seitlichen, meist niedrigeren Annexen, die sich unter einem oder auch mehreren Bögen gegen den Saal öffnen. St. Pantaleon in Köln[25] und St. Patroklus in Soest[26] sind wohl die bekanntesten.[27] Bei anderen Kirchen ist die ehemalige Verbindung des Saals mit dem oder den Querräumen unbekannt,[28] oder der Mittelabschnitt des Querhauses war durch Bögen abgeteilt.[29] Ein durchlaufendes Querhaus mit unmittelbar anschließender Apsis wie in Rohr ist, soweit ich sehe, nachweislich nur von der Hersfelder Stadtkirche bekannt,[30] leider ohne eine gesicherte Datierung. – Abschließend ist festzustellen, daß der Versuch, die Entstehungszeit der Michaelskirche von ihrer räumlichen Gestalt her zu bestimmen, zu keinem Ergebnis führt. – Altertümlich ist jedoch die Form der Fensterleibungen des Langhauses. Nach Haas bevorzugt das 8. und 9. Jahrhundert den Querschnitt der antiken »fenestra obliqua« mit außen liegender Lichtöffnung und tiefem innerem Fenstertrichter, das 10. und 11. Jahrhundert jedoch beiderseitige Trichter.[31] Die Rohrer Langhaus-Fenster wären demnach eher im 9. als im 10. Jahrhundert entstanden. – Das einzige schmückende Detail des Langhauses, die gut erhaltenen, kleinteiligen Sockel- und Kämpferprofile des Nordportals, könnte wohl ebenso im 9. wie im 10. Jahrhundert entstanden sein.

In der Krypta haben die vier Pfeiler an ihren zur Raummitte gerichteten Kanten lotrechte Ausklinkungen, wie sie von der Westkrypta des »Alten Doms« in Köln bekannt sind.[32] Wie dort liegt auch in Rohr die Annahme nahe, daß in die Pfeilerecken hölzerne oder metallene Schranken eingegriffen haben, die den Raum zwischen den Pfeilern einfaßten. Wahrscheinlich war in Rohr an dieser Stelle ein kostbarer Reliquienbehälter deponiert, zumal da die Krypta am üblicherweise dafür benutzten Ort, in oder westlich neben ihrer Westwand, nachweislich kein Sepulkrum besaß. – Eine genauere Datierung der Krypta anhand ihrer einzigen Schmuckform, der profilierten Pfeilerbasen, ist ebensowenig möglich wie bei dem Nordportal des Langhauses, da ähnliche Profile sowohl aus dem 9. wie aus dem 10. Jahrhundert bekannt sind.

Von besonderer Bedeutung ist in diesem Zusammenhang der Nachweis des kleinen tonnengewölbten Annexraumes der Krypta. Wegen seiner geringen Scheitelhöhe von höchstens 1,95 m war er weder als Raum für einen Altar noch als Vorraum eines östlichen Zugangs zur Krypta geeignet, zumal da dem letzteren der Altar in der Mittelnische im Wege gestanden hätte. Vielmehr spricht die Anordnung dieser kleinen Außenkrypta, ihre weite Öffnung zur Krypta und ihre Größe, die zwei Sarkophagen Platz bot, für ihre Errichtung als letzte Ruhestätte des Stifterpaares.

Eine auffällige Übereinstimmung mit der Situation in Rohr wies die Krypta der Abteikirche in Werden/Ruhr auf, die wahrscheinlich im zweiten Viertel des 9. Jahrhunderts entstanden ist.[33] Wie in Rohr wurde sie von einer Apsis umschlossen und öffnete sich im Osten gegen zwei seitliche dreiviertelrunde und eine mittlere rechteckige Nische, durch die man zu der anschließenden Außenkrypta gelangte. Hier fanden sechs bedeutende Geistliche aus der Familie des Stifters, des hl. Liudger, ihre letzte Ruhe. Ihre Gräber erhielten sie nachweislich unter dem Fußboden des Raums.

Die altertümlichere Stützenausbildung in Werden – die allein erhaltenen beiden östlichen sind als Viertelkreispfeiler ausgebildet – läßt vermuten, daß die Rohrer Krypta mit ihren vier quadratischen Pfeilern ein wenig später errichtet wurde als die Werdener. Im Gegensatz zu Werden muß das Stifterpaar in Rohr in sichtbar aufgestellten Sarkophagen bestattet worden sein, falls es in der Außenkrypta zur letzten Ruhe gebettet worden ist. Denn das Fundament des Annexes lief nachweislich ohne Unterbrechung durch.

Etwa zu derselben Zeit, in der das Michaelskloster in Rohr gegründet wurde, ließ Einhard in Steinbach seine berühmte Basilika errichten, um dort dereinst mit seiner Gemahlin Imma bei den Reliquien der hll. Marcellinus und Petrus seine letzte Ruhe zu finden. Die Kirche scheint vor der Überführung der Reliquien nach Steinbach, also vor 827, fertig gewesen zu sein. Später entschloß sich Einhard jedoch, die Reliquien der beiden römischen Heiligen in seine neue Kirche in Seligenstadt zu übertragen, wo das Stifterpaar dann tatsächlich beigesetzt wurde.[34] Eine offene Frage ist es, welche Stelle in Steinbach für die Aufnahme der Leiber des Stifterpaares vorgesehen war. Bisher nahm man an, die beiden seitlichen Nischen des mittleren, vom Quergang aus nach Westen führenden Kryptenstollens seien von Einhard zur Aufstellung der beiden Särge bestimmt gewesen.[35] Doch wahrscheinlich war dafür auch in Steinbach ein Kryptenannex vorgesehen.[36] In der apsidialen Ostwand des mittleren Altarraumes der Krypta ist hinter dem Altar eine 1,25 Meter breite und ehemals etwa 2,40 Meter hohe Türöffnung mit exakt gearbeiteten Leibungen im

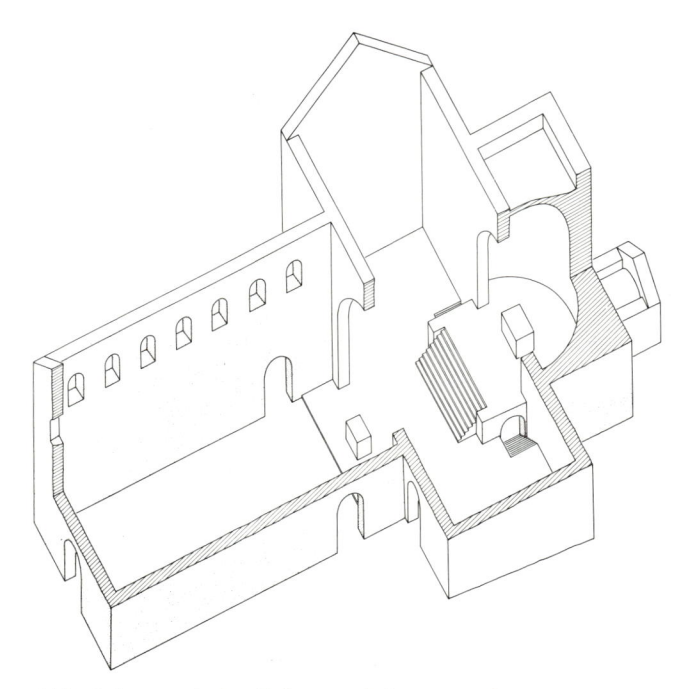

Abb. 7 Isometrischer Rekonstruktionsversuch der Kirche II

Unterteil erhalten, von der bis zu dem Einsturz von 1855 auch der rundbogige Abschluß aufrecht stand.³⁷ Für die Zweckbestimmung dieser Öffnung gab es bisher keine einleuchtende Erklärung.³⁸ Der Vergleich mit Werden und Rohr legt die Vermutung nahe, daß neben der Öffnung eine Außenkrypta für die Gräber der Stifter vorgesehen war, deren Bau aber unterblieb, weil Einhard sein Grab in Seligenstadt vorbereiten und die Reliquien dorthin übertragen ließ.³⁹

In ähnlicher Weise wie in Rohr wurden in Vreden in die um 800 errichtete Stiftskirche nachträglich eine Krypta, hier allerdings als Ringkrypta mit Mittelstollen, und eine Außenkrypta eingebaut. Diese Maßnahme steht vermutlich mit der Translation der Reliquien der hll. Felicitas, Felicissimus und Agapitus im Jahre 839 im Zusammenhang.⁴⁰ Die Vredener Krypta dürfte ein Beispiel dafür sein, daß man solche Grabräume im 9. Jahrhundert auch nach dem Tode der Stifter, und zwar auf Betreiben ihrer nächsten Angehörigen, errichtete, weil diese selbst neben den Stiftern beigesetzt werden wollten. Die Außenkrypta hat in Vreden ebenso wie in Werden – und übrigens auch in Lorsch⁴¹ – deshalb entsprechend große Ausmaße. In Rohr bietet der Annex nur für die beiden Särge des Stifterpaares Platz. Das spricht dafür, daß seine Errichtung von diesen selbst veranlaßt wurde, daß Krypta und Außenkrypta zu Lebzeiten Christians erbaut worden sind.

Die kreuzförmige Saalkirche mit Querhaus-Apsis ist vielleicht mit der 825 erwähnten Michaelskirche identisch, sicher aber mit der Kirche des von Christian und Heilwig gegründeten Klosters. Christian war später bemüht, für sich und seine Gemahlin eine angemessene Grablege vorzubereiten. Er ließ anstelle der Apsis ein neues Sanktuarium errichten, das innen die alte Apsisform beibehielt, außen aber – für einen darüber vorgesehenen Turm? – rechteckig ummantelt war. Darunter ließ er eine Krypta einbauen und zwischen deren vier Pfeilern in einem besonderen Behältnis Reliquien deponieren, die er möglicherweise sogar wie in Vreden und Steinbach eigens dafür erworben hatte. Eine in voller Breite gegen die Krypta geöffnete kleine Außenkrypta sollte die Särge der Stifter aufnehmen, die auf diese Weise in unmittelbarer Nähe der verehrten Heiligen ihre letzte Ruhe finden würden. Die gegenüber Werden weiterentwickelte Form der Kryptenpfeiler läßt vermuten, daß der Umbau später als dort, also erst im dritten Viertel des 9. Jahrhunderts erfolgte.

Es gibt demnach gewichtige Argumente dafür, daß in der Michaelskirche zu Rohr das Langhaus und die Krypta einer Klosterkirche des 9. Jahrhunderts relativ ungestört erhalten sind, deren ehemalige Außenkrypta sich aufgrund der im Boden und an der Wand erhaltenen Reste so gut wie vollständig rekonstruieren läßt.

Anmerkungen

1 Vgl. Lehmann, E.: Die Michaelskirche zu Rohr und ihre Krypta; in: »Arte del primo millennio« – Atti del Convegno di Pavia (1950) per lo studio dell'Alto Medio Evo. Torino 1950, S. 343–351. – Dieser Beitrag Edgar Lehmanns gab letztlich auch die Anregung zu der Untersuchung, über die hier berichtet wird. Er hat sie mit reger Anteilnahme und vielen Ratschlägen begleitet, wofür ich ihm, unserem verehrten Jubilar, herzlich dankbar bin. – Diesem Vorbericht in knapper Form soll eine ausführliche Veröffentlichung folgen.
2 Vgl. Giesau, H.: Die Krypta der karolingischen Michaelskirche zu Rohr; in: Festgabe für Alois Fuchs. Paderborn 1950, S. 23–38. – Die Auffassung von Giesau zum Alter der Michaelskirche kommt auch in dem Bericht von Alfred Koch zum Ausdruck: Die Kirche zu Rohr in Thüringen – ein Karolingerbau; in: Zentralblatt der Bauverwaltung 62, 1942, S. 342–347.
3 Vgl. Dobenecker, O.: Regesta diplomatica necnon epistolaria historiae Thuringiae I (c. 500–1152). Jena 1896; Pusch, H.: Kloster Rohr (Neue Beiträge zur Geschichte des deutschen Altertums, hrsg. von dem Hennebergischen altertumsforschenden Verein in Meiningen, 37), Meiningen 1932. – Eine gründliche Bearbeitung der historischen Quellen für das karolingische Kloster und die ottonische Pfalz erfolgt zur Zeit durch Herrn Dr. Michael Gockel, Marburg/Lahn. Sie soll bei der ausführlichen Veröffentlichung Berücksichtigung finden.
4 Dobenecker, 1896, wie Anm. 3, Nr. 94 und 97; Pusch, 1932, wie Anm. 3, S. 14
5 Dobenecker, 1896, wie Anm. 3, Nr. 137; Pusch, 1932, wie Anm. 3, S. 13 f.
6 Pusch, 1932, wie Anm. 3, S. 6, 75
7 Vgl. Heinemann, W.-D.: Rohr in Thüringen; in: Belrieth und Rohr (Südthüringer Forschungen 5/69). Meiningen 1969, S. 65, wo auch die ältere Literatur zitiert wird.
8 Dobenecker, 1896, wie Anm. 3, Nr. 175, 239; Pusch, 1932, wie Anm. 3, S. 74
9 Dobenecker, 1896, wie Anm. 3, Nr. 334, 355, 403–406, 436, 602; Pusch, 1932, wie Anm. 3, S. 6, 75
10 Thietmar von Merseburg, Chronik. Neu übertragen und erläutert von Trillmich, W.: Ausgewählte Quellen zur deutschen Geschichte des Mittelalters. Freiherr-vom-Stein-Gedächtnis-Ausgabe, 9. Berlin 1957, IV, 8; Pusch, 1932, wie Anm. 3, S.6
11 Pusch, 1932, wie Anm. 3, S. 15 f.
12 Zu dem Begriff »Pfalzstift« vgl. Streich, G.: Burg und Kirche während des deutschen Mittelalters, Untersuchungen zur Sakraltopographie von Pfalzen, Burgen und Herrensitzen. Sigmaringen 1984, vor allem S. 46–49
13 Pusch, 1932, wie Anm. 3

14 Bergner, H.: Beschreibende Darstellung der älteren Bau- und Kunstdenkmäler der Kreise Ziegenrück und Schleusingen. Halle 1901, S. 167–170
15 Vgl. Anm. 2
16 Lehmann, 1950, wie Anm. 1, S. 349
17 Vgl. z. B. Friedrich Oswald in: Vorromanische Kirchenbauten, Katalog der Denkmäler bis zum Ausgang der Ottonen, bearbeitet von Friedrich Oswald, Leo Schaefer, Hans Rudolf Sennhauser. München 1966/70, S. 286. – Andere vertraten auch weiterhin die Meinung von Giesau, wie z. B. Heitz, C., in: L'architecture religieuse carolingienne. Les formes et leur fonctions. Paris 1980, S. 142
18 Für viele anregende Diskussionen und bereitwillig gewährte, freundschaftliche Ratschläge zu der Arbeit in und an Rohr bin ich Ernst Schubert herzlich dankbar.
19 Auf den ersten Blick scheint sie mit einer Bemalung eine gewisse Ähnlichkeit zu besitzen, die sich in der Einhards-Basilika in Steinbach im Odenwald an der westlichen Leibung des Südfensters der Hauptapsis erhalten hat. Ihre Kenntnis verdanke ich Herrn Dr. Otto Müller, Steinbach. – Eine genauere Untersuchung der Rohrer Malerei ist vorgesehen. Zu der Zeitstellung der Einhards-Basilika in Steinbach vgl. S. 32
20 Für ihre engagierte Mitarbeit danke ich den Herren Wilfried Weise aus Saubach, Heinz Bartels aus Libbesdorf, Wilfried Kümmel aus Jena, Erwin Beinemann aus Altenroda und Rudolph Wendling aus Bad Bibra.
21 Seine Sohle steigt von der Kryptenwand nach Osten zu allmählich an. Die Oberkante liegt im mittleren Bereich etwa 0,30 m oberhalb des Krypten-Fußbodens, in der Nähe der Außenfluchten noch etwas höher.
22 Das Querhausfundament ist außerdem im Gegensatz zu dem meist aus Sandsteinen bestehenden Fundament der Krypta durchweg aus Kalksteinen aufgeführt und weniger tief gegründet.
23 So hat es Koch schon in seinem Grabungsgrundriß eingezeichnet.
24 Hier wurde bisher nicht gegraben.
25 Bau I bis 980, Bau II bis 996 vollendet. Dazu vgl. zuletzt: Fußbroich, H.: St. Pantaleon; in: Köln: Die romanischen Kirchen von den Anfängen bis zum zweiten Weltkrieg (Stadtspuren – Denkmäler in Köln, Band 1). Köln 1984, S. 447–473
26 Gründungsbau aus der 2. Hälfte des 10. Jh. Dazu vgl. Thümmler, H.: Neue Funde zur mittelalterlichen Baukunst Westfalens; in: Westfalen 31, 1953, S. 274–303, hier besonders S. 292f. und 301f; sowie Lobbedey, U.: Kurze Berichte über Ausgrabungen. Soest, St. Patrokli, ehem. Stiftskirche in: Westfalen 55, 1977, S. 281
27 Zu diesem Typ gehören auch (nach Kirchenbauten, wie Anm. 17): St. Johannes in Brendlorenzen (wohl 10. Jh.), St. Cyriakus in Camburg (vielleicht nach 999), St. Reinoldi in Dortmund (wohl 2. Hälfte 10. Jh.), St. Martin in Laufen (10./11. Jh.?), St. Martin in Lutry (nach 1025), die ausgegrabene Kirche in Sursee (9., 10., frühes 11. Jh.?).
28 So (nach Kirchenbauten, wie Anm. 17) z. B. bei St. Johannis auf dem Johannesberg bei Hersfeld (karolingisch oder 11. Jh.?) und bei Heiligkreuz in Utrecht (etwa 900–1000)
29 So bei der »frühestens Ende 9. Jahrhundert« erbauten Pfalzkirche Ingelheim (vgl. Weidemann, K.: Ausgrabungen in der karolingischen Pfalz Ingelheim; in: Ausgrabungen in Deutschland, Teil 2, Römische Kaiserzeit im freien Germanien, Frühmittelalter I. Mainz 1975, S. 437–446, hier besonders S. 445) und bei der um 700 errichteten Stiftskirche in Pfalzel bei Trier (vgl. Kirchenbauten, wie Anm. 17, S. 259f.)
30 Dort nachträglich angefügt, vgl. Kirchenbauten, wie Anm. 17, S. 115. Die vorgeschlagene Datierung nach dem Stiftsbrand von 1038 kann nicht durch zeitbestimmende Funde erhärtet werden: vgl. auch Feldtkeller, H.: Bericht über eine Grabung in der Hersfelder Stadtkirche; in: Kunstchronik 7, 1954, S. 149–151
31 Haas, W.: »Fenster« I bis V; in: Reallexikon zur deutschen Kunstgeschichte, Band VII. München 1981, Sp. 1253–1322
32 Vgl. zuletzt Weyres, W.: Die Domgrabung XXVIII. Die Westapsis von Bau VII; in: Kölner Domblatt 51, 1986, S. 177–194
33 Vgl. zuletzt Schaefer, L.; Claussen, H.: Neue Funde zur frühen Baugeschichte der Abteikirche Werden; in: Beiträge zur rheinischen Kunstgeschichte und Denkmalpflege II (Die Kunstdenkmäler des Rheinlandes. Beiheft 20), Düsseldorf 1974, S. 293–334
34 Vgl. Einhard: Die Übertragung und Wunder der Heiligen Marcellinus und Petrus, verdeutscht von Karl Esselborn. Darmstadt 1977 (unveränderter Nachdruck der Erstausgabe von 1925)
35 Vgl. Müller, O.: Die Einhards-Basilika zu Steinbach bei Michelstadt im Odenwald, Seligenstadt 1937, S. 10; ders.: Einhards-Basilika Michelstadt-Steinbach, Bauformen und Mauertechnik, Michelstadt 1984, S. 6
36 Möglicherweise spielte bei dieser Art der Bestattung in Steinbach und an anderen Orten auch das 809 erlassene, 813 allerdings wieder eingeschränkte Verbot eine Rolle, Gräber innerhalb einer Kirche anzulegen. Vgl. dazu Verbeek, A.: Die Außenkrypta. Werden einer Bauform des frühen Mittelalters; in: Zeitschrift für Kunstgeschichte 13, 1950, S. 7 bis 38, hier S. 7.
37 Vgl. Behn, F.: Neue Ausgrabungen und Untersuchungen an der Einhards-Basilika zu Steinbach i. Odenwald; in: Mainzer Zeitschrift 27, 1932, S. 1–15, hier S. 2. – Der Befund hat sich auch bei den neueren Untersuchungen an der Basilika bestätigt, von denen ich durch Herrn Dr. Otto Müller, Steinbach, Kenntnis erhielt, dem ich dafür Dank schulde.
38 Für eine vorübergehend benutzte Wandlücke zum Transport von Baumaterialien während der Bauzeit paßt das exakt hergestellte Gewände nicht. Einem östlichen Krypteneingang steht der mittlere Altar im Wege. Eine Fenestella, die einen Einblick in die Krypta von außen ermöglicht, hätte sicher nicht bis zum Fußboden der Krypta hinuntergereicht.
39 Gegen eine ehemals vorgesehene – oder sogar ausgeführte? – Außenkrypta scheint zu sprechen, daß an der Außenseite der Apsis keine Ansätze der Wände eines Grabraums – wie in Rohr – zu bemerken sind. Jedoch läßt der Befund auf der Innenseite derselben Apsis, wo die Kryptenwände stumpf gegen die Außenwand stoßen, erwarten, daß die Wände der Außenkrypta ebenfalls keinen Verband mit der Apsis haben.
40 Vgl. den baugeschichtlichen Beitrag von Claussen, H., in: Winkelmann, W.: Archäologische Untersuchungen unter der Pfarrkirche zu Vreden; in: Westfalen 31, 1953, S. 316 bis 319; dies.: Die Vredener Kirchen. Vreden 4. Aufl. 1982
41 Vgl. dazu zuletzt: Oswald, F. in: Kirchenbauten, wie Anm. 16, S. 179–181

Ernst Schubert

Magdeburg statt Memleben?

Vor dem vorderen Gutshof von Memleben – an der Unstrut, Kreis Nebra – stehen Ruinenmauern von erstaunlichen Ausmaßen (Abb. 1). Kunsthistorische Forschungen der letzten Jahrzehnte und insbesondere die archäologischen Ausgrabungen Gerhard Leopolds[1] ermöglichten eine zweifelsfreie Deutung dieser Baureste, die man früher für die Rekonstruktion der Königspfalz Memleben in Anspruch nahm (Abb. 2).[2] Tatsächlich handelt es sich aber um die Mauern einer Kirche, einer monumentalen, geosteten, dreischiffigen und doppelchörigen Basilika aus dem 10. Jahrhundert, die König Otto I., der spätere Kaiser Otto der Große, errichten ließ und die beinahe ebensogroß war wie seine Magdeburger Kathedrale, die sächsische Metropolitankirche, die nicht viel später, seit 955, emporwuchs.[3]

Der Grundriß der Memlebener Kirche (Abb. 3) war offenbar ganz regelmäßig: Zwischen zwei Querhäusern mit weit vorspringenden, breiten Apsiden erstreckte sich das dreischiffige Langhaus, ein wenig kürzer als die Querhausbreite. Die Ostpartie wies Nebenapsiden an den Querhausarmen auf, und unter dem Sanktuarium wird eine Krypta vermutet.[4] Die Apsis des Westchors war ebenfalls ohne Einzug, und hier hatte man den Einbau einer Krypta vorbereitet, sie wurde aber nicht ausgeführt.[5] Das westliche Querhaus hatte schon eine ausgeschiedene Vierung, und im Winkel zwischen

Abb. 1 Memleben. Mauerreste der ottonischen Kirche, Südarm des Westquerhauses und Südwand

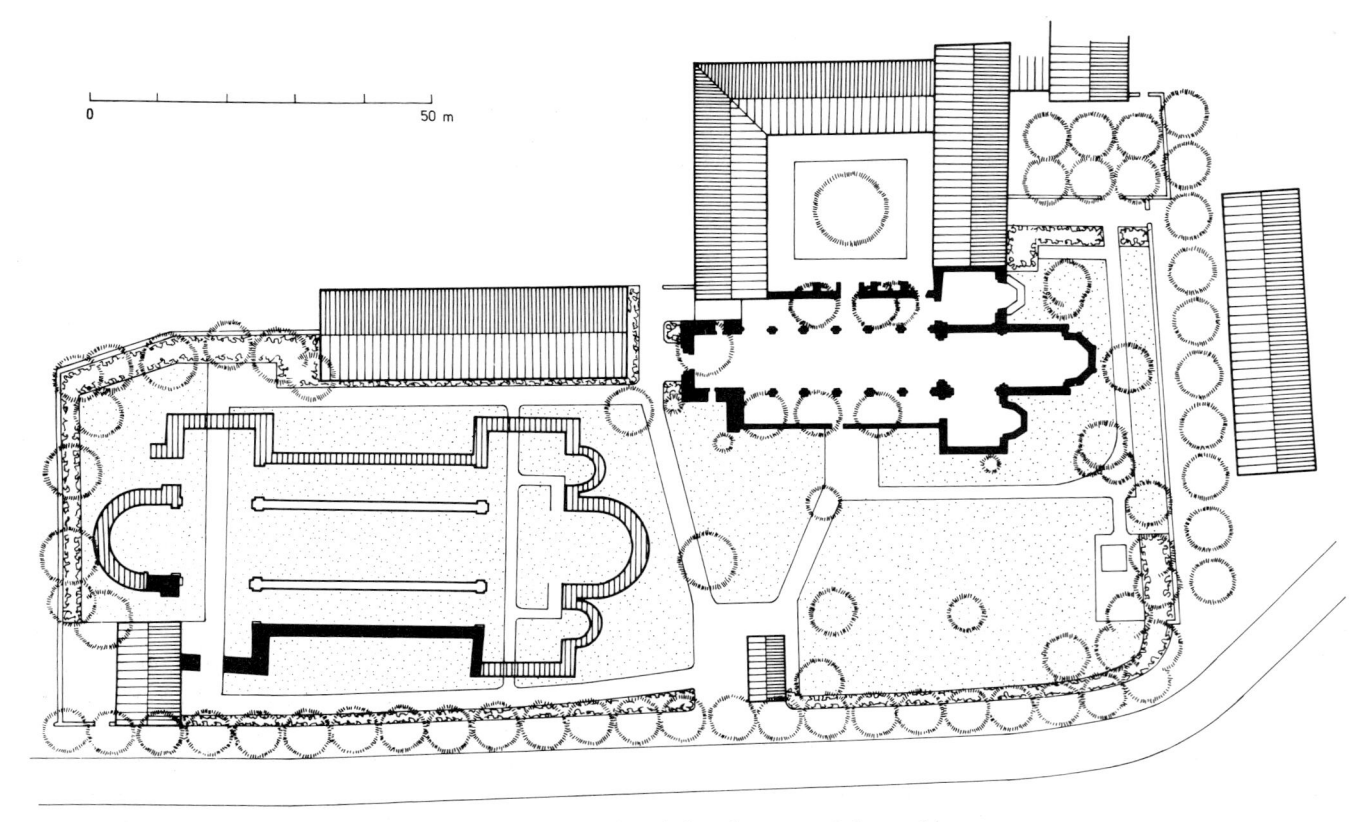

Abb. 2 Memleben. Lageplan der Kirchen des 10. und des 13. Jahrhunderts von G. Leopold

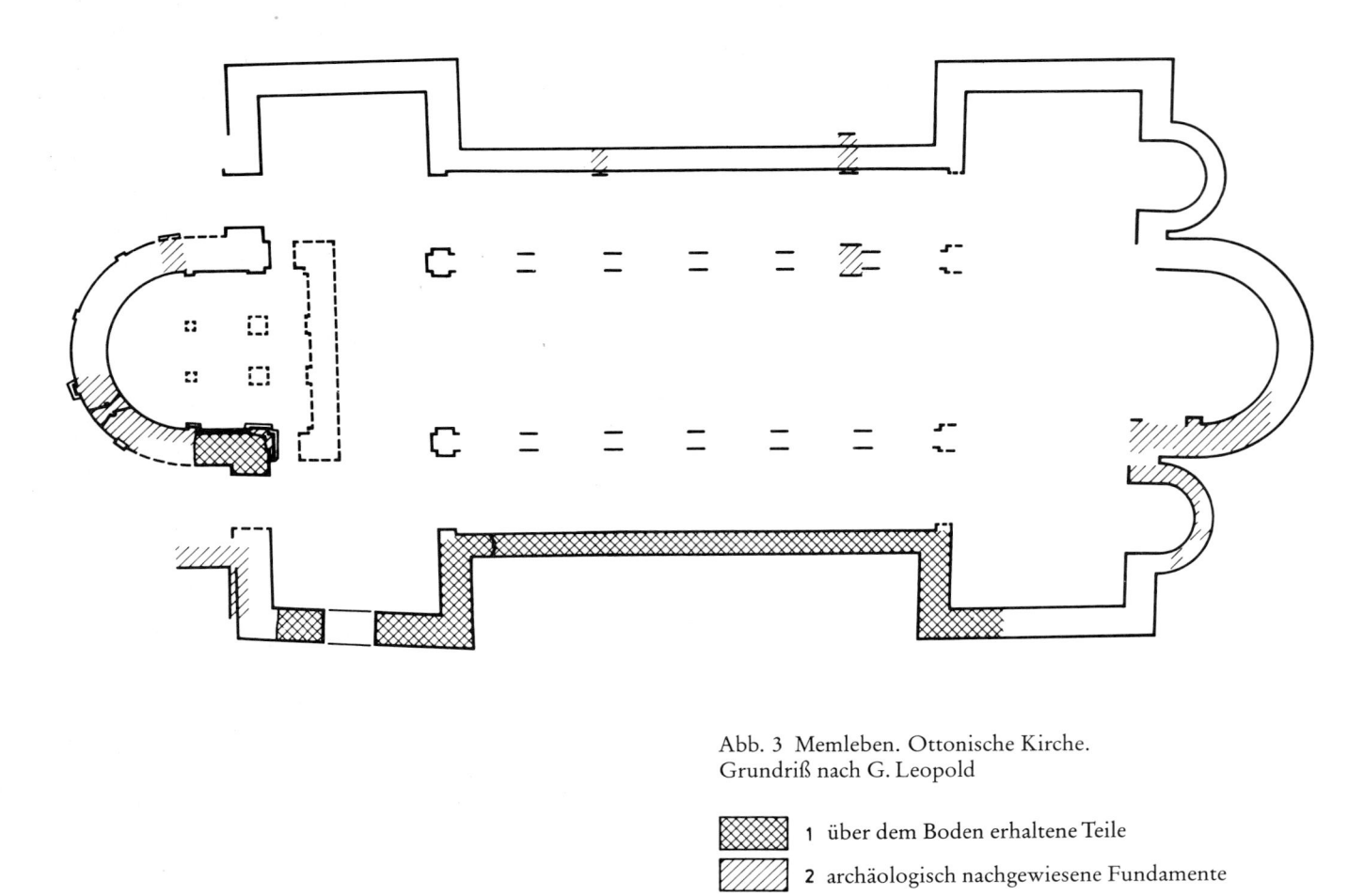

Abb. 3 Memleben. Ottonische Kirche. Grundriß nach G. Leopold

1 über dem Boden erhaltene Teile
2 archäologisch nachgewiesene Fundamente
3 Ergänzungen

dem Südarm des Westquerhauses und der Westapsis lag ein weiterer zur Kirche gehöriger Raum. Über beiden Vierungen wären Vierungstürme denkbar (Abb. 4).

Der quadratische Schematismus – je drei quadratische Joche bilden die Querhäuser und das Mittelschiff, je sechs halb so große die Seitenschiffe – und die Symmetrie der Anlage ließen vermuten, daß die ottonische Memlebener Pfalzstiftskirche als eine richtungweisende Architekturschöpfung für den sich entwickelnden romanischen Stil anzusehen ist.[6] – Eine Klausur konnte bisher weder an der Süd- noch an der Nordseite der Kirche nachgewiesen werden, und auch über die Lage der Pfalz gibt es bisher nur Spekulationen.

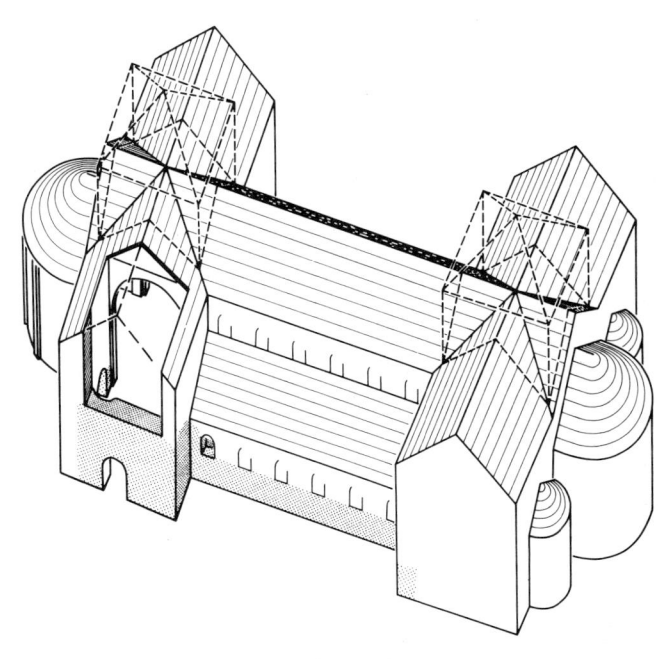

Abb. 4 Memleben. Ottonische Kirche.
Isometrische Rekonstruktion von G. Leopold

Wenn sich die Datierung der großen ottonischen Kirche in Memleben, die zuletzt vorgeschlagen wurde,[7] Baubeginn schon 942, als richtig erweist, dann ist zu fragen, wofür König Otto diese Kirche an diesem Ort erbauen ließ. Überlegungen in dieser Richtung hat Gerhard Streich vorgetragen und zu begründen versucht.[8] Er führt wörtlich aus: Die »Frühdatierung« der ottonischen Anlage in Memleben »könnte zu weitreichenden Folgerungen über die zugedachte Funktion der Pfalz Memleben führen, vor allem im Hinblick auf die geplante Gründung der sorbenländischen Bistümer und den Ausbau der Magdeburger Pfalz mit ihrem Pfalzkloster und dessen Erhebung zum Erzbistumssitz.«[9] An anderer Stelle schreibt Streich: »Doch noch einmal zurück zu Memleben mit seiner rätselhaften Großkirche. Im Hinblick auf Magdeburg könnte man daran denken, daß ein ursprünglicher Plan, hier« – also in Memleben – »eine zentrale Pfalzanlage mit einem Pfalzstift entstehen zu lassen, schon bald nach der Errichtung der imposanten Pfalzstiftskirche zugunsten Magdeburgs fallengelassen und revidiert worden ist, wo 955 der Neubau der Kloster- und zukünftigen Kathedralskirche begonnen wurde.«[10] Schließlich stellt Streich fest: »Wenn die vorgeschlagene Frühdatierung des unlängst ergrabenen Memlebener Monumentalbaus in die Frühzeit Ottos I. bald nach 942 zutrifft, dann hätte das ottonische Königtum nach dem bescheidenen Auftakt von Quedlinburg sehr bald und plötzlich zu einem überraschenden Höhepunkt seiner sakralen Repräsentation durch eine großartige Architekturleistung gefunden. Die gewaltige doppelchörige Basilika nach einem streng symmetrischen Schema, mit zwei Krypten – Westkrypta wohl unvollendet –, Doppeltranssept, das Westquerhaus schon mit ausgeschiedener Vierung, übertraf in ihren Ausmaßen fast alle zeitnahen Bischofskirchen und gab unübersehbare Anregungen für den Großkirchenbau der Folgezeit bis hin zu St. Michael in Hildesheim. Sie nahm damit eine mit der Aachener Marienkapelle vergleichbare Stellung in der Architekturgeschichte ein, und trotz allen Schweigens der schriftlichen Überlieferung ... kann sie wohl am ehesten als eine zentrale Pfalzstiftskirche zu Ehren des Totengedächtnisses Heinrichs I. an dessen Sterbeort interpretiert werden ... Diese Marienkirche war wohl, ebenso wie die Aachener, schon mit Blick auf die spätere Kaiserkrönung projektiert. Sie brauchte den Vergleich mit dem Magdeburger Dom (Säulenbasilika), der Grabeskirche des Kaisers, ... nicht zu scheuen, für die durch die Reliquien- und Spolienimporte aus Italien eine Aachen-imitatio nicht zu übersehen ist.«[11]

Soweit Gerhard Streichs Schlüsse aus der Kombination von Gerhard Leopolds Grabungsergebnissen mit der Frühdatierung. Streichs Überlegungen sind durchaus nicht abwegig, aber sie gehen bis an die Grenze vertretbarer Vermutungen, und sie sind nicht verifizierbar, solange die Datierung jener ungewöhnlich großen Kirche noch vor der Mitte des 10. Jahrhunderts nicht zweifelsfrei abgesichert werden kann.

Andere, für die Geschichte der Ostpolitik der Ottonen nicht unwichtige Überlegungen, die man angesichts des Memlebener Großbaus anstellen könnte, die aber bisher merkwürdigerweise nicht zur Sprache kamen, sind gewiß überzeugender.

Die mittelalterlichen Herrscher sorgten bekanntlich in der Regel für ihr Seelenheil, indem sie möglichst bald nach der Thronbesteigung eine Grabeskirche stifteten und angemessen, also sehr reich, ausstatteten: Heinrich I. in Quedlinburg,[12] Heinrich II. in Bamberg,[13] die Salier in Speyer,[14] Lothar von Supplinburg in Königslutter.[15] Dabei entspricht, das sei hier nur beiläufig bemerkt, der Größenunterschied der Anlagen in Quedlinburg und Magdeburg wahrscheinlich ziemlich genau den veränderten machtpolitischen Vorstellungen und Gegebenheiten der dort begrabenen Könige und ihrer Zeit. Darf und muß man aber nicht fragen, wo denn Kaiser Otto II., der Sohn Ottos des Großen, seine Grabeskirche zu stiften beabsichtigte? Die nächstliegende Antwort auf diese Frage wäre – was gleich begründet werden soll –, daß Otto II. diese Funktion der großen Memlebener Kirche zugedacht hatte, die sein Vater bereits begonnen hatte und wo sein Vater und sein Großvater gestorben waren. Otto II. hat dort wohl vier Jahre nach seinem Regierungsantritt eine Klostergemeinschaft angesiedelt und diese neue Stiftung mit geradezu unglaublich reichen Schenkungen und einzigartigen Privilegien ausgestattet.[16] Auf seine Bitte verlieh Papst Benedikt VII. dem Kloster Memleben 981 »die Benediktinerregel, den päpstlichen Schutz und die rechtliche Gleichstellung mit Fulda und Reichenau unter Einschränkung der Rechte des Diözesanbischofs.«[17] Fraglos hatten die Memlebener Benediktiner nicht zuletzt die Aufgabe, den Totendienst für das Herrscherhaus zu verrichten, für die hier verstorbenen ersten beiden Ottonen, erst recht aber natürlich für den Klosterstifter, für Kaiser Otto II. – Die Tatsache, daß dieser in Rom ums Leben kam und im Petersdom sein Grab fand, könnte Memleben zum Verhängnis geworden sein.

Der genaue Zeitpunkt von Kaiser Ottos Klosterstiftung ist nicht bekannt.[18] Am 1. August 976 übereignete er aber der bischöflichen Kirche in Zeitz zwei Kirchen in Memleben – also auch die von seinem Vater begonnene Großkirche, die spätere Klosterkirche.[19] Aus dieser Tatsache darf man folgern, daß damals an die Klostergründung in Memleben noch nicht gedacht war; denn nach der Gründung bzw. der Absicht der Gründung wäre wohl nicht nur das Kloster expressis verbis genannt worden, sondern die Übereignung natürlich unterblieben.[20] Laut Urkunde vom 20. Mai 979 bestand das neue Kloster in Memleben jedoch bereits.[21] Zu gleicher Zeit, also seit 979, verzichtete der Kaiser nun, was der Forschung längst aufgefallen war,[22] darauf, das Merseburger Bistum, das er bis dahin seinem Günstling, Bischof Giselher von Merseburg, zuliebe »mit Schenkungen reich bedacht hatte«, weiter zu dotieren.[23] Die Forschung nimmt als Grund dafür seit eh und je an, daß die Aufhebung des Bistums Merseburg damals schon beschlossene Sache war.[24] Drängt sich bei dieser Sachlage nicht eigentlich die Frage auf, ob die beiden kaiserlichen Beschlüsse, das Kloster Memleben zu stiften und das Bistum Merseburg aufzuheben, vielleicht nicht zufällig gleichzeitig gefaßt wurden? Die drei Urkunden über Schenkungen an das neue Memlebener Kloster, die die Benediktiner unvorstellbar reich machten und singulär sind, datieren vom 21. Juli 981.[25] Genau einen Monat zuvor, am 20. Juni 981, war Erzbischof Adalbert von Magdeburg gestorben, so daß Giselher von Merseburg ihm nach der Erfüllung der dafür notwendigen kirchenrechtlichen Vorschriften nachfolgen konnte.[26] Am 10./11. September desselben Jahres wurde die wichtigste Voraussetzung für den Wechsel Giselhers von der Merseburger auf die Magdeburger Kathedra geschaffen. Da kein Bischof den Bischofsitz wechseln durfte, wurde die Merseburger Kathedrale liquidiert: Am 10./11. September 981 wurde das Merseburger Bistum aufgehoben[27] und die Diözese unter Halberstadt, Meißen und Zeitz aufgeteilt, während der weltliche Besitz an den König zurückfiel. Sollte etwa auch diese Koinzidenz kaiserlicher Entscheidungen über Memleben und Merseburg reiner Zufall sein?

Die Schenkungen an das neue Kloster in Memleben erregten ob ihrer Höhe die Aufmerksamkeit der Forschung. Walter Schlesinger schrieb: »Zehnten im Friesenfeld und Hassegau, also im Merseburger Sprengel, tauschte der König 979 vom Kloster Hersfeld ein, dem sie seit karolingischer Zeit zustanden, überwies sie aber nicht dem Bistum, wie dies hätte erwartet werden können, sondern dem kurz zuvor ... gegründeten Kloster Memleben. Bedenkt man, daß diesem unweit Merseburg gelegenen Kloster am 21. Juli 981 vom König eine riesenhafte, in diesem Umfang einzig dastehende Schenkung von nicht weniger als elf Burgwarden mit allem Zubehör im Slawenlande gemacht wurde, so wird vollends deutlich, daß Merseburg hinsichtlich der Slawenmission damals abgeschrieben war. Vielmehr sollten die ihm einst von Otto dem Großen zugedachten Aufgaben, sofern sie nicht von Meißen und Zeitz aus zu bewältigen waren, sondern einen festen Stützpunkt im altdeutschen Hinterlande erforderten, nunmehr auf Memleben übertragen werden.«[28]

Um es kurz zu machen: Spricht nicht sehr viel dafür, daß Kaiser Otto II. die ungewöhnlich große Memlebener Kirche als Grabeskirche für sich ausersehen hatte – vielleicht aber auch als neuen Bischofsitz anstelle von Merseburg? Deshalb zuerst die Klosterstiftung, dann die überreichen Schenkungen an das Kloster und die wirtschaftliche und politische Stärkung nicht zuletzt durch die Aufhebung, also auf Kosten des Bistums Merseburg. Der brennende persönliche Ehrgeiz Bischof Giselhers, der nach allgemeiner Ansicht die Aufhebung des Bistums Merseburg betrieb, um Erzbischof von Magdeburg werden zu können, ist möglicherweise ganz oder doch wenigstens teilweise Thietmars animose und gekränkte Erfindung.[29]

Kaiser Ottos II. früher Tod hat seine Memlebener Pläne und letztlich sogar die schon von ihm getroffenen Maßnahmen zugunsten Memlebens zunichte gemacht. Die von ihm vielleicht vorgesehene Bistumsgründung wurde nicht einmal spruchreif, als der Kaiser schon 980 nach Italien zog, um nie wieder heimzukehren. Am Ende hat Kaiser Heinrich II. mehr als dreißig Jahre später – eine zum Nachdenken anregende Analogie – mit Kloster Memleben wiederholt, was Kaiser Otto II. mit dem Bistum Merseburg gemacht hatte: Er hob das Reichskloster Memleben auf, weil er dessen Besitz für die Ausstattung seiner eigenen Grablege, für die Dotierung des von ihm gestifteten Bamberger Doms und Bistums mit Land und Leuten, mit wirtschaftlicher Macht benötigte.[30] Laut Urkunde vom 5. Februar 1015 kam der gesamte Besitz des Klosters Memleben als Tauschmasse an das Kloster Hersfeld,[31] das dafür gerne bereit war, das neue fränkische Bistum Kaiser Heinrichs II. nicht nur lebensfähig, sondern reich zu machen.

Auf die Tatsache, daß es bei allen diesen Maßnahmen deutscher Kaiser zugleich um handfeste Politik, um die Planung der weiteren Ostmission und -expansion ging, muß abschließend wenigstens noch einmal hingewiesen werden, zumal erst in diesem Zusammenhang deutlich wird, welch große Rolle Memleben zugedacht war: Es hatte offenbar Aufgaben reichspolitischer Größenordnung übernehmen sollen. – Die Frage »Magdeburg statt Memleben« wäre mit »vielleicht« zu beantworten, und dann könnte ergänzt werden: »aber sehr wahrscheinlich Memleben statt Merseburg«, ob nun mit der Residenz eines Bischofs oder ohne.

Anmerkungen

1 Leopold, G.: Grabungen im Bereich der ottonischen Kirche Memleben: Westchor; in: Siedlung, Burg und Stadt, Berlin 1969, S. 525–532; Leopold, G.: Das Kloster Memleben, Berlin 1986[2]; in: Das Christliche Denkmal, H. 96; vgl. auch Bellmann, F., und Leopold, G.: Das Benediktinerkloster St. Maria zu Memleben; in: Pfalzenexkursion des Institutes für Vor- und Frühgeschichte der Deutschen Akademie der Wissenschaften zu Berlin vom 10.–14. Oktober 1960 (Manuskriptdruck), S. 83; Bellmann, F., und Leopold, G.: Die ottonische Abteikirche Memleben; in: Varia Archaelogica, Berlin 1964, S. 354–363; Dehio, G.: Handbuch der deutschen Kunstdenkmäler. Der Bezirk Halle; Berlin 1976, S. 271–272

2 Butschkow, H.: Was brachten die Grabungen nach der Kaiserpfalz Memleben?; in: Nachrichtenblatt für deutsche Vorzeit 14, 1938, S. 81. Vgl. auch die Akten »Memleben« des Landesmuseums für Vorgeschichte Halle.

3 Zur Rekonstruktion des ottonischen Magdeburger Doms siehe zuletzt Leopold, G.: Der Dom Ottos I. zu Magdeburg. Überlegungen zu seiner Baugeschichte; in: Architektur des Mittelalters, Funktion und Gestalt; hrsg. von F. Möbius und E. Schubert, Weimar 1984[2], S. 63–83. Vgl. auch Schubert, E.: Der Magdeburger Dom, Berlin 1974, S. 11–16; Schubert, E.: Der Dom zu Magdeburg, Berlin 1984; in: Das Christliche Denkmal, H. 50/51, S. 2–3; Dehio, G.: Handbuch der deutschen Kunstdenkmäler. Der Bezirk Magdeburg; Berlin 1974, S. 263–265; Schubert, E.: Der ottonische Dom in Magdeburg. Die Umbauten der 1. Hälfte des 11. Jh. nach den literarischen Quellen; in: Zeitschr. für Archäologie 16, 1982, S. 211–220; Schubert, E.: Der ottonische Dom in Magdeburg. Die Baugeschichte und die Angaben der literarischen Quellen über die Bestattungen Kaiser Ottos I. und seiner Gemahlin Edith; in: Acta Historiae Artium XXVIII, 1982, S. 229–235

4 Leopold, G.: Archäologische Forschungen an mittelalterlichen Bauten; in: Denkmale in Sachsen-Anhalt. Ihre Erhaltung und Pflege in den Bezirken Halle und Magdeburg. Erarbeitet im Institut für Denkmalpflege, Arbeitsstelle Halle, Weimar 1983, S. 172

5 Leopold, 1969, wie Anm. 1, S. 528–529 und 531

6 Vgl. Streich, G.: Burg und Kirche während des deutschen Mittelalters, Untersuchungen zur Sakraltopographie von Pfalzen, Burgen und Herrensitzen, Teil I/II, Sigmaringen 1984; in: Vorträge und Forschungen, hrsg. v. Konstanzer Arbeitskreis für mittelalterliche Geschichte, Sonderband 29, Teil I/II, S. 401–402

7 Schubert, E.: Zur Datierung der ottonischen Kirche zu Memleben. In: Siedlung, Burg und Stadt, Berlin 1969, S. 515–524

8 Wie Anm. 6, S. 167–168, 173–175, 401–402

9 Streich, wie Anm. 6, S. 167

10 Streich, wie Anm. 6, S. 173

11 Streich, wie Anm. 6, S. 401–402

12 Dazu zuletzt Lehmann, E.: Die »Confessio« in der Servatiuskirche zu Quedlinburg; in: Skulptur des Mittelalters, Funktion und Gestalt, hrsg. v. F. Möbius und E. Schubert, Weimar 1987, S. 8–26; Leopold, G.: Die Stiftskirche zu Quedlinburg, Berlin 1970[2]; in: Das Christliche Denkmal, H. 37, S. 1–3

13 Dazu zuletzt Winterfeld, D. v.: Der Dom in Bamberg. Band I. Die Baugeschichte bis zur Vollendung im 13. Jahrhundert, mit Beiträgen von R. Kroos, R. Neumüller-Klauser und W. Sage. Berlin 1979, bes. S. 19 und 170–172; Haas, W.: Der Bamberger Dom. Königstein i. T. 1973; in: Die Blauen Bücher. S. 3–5

14 Kubach, H. E.; Haas, W.: Der Dom zu Speyer. 3 Bde., München 1972; in: Kdm. Rheinland-Pfalz, Bd. 5, Textband S. 923–968

15 Dazu zuletzt Budde, R.: Deutsche Romanische Skulptur 1050–1250. Aufnahmen A. Hirmer und I. Ernstmeier-Hirmer, München 1979, S. 40–41

16 Die Nachweise bei Schubert, E., wie Anm. 7, S. 515–524. Vgl. auch Schlesinger, W.: Kirchengeschichte Sachsens im Mittelalter, I. Bd., Von den Anfängen kirchlicher Verkündigung bis zum Ende des Investiturstreites, Köln, Graz 1962; in: Mitteldeutsche Forschungen 27/I, S. 562

17 Wörtliches Zitat des Regests, vgl. Weirich, H.: Das Privileg Benedikts VIII. für Memleben. In: Sachsen und Anhalt Bd. 12, 1936, S. 83–94, bes. S. 83

18 Vgl. dazu Schubert, wie Anm. 7, S. 516–517

19 Monumenta Germania Historica Diplomata Bd. II, Otto II. Nr. 139
20 Vgl. Schubert, wie Anm. 7, S. 516, 518
21 Wie Anm. 18, Nr. 191
22 Vgl. Claude, D.: Geschichte des Erzbistums Magdeburg bis in das 12. Jahrhundert. Teil 1, Köln, Wien 1972; in: Mitteldeutsche Forschungen 67/I, S. 124; Schlesinger, wie Anm. 7, S. 62
23 Das Zitat bei Claude wie Anm. 22
24 Holtzmann, R.: Aufhebung und Wiederherstellung des Bistums Merseburg; in: Sachsen und Anhalt 2, 1926, S. 47, vgl. auch Anm. 22
25 Wie Anm. 19, S. 194–196
26 Claude, wie Anm. 22, S. 128
27 Schlesinger, wie Anm. 16, S. 60–67; Claude, wie Anm. 22, S. 139–144
28 Schlesinger, wie Anm. 16, S. 62
29 Wahrscheinlich trafen sich hier politische Erwägungen des Kaisers mit persönlichen Absichten Giselhers. Beider Interessen konnten mit der Aufhebung des Bistums begünstigt werden: Der Kaiser sah sich in der Lage, den Besitz des Klosters seiner vorgesehenen Grablege beträchtlich zu vergrößern, der Bischof erhielt größere, seiner Veranlagung angemessenere Aufgaben.
30 Die Nachweise dafür bei Schubert, wie Anm. 7, S. 520. Siehe auch Geschichte Thüringens. Hrsg. von H. Patze und W. Schlesinger, 2. Bd., 1. Teil: Hohes und spätes Mittelalter, Köln, Wien 1974; in: Mitteldeutsche Forschungen Bd. 48/II, Teil 1, S. 3–4; Schurig, H.: Das Kloster Memleben; in: Das tausendjährige Memleben. Von einer Arbeitsgemeinschaft hallischer Studenten. Halle 1936; in: Forschungen zur thüringisch-sächsischen Geschichte 11. H., S. 12–14
31 Wie Anm. 19, Bd. III, Heinrich II. Nr. 331

Madeline H. Caviness

Rekonstruktion der Hochchorglasfenster in der Kathedrale von Soissons

Ein Spiel des Zusammensetzens

Das beträchtliche Anwachsen von Höhe und Ausmaß der Kathedralen um 1200 in Frankreich ist im allgemeinen von den Kunsthistorikern hinsichtlich formaler, stilistischer oder bautechnischer Aspekte diskutiert worden, wobei das durch die großen Fenster eindringende Licht als ein abstraktes Medium angesehen wurde, das für die Gläubigen des 13. Jahrhunderts symbolische Bedeutung besaß.[1] Den verschiedenen Glasgemälden in diesen Fenstern wurde verhältnismäßig geringe Beachtung geschenkt, obwohl sie mit Sicherheit ebenso wesentlich für die Architektur waren wie die neuen Blattkapitelle. Besonders die großen Lichtgadenfenster, die nach Chartres Verbreitung fanden, haben wenig Interesse hervorgerufen, was wahrscheinlich daran lag, daß die übergroßen Figuren, die darauf dargestellt waren, sich zu wiederholen schienen, im Gegensatz zu den darunterliegenden Legendenfenstern. Dennoch war gerade in diesen oberen Bereichen die »hochgotische« Architektur am bahnbrechendsten. Der dreigeschossige Aufriß Chartreser Typs ließ die Arkaden in die Höhe wachsen und verzichtete auf die verglaste Galerie. Die Sohlbänke der Lichtgadenfenster befanden sich nun in etwa derselben Höhe wie die meisten Gewölbeansätze des 12. Jahrhunderts. Das Fenstergeschoß wuchs nach oben hin, um so der Höhe der Arkaden zu entsprechen. Auch die Gewölbeansätze rückten höher, so daß die Rippen sowenig wie möglich die Fenster verdeckten. Aus demselben Grund wurde der Fensterfalz nah an die Innenfläche der Wand gelegt und die Fensterbank tief ausgeschrägt (Abb. 1).[2] Die Glasmaler hatten nun Bildwerke mit hinreichender Ausdruckskraft zu schaffen, die das Kircheninnere von ihrem 70 Fuß hoch gelegenen Standort beherrschten. Der moderne Besucher kann sich diese ungeheure Maßstabsveränderung vor Augen führen, wenn er in Reims von der Abteikirche Saint-Rémi zur Kathedrale geht oder schon, wenn er vom Südquerhaus der Kathedrale von Soissons aus, das derselben Zeit wie Saint-Rémi angehört, deren Chor und Mittelschiff betritt. In jedem Fall wird er von der Höhensteigerung der Werke dieser nächsten Architekturgeneration beeindruckt sein.

Die Obergadenverglasungen von Chartres und Bourges sind im wesentlichen unversehrt erhalten geblieben. Doch in ihrer Gesamtanlage unterscheiden sie sich grundlegend voneinander: Während in Bourges gleichmäßig angeordnete, große stehende Figuren die Fenster des Hauptschiffes und der inneren Seitenschiffe füllen, variieren die Figuren und sogar die erzählenden Szenen in Chartres von Joch zu Joch in ihrer Größe. Die Obergadenfenster des Chores von Notre-Dame in Paris, deren viergeschossiger Aufriß des 12. Jahrhunderts dem Chartreser Typ entsprechend umgestaltet wurde, sind verlorengegangen. Die übergroßen Figuren entsprachen nicht dem Zeitgeschmack des 18. Jahrhunderts.[3]

Bei der nächsten Gebäudegeneration sind die Glasmalereien in den Hochchorfenstern der Kathedrale von Auxerre[4] gut erhalten, und die farbige Verglasung im Chor der Kathedrale von Reims wurde sorgfältig restauriert.[5] Die Straßburger Kathedrale hat nicht nur die noch vorhandenen Obergadenfiguren des Hauptschiffes in situ, sondern vielleicht auch Reste der romanischen Verglasung.[6] Die Kathedralen von Amiens und Troyes mit der Abtei von Saint-Ouen in Rouen setzen die Reihe ins 14. Jahrhundert fort. Das vorherrschende System verglaster Obergaden mit übergroßen Figuren, entweder paarweise, eine Figur über der anderen sitzend, oder alleinstehend, war nicht einmal von Chartres diktiert.

Ein unbegründeterweise vernachlässigtes Gebäude, das eigentlich eine wichtige Stellung unter den gotischen Bauwerken der Pariser Region einnimmt, ist die Kathedrale von Soissons. Hinsichtlich der Architektur ist diese Vernachlässigung vielleicht durch das Ausmaß der Zerstörung im Ersten Weltkrieg zu erklären.[7] Auch ein Großteil des ursprünglichen Glases wurde zerstört, und zudem wurden die meisten Scheiben, die bis in die zweite Hälfte des 19. Jahrhunderts hinein überlebten, dem Gebäude entfremdet. Ein großer Teil ist jedoch dank der Initiative von Louis Grodecki jetzt in Sammlungen entdeckt worden.[8]

Ich möchte hier eine Gruppe sehr großer Figuren vorstellen, die wohl ursprünglich aus den Lichtgadenfenstern des Chorschiffes der Kathedrale von Soissons stammen. Diese Figuren waren nie im Zusammenhang zu betrachten, da sie in russischen und amerikanischen Sammlungen (Abb. 3–5, 7–9) verstreut sind. Bekannter sind die noch existierenden Gemälde von vier der fünf Fenster des Chorhauptes. Das axiale Fenster enthält die stark restaurierten Reste eines Stammbaumes Christi, der in der Mitte des 19. Jahrhunderts beschrieben wurde (Abb. 2).[9] Im Norden befinden sich eine fragmentarische Darstellung des Jüngsten Gerichts, im Süden Erschaffung und Sündenfall Adams und Evas sowie ein Fenster mit Szenen von Leben und Tod der Jungfrau Maria.[10] Alle Darstellungen sind in Größe und Stil ähnlich. Die Scheiben bilden Einheiten in einer Höhe von etwa 80 Zentimetern. Außer im Jüngsten

Abb. 1 Soissons, Kathedrale. Chorinneres. Ansicht in Richtung Nordwesten

Abb. 2 Bruchstücke von den Chor-Lichtgaden-Rosen der Soissons-Kathedrale

Gericht sind die Figuren etwa doppelt so hoch, also ungefähr lebensgroß. Das axiale Fenster war laut Totenliste der Kathedrale eine Stiftung des Königs Philippe »Auguste« (1180–1223).[11] Einige Originalteile sind in Sammlungen entdeckt und bestimmt worden, einschließlich der qualitätvollen Darstellung der Jungfrau Maria aus dem Stammbaum, die sich in den Berliner Museen befand, vielleicht aber während des Zweiten Weltkrieges tragischerweise zerstört wurde.[12] Der verfeinerte »Muldenfaltenstil« dieser Fenster läßt sich trotz der Unterschiede im Maßstab leicht mit dem der erzählenden Scheiben für die Kapellenfenster darunter vergleichen.[13]

Teile sechs großer Sitzfiguren, die im Museum der Westlichen und Östlichen Kunst in Kiew (UdSSR), in der Walter's Art Gallery Baltimore und im Glencairn Museum Bryn Athyn (USA) aufbewahrt sind, sind aufgrund ihres unterschiedlichen Maßstabes und offensichtlicher Stildifferenzen nicht so leicht dieser Gruppe zuzuordnen. Doch es scheint so, daß sie für die zweibahnigen Fenster der Chorschiffwände geschaffen wurden, in denen gegenwärtig nur Bruchstücke farbigen Glases in einigen der Rosetten über den Doppelfenstern erhalten geblieben sind (s. Abb. 2). In jeder Sammlung befindet sich ein Paar der Figuren mit Nimben, die eine Gestalt in Dreiviertelansicht gedreht, die andere in Vorderansicht, mit unvollständigen Aufschriften auf Leisten oder Schriftrollen. Die Scheiben gleichen sich annähernd in der Größe. Wenn zwei ganze Figuren mit Zierleisten übereinander angeordnet werden, um eine spitzbogig abgeschlossene Lanzette zu bilden, stimmen die Gesamtmaße fast mit den Doppelfenstern von Soissons überein.[14]

Aufzeichnungen des Barons François de Guilhermy zwischen 1842 und 1864 über die Kathedrale belegen, daß er wahrscheinlich vier der sechs Figuren in den Fenstern sah. Sie befanden sich nicht mehr im Lichtgaden, sondern alle in den schmaleren Fensteröffnungen der Kapelle von St. Paul. Guilhermy bemerkte außerdem, daß ihre Größe den Raumverhältnissen dort nicht entsprach.[15] Die beiden Scheiben in Kiew zeigen nur Kopf und Schultern jeder Figur. Trotzdem scheinen sie weit authentischer zu sein als alle Figuren in den amerikanischen Sammlungen. Untersuchungen und Veröffentlichungen mit Reproduktionen in Schwarzweiß und Farbe waren für diese Arbeit von Nutzen, da es mir nicht möglich war, die Scheiben persönlich zu sehen.[16] Die einheitlichere Figur der beiden kann ohne Schwierigkeiten als Hesekiel identifiziert werden (Abb. 3). Auf einem Band, das um den Nacken der Figur läuft, ist EZEC.IEL zu lesen, damit ist, trotz des roten Heiligenscheins, offensichtlich der Prophet gemeint. Seine Schriftrolle mit der Inschrift ... SPECIE ... LECTR ... enthielt wahrscheinlich einen Teil des folgenden Textes: »Et vidi ... de medio eius quasi species electri, id est de medio ignis (Hesekiel 1, 4).[17] Sein Haar und sein Bart sind grün, die Lippen extra gebleit, und auch die Augenbrauen durch Verbleiung bezeichnet. Seine Kleidung ist gelb und purpurfarben, ein gelber Krag-

Abb. 3 Brustbild von Hesekiel. Kiew-Museum für Östliche und Westliche Kunst. Hier als von dem Chor-Lichtgaden der Soissons-Kathedrale stammend identifiziert worden

Abb. 4 Brustbild von St. Paul. Kiew-Museum für Östliche und Westliche Kunst.
Hier als von dem Chor-Lichtgaden der Soissons-Kathedrale stammend identifiziert worden

Abb. 5 St. Paul, mit Kopf und Schultern eines anderen Apostels. Glencairn-Museum, Bryn Athyn (Pa), 03. SG. 233 A–E. Hier als von dem Chor-Lichtgaden der Soissons-Kathedrale stammend identifiziert worden

stein an der linken Seite stützt die winkligen roten und gelben Archivolten. Die Inschriften waren für Guilhermy nicht leserlich, doch er erwähnte die Büste eines Propheten oder Apostels mit rotem Heiligenschein im dritten Fenster der St.-Pauls-Kapelle.

Die Büste in Kiew, die als St. Paul identifiziert wurde, hat dessen typisches Gesicht mit langem Bart und zurückweichendem Haaransatz. Auch die Kontur seines Schwertes fügt sich hier ein. Die einzelnen Partien wirken trotz einiger grüner Glasstücke im unteren Teil noch durchaus ursprünglich

(Abb. 4). Die Schultern sind in Weiß und Purpur gehüllt, das Gesicht ist sehr ausdrucksvoll mit seinen wild schauenden Augen, der kühnen Formgebung der gewölbten Stirn und dem grünlich-blauen Haar und Bart. Wie bei Hesekiel sind Lippen und Augenbrauen in Blei gefaßt. Das Fragment der Inschrift, »ho«, scheint falsch eingesetzt zu sein, ebenso weitere Flickstücke darüber, darunter und an der rechten Seite, einschließlich des oberen Schwertteils und der Abschnitte über ihm. Der Apostel ist durch einen roten Bogen gerahmt, welcher der Rundung des roten Heiligenscheins folgt. Er könnte ursprünglich unter einem Baldachin gestanden haben wie die anderen Figuren der Folge (s. Abb. 5, 7–9). So scheint es naheliegend, die Inschrift »SPA..VS« mit einem Baldachin (Abb. 5), die jetzt an der frontalen Figur im Glencairn-Museum angebracht ist, der Tafel in Kiew (s. Abb. 4) zuzuordnen.[18] Guilhermy bezeichnete eine sitzende Figur mit nackten Füßen im mittleren Fenster der Paulskapelle in Soissons, die eine beschriebene Schriftrolle und ein Schwert hielt, als »S. Paul«.

Wie von Muratowa bemerkt, bieten die Figuren im Obergaden der Kathedrale von Reims verschiedene Vergleichsmöglichkeiten mit den Kiewer Büsten. Besonders ähnlich in der Linienführung erscheinen der Erzbischof und der Apostel, die jetzt in die Grisaille-Malerei im ersten Joch von Westen eingesetzt sind (Abb. 6).[19] Die Bleifassungen sind ähnlich, die Malerei ist aber flacher und linearer. Tatsächlich lassen sich die wenigen Bruchstücke der königlichen Büsten in situ in den Rosen über den Doppelfenstern im Lichtgaden von Soissons am überzeugendsten mit den Stücken vergleichen, die sich in Kiew befinden (s. Abb. 2 bis 4).[20] Die nach der Beschädigung im Ersten Weltkrieg aufgenommenen Fotografien, Bleifassungen und restliche Glasstücke zeigen Bildnisse in Vorder- oder Dreiviertelansicht, die große Ohren (wie St. Paul), bleigerandete Augenbrauen, farbiges, welliges Haar mit extra bleigefaßten Locken (wie Hesekiel) und einen langen, röhrenförmigen Nacken besitzen.

Diese Übereinstimmungen bestätigen die ursprüngliche Position für Hesekiel und St. Paul in den unteren Öffnungen der Fenster. Beide Scheiben in Kiew sind aber dennoch eigenartig entstellt. Eine Bleilinie läuft nämlich vertikal durch ihre Mitte und zerschneidet die Gesichter. Dies bestätigt die Auffassung, daß sich die Figuren in der Mitte des 19. Jahrhunderts in einem der unteren Fenster der Kathedrale befanden, in deren Mitte ein vertikales Eisen verlief. Der Wiedereinbau wurde offensichtlich in Eile vorgenommen, ohne an die Erhaltung oder die ästhetische Wirkung zu denken, was Guilhermys Eindruck eines gestörten Erscheinungsbildes der Fenster erklärt.[21] Es scheint, daß Farbglas verschiedener Standorte im Jahre 1772 in den Apsis-Kapellen konzentriert war, um den von den Protestanten angerichteten Schaden auszugleichen. Dieselbe Situation trat kurz nach 1815 erneut ein, als zwei Schießpulverlager in der Nähe der Kathedrale explodierten.[22] Da Figuren von Braine, die etwa 1816 hierher gebracht worden waren, in der Kapelle von St. Paul mit den Scheiben aus Soissons vermischt wurden, wobei sie hier ähnlich rücksichtslos behandelt wurden, wäre dies wohl als Datum für den Einbau anzusehen.[23]

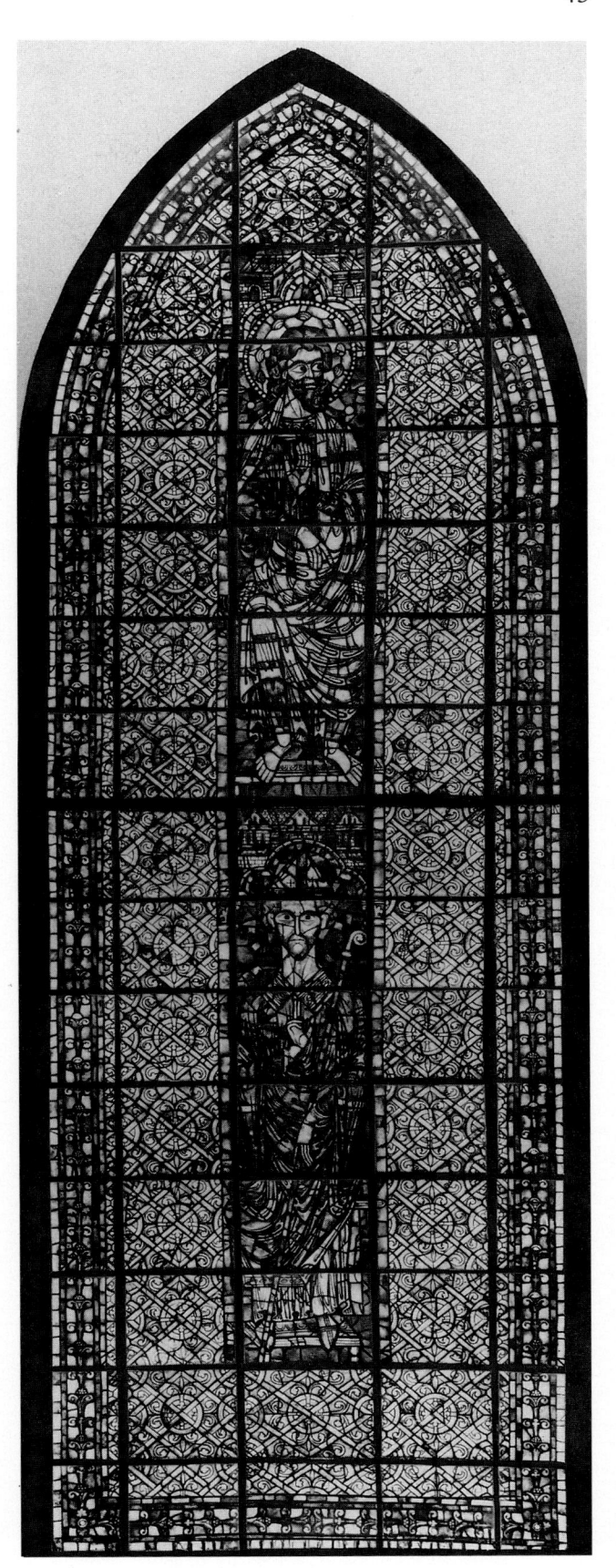

Abb. 6 Unbenannter Apostel und Erzbischof. Vor 1227 Chor-Lichtgaden der Kathedrale von Reims. Erstes Joch von Westen her

Abb. 7 »Senizien«. Baltimore, Walter's Art Gallery, 46–41. Hier als Joel von dem Chor-Lichtgaden der Soissons-Kathedrale identifiziert

Abb. 8 Habakuk, möglicherweise mit dem Kopf eines Apostels. Baltimore, Walter's Art Gallery, 46–40. Hier als von dem Chor-Lichtgaden der Soissons-Kathedrale stammend identifiziert worden

Die Figur, die im Glencairn-Museum als St. Paul identifiziert wurde, hat die nackten Füße und die lange Schriftrolle, die nach Guilhermy zu erwarten waren. Der purpurfarbene Mantel und die weiße Tunika stimmen mit der Kleidung der Kiewer Büste überein (s. Abb. 5). Des weiteren greift die rechte Hand nach einem Gegenstand, der nicht mehr zu erkennen ist. Vielleicht war es die Silhouette eines Schwertgriffes. Die Bleifassungen unter der Hand lassen vermuten, daß nicht hierher gehörige Fragmente das ausfüllen, was einst eine Schriftrolle war.[24] Sonst ist fast alles an dieser Scheibe neu, der

Restaurator hat sich aber wohl nach den ursprünglichen Verbleiungen gerichtet. Die unteren Scheiben sind in besserem Zustand, besonders ihre linken Hälften. Die Schriftrolle aber weist durcheinandergebrachte Bruchstücke von Lettern unterschiedlicher Größe auf. Der jetzige Kopf in Vorderansicht an der Glencairn-Figur ist in hohem Maße mittelalterlich, und die Bleifassung ähnelt der des Hesekiel. Der Faltenwurf ist jedoch neu. Auch diese obere Scheibe zeigt die verräterische Spur einer Restaurierung, die vertikal durch die Mitte verläuft. Wie bereits angedeutet, gehörte aber wahrscheinlich die Kiewer Büste dennoch in diese Scheibe. Wie schon bei einigen der großen Figuren von Braine, die sich im 19. Jahrhundert in der Kathedrale von Soissons befanden, sind die Scheiben bei einer späteren Restaurierung unglücklich zusammengesetzt und dann aber geschickt miteinander verbunden worden.

Eine dritte Figur in Vorderansicht befindet sich in Baltimore. Sie ist als »SENIZEN« beschriftet (Abb. 7), von einem Baldachin bekrönt und trägt einen blauen Judenhut. Dabei kann es sich um den oberen Teil eines Propheten handeln, den Guilhermy unter St. Paul im mittleren Fenster der Kapelle gesehen hatte. Die Inschrift ist zum großen Teil restauriert. Sie stimmt aber nicht mehr mit dem »iohel ppha«, das Guilhermy versuchsweise entziffert hatte, überein. Wieder bezeugen Reparaturen in der Mitte der beiden oberen Scheiben ihre Herkunft. Der leuchtend gelbe Mantel und die purpurfarbene Robe sind teilweise alt, aber stark ausgebessert und übermalt. Die untere Scheibe mit nicht zueinander passenden nackten Füßen ist im wesentlichen modern.

Auch ein dritter Prophet (unter einem Baldachin), als ABACUC: PROPHETA beschriftet, befindet sich in Baltimore (Abb. 8). Der obere Teil einer solchen Figur mit dieser Inschrift und einer Schriftrolle war zur Zeit Guilhermys im ersten Kapellenfenster untergebracht.[26] Die Malerei des eng anliegenden weißen Mantels und der hellen roten Ärmel ist ausgesprochen qualitätvoll. Dafür sind die beiden unteren Scheiben (einschließlich der Schriftrolle mit Inschrift) Ergebnisse einer ungeschickten Restaurierung. Die Scheibe mit Kopf und Schultern ist wiederum problematisch. Die zusammenhanglose Inschrift wiederholt sich hier und gibt keinerlei Auskunft. Die Architekturteile, die den Baldachin stützen, sowie die Schultern, die mit der Figur unten übereinstimmen, sind modern. Der Hut ist ein Flickstück aus altem Glas, das Gesicht bartlos und nach rechts gedreht, auf der rechten Seite ausgebessert. Man könnte annehmen, daß dieses Brustbild ein Fragment einer wieder anderen Figur ist; ob Prophet oder Apostel, muß dahingestellt bleiben.

Der jugendliche barfüßige Apostel im Glencairn-

Abb. 9 Ein Apostel. Glencairn-Museum, Bryn Athyn (Pa), 03.SG. 235 A–E. Hier als von dem Chor-Lichtgaden der Soissons-Kathedrale stammend identifiziert worden

Museum in rotem Mantel und grüner Robe schließlich könnte der sein, den Guilhermy im oberen Teil des ersten Fensters der Kapelle bemerkt hatte (Abb. 9). Guilhermy verwarf seine erste Deutung des ... »aspe« auf der Schriftrolle, die gegenwärtige Beschriftung ist aus Flickstücken später eingesetzt,

Abb. 10 Ein König und Propheten. Axiales Fenster des Chor-Lichtgaden der Soissons-Kathedrale

schließt aber in der Schriftrolle ein p ein, das sich vielleicht auf einen anderen Propheten bezieht und »ThMA«, das sich auf St. Thomas beziehen ließe. Das letzte Fragment ist in eine völlig neue Scheibe eingefügt, ebenso wie die alten Scherben der Füße.

Die drei alten Scheiben sind in der Mitte restauriert. Die Sprünge beeinträchtigen das ebenmäßige Gesicht aber nicht allzusehr. Diesmal wurden seine Brauen ohne Bleikonturen gestaltet.

So können Teile von mindestens sieben unter den sechs in Sammlungen wiederhergestellten Figuren nachgewiesen werden. Wie in dem Kinderspiel »game of consequences« sind ganze Figuren zerlegt und wie zufällig wieder aneinandergesetzt worden. In der ursprünglichen Anordnung von Soissons haben wohl Propheten mit oder ohne Kopfbedeckungen, mit Namensbändern hinter ihrem Nacken und mit schräggestellten Schriftrollen im Vordergrund unter niedrigen Baldachinen gesessen. Sie würden in die unteren Hälften der Obergadenfenster passen. Die Apostel waren auf Wellenbändern am Baldachin, der den Bogen ausfüllte, benannt und hielten möglicherweise ebenfalls Schriftrollen. Sie wären dann in den oberen Teilen der Fenster angeordnet gewesen. Ihre Köpfe sind gedreht, wohl um die Gestalt Christi im Achsfenster zu begrüßen. Während die Figuren in den Obergadenfenstern des Chorschiffes der Kathedrale von Auxerre paarweise gruppiert sind, ist die Anordnung von Soissons hierarchischer.

Die allgemeine Komposition übereinandergeordneter sitzender Figuren folgt einem Muster, das im späten 12. Jahrhundert in Canterbury und Reims eingeführt worden war. In Saint-Rémi werden die Rangordnungen respektiert: Apostel und Kirchenväter stehen über Erzbischöfen, Kirchenväter über den Königen von Frankreich. Dasselbe System wurde in der ersten Hälfte des 13. Jahrhunderts von der Reimser Kathedrale übernommen (s. Abb. 6). Die Serie in Soissons war offenbar herausragend in Größe und Leuchtkraft der Farben. Sie wird einen wohl gewaltigen Eindruck auf die Betrachter im Chor gemacht haben, obwohl die ausführlichen Inschriften in den Scheiben bei der so weiten Entfernung kaum zu erkennen waren. Spätere Folgen, und selbst die zeitgleichen in Reims, enthalten kein so textbezogenes Programm.

Die Frage der Datierung verdient eine kurze Betrachtung, besonders weil neue Beobachtungen im Hinblick auf die Steinmetzarbeit des Chores eine Baupause zwischen Arkaden und oberen Bauzonen vermuten lassen.[27] Zwei Fixpunkte sind immer in Verbindung mit der Verglasung des Chorschlusses in Betracht gezogen worden: Die Platte mit der Inschrift im Chor, die an die Weihe im Mai 1212 erinnert, und die Stiftung des Königs für das Achsfenster kurz vor 1223. Es scheint, daß die Kapellen im wiedererbauten Chor in den 1190er Jahren ihrer Verwendung übergeben werden konnten. Barnes ist der Meinung, daß ihre Verglasung etwa um 1210 erfolgte.[28] Dieses Datum entspricht der stilistischen Verwandtschaft der Fenster mit denen im Chor von Laon, die im allgemeinen kurz vor 1205 datiert werden. Die oberen Bauteile können nach 1212 erbaut worden sein, wenn eine provisorische Holzdecke die Nutzung des Chores ermöglichte.

Die Ähnlichkeit zwischen den Gestalten des Stammbaumes und den Figuren in den unteren Fenstern läßt aber, wie vorher betont wurde, eine Kontinuität der Herstellung vermuten. Trotz dem Mangel an Eleganz vieler der übergroßen Figuren der Chorschiffsfenster besteht zu den Gestalten des Stammbaumes eine auffällige Übereinstimmung in Gesichtstyp, Faltenwurf und Farbskala (vgl. Abb. 9 und 10). So liegt die Verglasung des gesamten Chores zu Lebzeiten von Philippe Auguste im Bereich des Möglichen.

Der Wiederaufbau der Kathedrale kann mit den Veränderungen während seiner Herrschaft verbunden sein, besonders im Hinblick auf die verstoßene Königin Ingeborg, die 1201 in Soissons zu einem Konzil erscheinen mußte, das über ihre Wiedereinsetzung entschied. Nach dem Tod seiner dritten Frau gab der König dem Konzil gegenüber nach.[29] Die Angelegenheit zog sich über viele Jahre hin. Einige davon waren durch ein Interdikt belastet; die Versöhnung kann damals oder auch später durch ein Sühnegeschenk des Königs veranlaßt worden sein. Dieser war im Jahre 1213 erneut in Soissons, als vermutlich die oberen Teile des Chores im Bau waren. Es gibt keinerlei Aufzeichnungen über eine Naturkatastrophe, wie einen Brand oder ein Erdbeben, in den Jahren nach 1190, die eine Zerstörung und den Wiederaufbau des gerade fertiggestellten Chores in größeren Dimensionen erklären würde. Der Druck des Interdikts aber und eine durch ungünstige Witterungsverhältnisse ausgelöste Hungersnot, für die der Papst den König wegen dessen Zurückweisung seiner Braut verantwortlich machte, wurden wohl als »Zeichen« empfunden und motivierten den Chorneubau als ein Werk der Buße. Ein zusätzlicher Faktor kann Rivalität gewesen sein.

Der Chor und die Querschiffe des 12. Jahrhunderts hielten zwar Schritt mit den Kathedralen von Noyon und Senlis und mit dem erneuerten »archimonasterium« von Saint-Rémi. Sie müssen jedoch in der Zeit von 1195 bis 1212 im Vergleich zu den Neubauten von Chartres und eventuell Reims zunehmend niedrig und veraltet erschienen sein. Sie riskierten sogar, durch die prämonstratensische Abtei von Braine in den Schatten gestellt zu werden. Die Darstellungen im Glas betonen die bischöfliche und geistliche Autorität.

Es gibt eine überwiegende Zahl heiliger Kleriker in den Vitendarstellungen der unteren Fenster. Propheten und Kirchenväter des Chores betonen die biblischen Vollmachten der Priesterschaft. Die ungewöhnlichen Themen im Chorschluß, Sündenfall und Jüngstes Gericht (einschließlich der Stiftung des Herrschers, die die königliche Abstammung Christi preist) fordern Reue.

Die Apostel sind als Zeugen der Menschwerdung, aber auch als Gericht bei der Wiederkunft Christi versammelt.

Anmerkungen

1 Unter den Beispielen sind: Grodecki, L., und Prache, A.: Gothic Architecture. New York 1977; Mark, R.: Experiments in Gothic Structure. Cambridge (Mass.), (c. 1982); Simson, O. G. v.: The Gothic Cathedral; Origins of Gothic Architecture and the Medieval Concept of Order. New York 1956

2 Die zeitgenössische Kathedrale von Bourges stellte eine andere Lösung dar: Die Tragrippen der Gewölbe sind durchbrochen durch runde Öffnungen, welche eine teilweise Ansicht der Zweier- und Dreier-Gruppen im Chor-Lichtgaden ermöglichen.

3 Le Vieil, P.: L'Art de la Peinture sur Verre et de la Vitrerie. Paris 1774, S. 24–25. Er beschreibt große Bischöfe, die mindestens 4,5 m hoch sind, »d'une manière très grossière.« (Übersetzung aus dem Französischen: »eine sehr grobe Darstellung«)

4 Raguin, V. C.: Stained Glass in Thirteenth Century Burgundy. Princeton 1982, S. 104–107

5 Frodl-Kraft, E.: Zu den Kirchenschaubildern in den Hochchorfenstern von Reims – Abbildung und Abstraktion. In: Wiener Jahrbuch für Kunstgeschichte 25, 1972, S. 28–52

6 Beyer, V.; Wild-Block, C.; Zschokke, F.: Les Vitraux de la cathédrale Notre-Dame de Strasbourg (Corpus Vitrearum, France IX, Teil 1), Paris 1986, S. 27–29, 311–470 (bes. 314), Abb. 10, 213–409

7 Vor kurzem ist es jedoch das Thema von zwei monographischen Studien gewesen: Barnes, C. F. jr.: The Architecture of Soissons Cathedral: Sources and Influences in the Twelfth and Thirteenth Centuries (PhD-Dissertation, Columbia University, 1967). Ann Arbor 1984; Ancien, J.: Contribution à l'étude archéologique: Architecture de la cathé-

drale de Soissons. Soissons 1984. Es wird kurz bei Grodecki, Prache und Recht erwähnt: Gothic Architecture, S. 80, 114–115, 168, Abb. 62, 111, und vollständiger bei Bony, J.: French Gothic Architecture of the 12th an 13th Centuries, Berkeley (c. 1983), S. 5–6, 134, 148–149, 163–165, 169, 172, 227, 230, 255–256, 323, Abb. 126 D, 143, 155, 156, 189, 213, 237, 298

8 Grodecki, L.: Un Vitrail démembré de la cathédrale de Soissons. In: Gazette des Beaux-Arts 43, 1953, S. 169–176; Grodecki. In: Marcel Aubert et al.; Le Vitrail français, Paris 1958, S. 123; Grodecki, L.: Les Vitraux soissonnais du Louvre, du Musée Marmottan et des collections américaines. In: La Revue des Arts 10 (1960), S. 163–178; siehe auch Verdier, P.: A Stained Glass from the Cathedral of Soissons. In: Corcoran Gallery of Art Bulletin 10, 1958. S. 4–22; Caviness, M. H.; Raguin, V. C.: Another Dispersed Window from Soissons: A Tree of Jesse in the Sainte-Chapelle Style. In: Gesta 20, 1981, S. 191–198; Hayward, J.: In Metropolitan Museum of Art, Radiance and Reflection: Medieval Art from the Raymond Pitcairn Collection, New York 1982, S. 137–146; Childs, S.: Two Scenes from the Life of St. Nicholas and their Relationship to the Glazing Program of the Chevet Chapels at Soissons Cathedral. In: M. H. Caviness and Timothy Husband ed., Selected Papers from the XIth International Colloquium of the Corpus Vitrearum, New York, 1.–6. Juni 1982, New York 1985, S. 25–33; Caviness, M. H., Pastan, E., Beaven, M.: The Gothic Window from Soissons: A Reconsideration, Isabella Stewart Gardner Museum, Fenway Court 1983, 1984, S. 6–25; Caviness, M. H.; Hayward, J.: Checklist of Stained Glass before 1700 in American Collections. Studies in the History of Art 15, 1985, S. 14, 40, 97; 23, 1987, S. 16, 57, 111–114 und in Kürze erscheinend (Detroit)

9 de Guilhermy, F.: Notes sur diverses localités de la France, XVI, Paris, Bibliothèque Nationale, MS n. acq. fr. 6109, folgende Seiten 255v–256v. Dieser Text ist redigiert worden, um als Anlage 7 zu meinem in Kürze erscheinenden Buch über Farbglas von Saint-Rémi von Reims und von Saint-Yved von Braine zu erscheinen.

10 Grodecki, L.; Perrot, F.; Taralon, J., u. a.: Les Vitraux de Paris, de la région parisienne, de la Picardie, et du Nord-Pas-de-Calais (Corpus Vitrearum Medii Aevi, France: Recensement I), Paris 1978, S. 171, Pl. 13. Abb. 95

11 Dieses häufig zitierte Dokument, welches in einer mittelalterlichen Fassung nicht mehr erhalten ist, wurde von Carl F. Barnes aus Auszügen, die im 17. Jahrhundert vorgenommen wurden, herausgegeben: Ex Martyrologio Ecclesiae S Gervasii Suessionensis, Paris, Bibliothèque Nationale, MS Baluze, Band 46, f. 463r, in einem Anhang zu meinem in Kürze erscheinenden Buch über Saint-Rémi.

12 Schmitz, H.: Katalog der Glasgemälde der Königl. Museen, Berlin 1913, II, S. 23, Abb. 66; diese Tafel wurde im Jahre 1904 erworben. Aus demselben Fenster stammt die obere Hälfte eines Königs, die sich jetzt im Glencairn-Museum befindet (Cothren, M. W.; in: Caviness und Hayward, Checklist, 1987, S. 111).

13 Vgl. z. B. die Propheten des Stammbaumes (Grodecki und andere, Recensement I, Abb. 94) und die Gruppe, die vorher als Einwohner von Reims im Gardner-Museum identifiziert wurde (Louis Grodecki und Catherine Brisac: Le Vitrail gothique au XIIIe siècle, Paris 1984, Abb. 26)

14 Die zuverlässigsten Maße der Originaltafeln sind die von Kiew: St. Paul, 74,5 cm × 90,5 cm, Hesekiel, 68,5 cm × 81,5 cm, jedoch erscheint besonders der letztere verkleinert.
Die Tafelmaße in Baltimore und Bryn Athyn betragen 70,5 bis 73 cm × 82,5 cm, mit Rändern, die 35,7 cm breit sind, für ein kombiniertes Maß von 7,50 bis 60 cm × 1,54 m; jedoch sind diese Überdachungen auch auf jeder Seite möglicherweise um 20 cm verkürzt worden. Die Fensteröffnungen haben die Maße von etwa 7,05 m × 1,95 m; jedoch erscheint es so, daß die Schwellen auf zwei oder drei Reihen Mauerwerk erbaut worden sind, so daß eine ursprüngliche Höhe bis zu 8 m ermöglicht wurde.
Ich bin Marilyn Beaven dafür dankbar, daß sie diese Maße aus der maßstäblichen Radierung in Thomas H. King: Etudes pratiques tirées de l'architecture du moyen-âge en Europe, I, Bruges 1857, Soissons Tafel 2, berechnet hat. Meine Messungen der einfachen Lichter in den abzweigenden Nischen zeigen eine Höhe von etwa 10,5 m an.

15 Guilhermy, f. 257v. Gemäß M. Beaven haben diese Luchten Maße von etwa 8,2 m × 1,5 m.

16 Muratova, X.: Deux panneaux inconnus de vitraux français du XIIIe siècle au Musée de Kiev, Revue de l'Art 10, 1970, S. 63–65; und in Iskusstvo 33, 1970, 9, S. 61–66.
Ich bin dem Autor dankbar für die Behandlung dieser Tafeln, und ich möchte Ernst Kitzinger dafür danken, daß er den russischen Artikel für mich kritisch überprüft hat. Die Tafeln sind als Nummer 465 und 466 in dem Katalog der Khanenko-Sammlung von S. Ghilarov, 1927, aufgeführt (sie standen mir auch nicht zur Verfügung). Siehe auch: Roslavets, A. M.; Krizhitsky, O. V.: Kiew: Gosudarstvennyi muzei zapadnogoi vostochnogo iskusstva. Kiew 1964, S. 19, Tafel 11, und Faktorovich, M. D.: Khudozhestvennye muzei Kieva. Moskau 1977, S. 194–195, Farbtafel-Einfassung S. 192

17 Die unteren Hälften des S und E (erste und letzte Buchstaben von species electri) sind auch sichtbar in ihrer richtigen Position.

18 Die beste Art und Weise, dies zu überprüfen, bestände darin, Abdrücke der Bleiruten dieser Tafeln zusammenzutragen; es ist zu hoffen, daß solch ein Austausch herbeigeführt werden kann.

19 Diese können die Stiftung der Halbkreis-Fenster durch den Erzbischof Henri de Braine vordatieren, 1227–1240: Reinhardt, H.: La cathédrale de Reims. Paris 1963, S. 185

20 Derartige Köpfe waren im ganzen Gebäude durch Guilhermy beschrieben worden, ff. 255v–256. Siehe auch Barnes, C. F.: The Cathedral of Chartres and the Architect of Soissons. In: Society of Architectural Historians Journal, 22, 1963, Abb. 19

21 M. Beaven hat ein sehr nützliches Dossier »Soissons before 1896« zusammengestellt, mit Fotografien und Radierungen der Kathedrale sowie groben Fotomontagen des Glases, wie Guilhermy es sah. Ein Teil dieses zusammengestellten Materials wurde in ihrer Herausgabe »A Reconstruction of the Stained Glass in the Windows of Soissons Cathedral as it Appeared in c. 1860, taking special account of those panels now in American Collections« behandelt und illustriert; unveröffentlichtes »Festbündel« für Jane Hayward, Mai 1987. Sie bereitet eine Magisterarbeit an der Tufts University vor mit der Überschrift: »The Legendary Stained Glass from the 13th Century Choir of Soissons Cathedral«.

22 Caviness und Raguin, 1981, S. 193

23 Cf. – der König von Braine, Pitcairn 03.SG.234 A–C, illus. Cothren in Caviness und Hayward, »Checklist«, 1987, S. 108

24 Ich bin dem Museum dankbar, daß ich die Erlaubnis erhielt, diese Glastafeln durch einen Lichttisch im Jahre 1987 zu untersuchen; besonders möchte ich Michael W. Cothren danken, der die Untersuchungen zusammen mit mir durchführte und mir Kopien der Abdrücke lieferte.

25 Eg. – der König in Glencairn und »Sophonias« in Walter's Gallery: Caviness, M. H.: Rediscovered Glass of About 1200 from the Abbey of Saint-Yved at Braine. In: Selected

Papers from the XIth International Colloquium, 1985, S. 46, Anm. 40
26 Die authentischen restlichen Teile der Inschrift: ... ACV.: PPhA entsprechen fast dieser Version (... cuc ppa). Der Restaurator übersah das Kurzzeichen für pro im Original.
27 Ancien: Contribution à l'étude archéologique, 1984, S. 29 bis 31, Abb. 9; siehe auch Barnes, C. F.: The Twelfth-Century Transept of Soissons: The Missing Source for Chartres? In: Society of Architectural Historians Journal, 28, 1969, S. 20
28 Laut persönlichem Gespräch vom 30.7.1984 waren die frühesten Daten für die Kapellen, die er vorher herausgefunden hatte, 1207 und 1208, von Gallia Christiana X, col. 385, aber er berichtete von neuen Entdeckungen, welche einen früheren Bautermin anzeigen.
29 Saincir, J.: Le Diocèse de Soissons, I, Evreux, 1935, S. 101 bis 103

Heinrich Magirius

Der romanische Vorgängerbau der St.-Bartholomäi-Kirche in Altenburg und seine Krypta

Ergebnisse archäologischer Untersuchungen der Jahre 1981–1982

Die Stadtpfarrkirche St. Bartholomäi in Altenburg kann weder durch ihre Größe noch durch ihre architektonische Durchbildung als gotischer Kirchenbau besondere kunsthistorische Aufmerksamkeit beanspruchen. Es handelt sich um eine dreischiffige Hallenkirche von sechs Jochen mit einem eigenartig verschliffenen Ostschluß (Abb. 1, 2). Der Fünfzehntelschluß des Mittelschiffes gleitet in die unregelmäßigen zwei Polygonseiten der schmalen Seitenschiffe über. Im Bild des gedrungenen Raumes dominiert die an Bettelordensarchitektur gemahnende Arkadenfolge von achteckigen Pfeilern mit daraus sich entwickelnden Scheidebögen. Das schlichte Kreuzgewölbe ist über Konsolen eingehängt und zeigt nur im östlichen Polygon eine reichere Figuration. Noch im »Dehio« von 1965 als Bau des späten

Abb. 2 Altenburg. Bartholomäikirche. Innenraum nach der Wiederherstellung der spätgotischen Farbfassung. Blick nach Osten

Abb. 1 Altenburg. Bartholomäikirche von Südwesten

Vorgängerbau der St.-Bartholomäi-Kirche in Altenburg

15. Jahrhunderts vorgestellt,[1] mußte die Kirche in der obersächsischen Kunstlandschaft als wenig anziehender Sonderling erscheinen. Durch eine sehr durchgreifende Erneuerung des Äußeren und Inneren von 1876–1878 war die Bartholomäikirche zudem nicht nur ihrer alten Ausstattung, sondern auch ihres »Alterswertes«, ja der Dominanz aller mittelalterlichen Züge beraubt worden. Die 1978 begonnene und zur Zeit noch nicht abgeschlossene Erneuerung hat zum Ziel, die überlieferten mittelalterlichen Werte wieder etwas stärker zur Geltung zu bringen.[2] Dabei wurde mehr und mehr deutlich, daß wir es nicht mit einer Kirche der spätesten Gotik zu tun haben, sondern mit einer der mittelgroßen Pfarrkirchen, die zwischen Saale und Mulde meist in lange währenden Bauzeiten in den ersten zwei Dritteln des 15. Jahrhunderts entstanden sind.[3]

Nicht zuletzt sind aber auch die topographische Lage – östlich der Kirche fällt das Gelände steil ab – und die Existenz von Vorgängerbauten für die Ausbildung der heutigen Baugestalt von Bedeutung gewesen. Nachdem man 1843 im Südschiff im Bereich des vierten und fünften Joches von Westen den Teil

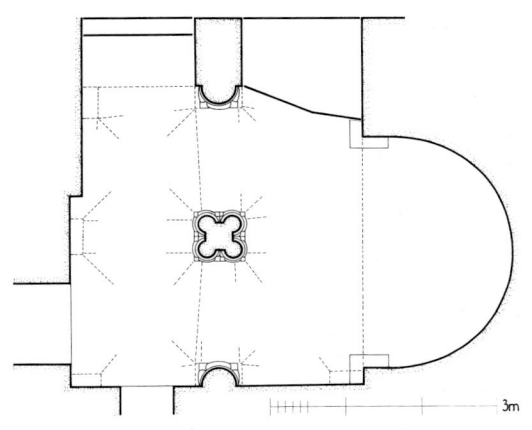

Abb. 4 Grundriß der Krypta

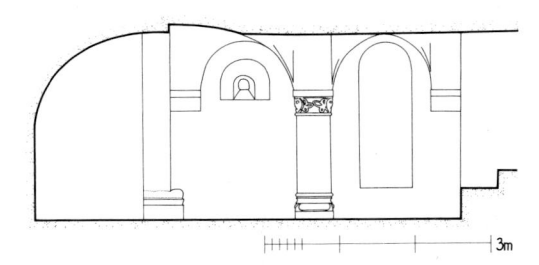

Abb. 5 Ost-West-Schnitt durch die Krypta

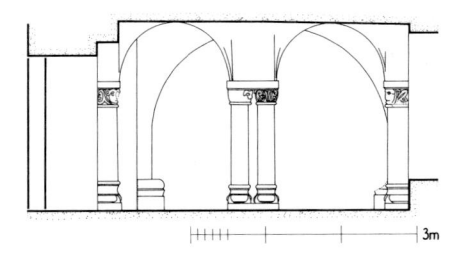

Abb. 6 Nord-Süd-Schnitt durch die Krypta

Abb. 3 Altenburg. Bartholomäikirche. Krypta im Zustand vor 1980. Blick nach Osten

unten rechts: Abb. 7 Altenburg. Krypta nach der Wiederherstellung 1987. Blick nach Osten

einer romanischen Krypta fand, ist diese Vermutung schon mehrfach geäußert worden (Abb. 3).[4] Dieser Raum – in Sandstein-Quadermauerwerk errichtet – ist 4,10 Meter breit und 3,80 Meter lang; östlich schließt sich – etwas nach Süden versetzt – eine eingezogene und etwas gestelzt halbrunde Apsis mit einem Durchmesser von 1,60 Meter an (Tiefenerstreckung 2 Meter) (Abb. 4, 5). Seit dem späten Mittelalter ist östlich ein tonnengewölbter Gruftraum angefügt. Seither schließt das Mauerwerk der Apsis außen geradlinig ab (s. Abb. 8). Der ursprüngliche, aber stark veränderte Eingang liegt am südlichen Ende der Westseite, ein nachträglich eingebrochener am westlichen Ende der Südseite (s. Abb. 11, 12). Der Raum war von Süden her durch ein kleines Halbrundfenster belichtet (s. Abb. 10). Die Westwand springt 2,60 Meter nördlich von der Südwand um etwa 0,18 Meter nach Osten vor (s. Abb. 11). Die Nordseite des Raumes ist durch zwei halbrund geschlossene Bogen aufgelöst (s. Abb. 14). Ein Mittelpfeiler nimmt die Gewölbe der vier etwa quadratischen Joche auf (s. Abb. 9, 11, 13, 14). Deutlich ist das Bestreben, die Wölbung, die als System von sich durchdringenden Tonnen verstanden werden kann, über Gurtbogen und an der Nordseite auch über Andeutungen von Schildbogen zu entwickeln. In der Mitte der Süd- und Nordseite des Raumes sind Halbrundvorlagen angeordnet, auf die sich die Gurtbogen und seitlich Schildbogen beziehen, die aber nur an der Nordseite deutlicher als solche in Erscheinung treten (s. Abb. 12–14). In den Ecken ruhen diese auf viertelkreisförmig ausladenden Konsolen (s. Abb. 10–12). An der Südseite sind sie in Ost-West-Richtung, an der Nordseite in Süd-Nord-Richtung angelegt, was der Ausprägung eines »Schildbogens« im Norden entspricht. Auch der mittlere Gurtbogen bezieht sich an der Westseite auf eine solche Konsole, während das Gewölbe im Bereich östlich der Mittelstütze gegen den Scheitel der Apsiskalotte verzogen ist. Der Mittelpfeiler ist quadratisch, an den Ecken umstanden von dreiviertelrunden Säulen auf steilen attischen Basen mit Ecksporen (s. Abb. 13, 14). Die Kapitelle des Mittelpfeilers an der Nordseite ähneln Würfelkapitellen, besitzen aber an den Ecken Grate, ihre Seiten sind leicht »gepolstert«. Die beiden südlichen Säulen tragen korinthische Kapitelle von archaisierender Abstraktion. Eine Kämpferzone haben die Stützen nicht. An den kräftig-gedrungenen Wandpfeilern sprechen die mehr ausladenden attischen Basen und die gedrungenen Kapitelle mit Blatt- und Rankenwerk sowie Eckmasken eine etwas andere architektonische Sprache als der Mittelpfeiler (s. Abb. 11 bis 13).[5]

Abb. 8 Grundriß des heutigen Kirchenbaus und der Krypta mit Eintragung der Grabungsergebnisse von 1981/82

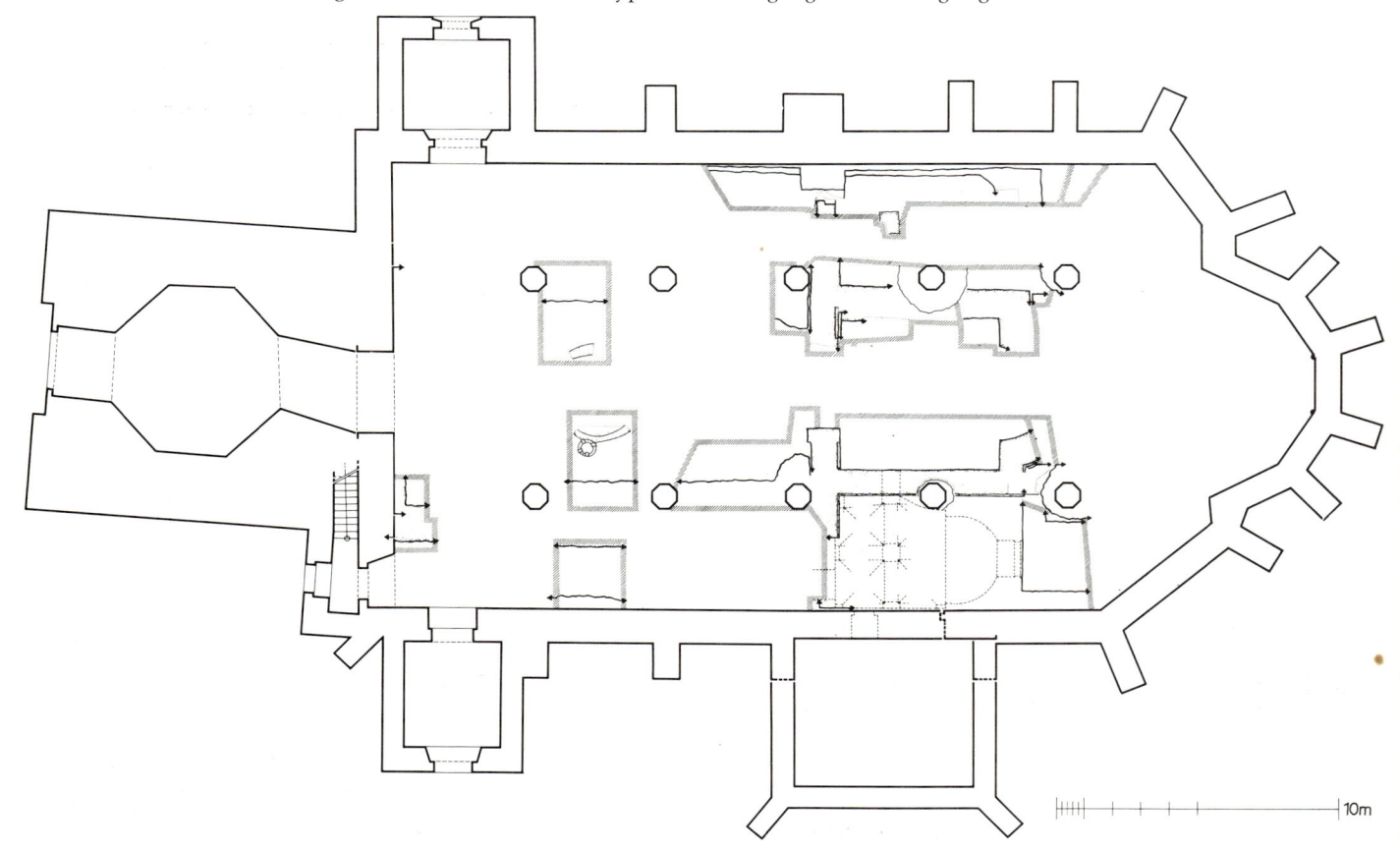

Vorgängerbau der St.-Bartholomäi-Kirche in Altenburg

Abb. 9 Altenburg. Krypta 1987. Blick nach Südosten

Abb. 11 Altenburg. Krypta. Blick nach Südwesten.
Rechts Mauerabsatz in der Westwand erkennbar

Abb. 10 Altenburg. Krypta. Östliches Joch. Blick nach Süden

Abb. 12 Altenburg. Krypta. Südliche Wandvorlage.
Nachträglicher Zugang und Teil des Mittelpfeilers.
Blick nach Südwesten

Diese Krypta hat die Phantasie der Historiker der Stadt Altenburg seit der Mitte des 19. Jahrhunderts bis in unsere Gegenwart immer wieder angeregt.[6] Irritiert von der Tatsache, daß zwischen der Schenkung der »civitas« Altenburg durch Kaiser Otto II. an das Bistum Zeitz 976 und den dreißiger Jahren des 12. Jahrhunderts eine eindeutige historische Überlieferung fehlt, mußte diese altertümlich wirkende Krypta immer wieder als »Bindeglied« herhalten, wobei im 19. Jahrhundert eine angeblich mit der Jahreszahl 1089 versehene Scheibe im Ostfenster der Kirche als maßgebend für eine Datierung angesehen wurde. Auch im 20. Jahrhundert hielten die Lokalhistoriker an einer Frühdatierung fest.[7] Auf diese Theorien einzugehen, halten wir an dieser Stelle schon deshalb nicht für notwendig, weil ihre wesentlichen Denkfehler schon von Walter Schlesinger 1952 und Hans Patze 1955 korrigiert worden sind.[8] Die Kunstgeschichte hat sich bei der Datierung der Krypta schon immer für eine Entstehung im 12. Jahrhundert, manchmal sogar in der zweiten Hälfte ausgesprochen.[9]

Allerdings hat es bisher auch an einer eingehenden Analyse zu Stil und Typus gefehlt, weil letzterer ohne archäologische Untersuchungen rätselhaft blieb. Denn daß das 1843 entdeckte Gewölbe nur ein Teilstück einer größeren Kryptaanlage sein kann, war den Kunsthistorikern schon lange klar.[10]

1956–1957 hatte dann Hans-Joachim Krause zu einer archäologischen Untersuchung angesetzt, die – beschränkt auf das Gelände außerhalb des spätgotischen Baues – die typologische Frage nicht zu klären vermochte.[11] So sahen wir es als eine Verpflichtung an, im Zusammenhang mit der unter Leitung des Instituts für Denkmalpflege, Arbeitsstelle Dresden, vorgenommenen gründlichen Erneuerung des Innenraumes auch archäologische Untersuchungen vorzunehmen. Sie sind im wesentlichen in den Jahren 1981 und 1982 durchgeführt worden. Ihre Ergebnisse werden im folgenden knapp dargestellt.[12]

Bei dem romanischen Vorgängerbau handelt es sich um eine Saalkirche mit gleich breitem Querwestturm, eingezogenem Chor und eingezogener, etwa halbkreisförmiger Apsis (s. Abb. 8, 19).[13] Die Fundamente bestehen aus Bruchstein, der formierte Sockel und wohl auch das gesamte aufgehende Mauerwerk aus dem »kaolinführenden, schwach konglomeratischen Sandstein des ›Weißrotliegenden‹ Altenburgers«, gebrochen vom westlichen Weißen Berg im Norden der Stadt, etwa 1,7 Kilometer von der Baustelle entfernt.[14] Vom aufgehenden Mauerwerk hat sich nur die aus Sandsteinquadern bestehende Ostwand des Querwestturmes mit einer in der Mittelachse liegenden, halbrund geschlossenen Öffnung erhalten (lichte Weite 2,90 Meter) (s. Abb. 17). Vom Sockel der südlichen Chorwand ist noch die unterste Schicht vorhanden, an der eine Schräge angearbeitet ist (Abb. 15, 18). An der Innenseite und an der Ostseite des Triumphbogens war noch Wandputz erkennbar (s. Abb. 16, 20, 22). Der Fußboden

Vorgängerbau der St.-Bartholomäi-Kirche in Altenburg

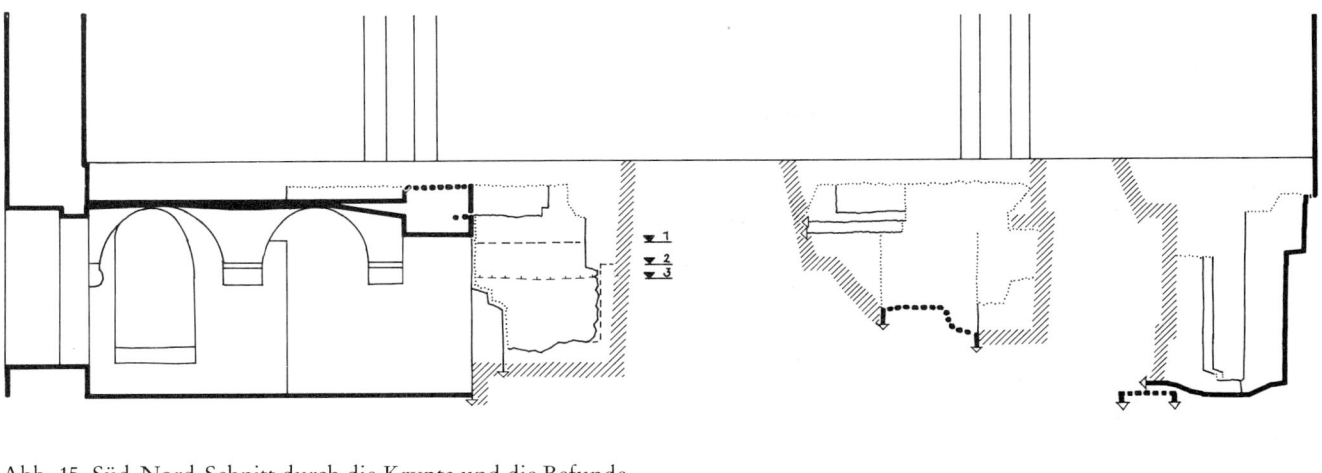

Abb. 15 Süd-Nord-Schnitt durch die Krypta und die Befunde östlich des romanischen Triumphbogens. 1. Fußbodenhöhe des 12. Jahrhunderts, untere Putzgrenze am aufgehenden Mauerwerk; 2. Obere Grenze der Baugrube für die Triumphbogenvorlage; 3. Untergrenze des gemörtelten Fundamentes

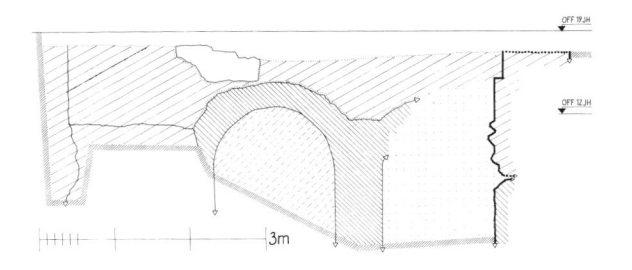

Abb. 16 Ost-West-Schnitt an der Südwand des romanischen Chors mit Bogenöffnungen zur südlichen Krypta

Seite 56:
Abb. 13 Altenburg. Krypta. Mittelpfeiler und südliche Wandvorlage. Blick nach Südosten

Abb. 14 Altenburg. Krypta. Mittelpfeiler, rechts Wandpfeiler und westliche Bogenöffnung zu dem unter dem romanischen Chor geplanten Mittelteil einer Krypta. Blick nach Nordwesten

Abb. 17 Altenburg. Ostwand des romanischen Westturms mit nachträglich gestörter Rundbogenöffnung zwischen Langhaus und Turmraum. Blick nach Westen

des romanischen Chorbereiches lag bei −1,14 Meter unter dem Fußboden des 19. Jahrhunderts. Auch von den stark eingezogenen Vorlagen des Triumphbogens sind noch Reste vom aufgehenden Mauerwerk erhalten; am südlichen konnte noch das attische Sockelprofil nachgewiesen werden. Die Fundamente sind in Gräben verlegt, die in den anstehenden Lößlehm eingetieft sind. Die Fundamentsohle fällt von West nach Ost. Im Westen des Langhauses liegt sie bei −1,56 Meter unter Fußbodenhöhe 19. Jahrhundert, am Triumphbogen bei −2,65 Meter. In der Fundamentgrube der südlichen Vorlage fand Wilfried Baumann am 10.3.1981 Keramik, die er »nicht viel vor die Mitte des 12. Jahrhunderts«

Abb. 18 Altenburg, Bartholomäikirche. Grabung südlich des romanischen Chors. Links Sockel des romanischen Chors mit einer nachträglichen Verlängerung nach Osten, die durch das Fundament des ersten östlichen spätgotischen Pfeilers der südlichen Reihe von Osten gestört ist. In Bildmitte vorn Bruchsteinfundament von der romanischen Kryptaapsis, daran anschließend das 1876 abgerissene spätgotische Tonnengewölbe eines Gruftraumes. Blick nach Osten

Abb. 19 Altenburg. Bartholomäikirche. Grabung im Mittelschiff. Rechts Fundament der Südwand des romanischen Chors, in Bildmitte Fundamentreste der romanischen Apsis, rechts oben Fundamentverlängerung der Südwand des Chors und spätgotisches Pfeilerfundament. Blick nach Osten

Abb. 20 Altenburg. Bartholomäikirche. Grabung im Mittelschiff; Fundament und aufgehendes Mauerwerk – Wandputz erkennbar – von der Südwand des romanischen Chors; darin nachträglich eingebrochen die östliche Bogenöffnung, die den Südteil der Krypta mit dem geplanten Mittelteil verbinden sollte. Die westliche Öffnung – rechts – ist durch eine Ziegelwand zugesetzt. Blick nach Südost

Abb. 21 Altenburg. Bartholomäikirche. Grabung im Mittelschiff. In Bildmitte Fundament und Sockel der nördlichen Triumphbogenvorlage des romanischen Baus; in Bildmitte die stark ausgebrochene Nordwand; rechts unterhalb des Heizungskanals Unterfütterung des Fundaments der Ostwand des Langhauses durch den Nordteil des Krypta-Anbaues. Blick nach West

datierte.[15] Im Langhaus trat in der Mittelachse ein kreisrundes flaches Fundament von 3,60 Meter Durchmesser zutage, offenbar der Stufenunterbau für die romanische Taufe, zu der auch ein nahebei liegendes Sandstein-Werkstück gehören könnte. Sie muß im Mittelpunkt des romanischen Langhauses gestanden haben. Die vorhandene Krypta ist in einem nachträglichen Bauvorgang seitlich an die Südwand des Chores angefügt worden. Das ist offenbar so vor sich gegangen, daß man hier das Terrain von außen her abgrub, die Ostwand des Langhauses unterfütterte und etwas nach Westen verschoben die neue Westwand der Krypta anbaute (s. Abb. 15). Der Rücksprung ist noch deutlich zu sehen (s. Abb. 11). Das Fundament der Südwand des Chores wurde unterfahren, in der Mitte ein Pfeiler aufgeführt, auf dem zwei in Sandstein gearbeitete Bogen ruhen, deren Scheitel bei −1,02 Meter unter dem Fußbodenniveau des 19. Jahrhunderts liegen, also oberhalb des romanischen Fußbodens im Chorbereich (s. Abb. 16, 20, 22). Aus den dargelegten Befunden ist zu schließen, daß die Absicht bestand, die Krypta auch in den Chorbereich auszudehnen, was zur Folge gehabt hätte, daß man das Fußbodenniveau hätte heben müssen (s. Abb. 14, 20). Ausgeführt ist der Plan nicht, da dicht nördlich hinter dem Pfeiler unberührter Lößlehm anstand. Nördlich wurde eine gleichartige Kryptaanlage zu bauen begonnen, offenbar aber nie zu Ende geführt. (s. Abb. 8, 15, 21, 23). Die Nordwand des Chores war nämlich nicht durch eine entsprechende Bogenstellung unterfahren. Dagegen zeigten auch die Fundamente der östlichen Außenwand des Langhauses die Unterfütterung mit großen Sandsteinquadern (s. Abb. 21). Auch fanden sich entsprechend zum Westeingang des Südteils der Krypta die Leibung und der Anschlag einer Türöffnung (Schwelle −2,88 Meter unter Fußbodenniveau 19. Jahrhundert) (s. Abb. 23). Auch ist das quadratische Fundament für eine Mittelstütze bei −3,10 Meter zum Vorschein gekommen. Es hat den Anschein, daß der Bau begonnen, aber nie vollständig ausgebaut war.

Ein deutliches Bild von den Bauvorgängen im weiteren Verlauf des 12., des 13. und des 14. Jahrhunderts haben die Untersuchungen nicht ergeben. Sicher ist, daß auf dem Grundriß des südlichen Teils der Krypta ein Bau in Bruchstein bestanden hat und daß man den Westeingang zur Krypta schloß und den Kryptaraum durch eine im westlichen Joch der Südwand eingebrochene Öffnung zugänglich machte. Für eine Verlängerung des Chores nach Osten sprechen nachträglich an die Süd- und Nordwand des Chores angefügte Mauerzüge (s. Abb. 18, 19). Die östliche Endigung konnte nicht mehr erfaßt werden, weil durch die Heizungsanlage von 1876 alle Befunde zerstört sind. Schwierig zu deuten sind die Befunde an der Nordwand der Kirche im Bereich des nördlichen Kryptaanbaus. Vielleicht legte man die Fundamente dort erst an, als der Kryptaplan aufgegeben war und man hier eine Kapelle baute, zu der der Mauerzug gehört. Es hat wohl vor dem Bau der spätgotischen Kirche nördlich vom Chor – vielleicht in zwei Baustadien – eine Kapelle gegeben, an die sich westlich ein nördliches Seitenschiff oder eine weitere Kapelle anschloß. Entsprechende Befunde liegen an der Südseite nicht vor. Sicher ist aber, daß über dem Kryptaraum ebenfalls eine Kapelle existiert hat. An deren Südseite wurde ebenfalls vor dem Neubau im 15. Jahrhundert ein weiterer Kapellenraum angefügt, von dem Teile im Unterbau der Ostwand des späteren Sakristeianbaus erhalten sind. Der spätgotische Neubau begann wohl mit der Errichtung der Außenmauern des Langhauses, die sich offenbar auf die zunächst noch vorhandene westliche Flucht des Triumphbogens bzw. der Westwände der Kryptaanbauten bezogen. Aber erst nach dem Bau der Umfassungsmauern des Chores und dem Abbruch der älteren Ostteile wurden die Pfeiler errichtet.[16] Die letzte Baumaßnahme scheint die bauliche Änderung der Südsakristei gewesen zu sein. Auf deren älterer niedrigere Ostwand wurde noch der Strebepfeiler der Chorpartie aufgesetzt. Die Westwand des neuen Anbaus wurde an den Strebepfeilern der südlichen Langhauswand von Süden angeschoben. In der Mauer zwischen Südschiff und Sakristei wurden besonders viele romanische Werkstücke wiederverwendet. Dagegen könnte das mit einem Dreipaß geschlossene Portal noch auf die Zeit vor dem spätgotischen Neubau zurückgehen.

Dem Profil des Türgewändes nach zu urteilen, wurde um 1500 östlich an den südlichen Teil der Krypta ein Tonnengewölbe angefügt. In der Apsis der Krypta befand sich der Zugang zu dieser Tonne, die – wie die Krypta selbst – offenbar schon zu dieser Zeit zu Begräbniszwecken benutzt wurde (s. Abb. 18). Nach einem 1659 erfolgten Teileinsturz brach man 1660 den romanischen Querwestturm, der in den oberen Teilen als Zweiturmanlage ausgebaut war, ab und ersetzte ihn bis 1669 durch einen in den Untergeschossen quadratischen Turm nach einem Entwurf von Christoph Richter.

Weniger die kaum mehr faßbaren Stilformen als die Anwendung des Bautypus erlauben es, den Ursprungsbau der Bartholomäikirche kunsthistorisch näher einzuordnen. Ebenso allgemein wie die Keramik im Fundamentgraben des Triumphbogenpfeilers als typisch für das 12. Jahrhundert bezeichnet wurde, ist die Schräge des Außensockels oder das »attische« Profil des Sockels am Triumphbogen im Verlauf des ganzen Jahrhunderts üblich (s. Abb. 24). Die besonders steile Kehle ist bei den Bauten des letzten Drittels des 12. Jahrhunderts allerdings

Abb. 22 Altenburg. Bartholomäikirche.
Grabung im Mittelschiff. Links Südwand des romanischen Chors mit nachträglich eingebrochener Bogenöffnung, die den Südteil der Krypta mit dem geplanten Mittelteil verbinden sollte – im Foto durch eine Ziegelwand verdeckt; in Bildmitte Fundament und Sockel der südlichen Triumphbogenvorlage, teilweise unterfahren durch Mauerwerk, das mit dem Bau der Krypta in Zusammenhang steht; oben rechts Fundament einer provisorischen Wand zwischen Langhaus und Chor. Blick nach West

Abb. 23 Altenburg. Bartholomäikirche.
Grabung im Nordschiff. Links Leibung und Türgewände vom westlichen Eingang zum Nordteil der Krypta; rechts spätere Wandvorlage. Blick nach West

nicht mehr häufig, sie tritt öfter bei Bauten der ersten Hälfte auf.[17] Auffällig an dem Erstbau ist die sorgfältige Steinbearbeitung; wahrscheinlich handelte es sich um einen Sandstein-Quaderbau. Der Bautyp, Saalkirche mit eingezogenem Chor, Apsis und Querwestturm, der »vollständige Typ« des Kleinkirchenbaus der Romanik, ist besonders im niedersächsischen Raum weitverbreitet (s. Abb. 25).[18] Zwischen Saale und Elbe kommt er in der zweiten Hälfte des 12. und der ersten Hälfte des 13. Jahrhunderts mehrfach als romanischer Dorfkirchentyp vor, der bisweilen die Größe der Bartolomäikirche erreicht (Dorfkirche Klinga/Kreis Grimma).[19] Doch hat Edgar Lehmann gezeigt, daß die Saalkirche in einer historisch früheren Schicht als durchaus geeignet für repräsentative kirchliche Bauaufgaben gegolten hat. Als Stadtkirchen des 12. Jahrhunderts führt Edgar Lehmann die Nikolaikirche in Weißensee, den Vorgängerbau der Michaeliskirche in Jena aus der Mitte des 12. Jahrhunderts, die Kirche St. Maria zur Wieden in Weida und die bisher um 1165–1170 datierte Jakobikirche in Chemnitz an (s. Abb. 29).[20] Hinzuzufügen sind wahrscheinlich die Petrikirche in Magdeburg, die Nikolaikirche in Gardelegen und die Maximikirche in Merseburg, alles nicht genau zu datierende Bauten nach der Mitte des 12. Jahrhunderts.[21] Es wäre auch keineswegs richtig, diesen Typ als Stadtkirche etwa auf die Zeit »um 1150« begrenzen zu wollen.

Noch in der ersten Hälfte des 13. Jahrhunderts sind städtische Pfarrkirchen als Saalbauten errichtet worden. Solche schlossen sich wohl an die Türme der Frauenkirche zu Grimma, der Ägidienkirche zu Groitzsch und der Marienkirche zu Borna an.[22] Sie wurden später abgebrochen bzw. durch Neubauten ersetzt. Ohne Westturm finden sie sich in der Nikolaikirche zu Löbau und der Ostritzer Pfarrkirche.[23] Aber das sind – von Altenburg her gesehen – fernab liegende Bauten, die unter gänzlich anderen historischen Voraussetzungen entstanden sind. Für die Beurteilung des Saalkirchentypus in Altenburg ist es wichtig, daß im letzten Drittel des 12. Jahrhunderts die bedeutenderen Städte zwischen Saale und Mulde – und dazu gehört Altenburg nach der Stadterweiterung zur Zeit Kaiser Friedrichs I. um 1165–1170 zweifellos – für ihre Stadtkirche auf andere Kirchbautypen zurückgreifen: die dreischiffige Basilika mit Chor und die kreuzförmige Basilika mit Westturmfront. Der Vorgängerbau der St.-Thomas-Kirche in Leipzig – wohl aus der Mitte des 12. Jahrhunderts – war eine Pfeilerbasilika mit Westturm und eingezogenem Chor mit Apsis, die nach der Stadtgründung im letzten Drittel des 12. Jahrhunderts errichtete Nikolaikirche hingegen eine kreuzförmige Basilika mit Westturmfront. In diesem Bautypus, der auch für die Stadtkirchen St. Marien und Nikolai in Freiberg für das letzte Viertel des 12. Jahrhunderts nachgewiesen werden konnte, spiegelt sich der Geltungsanspruch der unter Markgraf Otto gegründeten Städte, die nun den romanischen Domen, Stifts- und Klosterkirchen in Niedersachsen nicht nachstehen sollen.[24] Hier geht es eindeutig um eine »Nobilitierung« der Stadtkirche. Weniger bedeutende Städte in der Nachbarschaft zu Altenburg wie Geithain, Rochlitz und Rötha wer-

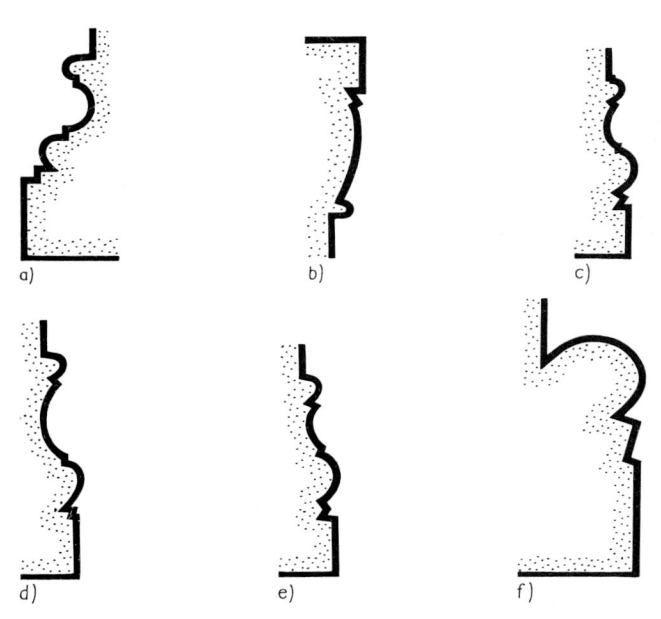

Abb. 24 Altenburg. Batholomäikirche. Romanische Profile
a Sockelprofil von der Triumphbogenvorlage
b Profil des nördlichen Kryptakapitells
c Sockelprofil der südlichen Wandvorlage in der Krypta
d Sockelprofil der nördlichen Wandvorlage der Krypta
e Sockelprofil der Mittelstützen der Krypta
f Sockelprofil vom Apsisansatz der Krypta

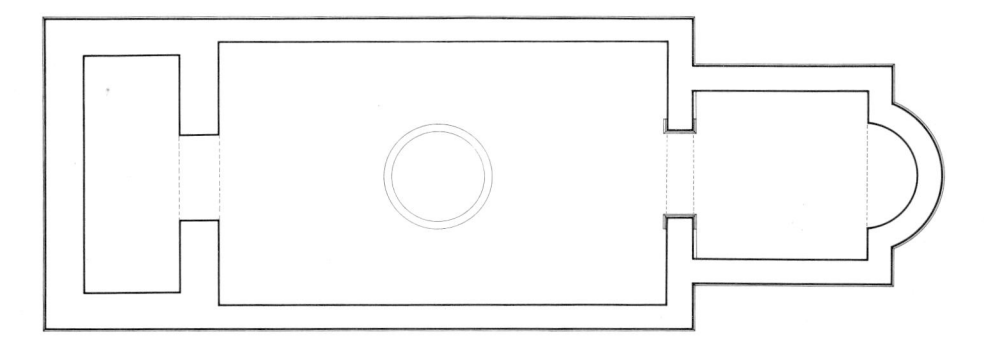

Abb. 25 Grundriß der romanischen Saalkirche. Plan von G. Kavacs

Abb. 26 Zwickau.
Katharinenkirche.
Lavierte Zeichnung von F. Bulian,
um 1830, Bienert-Sammlung, Dresden.
Erkennbar ist, daß der südliche Einturm
bis zur Erneuerung von 1853
auf einen romanischen Querwestriegel
aufgebaut war.

den noch im 12. Jahrhundert als querhauslose »Kurzbasiliken« mit stattlichen Westturmfronten gebaut.[25] Zu dieser Gruppe gehört auch die mehr gestreckte Marienkirche in Torgau.[26] Ohne Westturm blieben die Basiliken in Borna, Schildau und Kohren, einem Bau der zwanziger Jahre des 13. Jahrhunderts.

Im Rahmen der allerdings nur unvollständig erfaßbaren typologischen Entwicklung des Stadtkirchenbaues Obersachsens in der zweiten Hälfte des 12. Jahrhunderts kommt den von den staufischen Kaisern geförderten oder gegründeten Städten Altenburg, Zwickau und Chemnitz besondere Bedeutung zu. Mit dem Bau der Kirche des Augustiner-Chorherrenstifts St. Marien auf dem Berge in Altenburg seit den sechziger Jahren setzte der Gründer Kaiser Friedrich I. eben den Maßstab, dem man in Leipzig und Freiberg – wohl unter Förderung Markgraf Ottos des Reichen – nacheiferte (s. Abb. 34). Zweifellos ist die kleine Saalkirche St. Bartholomäi in Altenburg früher entstanden und spiegelt eine »frühstädtische« Entwicklungsstufe wie etwa die Nikolaikirche in Weißensee wider. Als Pfarrkirche der Kaufmannssiedlung am »Alten Markt«, die nach Walter Schlesinger und Hans Patze in den dreißiger Jahren des 12. Jahrhunderts von Kaiser Lothar III. gegründet wurde, ist der Kirchenbau gut denkbar.[27]

In seinen Studien zur Frühgeschichte von Zwickau lenkte Manfred Kobuch die Aufmerksamkeit auf den Vorgängerbau der Katharinenkirche als möglichen ersten Stadtkirchenbau (s. Abb. 26).[28] Tatsächlich weist der um 1330 umgestaltete Querwestturm – bei einem Umbau in den fünfziger Jahren des 19. Jahrhunderts in seiner Entstehungsgeschichte ganz unkenntlich gemacht – auf einen der Altenburger Bartholomäikirche ähnlichen Bautypus hin. Eine Entstehung im Zusammenhang einer ersten städtischen Entwicklung nach der Mitte des 12. Jahrhunderts ist wahrscheinlich.[29] Auch die Jakobikirche in Chemnitz folgt – allerdings weitaus stattlicher dimensioniert – dem Typ der Altenbur-

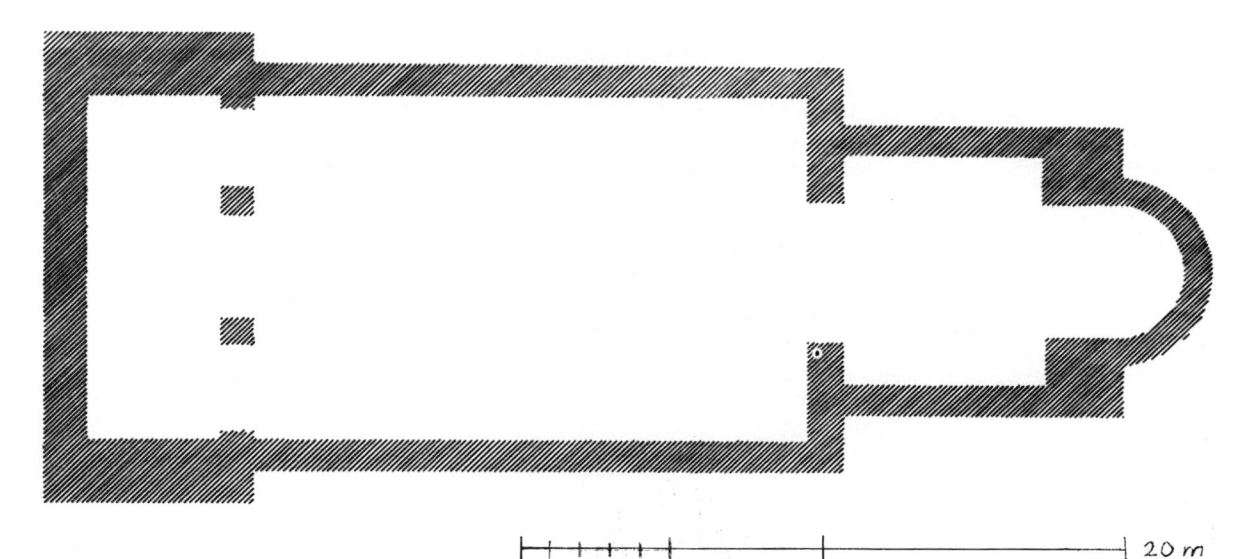

Abb. 27 Karl-Marx-Stadt. Jakobikirche. Grundriß des romanischen Vorgängerbaus nach Horst Richter

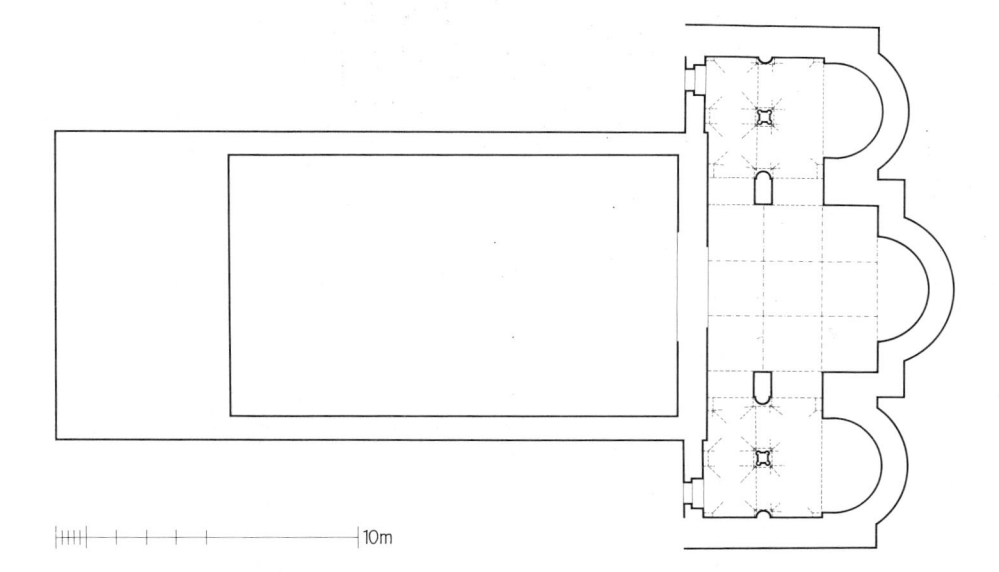

Abb. 28 Grundriß der romanischen Saalkirche mit geplanter Kryptaanlage

ger Pfarrkirche (s. Abb. 27). In den stilistischen Details ähnelt sie – das zeigt Hans-Joachim Krause überzeugend – der zwischen 1162 und 1185 errichteten Stiftskirche in Wechselburg.[30]

Der neuerlich von Manfred Kobuch vorgeschlagenen Spätdatierung nach 1204 stehen doch erhebliche stilistische Bedenken entgegen.[31] Zwar ist richtig, daß in Obersachsen drei Bauten des letzten Drittels des 12. Jahrhunderts – die Augustiner-Stiftskirchen von Wechselburg und Altenburg sowie die Zisterzienserkirche in Altzella – stilistisch bis in die zwanziger Jahre lange prägend nachwirken, aber spätestens seit 1210 durchsetzt von neuen Anregungen, insbesondere vom Oberrhein, bald auch von den Dombauten in Naumburg und Magdeburg.[32] Seit den dreißiger Jahren ist möglicherweise der karge Umbau der Merseburger Domkirche Anlaß, auf den »spätstaufischen« Reichtum an Bauformen zu verzichten.[33]

Von der Architektur des ersten Jahrzehnts des 13. Jahrhunderts in Obersachsen wissen wir fast nichts – es waren kriegerische Zeiten, offenbar wurde bis zur Mitte des zweiten Jahrzehnts wenig gebaut. Die Jakobikirche in Chemnitz ist ein Bau mit eindeutigem Stilhabitus des letzten Drittels des 12. Jahrhunderts, die bisher vorgeschlagenen Daten zwischen 1165–1180 sind vielleicht bis gegen 1200 zu erweitern möglich, aber nicht bis 1210–1220. Im 13. Jahrhundert wäre auch für eine Stadt schon beträchtlichen Ausmaßes wie Chemnitz ein so altertümlicher Typus, der zu dieser Zeit in jedem Dorfe vorkommen konnte, verwunderlich. Auch bleibt es verlockend, für St. Jakobi in Chemnitz und die erste Stadtkirche in Zwickau die Bartholomäikirche in Altenburg als typologisches Vorbild anzunehmen, was bei einem zeitlichen Abstand von mehr als einem Jahrhundert selbstverständlich nicht möglich ist. Eine weitere Vermutung sei angeschlossen: Daß das Bartholomäuspatrozinium der Stadtkirche von Waldenburg dem Altenburger folgt, liegt historisch nahe. Die Erbauer der Burg Waldenburg Hugo von Wartha und Rudolf von Brand waren bei der Gründung des Altenburger »Bergerklosters« maßgeblich beteiligt. An der Nordseite der spätgotischen Waldenburger Stadtkirche erhielten sich Mauerteile, die auf einen älteren Saalbau zurückgehen könnten. Dann müßte allerdings die Stadt früher, als bisher angenommen, entstanden sein.[34]

Die Betrachtung der nachträglich dem Chor der Bartholomäikirche in Altenburg hinzugefügten Kryptaanlage hat sowohl vom mutmaßlichen Bauplan als auch vom stilistischen Befund auszugehen, wobei sich sofort die Frage aufdrängt, warum der Bau angefangen, aber nicht plangemäß vollendet wurde (s. Abb. 28). Daß Hallenkrypten im 11. und 12. Jahrhundert in vorhandene Kirchenbauten eingefügt werden, ist kein seltener Fall.[35] In der speziellen Ausformung mußten dann die Krypten natürlich auf die Vorgegebenheiten Rücksicht nehmen. Aus den Maßverhältnissen in Altenburg – die zweischiffigen Krypträume haben eine lichte Weite von 4,10 Meter, der Chor hat eine von 5,70 Meter – darf man schließen, daß im Chor eine dreischiffige Hallenkrypta mit dem Achsmaß von 1,90 Meter eingebaut werden sollte, wobei offenbleibt, ob der Chor nach Osten zu verlängert werden sollte oder nicht.

Die ausgeprägten »Schildbogen«, die an der Nordseite des bestehenden Kryptaanbaus angebracht wurden, und die leicht aus der Achse nach Süden verschobene Apsis lassen sich aus der dargestellten baulichen Situation erklären. Man benötigte eine zusätzliche Sicherung der »unterfahrenen« Chorfundamente des Vorgängerbaus. Offenbar war die Absicht, die Krypta siebenschiffig erscheinen zu lassen. Die ungewöhnliche Form der Stütze mit vier Ecksäulen ist wohl mit aus dem Wunsch verständlich, einesteils den Raum reich gegliedert erscheinen zu lassen, andererseits die Pfeilerwirkung möglichst wenig zu schmälern.[36] Oberhalb der seitlichen Kryptateile plante man wohl entweder schmale Querarme, wie sie an der Stiftskirche in Quedlinburg vorhanden sind oder – was noch wahrscheinlicher ist – Nebenkapellen, die vielleicht nach Hirsauer Art zum Chor hin geöffnet gedacht gewesen sein könnten. Als wahrscheinlich wird man auch annehmen dürfen, daß geplant war, die Saalkirche in eine Basilika umzuwandeln. Dafür sprechen die geplanten Kryptazugänge von Westen her. Was die aus den wenigen stilistischen Einzelformen zu gewinnende Datierung so problematisch macht, ist die

Abb. 29 Altenburg. Krypta. Nördliche Wandvorlage – Halbsäule Hochstift Meißen

Abb. 30 Altenburg. Krypta. Mittelpfeiler, westliche Kapitellgruppe. Hochstift Meißen

Abb. 31 Altenburg. Krypta. Kapitell der nördlichen Wandvorlage. Hochstift Meißen

Vorgängerbau der St.-Bartholomäi-Kirche in Altenburg

Tatsache, daß die Baudetails und die Motivwelt des Ornaments im zweiten Drittel des 12. Jahrhunderts noch weitgehend »eklektisch« angewendet wurden, daß also bestimmte Details durchaus an viel älteren Bauten auftreten können.[37]

Aber bei den bis gegen 1170 errichteten Bauten in Deutschland kommt es vielmehr darauf an, über das irgendwoher rezipierte Motivische des Details hinaus die Dominanten des Stilcharakters richtig zu erfassen. Dabei fällt auf, daß dieser Stilcharakter sich von dem, was im Anschluß an die Stiftskirche zu Quedlinburg einerseits, an die Stiftsbauten zu Königslutter andererseits im zweiten Drittel des 12. Jahrhunderts in Niedersachsen geschaffen worden ist, unterscheidet. Es würde schwerfallen, dort so kerbschnittartig stilisierte korinthische Kapitelle oder so plastisch-glotzende Masken zu finden (s. Abb. 29–31).[38] Diese archaisierende Drastik und Derbheit der Details ist charakteristisch für das

Abb. 32 Eger (Cheb). Burgkapelle. Kapitell in der Unterkirche

Abb. 33 Bad Lausick. Kirche St. Kilian, Westportal

zweite Drittel des 12. Jahrhunderts in der oberrheinisch-elsässischen Kunstlandschaft. Die Kirchen zu St. Johann, Dorlisheim, die Eingangshalle der Klosterkirche zu Lautenbach, die Klosterkirche in Alspach und die Heiligenkreuzkapelle auf dem Odilienberg – alles Bauten der dreißiger, vierziger und fünfziger Jahre – weisen diesen Stil auf, der die »klassischeren« Versionen des Wormser Domes und der Klosterkirche in Murbach vulgarisiert.[39] Im Untergeschoß der Doppelkapelle auf der Stauferburg in Eger finden sich Kapitelle mit Eckmasken, die sich mit den Altenburger Kryptakapitellen vergleichen lassen (s. Abb. 32). Die aus dem gleichen »oberrheinischen« Formenvorrat schöpfenden Altenburger Kapitelle könnten durchaus etwas älter sein. Das hieße, daß schon vor den späteren sechziger Jahren des 12. Jahrhunderts, für die Hans-Joachim Krause oberrheinische Stilelemente an der Stiftskirche in Wechselburg nachwies, Steinmetzen und Baumeister aus diesem Teil des Reiches nach Obersachsen gekommen wären.[40] Als oberrheinisch ist auch das Westportal der St.-Kilians-Kirche in Bad Lausick zu bezeichnen (s. Abb. 33). Wie in Altenburg werden hier Kapitelle durch Eckmasken ersetzt.[41] Hier erinnern die eingestellten Gewändesäulen unmittelbar an die Klosterkirche in Murbach, der rahmende Palmettenfries in Kerbschnitttechnik an Maursmünster, der von Schachbrettmuster gerahmte Rundbogenfries auf Konsölchen an Alspach oder wiederum an Murbach. Bestimmte Details, wie der massige Wulst des Sockels am Eingang zur Krypta oder die polsterartig ausbauschenden Kapitelle an der Nordseite der Mittelstützen in Altenburg, sind auch als Details signifikant für die Kunstlandschaft am Oberrhein.[42]

Der Taustab des Pfeilerfragments vom Kloster Pegau erinnert ebenso an den Oberrhein wie die Kerbschnitttechnik der Palmetten. Sie kommen ähnlich an den Kämpferprofilen der Ostteile der Benediktinerklosterkirche in Chemnitz vor.[43] Hier könnte man allerdings auch niedersächsische Anregungen auf der Stilhöhe des Refektoriums von Ilsenburg – vor 1161 – annehmen.[44] Ein Kapitellmotiv in Chemnitz ist allerdings oberrheinisch: Die »Muschel« am Kapitell des südöstlichen Vierungspfeilers wirkt wie ein »Zitat« aus der Kirche St. Fides in Schlettstadt.[45] Eine gewisse zeitliche Leitlinie ergibt sich aus der Betrachtung der Basen, in Lausick sehr steil gebildet mit Ecksporen, in Altenburg mit demselben kleinen Absatz und dem steilen attischen Profil wie in Lausick, aber mit Eckhülsen, die an den Rändern aber noch nicht so ausdrucksvoll betont sind wie in Chemnitz, wo dieser Form erstmalig jene plastische Kraft eignet, wie sie in den sechziger und siebziger Jahren in Wechselburg durch seitliche Einziehung der Eckhülsen noch weiter durchmodelliert wird (s. Abb. 24).[46] So meinen wir, daß die genannten obersächsischen Monumente – Lausick, Altenburg, Chemnitz und Wechselburg – in relativ enger zeitlicher Folge in den vierziger, fünfziger und sechziger Jahren des 12. Jahrhunderts entstanden sind, wobei für die Altenburger Krypta am ehesten an die »fünfziger Jahre« zu denken ist.

Damit nähern wir uns nun der nur mit historischen Argumenten zu erörternden Frage, wozu die Krypta eigentlich dienen sollte und warum ihr Weiterbau schließlich unterblieb. Dabei ist zunächst festzustellen, daß im 12. Jahrhundert eine so stattliche Krypta wohl eindeutig signifikant für Dome, Stifts- und Klosterkirchen ist, bei deutschen Stadtkirchen im 12. Jahrhundert aber nicht vorkommt.[47] Daraus ergibt sich im Hinblick auf die Befunde in Altenburg die Frage, ob es um die Mitte des 12. Jahrhunderts Kräfte gegeben haben könnte, die darauf bedacht waren, die frühstädtische Pfarrkirche zu einer Stifts- und Klosterkirche umzuwandeln. Beim Blick in die stadtgeschichtlichen Quellen fällt auf, daß 1215 die St.-Bartholomäi-Kirche als eine »Königskirche« mit der ihr unterstellten anderen Kirchen »tam in civitate quam in castro« dem Patronat des Augustiner-Chorherrenstiftes St. Maria auf dem Berge unterstellt wird. 1224 folgte die Inkorporation.[48] Dieses in den sechziger Jahren des 12. Jahrhunderts unter Beteiligung der Reichsministerialen Hugo von Wartha und Rudolf von Brand von Friedrich I. gegründete Stift hat im 13. Jahrhundert offenbar das geistliche Leben in der Stadt beherrscht, bis es seit 1214 im Deutschen Ritterorden einen mächtigen Konkurrenten erhielt.

Erzbischof Wichmann richtete 1184 bei der Pfarrkirche St. Moritz in Halle ein Augustiner-Chorherrenstift ein. Im obersächsischen Raum ist es 1205 Bischof Dietrich von Meißen, der nach Vorbild des Moritzklosters in Naumburg an der alten »Gaupfarrkirche« vor der Burg ein Augustiner-Chorherrenstift mit dem ausdrücklichen Ziel der Seelsorge an den Parochianen errichtet. Die gleiche Absicht verrät die Errichtung eines Augustiner-Chorherrenstifts 1212 an der aus der Mitte des 12. Jahrhunderts stammenden Pfarrkirche St. Thomas in Leipzig.[49] Dabei wird aber Markgraf Dietrich gewiß auch das Ziel verfolgt haben, politischen Einfluß auf das Kirchenwesen der aufstrebenden Stadt zu erlangen. Karl Bosl hat gezeigt, daß die Augustiner-Chorherren schon im 12. Jahrhundert von den Stadt- und Feudalherren als die verläßlichsten Seelsorger angesehen und gern dort eingesetzt wurden, wo es um die Festigung geistlicher und politischer Ordnungen ging, besonders auch in den Städten.[50] Auch die Gründung des Augustiner-Chorherrenstifts um 1165 in Altenburg genau zu dem Zeitpunkt, als Kaiser Friedrich I. daranging, die Stadt

Vorgängerbau der St.-Bartholomäi-Kirche in Altenburg

durch Anlage eines großen Marktplatzes zu erweitern und es wohl auch zur Verleihung des Stadtrechtes gekommen ist, spricht für die Verfolgung dieses Zieles. Seit den späten fünfziger Jahren des 12. Jahrhunderts betrieb der Kaiser den Ausbau des Pleißenlandes als seines Territoriums; dabei war der schon bestehenden Stadt und der alten Pfalz die Aufgabe zugedacht, herrschaftliches, wirtschaftliches und geistliches Zentrum zu werden.[51] Es wäre naheliegend, daß im ersten Anlauf die Absicht bestand, die schon vorhandene Stadtpfarrkirche zu einer Stiftskirche – womöglich der Augustiner-Chorherren – umzuwandeln. Mit dem Einfluß des Kaisers schon bei dieser Bauunternehmung möchte

Abb. 34 Altenburg. Klosterkirche St. Marien auf dem Berge, sogenannte Rote Spitzen von Nordwesten

man gern die bereits charakterisierten oberrheinisch-elsässischen Stilformen des Kryptabaues in Verbindung bringen. Mit der großzügigen Förderung der Stadt in den sechziger Jahren und ihrer rasanten Entwicklung mag dieser erste Platz zu beschränkt erschienen sein. Auch boten sich im schon bebauten Bereich der Bartholomäikirche sicher wenig Entwicklungsmöglichkeiten zur Errichtung ausgedehnter Stiftsgebäude. So könnte es sich erklären, daß die Augustiner-Chorherren um 1165 den großzügigen Bauplatz »auf dem Berge« erhielten und die Umbauplanung an der Stadtkirche steckenblieb. Die oben angedeutete bauliche Stagnation der alten, für die große Stadt viel zu kleinen Stadtkirche kann nur mit der beherrschenden Rolle der Augustiner-Chorherren schon im letzten Drittel des 12. Jahrhunderts erklärt werden. Der Frage, ob dabei auch die Konkurrenz zu der ebenfalls der frühstädtischen Entwicklung entstammenden Nikolaikirche eine Rolle spielen könnte, kann hier nicht nachgegangen werden.[52]

Die wohl schon 1172 geweihte Stiftskirche St. Marien auf dem Berge, eine kreuzförmige Basilika, ist von Kräften errichtet worden, die sich die Ziegelarchitektur Oberitaliens zum Vorbild nahmen (s. Abb. 34). Hans-Joachim Krause hat auf die mögliche Signifikanz der Architekturform als »kaiserliche« hingewiesen.[53] Daß es die Person des Kaisers war, die den Kontakt zu der fernen Kunstlandschaft herstellte, ist einleuchtend. Vergegenwärtigen muß man sich aber auch, daß das Gebiet jenseits der Elster nach 1160 schlagartig so zahlreiche Bauten monumentalen Charakters erhielt, daß die nächstgelegenen Kunstlandschaften zur Abdeckung der materiellen Kapazität und künstlerischen Bewältigung nicht ausreichen. Eine Folge dieser historischen Situation ist die durch unterschiedliche Bautrupps bewirkte Heterogenität der rezipierten Regionalstile zwischen 1160 und 1220 in Obersachsen mit Bauten von deutlich führender Stellung, zu denen in erster Linie die »Bergerkirche« in Altenburg, die Stiftskirche in Wechselburg und die Klosterkirche in Altzella gehören. Fassen wir zusammen, was der archäologisch-kunsthistorische Befund an der St.-Bartholomäi-Kirche besagt: Im Innenraum fanden sich keine Spuren, die auf eine Besiedlung vor dem 12. Jahrhundert hinweisen. Auch Reste einer älteren Holzkirche wurden nicht beobachtet. Der erste Kirchenbau war ein Saal mit eingezogenem Chor, Apsis und Querwestturm, sorgfältig als Sandstein-Quaderbau errichtet. Bautyp und Einzelformen sprechen für eine Entstehung im zweiten Drittel des 12. Jahrhunderts. Zu dieser Zeit ist der Bautypus in der Region »zwischen Harz und Elbe« sowie in Thüringen und Obersachsen in frühstädtischen Siedlungen wie auch in »Rechts-Städten« mehrfach anzutreffen.

In einem zweiten, vom ersten unabhängigen Akt begann man südlich und nördlich des Chores mit dem Bau einer je zweischiffigen Hallenkrypta mit halbkreisförmigen Apsiden. Damit war die Absicht verbunden, auch im Chor eine hier dreischiffige, über Säulen gewölbte Krypta einzubauen. Fernerhin plante man vielleicht auch den Umbau der Saalkirche zu einer Basilika. Der Bau wurde nicht zu Ende geführt. Fertiggestellt wurde nur der südliche Teil der Krypta, der nördliche ist nie vollständig vorhanden gewesen. Die weitere bauliche Entwicklung der Bartholomäikirche konnte nicht einwandfrei erforscht werden. Über den angelegten Kryptaräumen entstanden Kapellen; der Chor wurde verlängert. Was am Saal bis zum späten 14. Jahrhundert verändert wurde, ist nicht klar. Der Südteil der Krypta erhielt einen Eingang von Süden. Anstelle der Sakristei hat hier offenbar schon ein älterer Anbau bestanden. Mit Ausnahme der Westturmfront ersetzte man in den ersten zwei Dritteln des 15. Jahrhunderts den Vorgängerbau durch eine einheitlich konzipierte, aber in zwei großen Bauabschnitten ausgeführte gotische Hallenkirche.

Anmerkungen

1 Vgl. Dehio, G.: Handbuch der deutschen Kunstdenkmäler. Die Bezirke Dresden, Karl-Marx-Stadt, Leipzig. Bearb. von der Arbeitsstelle für Kunstgeschichte der Deutschen Akademie der Wissenschaften zu Berlin. Berlin 1965, S. 2–3

2 Bauherr ist der Gemeinderat der Ev.-luth. Kirchgemeinde St. Bartholomäi. Als Architekt zeichnet Dr.-Ing. Hans-Joachim Bloedow verantwortlich, die kunstwissenschaftliche Betreuung liegt in den Händen des Autors des Beitrages. Die Restaurierung wird von Werner Pitzschler angeleitet. Bauleiter waren mit unterschiedlichen Graden von Verantwortung die Herren Steudemann, Mehlhorn und Heidrich.

3 Vom Neubau der Bartholomäikirche zeugen nur wenige historische Überlieferungen. Brände sind für die Jahre 1403 und 1427 überliefert. 1430 zerstörten angeblich die Hussiten den Bau, wobei keineswegs klar ist, ob und welche Teile des Vorgängerbaues damals gestanden haben. Eine Ablaßurkunde aus dem Jahre 1459 belegt, daß zu diesem Zeitpunkt an dem Bau noch einiges zu tun war. Lange Bauzeiten im 15. Jh. weisen die Stadtpfarrkirchen in Pegau, Borna, Rochlitz, Leisnig und Döbeln auf, dargestellt von Heinrich Magirius in: Die Stadtkirchen in Sachsen. Berlin 1973, S. 33.

4 Vgl. den Text im »Dehio« von 1965, Anm. 1; Thyrolf, H.: Bartholomäikirche in Altenburg; in: Wiss. Z. d. Friedrich-Schiller-Universität Jena 6, 1956/57, gesellschaftswissen-

schaftlich-sprachwissenschaftliche Reihe 6, S. 831–843; Krause, H.-J.: Bericht über eine Suchgrabung an der Bartholomäikirche in Altenburg. Berlin 1957 (Masch.-Schr.). Bekanntgemacht wurde der Raum erstmals durch Wagner: Nachricht über ein in der Bartholomäikirche zu Altenburg aufgefundenes altes Gewölbe. In: Mittheilungen der geschichts- und alterthumsforschenden Gesellschaft des Osterlandes 1, 1841/44 (4), S. 29–36 u. 2., S. 170–177

5 Der Kryptaraum war durch Mauerverstärkungen, die beim Bau der gotischen Hallenkirche eingebaut waren, durch einen Zugang zu einem Tonnengewölbe östlich der Krypta im Scheitel der Apsis und eine Stütze unterhalb einer Emporenstütze von 1874/76 bisher stark entstellt. Die spätgotischen Einbauten konnten beseitigt bzw. reduziert werden, der Zugang zu dem 1876 bereits wieder beseitigten Tonnengewölbe wurde geschlossen und die Stütze des Emporenpfeilers entfernt. Zur Nutzung dieser Räume als Gruft übersandte uns Herr Walter Fuchs in Altenburg im April 1983 Unterlagen, desgleichen zur Einrichtung der Heizung 1876 in dem östlich anschließenden Raum; vgl. Aktenarchiv des Instituts für Denkmalpflege. Vgl. auch Weidig, E.: Ausgrabungen in der Bartholomäikirche im Jahre 1876; in: Am häuslichen Herd, Altenburg 1880, S. 310

6 Was die Frühdatierung anbelangt, so berufen sich die Autoren immer wieder auf Meyner, F.: Nachrichten von Altenburg, Altenburg 1786, S. 164, angeführt schon von Wagner: Nachricht über ein in der Bartholomäikirche zu Altenburg aufgefundenes altes Gewölbe; in: Mittheilungen der geschichts- und alterthumsforschenden Gesellschaft des Osterlandes 1, 1841/44, S. 29–36, der sich zur Datierung aber vorsichtig äußert. Als weitere Literatur vgl. Sprenger, F.: Baudenkmale im Altenburgischen; in: Z. f. Bauwesen 19, 1863, S. 555–558; Haase, E.: Zur Geschichte der St. Bartholomäikirche zu Altenburg; in: Mittheilungen der geschichts- und alterthumsforschenden Gesellschaft des Osterlandes 5, 1862, S. 224–230 und 478–492; ders.: Kleine Beiträge zur Geschichte der Bartholomäikirche. In: Mittheilungen der geschichts- und alterthumsforschenden Gesellschaft des Osterlandes 7, 1867/74, S. 471–497; Die St. Bartholomäikirche zu Altenburg; in: Sachsen-Altenburgischer vaterländischer Geschichts- und Hauskalender 41, 1874, S. 52–59; Weidig, E.: Die Ausgrabungen in der Bartholomäikirche im Jahre 1876; in: Am häuslichen Herd, Altenburg 1880, S. 310; Löbe, J.: Geschichtliche Beschreibung der Residenzstadt Altenburg und ihrer Umgebung; Bau- und Kunst-Denkmäler Thüringens. Herzogthum Sachsen-Altenburg. Amtsgerichtsbezirk Altenburg. Bearb. v. P. Lehfeldt, Jena 1895, S. 14–22

7 Dazu hat die Chronik von Johann Friedrich Meyner, Nachrichten von Altenburg, Altenburg 1786, S. 164, Anlaß gegeben, der erstmals von der angeblich 1089 datierten Glasscheibe berichtete. Vgl. auch Voretzsch, M.: Ein Blick in die Vergangenheit der Stadt Altenburg, Altenburg 1912; Löbe, H.: Altenburg, S.-A. ist das alte Merseburg, Altenburg 1918; Löbe, H.: Liubusua. Die Polen in Altenburg, Altenburg 1941. Vorsichtig zur Datierung äußert sich Scherf, H.: Die Krypta der St.-Bartholomäi-Kirche, eine der ältesten Baudenkmäler Altenburgs; in: Kulturspiegel des Kreises Altenburg und Schmölln 3, 1957, S. 46–47; 92–93; ders.: Ein vergessenes Gewölbe. Zur Krypta der St.-Bartholomäi-Kirche zu Altenburg. In: Heimatkalender für den Kreis Altenburg und Schmölln 3, 1958, S. 113–129. Auf einer Frühdatierung der Krypta »um 1090« im Rahmen einer fiktiven Frühgeschichte der Stadt beharrte zuletzt Huth, E. W.: Widersprüche in der Entstehungsgeschichte Altenburgs vom 9.–13. Jahrhundert und deren Lösung; in: Sächs. Heimatbl. 25, 1979, S. 1–25. Eine Widerlegung seiner Thesen sehe ich als Aufgabe der Historiker an. Was an archäologischen und kunsthistorischen Argumenten gegen seine Auffassungen spricht, wird im folgenden dargelegt. Peinlich nur, daß die hinter die Forschungen von Walter Schlesinger und Hans Patze in den fünfziger Jahren zurückfallenden Vorstellungen Huths durch Handbücher in unkritischer Weise popularisiert werden, vgl. z. B. Historischer Führer. Stätten und Denkmale der Geschichte in den Bezirken Leipzig, Karl-Marx-Stadt, Jena, Berlin, S. 161

8 Vgl. Schlesinger, W.: Die Anfänge der Stadt Chemnitz und anderer mitteldeutscher Städte, Weimar 1952, besonders S. 110–114, 117–121, 131, 147; Patze, H.: Recht und Verfassung thüringischer Städte, Weimar 1955, S. 12–88; Patze, H.: Altenburger Urkundenbuch 976–1350, Jena 1955; Schlesinger, W.: Kirchengeschichte Sachsens im Mittelalter, Bd. 2, Köln, Graz 1962, S. 233, 406, 427

9 Vgl. Thyrolf, H.: Die St.-Bartholomäi-Kirche zu Altenburg; in: Wiss. Z. d. Friedrich-Schiller-Universität Jena 6, 1956/57, gesellschaftswissenschaftlich-sprachwissenschaftliche Reihe 6, S. 831–843; Dehio, G.: Handbuch der deutschen Kunstdenkmäler. Die Bezirke Dresden, Karl-Marx-Stadt, Leipzig, Berlin 1965, S. 3; Kunstdenkmäler der Bezirke Dresden, Karl-Marx-Stadt, Leipzig, Bildband, bearb. von Ernst Badstübner, Beate Becker, Hans-Joachim Krause, Heinrich Trost, Berlin 1968, S. 8; Deutsche Kunstdenkmäler. Ein Bildhandbuch. Erläuterungen und Bildauswahl von Albrecht Dohmann. Bezirke Dresden, Leipzig, Karl-Marx-Stadt, Leipzig 1969, S. 355; Magirius, H.: Der Freiberger Dom. Forschungen und Denkmalpflege. Weimar 1972, S. 167–168

10 Vgl. Thyrolf, 1956/57, wie Anm. 4, S. 834; vgl. Magirius 1972, wie Anm. 9, S. 168

11 Vgl. den Plan und den zugehörigen Bericht im Institut für Denkmalpflege, Arbeitsstelle Dresden, und im Staatsarchiv Altenburg

12 Die Ausgrabungen fanden in mehreren Kampagnen zwischen März und Juni 1981 und im Oktober 1982 statt. Die Grabungsleitung lag beim Autor dieses Beitrags. Die anfänglich enge Zusammenarbeit mit Wilfried Baumann vom Landesamt für Vorgeschichte in Dresden wurde durch seinen plötzlichen Tod unterbrochen. 1981 und 1982 nahm Günter Kavacs an den Grabungen teil, im Jahre 1982 halfen meine Kollegen Michael Kirsten und Winfried Werner. Unterstützt wurden die Arbeiten durch Aufmaße von Dr.-Ing. Hans-Joachim Bloedow und durch Pläne der Architekten Günter Steudemann und Mehlhorn. Der Hinweise des Kreisdenkmalpflegers Walter Fuchs sei ebenso freundlich gedacht wie des liebenswürdigen Interesses von Herrn Superintendenten Kolditz, ohne dessen Unterstützung die Grabung nicht möglich geworden wäre.

13 Die Innenmaße des Langhauses betragen ~ 14,80 m × 8,90 m, die des Chores 5,70 m × 5,70 m; die Mauerdicken schwanken zwischen 1,00 m und 0,90 m.

14 Vgl. das Gutachten von der Abteilung Geologie des Rates des Bezirkes Leipzig vom 12. 11. 1981

15 Die zugehörige Zeichnung ist nach seinem Tode im Landesmuseum für Vorgeschichte wiederaufgefunden worden, nicht aber die Scherben, die er aber dem Autor gesprächsweise vorgewiesen hat. Es handelt sich meiner Erinnerung nach um die gelbgraue Ware, die Herbert Küas in Leipzig als »Keramikstufe DE« im 12. Jh. datiert (vgl. Küas, H.: Das alte Leipzig in archäologischer Sicht. Berlin 1976, S. 279–280).

16 Auf die Bezugnahme des spätgotischen Baus auf den abgebrochenen Vorgängerbau kann hier nicht näher eingegangen werden. Es muß der Hinweis genügen, daß der neue, mit quadratischen Ziegelplatten (17 cm × 17 cm × 6 cm) verlegte

Fußboden bei −0,19 m unter dem Fußboden des 19. Jh. lag und daß alle romanischen Bauteile bis zur Höhe von etwa −0,35 m abgebrochen sind.

17 Vgl. z. B. die Sockel des Gewändes des Westportals der St.-Kilians-Kirche in Bad Lausick zur Entwicklungstendenz der Basisprofile an der Stiftskirche in Wechselburg, vgl. Krause, H.-J.: Die Stiftskirche zu Wechselburg, 2. T. Baugestalt und Baugeschichte. Corpus der Romanischen Kunst im sächsisch-thüringischen Gebiet R. A., Bd. II, 2. Berlin 1972, S. 78–79

18 Vgl. Bachmann, E.: Kunstlandschaften im romanischen Kleinkirchenbau Deutschlands. In: Z. d. Dt. Vereins f. Kunstwiss. 8, 1941, S. 159–172; Mertens, K.: Romanische Saalkirchen innerhalb der mittelalterlichen Grenzen des Bistums Meißen. Studien zur katholischen Bistums- und Klostergeschichte 14, Leipzig o. J., besonders S. 72–73

19 Vgl. die Verbreitungskarte der romanischen Typen bei Dorfkirchen in Obersachsen in Magirius, H., und Mai, H.: Dorfkirchen in Sachsen, Berlin 1985, S. 16–17. Im nordsächsischen Bereich sind folgende Anlagen zu nennen: Threna, Klinga, Cavertitz.; bei Zwickau: Hirschfeld; bei Freiberg: Langenhennersdorf, Pappendorf, Großschirma; bei Bautzen ehemals sehr wahrscheinlich Göda; bei Görlitz: Ludwigsdorf.

20 Lehmann, E.: Saalraum und Basilika im frühen Mittelalter. In: Formositas Romanica. Beiträge zur Erforschung der romanischen Kunst. Joseph Gantner zugeeignet. Frankfurt 1958, S. 131–150. Auf die komplizierte Frage der Nikolaikirchen als Kirchen genossenschaftlicher Kaufmannssiedlungen kann hier nicht eingegangen werden. Steinern sind sie in Obersachsen tatsächlich wohl meist erst im letzten Drittel des 12. Jh. erbaut, worauf neuerdings Manfred Kobuch in seinen Ausführungen zur Nikolaikirche in Zwickau eingeht; vgl. Kobuch, M.: Zur Frühgeschichte Zwickaus; in: Regionalgeschichtliche Beiträge aus dem Bezirk Karl-Marx-Stadt, S. 57

21 Vgl. May, W.: Stadtkirchen in Sachsen/Anhalt, Berlin 1979, S. 21

22 Zu Grimma vgl. Inventar Sachsen, H. 19, Dresden 1897, S. 82–92; zu Groitzsch vgl. Inventar Sachsen, H. 15, Dresden 1891, S. 58; zu Borna Magirius, H.: Die Kirchen in Borna, Berlin 1976, S. 13–16

23 Magirius, H.: Der Freiberger Dom. Weimar 1972, S. 165

24 Vgl. Magirius 1972, S. 168–179. Eine der frühen Stadtkirchen nach diesem Typus ist die St.-Andreas-Kirche in Hildesheim, errichtet um 1140; vgl. Wille, H.: Die romanische Pfarrkirche St. Andreas in Hildesheim; in: Niederdt. Beitr. z. Kunstgesch. 2, 1962, S. 45–84; erst nach der Mitte des 12. Jh. folgen Stadtpfarrkirchen in Braunschweig und Goslar, vgl. Hölscher, U.: Forschungen zur mittelalterlichen Sakralarchitektur der Stadt Goslar; in: Niederdt. Beitr. z. Kunstgesch. 9, 1964, S. 13–92. Erzbischof Wichmann förderte die Stadtentwicklung von Burg, wo schon um 1170/80 die Nikolaikirche als kreuzförmige Pfeilerbasilika entstand; vgl. May, 1979, S. 22

25 Magirius, 1972, S. 175–176

26 Die Denkmale der Stadt Torgau. Bearb. von Peter Findeisen und Heinrich Magirius, Leipzig 1976, S. 259–260

27 Zur Nikolaikirche in Weißensee vgl. Becker, W.: Die romanischen Baudenkmäler der Stadt Weißensee. Diss. phil. Berlin 1958 (Masch.-Schr.), und May, W.: Stadtkirchen in Sachsen/Anhalt, Berlin 1979, S. 21; zur Datierung und Deutung der Bartholomäikirche durch Schlesinger und Patze vgl. Anm. 8

28 Vgl. Kobuch, M.: Zur Frühgeschichte Zwickaus; in: Regionalgeschichtliche Beiträge aus dem Bezirk Karl-Marx-Stadt, 2, Karl-Marx-Stadt, S. 49–64

29 Vgl. Schlesinger, W.: Kirchengeschichte Sachsens im Mittelalter, Bd. 2, Köln, Graz 1962, S. 252

30 Vgl. Krause, H.-J.: Die romanische Stiftskirche in Wechselburg. Ein Beitrag zur Geschichte der frühstaufischen Architektur in Deutschland. Phil. Diss. Leipzig (Masch.-Schr.) 1962, S. 270–271; vgl. auch Krause, 1972, wie Anm. 17, S. 124

31 In seinem Aufsatz: Die Anfänge der Stadt Chemnitz; in: Arbeits- und Forschungsbericht zur sächsischen Bodendenkmalpflege 26, 1986, S. 139–162, setzt sich Manfred Kobuch (besonders Anm. 28) auch mit spezifisch kunstgeschichtlichen Argumenten auseinander. Die Summe der in diesem Beitrag dagelegten kunsthistorischen Sachverhalte sollte doch noch einmal dazu Anlaß geben, sorgfältig zu überdenken, ob die Argumente des Historikers für eine solche »Spätdatierung« ausreichen.

32 Das Vorbild des Naumburger Domes läßt sich in der Kapitellornamentik des 1212–1223 errichteten Chores der Thomaskirche in Leipzig nachweisen. Magdeburgisches findet sich z. B. an den Kapitellen des Portals zum Sommerrefektorium an Altzella »um 1220/30« und natürlich an der Goldenen Pforte in Freiberg.

33 Auffällig ist, daß nach den auf Wölbung angelegten Bauten aus dem letzten Viertel des 12. und dem ersten Viertel des 13. Jh. nun ab etwa 1230 flachgedeckte, auffällig schlichte Pfeilerbasiliken mehrfach vorkommen. Beispiele dafür sind die Frauenkirche in Grimma, die Nikolaikirche in Dippoldiswalde und das neuerdings ausgegrabene Langhaus der Benediktinerkirche in Karl-Marx-Stadt. Die untere Partie des Westbaus der Marienkirche zu Borna scheint dieser »Schicht« von Architektur anzugehören.

34 Vgl. Inventar Sachsen, H. 13, Dresden 1890, S. 34–35; die Gründung der Stadt soll erst am Ende des 13. Jh. erfolgt sein; vgl. Handbuch der historischen Stätten, Sachsen. Stuttgart 1965, S. 354

35 Als Beispiele seien die Ostkrypta des Straßburger Münsters, die Krypten in der Klosterkirche zu Jerichow und im Dom zu Naumburg genannt, weil auch hier die vorhandene Baugestalt zu jeweils unterschiedlichen Lösungen zwang.

36 Die Grundrißform der Stütze als »Vierpaß« hat mehrfach zu Vergleichen mit Bauten des 11. Jh., z. B. mit der Abdinghofkirche zu Paderborn (1016–1136) oder den Stützen der Krypta im Merseburger Dom (um 1040), Anlaß gegeben. Bei näherer Betrachtung stellt sich heraus, daß die Organisation dieser Stützenformen prinzipiell anders ist. Zum Vergleich bieten sich vielmehr Bauten aus der Mitte des 12. Jh. im Elsaß, wie die Klosterkirche in Alspach, an; vgl. Kautzsch, R.: Der romanische Kirchenbau im Elsaß, Freiburg i. Br., 1944, S. 212

37 Auch diejenigen Kunsthistoriker, die die Krypta richtig »um 1160« datierten, wie Helga Thyrolf, sind der Gefahr nicht ganz entgangen, zum Vergleich viel ältere Beispiele heranzuziehen, wie z. B. Kapitelle des Heiligen Grabes in Gernrode zum »korinthischen« Kapitell in Altenburg. Den von Ernst Walther Huth, 1979, S. 6, angeführten Gewährsmännern für eine Datierung »um 1090« können wir hier nicht im einzelnen nachgehen. Wie in der Archäologie entscheidet auch in der Kunstgeschichte bei der Datierung nicht die älteste, sondern die jüngste Form. Darüber hat die Strukturanalyse die Kunstgeschichte ein »Zusammensehen« der Formelemente zu zeittypischen Einheiten gelehrt, eine Methode, die dem Außenstehenden nicht so leicht zugänglich ist.

38 Als Standardliteratur zu dem Thema ist noch immer zu zitieren: Goldschmidt, A.: Die Bauornamentik in Sachsen im 12. Jahrhundert; in: Monatsh. f. Kunstwiss. 3, 1910, S. 229–314; weiterhin: Kluckhohn, E.: Die Kapitellorna-

mentik der Stiftskirche in Königslutter, in: Marburger Jb. f. Kunstwiss. 11/12, 1938/39, S. 527–578; Kluckhohn, E., und Paatz, W.: Die Bedeutung Italiens für die romanische Baukunst und Bauornamentik in Deutschland; in: Marburger Jb. f. Kunstwiss. 16, 1955, S. 1–120; Nickel, H.: Untersuchungen zur spätromanischen Bauornamentik Mitteldeutschlands; in: Wiss. Z. d. Martin-Luther-Universität Halle–Wittenberg 3, 1953/54, gesellschafts- und sprachwiss. R. 1, S. 25–74; Großmann, D.: Das Palmetten-Ringband-Kapitell; in: Niederdt. Beitr. z. Kunstgesch. 1, 1961, S. 23–56

39 Vgl. Kautzsch 1944 zu St. Johann, S. 182–191, zu Dorlisheim, S. 191–196, zu Lautenbach, S. 196–203, zu Alspach, S. 209–214, zu Odilienburg, S. 241. Es ist hier nicht der Ort, auf die noch nicht abgeschlossenen Auseinandersetzungen zum Thema der »Wormser Bauschule« einzugehen. Vgl. dazu neuerdings Hotz, W.: Die Wormser Bauschule 1000 bis 1250, Darmstadt 1985. Seine Datierungen der elsässischen Bauten weichen von denen Kautzschs nicht erheblich ab. Auch an der Kaiserpfalz zu Eger sind die oberrheinischen Einflüsse konstatiert worden; vgl. Schürer, O.: Die Kaiserpfalz zu Eger, Berlin 1934, S. 87–90. Das Rankenkapitell mit Eckmasken verglich schon H. Thyrolf mit Eger, S. 833.

40 Krause, 1972, wie Anm. 17, S. 105–106, 124

41 Küas, H.: Architektur und Keramik in der St.-Kilians-Kirche zu Bad Lausick; in: Ausgrabungen und Funde 5, 1960, S. 102–108; seine Frühdatierung in die Jahre nach 1105 überzeugt nicht.

42 Kautzsch, 1944, wie Anm. 39, Murbach, S. 167–182; S. 203 bis 209, Alspach, S. 209–214

43 Zu Pegau vgl. Küas, H., und Kobuch, M.: Rundkapellen des Wiprecht von Groitzsch, Berlin 1977, S. 132, 133

44 Vgl. Nickel, 1953/54, S. 40

45 Vgl. Kautzsch, 1944, wie Anm. 39, Abb. 300

46 Die Sockel des südöstlichen Vierungspfeilers in der Schloßkirche traten 1986 bei einer Ausgrabung, die unter Leitung von Dipl.-Ing. Richter stattfand, zutage; zu den Wechselburger Basen vgl. Krause, 1972, S. 78–79

47 Laut freundlicher Mitteilung von Frau Dr. Hilde Claussen in Münster sind im 12. Jh. so stattliche Krypten wie die in Altenburg geplante nur in Domen, Stifts- und Klosterkirchen anzutreffen.

48 Vgl. Schlesinger, 1962, wie Anm. 29, S. 233

49 Vgl. Schlesinger, 1962, S. 245–250

50 Vgl. Bosl, K.: Regularkanoniker (Augustiner-Chorherren) und Seelsorge in Kirche und Gesellschaft des europäischen 12. Jh. Abhandlungen der Bayrischen Akademie der Wissenschaften. Phil.-hist. Kl. NF, H. 86, München 1979, besonders S. 43–47

51 Vgl. Töpfer, E., und Engel, E.: Vom staufischen Imperium zum Hausmachtkönigtum. Deutsche Geschichte vom Wormser Konkordat bis zur Doppelwahl von 1314, Weimar 1976. Hier werden im Kapitel »Ansätze zum Ausbau eines Königsterritoriums und die Städtepolitik Friedrichs« (S. 136–140) allerdings erst die späten sechziger Jahre als Termin für die verstärkte Zuwendung zum Pleißenland beschrieben.

52 Die damit im Zusammenhang stehenden Probleme sind mehrfach besonders deutlich durch Patze, H.: Recht und Verfassung thüringischer Städte, Weimar 1955, S. 23–25, dargestellt worden.

53 Vgl. Krause, H.-J.: Ein übersehener Backsteinbau der Romanik in Mitteldeutschland; in: Festschr. Johannes Jahn zum XXII. November MCMLVII, Leipzig 1958, S. 89–99

Ellen J. Beer

Zur Buchmalerei der Zisterzienser im oberdeutschen Gebiet im 12. und 13. Jahrhundert

Die Forschung hält fest, daß von einer ordensspezifischen Buchmalerei bei den Zisterziensern, jedenfalls in der Frühzeit, nicht gesprochen werden könne.[1] Die Scriptorien nehmen sehr oft stilistische Formulierungen ihrer engeren Umgebung in den eigenen Formenschatz auf. Ein eigentlicher »Ordensstil« sei, so Gisela Plotzek-Wederhake,[2] »für größere Landschaften und Räume nicht faßbar«. Hinzu kommen die großen Verluste an Handschriften, die es unmöglich machen, sich ein geschlossenes Bild von der buchkünstlerischen Produktion des Ordens zu machen. Die Bibliotheken beispielsweise von Morimond und Lützel sind so gut wie verloren, andere Bestände wurden so zerstreut, daß sie als solche kaum rekonstruierbar sind, und wieder andere sind durch die Forschung bis heute noch gar nicht in vollem Umfang erschlossen. Eine umfassende Darstellung des Themas liegt nicht vor.

In den Anfängen des Ordens verbietet es sich jedenfalls, von einer »zisterziensischen Buchmalerei« zu reden, denn was etwa in Cîteaux unter Abt Stephan Harding, einem gebürtigen Engländer (1109-1133/34), an illuminierten Handschriften hergestellt wurde, ist Ausdruck einer hochstehenden romanischen Buchkunst.[3] Die Bibliothek von Dijon verwahrt an die 318 größtenteils künstlerisch reich ausgestattete Codices, von denen die vierbändige Bibel des Stephan Harding von 1109 (Dijon, Bibl. municipale, Ms. 12-15) und die Moralia in Job des hl. Gregor von 1111 (Dijon, Bibl. municipale, Ms. 168-170) mit originellen figürlichen Initialen geschmückt sind.[4] Ein Augustinuscodex von 1125 (Dijon, Bibl. municipale, Ms. 147) und der Prophetenkommentar des Hieronymus (Dijon, Bibl. municipale, Ms. 132) zeigen hingegen bereits meisterhaft Ton in Ton gemalte ornamentale Zierbuchstaben. Hier kündigt sich der Beginn einer sichtlichen Entfärbung an, die für die Zeit der Statuten des Ordens von 1134 (Nr. 13, 80, 82) typisch ist: »Litterae unius coloris fiant et non depictae« lautet die Vorschrift, die schon ganz unter dem Einfluß des hl. Bernhard von Clairvaux steht, und noch 1231 wendet sich das Generalkapitel gegen die »superfluitas in picturis«.[5] Im 1156 in Kloster Aldersbach entstandenen »Dialogus inter Cluniacensem monachum et Cisterciensem« rügt der Zisterzienser an der cluniazensischen Buchmalerei die Verwendung von Zierbuchstaben und die Anbringung von Gold. In Cîteaux erlischt nach der Einführung der Statuten von 1134 jede künstlerische Tätigkeit des Scriptoriums; die Stagnation dauert bis über den Tod Bernhards 1153 hinaus fort.

Aus Clairvaux sind dagegen etliche illuminierte Manuskripte bekannt, die heute in Troyes liegen, etwa die Clairvaux-Bibel (Troyes, Bibl. de la ville, Ms. 27) mit ihren hervorragenden einfarbigen Ornamentinitialen.[6] Auf die Illumination, die möglicherweise in der Primarabtei Pontigny entstanden sein dürfte, kommen wir noch zurück.

Unser besonderes Interesse gilt jedoch der buchkünstlerischen Entwicklung in den oberrheinischen, den schweizerischen und seeschwäbischen Zisterzienserklöstern und ihren Scriptorien. Diese sind für das späte 13. und frühe 14. Jahrhundert relativ gut erforscht;[7] ihre Anfänge im 12. und beginnenden 13. Jahrhundert harren hingegen noch der Untersuchung. Das mag daran liegen, daß wir bis jetzt nur über ungenügende Grundlagen für eine Erschließung der deutschen Scriptorien verfügen. Es ist bekannt, daß die Mutterabtei die Filiationen jeweils mit einem Grundstock an Büchern ausstattete, die am neuen Platz kopiert und an das Mutterkloster zurückgeschickt wurden. Dabei orientierte man sich in den meisten Fällen am Stil der Vorlagen, aber, so die Forschung,[8] »selten kann ein Initialstil konkret erfaßt werden«. Wir möchten dazu entgegnen, daß zumindest im oberdeutschen Raum dem nicht so ist, daß man ganz im Gegenteil das Mutter-Tochter-Verhältnis sehr gut einsichtig machen kann.

Das gilt an erster Stelle für das Zisterzienserkloster Lützel im Oberelsaß nach 1200. Die von Bellevaux aus 1123-1124 besiedelte Abtei war im Mittel-

Abb. 1 Dijon. Bibliothèque municipale, Ms. 147. Psalmenkommentar des Augustinus, fol. 3r, Initialseite D(omine exaudi orationem meam)

oben:
Abb. 2 Troyes. Bibliothèque municipale, Ms. 27. Bibel aus Clairvaux, Paralipomena, Initiale A(dam)

alter unter staufischem Einfluß hochbedeutend; Bernhard von Clairvaux nahm persönlich an der Grundsteinlegung dieser zweiten Ordensniederlassung auf deutschem Boden (Diözese Basel) teil.[9] Lützel entwickelte sich rasch und erlebte eine langandauernde, noch im 18. Jahrhundert nachwirkende Blütezeit. Von seinen sieben Tochtergründungen seien lediglich die in der staufischen Territorialpolitik maßgebenden elsässischen Klöster Neuburg (1133) und Pairis (1138) erwähnt, sodann das schwäbische Salem (Salmansweiler, 1134–1138), und auf dem Gebiet der heutigen Schweiz Frienisberg (1138) und St. Urban (1194). Obwohl es möglich war, in Lützel aus Schriftquellen auf die Existenz eines Scriptoriums zu schließen, haben Brände und Kriegswirren die reiche Bibliothek mehrfach (1525, 1638, 1666) vernichtet. Dem Kunsthistoriker ist folglich die Kontrolle über das künstlerische Schaffen in Lützel unmöglich gemacht. Aus einem Brief Abt Konrads II. von Lützel (1189–1221) an Abt Konrad I. von St. Urban von 1196 (Reg. 9) geht jedoch hervor, daß Bruder Helinandus ein gefragter Schreiber war: »Ihr und eure aus Lützel entsandten Brüder habt uns ersucht, daß Bruder Helinandus das von ihm für unseren neuen Chor geschriebene Missale nochmals für euch abschreiben solle. Dieser hat unseren Auftrag rasch ausgeführt (citius completum redidit). Nehmt daher das gewünschte

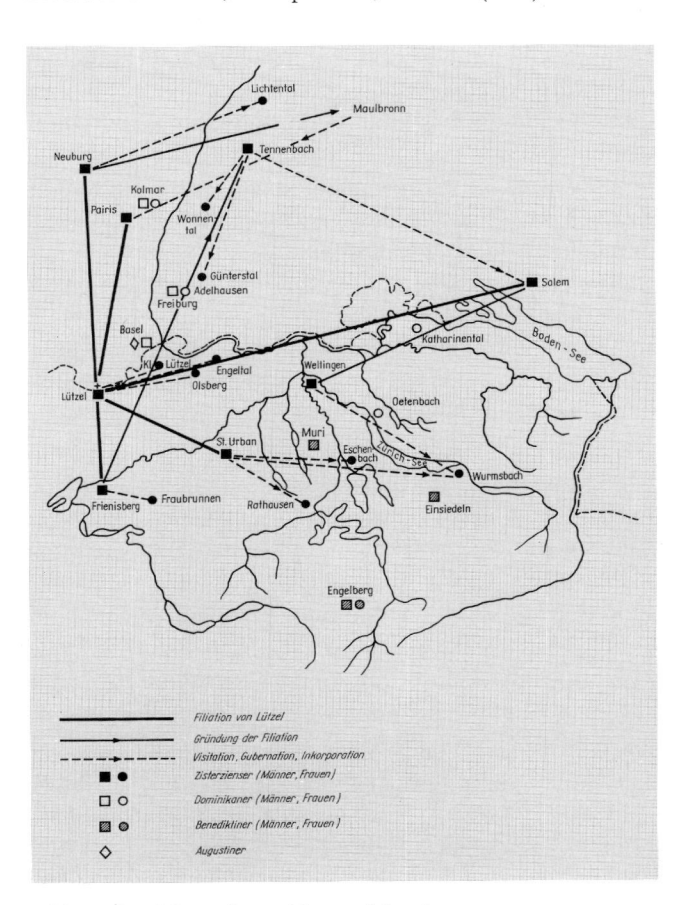

Abb. 3 Das Zisterzienserkloster Lützel und seine Filiationen

Abb. 4 Heidelberg. Universitätsbibliothek, Cod. Sal. X10/III.
Psalmenkommentar des Augustinus.
Bl. 51rb, Initiale D(eus meus)

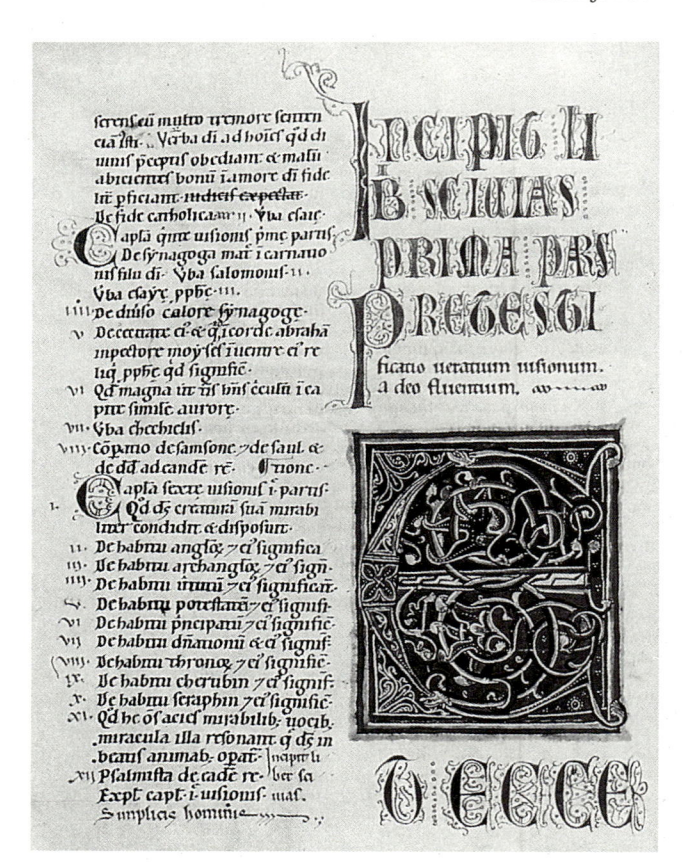

Abb. 5 Heidelberg. Universitätsbibliothek, Cod. Sal. X 16,
Hildegard von Bingen. Liber Scivias.
Bl. 5v, Initiale E(t ecce)

Buch und singt daraus dem Allerhöchsten Jubellieder ...«[10] Am 5. Oktober gedenkt der Totenrodel des Klosters Pairis[11] eines »Fratis Wilhelmi monachi Lucellensis, qui librum missalem ad nostrum maius altare multa scripsit diligentia«. Über die Filiationen Lützels liegen hingegen nicht nur Berichte, sondern auch Zeugnisse ihrer künstlerischen Tätigkeit vor.

Zu den zweifellos wichtigsten Gründungen Lützels gehört seit 1134–1138 das Kloster Salem am Bodensee.[12] Wie Lützel, das 1139 durch König Konrad III. bestätigt worden war, stand auch die von Guntram von Adelsreute gestiftete Niederlassung unter staufischer Obhut (1142 durch Konrad III. in Konstanz bestätigt). Neben einem Scriptorium verfügte Salem noch über eine produktive Glasmalerwerkstatt,[13] von deren Wirken allerdings mit Sicherheit kein Zeugnis überliefert ist. Von den heute in Heidelberg und Fulda erhaltenen 200 mittelalterlichen Handschriften (ehemals 450) stammen indessen nur wenige aus der Gründungszeit. Auch hier hat der Brand von 1697 zu hohen Verlusten geführt.[14] Gut faßbar sind dagegen die Bestände des späten 12. und des 13. Jahrhunderts aus der Regierungszeit der Äbte Christian (1175–1191) und Eberhard I., des Grafen von Rohrdorf (1191–1240). Zudem sind Schreibernamen überliefert, etwa jener Mönch Adalbert, der »unter großen Mühen« (scripsit Adalbertus incommoda multa repertus) den dreibändigen Psalmenkommentar des Augustinus (Heidelberg, Univ. Bibliothek, Cod. Sal. X. 10 II–III) um 1180 abgeschrieben hat. Die Handschrift ist illuminiert. Wilfried Werner (Heidelberg) verdanken wir eine übersichtliche Darstellung der Handschriftenproduktion in Salem und eine Beschreibung der sich entwicklungsgeschichtlich folgenden Initialstile.[15] Noch um 1180 richtete sich das Scriptorium nach der lokalen Tradition, die letztlich auf dem Reichenauer Initialstil des 11. Jahrhunderts basierte, und übernahm den Typus der »Spaltleisteninitiale«, wie sie zu jener Zeit im Hirsauer Reformkreis über den ganzen süddeutschen Raum verbreitet war. Erst nach 1200 gelangte ein neuer Initialtypus zur Anwendung, kombiniert mit kühnem Palmettenfiligran (dem sog. Sägeblattfiligran) in Rot und Blau (z. B. Cod. Sal. X. 10I). In Zisterzienserscriptorien war ihm eine breite Streuung beschieden.[16] Unter die bedeutendsten Salemer Handschriften ist der »Liber Scivias« der Hildegard von Bingen (Cod. Sal. X. 16) zu rechnen. Die 1179 verstorbene Visionärin stand mit Abt Gottfried von Salem (1165 bis 1168) in Briefwechsel.[17] Zwar wirkt die Schrift des Codex altertümlich, die ausgeführten Zierbuchstaben lassen indessen nicht den geringsten Zweifel daran, daß sie erst nach der Jahrhundertwende geschaffen worden sind. Werner vermutet eine Herstellung in drei Phasen, in deren letzter die »auffallend bunten« und sehr großen Initialen hinzugefügt wurden. Jedenfalls überschreiten die Zierbuchstaben in den meisten Fällen (oft unter Anschneidung der Schriftzeilen) den zur Ausschmückung bestimmten Platz; ursprünglich waren hier wesentlich kleinere Initialen vorgesehen. Vor allem aber zeigen sie eine bis dahin in Salem ungewohnte Ornamentik. Eine solche findet sich jedoch auch in der prächtigen mehrbändigen Bibel (Cod. Sal. X. 19–22) um 1230–1240, die wahrscheinlich unter Abt Eberhard I. im Scriptorium entstand.[18]

Mit der Ornamentik des »Liber scivias«, insbesondere aber der Salemer Bibel, hat sich die Buchkunst dieses Scriptoriums grundlegend verändert und von der bis dahin exemplarischen Formgebung abgekehrt. Auffällig ist neben der Buntheit die Verwendung von Gold, was die Forschung bei Analyse des Stils in nicht geringe Verlegenheit brachte.[19] Zudem enthält die Salemer Bibel eine Kapiteleinteilung, wie sie in Paris im Verlauf der Bibelrevision des Stephan Langton (1150–1228), des Erzbischofs von Canterbury (seit 1207) und Lehrers an der Pariser Universität, eingeführt worden war. Vielleicht ist es nützlich, zu wissen, daß der Erzbischof die Jahre der Auseinandersetzung mit König Johann von England (1207–1213) in der Primarabtei Pontigny verbrachte, ein Umstand, durch den sich eventuell die Kenntnis der Bibelrevision im Zisterzienserorden leicht erklären ließe. Werner konstatierte außerdem bei der neuen Initialornamentik eine Anzahl englischer Motive, was ihn zu dem Schluß verleitete, diese könnten nur über den Einfluß eines englischen Schreibermönchs den Salemer Illuminatoren bekanntgeworden sein. Hinzu kommt ferner, daß aus Salem tatsächlich einige Sammelhandschriften erhalten sind, die Codd. Sal. IX, 29, 30, 31, die alle, gegen 1220 entstanden, englische Themen verschiedenster Art zum Inhalt haben.[20] Ein englischer Schreiber scheint sogar an der Niederschrift des Cod. Sal. IX. 31 beteiligt gewesen zu sein: an einer Stelle (fol. 97v) beruft er sich auf einen gleichfalls englischen Mitbruder, Regnaldus, »qui postea ad nos veniens monachus in Salem factus est«.[21]

Die auf den ersten Blick bestechende Argumentation Wilfried Werners trifft allerdings nur dann zu, wenn man geneigt ist, den hier vorgestellten Initialstil auch wirklich als in Salem ausgebildet anzusehen. Von dieser Prämisse ist die Forschung bisher ausgegangen. Wir glauben indessen, den Nachweis führen zu können, daß der Typus keineswegs nur in Salem anzutreffen ist, sondern auch in anderen Zisterzienserscriptorien vorkommt, die im Filiationsbereich der Abtei Lützel liegen. Außerdem taucht der Initialstil beispielsweise auch im Bücherbestand der Reichenau (heute Karlsruhe, Bad. Landesbibliothek) oder der Konstanzer Dombibliothek auf, was bedeutet, daß der zisterziensischen Buchkunst im süddeutschen Raum eine über den Orden hinausgreifende Ausstrahlung beschieden war. Aus einer Notiz in der Salemer Augustinerhandschrift Cod. Sal. X. 12 zu Beginn des 13. Jahrhunderts[22] erfahren wir etwa, daß zwischen dem Kloster und der Konstanzer Dombibliothek offenbar ein regelmäßiger Bücheraustausch stattgefunden hat. Es liegt folglich nahe, daß beim Kopieren entliehener Werke zugleich formale Elemente der Vorlage mit übernommen wurden, die der Ausbreitung eines bestimmten Stils förderlich waren. Bei Betrachtung einiger Konstanzer Handschriften kommen wir auf diesen Punkt zurück.

Unter den Tochtergründungen Lützels nimmt im

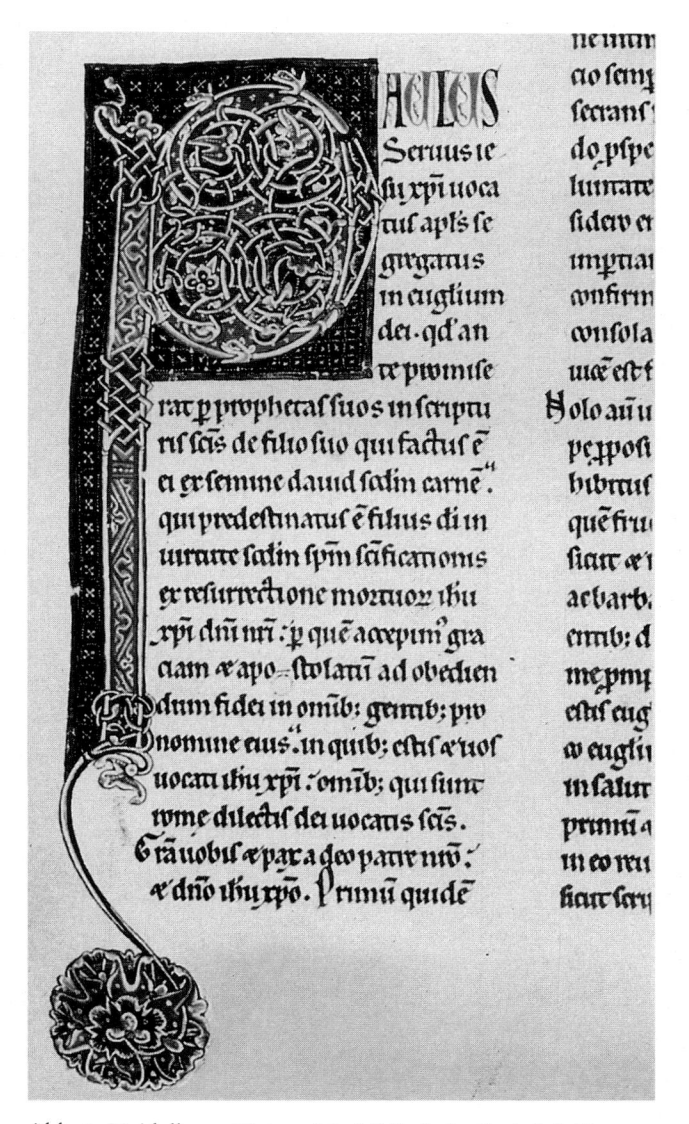

Abb. 6 Heidelberg. Universitätsbibliothek, Cod. Sal. X 22. Bibel aus Salem. Bl. 127va, Paulus an die Römer, Initiale P(aulus servus)

Abb. 7 Colmar. Bibliothèque municipale, Ms. 318.
Antiphonar aus Pairis. Winterteil. fol. 19v,
Initiale H(odie nobis)

Elsaß das Kloster Pairis bei Colmar in bezug auf die Annalistik und die Kreuzzugshistoriographie[23] eine vorrangige Stellung ein. Die beachtliche buchkünstlerische Leistung seines Scriptoriums, die in der Bibliothek von Colmar eingesehen werden kann, blieb in der Forschung bis jetzt nahezu unbemerkt. Vorwiegend sind es prächtige liturgische Bücher, große Choralhandschriften wie etwa die beiden Antiphonare (Sommer- und Winterteil) in Colmar (Bibl. municipale, Ms. 314, 318), die als ganz hervorragende Vertreter des uns beschäftigenden Initialstils angesehen werden müssen.[24] Ihre Zierbuchstaben, die sich über acht bis zehn Text- und Notenzeilen, oft sogar über die ganze Höhe des Schriftspiegels erstrecken, sind in ihrer Qualität und ausgesprochen monumentalen Ausführung vorzüglich geeignet, an dieser Stelle erstmals eine genaue, für die gesamte hier besprochene Handschriftengruppe verbindliche Beschreibung vorzunehmen.

Bei der Mehrheit dieser Initialen herrscht in der Ornamentik die Spiralranke vor. Kunstvoll verflochten bedeckt sie die Binnenfläche des Buchstabenkörpers, wobei farbige Ranken alternierend in Grün, Blau und Rot vor Goldgrund stehen oder sich metallfarben (auch Silber kommt vor) von einem roten oder blauen Feld abheben. Jede Spirale trägt im Zentrum ein weitausladendes, phantastisch geformtes Polypenblatt (»octopus leaf«), dessen Tentakel sich in den Spiralwindungen festkrallen. Die Ranke wächst fast immer aus dem Buchstaben hervor, der seinerseits ebenfalls einen vegetabilen Charakter annimmt, geformt und sich elastisch biegend wie eine Weidenrute. Dahinter verbirgt sich die alte »Spaltleisteninitiale«, die in ihren Teilen durch Flechtwerkknoten locker zusammengehalten wird. Bisweilen weicht die herkömmliche Buchstabengestalt einem gänzlich abstrakten Gebilde zweier sich durchdringender Formen (D); hier fehlt die Spirale und wird durch ein sehr bewegtes, großlappiges Polypenblatt mit plastisch umgestülpten Rändern ersetzt. Das vegetabile Element verbindet sich bisweilen mit anthropomorphen oder zoomorphen Formen, wenn die Spiralranke im Kopf eines stumpfnasigen Tieres mit tückischen Augen und breitem Maul endet oder in einer profilen menschlichen Fratze. Selten kommen auch (bei D oder Q) völlig ausgebildete Drachenleiber vor, die sich an die Ober- oder Unterlängen des Buchstabens anschmiegen. Alle Initialen liegen auf hochrechteckigen bis quadratischen Feldern, deren Konturen aber insofern unregelmäßig verlaufen, als sie sich den Umrissen der Initialen anpassen. Wo die Felder nicht von einer goldenen, kupfergrünen oder schwarz eingefaßten Leiste umgeben sind, umschließt sie ein breiter, mit Rauten-, Palmetten- oder Mäanderornamenten geschmückter Rahmen mit goldenem Saum. Die farbigen Felder bedecket weißes Schnörkelwerk, Buchstaben und Randleisten begleiten feine weiße Konturlinien. Das Schnörkelwerk ist dem kalligraphischen Sägeblattfiligran eng verwandt. Die ganze Ornamentik ist von einer frischen, lebhaften Farbigkeit bestimmt: Ziegelrot, selten Purpur, wechselt mit Kobaltblau oder Smaragdgrün, mit Silber und Gold ab. Gelb ist auf einen gelblich-weißen, eher beigen Zwischenton herabgestimmt, der sich hauptsächlich in den reichen Zierleisten (neben Purpurrosa) und im Polypenblattwerk findet. Eine kräftige Modellierung erfolgt Ton in Ton oder durch aufgetragene weiße Lichter, die vornehmlich der ornamentalen Bereicherung dienen. Sie legen sich als feiner Schleier aus weißen Schraffuren, kleinen Kreisringen, Häkchen, Gruppen weißer Punkte und Punktreihen auf die Ränder und Rippen der Polypenblätter, die Spiralranken und die Fläche der Bildgründe.[25]

Ein Blick zurück auf Salemer Handschriften macht die gemeinsame Verwendung von Ornamentmotiven deutlich: unverändert treten sie im Scivias-Codex, Cod. Sal. X. 16, auf (Incipit-Seite, Et ecce, Bl. 5v, Initiale P, Bl. 16v) oder in den Antiphonar-

Abb. 8 Colmar. Bibliothèque municipale, Ms. 318. Antiphonar aus Pairis. Winterteil, fol. 93 und 36, Initialen S(i oblitus) und D(omine in ira tua)

bänden Cod. Sa. XI. 11–15 aus der Zeit Abt Eberhards von Rohrdorf. Nach Ludwig Schuba[26] übernahm Salem in den ersten Jahrzehnten des 13. Jahrhunderts »die revidierten liturgischen Bücher aus Cîteaux« und ließ sie im eigenen Scriptorium abschreiben. Dabei mag man sich im Mutterkloster Lützel oder sogar in Cîteaux selbst nach geeigneten künstlerischen Vorbildern umgesehen haben. Es ist lehrreich zu beobachten, daß sich trotz des gemeinsamen Stils in Salem eine gewisse Eigenständigkeit der Formgebung auszubilden vermochte, mithin die Eigenart des Scriptoriums sich gegenüber Pairis in der feinen Nuancierung des gemeinsamen Repertoires durchsetzt. Am weitesten entfernt sich die Salemer Bibel in ihrer strengen Stilisierung des Initialbaus und der Sprödigkeit des Ornaments vom übrigen Handschriftenbestand, ein Umstand, der jedoch mit der späten Entstehung zwischen 1230 und 1340 begründet werden kann.

In unmittelbare Nachbarschaft zu Pairis, vielleicht im gleichen Scriptorium wie die Colmarer Antiphonare geschrieben und illuminiert, rückt der schöne Psalter Ms. 24 der Universitätsbibliothek Freiburg i. Br.[27] Die Herkunft dieses ausgesprochen prächtigen Manuskripts, das vermutlich als Legat von Johann Leonhard Hug 1846 in den Besitz der Bibliothek gelangte, ist nicht festzustellen. Indessen darf mit ziemlicher Sicherheit die Entstehung in einem Zisterzienserscriptorium angenommen werden: die ordensspezifische Interpunktion, der »flexus«, kommt etliche Male neben dem allgemein üblichen Hakenstrich im Text vor.[28] Der »flexus« scheint ursprünglich im Ms. 24 vorherrschend gewesen zu sein, wurde aber später (wann, läßt sich nicht sagen) systematisch ausradiert und durch den Hakenstrich ersetzt; nur wenige übersehene Beispiele (z. B. fol. 17r) blieben erhalten. Ein außerklösterlicher Besitzer oder nachträglicher Besitzerwechsel ist anzunehmen. Renate Kroos[29] hat richtigerweise die Vermutung geäußert, daß der Psalter nicht zum Gebrauch in einem Zisterzienserkloster hergestellt worden sei; allerdings ist das Fehlen des hl. Bernhard in der Litanei kein zwingender Beweis für eine solche Annahme, denn im Kalender wird das Fest »Bernhardi abbatis« am 20. August in Rot hervorgehoben. Daß die Translatio am 14. November nicht erwähnt wird, ist gravierender, doch werden andererseits zahlreiche zisterziensische Heilige

Abb. 9 Freiburg i. Br. Universitätsbibliothek, Ms. 24. Psalter aus Pairis (?). fol. 17r, Psalm 1, Beatus vir

Abb. 10 Freiburg i. Br. Universitätsbibliothek, Ms. 24. Psalter aus Pairis (?). fol. 141r, Psalm 101, Domine exaudi orationem meam

aufgeführt.[30] Dennoch kann man den Kalender nicht als ordensspezifisch bezeichnen. Veränderungen sind vorgenommen, Nachträge hinzugefügt worden. Keine Eindeutigkeit des Kalenders besteht ebenfalls in bezug auf die Diözese: Konstanzische Färbung ist deutlich spürbar.[31] So spricht eigentlich alles für eine hochgestellte, weltliche Auftraggeberschaft im oberdeutschen Raum, die sich diesen Prachtpsalter in einem Scriptorium des Zisterzienserordens hat machen lassen. Der Reichtum der Handschrift liegt zusätzlich in den 18 ganzseitigen Vollbildern mit 30 jeweils zweizonig angeordneten Darstellungen aus dem Leben Marias und Christi, dazu ein Jüngstes Gericht, ein Arbor Jesse und eine Majestas Domini. Das lebhafte Kolorit entspricht demjenigen der Zierbuchstaben, die Werkstatt ist dieselbe. Kräftige schwarze Linien umreißen Figuren und Architekturelemente; sie zeichnen die wichtigsten Faltenpartien. Zusätzliche Modellierung wird durch aufgesetzte weiße Lichter erreicht. Die Bildfelder sind alternierend blau, rot oder golden angelegt, wobei die Farbgründe, wie bei den Initialfeldern, mit weißem Schnörkelwerk, Punktgruppen und Kreisringen verziert wurden. Der Stil der Bilder hat noch romanisches Gepräge und scheint durch schwäbische Buchmalerei des Hir-

sauer Reformkreises beeinflußt worden zu sein. Verwandt ist im Figurenstil das Evangelistar St. Peter perg. 7 in der Badischen Landesbibliothek Karlsruhe, das im unterelsässischen Reformkloster Weißenburg geschaffen wurde.[32] Die Ikonographie des Psalters läßt zudem flandrische oder südenglische Vorlagen vermuten.[33]

Eine dritte Gruppe von Beispielen des Initialtypus umfaßt Handschriften, die zusammen mit dem Bücherbestand der Reichenau (sog. Augienses) 1805 ihren Weg nach Karlsruhe fanden. Ursprünglich stammen sie jedoch – gemeinsam mit der Bücherei Bischof Ottos III. von Hachberg – 1451/52 aus der Konstanzer Dombibliothek (dort im Katalog von 1343 zum Teil erfaßt)[34] und sind, da bis jetzt weitgehend unveröffentlicht, für uns von kunstgeschichtlichem Interesse. Andere Konstanzer Handschriften gelangten 1630 nach Weingarten, und von da teils nach Stuttgart, teils nach Fulda.[35] Nicht alle entstanden im Bodenseeraum; bei einigen charakteristischen Manuskripten dürfte es sich um französische (evtl. Pariser) Arbeiten handeln (z. B. Aug. perg. 78). Unter ihnen befinden sich nur wenige liturgische Texte, etwa das Lektionar Aug. perg. 21 und das Epistolar Aug. perg. 54 in Karlsruhe. Mehrere Codices enthalten die Sentenzen des Petrus Lom-

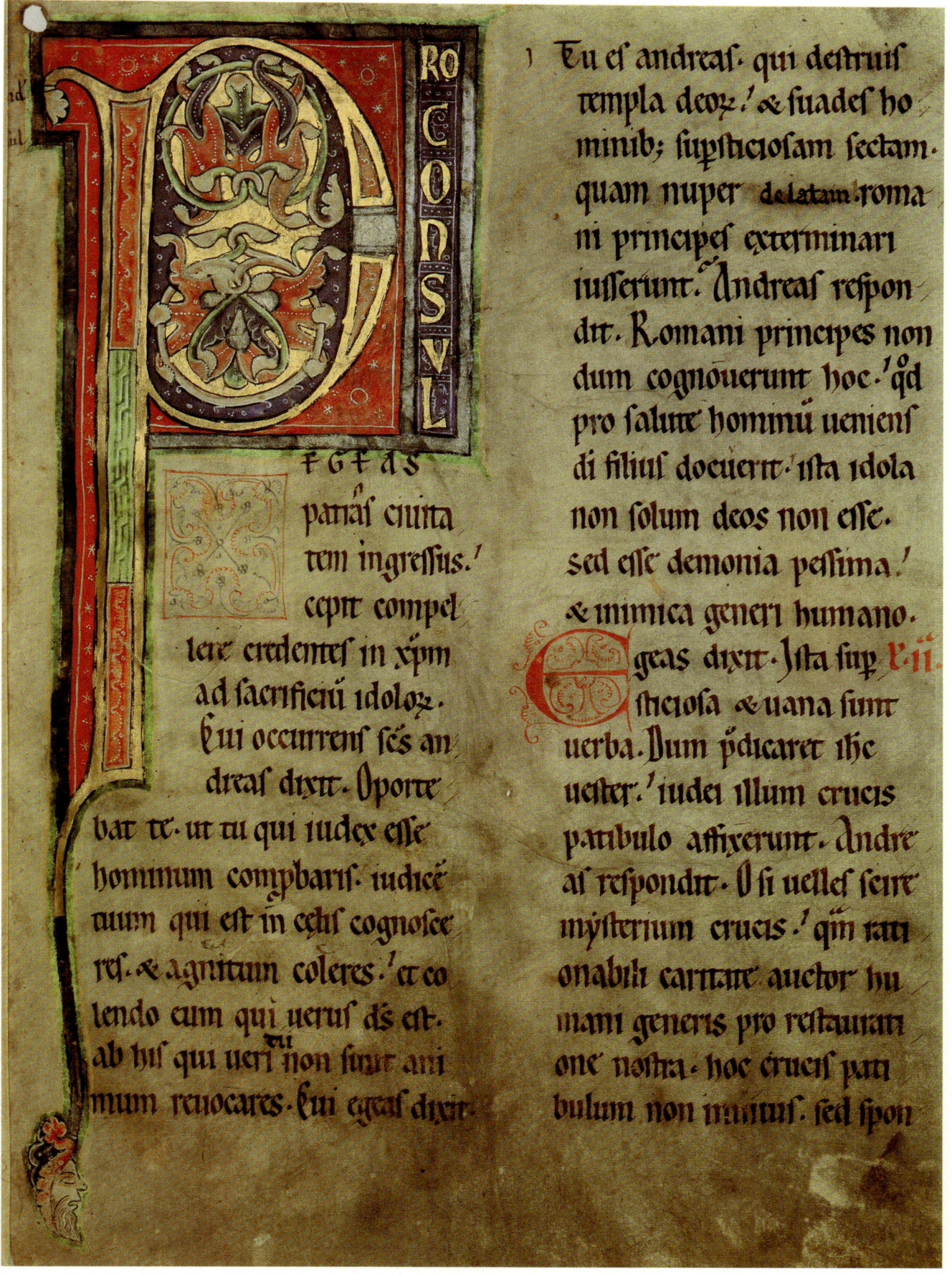

PROCONSVL Egeas patras civitatem ingressus.' cepit compellere credentes in xpm ad sacrificiū idolo⟨rum⟩. Cui occurrens scs andreas dixit. Oportebat te. ut tu qui iudex esse hominum comp⟨ro⟩baris. iudicē tuum qui est in cęlis cognosceres. & agnitum coleres.' et colendo eum qui uerus ds est. ab his qui uerī non sunt ani-tu-mum reuocares. Cui egeas dixit. Tu es andreas. qui destruis templa deo⟨rum⟩.' & suades hominib⟨us⟩; sup⟨er⟩sticiosam sectam. quam nuper delatam. romani principes exterminari iusserunt. Andreas respondit. Romani principes non dum cognouerunt hoc.' q⟨uo⟩d pro salute hominū ueniens di filius docuerit. ista idola non solum deos non esse. sed esse demonia pessima.' & inimica generi humano. Egeas dixit. Ista sup⟨er⟩sticiosa & uana sunt uerba. Dum p⟨rae⟩dicaret ihc uester.' iudei illum crucis patibulo affixerunt. Andreas respondit. O si uelles scire mysterium crucis.' q⟨uonia⟩m rationabili caritate auctor humani generis pro restauratione nostra. hoc crucis patibulum non inuitus. sed spon-

Abb. 11 Karlsruhe. Badische Landesbibliothek, Aug. perg. 21. Lectionarium de sanctis. fol. 7r, Initiale P(roconsul Egeas)

In uigilia natalis dñi.
Lectio epistole beati pa
uli apli: ad romanos

plenarum

RATRES

Paulus seruus
xpi ihu uocatus
apostolus. segre
gatus meuuangelium
dei. Quod ante pro
miserat perpphetas
suos in scripturis
scīs de filio suo. qui fac
tus est ei ex semine dauid
secundum carnem. Qui
predestinatus est filius
di in uirtute secundum
spm sctificationis. ex re
surrectione mortuorum
ihu xpi dñi nostri. Per
quem accepimus grām
& apostolatum. ad obe
diendū fidi in omnibz
gentibus pronomine eius

In quibus estis & uos uocati
ihu xpi dñi nostri. Itē alia
lectio ysaie prophete.
Hec dicat dñs. Propter sy
on non tacebo: & propter
hierusalē nō quiescam do
nec egrediatur ut splendor
iustus eius: & saluator eius ut
lampas ascendat. & uidebū
gentes iustū tuū: & cuncti re
ges inclytum tuū. Et uocabi
tur tibi nom nouum: quod
os dñi nominauit. Et eris co
rona glorie in manu dñi. &
diadema regni in manu di
tui. Jon uocaberis ultra dere
licta. & terra tua nō uocabit
amplius desolata. sed uoca
beris uoluntas mea in eo. &
terra tua inhabitabit. Quia
complacuit dño in te. In uigi
lia de nocte. Lec. ep. be. pau. ap.
Rme Ap ad titum.
Aparuit gratia saluatoris
omnibus hominibz. erudiens
nos. ut abnegantes impietatē
& secularia desideria. Sobrie
& iuste & pie uiuamus: in hoc
seculo. expectantes beatam spē
& aduentū glorie magni di
& saluatoris nri ihu xpi. Qui
dedit semet ipsum p nobis

Abb. 12 Karlsruhe. Badische Landesbibliothek, Aug. perg. 54. Epistolar, fol. 1r. Römerbrief des Paulus. Initiale F(ratres)

Abb. 13 Karlsruhe. Badische Landesbibliothek, Aug. perg. 61.
Petrus Lombardus. Sentenzen. fol. 121r,
Initiale S(amaritanus)

Abb. 14 Karlsruhe. Badische Landesbibliothek, Aug. perg. 78
Petrus Lombardus. Sentenzen. fol. 2v,
Initiale V(eteris)

bardus (Aug. perg. 61, 70, 78; Fulda Hs. Aa 115) oder die »Historia scholastica« des Petrus Comestor (Fulda Hs. B 4). Stuttgart besitzt außerdem aus Weingarten (ehem. Konstanz) etliche Bände von mindestens zwei glossierten Bibeln (H.B. II 14, 15, 17, 18, 37 und Bibl. fol. 35).[36]

Bei einem Vergleich mit den bisher vorgestellten Werken läßt sich das Lectionarium de sanctis Aug. perg. 21[37] dicht an den Psalter Ms. 24 in Freiburg oder das Antiphonar Ms. 318 in Colmar heranführen: Die monumentale Initiale P auf fol. 7r etwa verwendet Silber und Gold neben Blau, Rot und Kupfergrün in großen, breitlappigen Polypenblattformen. Daneben sind kalligraphisch sehr fein und sicher gestaltete Initialen mit Sägeblattfiligran in Rot oder Blau über den Text verteilt. Ähnlich geartet ist das Epistolar Aug. perg. 54.[38] Seine prächtige, die gesamte Textspalte füllende Initiale F (ratres) zum Römerbrief des Paulus besteht aus Tieren, zwei Vierfüßlern (evtl. Hunden) und einem geflügelten Drachen, verbunden mit zwei großen, gegenläufigen Spiralranken. Das größte, senkrecht aufgerichtete Tier steht auf einem bärtigen Kopf. Der Typus der Ornamentik und ihr dynamischer Duktus erinnern einerseits an das Antiphonar aus Pairis, Colmar Ms. 318 (Initiale H, fol. 19v), andererseits an Salemer Handschriften: verwandt ist die gut dokumentierte Historia ecclesiastica des Petrus Comestor aus Konstanz.[39] Ob der Petrus Lombardus Aug. perg. 61, der über den Magister und Doktor Johannes Spenlin († 1459)[40] auf die Reichenau kam, in Salem geschrieben und ausgemalt wurde, ist ungewiß. Zweifelsfrei hingegen ist die Pariser Herkunft des Aug. perg. 78.[41] Sicher in Salem entstanden ist der Aug. perg. 70,[42] der neben reichen Zierinitialen auch blau-rote Salemer Silhouetteninitialen aufweist. Die Präsenz von Handschriften aus Salem oder doch zumindest solchen mit spezifischer »Zisterzienserornamentik« in Konstanz überrascht nicht. Salem hatte schon immer gute Kontakte zu Konstanz, insbesondere während der Regierungszeit seines Abtes Eberhard von Rohrdorf.[43] Selbst staufisch gesinnt, fühlte er sich dem mächtigen staufischen Parteigänger und Konstanzer Bischof Diethelm von Krenkingen (um 1140–1206) nahestehend. Seitdem sich Diethelms Vater, Konrad von Krenkingen (bis 1187) unter König Konrad III. den Staufern angeschlossen hatte, begann der Aufstieg des bis dahin noch unbedeutenden Geschlechts zu einer der einflußreichsten Adelsfamilien am Hochrhein und im Bodenseeraum.[44] Sehr jung trat Diethelm um 1150 in den Benediktinerorden auf der Reichenau ein, er wurde 1172 von Friedrich I. Barbarossa zu dessen Abt ernannt. Um 1197 übernah-

Abb. 15 Karlsruhe. Badische Landesbibliothek, Aug. perg. 70.
Petrus Lombardus. Sentenzen. fol. 2v,
Initiale V(eteris)

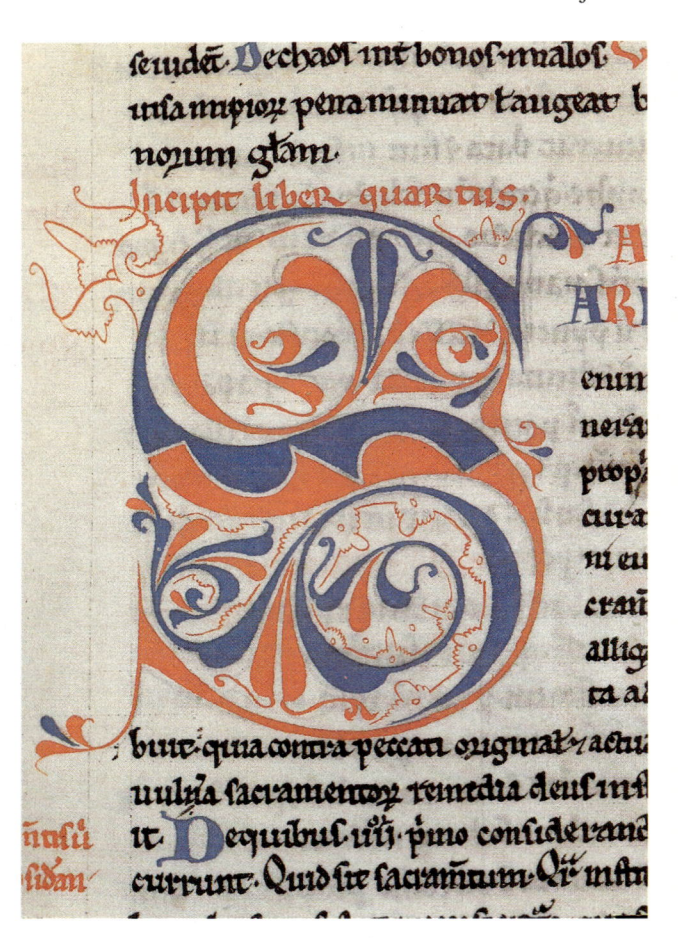

Abb. 16 Karlsruhe. Badische Landesbibliothek, Aug. perg. 70,
Petrus Lombardus. Sentenzen. fol. 112r,
Initiale S(amaritanus)

men die Krenkinger mit Unterstützung Diethelms die Vogtei über das Kloster Rheinau, die sie seit 1241 vorübergehend an Friedrich II. von Hohenstaufen abtraten. Aus ihrer Mitte stiegen Eberhard III. (1209–1246) vom Konstanzer Domherrn zum Bischof von Brixen und Erzbischof von Salzburg auf, während Walther von Krenkingen, 1180 Abt in Pfäfers, 1208–1214 als Bischof von Gurk amtete.[45] Zweimal begleitete Diethelm noch als Abt der Reichenau Friedrich I., Barbarossa, nach Italien (1174–1180, 1183); die Staufer lohnten es ihm mit dem Konstanzer Bischofsstuhl 1189. Noch auf der Reichenau hatte Diethelm 1171 mit Salem in territorialen Angelegenheiten verhandelt. Die Kontakte verstärkten sich, als Eberhard von Rohrdorf 1191 in Salem zum Abt gewählt wurde. Mehrfach machte der Bischof von Konstanz auf Reisen Station in Salem; vom regen Bücheraustausch zwischen dem Zisterzienserkloster und der Konstanzer Dombücherei war schon die Rede. Als 1206 Diethelm von Krenkingen müde und resigniert sein Amt niederlegte, trat er als einfacher Mönch in Salem ein, wo er bald darauf starb.

Es ist auffällig, daß wir gerade in Handschriften der Konstanzer Dombibliothek mehrmals Werken begegnen, die trotz der charakteristischen Initialornamentik außerhalb Süddeutschlands, möglicherweise auch außerhalb des Ordens entstanden sind. Sie sind es vor allem, die uns den Weg zu den Quellen und stilistischen Einflüssen weisen, aus denen die elsässischen und hochrheinisch-schwäbischen Scriptorien geschöpft haben. Der Petrus Lombardus Aug. perg. 78 verrät seine Pariser Herkunft durch den Einband; auch für den gepflegten Aug. perg. 61 aus dem Besitz Spenlins scheint, wie zudem für die Stuttgarter Bibel-Codices, französische Herkunft oder doch Beeinflussung vorzuliegen. Bezeichnenderweise handelt es sich durchweg um damals hochaktuelle Texte und Bibelglossen des Petrus Lombardus †1160, die allenthalben in Frankreich und England in der Blütezeit der Scholastik und der Bibelexegese entstanden, und mit den Handschriften zugleich deren typische Buchkunst in den Gelehrtenkreisen ganz Europas verbreiteten. Verständlich, daß auch die süddeutschen Zisterzienserscriptorien sich der Einwirkung dieser weitverbreiteten Ornamentik nicht entziehen konnten; sie haben sie aber nicht nur nachgeahmt, sondern in eigenständiger Weise weiterentwickelt. So fällt auf, daß die Ornamentik in Zisterzienserhandschriften

Abb. 17 München. Bayerische Staatsbibliothek, Clm. 835.
Englischer Prachtpsalter. fol. 92v,
Initiale E(xultate Deo)

z. B. auf jene charakteristischen kleinen, lebhaften, weißen und roten Löwen fast völlig verzichtet, die sich sonst im Geäst der Spiralranken tummeln, was zu einer merklichen Beruhigung und Klärung des an sich dichten formalen Aufbaus beiträgt, übrigens ganz im Sinne der Bestrebungen des Ordens.

Wir sind wohl heute in der Lage, für diesen importierten Initialstil eine Entwicklungs- bzw. Traditionslinie aufzuzeigen, die wahrscheinlich mit der Primarabtei Pontigny, der Schwester von Clairvaux, in Beziehung steht. In der zweiten Hälfte des 12. Jahrhunderts erlebte Pontigny im Kreis der Zisterzienserscriptorien eine Blütezeit. Die Forschung bringt sie schon seit Jahrzehnten mit der Anwesenheit des hl. Thomas Becket um 1164 in diesem Kloster in Verbindung. Auf seiner Flucht vor König Heinrich II. von England ins französische Exil zog sich der Erzbischof von Canterbury für zwei Jahre nach Pontigny zurück; weitere vier Jahre verbrachte er im Benediktinerkloster Sainte-Colombe bei Sens. Becket wurde von seinem Sekretär und Freund Herbert of Bosham begleitet, der ein Schüler des berühmten Bibelexegeten und Kommentators Petrus Lombardus gewesen war und nach dessen Tod die Edition der »Magna Closatura« besorgte. Nach der Ermordung des Thomas Becket widmete Bosham dem Erzbischof Wilhelm von Sens (1168–1176) sein eigenes Glossenwerk zu den Psalmen und den Paulusbriefen. Thomas Becket hatte schon in Pontigny seinen Sekretär mit der Niederschrift der Werke des Petrus Lombardus betraut, die er künstlerisch ausstatten ließ. Mit einer beachtlichen »bibliotheca« an Bibelglossen und Kommentaren zur Heiligen Schrift auch von anderen Autoren kehrte der Erzbischof 1170 nach Canterbury zurück. Von dort sandte er Bosham wieder nach Frankreich, wo dieser in Sainte-Colombe die Edition der Lombardus-Glossen bis 1176 abschloß. Die Schriften des Petrus Lombardus, von denen wir in der Konstanzer Dombibliothek etliche vorfinden, verbreiteten sich, wie erwähnt, in Frankreich sehr schnell; dazu trugen der Umstand, daß Petrus Lombardus die Würde des Bischofs von Paris 1159 erlangte und die um 1200 neugegründete Universität die Sentenzen als Handbuch empfahl, wesentlich bei. In England nahm die Verbreitung wahrscheinlich von Canterbury ihren Ausgang, wohin Bosham später wieder zurückgekehrt war. Kaum ein anderer Initialstil als jener der »Becket-Books«[46] hat sich in England so gründlich durchgesetzt. In ihren Umkreis gehört auch eine Gruppe von illustrierten und mit Initialen geschmückten Ausgaben des »Decretum Gratiani«, deren wohl bedeutendste heute im J. Paul Getty Museum in Malibu, California (ehem. Dyson Perrins, dann Sammlung Ludwig Aachen) liegt. Sie wurde anfänglich mit Pontigny in Verbindung gebracht,[47] während man jetzt, doch vorsichtiger geworden, für eine Entstehung in Nordfrankreich, Paris oder Sens zwischen 1170 und 1180 eintritt. Eindeutig festlegen läßt sich die Herkunftsfrage allerdings bisher noch nicht: die Autoren von Euw/Plotzek schließen Künstlerwanderungen und Beziehung zu Laienateliers in dieser Zeit nicht aus.[48] Wertvolle Hinweise entnehmen wir auch einem Aufsatz von Rosy Schilling:[49] Ein »Decretum Gratiani« in der Bibliothek von Troyes (Ms. 103) kann in einem frühen Bücherkatalog der Primarabtei Clairvaux nachgewiesen werden, während ein anderes Decretum in London (British Library, Arundel 490) Einträge aus Cîteaux enthält und aus der Abtei Eberbach im Rheingau stammt. Der Zisterzienserorden war am »Decretum Gratiani« ebenso interessiert wie an den Sentenzen des Petrus Lombardus, zumal beide Autoren Bernhard freundschaftlich nahestanden.

Es will daher folgerichtig erscheinen, wenn eine mit den Lombardus- und Gratian-Handschriften unmittelbar verwandte Initialornamentik noch im 12. und im ersten Viertel des 13. Jahrhunderts sowohl in der Mutterabtei Cîteaux als auch – in Varianten – im Kreis der Primarabteien auftritt. Schon

Abb. 18 Heiligenkreuz.
Brunnenhaus des Kreuzgangs.
Grisaillefenster

Dijon. Bibliothèque municipale, Ms. 633.
Martyrolog und Obituar aus Cîteaux. fol. 110, 157,
Abb. 19a Initiale A
Abb. 19b Initiale N

Zur Buchmalerei der Zisterzienser

Ph. Guignard und 1926 Charles Oursel[50] haben betont, daß mit diesem Initialstil die um die Mitte des 12. Jahrhunderts deutlich spürbare Regelstrenge der Statuten gleichsam »unterlaufen« wird, und sich die Schreibstuben – das gilt ganz besonders für die süddeutschen Tochtergründungen – wieder vermehrt der künstlerischen Ausstattung der Handschriften zuwenden. Vielleicht sollte aber nicht außer acht gelassen werden, daß die Spiralranken- und Palmetten- (Polypenblatt-) Ornamentik im Orden schon vor 1150 in Cîteaux oder in der bedeutenden Clairvaux-Bibel in Troyes, Ms. 27, die im Auftrag des hl. Bernhard entstand, heimisch war und auch als Grisaille in der Glasmalerei (z. B. Kreuzgang von Heiligenkreuz) Verwendung fand. Selbst wenn der Orden die neue Ornamentik, die seinem Stilempfinden allerdings sehr entgegenkam, nicht kreiert hat, so hat er sie doch mit großer Bereitschaft übernommen und ganz wesentlich zu deren Verbreitung und Weiterentwicklung beigetragen.

Wir nennen charakteristische Beispiele: aus Cîteaux das prächtige Martyrologium und Obituar, das sicher um 1224–1236 im eigenen Scriptorium hergestellt wurde (Dijon, Ms. 633), dazu die »Regula S. Stephani Muretensis« (Berlin, Deutsche Staatsbibliothek, Phill. 1772), aus Fontenay der Papias-Servius-Codex um 1200 (Paris, Arsenalbibliothek, Ms. 1225).[51] Aus Kloster Igny (Marne), einer noch durch Bernhard gegründeten Filiation von Clairvaux, kann der gleiche Initialtypus in etlichen Hand-

Abb. 20 Genealogie der Zisterzienserklöster in Süddeutschland und der Schweiz bis zum 13. Jahrhundert

unten rechts:
Abb. 22 Karlsruhe. Badische Landesbibliothek. Tennenbach 1, Graduale aus Tennenbach. fol. 29r, Initiale S(icut oculi)

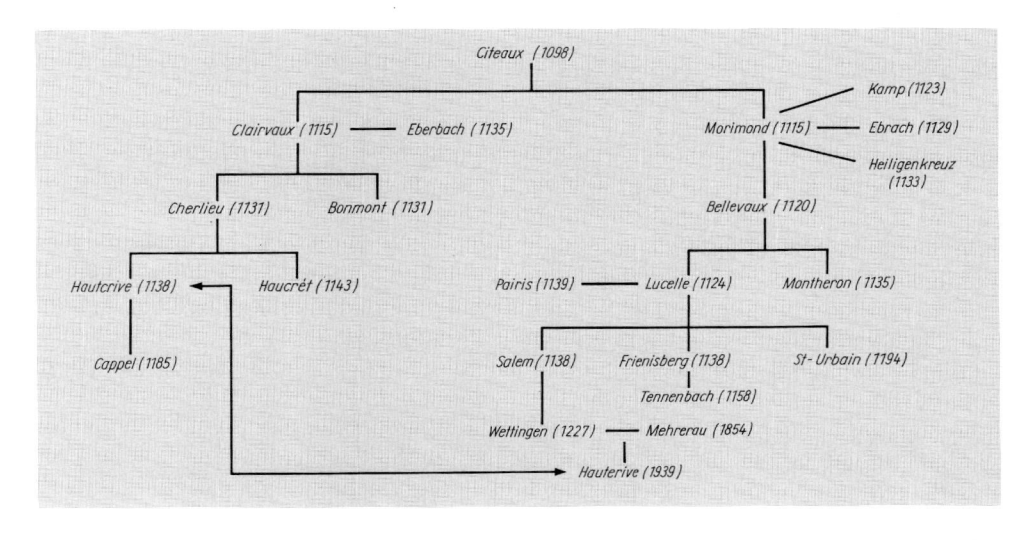

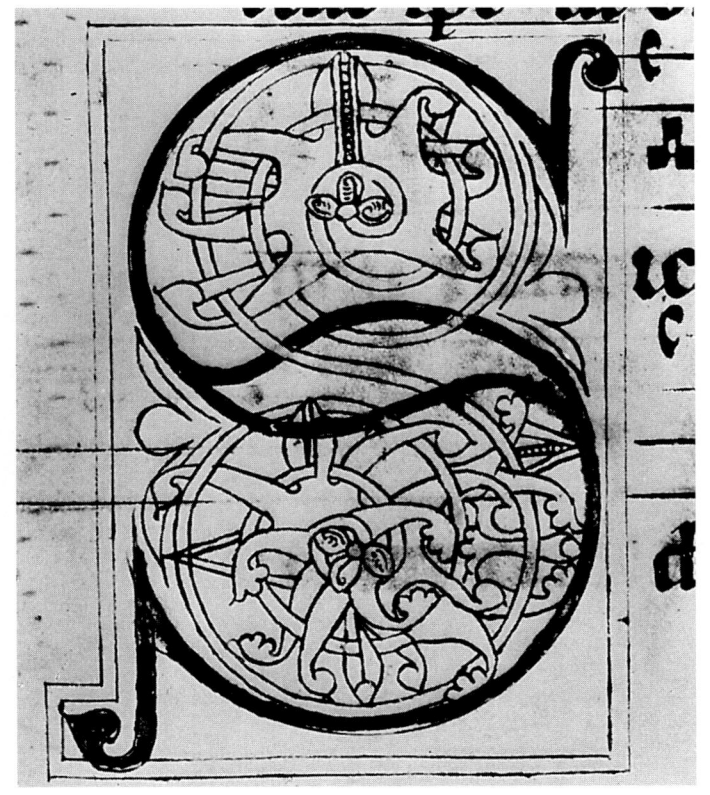

Abb. 21 Paris. Bibliothèque de l'Arsenal, Ms. 1225. Werke des Papias und Servius aus Fontenay (aus Clairvaux?). fol. 1v, Initiale A

schriften der Phillippsbestände der Staatsbibliothek Berlin[52] nachgewiesen werden. In den Zisterzienserfiliationen Süddeutschlands hat sich der Ornamenttypus noch bis in die dritte Generation halten können. Im aargauischen Wettingen wurde der Stil durch die Mutterabtei Salem 1227 geprägt: ein Novum (Aarau, Kantonsbibliothek, Cod. 11), ein Evangeliar (Aarau, Cod. 19) und ein Epistolar (Aarau, Cod. 18) scheinen noch vor 1200 in Salem entstanden zu sein. Ein um 1232 von einem Frater Henricus (Heinrich von Murbach? 1258 Abt von Wettingen, †1278) geschriebenes Lektionar (Aarau, Cod. 12) enthält kalligraphisch feine Silhouetteninitialen.[53] Aus dem vom schweizerischen Frienisberg, einer Tochter Lützels, 1158 gegründeten Kloster Tennenbach im Breisgau ist der Winterteil eines Graduale gegen 1250 in Karlsruhe erhalten (Tennenbach 1). Neben großen figürlichen Goldgrundinitialen, die noch deutlich die Abhängigkeit von der Stilstufe der Straßburger Südquerhausportal-Skulptur um 1230–1240 verraten, zieren die Handschrift vorwiegend blau-rote bzw. grün-rote Initialen mit Sägeblattfiligran.[54] Daneben, und das ist vielleicht symptomatisch für die Spätphase dieser Polypenblatt-Ornamentik, finden sich einige unfertig stehengelassene Zierbuchstaben, die aber gerade, weil unvollendet, die ganze Formenstrenge und kalligraphisch klare Struktur derartiger Initialen eindrücklich dokumentieren. Solche Buchkunst der Zisterzienser ist in ihrer rationalen Haltung und in der Dialektik der Formgebung von höchster ästhetischer Qualität. »Qui servare libris preciosis nescit honorem, / Illius a manibus sit procul iste liber«. fordert mit seinem Distichon ein Schreibermönch aus Clairvaux;[55] wir, die wir um die Schönheit dieser kostbaren Bücher wissen, zollen ihnen und ihren Schöpfern die schuldige Ehrfurcht.

Anmerkungen

1 Plotzek-Wederhake, G.: Buchmalerei in Zisterzienserklöstern, Die Zisterzienser, Ordensleben zwischen Ideal und Wirklichkeit, Ausstellung Aachen 1980, S. 357f.
2 Plotzek-Wederhake, wie Anm. 1, S. 370
3 Plotzek-Wederhake, wie Anm. 1, S. 357ff. – Schneider, A.: Skriptorien und Bibliotheken der Cistercienser, Die Cistercienser, Geschichte – Geist – Kunst, Köln 1974 (3., erweiterte Aufl. 1986, nach dieser auch zitiert), S. 402f. – Oursel, C.: La miniature du XIIe siècle à l'abbeye de Cîteaux, Dijon 1926; ders.: Miniatures cisterciennes, Mâcon 1960
4 Plotzek-Wederhake, wie Anm. 1, S. 358. Vieles spricht dafür, daß unter Abt Stephan Harding die Einflüsse englischer Buchmalerei besonders stark waren.
5 Plotzek-Wederhake, wie Anm. 1, S. 370f. – Schneider, wie Anm. 3, S. 401[18]; der in Aldersbach entstandene »Dialogus« rügt wörtlich: »Aurum molere, et cum illo molito magnas capitales pingere literas, quid est nisi inutile et otiosum opus.«
6 Don Wilmart: L'ancienne bibliothèque de Clairvaux, in Mémoiren de la soc. acad. de l'Aube, 1917. – Morel-Payen, L.: Les plus beaux manuscrips et les plus belles reliures de la bibliothèque de Troyes, Troyes 1935, Pl. VIII. – Farbig wiedergegeben bei Porcher, J.: L'enluminure cistercienne, in L'art cistercien (la nuit des temps 16), Ste-Marie-de-la-Pierre-qui-vire, Reihe »Zodiaque«, 1962, S. 320ff., 328
7 Schönherr, A.: Kulturgeschichtliches aus dem alten Wettingen, Zürich 1955; ders.: Kulturgeschichtliches aus dem Kloster Wettingen, Jb. des Standes Aargau 2, 1955, S. 100–115. – Beer, E. J.: Beiträge zur oberrheinischen Buchmalerei in der ersten Hälfte des 14. Jahrhunderts unter besonderer Berücksichtigung der Initialornamentik, Basel, Stuttgart 1959. – Werner, W.: Schreiber und Miniatoren – ein Blick in das mittelalterliche Skriptorium des Klosters Salem, S. 295 bis 342
8 Plotzek-Wederhake, wie Anm. 1, S. 365
9 Barth, M.: Handbuch der elsässischen Kirchen im Mittelalter, Strasbourg 1960–1963, Sp. 764–767. – Schneider, A.: Lexikale Übersicht der Männerklöster der Cistercienser im deutschen Sprach- und Kulturraum; in: Die Cistercienser, Köln 1974 (1986), S. 674. – Schneider, R.: Die Geschichte Salems, Salem, Konstanz 1984, S. 17–19
10 Schneider, wie Anm. 3, S. 404. – Peter, L.: Aus den Anfängen eines Cistercienserklosters, in Cist. Chronik 38, 1926, S. 33
11 Clauss, J.: Das Nekrolog der Cistercienser-Abtei Pairis, in Bull. d'Alsace 22, 1904, S. 55ff.
12 Schneider, R., wie Anm. 9, S. 15ff. – Borst, A.: Mönche am Bodensee, Darmstadt 1985 (1978), S. 191–209, insbesondere S. 198
13 Becksmann, R.: Die architektonische Rahmung des hochgotischen Bildfensters, Berlin 1967, S. 32, 86
14 Werner, wie Anm. 7, S. 295f. – von Oechelhaeuser, A.: Die Miniaturen der Universitätsbibliothek Heidelberg, I, Heidelberg 1887, 2, 1895
15 Werner, wie Anm. 7, S. 325ff., Abb. 59, 60, Tafel VIII
16 Werner, wie Anm. 7, S. 328f.
17 Werner, wie Anm. 7, S. 329, 330. Liber Scivias: 41,5 cm × 29 cm, 200 Bll. 37–39 Zll., 2 Spalten, 15 Miniaturen in Feder und Deckfarben. – Oechelhaeuser, wie Anm. 14/Teil I, Tafeln 14–17
18 Werner, wie Anm. 7, S. 333f.
19 Werner, wie Anm. 7, S. 333, 334f.
20 Werner, wie Anm. 7, S. 335
21 Werner, wie Anm. 7, S. 336
22 Werner, wie Anm. 7, S. 332
23 Schneider, wie Anm. 9, S. 683. – Barth, wie Anm. 9, Sp. 1057–1059. Zur Historiographie siehe u. a.: Annales Parisienses, Solimarius, 1. Kreuzzug durch den Mönch Gunther geschildert; Historia Constantinopolitana, Eroberung Konstantinopels 1204
24 Colmar, Bibliothèque municipale, Cod. 314: 46,4 cm × 31 cm, 153 Bll., 12 Text- und 12 Notenzeilen, 1 Spalte. Antiphonar, Winterteil, fol. 1 Sanctae Mariae Virginis Parisiense. Cod. 318: 45 cm × 30,5 cm, 311 Bll. 12 Text- und 12 Notenzeilen, 1 Spalte. Antiphonar, Winterteil. Dazu als weiteres Antiphonar gleichen Stils Cod. 315,

25 Beer, E. J.: Ein Zisterzienserpsalter in der Freiburger Universitätsbibliothek; in: Kunstwerke aus dem Besitz der Universität Freiburg i. Br., 1457–1957, Berlin 1957, S. 22–27
26 Schuba, L.: Leben und Denken der Salemer Mönchsgemeinde im Spiegel liturgischer Handschriften, in Salem; Konstanz 1984, S. 343 ff., 346 f.
27 Beer, 1957, wie Anm. 25. – Ausstellungskatalog »Kunstepochen der Stadt Freiburg«, Freiburg, Augustinermuseum 1970, S. 28, Nr. 14. – Cames, G.: Les Grands Ateliers d'enluminure religieuse en Alsace à l'epoque romane, in Cahiers de l'Art médiéval V/1, Straßburg 1967, S. 5–24 und V/2, 1968, S. 5–28
28 Werner, wie Anm. 7, S. 323 f. – Beer, wie Anm. 25, S. 22, 27. Alle »flexus«-Interpunktionen sind bis auf wenige (z. B. fol. 17r Beatus vir, Abb. 8) ausradiert und durch den gewöhnlichen Hakenstrich ersetzt.
29 Renate Kroos laut Auskunft im Ausstellungskatalog »Kunstepochen der Stadt Freiburg«, Freiburg, Augustinermuseum 1970, S. 29
30 Die Heiligen Albinus, Ciricus und Julitta, Donatus und Rogatianus, Evercius, Felicula und Zeno, Ignatius, Mamertus, Praejectus, Rufus, Sequanus, Sotheris u. a. stehen im Festkalender des Ordens. Grotefend, H.: Handbuch der Zeitrechnung, Bd. 2^2, S. 20–23
31 Beer, 1957, wie Anm. 25, S. 22
32 Beer, E. J.: Das Evangelistar aus St. Peter, eine spätromanische Bilderhandschrift der Badischen Landesbibliothek Karlsruhe, Basel 1961, S. 73
33 Beer, 1957, wie Anm. 25, S. 26 mit Anm. 23
34 Lehmann, P.: Mittelalterliche Bibliothekskataloge Deutschlands und der Schweiz, Band I, München 1918, Die Bistümer Konstanz und Chur. – Löffler, K.: Romanische Zierbuchstaben und ihre Vorläufer, Stuttgart 1927, S. 37 ff.; ders.: Die Handschriften des Klosters Weingarten, XLI. Beiheft z. Zentralblatt f. Bibliothekswesen, Leipzig 1912, S. 12f., 36ff., 39f. – Zum Katalog (Inventar) von 1343 und die Bibliotheksgeschichte auch Reiners, H.: Das Münster unserer Lieben Frau von Konstanz (Die Kunstdenkmäler Südbadens I), Konstanz 1955, S. 553 f.
35 Autenrieth, J.: Die Domschule von Konstanz zur Zeit des Investiturstreits, o. O. 1956. – Holder, A.: Augienses, Katalog der Reichenauer Pergamenthandschriften 1906 (2. A. Wiesbaden 1970). – Zu Fulda: Swarzenski, H.: The Berthold Missal, New York, Pierpont Morgan Library 1943, S. 57–59, erwähnt Fulda Aa 82, 37, 58, alle aus Konstanz. Wir fügen noch Fulda Aa 115, Psalter-Kommentar des Petrus Lombardus und Fulda B 4, Historia scholastica des Petrus Comestor, hinzu.
36 Löffler, 1927, wie Anm. 34, S. 38–41
37 Karlsruhe, Bad. Landesbibliothek, Aug. perg. 21, 38,5 cm × 30,9 cm, 273 Bll., 2 Sp., 24 Zll
38 Karlsruhe, Bad. Landesbibliothek, Aug. perg. 54, 35,2 cm × 24,4 cm, 78 Bll., 2 Sp., 32 Zll. Als Einband war eine Konstanzer Urkunde benützt. Exlibris: Iste liber pertinet domino Cuonrado Enslinger – Primissario ecclesiae Constantiensis.
39 Heute in Fulda B4. Exlibris: Ista scolastica est ecclesie Constantiensis/accomodatus autem domino Hainrico dapifero de dissenhofen, canonico Const. et decretorum doctori/ Item ista scolastica est ecclesie Constantiensis et proprium capitulo a quo accomodatus est magistro alberto de Buitelspach canonico Const. et Rectore ecclesie in Rotwil, hodierna die videlicet Marcellini et Petri que fuit secunda dies mensis junii A. dni. inc. M° CCC° LXXX IIII°.
40 Der aus Speyer stammende Magister Johannes Spenlin war Probst und Chorherr in Stuttgart, später in Herrenberg und Sindelfingen sowie seit 1452 Inhaber einer Pfründe des Marienmünsters auf der Reichenau. 1452 ging seine gesamte Bibliothek durch Kauf an Abt Friedrich II. von Wartenberg über und wurde der Reichenauer Bibliothek einverleibt. Lehmann, 1918, wie Anm. 34, S. 268–273
41 Hannemann, K.: Erschließung der Handschriftenbestände der Reichenau; in: Die Abtei Reichenau, Sigmaringen 1974, S. 242. Aug. perg. 78 besitzt einen originalen Pariser Stempeleinband.
42 Karlsruhe, Bad. Landesbibliothek, Aug. perg. 70, 33,2 cm × 23,2 cm, 154 Bll., 2 Sp., 50 Zll
43 Borst, 1985, wie Anm. 12, S. 191 ff., 198
44 Borst, 1985, wie Anm. 12, S. 173–175, 180–190. – Hist. Biographisches Lexikon d. Schweiz (HBLS) IV, Sp. 543 (Stichwort Krenkingen)
45 LThK III, Sp. 629
46 Dodwell, C. R.: The Canterbury School of Illumination, Cambridge 1954, S. 107 ff. Zur Bibliothek des Herbert of Bosham, S. 104–106. Erhalten ein kommentierter Psalter, aufgeteilt zwischen Cambridge (Trinity College Ms. B 5 4) und Oxford (Bodleian Library Ms. Auct. E inf. 6), und ein kommentiertes Epistolar in Cambridge (Trinity College Ms. B 5 6 und 7). In Frankreich steht die Bibel aus St.-André-au-Bois (Boulogne-sur-Mer, Ms. 2 ff.) der Bosham-Gruppe nahe; Tafel 65. Dodwell tritt für eine Entstehung der Handschriften in der Zisterzienserabtei Pontigny ein, S. 108. Bautemy, A.: »Bible« de St.-André-au-Bois; in: Scriptorium 5, 1951, S. 222 ff. – Boase, T. S. R.: English Art 1100–1216, Oxford 1953, S. 185 ff. – Schilling, R.: The »Decretum Gratiani« formerly in the C.W.Dyson Perrins Collection; in: Journal of the Archaeological Association, 3. Ser. Vol. XXVI, 1963, S. 27–39, schlägt als Entstehungsort Sens vor, S. 29, 39
47 Schilling, 1963, wie Anm. 46 – von Euw, A., und Plotzek, J. M.: Die Handschriften der Sammlung Ludwig 4, Köln 1985, S. 41–49
48 von Euw; Plotzek, 1985, wie Anm. 47, S. 46
49 Schilling, 1963, wie Anm. 46, S. 36 f.
50 Guignard, P.: Les monuments primitifs de la régle cistercienne, in Analecta Divionensia X, S. 111; – Oursel, C., 1926, wie Anm. 3, S. 19 f.
51 Kirchner, J.: Beschreibendes Verzeichnis der Miniaturen und des Initialschmucks in den Phillipps-Handschriften, Leipzig 1926 (Beschreibendes Verzeichnis der Miniatur-Handschriften der Preuß. Staatsbibliothek zu Berlin I), S. 69. Abb. 80, – Ausstellungskatalog »Saint Bernard et l'Art des Cisterciens«, Dijon 1953, S. 41, Nr. 83, Pl. VI
52 Kirchner, 1926, wie Anm. 51, Berlin, Phill. 1925, Predigten des hl. Bernhard, S. 58, Abb. 67; Phill. 1701, Speculum Virginum mit Exlibris »Liber S. Mariae igniacensis« auf fol. 1r, 68v, 69r, 146r. Auf fol. 1r zudem »de ygniaco frater Petrus de fera«. Dazu ferner in Troyes Ms. 252, in Rom Vat. pal. lat. 565
53 Schönherr, 1955, wie Anm. 7, S. 109 f., Abb. S. 106, 107
54 Formgleiche Initialen finden sich in den Phillipps-Handschriften Berlin, Deutsche Staatsbibliothek, Ms. Phill. 1772, 1837 und 1925; Kirchner, 1926, wie Anm. 51, Abb. 67, 80, 82
55 Zitiert nach Porcher, J.: Saint-Bernard et la graphie pure, in Saint-Bernard et l'Art des Cisterciens, Dijon 1953, S. 19

Rüdiger Becksmann

Die ursprüngliche Farbverglasung der Trierer Liebfrauenkirche

Ein frühes Werk deutscher Hochgotik

Geht man davon aus, daß der Raumcharakter eines hochgotischen Kirchenbaues entscheidend durch seine Farbverglasung bestimmt wird, so ist deren Verlust im Falle der Trierer Liebfrauenkirche besonders schmerzlich, handelt es sich hier doch nicht nur um einen der wenigen nahezu unverändert erhalten gebliebenen gotischen Zentralbauten, sondern zugleich um einen der frühesten Kirchenbauten auf dem Gebiet des Heiligen Römischen Reiches deutscher Nation, der nicht nur Einzelformen, sondern Grundprinzipien des kathedralgotischen Gliederbaues aus Frankreich übernimmt. Dies ist lange Zeit verkannt worden, weil man für die spezifische Bauaufgabe keine französischen Vorbilder zu finden vermochte. Die stilgeschichtliche Beurteilung dieses einzigartigen Bauwerks blieb daher ebenso gegensätzlich und in sich widersprüchlich wie die Erfassung seines spezifischen Raumcharakters.[1]

Bekanntlich wurde der hochgotische Neubau der Liebfrauenkirche über einem in das 4. Jahrhundert zurückreichenden Vorgängerbau errichtet. Wie wir aufgrund der Grabungen von Th. K. Kempf wissen, war durch diesen zwar nicht die spezifische Gestalt und Funktion des Neubaues, wohl aber dessen Einbindung zwischen den Dom im Norden, die Stephanuskapelle und den Bischofshof im Süden sowie den Kreuzgang im Osten vorgegeben. Dennoch dürfte die Wahl eines über einem kreuzförmigen Grundriß mit Hilfe der Quadratur errichteten und mit einem um ein Joch verlängerten Chorpolygon im Osten verbundenen Zentralraums für den Neubau der Liebfrauenkirche als Stiftskirche des Domkapitels (Abb. 1) durch diese Vorgaben begünstigt worden sein, zumal dadurch in erstaunlichem Umfang Grundmauern des Vorgängerbaues wiederverwendet werden konnten.[2] Andererseits konnte

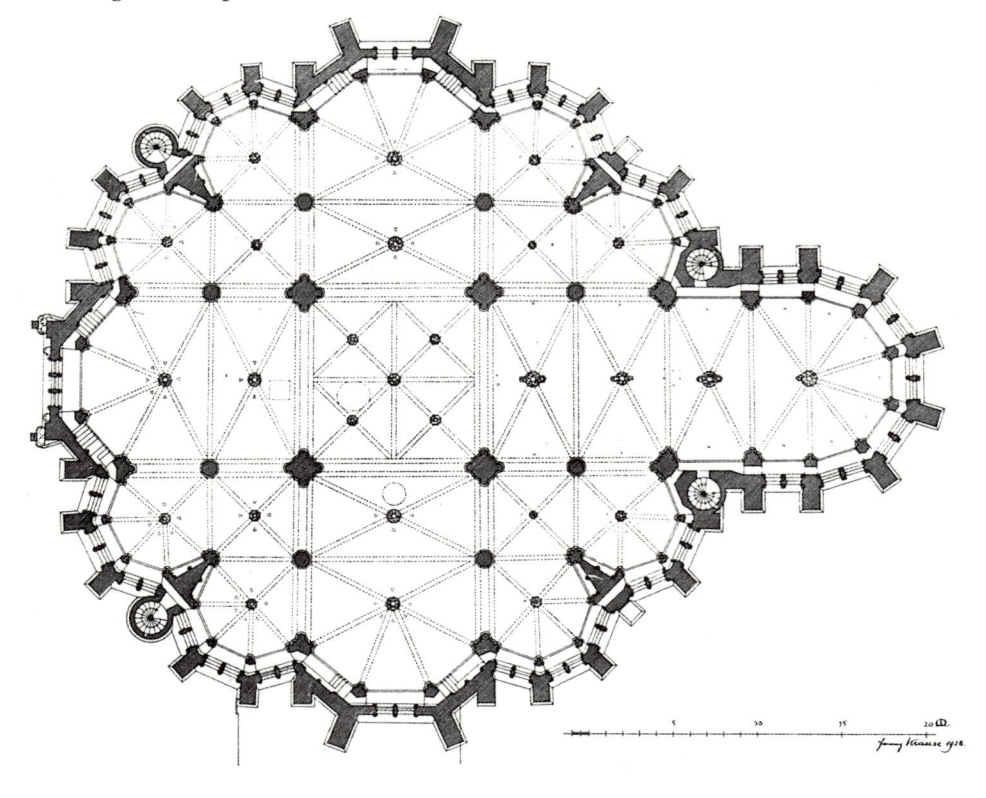

Abb. 1 Liebfrauenkirche. Grundriß in Höhe der Fenster, (Nach Kdm. Rheinprovinz XIII, 3, 3, 1938, Abb. 107)

Seite 89:
Abb. 2 Trier. Liebfrauenkirche. Blick durch die Vierung nach Osten; Zustand vor Abschluß der Neuverglasung, 1957

W. Götz durch seinen Hinweis auf zwei verschwundene Bauten, die 1154 geweihte Marienkirche von Senones und die 1207 genannte *Beata Maria rotunda* im Westen der Metzer Kathedrale, wahrscheinlich machen, daß man in Trier auf eine naheliegende, für Marienkirchen spezifische Zentralbautradition zurückgreifen konnte.³ Ob Bischof oder Domkapitel – oder beide gemeinsam – den Neubau in Auftrag gegeben haben, ist ebensowenig überliefert, wie dessen Grundsteinlegung und Vollendung.⁴ Für seine Funktion wie für seine Ausstattung ist jedoch nicht nur bedeutsam, daß die Domherren und Kanoniker an dieser Stelle bestattet wurden und ihre Totenfeiern hier stattfanden, sondern daß auch die vom Dom ausgehenden Prozessionen, etwa nach St. Stephan, durch die Liebfrauenkirche führten.⁵

Betritt man die Liebfrauenkirche vom Dom her durch das sogenannte Paradies, so wird spätestens, wenn man in die durch einen Turm schachtartig überhöhte Vierung kommt und in den Ostchor blickt, der nicht leicht zu erfassende, ambivalente Charakter des Raumes deutlich (Abb. 2): Er ist Zentral- und Längsbau zugleich, da sich die gleichhohen, polygonal geschlossenen Quer- und Längsschiffe in der Vierung durchdringen und die auf die Vierung ausgerichteten, diagonal gestellten und ebenfalls polygonal gebrochenen Kapellenpaare die quadratischen Seitenschiffjoche in der Quer- und

Längsachse optisch verlängern. Je nach Standort herrscht – dank der weite Durchblicke gewährenden hohen Arkaden – jedoch der Eindruck eines Zentralraumes vor. Die durch den Wechsel von kantonierten Rundpfeilern in der Vierung, einfachen Rundsäulen in den anschließenden Arkaden sowie Bündelpfeilern in den Konchen rhythmisierte Arkadenzone führt auf Grund ihrer steilen Proportio-

der unteren Zone sind sie sieben-, in der oberen sechszeilig, also nur geringfügig verkürzt. Dieser für den Ostchor entwickelte Aufriß wird, was für die Gesamtwirkung entscheidend ist, trotz Bauunterbrechung und Wechsel in der Bauleitung für den ganzen Baukörper beibehalten (Abb. 3, 4). Allerdings weist nur der 5/8-Schluß des Ostchores eine vollständige Durchfensterung auf, die dreiseitig ge-

Abb. 3 Trier. Liebfrauenkirche. Aufriß, Nordansicht. (Nach Kdm. Rheinprovinz XIII, 3, 3, 1938, Abb. 113)

nierung zwangsläufig zu einem zweiteiligen Aufriß, also zum Verzicht auf ein Triforium.

Indem der entwerfende Architekt den Aufriß der Achsenkapelle der Reimser Kathedrale nicht wie im Chor der Kathedrale von Toul ins Monumentale steigert, sondern mitsamt dem Laufgang verdoppelt, gelingt ihm eine auch in der Durchführung – Vereinheitlichung der Kämpferzone – über Reims hinausführende eigenständige Lösung, die zum Vorbild für die 1235 begonnene Elisabethkirche in Marburg wurde.[6] Dabei übernimmt er nahezu wörtlich den in Reims entwickelten Fenstertypus, dessen spitzbogige Lanzettpaare Kreisrosetten mit stehenden oder liegenden Sechspässen tragen. In

brochenen Konchen im Norden, Süden und Westen besitzen nur über den Portalen Fensteröffnungen, die mit Ausnahme der Nordkonche dafür aber dreibahnig sind. Im Erdgeschoß wird der Laufgang vor den Fenstern um den ganzen Bau herumgeführt, im Obergeschoß hingegen wegen der durch die Kapellendächer bedingten Vermauerung der Fenster im Bereich der Kreuzarme allerdings nach außen verlegt. Die Belichtung des zweigeschossigen Raumes ist somit sehr uneinheitlich. Dies führt dazu, daß sich die Lichtfülle aufgrund wechselnder Tiefendimensionen in ganz unterschiedlicher Weise auf den Ostchor und die Radialkapellen konzentriert. Hier zählt man allein 36 der insgesamt 41 Fensteröffnungen, von denen lediglich drei eine dreibahnige Gliederung aufweisen, alle übrigen hingegen den Reimser Typus zeigen. Obwohl in den Kreuzarmen und im Vierungsturm noch die verglasten Couronnements von insgesamt 24 zweibahnigen Fenstern hinzukommen, erhält gerade das Zentrum des Raumes keine seiner polygonalen Raumschale vergleichbare Lichtfülle.

dazu: »Allhier war es ehemals ziemlich dunkel wegen der alten gefärbten und in vielem Blei eingefaßten Glasscheiben. Dafür hat gegen 1771 Graf Hugo von Eltz, Dompropst zu Mainz, ein großer Beförderer gottseliger Dinge, ganz neue Fenster machen lassen«.[8] Den damaligen Zustand der alten Farbverglasung hat Domkapitular J. N. von Wilmowski in seinen Aufzeichnungen folgendermaßen beschrie-

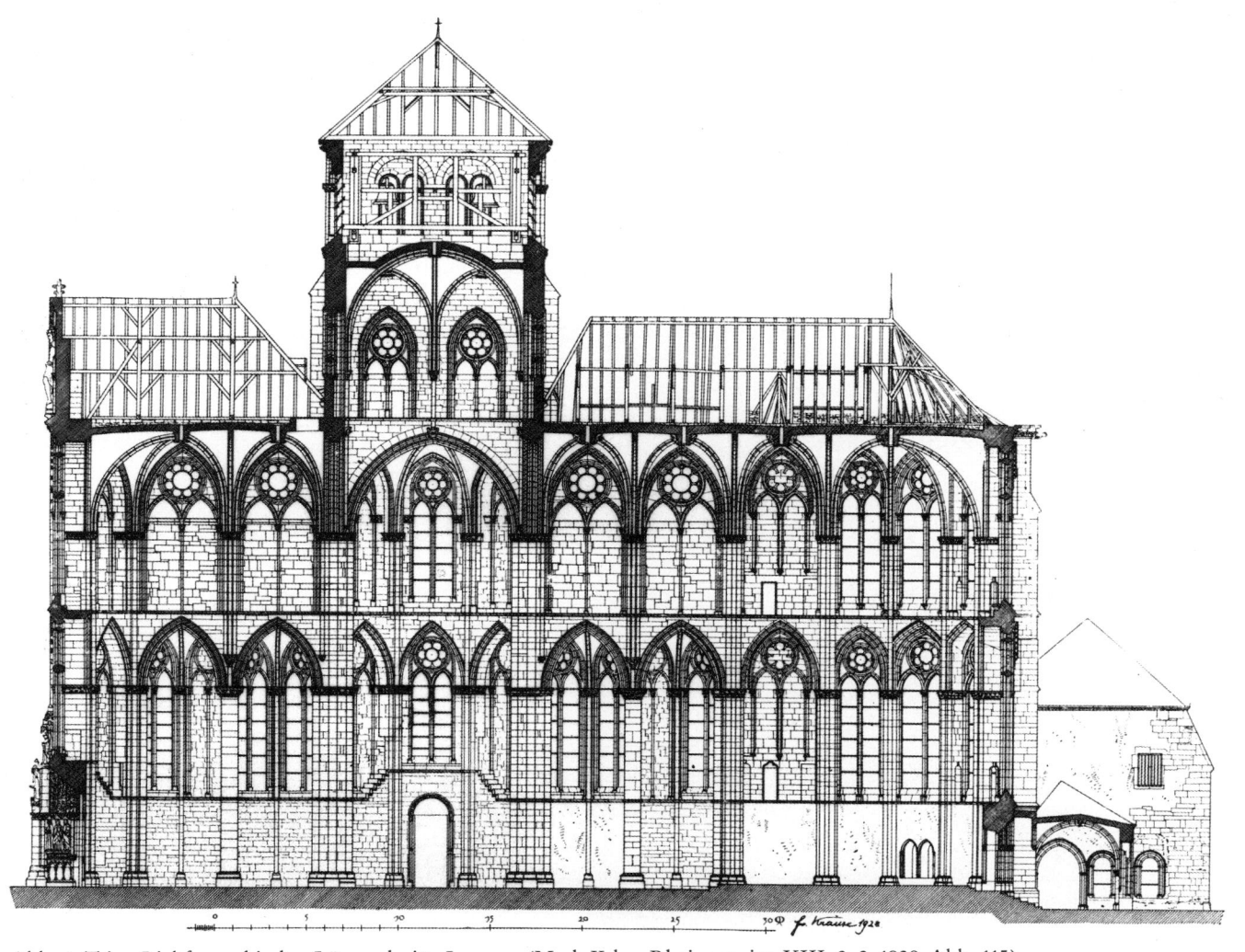

Abb. 4 Trier. Liebfrauenkirche. Längsschnitt. Inneres. (Nach Kdm. Rheinprovinz XIII, 3, 3, 1938, Abb. 115)

Wie die ursprüngliche Farbverglasung dieses einzigartigen Raumes ausgesehen, welche Lösungen sie zur formalen und inhaltlichen Strukturierung für die aus Reims übernommene Fensterform entwickelt und wie sie die spezifischen Probleme der uneinheitlichen Lichtfülle bewältigt haben mag, all dies hätte man gerade im Falle der Trierer Liebfrauenkirche wenigstens in Ansätzen gerne gewußt. 1771 hat man jedoch – wie andernorts auch – die Reste der alten Farbverglasung herausgenommen und durch eine Blankverglasung ersetzt, um dem Raum »damit eine dem Geschmack der Zeit entgegenkommende Architekturwirkung zu geben.[7] In den Aufzeichnungen von Franz Tobias Müller heißt es

ben: »Sie wurde damals erneuert, weil in den Jahrhunderten durch Rauch, Staub und Regen ein feines Moos das Glas völlig undurchsichtig und die Kirche so dunkel gemacht hatte, daß die Andächtigen in ihren Büchern nicht mehr lesen konnten«.

Was wir über den Verbleib der alten Scheiben wissen, beruht wesentlich auf einem Zeitungsartikel des Trierer Malers J. M. Walrand, dessen Äußerungen jedoch durch die Aufzeichnungen Wilmowskis bestätigt werden. Demzufolge wurden die Reste der alten Farbverglasung 1771 in das elterliche Haus des damaligen Domkapitulars Dill in der Nagelstraße verbracht und dort auf dem Dachboden verwahrt. In den frühen zwanziger Jahren des 19. Jahrhunderts verkaufte sie dann der spätere Eigentümer des Hauses, vermutlich ohne etwas Genaueres über ihre Herkunft zu wissen, für 105 Taler an den Kölner Antiquar Mohr. Dieser soll die am besten erhaltenen Scheiben, nachdem er sie hatte ergänzen und rahmen lassen, in Köln ausgestellt und anschließend nach London verkauft haben.[9] Einige dieser Scheiben müssen jedoch in Köln verblieben sein, da Pfarrer K. A. Classen, der Initiator der »künstlerischen Wiederherstellung« der Liebfrauenkirche sie 1858 dort noch gesehen hat.[10] Gegenüber A. Schmitz sprach er von »stark verbleiten und durch Streben verbundenen Medaillons«. Entsprechend hatte auch J. N. von Wilmowski die Scheiben charakterisiert.[11]

Beide Gewährsmänner weisen außerdem darauf hin, daß allein das dreibahnige Fenster über dem Westportal noch die frühere Verglasungssituation bewahrt habe, freilich nur bis in die sechziger Jahre des 19. Jahrhunderts. Im Zuge der historistischen Wiederherstellung der Liebfrauenkirche durch Vinzenz Statz verschwanden auch diese Verglasungsreste. Auf einem 1835 datierten Gemälde des Westportals von A. Wyttenbach (Abb. 5) sind sie jedoch so genau wiedergegeben, daß sich danach folgende Feststellungen treffen lassen: Die in eine aus Rechteckscheiben bestehende Blankverglasung eingefügten Standfiguren einer hl. Magdalena, einer Strahlenkranzmadonna und eines hl. Christophorus füllten jeweils in der Breite nur drei Fünftel der Fensterbahnen aus, dürften also ursprünglich nicht für die Liebfrauenkirche geschaffen, sondern erst im frühen 19. Jahrhundert, als die ehemalige Domstiftskirche zur Pfarrkirche St. Laurentius wurde, hierher übertragen worden sein.[12]

Dieser Sachverhalt läßt ein wenig daran zweifeln, daß bis 1771 jeweils nurmehr zwei Rechteckscheiben in einem Fenster vorhanden waren, zumal die Klagen über die Dunkelheit im Raum dann mehr der Bemäntelung aufklärerischer Absichten gedient als den tatsächlichen Gegebenheiten entsprochen haben dürften. Vielmehr ist nicht auszuschließen, daß sowohl Walrands als Wilmowskis Vorstellungen von der bis 1771 zumindest noch zu größeren Teilen vorhandenen ursprünglichen Farbverglasung weniger auf einer genauen Überlieferung als auf der im Westfenster sichtbaren, erst im frühen 19. Jahrhundert geschaffenen Form der partiellen Farbverglasung beruhen. Schließlich weist auch der Kaufpreis von 105 Talern, den der Kölner Antiquar Mohr zu

Abb. 5 Trier. Liebfrauenkirche.
Westportal.
Gemälde von A. Wyttenbach, 1835
(Trier, Städtisches Museum)

zahlen bereit war, auf eine beträchtliche Anzahl von Scheiben hin.

Daß hiervon keine einzige Scheibe mehr erhalten geblieben sein sollte, nachdem diese in der Blütezeit des Handels mit mittelalterlichen Glasmalereien in den Besitz von Händlern und Sammlern gekommen waren, ist ziemlich unwahrscheinlich. Für ihre Wiederauffindung sind außerdem eine ganze Reihe von Anhaltspunkten gegeben:

1. Aus der Überlieferung wissen wir, daß der 1771 ausgebaute Scheibenbestand spätestens in den frühen zwanziger Jahren des 19. Jahrhunderts in den Kölner Kunsthandel gelangt war, daß ein größerer Teil hiervon sogleich nach London verkauft wurde, ein kleinerer in Köln verblieb.
2. Den verschiedenen Äußerungen zufolge dürfte es sich zumindest in der Mehrzahl um Medaillonfenster gehandelt haben, deren Bildfelder mit einem Teppichgrund aus farbigen Rauten hinterlegt gewesen waren.
3. In der ersten Bauphase, der sämtliche Fenster des Ostchores angehören, betragen die Scheibenmaße etwa 92 Zentimeter in der Höhe und 108 Zentimeter in der Breite, in der zweiten Bauphase, der alle übrigen Fenster angehören, bei gleicher Höhe etwa 84–90 Zentimeter in der Breite.
4. Aus der Baugeschichte ergibt sich schließlich für die Erstverglasung des Ostchores ein Zeitraum von etwa 1230/40, für die nach der Bauunterbrechung von 1242 fertiggestellten übrigen Teile ein Zeitraum von etwa 1250/60.

In der Tat lassen sich vorerst zwei Scheiben einer Stephanuslegende in Kölner und Londoner Museumsbesitz nachweisen, auf die die genannten Anhaltspunkte offensichtlich zutreffen, obgleich beide bisher als »kölnisch« galten und meist »um 1300« datiert worden waren.[13] Die Scheibe mit der Steinigung des hl. Stephanus (Abb. 6) gelangte über die Sammlung Ferdinand Franz Wallrafs (1748–1824) in das Kölner Kunstgewerbemuseum und 1932 von dort in das Schnütgen-Museum, muß sich also bereits vor 1824 in Köln befunden haben.[14] Die zu demselben Zyklus gehörige Scheibe mit der Predigt des hl. Stephanus (Abb. 7) wurde dagegen erst 1919 vom Victoria and Albert Museum erworben; sie dürfte jedoch ebenfalls bereits vor 1824 nach England gelangt sein.[15]

Beide Scheiben zeigen dieselbe Medaillonform, einen mit einem gestreckten Quadrat verwachsenen Vierpaß, dessen obere und untere Pässe zum Ausgleich flacher gehalten sind. Das jeweils blaugrundige Medaillonfeld wird lediglich mit einem weißen Perlbandrahmen von dem großmustrigen Teppichgrund abgesetzt, der aus einem im Wechsel mit blauen und roten Blütenrosetten gefüllten gelben Rautenrahmen mit kleinen grünen Blüten in den Schnittpunkten besteht. Sie entstammen also einem Medaillonfenster, dessen Bahnen ausschließlich Szenen aus dem Leben des Erzmärtyrers Stephanus gezeigt haben. Zyklische Darstellungen des Lebens des hl. Stephanus gehören in Frankreich zu den geläufigen kathedralen Bildprogrammen, sowohl an Portalen als auch in Fenstern, im deutschen Sprachraum hingegen fehlen sie. In der Trierer Liebfrauenkirche wäre eine durch französische Vorbilder angeregte ausführliche Darstellung der Stephanuslegende hingegen denkbar, zumal die frühere Stiftskirche des Domkapitols über das Südportal mit der im 11. Jahrhundert errichteten Stephanuskapelle, einer 1806 abgerissenen Doppelkapelle, verbunden gewesen war.[16] Als möglicher Standort für den Stephanus-Zyklus käme demnach das dreibahnige, sechszeilige Fenster über dem früheren Südportal in Frage, das Platz für mindestens fünfzehn Medaillonfelder bietet. Selbst wenn der Zyklus für eines der zweibahnigen, siebenzeiligen Kapellenfenster geschaffen worden sein sollte, dürfte er – dies ist für die französischen Glasmalereizyklen charakteristisch – neben den biblischen Szenen, zu denen Predigt und Steinigung gehören, zahlreiche legendäre Darstellungen enthalten haben.[17]

Geht man also davon aus, daß unser Stephanus-Zyklus für ein Fenster der zweiten Bauphase geschaffen worden war, so läßt sich – dank der Einheitlichkeit der Fensterformen – noch eine recht klare Vorstellung von seiner Gliederung gewinnen: Wie die Rekonstruktion (Abb. 8) zeigt, müssen die beiden Scheibenfragmente so von breiten Ornamentborten und Randstreifen eingefaßt gewesen sein, daß die Vierpaßmedaillons jeweils am oberen Rand der Scheiben saßen, da nur bei dieser Anordnung ein ausgewogenes Verhältnis von Teppichgrund und Medaillons innerhalb einer Lanzettbahn gewährleistet ist. Zugleich wird damit eine Kompositionsform sichtbar, für die es in Frankreich offensichtlich keine Parallelen gibt, die aber für die frühen mittel- und oberrheinischen Lanzettfensterverglasungen mit Medaillons kennzeichnend gewesen zu sein scheint.[18] Welche Rolle bei ihrer Ausbildung Farbverglasungen in Metz und Toul gespielt haben, ist nicht mehr zu klären, da die dort noch erhaltenen älteren oder jüngeren Reste für diese Frage unergiebig sind.[19] Dies schließt nicht aus, daß es im Chor der dem hl. Stephan geweihten Kathedrale von Toul (vgl. Anm. 6) ein Fenster mit Darstellungen der Legende des Titelheiligen gegeben hat, das nicht nur in ikonographischer, sondern auch in formaler Hinsicht für Trier vorbildhaft gewesen sein könnte. Die direkte Übernahme eines französischen Kompositionsschemas, wie dies für das Achsenfenster der Straßburger Thomaskirche noch zu belegen ist, bleibt im deutschen Sprachraum offensichtlich eine

Ausnahme.[20] Für die Bildschöpfungen gilt dies nicht. Hier muß gerade die Pariser Kunst seit der Jahrhundertmitte eine wachsende Faszination auf die Kunst an Ober-, Mittel- und Niederrhein ausgeübt haben, die um 1300 ihren Höhepunkt erreichte.

In diesen Stilzusammenhang hatte man bisher auch die beiden in Köln und London befindlichen Scheibenfragmente eingeordnet und zunächst als »Köln, um 1300« bestimmt.[21] Die Forschungen von H. Rode lieferten dann B. Lymant Anhaltspunkte für eine Datierung »um 1280« und für eine Zuweisung an jene damals in Köln wohl ausschließlich für die Dominikaner tätige Glasmalerei-Werkstatt, die gleichzeitig das von Albertus Magnus (†1280) und Erzbischof Siegfried von Westerburg (1275–1297) gestiftete Bibelfenster für den Chor der Dominikanerkirche geschaffen hatte[22] – Anhaltspunkte, die sich schon wegen der grundsätzlichen Unterschiede in der Auffassung und Gestaltung von Grund und Rahmung nun als fragwürdig erweisen. In der Vielschichtigkeit seiner Bildrahmen bleibt das Bibelfenster aus der Dominikanerkirche (Abb. 11) zwar einer über die Mitte des 13. Jahrhunderts zurückreichenden spätromanischen Tradition verpflichtet, in

Abb. 6 Steinigung des hl. Stephanus. Köln, Schnütgen-Museum. Ehemals Trier, Liebfrauenkirche. Trier, um 1250/60

Seite 95:
Abb. 8 Predigt des hl. Stephanus. London, Victoria and Albert Museum. Ehemals Trier, Liebfrauenkirche. Trier, um 1250/60

Abb. 7 Rekonstruktion einer Bahn des Stephanus-Fensters aus der Trierer Liebfrauenkirche (R. Becksmann). Trier, um 1250/60

der formalen Klarheit seiner vegetabilen Elemente greift es jedoch Möglichkeiten auf, denen gegenüber die schlichte Großformigkeit der beiden Stephanusscheiben veraltet erscheint.

Daß beide Werke weder derselben Zeit noch demselben Kunstkreis angehören, macht schließlich ein Vergleich mit dem um 1250/60 für die Achsenkapelle des Kölner Domes geschaffenen älteren Bibelfenster deutlich.[23] Man findet dort zwar in den bartlosen Köpfen eine ähnlich gespannte Backenkontur, eine hierzu meist gegenläufige, Augenbraue und Nasenwurzel miteinander verbindende Bogenlinie sowie eine mehr oder weniger halbkreisförmige Andeutung des Kinns, doch zeigt schon ein Blick auf das mittelrheinische Engelmedaillon in Brüssel (Abb. 9) oder die Scheiben aus der Straßburger Thomaskirche (Abb. 10), daß es sich hier um nicht werkstattgebundene Formeln handelt, die auf französische Vorbilder zurückgehen und uns um die Jahrhundertmitte allenthalben am Rhein begegnen. Aufschlußreicher ist die Feststellung, daß jene byzantinischen Kopftypen, die für das Stilbild des älteren Kölner Bibelfensters so kennzeichnend sind, in den beiden Stephanusscheiben fehlen, und daß die Gewandzeichnung hier, aufs äußerste verknappt, mit wenigen gerade oder kurvig geführten Linien den Fall eines Gewandes und das Volumen eines Körpers zu umschreiben vermag. Im älteren Kölner Bibelfenster war die Gewandzeichnung dagegen, soweit sich das angesichts der Ergänzungen noch beurteilen läßt, sehr viel reicher und formelhafter. In den genannten mittel- und oberrheinischen Beispielen vermittelt sie zwar eine stärkere Körperlichkeit, bedient sich hierzu jedoch eines vielfach scharfbrüchigen, von breiten Schattenlagen begleiteten Faltenstils, den wir uns angewöhnt haben, als hochgotischen »Zackenstil« zu bezeichnen und der – zumindest am Oberrhein – auf einer zeichnerischen Vermittlung französischer Skulptur der Jahrhundertmitte beruhen dürfte.[24] Es sei in diesem Zusammenhang jedoch daran erinnert, daß die für die französische Kathedralskulptur seit etwa 1225 charakteristische Verknappung der Gewandzeichnung, vermutlich durch die Reimser Bauhütte vermittelt, um 1240/50 erstmals in der Bauskulptur der Trierer Liebfrauenkirche aufgegriffen wird, und zwar sowohl im Tympanon des Nordportals als auch in den Gewändefiguren des Westportals.[25]

Abb. 9 Halbfigur eines Engels. Brüssel,
Musées Royaux d'Art et d'Histoire. Herkunft unbekannt.
Mittelrhein, um 1240/50

Abb. 10 Martyrium des Jeremias. Stuttgart,
Württembergisches Landesmuseum. Ehemals Straßburg,
St. Thomas. Straßburg, um 1260/70

Ohne eine unmittelbare Abhängigkeit der beiden Scheiben von der Trierer Skulptur behaupten zu wollen, dürfte dieser Umstand ihre Entstehung in Trier bekräftigen, denn weder in Köln noch in Straßburg ist so früh ein so starker stilistischer Gleichklang zwischen einer an französischen Vorbildern orientierten Bauskulptur und einer gegenüber französischen Farbverglasungen erstaunlich eigenständigen Glasmalerei zu beobachten. Jedenfalls gilt dies gegenüber den herausragenden Werken der Pariser Glasmalerei der Jahrhundertmitte, den Farbverglasungen der Sainte-Chapelle und des Refektoriums von Saint-Germain-des-Prés.[26] Möglicherweise vergleichbare Werke der Reimser Glasmalerei, die vermutlich mit Medaillonkompositionen gefüllten unteren Fenster der bis 1241 fertiggestellten Ostteile der Kathedrale, sind bereits im 18. Jahrhundert bis auf spärliche Reste in der Rose des ersten Fensters im nördlichen Seitenschiff dem Lichtbedürfnis der Aufklärungszeit zum Opfer gefallen.[27] Daß wir nicht wissen, wie jene Reimser Chorkapellenfenster verglast gewesen waren, deren Maßwerkform in Trier und Marburg fast wörtlich übernommen worden war, ist für unsere Vorstellung von der Entwicklung des hochgotischen Medaillonfensters jedenfalls eine der schmerzlichsten Überlieferungslücken.

Trotz dieser mißlichen Überlieferungssituation bleibt die Frage, ob sich unter den erhaltenen Glasmalereien des zweiten Viertels des 13. Jahrhunderts in oder aus dem Bereich der Bistümer Reims und Trier einschließlich der Suffraganbistümer Metz und Toul nicht doch Scheiben finden lassen, die Voraussetzungen für den spezifischen Stil der für Trier zurückgewonnenen Scheiben erkennen lassen. Für ein kleines Medaillon mit der Darstellung der Ehernen Schlange in der Sammlung Ludwig in Aachen (Abb. 12), das als »Lothringen oder Nordfrankreich, erste Hälfte des 13. Jahrhunderts« bestimmt worden war[28], könnte dies zutreffen. Obwohl dieses Medaillon nur einen Durchmesser von 32 Zentimetern aufweist, zeigt es in den bärtigen wie in den unbärtigen Köpfen in allen Ansichten – en face, im Profil wie im Dreiviertelprofil – ähnliche Typen. Die Zeichnung ist – zumindest in den Köpfen – zwar noch nicht so formelhaft, in den Gewändern jedoch bereits entsprechend verknappt. Da das Medaillon aus der Sammlung der Baronin von Liebig in Schloß Gondorf an der Mosel stammt, das 1858 bis 1861 von Vinzenz Statz aus Köln neugotisch umgebaut worden war, ist nicht auszuschließen, daß es durch diesen seit 1864 an der Trierer Liebfrauenkirche tätigen Architekten in diese Sammlung vermittelt wurde, sich also zuvor noch in der Liebfrauenkirche befunden hatte.[29]

Sollten diese Vermutungen zutreffen, so hätten wir insofern einen zwar winzigen, doch bedeutsamen Verglasungsrest der ersten Bau- und Ausstattungsphase der Liebfrauenkirche zurückgewonnen, als das Medaillon mit der Darstellung der Ehernen Schlange aufgrund seiner geringen Abmessungen nicht vereinzelt im Zentrum einer der zahlreichen Sechspaßrosetten, sondern nur in den Bahnen eines typologischen Fensters gesessen haben kann, für das aus ikonographischen Gründen wiederum nur das untere oder obere Achsenfenster des Ostchores in Frage kommt. Dort dürfte es mit drei weiteren, alttestamentlichen Szenen entsprechenden Medaillons ein mindestens doppelt so großes Medaillon mit der Kreuzigung Christi flankiert haben. Die Komposition dieses Fensters könnte man sich ähnlich derjenigen vorstellen, die für das um 1230/40 für den Chor der Erfurter Barfüßerkirche geschaffene Wurzel-Jesse-Fenster rekonstruiert werden konnte, also mit einer Eisenarmierung, die die zentralen Medaillons mit den heilsgeschichtlichen Szenen kreisförmig heraushob und die alttestamentlichen Darstellungen in die Zwickel verwies.[30] Ikonographisch würde sich dieses typologische Fenster allerdings nicht in die sich in dieser Zeit im deutschen Sprachraum vollziehende Wandlung des Wurzel-Jesse-Fensters zum Bibelfenster einfügen, sondern einer bis in die Mitte des 12. Jahrhunderts zurückreichenden französischen Bildtradition verbunden bleiben.[31]

Von den drei Scheibenfragmenten, die mit historischen, archäologischen, ikonographischen und stilgeschichtlichen Argumenten für die ursprüngliche Farbverglasung der Trierer Liebfrauenkirche zurückgewonnen werden konnten, gehört das Medaillon mit der Ehernen Schlange (s. Abb. 12) auch aus stilistischen Gründen in die Zeit um 1230/1240, also in jene Zeit, in der der Ostchor errichtet worden sein muß, während die beiden Medaillons des Stephanus-Zyklus (s. Abb. 6, 7) um 1250/60 entstanden sind, also in die Zeit vor dem Bauabschluß gehören. Trotz der zwischen diesen Fragmenten bestehenden stilistischen, vielleicht sogar werkstattmäßigen Zusammenhänge ließen die Rekonstruktionsüberlegungen erhebliche formale Unterschiede in der Gliederung und Strukturierung der grundsätzlich gleichgebliebenen Fensteröffnungen erkennen. Dies deutet darauf hin, daß man sich in Trier – angeregt durch die Farbverglasung der Reimser Chorkapellen? – zunächst noch altertümlicher Gliederungssysteme mit kreisförmigen Armierungen bediente und erst nach der Bauunterbrechung um 1242 die für hochgotische Lanzettfenster dann verbindlichen Kompositionsformen aufgriff.[32]

Konnten wir uns bisher von der ursprünglichen

Abb. 11 Verkündigung an Maria.
Köln, Dom, Chor süd X, 1 b.
Ehemals Köln, Dominikanerkirche.
Köln, um 1280

Seite 98:
Abb. 12 Medaillon
mit Eherner Schlange.
Aachen, Slg. Ludwig.
Ehemals Trier, Liebfrauenkirche (?).
Trier, um 1230/40.

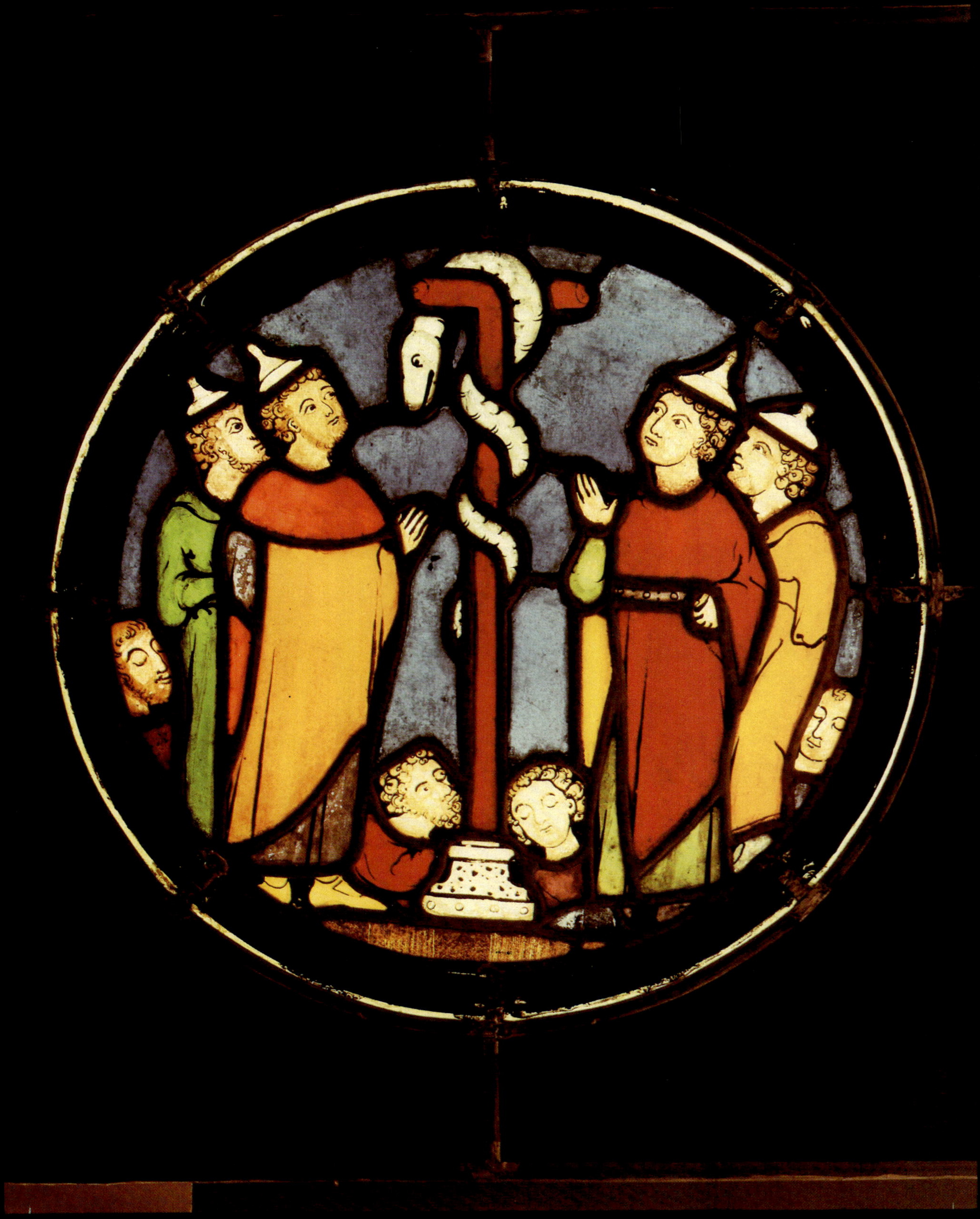

Farbverglasung der Trierer Liebfrauenkirche keine konkreten Vorstellungen mehr machen, so liefern uns nun die drei Scheibenfragmente hierzu wenigstens einige Anhaltspunkte. Vielleicht gelingt es, hiervon ausgehend, weitere Scheiben oder Scheibenfragmente aus jenem umfangreichen, vor 1824 nach Köln verkauften Bestand, der 1771 der Zerstörung entgangen war, in englischen oder amerikanischen Sammlungen ausfindig zu machen. Eines jedenfalls ist gewiß: Weder die im zweiten Weltkrieg zerstörte, seit 1864 in Zusammenarbeit mit Vinzenz Statz nach Entwürfen von Eduard v. Steinle ausgeführte historische Farbverglasung noch die seit 1953 nach Entwürfen des französischen Glasmalers Jacques Le Chevallier geschaffene moderne Farbverglasung haben dem einzigartigen Zentralraum der Trierer Liebfrauenkirche das ihm ursprünglich eigene Raumlicht zurückzugeben vermocht.

Anmerkungen

1 Die beste Grundlage für eine Beschäftigung mit der Trierer Liebfrauenkirche liefert trotz einiger entwicklungsgeschichtlich falscher Akzente noch immer der von Bunjes, H. verfaßte Abschnitt in: Die kirchlichen Denkmäler der Stadt Trier mit Ausnahme des Domes (Die Kunstdenkmäler der Rheinprovinz XIII, 3, 3), Düsseldorf 1938, S. 123–172. Die jüngste, aus einer Bonner Dissertation hervorgegangene Monographie von Borger-Keweloh, N. Die Liebfrauenkirche in Trier. Studien zur Baugeschichte (Trierer Zeitschrift, Beiheft 8), Trier 1986, geht zwar vor allem in ihrer überlieferungsgeschichtlichen Detailgenauigkeit entscheidend über die Behandlung im Kunstdenkmälerwerk hinaus, vermag jedoch kein der komplexen historischen und künstlerischen Situation angemessenes Gesamtbild zu vermitteln, obwohl ihr in archäologischer, funktions- und stilgeschichtlicher Hinsicht manche Richtigstellungen gegenüber der älteren Forschung zu verdanken sind.

2 Vgl. hierzu außer Borger-Keweloh, N. (s. Anm. 1), 1986, S. 28–42, Kempf, Th. K., Erläuterungen zum Grundriß der frühchristlichen Doppelkirchenanlage mit den Bauperioden bis zum 13. Jh., in: Der Trierer Dom, Neuß 1980, S. 112–116 (mit Faltplan), sowie Gall, E. Über die Maße der Trierer Liebfrauenkirche, in: Form und Inhalt. Kunstgeschichtliche Studien für Schmitt, O. zum 60. Geburtstag, Stuttgart 1950, S. 97–104

3 Genaue Nachweise hierzu bei Götz, W. Zentralbau und Zentralbautendenz in der gotischen Architektur, Berlin 1968, S. 47–70

4 Borger-Keweloh, N. (s. Anm. 1), 1968, S. 24–27, vermutet eher das Domkapitel als Bauherren und nimmt – ausgehend von der einzigen unmittelbar auf den Neubau bezüglichen Nachricht, jenem Kollektenaufruf des Kölner Erzbischofs vom 3. Juli 1243, einen Baubeginn nach 1233 und eine Bauunterbrechung um 1242 an. Schenkluhn, W./Stipelen, P. van, Architektur als Zitat. Die Trierer Liebfrauenkirche in Marburg, in: 700 Jahre Elisabethkirche in Marburg, 1283–1983, Marburg 1983, I, S. 28–38, sehen dagegen in Erzbischof Theoderich II. (1212–1242) den eigentlichen Protektor des Neubaues, der in ideologischer Absicht Reimser Bauformen mit dem Zentralbaugedanken der Aachener Pfalzkapelle verbunden habe, um seinem Krönungsanspruch gegenüber Köln baulichen Nachdruck zu verleihen. Nussbaum, N. Deutsche Kirchenbaukunst der Gotik, Köln, 1985, S. 52–57, entkräftet diese These vor allem mit dem Hinweis darauf, daß es sich bei der Liebfrauenkirche um die Stiftskirche des Domkapitels und nicht um eine bischöfliche Kapelle handele. Was den umstrittenen Zeitpunkt des Baubeginns angeht, so folgt er Schenkluhn, W./Stipelen, P. van. Wie diese setzt er ihn unter Hinweis auf die Stiftung einer Präbende für Liebfrauen, in welcher erstmals neben den Domherren vier *canonici B. Mariae* genannt werden, bereits um 1227 an. Ein Bauabschluß wird allgemein für die Jahre um 1260 angenommen.

5 Vgl. hierzu wiederum Borger-Keweloh, N. (s. Anm. 1), 1986, S. 41

6 Zu dem um 1223 begonnenen Neubau der Kathedrale von Toul vgl. Schiffler, R. Die Ostteile der Kathedrale von Toul, Köln 1977, insbesondere S. 117-126, wo auf das Verhältnis Toul-Trier eingegangen wird, und neuerdings Villes, A.: La Cathédrale de Toul, Metz/Toul 1983. Zum Verhältnis Trier-Marburg vgl. zuletzt Schenkluhn, W./Stipelen, P. van (s. Anm. 4), 1983, S. 38–48, und Nussbaum, N. (s. Anm. 4), 1985, S. 57–62

7 So Borger-Keweloh, N. (s. Amn. 1), 1986, S. 109, in deren Arbeit leider nicht auf das Schicksal der ursprünglichen Farbverglasung eingegangen wird. Vgl. hierzu daher Bunjes, H. (s. Anm. 1), 1938, S. 196, und Schröder, C.: in: Der Trierer Dom, Neuß 1980, S. 376

8 Vgl. hierzu Schmitz, A. Das Innere und die Umgebung der Liebfrauenkirche vor 200 Jahren, in: Trierisches Archiv 14, 1909, S. 79, und Lager, Ch. Die Kirchen und klösterlichen Gemeinschaften Triers vor der Säkularisation (nach Aufzeichnungen von Müller, F. T. und anderen Quellen bearbeitet), Trier 1920, S. 22 f.

9 Wann und wo diese Ausstellung stattfand, konnte bisher nicht ermittelt werden. Nach Wilmowskis Äußerungen wurden die Scheiben nach Belgien, Frankreich und England verkauft.

10 Auf einem Kostenvoranschlag vom 15. Dezember 1857 vermerkte er: »Ich habe – einen Teil der Fenster – auf dem Speicher des Herrn Essing (Cöln, Neumarkt 17) selbst gesehen. Trier, 5. September 1858. Classen, Pastor«.

11 Vgl. wiederum Schmitz, A. (s. Anm. 8), 1909, S. 79–81. Obwohl Walrand nicht ausdrücklich von Medaillons spricht, geht aus seiner Beschreibung hervor, daß »dunkelkolorierte Scheiben« auf einen Grund aus »länglichen Rechtecken von ca. 3–4 Zoll Länge und 2–3 Zoll Breite« – gemeint sind wohl farbige Rauten – appliziert gewesen waren, zumal diese ihre ursprüngliche Transparenz gleichermaßen eingebüßt hatten.

12 Bei Müller, J. G.: Die Bildwerke der Liebfrauenkirche zu Trier, Trier 1835, S. 37, werden die auf den sechs Scheiben dargestellten Heiligen genannt. Aufgrund ihres Bleirisses dürfte es sich um spätgotische Arbeiten gehandelt haben.

13 Eine Herkunft dieser beiden Scheiben aus der Trierer Liebfrauenkirche hatte ich zwar seit langem vermutet, jedoch erstmals im Katalog der Wanderausstellung: Deutsche Glasmalerei des Mittelalters, Stuttgart 1988, Nr. 16, ausgesprochen.

14 Köln, Schnütgen-Museum, Inv. Nr. M 524. Scheibenfrag-

ment. H. 64 cm, B. 57 cm. Ergänzt sind Kopf und Hände des auf einer Steinbank sitzenden Saulus sowie die Hände und das unterste Gewandstück des linken Schergen. Im unteren Paß verunklären außerdem einige alte Flickstücke die ursprüngliche Komposition; im Teppichgrund sind einige Gläser ergänzt. Verbleiung erneuert. Zusammenfassend bearbeitet von Lymant, B., Die Glasmalereien des Schnütgen-Museums. Bestandskatalog, Köln 1982, Nr. 14 (mit Farbtafel).

15 London, Victoria and Albert Museum, Inv. Nr. C. 84–1919. Scheibenfragment. H. 57,5 cm, B. 57 cm. Bildkomposition ohne Ergänzungen erhalten, jedoch durch alte Flickstücke in der Sockelzone wie in der Gruppe der Zuhörer etwas verunklärt. Verbleiung erneuert. – Erstmals veröffentlicht von Rackham, B., A Guide to the Collections of Stained Glass, London 1936, S. 75, Taf. 26A, der bereits den Zusammenhang beider Scheiben erkannt und eine Herkunft aus einer Kölner Kirche vermutet hatte.

16 Zu Typus, Funktion und Ausstattung dieser bischöflichen Kapelle vgl. Borger-Keweloh, N. (s. Anm. 1), 1986, S. 31–35

17 Vgl. hierzu Nitz, G., in: Lexikon der christlichen Ikonographie VIII, Rom/Freiburg/Basel/Wien 1976, Sp. 398–400

18 An erster Stelle sind hier die Reste eines mittelrheinischen Medaillonfensters ungeklärter Herkunft aus der Mitte des 13. Jh. zu nennen, dessen Engelmedaillons (Abb. 9) ebenfalls an den oberen Scheibenrand hinaufgerückt sind. Vgl. hierzu Helbig, J., CVMA Belgique I, Brüssel 1961, S. 17–21, sowie Beeh-Lustenberger, S., Glasmalerei um 800–1900 im Hessischen Landesmuseum in Darmstadt, Textteil, Hanau 1973, S. 28 f.
Am Oberrhein ist auf die Reste zweier Bibelfenster hinzuweisen, die um 1260 bzw. gegen 1270 für die Chöre der Dominikanerkirche und der Thomaskirche in Straßburg geschaffen worden waren, und zwar auf die alttestamentlichen Scheiben (Abb. 10), deren Medaillons jeweils am unteren Scheibenrand sitzen. Vgl. hierzu Beyer, V., Eine Straßburger Glasmaler-Werkstätte des 13. Jh. und ihre Beziehungen zu den Rheinlanden, in: Saarbrücker Hefte 4, 1956, S. 49–62, und ders. in: Bulletin de la Société des Amis de la Cathédrale de Strasbourg 7, 1960, S. 76–86
In den alttestamentlichen Scheiben des um 1270/80 entstandenen Bibelfensters der Wimpfener Ritterstiftskirche sind die Medaillons dann wieder an den oberen Scheibenrand hinaufgerückt. Vgl. hierzu nochmals Beeh-Lustenberger, S., Tafelteil, Frankfurt a. M. 1967, Abb. 15–37; Textteil, Hanau 1973, S. 34–53

19 Vgl. Choux, J. bzw. Hérold, M., in: Le vitrail en Lorraine du XIIᵉ au XXᵉ siècle, Dombasle-sur-Meurthe 1983, S. 35–37, 253–267, 357–360. Eine zusammenfassende Darstellung über die lothringische Glasmalerei des 13. Jh. bereitet Lillich, M. P. vor; ein erster Beitrag hierzu ist soeben erschienen: Lillich, M. P., The Ex-Voto Window at St.-Gengoult, Toul, in: The Art Bulletin 70, 1988, S. 123–133

20 Zu diesem bisher übersehenen Sachverhalt vgl. das einzige aus dem Thomas-Fenster erhaltene Fragment [Beyer, V. (s. Anm.18), 1960, Fig. 19] mit den Resten des Vinzenz-Fensters aus Saint-Germain-des-Prés in Paris [Verdier, Ph., The Window of Saint Vincent from the Refectory of the Abbey of Saint-Germain-des-Prés (1239–1244)], in: The Journal of the Walters Art Gallery 25/26, 1962/63, S. 38–99, vor allem Fig. 7–12

21 So bereits Oidtmann, H., Die rheinischen Glasmalereien vom 12. bis zum 16. Jh., I, Düsseldorf 1912, S. 217, und noch Wentzel, H., Meisterwerke der Glasmalerei, Berlin ²1954, S. 39, 107, Textabb. 26

22 Rode, H., CVMA Deutschland IV, 1, Berlin 1974, S. 28 f., 83 bis 91, 141–149, Textabb. 35, Abb. 152–202, 336–357, hatte dieser Werkstatt außer dem seit 1823 im Dom befindlichen Bibelfenster (Chor süd X) und den ebenfalls aus der Dominikanerkirche stammenden, heute in der Sakristei eingesetzten Resten von Tabernakel- und Ornamentscheiben noch die in die Sammlung des Freiherrn vom und zum Stein gelangten Tabernakelscheiben aus der 1279 geweihten Dominikanerinnenkirche St. Gertrudis zugewiesen. Vgl. hierzu auch Rode, H., in: Wallraf-Richartz-Jb., Begleitheft 1, 1977, S. 98f., und zuletzt Becksmann, R. (s. Anm. 13), 1988, Nr. 20. Eine Herkunft des Stephanus-Zyklus aus der Kölner Minoritenkirche hat schließlich Lymant, B. (s. Anm. 14), 1982, S. 31, erwogen, da für diese eine Fensterstiftung der Zeit um 1280 bezeugt sei.

23 Vgl. hierzu wiederum Rode, H. (s. Anm 22), 1974, S. 47–57, Abb. 2–42, insbesondere Abb. 9, 14, 17, 23, und Frodl-Kraft, E., in: Kunstchronik 29, 1976, S. 202, Abb. 4

24 Zuletzt hierzu Kurmann, P., Skulptur und Zackenstil, in: Zs. für schweizerische Archäologie und Kunstgeschichte 40, 1983, S. 109–114

25 Hierauf hat Sauerländer, W., in: Kat. Ausst. Die Zeit der Staufer. Geschichte – Kunst – Kultur, Stuttgart 1977, I, Nr. 448 f., aufmerksam gemacht. Die Zusammenhänge mit Reims hatte bereits Bunjes, H., Die Skulpturen der Liebfrauenkirche in Trier, in: Trierer Zs. 12, 1937, S. 180–226, herausgearbeitet.

26 Zusammenfassend hierzu Grodecki, L., in: Le vitrail gothique au XIIIᵉ siècle, Fribourg 1984, S. 87–106, und Brisac, C., ebenda, S. 253–255

27 Eine Abbildung eines dieser Fragmente – es zeigt einen Architekten am Arbeitstisch – findet sich bei Demaison, L., La Cathédrale de Reims (Petites Monographies des Grandes Edifices de la France), Paris 1911, S. 115. Vgl. außerdem Aubert, M., Le vitrail en France, Paris 1946, S. 31f.

28 Vgl. Grimme, E. G., Mittelalterliche Scheiben in einer Aachener Privatsammlung, in: Aachener Kunstblätter 19/20, 1960/61, S. 25 f. Dort wird lediglich die Bodenangabe unter der Säule als ergänzt vermerkt und darauf hingewiesen, daß das Schwarzlot »an einigen Stellen nachgezogen« sei. Offensichtlich ist dies der Fall im gelben Gewand des rechten Juden; das grüne Gewand des linken Juden dürfte jedoch zur Gänze neu sein.

29 Wenn sich nachweisen ließe, daß auch die seit den frühen 60er Jahren des 19. Jh. verschwundenen spätgotischen Scheiben aus dem Westfenster nach Gondorf gekommen sind, würde dies unsere Vermutungen erhärten. Leider scheint es weder über den Erwerb noch über die weitgehende Veräußerung der Glasmalereien dieser Sammlung genauere Unterlagen zu geben.

30 Vgl. hierzu Maercker, K.-J., in: CVMA DDR I, 1, Berlin 1976, S. 11–34, 68–71, 77f., Fig. 2, Farbtaf. III f., VI, Abb. 34–47, 58–61. – Noch um 1280 ist dieses Armierungssystem für das Wurzel-Jesse-Fenster im Chor der Stiftskirche zu Weißenburg im Elsaß verwendet worden. Vgl. hierzu Fritzsche, G., Das Speinsharter Wurzel-Jesse-Fenster, in: Pantheon 43, 1985, S. 5–14

31 Es sei nur an das vor 1147 entstandene Erlösungsfenster in der Kathedrale von Châlons-sur-Marne sowie an das um 1210/15 angesetzte Fenster der Nouvelle-Alliance im Chorumgang der Kathedrale von Bourges erinnert. Vgl. hierzu Grodecki, L., Romanische Glasmalereien, Fribourg/Stuttgart 1977, S. 120–124, 273, bzw. Grodecki, L./Brisac, C. (s. Anm. 26), 1984, S. 74–80, 243

32 Allein das bereits um 1240 entstandene Elisabeth-Fenster im Ostchor der Marburger Elisabethkirche dürfte im deutschen Sprachraum Trier in dieser Hinsicht vorausgegangen sein, allerdings ohne daß ein Werkstattzusammenhang bestanden hat. Vgl. hierzu zuletzt Becksmann, R. (s. Anm. 13), 1988, Nr. 8

Roland Möller

Steinstrukturbilder in Bauwerken, Wand- und Glasbildern in der Spätromanik und Gotik

Ihre Verwendung und Bedeutung in der mitteldeutschen Glasmalerei

Bei der Beschäftigung mit mittelalterlicher Malerei und den unterschiedlichen Trägermaterialien bleiben trotz intensiver Betrachtung der inhaltlichen Zusammenhänge und des Formengutes gelegentlich bildfüllende Details unbemerkt. Derartige, meist dekorative Elemente erweisen sich oft nicht nur als zufälliges, schmückendes Beiwerk, sondern als bedeutungsvoll. Sie können die zentrale Thematik ergänzen oder unterstreichen, wie es im Mittelalter üblich war. Solche bildkünstlerisch wirksamen Einzelheiten, wie z. B. illusionistische Steingefüge und Steinstrukturbilder, haben auch symbolischen Charakter. Die als kostbar erachteten natürlichen oder scheinbar nach der Natur übertragenen Abbilder werden in den unterschiedlichen Darstellungsbereichen mit konkreten Wertvorstellungen impliziert.

Es liegen bisher nur spärliche, aber grundsätzliche Veröffentlichungen hierzu vor.[1] Sie beschäftigen sich intensiv mit den Fragen der Ikonologie des Materials, seiner Klassifizierung bzw. mit der Materialimitation auch im Hinblick auf die Stein- und Gefügestrukturen. Es zeigt sich allerdings, daß die materialübergreifenden und technologischen Aspekte weitere Präzisierungen verlangen.[2] Das betrifft die Modifizierung des Materials und seine Typologie in zeitlicher Verwendung und Verbreitung, um dann die Ergebnisse vielleicht verallgemeinernd auf die verschiedensten Kunstgattungen zu beziehen. Nach einer ersten Sichtung des Komplexes realer oder imitierter Steingefüge- und Steinstrukturbilder läßt sich sagen, daß die Fülle von Formen und ihre Verwendung insgesamt nur eine annähernde Übersicht in der mittelalterlichen Kunst gestatten. Auch setzt die Beantwortung ungelöster Fragen die Zusammenarbeit zwischen verschiedenen Fachdisziplinen voraus. Nach einer entwicklungsgeschichtlichen Übersicht dieser speziellen Thematik der Steingefüge- und Strukturbilder soll in diesem Beitrag versucht werden, an ausgewählten Beispielen – vor allem im Bereich der mitteldeutschen Glasmalerei – die Komplexität innerhalb der verschiedenartigen bau- und bildkünstlerischen Ausstattungsstücke aufzuzeigen.

Als Ausgangspunkt für unsere Betrachtungen dienen Oberflächengestaltungen an mittelalterlichen Bauwerken. Es war bereits ein Anliegen der vorderasiatischen Kulturen und der alten ägyptischen Kunst, bestimmte Bauteile mit Putz, Stuck und Farbe oder anderen Imitationsmaterialien zu schmücken. Seit der Antike erhöht sich der Einsatz von kostbaren, durch qualitätvolle Oberflächenbearbeitung zusätzlich veredelten Materialien. Damit mehren sich die Zeugnisse künstlerischer Umformung der Materialveredelung und Imitation an kultischen Ausstattungen und für Gebrauchsgerät.[3] Besonders Porphyr wurde durch seine Eigenschaften wie Festigkeit und Dauerhaftigkeit, aber auch durch seine auf die Heilige Schrift zurückgehende Symbolik als Sinnbild Christi zu einem geeigneten Material für auszuzeichnende Architekturteile.[4] Ebenso konnte anderes, besonderes Material aus seiner natürlichen Existenz, der realen Materialität, durch seine Sublimierung und Verwandlung überhöht »immateriell« werden.

Als Beispiel für die Bedeutungssteigerung durch Verwendung kostbaren Materials sei die Hagia Sophia in Konstantinopel (536 geweiht) genannt. Die überschwengliche Beschreibung des kaiserlichen Hofbeamten Paulus Silentiarius aus dem Jahre 562 gibt nicht nur das inhaltliche Anliegen dieses Schmuckwerkes wieder, sondern liefert auch eine vollständige Übersicht der verwendeten Materialarten und deren Wirkung im Zusammenspiel. Er nennt ferner deren Fundorte.[5] Der Ruhm, der sich mit der byzantinischen Hauptkirche verband, mag auf zahlreiche mittelalterliche Bauwerke gewirkt haben (Aachen, Pfalzkapelle; Venedig, Kirche San Marco). Wie erhaltene Bauwerke zeigen, hob man vor allem die vom Wesensinhalt oder Symbolgehalt bedeutendsten Bauglieder aus den tektonischen Zusammenhängen heraus und »intellektualisierte« sie. Karl der Große und Otto der Große ließen Säulen-

Abb. 1 Friesach. Burg. Bergfried. Rupertuskapelle.
Südwand: gemalte Füllung in wolkig-bizarrer Bänder-Linien-Aderung, mittig zentrisch und kreuzweise gegenständig

Abb. 2 Friesach. Burg. Bergfried. Rupertuskapelle. Südwand: gemalte Steinstruktur-Inkrustation in verschiedenen Mustern und Farben: Wellenaderung, Bänder-Linien-Aderung, Bänder-Linien-Rhombus, Aderung bizarr, Bänderaderung wolkig-bizarr, diagonale parallele Wellenlinien, horizontale Wellenlinien, Einsprengsel amorph-bizarr

und Kapitellspolien aus Ravenna und anderen Orten Italiens herbeischaffen und in ihren Hauptkirchen mit einbauen (Aachen, Pfalzkapelle; Centula, St. Riquier; Magdeburg, Dom). Es wurden auch Kopien, z.B. Kapitelle nach römischem Vorbild ausgeführt, wenn antike Spolien nicht beschaffbar waren. Man begnügte sich wie in St. Denis[6] zur Hervorhebung bestimmter Bauteile mit bodenständigen oder importierten Natursteinmaterialien (Porphyr; an anderen Orten z. B. Kanalkalksinter, Kohlenkalk, Granit u. a.), die sich von der übrigen Bausubstanz abhoben. Schließlich fanden sogar gemalte künstliche Strukturbilder zu diesem Zweck Verwendung.[7]

Summarisch läßt sich feststellen: Konzeption oder Stilwille könnten der entscheidende Grund für den Einsatz von dekorativem, kostbarem Natursteinmaterial gewesen sein. Dabei scheute man nicht vor den Schwierigkeiten eines weiten Transportweges zurück, einmal, weil einheimische Materialien nicht zur Verfügung standen und es vielfach an geschulten Kräften für die vorgesehene Bearbeitung mangelte. Auch ökonomische Ursachen konnten ausschlaggebend für den Verzicht auf das kostbare Naturprodukt und die Entscheidung für die Imitation gewesen sein. Möglicherweise gaben verfremdende Neuschöpfungen den Ausschlag für illusionistische Nach- bzw. Umbildungen, die in ihrer Musterung und Farbe reinere und vielfältigere Materialbilder als die natürlichen erzeugen (Abb. 1, 2).[8] Wie intensiv diese Vorstellungen von der Antike bis in die spätromanische Zeit wirksam waren, lassen die zahlreichen Bilddarstellungen in der Wand- und Buchmalerei, ab 12. Jahrhundert auch in der Glasmalerei und Textilkunst, sowie an Reliquien und anderen Ausstattungsgegenständen ahnen. Während im frühen Mittelalter vorrangig die reale rahmende Architektur (Säulen, Bögen, Arkaden) in Porphyr und Granit wertmäßig überhöht wurde, vermehrte sich später der Einsatz von weiteren Materialien hauptsächlich für Säulen, Altäre, Tragaltäre, Fußböden und Grabplatten.[9] Entsprechend wurden solche Natursteinmaterialien durch Malerei an den ikonographisch bedeutenden Architekturelementen und -ausstattungen imitiert.

Waren es zunächst die seit der Antike geschätzten Materialien, roter und grüner Porphyr, Granit, weißer Marmor und Achat, so kamen im 12. Jahrhundert noch andere dekorative Natursteine hinzu, die mit polierten Oberflächen versehen werden konnten und möglicherweise so noch durch den Glanzeffekt eine weitere Ausdrucksdimension erhielten. In staufischer Zeit erweiterte sich die Vielfalt um verschiedenfarbig strukturierte Marmore, Halbedelsteine wie Achat, Jaspis, Onyx und Serpentin, Alabaster, Kanalsinter, Fleck- oder Fruchtschiefer. Ganz besonders die Brekzien, kantig gebrochene Bestandteile, mit ihren speziellen Arten wie Breccia corallina (im Gestein erhaltene Korallenstöcke, die im Anschnitt runde bis ovale Formen ergeben) oder Broccatello (mit brokatähnlichen fließenden Farbübergängen, feinen Aderungen und kleinsten Einsprenkelungen) waren ein beliebtes Steinmaterial.

Abb. 3 Friesach. Burg. Bergfried. Rupertuskapelle. Ostwand: gemaltes Blattrankenkapitell, daneben auf zweifarbigem Grund Dreipaß-Blüten-Mosaik und Dreieckreihung in Breccia corallino

Geschätzt wurden aber auch die Konglomeratmarmore mit runden, abgeschliffenen Bestandteilen, ebenfalls durch Zement miteinander verkittet, und die Jurakalke, die vor allem als Knollenkalke vom Typ des Adneter Marmors bekanntgeworden sind.[10] Der Abbau dieses Gesteins, welches im Nord- und Südalpenraum, aber auch in Nordafrika und auf dem Balkan in verschiedenen Formen vorkommt, erfolgte vielleicht schon seit der Römerzeit, in großem Umfang wurde er jedoch erst seit der Romanik betrieben. Diese hell- bis dunkelrot gefärbten Marmore scheinen auch als Vorbild für gemalte Steinstrukturbilder gedient zu haben, wovon die Säulenschäfte in der Burgkapelle zu Esztergom (Anfang 13. Jahrhundert) zeugen. Für die artifizierten, gemalten Steingefügebilder ist die Entscheidung, inwieweit konkrete Natursteinmaterialien die Vorlage abgaben, generell schwierig zu treffen. Ohnehin wäre das Maß der Naturabhängigkeit oder Verfremdung nur bei Kenntnis der Vorlage festzustellen.

Wie man den philosophischen und ästhetischen Ansichten des Augustinus entnehmen kann, war es nicht schlechthin die Imitation als Surrogat als vielmehr die beabsichtigte Darstellung des Geistigen, des Wesensinhaltes, für die als Andeutung bereits ein Symbol genügen kann, also die immaterielle Sphäre, in der die materielle Welt zur Vollendung und unveränderlichen Wahrheit strebt.[11] Hieraus erklärt sich auch, daß Steinstrukturbilder und reine geometrische oder pflanzliche Ornamente als Verzierung gleichrangig nebeneinander angewendet wurden, wie z. B. Kiesel- und Formenmosaik mit Schrägspiralen im Zickzackwechsel bis hin zur Pseudokufi. Zum einen ist die Gliederungsabsicht mittels bestimmter architektonischer Teile unter Beachtung und Betonung tektonischer Gesichtspunkte auffallend, zum anderen der spielerische Umgang mit Formen und Farben bis hin zur abstrahierenden Neuschöpfung (Abb. 3). Entwicklungsgeschichtlich betrachtet zeigen die einzelnen Kunstepochen charakteristische Steingefügebilder und -strukturen, wobei einerseits bestimmte Bilder übernommen, andererseits aufgegeben oder durch neue Elemente erweitert wurden. Viele dieser Musterformen werden in der romanischen Wand- und Buchmalerei weiterverwendet. Die Gesamtheit der Steinbilder fußt im wesentlichen auf zwei Grundstrukturen: den linearen Typen und den Brekzien oder Konglomeraten, zu denen noch Kombinationen aus beiden Gruppen kommen. Dem linearen Typ lassen sich alle Versatz- und Gefügebilder zuordnen, wie Linien, Liniennetze, Streifen, Bänderungen, Aderung, Wolken und Flächen. Der zweite Typ umfaßt alle flächenfüllenden Struktur- oder Formgebilde, wie Spritzer, Tupfen, Flecke, Stäbchen, Haken, Blüten (Serpentin), und die Konglomerate, zu denen man geometrische Figuren, Kreise, Kleeblatt- und Paßformen zählen kann, sowie Brekzien, denen sich die Dreiecke, Rhomben, Vielecke und auch Sterne zuordnen lassen (Abb. 4).

In der Vielfalt der Variationen wird mit den am Bauwerk und an den Ausstattungsgegenständen eingesetzten Natursteinmaterialien korrespondiert. Insbesondere beim »Bohnenmarmor« zeigt sich eine Hinwendung von der Breccia corallina zu verstärkt auftetenden jurassischen Kalken vom Typ Adneter Marmor. Im Übergang zur Gotik und später wandeln sich die anfangs noch naturähnlichen Blüten (Kleeblatt, Serpentin) zu rein geometrischen Formen (Abb. 5).

So läßt sich folgern, daß am Ende der Romanik die aus geistigen Konzeptionen hervorgegangenen Dekorationssysteme mit kostbarem Natursteinmaterial oder gleichwertigen künstlerischen Imitationen, der Steinstruktur- oder Gefügemalerei, noch einmal einen Höhepunkt erreichten.[12] Exemplarisch verdeutlichen dies beispielsweise die durch Überlieferung bekannten reichen Ausstattungen aus Naturstein wie in St. Denis (Mitte 12. Jahrhundert) oder im Magdeburger Dom (Neubau Anfang 13. Jahrhundert).

Als Bestandteile großangelegter Malereipro-

1. Punkte, frei
1.1 Punkte gereiht, gerichtet

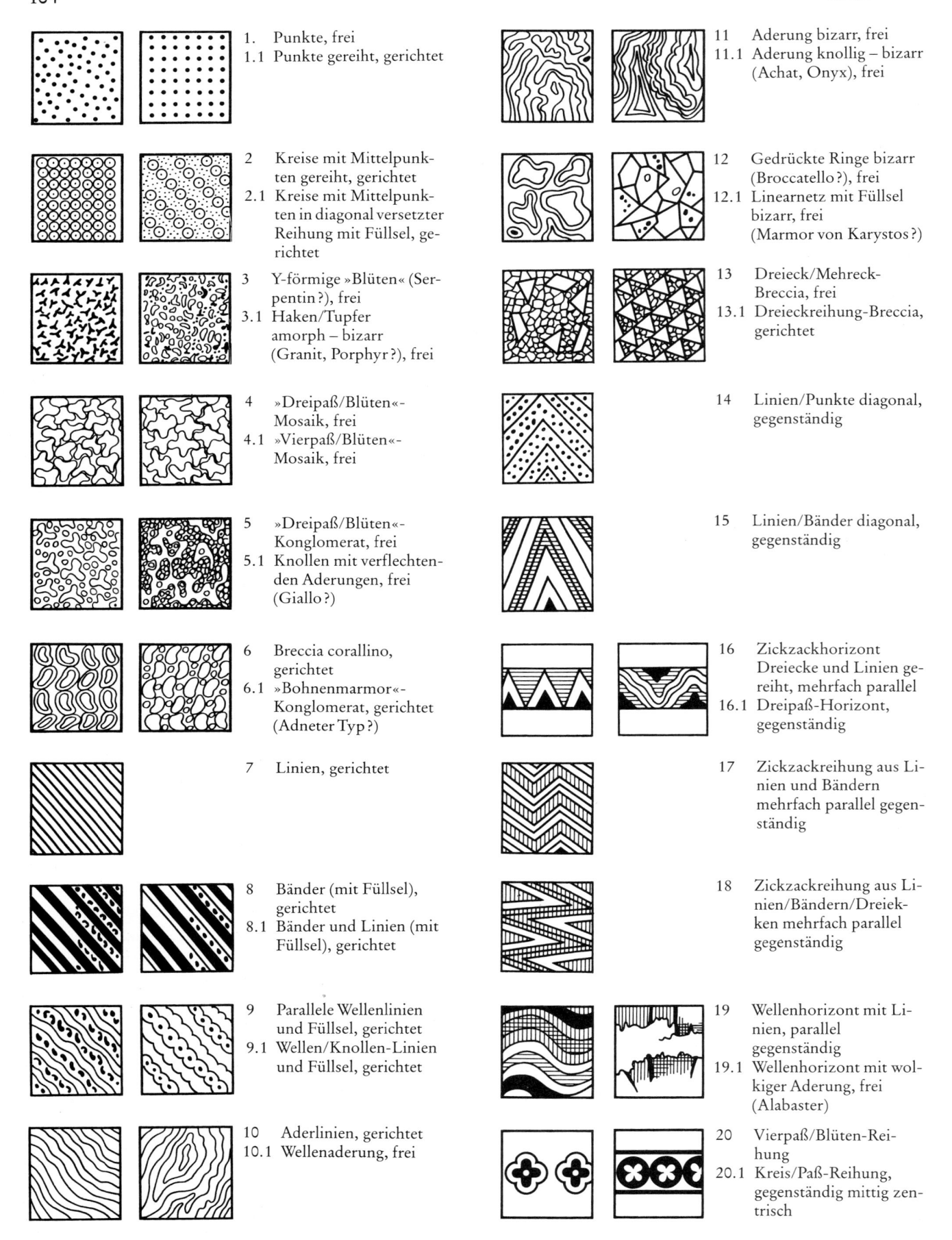

2. Kreise mit Mittelpunkten gereiht, gerichtet
2.1 Kreise mit Mittelpunkten in diagonal versetzter Reihung mit Füllsel, gerichtet

3. Y-förmige »Blüten« (Serpentin?), frei
3.1 Haken/Tupfer amorph – bizarr (Granit, Porphyr?), frei

4. »Dreipaß/Blüten«-Mosaik, frei
4.1 »Vierpaß/Blüten«-Mosaik, frei

5. »Dreipaß/Blüten«-Konglomerat, frei
5.1 Knollen mit verflechtenden Aderungen, frei (Giallo?)

6. Breccia corallino, gerichtet
6.1 »Bohnenmarmor«-Konglomerat, gerichtet (Adneter Typ?)

7. Linien, gerichtet

8. Bänder (mit Füllsel), gerichtet
8.1 Bänder und Linien (mit Füllsel), gerichtet

9. Parallele Wellenlinien und Füllsel, gerichtet
9.1 Wellen/Knollen-Linien und Füllsel, gerichtet

10. Aderlinien, gerichtet
10.1 Wellenaderung, frei

11. Aderung bizarr, frei
11.1 Aderung knollig – bizarr (Achat, Onyx), frei

12. Gedrückte Ringe bizarr (Broccatello?), frei
12.1 Linearnetz mit Füllsel bizarr, frei (Marmor von Karystos?)

13. Dreieck/Mehreck-Breccia, frei
13.1 Dreieckreihung-Breccia, gerichtet

14. Linien/Punkte diagonal, gegenständig

15. Linien/Bänder diagonal, gegenständig

16. Zickzackhorizont Dreiecke und Linien gereiht, mehrfach parallel
16.1 Dreipaß-Horizont, gegenständig

17. Zickzackreihung aus Linien und Bändern mehrfach parallel gegenständig

18. Zickzackreihung aus Linien/Bändern/Dreiekken mehrfach parallel gegenständig

19. Wellenhorizont mit Linien, parallel gegenständig
19.1 Wellenhorizont mit wolkiger Aderung, frei (Alabaster)

20. Vierpaß/Blüten-Reihung
20.1 Kreis/Paß-Reihung, gegenständig mittig zentrisch

Abb. 4 Übersichten der wesentlichen Steinstrukturbilder und Ornamente in der Spätromanik und Gotik

		21	Bänder und Rhombus
		21.1	Bänder/Linien-Rhombus, kreuzweise gegenständig mittig zentrisch
		22	Bänder/Linien/Netz-Rhombus
		22.1	Bänder/Linien-Aderung wolkig oder bizarr, kreuzweise gegenständig mittig zentrisch
		23	Aderung wolkig
		23.1	Aderung wolkig mit Wellen und Punkten, kreuzweise gegenständig mittig zentrisch
		24	Schichtung wolkig, kreuzweise gegenständig mittig zentrisch
		25	Liniennetz mit Gitterquadraten, kreuzweise gegenständig mittig zentrisch
		26	Bänder/Linien/Dreiecke
		26.1	Bänder/Linien/Wellenlinien und Füllsel, kreuzweise gegenständig außermittig zentrisch
		27	Linien/Aderung bizarr
		27.1	Bänderaderung wolkig – bizarr, kreuzweise gegenständig außermittig zentrisch
		28	Wellenlinien
		28.1	Wellenlinien und Wellenschichtung, kreuzweise gegenständig außermittig zentrisch
		29	bogenförmige Bänder und Linien
		29.1	bogenförmige Wellenschichtung, kreuzweise gegenständig außermittig zentrisch
		30	Bogenlinien
		30.1	Wellenbogen-Schichtung und Linien, kreuzweise gegenständig außermittig zentrisch

gramme überlagern sich vielfach unterschiedliche Systeme: neben der Imitation von natürlichen Dekorationssteinen existieren verschiedene Gradationen der Umbildung und Verfremdung bis hin zur irrational erscheinenden Imagination geometrischer Musterfiguren oder Pseudokufi. Häufig sind plastische Architekturteile, wie Säulen und Bögen, die die Wandmalerei rahmen, durch wertmäßig überhöhende Materialien ausgeführt oder durch analoge steinillusionistische Struktur- und Gefügebilder zu solchen aufgewertet worden. Die gänzlich artifizierte Umsetzung eines solchen Raumprogramms läßt sich vielleicht am besten im Inneren der Kirche von St-Savin-sur-Gartempe (um 1100) erkennen, wo die gesamte Langhaustonne mit großszenigen Malereien überzogen ist, die Säulenschäfte als Monolithe durch Strukturbilder geformt sind und die Arkadenleibungen gemalte inkrustierte Quader aufweisen.[13] Insgesamt wurde damit ein großartiges Beispiel eines mit künstlerischen Mitteln gestalteten einheitlichen monumentalen Raumbildes geschaffen.

In der Spätromanik werden schon von der theologischen Konzeption her und durch die Übernahme byzantinischen Formgutes noch detailreichere Lösungen erreicht, wie sie beispielsweise die Rupertuskapelle in Friesach (vor 1210–1220), der Chor der St.-Kunibert-Kirche zu Köln (um 1215–1225/30) oder die Westempore im Gurker Dom (1230 bzw. 1260) zeigen.[14] Diese Denkmale bieten mit ihren Wandmalereiprogrammen und den in der gleichzeitigen Glasmalerei dargestellten Steinstrukturbildern Beispiele für unsere Thematik (Abb. 6).

Wenn Architekturteile (Mauerwerk, Architekturaufbauten, Fußböden) oder Ausstattungsgegenstände (Säulen, Arkaden, Altäre, Thronsitze, Sarkophage) auch in der Glasmalerei als materialillusionistisch dargestellt werden, so entstehen in den gemalten Fenstern Realitätsbilder, die dem materiellen Denken nach alogisch sind und das Immaterielle, Transzendente veranschaulichen. Insofern erreicht der Materialillusionismus in der Glasmalerei unter gleichen geistigen Vorstellungen einen noch subtileren Realitätsgrad als in den Werken der Wand- und Buchmalerei, an der gefaßten Holzskulptur, an Reliquiaren oder Tragaltären.

Die erhaltenen frühen Glasmalereien mit Figuren oder Szenen in Kreis- oder Paßmedaillons, die entweder von kargen bildbezogenen Arkaturen oder aufwendigen Ornamentleisten gerahmt sind, zeigen allerdings kaum solche vorgenannten Struktur- und Gefügebilder. Erst ab Mitte des 13. Jahrhunderts mehren sich Beispiele der Materialveredelung an Ausstattungsgegenständen (vorrangig an Altären, Thronsitzen, Sarkophagen, Standflächen, Geißelsäulen). Im 14. Jahrhundert dominieren Architek-

Abb. 5 Gurk. Dom. Westempore. Ostwand: Stütze zwischen Arkade und ehemaliger Apside: in Dreipaß-Blüten-Konglomerat und Diagonalbändern mit Halbpalmettenranken; darüber abstrahiertes Pflanzenkapitell und Kehle in Bohnenmarmor-Konglomerat. Linkes Begleitband mit rhombischen Vierpässen, rechts mit Dreiecken; Säule zum Wellenhorizont ausgebildet

Abb. 6 Gurk. Dom. Westempore. Westwand: Rundfenster mit Glasmalerei »Kreuzabnahme«; Fensterleibung mit gemalten Strukturbild-Inkrustationen als kreuzweise gegenständige Bögen mit Rhombus, bogenförmige Wellenschichtung und Wellen-Bänder-Rhombus

turaufbauten mit ornamentalisierter Mauerwerkstruktur, wobei sich im Vergleich mit der zeitgleichen Tafelmalerei die Frage stellt, ob sie das Ergebnis wechselseitigen Einflusses sein könnten. Verglichen mit der monumentalen Wandmalerei oder der feinteiligeren Buchmalerei scheinen in den Glasgemälden alle Struktur- und Gefügestrukturen noch stärker ornamentalisiert. Dies kann schon durch die konkretere Zeichnung bedingt sein, die neben den Umrißlinien des Bleinetzes für die weitere Verdeutlichung des Bildes neben den Tonlagen eine ganz entschiedene Binnenzeichnung zur Modellierung verlangt. So gesehen kommt das formelhafte symbolisierende Element in diesem Sujet zu vollster Entfaltung.

Von den bisherigen Befunden ausgehend, hat es den Anschein, als ob in den zeitlich aufeinanderfolgenden Epochen nur bestimmte Elemente der Architektur und der Ausstattungsgegenstände (Hildesheim, Michaelskirche – Holzdecke, um 1200, Fußboden in Dreipaß/Blüten-Mosaik) sowie zunächst in der Buchmalerei (Goslar, Rathaus, Evangeliar, um 1240, Säulenschäfte in farbig abgestuften Wellenaderungen mit Füllseln; Schreibpult-, Tisch-, Fußbodenplatten und Felsoberflächen in Dreipaß/Blüten-Mosaik) mit Steinstrukturbildern versehen wurden. Vom 12. Jahrhundert an tauchen solche vornehmlich als Inkrustationen in der Wandmalerei auf (St-Savin-sur-Gartempe, um 1100; Berzé-la-Ville, erstes Drittel 12. Jahrhundert; Prüfening, nach 1150; Müstair – romanische Wandmalerei, drittes Viertel 12. Jahrhundert; Aquileja, Ende 12. Jahrhundert; Hocheppan, um 1200; Taufers im Müstairtal, um 1200; Friesach, um 1210; Berghausen, um 1210–1220; Anagni, um 1255).[15]

Obwohl nur eine Teilsichtung der zeitgleichen Glasmalerei möglich war, läßt sich feststellen, in der Hochromanik sind solche Steinimitationen seltener, sie treten erst in der Spätromanik in analoger Vielfalt auf. Ein frühes Beispiel bietet die Rundscheibe mit dem Thema »Die eherne Schlange« aus dem Mosesfenster der nördlichen Chorumgangskapelle in der Abteikirche Saint-Denis, wo die grüne Säule mit geometrischen Treppenmustern bedeckt ist.[16] Ein weiteres Beispiel ist die Scheibe der »Auferstehung Christi« (um 1166) in St. Patrokli zu Soest.

Dort zeigt die Sarkophag-Vorderwand in drei inkrustierten Platten gegenständige Diagonaladerung, gefüllt mit »Bohnenkonglomerat«.[17] In der zweiten Hälfte des 12. Jahrhunderts taucht dann auch in der Glasmalerei der sogenannte Bohnenmarmor häufiger auf.

Weitgehend im architektonischen Zusammenhang befindet sich die Verglasung im Chor der St.-Kunibert-Kirche in Köln (um 1215–1225/30).[18] Die großen Fensteröffnungen werden von Blendbögen gerahmt; Säulenschäfte aus schwarzem Kohlenkalk oder Schiefer sind durch Natursteinmaterial wertmäßig betont, Kapitelle und Basen polychromiert und vergoldet sowie die Wülste durch Malerei in farbigen Wellenstrukturen – im Sinne von Marmoraderung – hervorgehoben; in den unteren Blendnischen befinden sich außerdem noch Wandmalereien. Ein mit kostbarem Naturstein inkrustierter Fußboden und der reich gegliederte Hochaltar, ebenfalls aus verschiedenem Gestein, ergänzten dieses großangelegte Programm. Das komplexe Nebeneinander von natürlichen und artifizierten Steinbildern findet im Glasmalereizyklus seine Fortführung, beispielsweise wurde in der Scheibe »Begegnung zwischen Chlotar II. und Kunibert« die Standfläche vor dem Thronsitz als Dreipaß/Blüten-Mosaik gemalt.

Ein Variantenreichtum an Steinstruktur- und Gefügebildern findet sich an allen eingangs beschriebenen Ausstattungsgegenständen in den spätromanischen Scheiben der Barfüßerkirche zu Erfurt.[19] So weist der Altar in der Scheibe »Stigmatisation des Franziskus« (Abb. 7) eindrucksvolle Steingefügebilder auf: Seine Platte ist violettrot mit eingefaßter Wellenranke, die aus dem Schwarzlot radiert wurde; die Seitenwände sind als inkrustierte Füllungen gedacht, vorn in smaragdgrünem Glas mit gegenständigen, gebänderten Strukturen, wie sie beim Marmor oder Achat vorkommen. Zudem zieren die goldgelbe Einfassung Edelsteinfolgen aus einander abwechselnden Rhomben und Ovalen, in den Zwischenräumen von kleinen runden Steinen begleitet. Der Altarsockel trägt das gleiche Dekor wie der Altarrand, jedoch in grauweißem Glas. Weiterhin wird das Gehäuse als ein im Grundriß sechseckiger Turm aus mattgrauviolettem Glas von verti-

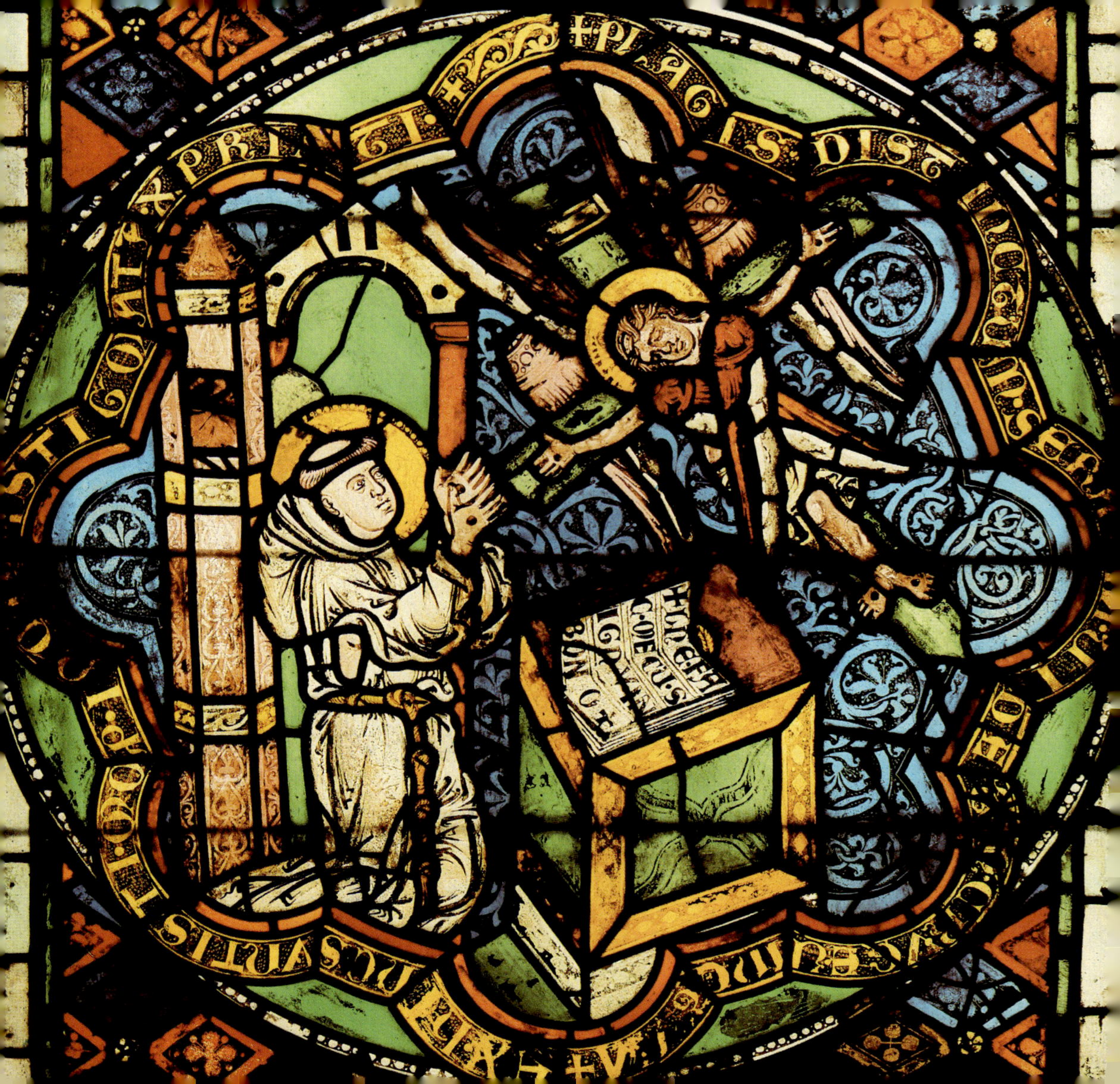

Steinstrukturbilder

kaler Palmettenornamentik bedeckt, unterbrochen von Gesimsbändern in den Geschoßhöhen, die wie am Altar in hellem Glas Ranken bzw. Edelsteinfolgen aufweisen. Der seitlich anschließende Bogengang hat rubinrote Säulen, vielleicht noch eine Assoziation von Porphyr. Strukturbilder und florale Ornamentik tragen ohne Zweifel dazu bei, die im Kompositionellen auf das Wesentliche beschränkte Bildform durch die unterschiedlichen Materialwertigkeiten in der Gesamtaussage zu unterstützen. Eine ähnlich kostbare Altarverkleidung befindet sich in der Scheibe »Darbringung im Tempel« (Abb. 8). Ferner wurde in der »Auferstehung Christi« die Kante des Grabdeckels durch einen Wechsel von »Bohnen« und Ringen (offenbar ein mißverstandener Eierstab) und die Grabaußenwand durch ein Vierpaß/Blüten-Mosaik dekoriert. Lineare Strukturen und Kombinationen zieren die Standflächen der Thronstufen in den Scheiben »Anbetung der Könige« aus einer Wurzel Jesse bzw. den Grabdeckel »Erweckung des Lazarus« in grünem Glas (Abb. 9). In der Scheibe »Die Bestätigung der Franziskanerregel durch Honorius III.« weist der hellblaue Scherben zwischen Bodenplatte und Rahmen eine gegenständige Linearaderung auf.

Werke aus dem unmittelbaren Umfeld dieser bedeutenden Erfurter Glasmalerei, der Zyklus in der Marburger Elisabethkirche (um 1240) oder die etwas späteren Glasmalereien im Chor der Marktkirche zu Goslar (1240–1250) bzw. im Westchor des Naumburger Doms (um 1250), zeigen keine Steinstruktur- und Gefügebilder. Erst in der »Passahmahlscheibe« eines Fensters im Dom zu Meißen (um 1270) kommen wieder ähnliche Steinstrukturbilder vor: Der Tisch hat eine grüne Platte mit Wellenband/Linien-Aderung und strukturierten Zwischenflächen aus Dreipaßblüten, während an der Tischvorderseite die hellgelbe Decke mit Faltenzeichnung herabhängt, offenbar entspringt diese Lösung einem Mißverständnis des Glasmalers.

Weitere Zeugnisse von Steinstrukturbildern in der Erfurter Glasmalerei finden sich in der Augustinerkirche im Fenster nIII mit der Vita des hl. Augustinus – hier überwiegend in den Deck- und Bodenplatten von Sitzen und Altären.[20] Dabei kehrt dicht gefüllter Bohnenmarmor, gegenständig gerichtet, in hellblauen, grünen und braunen Farben immer wieder. In der Scheibe 4c kommt ein rotes Dreipaß/

Seite 108:
Abb. 7 Erfurt. Barfüßerkirche. Chorfenster sII 2b »Stigmatisation des hl. Franziskus«

Abb. 8 Erfurt. Barfüßerkirche. Chorfenster nII 3b »Darbringung im Tempel«. Ausschnitt: Altarvorderwand in gegenständigen Wellenlinien, Seitenwand mit Diagonaladern und Kringeln. Bodenplatte zeigt Wellenaderung mit Brekzien aus Kringeln und Dreiecken

Abb. 9 Erfurt. Barfüßerkirche. Chorfenster I 6b »Auferweckung des Lazarus«. Ausschnitt: Sarkophagdeckel in diagonalen Wellenlinien mit Dreipaß-Blüten-Mosaik und Breccia corallino

Abb. 10 Arnstadt. Liebfrauenkirche. Südliches Seitenschiff-Fenster sXII »Auferstehung«: Sarkophagdeckel in parallelen Wellenlinien mit Haken-Füllseln. Vorderwand mit Haken-Füllseln. Das Innere ist mit Rankenwerk bedeckt.

Abb. 11 Mühlhausen. Blasiuskirche. Chorfenster I – Maßwerkscheibe »Geißelung Christi«. Ausschnitt: Säule in wolkiger Bänder-Linien-Aderung

Blüten-Mosaik vor, und die leider verschollene Scheibe »Augustinus gebietet einer Schlange« hatte eine Sitzbankdeckplatte mit Streumusterdekor aus Dreipaßblüten.

Den Fenstern der Erfurter Barfüßerkirche näherstehend, aber in einfacheren Strukturen ausgeführt, sind zwei Scheiben der Liebfrauenkirche Arnstadt: In der »Auferstehung Christi« besteht die Grabplatte aus violettrotem Glas mit einem Rapport aus doppelten Wellenadern, die Flächen dazwischen sind fünfreihig mit gerichteten Häkchen gefüllt, in denen vielleicht noch ein Hinweis auf Bohnenmarmor erahnt werden kann (Abb. 10). Die Scheibe der »Grablegung Christi« trägt an der Sarkophagansicht auf bräunlichem Glas das gleiche Muster.

Interessante Materialbilder befinden sich in den runden Maßwerkscheiben des Fensters I in der Blasiuskirche zu Mühlhausen. Die Säule in der »Geißelung Christi«, aus smaragdgrünem Glas mit Schwarzlotabdeckung, erhielt eine bedeutungsvolle Betonung durch herausradierte Achatstrukturen mit wolkiger Schichtung und zentrischen Formen (Abb. 11).[21] Noch naturhafter wurde in der »Kreuztragung« der Alabaster-Steinboden unter den Füßen Christi imitiert (Abb. 12). Der kleinteilige Bleiriß gab dem Maler die Gelegenheit, durch helle, milchigweiße oder schwach bräunlich getönte Gläser und eine Malerei mit feinempfundenen Äderungen, formgebundenen Halbtönen und harten Bruchkanten ein naturähnliches Bild zu schaffen. Im gleichen Fenster zeigen einzelne Scheiben (Einzug Christi,

Christus vor Pilatus, Judaskuß) in der Bodenzone Steinversatzstrukturen, d. h. gutes Quadermauerwerk auf gelbem, hellblauem oder grünem Glas mit halbdeckendem Schwarzlotüberzug, aus dem das Fugennetz herausradiert worden ist.

In der gleichen Kirche, dem Credo-Fenster nII, tauchen noch einmal Steinstruktur- und -gefügebilder, nun allerdings in sehr ornamentaler Form, auf.[22] An den Architekturaufbauten über den Aposteln bestehen die Rückflächen der Wimperge aus grünem Glas, welches in schwarzer Zeichnung zum regelmäßigen Quaderwerk in unterschiedlichen, meist gegenständigen Gefügebildern ausgebildet ist und vielleicht inkrustierten Marmor vortäuschen soll (Abb. 13). Außerdem ist in einem Feld (9b) eine hellblaue Glasscheibe mit waagerecht gereihten und gerichteten Punkthäkchen gefüllt, was nur noch als abstraktes Flächendekor betrachtet werden kann. Etwas später, um 1400, wurden in der Nikolaikirche zu Mühlhausen die roten Säulenschäfte der Arkaden des Fensters sII in dichter Schwarzlotzeichnung als Marmorbänderung mit Hakenfüllseln bedeckt (5b hl. Barbara).

Auch das Hochchorfenster I im Halberstädter Dom zeigt ähnliche, mit kleinen Kringeln strukturierte Säulenschäfte. Solche sich im Ornamentalen verselbständigenden Musterungen finden allerorts zahlreiche Parallelen. Als bunte, exotisch-ornamentale Steinarten sind diese in der Spätgotik deckungsgleich sowohl in der Glasmalerei als auch in der Wandmalerei (z. B. Waldensburg, um 1330; Maien-

Abb. 12 Mühlhausen. Blasiuskirche. Chorfenster nII 7b (Credofenster). Architekturwand hinter dem Wimperg als Steingefügebild, dessen Strukturen überwiegend aus Wellenlinien-Rhomben und zentrischen Wellenlinien bestehen

Abb. 13 Mühlhausen. Blasiuskirche. Chorfenster I – Maßwerkscheibe »Kreuztragung«. Ausschnitt. Bodenbereich in Alabaster

feld, Schloß Brandis, erstes Drittel 14. Jahrhundert) oder in der Architekurfassung [z. B. Kamenz, Justkirche, Ende 14. Jahrhundert; Krems (NÖ), Dominikanerkirche, erstes Viertel 14. Jahrhundert; Schweizzers (NÖ), um 1430; Weißenstein (Kärnten), 15. Jahrhundert].[23]

An dem Chorfensterzyklus des Erfurter Domes kommen Steinstruktur- und Gefügebilder nicht mehr vor.[24] Die Ausstattungsstücke und Fußböden werden nun in realistischeren Formen überwiegend aus kassettenartigen Ornamentfüllungen mit Vierpaßlinien (Katharinen-, Passions-, Joseph-, Jakob-, Abraham-, Genesis-Fenster) und in der jüngeren Gruppe durch Ringe oder Kreise gebildet (Tiefengruber-Fenster, nach 1403 bis um etwa 1405). Die Säulenschäfte erscheinen als gedrehte oder runde Monolithe, z.T. mit rhythmisch angeordneten Manschetten in Dreipaßform verziert (Katharinen-, Genesis-Fenster). Die Steinstrukturbilder des 13. Jahrhunderts und Ornamentmuster, die noch bis in das 14. Jahrhundert Verwendung fanden, haben nun in Inhalt und Funktion an Bedeutung verloren.

Anmerkungen

1 Frey, D.: Der Realitätscharakter des Kunstwerkes; in: Festschrift Heinrich Wölfflin zum 70. Geburtstag, Dresden 1935, S. 30–67; Bandmann, G.: Mittelalterliche Architektur als Bedeutungsträger, Berlin 1951; ders.: Bemerkungen zu einer Ikonologie des Materials; in: Städel-Jahrbuch, Neue Folge, Band 2, München 1969, S. 75–100; Knoepfli, A.: Farbillusionistische Werkstoffe; in: Palette 34, Basel 1970; Klein, H.-J.: Marmorierung und Architektur, ein Beitrag zur Frage der Musterung; Köln 1976; Kieslinger, A.: Zur Geschichte der Steinverwendung; in: Deutsche Kunst und Denkmalpflege, München 1936, S. 7–12

2 Heidrich, F.-M.: Entwicklungstendenzen der Steingefügemalerei von der vorromanischen bis zur gotischen Kunst – Dokumentation der Steingefügebilder in der Bunten Kapelle des Brandenburger Domes; Seminararbeit an der Hochschule für Bildende Künste Dresden, Masch.-Ms. 1987

3 Materialveredelnde Imitationen gelangen in der Antike mit sog. Millefioriglas, mit welchem bei Vasen und Kratern z. B. Alabaster-, Achat- oder Onyxstrukturen assoziiert wurden (Beispiele im Kunsthistorischen Museum Wien).

4 Das Vorkommen des antiken Porphyrs lag in der arabischen Wüste am Djebel Duchan, der einst Porphyrberg hieß; grüner Porphyr kommt nahe Sparta und nördlich Larissa in Thessalien vor. Imitierte Porphyrstrukturen liegen in der Reichenauer Buchmalerei mehrfach vor (Perikopenbuch Heinrichs II., um 1000); auch lassen sich am Mauritiusaltar in Siegburg, um 1160, innerhalb der Emailledarstellungen deutlich an Sarkophagen rote und grüne Porphyrimitationen erkennen; vgl. Bracker-Wester, U.: Porphyr aus Kölner Boden; in: »Monumenta Annonis« – Köln und Siegburg, Hrsg. Anton Legner, Köln 1975, S. 124–126; »Ornamenta Ecclesiae«, Kunst und Künstler der Romanik, Ausstellungskatalog, Hrsg. Anton Legner, Köln 1985, Band 2, Abb. F 46

5 Schneider, A. M.: Die Hagia Sophia zu Konstantinopel, Berlin 1938, S. 13 ff., mit Beschreibung der Natursteinmaterialien. Ferner Sanpaolesi, P.: Santa Sofia a Constantinopoli (Forma i colore), Firenze 1965, Abb. 12, 14, 16, 18, 19, 21, 22, 25, 28

6 Vgl. den Bericht des Abtes Suger über den Neubau der Abteikirche in Saint Denis, zit. bei Gall, E.: Die gotische Baukunst in Frankreich und Deutschland, Teil 1, Leipzig 1925, S. 93 ff.

7 Claussen, H.: Zur Farbigkeit von Kirchenräumen des 12. und 13. Jh. in Westfalen; in: Zeitschrift Westfalen, 56. Band, Münster 1978, S. 18–72

8 Knoepfli, 1970, wie Anm. 1, S. 16–17

9 Bracker-Wester, 1975, wie Anm. 4, S. 125; »Ornamenta Ecclesiae« wie Anm. 4, Band 2, S. 338, 404–409. Ferner auch die Grabplatten Kaiser Ottos d. Gr. im Magdeburger Domchor und die des Erzbischofs Norbert in der Liebfrauenkirche zu Magdeburg, 10. und 11. Jh., das Material könnte pentilischer oder Laaser Marmor sein.

10 Die Buchmalereien der Ada-Gruppe, um 800, zeigen neben vereinzelten diagonalen Wellenstrukturen überwiegend großförmige Breccia corallino. Adneter Marmor dürfte in den Wandmalereien der Benediktinerinnenabtei Salzburg vorliegen, wo in der Turmvorhalle des Westbaues, um 1150, die stützenartigen Elemente zwischen den mit Halbfiguren ausgemalten Nischen mit großgemustertem Bohnenmarmor bedeckt wurden. Auch in der Klosterkirche zu Prüfening, nach 1150, existiert zwischen den verschiedenfarbigen ornamentalen Musterfigurationen Bohnenmarmorkonglomerat.

11 Aurelius Augustinus, De vera Religione XXX; wiederholt zit. von Assunto, R.: Die Theorie des Schönen im Mittelalter, Köln 1963

12 Heidrich, 1987, wie Anm. 2. Autor versuchte die Zusammenstellung der Artenvielfalt, die diesem Beitrag zugrunde gelegt wurde.

13 Vgl. Möbius, F.: Romanische Kunst, Berlin 1969, S. 34–35, Abb. 48–50

14 Ginhart, K.: Die Datierung der Fresken in der Gurker Westempore; in: Corinthia I, Mitteilungen des Geschichtsvereins für Kärnten, 157. Jg., Heft 1, Klagenfurt 1967, S. 90, 147, 164

15 Demus, O.: Romanische Wandmalerei, München 1968, T 84, 90, 101, 112, XLII, Abb. 50, T XXVI, Abb. 9, T XXIX, 206, 213

16 Grodecki, L.: Romanische Glasmalerei, Stuttgart 1977, S. 97, Abb. 77

17 Korn, U.-D.: Die romanische Farbverglasung von St. Patrokli in Soest, Münster 1967, S. 85, Abb. 13

18 Grodecki, 1977, wie Anm. 16, S. 19–20, Abb. 4; ferner »Ornamenta Ecclesiae«, 1985, wie Anm. 4, Band 2, S. 266–273 mit Abb.

19 Drachenberg, E.; Maercker, K.-J.; Schmidt, C.: Die mittelalterliche Glasmalerei in den Ordenskirchen und im Angermuseum zu Erfurt, hrsg. vom Institut für Denkmalpflege in der DDR (CVMA, DDR 1, 1), Berlin 1976, Tafeln IV–VI, Abb. 17, 47, 55, 57, 58, 60. Dreipaß- oder Vierpaß/Blüten-

Mosaik bildet auch anderweitig ein beliebtes Steinstrukturelement in der spätromanischen Kunst, z. B. Psalter des Landgrafen von Thüringen (heute Stuttgart), um 1215; Goslar, Evangeliar, um 1240; Hildesheim, St. Michael – Holzdecke, um 1210; Heiligenkreuz, Stiftskirche – Chorfenster nII, um 1200

20 Drachenberg; Maercker; Schmidt, 1976, wie Anm. 19, Augustinerkirche zu Erfurt, S. 155 ff., Abb. 126, 132, 148, 152, 183

21 In S. Prassede zu Rom wird in einer Nische neben der Capella di S. Zenone ein Säulenfragment aus Verde antico aufbewahrt, das von der Geißelsäule Christi stammen soll und Vorbildwirkung besessen haben könnte. Diese Spolie hat der Kardinal Colonna vom Kreuzzug Kaiser Friedrichs II. im Jahre 1223 nach Rom mitgebracht.

22 Für diese Hinweise schulde ich Frau Dr. Christa Richter herzlichen Dank.

23 Zykan, J.: Die ehemalige Dominikanerkirche in Krems und ihre ursprüngliche Polychromierung; in: Österreichische Zeitschrift für Kunst und Denkmalpflege, Wien 1967, S. 89 bis 99; Eppel, F.: Gotische Fugenmalerei in der Pfarrkirche Schweizzers, NÖ; in: Österr. Zeitschr. für Kunst und Denkmalpflege, 1966/1, S. 26 ff., datiert um 1430, Abb. 41 bis 42; in Eggenberg, NÖ, ähnliche Bemalung. – Steinstrukturbilder für Rahmungen um Wandmalereien sind häufig, z. B. in Wien, St. Michael-Kirche, nördliches Seitenschiffjoch um 1300 oder im Bogenabschluß des Jüngsten Gerichtes, 2. Viertel und Mitte des 14. Jh.; ebenso in Erfurt, Predigerkirche – Chor, Architektur der Sediliennische, um 1330 bzw. Nischenrahmung um das Kalvarienbergbild, um 1350

24 Drachenberg, E.: Die mittelalterliche Glasmalerei in Erfurt (CVMA, DDR 1, 2), Teil 2. Die mittelalterliche Glasmalerei im Erfurter Dom, Abbildungsband, Berlin 1983, z. B. Abb. 102, 107, 203, 303, 582; 865, 866; 268, 352, T III; Abb. 40–43, 65, T IX

Lech Kalinowski

Die ältesten Glasgemälde der Dominikanerkirche in Krakau

Im Jahre 1222 brachte der Krakauer Bischof Iwo Odrowąż (geb. zwischen 1170 und 1180, gest. 1229) Mitglieder des damals gerade gegründeten Dominikanerordens aus Italien nach Krakau herbei und siedelte sie an der Dreifaltigkeits-Pfarrkirche an. Unabhängig von der einfachen romanischen Klosteranlage mit Kapelle wurde bald nach dem Tatareneinfall von 1241 mit dem Bau eines neuen, stattlichen Gotteshauses begonnen, das aus einem rechteckigen dreijochigen Langchor und einer dreischiffigen, fünfjochigen Halle bestand. Im Laufe des 14. und 15. Jahrhunderts wurde der Chor erhöht und das hallenartige Langhaus zu einer basilikalen Anlage umgebaut.[1]

Von Anfang an war das Innere der gotischen Kirche mit farbigen Glasfenstern geschmückt, von denen heute nur spärliche Reste erhalten geblieben sind. Bestimmt noch vor 1820, und vielleicht schon nach dem großen Brand, der 1668 die Kirche vernichtete, wurden die erhaltenen Scheiben in den Kreuzgang versetzt. Im Jahre 1864 hat Ludwik Łepkowski – auf Anregung des Grafen Aleksander Przeździecki – die 23 damals noch vorhandenen Scheiben in Form leicht gefärbter Aquarelle unter Angabe ihres Standortes in den einzelnen Kreuzgangflügeln nachgezeichnet.[2] Als dann 1895 Restaurierungsarbeiten im Kreuzgang begannen, wurden die Glasgemälde ausgebaut und dem Künstler Stanisław Wyspiański übergeben, mit dem Auftrag, Nachzeichnungen im Maßstab 1 : 1 für die geplante Erneuerung auszuführen.[3] Diese Arbeit wurde erst 1902–1904 von dem Glasmeister Teodor Zajdzikowski durchgeführt und bestand in Ergänzungen und Umbildungen wie der Hinzufügung von Bordüren, Umrahmungen und Inschriften. Die erneuerten Scheiben kamen in die Kreuzgangfenster zurück.[4] Während des Ersten Weltkrieges wurden die Glasgemälde 1915 zum Schutz gegen Vernichtung wieder ausgebaut. Nach dem Ausbruch des Zweiten Weltkrieges wurden sie zu einem Teil im Kloster in Kisten aufbewahrt und zum anderen von den deutschen Okkupanten nach Wawel verlegt. Im Jahre 1946 erfolgte ihre Übergabe durch die damalige Stadtbehörde an den Krakauer Glasmalerei-Betrieb S. G. Zeleński zur neuerlichen Restaurierung. Acht ausgebesserte Scheiben wurden 1948 im Nationalmuseum in Krakau deponiert und die übrigen 1954 nach Thorn gesandt, wo sie unter der Leitung des Konservators Edward Kwiatkowski einer Erneuerung unterzogen wurden, die Reinigung, Imprägnierung des Glases, Zusammenkleben der Sprung- und Bruchstellen, Ergänzung durch neues Glas und Neuverbleien umfaßte.[5]

Vom ursprünglichen Glasgemäldebestand der Dominikanerkirche sind bis heute nur 22 Scheiben erhalten geblieben; davon befinden sich 18 in dem Nationalmuseum in Krakau, drei bleiben weiterhin in dem 1953 verstaatlichten Betrieb S. G. Zeleński, und eine schmückt seit 1964 das Innere der Wawel-Kathedrale.[6] Stilistisch und zeitlich bilden sie vier Gruppen, deren Entstehung in die Zeit vom Ende des 13. bis zur Mitte des 15. Jahrhunderts fällt. Besondere Aufmerksamkeit verdient die älteste Gruppe von vier Scheiben, die in die Zeit zwischen 1285 und 1325 zu datieren sind. Drei von ihnen, der hl. Augustinus, der hl. Stanislaus und die Muttergottes mit dem Kind, sind Teile einfiguriger Darstellungen; die vierte ist eine Kreuzigung – ursprünglich in einem Kreis, der an den Seiten verschnitten worden war, um in das Rechteckfeld der neuen Glasscheibe eingepaßt werden zu können. Auf Grund der gleichen stilistischen Merkmale und Proportionen sind die hll. Augustinus und Stanislaus wohl derselben Verglasung und ausführenden Hand zuzuschreiben. Die Muttergottes mit dem Kind ist einige Jahrzehnte später entstanden. Die Kreuzigung bedarf weiterer Untersuchungen und ist darum nicht Gegenstand der vorliegenden Analyse.

In dem bisherigen Schrifttum werden die beiden Scheiben mit der Darstellung des hl. Augustinus und des hl. Stanislaus (vgl. Katalog) in die zweite Hälfte des 13. bzw. die erste Hälfte des 14. Jahrhunderts datiert.[7] Beachtet man Ausmaße und Form der einfigurigen Glasscheiben um die Wende jener Jahrhunderte, so besteht kein Zweifel, daß die Krakauer Scheiben Teile einfiguriger Glasgemälde sind. Jede Figur umfaßte ursprünglich zwei Scheiben, so wie es mit der Darstellung des hl. Biulfus (196 Zentimeter × 84 Zentimeter) im Straßburger Münster aus der Zeit um 1240 bis 1250 der Fall ist (Abb. 1).[8] Aus dem Vergleich mit Łepkowskis Aquarellen ist zu ersehen, daß Zajdzikowski über den Köpfen beider Heiliger etwa 15 Zentimeter blauen Hintergrundes hinzugefügt hat, um die erhaltenen Scheibenteile oben ergänzen und den Kreuzgangfenstern anpassen zu können. Die einstige Höhe der unteren Scheiben läßt sich durch eine Verlängerung des schräg angeordneten Bischofsstabs feststellen. Daher dürfte die Höhe der beiden Scheiben etwa 190 Zentimeter betragen haben.

Weder der heutige Erhaltungszustand noch die Aquarelle von Łepkowski informieren über den ursprünglichen Hintergrund. Im 13. und Anfang des 14. Jahrhunderts gab es in dieser Hinsicht – wenn man von der Anordnung der Figuren ohne jeglichen Rahmen sowie mit bzw. ohne ornamentalen Hintergrund absieht – zwei Lösungen. Bei der einen, deren Tradition bis zu den Glasgemälden der Kunibert-Kirche in Köln zurückreicht, ist die frontal dargestellte Figur in einen Langpaß eingefaßt.[9] In diesem Fall wären die Krakauer Scheiben dem hl. Gregorius im Westchor des Naumburger Domes um 1250[10] oder den hll. Benedictus und Bernhardus, 1295–1297, aus St. Walpurgis bei St. Michael unweit von Leoben,[11] verwandt. In der anderen Lösung – zeitgleich – ist die Figur in eine Arkade eingefaßt, wie Dux Leopoldus um 1300 auf dem sich jetzt in der Pfarrkirche in Steyr befindlichen Glasgemälde.[12] Diese letztere Lösung scheint dem Bestand des Hintergrundes und den Proportionen der Dominikaner-Scheiben besser zu entsprechen als die erste.

Die stilistischen Merkmale der Krakauer Glasgemälde erscheinen nicht charakteristisch genug, um sie sicher einzuordnen. Unter dem erreichbaren Vergleichsmaterial bieten sich im allgemeinen die österreichischen, vor allem die steierischen Scheiben aus dem Ende des 13. Jahrhunderts an, wie die schon erwähnten Scheiben aus St. Walpurgis, zu denen man auch den »Abt Heinrich von Admont«, ebendort und aus derselben Zeit,[13] sowie die Christus-Scheibe aus der Franziskanerkirche in Bruck an der Mur, vor 1295, derzeitig im Steyerischen Landesmuseum Joanneum in Graz,[14] hinzufügen kann. Doch das sind nur stilistische Ähnlichkeiten, nicht solche der Werkstatt. Die Krakauer Glasscheiben sind ein relativ selbständiges Werk.

Was die Datierung derselben betrifft, so lassen

Abb. 1 Hl. Biulfus, Glasgemälde. Um 1240/50. Münster, Straßburg

sich einige Hinweise dem Kult des hl. Stanislaus entnehmen. Als terminus a quo seiner »Porträt«-Darstellungen ist seine Heiligsprechung anzunehmen, die 1253 in der Basilika des hl. Franziskus in Assisi von dem Papst Innozenz IV. verkündet worden ist.

Die Krakauer Dominikaner waren an den Bemühungen um die Verbreitung des Kultes des hl. Stanislaus und um dessen Heiligsprechung lebhaft beteiligt. Die vielgelesene Lebensbeschreibung des Heiligen – Vita Sancti Stanislai episcopi Cracoviensis – ist von Wincenty aus Kielcze, dem Kapellan des Krakauer Bischofs Iwo Odrowąz, seit 1227 Krakauer Domherr, später Dominikanerpater, verfaßt worden; die Vita minor – vor der Heiligsprechung, 1242, die Vita maior – nach derselben, 1260 bis 1261.[15] Aufgrund der bekannten Ikonographie des hl. Stanislaus im 13. Jahrhundert dürfte das Dominikanerglasgemälde als die erste erhaltene »Porträt«-Darstellung des Heiligen gelten; sie ist zweifellos eine Nachbildung seines Bildnisses auf der Kanonisationsfahne. Über sie steht in der Vita maior, Abschnitt 56: »Post hec vero cum Romanus pontifex ascendisset pulpitum ad pronunciandum tante sanctitatis eulogium, apparuit coram eo decens vexillum, habens nomen et impressum imaginem beati Stanislai protomartiris Polonorum. Cuius vexilli rubor representavit effusionem preciosi sanguinis et imago gloriosum antistitem sive personam individui pacientis.«[16]

Um die Entstehungszeit der Glasscheibe mit dem hl. Stanislaus noch näher zu bestimmen, könnte man auf den – zwar hypothetischen, aber doch sehr wahrscheinlichen – Stifter hinweisen, und zwar auf den Fürsten Leszek Czarny (geb. 1240 bzw. 1241, gest. 1288), den Landherren von Łęczyca, Sieradz, Krakau (seit 1279) und Sandomierz.[17] Er war ein eifriger Verehrer des hl. Stanislaus, was durch sein einzigartiges, in einigen Exemplaren erhaltenes Siegel bezeugt wird, deren ältestes 1281 datiert ist. Es stellt den Fürsten kniend am Altar vor dem hl. Stanislaus dar, der bei der Eucharistiefeier eben den Kelch emporhebt.[18] Dieses Siegel gilt als Ausdruck politischer Bestrebungen des Fürsten nach der Wiedervereinigung der Teilfürstentümer des damaligen Polen.[19] Als Wohltäter und Gönner der Krakauer Dominikaner wurde Leszek Czarny im Chor ihrer neuerbauten Kirche beigesetzt – an der Stelle, die er selbst zu seinen Lebzeiten gewählt hatte. Joannes Longinus berichtet darüber in seiner Historia Polonica unter dem Jahre 1289 wie folgt: »Altiori deinde morbo et aegritudine correptus, ultima Septembris die, in castro Cracoviensi, sacro percepto viatico, animam exhalat, et in Sanctae Trinitatis monasterio ordinis Praedicatorum, in parte chori sinistra, quem locum vivens delegerat, iusto et ducali honore sepelitur.«[20] Das ist möglicherweise ein Grund dafür, die Anfertigung der Glasscheibe mit dem hl. Stanislaus in die Zeit vor 1288 zu datieren.

Wenn man nun nach den Zwischengliedern sucht, die die künstlerischen Beziehungen der Krakauer Dominikaner zu den österreichischen Ländern vermitteln konnten, ist die Aufmerksamkeit vor allem auf das Dominikanerkloster zu Friesach in Kärnten zu lenken. Nach der alten Tradition, die von dem im 14. Jahrhundert lebenden Dominikaner Stanislaus Lector in seinem Werke De vita et miraculis sancti Jacchonis überliefert worden ist, soll der hl. Hyazinthus, seit 1220 Dominikanerpater in Bologna, einer der Mitbegründer des Dominikaner-

klosters zu Friesach 1221 gewesen sein, wo er sich zusammen mit seinem Bruder, dem sel. Czeslaus (gest. 1242) und dem Dominikanerkonvers Hermann sechs Monate aufhielt. So lesen wir bei Stanislaus Lector: »Anno Domini MCCXVII beatus Dominicus spiritu Dei instigente et episcopo Yvone devote petente, filios suos videlicet sanctum Iazechonem et sanctum Cesslaum et conversum Hermannum, dans eis ymbrem celestis benediccionis, in Poloniam misit, qui venientes in Theothoniam ad civitatem Frizacensem ibi verbo et exemplo populum edificantes, primum conventum receperunt, ubi infra sex menses numerosam multitudinem sacerdotum et clericorum ad ordinem receperunt et ordinis observantias, et ex ore beati Dominici docti fuerunt, eos informaverunt.«[21] Außerdem zeugt es von ihrer Bedeutung, daß die 1228 gegründete polnische Dominikanerprovinz zu Lebzeiten des hl. Hyazinthus (d. h. vor 1257) von dem Dominikanerpater Otto von Friesach visitiert wurde.[22]

Ob die Krakauer Dominikaner über direkte Beziehungen zur Kunst in Friesach verfügten, läßt sich aus den Schriftquellen des Krakauer Klosterarchivs nicht ersehen. So könnten höchstens die in Friesach aus der Zeit um 1300 erhaltenen Werke als Vergleichsmaterial herangezogen werden. Zu beachten ist in diesem Zusammenhang das Pergamentbild des hl. Nikolaus in Pontifikaltracht mit Pallium auf einer Holztür im Joanneum in Graz, die ursprünglich in die Sakristei der Dominikanerkirche St. Nikolaus in Friesach geführt hat.[23] Von besonderer Bedeutung scheinen auch die dortigen Glasgemälde mit Klugen und Törichten Jungfrauen unter dreibogiger Arkade – ursprünglich in der Dominikanerkirche, jetzt in der Pfarrkirche St. Bartholomäus zu sein.[24] Bei allgemeiner Ähnlichkeit des Zackenstils dieser Scheiben meinen wir besonders eine der Klugen Jungfrauen (Abb. 2), und zwar die Art, wie die Bleiruten ihre Haare vom Gesicht trennen, der dreieckige Ausschnitt am Hals und die gerade Anordnung der auf die Schulter herabfallenden Haarflechten. Eine theoretische Rekonstruktion läßt es möglich erscheinen, daß auch die Krakauer Heiligen, Augustinus und Stanislaus, ursprünglich unter einer Arkade gestanden haben. Die Werkstattverwandtschaft zwischen den beiden Letztgenannten legt nahe, daß beide gleichzeitig und aufeinander bezogen entstanden sind. Die Wahl des hl. Augustinus wäre dadurch zu erklären, daß die von ihm stammende Ordensregel derjenigen des Dominikanerordens zugrunde gelegt worden ist.

Wie die hll. Augustinus und Stanislaus ist die Muttergottes (vgl. Katalog) mit dem Kind ursprünglich eine einfigurige Darstellung gewesen. Aus dem Fragment einer senkrechten Stütze, die am linken Rand auf dem Aquarell Łepkowskis zu sehen

Abb. 2 Kluge Jungfrau. Glasgemälde aus der Dominikanerkirche in Friesach. Ende des 13. Jahrhunderts

Abb. 3 Muttergottes mit dem Kind. Um 1320. Aquarell von L. Łepkowski

Chruszczyńska die Krakauer Scheibe zu dem Sieneser Glasgemälde der sitzenden Muttergottes mit dem Kind, zweite Hälfte des 13. Jahrhunderts, in Santuario della Madonna della Grotta bei Siena in Verbindung.[28] Sie ist der Meinung, die ältesten Dominikanerscheiben »dürften auf Bestellung in Italien, in Siena, ausgeführt worden sein oder – was noch wahrscheinlicher ist – ein Werk örtlicher Ordensleute nach italienischem Muster« sein.[29]

ist (Abb. 3), ergibt sich, daß die Krakauer Madonna von einer gotischen Arkade umrahmt war, so wie die Muttergottes mit dem Kind aus Wiener Neustadt (110 Zentimeter × 61 Zentimeter), erstes Viertel des 14. Jahrhunderts, im Germanischen Nationalmuseum in Nürberg.[25] In der bisherigen Literatur wird diese Scheibe – ebenso wie diejenigen mit den Heiligen Augustinus und Stanislaus – in die zweite Hälfte des 13. und die erste Hälfte des 14. Jahrhunderts datiert.[26]

Nach der Meinung von Władysław Podlacha weist sie Einflüsse des Trecento bzw. der ostkirchlichen Malerei auf.[27] Neuerdings brachte Jadwiga

Drei Merkmale zeichnen die Krakauer Muttergottes aus: erstens der abgewandte Kopf des Kindes; zweitens die Art, wie die rechte Hand der Maria die linke Hand des Kindes hält; drittens die zum Gesicht der Maria erhobene rechte Hand des Kindes. Alle drei entstammen der Sieneser Malerei; die zwei ersten treten in dem ersten Viertel des 14. Jahrhunderts auf, das letztere erscheint bereits gegen Ende des 13. Jahrhunderts.[30]

Obwohl die Beziehung zwischen der Krakauer Muttergottes und der Sieneser Malerei keinem Zweifel unterliegt, erregt doch die frühe Datierung im 13. Jahrhundert ernste Bedenken. Wie nämlich

Abb. 4 Muttergottes mit dem Kind aus Badia a Isola.
Um 1320. Pinacoteca Nazionale, Siena

Abb. 5 Duccio. Muttergottes mit dem Kind aus der
Dominikanerkirche in Perugia. Um 1300/1305.
Galleria Nazionale dell' Umbria, Perugia

aus dem Erhaltungszustand des Glasgemäldes in Santuario della Madonna della Grotta folgt, ist das sich abwendende Gesicht des Kindes erst später verändert worden.[31] Außerdem ist die Anordnung der Hände des Krakauer Kindes eher für andere ikonographische Typen und Varianten der Hodegetria als der durch die Sieneser Madonna vertretenen charakteristisch.

Die chronologische Reihenfolge (nach der Datierung von Stubblebine) der Sieneser Bilder mit dem von Maria abgewandten Kopf des Kindes ist folgende: das Bild aus Monte Oliveto, vor 1310, in Yale University Art Gallery, New Haven, wo diese Bewegung durch die Anwesenheit der anbetenden Engel erklärlich ist;[32] das Bild aus Badia a Isola, um 1320, in der Pinakothek von Siena (Nr. 583) (Abb. 4);[33] das Polyptychon 39, 1325–1330, aus der Kirche St. Franziskus in Pisa, ehemals in der Sammlung Schiff-Giorgini, z. Z. an einem unbekannten Aufbewahrungsort;[34] das Madonnenbild aus Grosseto, 1330, im Museo d'Arte di Grosseto.[35] Ähnlich wie das Kind von der Muttergottes wendet Maria ihren Kopf von der hl. Anna auf dem Bild von Ugolino, 1325–1330, in Ruvigliana bei Lugano, ab.[36]

Die Art, wie die linke Hand des Kindes von der rechten Hand der Maria gehalten wird, hat ihr Muster in solchen Darstellungen der Madonna wie der Duccios, 1300–1305, aus dem Kloster S. Domenico in Perugia, in Galleria Nazionale dell' Umbria in Perugia (Abb. 5),[37] und dem Bild aus Città di Castello, vor 1320, im Kunstmuseum in Kopenhagen,[38] oder in der Darstellung der hl. Anna mit Maria auf dem obengenannten Bild von Ugolino. Im Falle der Madonna aus Badia a Isola sowie der auf dem Polyptychon 39 aus Pisa hält Maria nicht die linke, sondern die rechte Hand des Kindes, was die diagonale Anordnung beider Hände – anstatt der waagerechten, wie auf der Krakauer Scheibe – zur Folge hat.

Die zum Gesicht der Maria erhobene rechte Hand des Kindes knüpft an solche Tafelbilder an wie die Madonna aus Crevole, 1295–1300, in Opera del Duomo in Siena (Abb. 6),[39] die dem Duccio zugeschriebene Madonna Stocklet aus dem letzten Jahrzehnt des 13. Jahrhunderts[40] oder die Thronende Madonna, 1320, Fondazione Giorgio Cini, in Venedig[41] – in allen diesen Beispielen erhebt das Kind seine linke Hand, um den Saum des Schleiers

Abb. 6 Muttergottes mit dem Kind aus Crevole. 1295–1300. Opera del Duomo, Siena

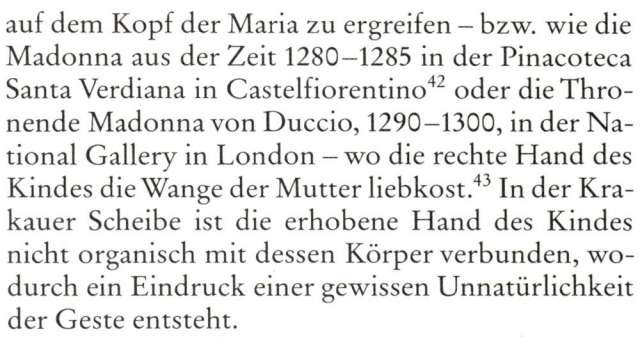

Abb. 7 Auferstandener Christus. Fragment des Glasgemäldes. Um 1300. Stadtpfarrkirche, Steyr

auf dem Kopf der Maria zu ergreifen – bzw. wie die Madonna aus der Zeit 1280–1285 in der Pinacoteca Santa Verdiana in Castelfiorentino[42] oder die Thronende Madonna von Duccio, 1290–1300, in der National Gallery in London – wo die rechte Hand des Kindes die Wange der Mutter liebkost.[43] In der Krakauer Scheibe ist die erhobene Hand des Kindes nicht organisch mit dessen Körper verbunden, wodurch ein Eindruck einer gewissen Unnatürlichkeit der Geste entsteht.

Der Vergleich der Krakauer Muttergottes mit den angeführten Beispielen erlaubt es, deren Abhängigkeit von der Sieneser Tafelmalerei zu bestimmen und ihre Entstehung ungefähr in die Jahre um 1320 zu datieren. Die Scheibe ist nicht die Nachahmung eines einzigen Musters, sondern eine Zusammenfügung aller drei Merkmale, von denen nur zwei in einem italienischen Bild zusammen vorkommen. Von der Sieneser Tafelmalerei weicht sie ab durch den übermäßig großen Kopf der Maria im Verhältnis zum Köpfchen des Kindes, durch das für die Gotik nördlich der Alpen charakteristische Festhalten des Mantels von Maria mit ihrem Ellenbogen und Unterarm, vor allem aber durch das Ausfüllen der Nimben der Maria und ursprünglich auch des Kindes mit langen Blättchen in kleinen Arkaden. Ähnlich gestaltet ist der Nimbus des auferstandenen Christus (Abb. 7) auf der Glasscheibe von Steyr, um 1300, wobei allerdings die Steyrer Blättchen nicht so gespitzt sind wie die Krakauer.[44]

Mangels einer zufriedenstellenden wissenschaftlichen Untersuchung über die gotische Kloster- und Kirchenanlage der Krakauer Dominikaner ist es nicht möglich, den ursprünglichen Standort der drei oben behandelten Glasscheiben genau zu bestimmen und deren vermutliche Entstehungszeit mit der Analyse der Architektur in Einklang zu bringen. Es steht jedoch außer Zweifel, daß sie die Fenster des 1248–1251 errichteten Chores geschmückt haben. Der 1970 von P. Adam Studziński OP auf dem Gebiet des Klosters entdeckte Ofen aus dem 13. Jahrhundert zum Ausbrennen glasierter Fußbodenkeramik könnte die Annahme zulassen, daß alle drei Scheiben – ungeachtet des Stil- und Zeitunterschieds zwischen den Scheiben mit den hll. Augustinus und Stanislaus und der der Muttergottes mit Kind – in dem Kloster selbst ausgeführt worden sind.

Abb. 8 und 9 Hl. Augustinus. Glasscheibe aus der Dominikanerkirche in Krakau.
Vor 1288. Nationalmuseum, Krakau, rechts Erhaltungszustand

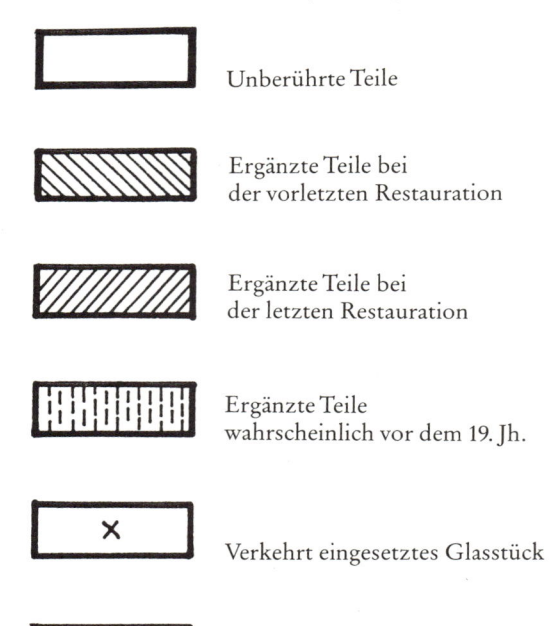

☐	Unberührte Teile
▨	Ergänzte Teile bei der vorletzten Restauration
▨	Ergänzte Teile bei der letzten Restauration
▦	Ergänzte Teile wahrscheinlich vor dem 19. Jh.
×	Verkehrt eingesetztes Glasstück
↷	Flickstücke aus altem Glas

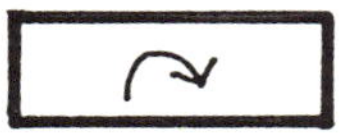

Katalog:

Hl. Augustinus
(MNK = Nationalmuseum in Krakau, Inv.-Nr. ND 5524, Abb. 8), 90,5 cm × 54 cm, Halbfigur, 72 cm hoch, frontal dargestellt, in Pontifikaltracht, mit Pallium. Im Rundnimbus gotische Majuskelinschrift: S. AVGUSTINUS.

Erhaltung (Abb. 9)
Die Innenseite: Glas in relativ gutem Zustand, stellenweise matt geworden. Oberfläche abgenutzt, mit Ausnahme des Grüns, Zeichnung lesbar, ausgebessert und sekundär gebrannt. Verbleiung neu, mehrere Sprungbleie.

Farbigkeit
Inkarnat blasses Lilarosa. Haar helles Violett. Nimbus goldgelb. Mitra helles Graublau; Titulus und Circulus rubinrot, mit Perlenmuster; Fanones violett mit grünen Endungen. Tunicella am Halsausschnitt und auf dem engangliegenden Ärmel der rechten Hand rubinrot. Parura am Hals violett; der

Glasmalerei der Dominikanerkirche in Krakau

Abb. 10 und 11 Hl. Stanislaus. Glasscheibe aus der Dominikanerkirche in Krakau. Vor 1288. Nationalmuseum, Krakau, rechts Erhaltungszustand

rechte Ärmel der Dalmatika grauviolett, mit Perlenmuster. Ornat grün mit rotem Futter. Pallium zitronengelb. Der Besatz des Ornats am Halsausschnitt und Handschuhe graublau; der rechte Handschuh mit goldgelbem Besatz, der linke hat Rautenmuster mit Kreuzchen. Bischofsstab: Holz helles Ocker, Krümmung zitronengelb. Hintergrund beiderseits mittelblau.

Technik.

Lotbemalung schwarz; Lasuren innen und außen, außen nur auf dem Grün (nach der Zeichnung der Innenseite) erhalten; negative Ornamentmuster; Kratzspuren (Krümmung des Bischofsstabs).

Hl. Stanislaus

(MNK = Nationalmuseum in Krakau, Inv.-Nr. ND 5523, Abb. 10), 90,5 cm × 53,5 cm, Halbfigur, 72 cm hoch, frontal dargestellt, in Pontifikaltracht, mit Pallium. In rundem Nimbus gotische Majuskelinschrift: S. STANISLAVS.

Erhaltung (Abb. 11)

Die Innenseite: das Glas matt geworden. Oberschicht stellenweise abgeblättert. Die Zeichnung verbessert und sekundär abgebrannt, auf dem Bartwuchs abgelöst (sichtbares Negativ). Die Außenseite gereinigt. Das Grün sehr glatt. Verbleiung neu.

Farbigkeit

Inkarnat hellblau-violett; Haar blasses Lilarosa. Nimbus goldgelb. Mitra helles Graublau; Titulus und Circulus rubinrot, mit Perlenmuster; Fanones violett, mit grünen Endungen. Tunicella, sichtbar am Hals, violett. Parura am Hals grün; Ärmel der Dalmatika grün, mit gekreuzten Linien. Ornat Rubin verschiedener Intensität. Besatz des Ornats am Halsausschnitt und Handschuhe in der Farbe der Mitra, auf der linken Seite Rautenmuster mit Kreuzchen. Pallium zitronengelb. Bischofsstab: Holzschaft helles Ocker, Nodus rubinrot. Krümmung zitronengelb. Hintergrund mittelblau.

Technik

Lotbemalung schwarz; Überfangglas Rubin auf Weiß; Lasuren; negative Ornamentmuster; Kratzspuren (Krümmung des Bischofsstabs).

Abb. 12 und 13 Muttergottes mit dem Kind.
Glasscheibe aus der Dominikanerkirche in Krakau.
Um 1320. Nationalmuseum, Krakau,
rechts Erhaltungszustand

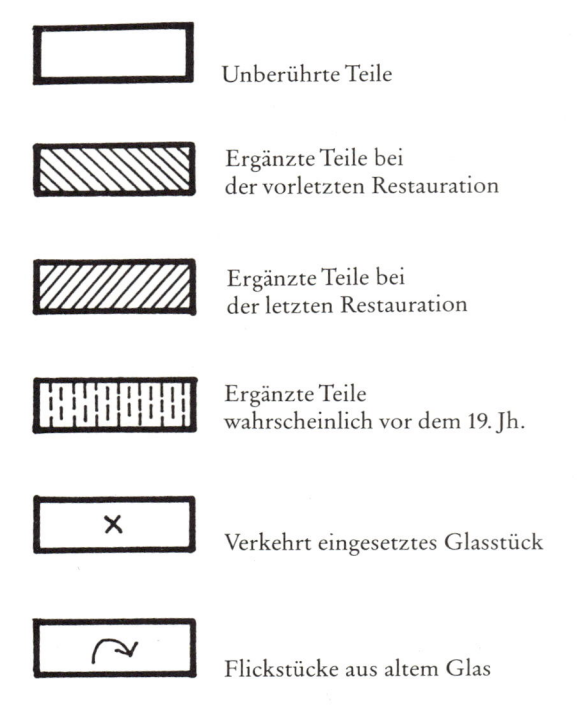

Muttergottes

(MNK = Nationalmuseum in Krakau, Inv.-Nr. ND 5522, Abb. 12), 90,5 cm × 53 cm, Halbfigur, in Dreiviertel nach rechts gewandt, mit dem Kind auf ihrem linken Arm, das seinen Kopf nach außen abwendet und seine rechte Hand zum Gesicht der Mutter erhebt. Die rechte Hand der Maria hält die linke Hand des Kindes.

Erhaltung (Abb. 13)

Die Innenseite: das Glas an den meisten Stellen glatt; die Oberfläche teilweise zerstört: Abblättern der oberen Schicht. Die Zeichnung lesbar, ausgebessert und sekundär gebrannt. Neue Rahmenborten wiederholen die alten. Auf den Gesichtern von Maria und Kind Verdickungen, die der Zeichnung auf der Innenseite entsprechen.

Farbigkeit

Inkarnat sehr blasses Lilarosa mit brauner Abtönung. Muttergottes gekleidet in grünes Gewand mit goldgelbem Besatz am Hals und am rechten Är-

Unberührte Teile

Ergänzte Teile bei der vorletzten Restauration

Ergänzte Teile bei der letzten Restauration

Ergänzte Teile wahrscheinlich vor dem 19. Jh.

Verkehrt eingesetztes Glasstück

Flickstücke aus altem Glas

mel und Mantel in Rubinrot verschiedener Intensität, mit blauem Futter. Auf rechtem Unterarm ein querliegender violetter Streifen. Das Kleid des Kindes grün, Besatz am Hals goldgelb, mit Weinranken. Nimbus von Maria goldgelb, mit einem Motiv von strahlenförmig angeordneten, halbrunden Arkaden, die von scharfkantigen Blättchen ausgefüllt sind. Nimbus des Kindes ähnlich, mit rubinrotem Kreuzchen und nicht erkennbarem Muster. Der Hintergrund in Blau verschiedener Intensität.

Technik

Die Zeichnung ist schwarz. Lasuren auf dem Gesicht und dem Hals von Maria und auf dem Gesicht des Kindes. Überfangenes Glas, Rubin auf Weiß. Negative ornamentale Muster.

Anmerkungen

+ Ohne die Hilfsbereitschaft von Fräulein Helena Małkiewiczówna, M. A., meiner Mitarbeiterin am polnischen Band des Corpus Vitrearum Medii Aevi, hätte der vorliegende Aufsatz nicht entstehen können. Ich fühle mich ihr zu Dank verpflichtet.
1 Jamroz, J. S.: Średniowieczna architektura dominikanów w Krakowie, Rocznik Krakowski, XLI, 1970, S. 5–28; Grzybkowski, A.: Wczesnogotycki kościół i klasztor dominikański w Sieradzu, Warszawa 1979, S. 69 und 101–102, Anm. 104 und 105; ders.: Das Problem der Langchöre in Bettelordenskirchen im östlichen Mitteleuropa des 13. Jahrhunderts, Architectura, Zeitschrift für Geschichte der Baukunst, 13, 1983, S. 159; ders.: Early Mendicant Architecture in Central-Eastern Europe, the present state of research, Arte medievale, Periodico internazionale di critica dell' arte medievale, 1, 1983, S. 147
2 Szyby kolorowe w kościołach krakowskich zebrał i odmalował L. Łepkowski w 1864 i 1865 r., ein Album von Aquarellen im Institut für Kunstgeschichte der Jagiellonischen Universität
3 Wyspiański, St.: Witraże dominikańskie, Rocznik Krakowski, II, 1899, S. 201–216. Die originalen Zeichnungen von Wyspiański befinden sich im Nationalmuseum in Krakau.
4 Teka Grona Konserwatorów Galicji Zachodniej, II, Kraków 1906, S. 400
5 Pieńkowska, H.: Średniowieczne witraże dominikańskie w Krakowie, Maschinenschrift im Institut für Kunstgeschichte der Jagiellonischen Universität, 1949; dies.: Konserwacja witraży dominikańskich w Krakowie, Ochrona Zabytków, 2, 1949, S. 182–189; dies.: Średniowieczne witraże dominikańskie w Krakowie, Sprawozdania Polskiej Akademii Umiejętności, 50: 1949, hrsg. 1950, S. 272–274
6 Małkiewiczówna, H.: Katalog der Dominikaner-Glasgemälde in Krakau, Corpus Vitrearum Medii Aevi: Polen, Maschinenschrift im Institut für Kunstgeschichte der Jagiellonischen Universität
7 Literatur bei Małkiewiczówna, wie Anm. 6; vgl. auch Pietrusińska, M., in: Sztuka polska przedromańska i romańska do schyłku XIII wieku. Hrsg. M. Walicki, Warszawa 1971, II, S. 721
8 Wentzel, S. 90, Abb. 78; Les vitraux de la cathédrale Notre Dame de Strasbourg, S. 50, Abb. 26 und S. 118–123, Abb. 102–105
9 Wentzel, S. 87, Abb. 26. Zu dem Langpaß vgl. Frodl-Kraft, 1959, S. 12–14; Bacher, 1975, S. 15–16
10 Drachenberg, E.; Maercker, K.-J.; Richter, Ch.: Mittelalterliche Glasmalerei in der Deutschen Demokratischen Republik, Berlin 1979, S. 219–220, Abb. 21; Les vitraux de la cathédrale Notre Dame de Strasbourg, S. 50, Abb. 27
11 Hl. Benedictus: Germanisches Nationalmuseum Nürnberg, S. 38, Nr. 81; hl. Bernhardus: Wentzel, S. 91, Abb. 92
12 Frodl-Kraft, 1959, Abb. S. 13; Bindermann, G.: Studie zur österreichischen Glasmalerei, Alte und Moderne Kunst, 17. Jg., 1972, H. 121, S. 10–15, Abb. 5
13 Bacher, 1975, S. 20–21, Nr. 10, Abb. II und 5
14 Bacher, 1975, S. 21–22, Nr. 12, Abb. 10; ders., 1979, S. 57–58, Kat.-Nr. 1, Abb. 132–135. Die gotische Glasmalerei in der Steiermark charakterisiert ders. in: Landesausstellung gotische Glasmalerei in der Steiermark, veranstaltet vom Kulturreferat der Steiermärkischen Landesregierung, Stift St. Lambrecht, 28. Mai bis 8. Oktober 1978, Graz 1978, 2., verb. Aufl. S. 151–157; ders., 1979, S. XXIII–XLVIII
15 Plezia, M.: Wincenty z Kielc, historyk polski z pierwszej połowy XIII wieku, Studia Źródłoznawcze, VII, 1962, S. 15–42
16 Vita S. Stanislai Cracoviensis episcopi (Vita maior) auctore fratre Vincentio de ordine fratrum praedicatorum. Hrsg. W. Kętrzyński; in: Monumenta Poloniae Historica, IV, Lwów 1884, S. 437
17 Mitkowski, J.: Leszek Czarny, in: Polski Słownik Biograficzny, VII, 1 H. 72, Wrocław-Warszawa-Kraków-Gdańsk 1972, S. 157–159
18 Piekosiński, F.: Pieczęcie polskie wieków średnich, I: Doba piastowska, Kraków 1899, S. 124–125, Nr. 182, Abb. 140
19 Piech, Z.: Pieczęć Leszka Czarnego z przedstawieniem św. Stanisława, próba interpretacji, Analecta Cracoviensia, 15, 1983, S. 331–343
20 Johannis Długossii seu Longini canonici Cracoviensis Historiae Polonicae Libri XII, Tomus II, instruxit J. Żegota Pauli, cura et expensis A. Przeździecki, Cracoviae 1873, in: Johannis Długoszii (sic!) Canonici Cracoviensis Opera Omnia cura A. Przeździecki edita, Tomus XI, S. 495
21 De vita et miraculis sancti Jacchonis (Hyacinthi) ordinis fratrum praedicatorum auctore Stanislao lectore Cracoviensi eiusdem ordinis. Hrsg. L. Ćwikliński, in: Monumenta Poloniae Historica, IV, Lwów 1884, S. 818–903, hier S. 847
22 Kielar, P.: OP, Początki zakonu dominikańskiego w Polsce, Nasza Przeszłość, 39, 1973, S. 17–102, hier S. 36
23 Joanneum, Alte Galerie, Inv.-Nr. 301: Fillitz, H., in: Ausstellung romanische Kunst in Österreich, Krems an der Donau 1964, 4., verbesserte und vermehrte Auflage, S. 207 bis 208, Kat.-Nr. 181, Farbtafel 16; Fritsche, G., in: Die Zeit der frühen Habsburger, S. 402, Kat.-Nr. 186, Abb. S. 403
24 Kieslinger, S. 20, Farbtafel 2; Die Zeit der frühen Habsburger, S. 403–404, Kat.-Nr. 187
25 Germanisches Nationalmuseum Nürnberg, S. 38, Nr. 82, Abb. 39; Schatzkammer der Deutschen. Aus den Sammlungen des Germanischen Nationalmuseums Nürnberg, Nürnberg 1982, S. 43, Nr. 26, Abb. S. 42
26 vgl. Anm. 7
27 Podlacha, Wł.: Malarstwo średniowieczne, in: Historia malarstwa polskiego, I, Lwów 1913–1914, S. 66–68
28 Polskie szkło do połowy 19 wieku, Wrocław-Warszawa-Kraków-Gdańsk 1974, S. 155–156, Abb 136

29 Dieser Datierung und Bestimmung der Herkunft folgt Stolot, F.: Muzea Krakowa, Warszawa 1981, Muzea Świata, S. 24–25 mit Abb.
30 Carli, E.: Dipinte senesi del contado e della Maremma, Milano 1955, S. 35–38; Marchini, G.: Le vitrail italien, Milano 1955, S. 27, Tafel A und S. 223, Anm. 30: »Notons qu' au cours d'une restauration malheureuse, la position de la tête de l'enfant fut invertie«; Grodecki, L.; Brisac, C.: Le vitrail gothique au XIIIe siècle, Fribourg 1984, S. 220–221, Abb. 214 und S. 266, Nr. 105; L'art gothique siennois, Avignon, Musée au Petit Palais, 26 juin–2 octobre 1983, Florence 1983, S. 34–35, Nr. 1
31 Die Typen und Varianten der Muttergottes mit dem Kind, das sich von Maria abwendet, sind durch Shorr, D. C.: The Christ Child in Devotional Images in Italy During The XIVth Century, New York 1954, S. 83–109, ausführlich analysiert.
32 Stubblebine, I, S. 94–95; II, Abb. 212
33 Stubblebine, I, S. 84; II, Abb. 183
34 Stubblebine, I, S. 179; II, Abb. 443
35 Stubblebine, I, S. 155; II, Abb. 507
36 Stubblebine, I, S. 170; II, Abb. 419
37 White, S. 62–63 und Portfolio of Duccio's works, Abb. 7; Stubblebine, I, S. 30–31; II, Abb. 44; Deuchler, S. 209, Nr. 5, Abb. 44
38 Stubblebine, I, S. 88–89; II, Abb. 193
39 White, S. 24, Abb. 3 und Portfolio of Duccio's works, Abb. 1; Stubblebine, I, S. 124–125; II, Abb. 298–299; Deuchler, S. 207, Nr. 1, Abb. 28–29
40 White, S. 63, Abb. 30; Stubblebine, I, S. 27–28; II, Abb. 40
41 Stubblebine, I, S. 81–82; II, Abb. 176 und 177
42 Stubblebine, I, S. 28–30; II, Abb. 41 und 42
43 Stubblebine, I, S. 75–76; II, Abb. 160
44 Kieslinger, S. 62, Tafel 28; Frodl-Kraft, 1972, S. XXIX, Abb. 2; Bacher, 1979, S. XXVI, Abb. 7. Man vergleiche auch den auferstandenen Christus aus Annaberg: Frodl-Kraft, wie oben, Farbtafel 1 zur S. 8.

Abkürzungen der zitierten Literatur

Bacher, 1975 = Bacher, E.: Frühe Glasmalerei in der Steiermark, Sonderausstellung anläßlich der Restaurierung der Glasgemälde von St. Walpurgis, Graz 1975
Bacher, 1979 = Bacher, E.: Die mittelalterlichen Glasgemälde in der Steiermark, 1. Teil, Graz und Strassengel, Wien–Köln–Graz 1979, Corpus Vitrearum Medii Aevi, Österreich, Band III, Steiermark, 1. Teil
Deuchler = Deuchler, F.: Duccio, Milano 1984
Frodl-Kraft, 1959 = Frodl-Kraft, E.: Ein Glasgemäldezyklus von 1300, Alte und Moderne Kunst, 4. Jg., Nr. 6, 1959
Frodl-Kraft, 1972 = Frodl-Kraft, E.: Die mittelalterlichen Glasgemälde in Niederösterreich, 1. Teil: Albrechtsberg bis Klosterneuburg, Wien–Köln–Graz 1972, Corpus Vitrearum Medii Aevi, Österreich, Band II, Niederösterreich, 1. Teil
Germanisches Nationalmuseum Nürnberg = Germanisches Nationalmuseum Nürnberg, Führer durch die Sammlungen, München 1977
Kieslinger = Kieslinger, F.: Die Glasmalerei in Österreich. Ein Abriß ihrer Geschichte, Wien 1920
Stubblebine = Stubblebine, J. H.: Duccio di Buoninsegna and His School, I, Text; II, Plates, Princeton 1979
Les vitraux de la cathédrale Notre-Dame de Strasbourg = Beyer, V.; Wild-Block, Ch.; Zschokke, F., avec la collaboration de Lantier, C.: Les vitraux de la cathédrale Notre-Dame de Strasbourg, Paris 1986, Corpus Vitrearum France, volume IV-1 Departement du Bas-Rhin-1
Wentzel = Wentzel, H.: Meisterwerke der Glasmalerei, Berlin 1954, 2., verbesserte Auflage
White = White, J.: Duccio. Tuscan Art and the Medieval Workshop, London 1979
Die Zeit der frühen Habsburger = Die Zeit der frühen Habsburger, Dome und Klöster 1279–1379, Wiener Neustadt, 12. Mai bis 28. Oktober 1979, Niederösterreichische Landesausstellung

Victor Beyer

Die Chorverglasung der Sebastianskapelle in Dambach (Elsaß)

Die Kreuzigung in der Dambacher Sebastianskapelle (Bas-Rhin) ist ein Kleinod der oberrheinischen Glasmalerei des 14. Jahrhunderts und doch nahezu unbekannt, da sie an ihrem Platz im mittleren Chorfenster durch den im Verhältnis zu den bescheidenen Raumverhältnissen übermächtig erscheinenden Schnitzaltar des 17. Jahrhunderts verdeckt ist. Aber auch die nahe Sicht von der Rückseite des Altars her läßt den Blick nur mit Mühe die hochgelegene Komposition vollständig erfassen. Auch die Kunstgeschichte hat bisher mit Ausnahme eines ziemlich ausführlichen Kapitels in R. Becksmanns Studie über die architektonische Rahmung des hochgotischen Fensters[1] von der Dambacher Kreuzigung wenig Notiz genommen und sie nirgends abgebildet. In seinem grundlegenden Aufsatz über das Mutziger Kreuzigungsfenster behandelt H. Wentzel sie in acht knappen Zeilen (Abb. 1).[2]

Der Erhaltungszustand des mittleren Fensters ist erstaunlich gut. Um so mehr muß man die fast vollständige Vernichtung der Verglasung der beiden Seitenfenster bedauern, von denen allein die oberen spärlichen Ansätze der Lanzetten und das Maßwerk des linken Fensters übriggeblieben sind.

Das Mittelfenster besteht aus drei Bahnen, gekrönt von einem großen Maßwerk.[3] Die drei Figuren der Kreuzigungsgruppe sind auf die drei Bahnen verteilt. In der mittleren, etwas höheren Lanzette ragt auf blauem, mit Vierblattmuster versehenem Rautengrund das grüne Kreuz Christi bis zum Ansatz der Architekturbekrönung empor. Gegenüber ähnlichen Darstellungen aus dem oberrheinischen Raum, die H. Wentzel anführt,[4] ist die Dambacher Kreuzigung durch folgende Besonderheiten gekennzeichnet: Der Golgathahügel, auf dem der Stamm des Kreuzes steht, ist wie eine Wolkenbank leicht gewellt und schwach rot getönt. Auf dem Hügel ist, anders als sonst in der Plastik und Buchmalerei, nicht nur ein Schädel abgebildet, sondern es sind sogar zwei. Hingegen kommt bei keinem der von H. Wentzel erwähnten Beispiele der Glasmalerei ein Schädel zu Füßen des Kreuzes vor. Als Charakterisierung einer allgemeinen Begräbnisstätte wären aber auch zwei Schädel zu wenig, also muß man sie als die Schädel des ersten Menschenpaares deuten, wofür es jedoch in der künstlerischen Umgebung der Dambacher Kreuzigung kein Beispiel gibt.

Der Kopf Christi ist, wie bei den meisten Darstellungen, auf die Brust gesunken. Der in der Hüfte eingeknickte Leib wird seitwärts, wie nirgends sonst, über den Kreuzesstamm nach links verschoben. Dabei überschlagen die nackten Beine sich nicht, sondern sind von den Knien bis zu den Füßen parallel leicht übereinandergelegt. Wie bei den sonst angeführten Beispielen überkreuzen sich erst die Füße. Die zickzackartige Brechung der Figur wird durch die zwei hängenden Lendentuchzipfel zu beiden Seiten des Körpers bekräftigt. In solchen Abweichungen von den üblichen Darstellungen wird die Eigenart des Meisters der Dambacher Kreuzigung »personalisiert«. Bemerkenswert ist auch die äußerst freie, kalligraphische Behandlung der Gesichtsbinnenzeichnung des Christus, die sich sogar von den Köpfen der Maria und des Johannes absetzt, als sei hier eine andere Hand am Werk. Die innere Behandlung des rosabräunlichen Leibes – die Patina trägt zu dieser Tönung bei – läßt nicht wie im Konstanzer Klingenberg-Fenster des Freiburger Münsters und besonders in Frauenfeld-Oberkirch, aber auch in Mutzig (Straßburg, Frauenhaus-Museum), die eigenartige Binnenzeichnung des Leibes hervortreten. Die wellige, doppelbogenartige Begrenzung des Brustkorbes, die Andeutung des Rippenrasters, der punktierte Kranz des Haares in der Achselhöhle sowie die Bauchwölbung wurden in Einzel- oder Doppelstrichen (wie in Niederhaslach) sorgfältig ausgeführt (Abb. 2).

Die Gestalten von Maria und Johannes stehen vor dem roten, mit Vierblatt-Quadratmuster versehenem Grund der Seitenbahnen und verstärken durch die Ausgewogenheit der Figuren die Festigkeit der Dreierkomposition, zu der auch die kräftigen Far-

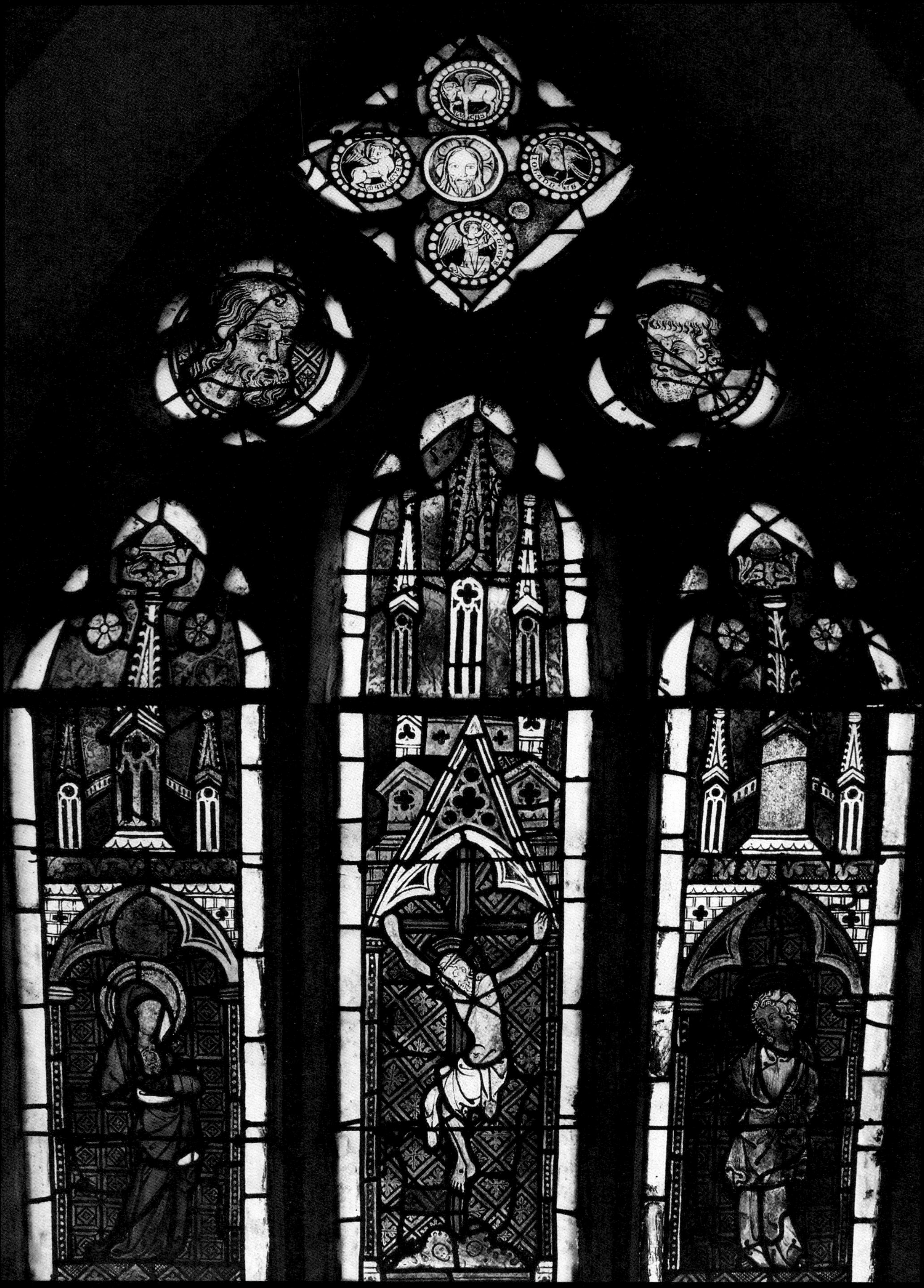

ben der Gewänder beitragen. Maria ist mit einem rotlila Rock und einem über den Kopf gezogenen erdgrünen Mantel mit weißem Futter bekleidet. Das Haupt ist von einem großen, gelben Nimbus umgeben. Johannes hält ein Buch. In biegsamer Haltung rafft er seinen über einem tiefblauen Gewand getragenen gelben Mantel, dessen Zipfel wie in Niederhaslach tief nach vorn herabhängen. Das reich gelockte Haar ist von einem grünen Nimbus umschlossen. Beide Figuren haben hellrotes Inkarnat. Die breite Aufbauschung der Gewänder in Hüfthöhe ist ein besonderes Charakteristikum der Figuren. Dadurch wird, wie wir meinen, das Dambacher Beispiel gegenüber der von H. Wentzel behandelten Mutziger Kreuzigung wesentlich unterschieden. In Mutzig sind die oberen Figuren, Christus, Maria und Johannes, leichter und schlanker gestaltet als in Dambach, wogegen die unteren Figuren, die Madonna mit dem Kinde und der heilige Petrus, festere Erscheinungen bilden und vielleicht sogar ein etwas späteres Stadium der Entstehung bezeichnen könnten.

Das Maßwerk der Dambacher Gruppe besteht aus einem Vierpaß in der Mitte und zwei seitlichen Medaillons. Im Zentrum des Vierpasses erscheint das Antlitz Christi als kleine Rundscheibe. Es ist umgeben von vier kleinen Medaillons mit der Darstellung der Evangelistensymbole in weißer und silbergrauer Färbung. Als Vergleich ließen sich die Christusköpfe aus dem Freiburger Klingenbergfenster (um 1318) und dem Konstanzer Ornamentfenster (um 1320) anführen. Andererseits bringen auch die Darstellungen in Frauenfeld-Oberkirch und in St. Nikolaus in Blumenstein in den zwanziger und dreißiger Jahren vergleichbare Darstellungen im Vierpaßzentrum des Maßwerks. Wahrscheinlich ist das Dambacher Christusantlitz überhaupt neu. Laut Baron von Schauenbourgs kurzer Erwähnung war inmitten des Maßwerks vermutlich das Lamm Gottes dargestellt. Besonders interessant sind die beiden im Halbprofil auf rosaviolettem Glas gezeichneten Grisailleköpfe der Heiligen Paulus und Petrus in den zugeordneten Medaillons. Für diese reinen Strichfiguren gibt es unseres Wissens im weiteren oberrheinischen Raum keinen ebengültigen Vergleich, auch setzen sie sich in ihrer Gestaltung von den sattfarbigen Ganzfiguren der Lanzetten ab, als wäre auch hier ein anderer Künstler, möglicherweise der Schöpfer der Christusgestalt, am Werk. Vielleicht könnte man die Apostelköpfe des Nordfensters (n II) von Hauterive in der Schweiz, vor allem den Kopf des Papstes Sylvester, zum Vergleich heranziehen. Die Scheiben sind um 1330, also nicht

vor dem zweiten Viertel des 14. Jahrhunderts entstanden. Der künstlerische Abstand – vor allem in der Behandlung der inneren Grisaillezeichnungen – von der hervorragenden Apostelfolge zu den bescheideneren Dambacher Köpfen ist jedoch nicht zu übersehen. Zugehörig zu den Köpfen des Paulus und Petrus ist ein weiterer, in Strichzeichnung auf weißem Glas ausgeführter »Petruskopf«, der als Mittelrundell im Maßwerk des linken Dambacher Chorfensters sitzt. Diese Köpfe gehören wohl alle drei zum ursprünglichen ikonographischen Programm. Höchstwahrscheinlich ist die Gestaltungsart der Dambacher Kreuzigungsgruppe auf illustrierte Handschriften zurückzuführen, obwohl ein bestimmtes Werk nicht unmittelbar zu benennen ist. Uns scheint die Vermutung nicht unwahrscheinlich, daß die Kunst der Grandes Chroniques de France (gegen 1310/20) oder auch die von Jean Pucelles Heures de Savoie (ebenfalls gegen 1320) eine vermittelnde Rolle übernommen hatte. Bei diesen Illustrationen sind die Köpfe in der Strichführung wie Grisaille ausgeführt.

Kann man nun aus Gründen der Stilbestimmung des Figürlichen die Herstellungszeit festlegen? Ausschlaggebend erscheint eine gewisse Abhängigkeit der Dambacher Figuren von dem Mutziger Fenster, das H. Wentzel mit Werken aus dem Bodenseegebiet, u. a. mit dem Graduale von 1312 aus Katharinenthal verglich (Sammlung C. W. Dyson Perrins in Malvern, England). Die sonst angeführten Beispiele im Elsaß, in Baden und in der deutschen Schweiz gehen nicht über das zweite Viertel des 14. Jahrhunderts hinaus. Selbst die Kreuzigung im dritten Fenster des südlichen Seitenschiffes im Straßburger Münster, das wir um 1340 angesetzt haben, läßt keine präzise Zeitbestimmung zu. Ein Blick auf die Glasmalerei von Königsfelden,[5] vor allem auf das um 1325–1330 datierte Mittelfenster, zeigt dort eine auffällige Eleganz und führt zu der Einsicht, daß das Dambacher Fenster ein etwas späteres Stadium des stilistischen Entwicklungsprozesses der oberrheinischen Glasmalerei anzeigt (Abb. 3).

Doch dürfen bei den stilistischen Erwägungen die Architektur und Ornamentik nicht unberücksichtigt bleiben. Wir entnehmen der vortrefflichen Analyse des architektonischen Gefüges von R. Becksmann folgende Charakterisierung: »Der wenig differenzierte, ganz in die Fläche gebundene Architekturaufriß wird durch eine starke Vereinfachung der Einzelformen gekennzeichnet. Mit einer unausgeprägten, formelhaften Architekturvorstellung tritt er in einen offensichtlichen Gegensatz zu der fein ausgebildeten Figurengruppe. Säulen und Kapitelle werden ganz ornamental aufgefaßt. Maßwerkformen, die auf Kreis, Vier- und Dreipaß beschränkt bleiben, erscheinen in Form altertümlicher

Abb. 1 und 2 Dambach/Elsaß. Sebastianskapelle. Chormittelfenster, 1328/33, oberer und unterer Teil

Abb. 3 Dambach/Elsaß, Sebastianskapelle.
Chormittelfenster, Johannes, 1328/33

Lochfiguren. Die Fialen zeigen keine Wimperge, sondern nur einfache Giebel wie in Mühlhausen oder Lautenbach. Der mittlere Arkadenwimperg bleibt ohne Krabbenschmuck. Ein kleinteiliger Farbwechsel zwischen Gelb und Weiß, bereichert um Rotviolett und Blau, bestimmt von rot-blauem Grundwechsel den klötzchenhaft zusammengesetzten Architekturaufbau.« Als Fußnote 213 wird dort präzisiert: »... die Verwendung des Rankengrundes entspricht Lautenbach, die Rankenmuster erinnern jedoch an die Straßburger Dominikanerscheiben.« In Dambach enthält der Vierpaß über dem doppelbahnigen linken Seitenfenster eine rote Rautenscheibe mit gelben, kreuzförmig um eine weiße Mitte angeordneten Blättern. Das kleine weiße Medaillon der Mitte ist von einem Perlkranz umrahmt und enthält den schon erwähnten Petruskopf. Hier haben wir es mit einer Blattornamentik zu tun, die fortgeschrittener ist, als die der kleeblattbögigen Abschlüsse der beiden Seitenbahnen, bei denen das traditionelle Eichenlaub auf schwarzem Grund und Perlband verwendet wurde. Die Spitzbögen des Achsfensters bieten mit Ausnahme des blauen und roten Grundes der oberen Arkaturen kein dem nördlichen Fenster ebenwertiges Blattwerk. Über Maria und Johannes befinden sich lediglich zwei Blütenrosetten. Weitere Elemente, wie Krabben, Endknospen von Fialen und Baldachine, verharren in traditionellen Formen, mehr noch, das Gesims über der mittleren Arkade zeigt ein so altertümliches Blatt- oder Palmettenmotiv, daß es geradezu romanisierend erscheint.

Zu fragen wäre weiterhin, ob Archivalien eine genauere Zeitansetzung der Dambacher Chorfenster möglich machen. Ursprünglich muß die Sebastianskapelle als Pfarrkirche des Dorfes Oberkirch gedient haben. Zugleich war sie bischöfliche Dinghofkirche. Dies ist für die Mitte des 14. Jahrhunderts bezeugt, da um 1340 der Bischof deren Kollatur besaß.[6] 1285 klagte die Bürgerschaft des bischöflichen Dorfes Dambach wegen der zu weiten Entfernung ihrer beiden Pfarrkirchen: Der oberen in Oberkirch und der unteren in Altenwilre.[7] Danach wurde durch Bestimmung des Bischofs Konrad von Lichtenberg der Gottesdienst von den »plebani« beider genannten Kirchen abwechselnd je drei Tage der Woche in der 1285 »intra muros« neuerbauten Stephanuskapelle des Dorfes Dambach abgehalten.

Um 1340 wurde Dambach dann zur Stadt erhoben. Doch bereits in den dreißiger Jahren war mit der Ummauerung der Ortschaft begonnen worden, denn 1333 wird berichtet, daß die Bewohner von Oberkirch und Altenwilre ihre Wohnsitze in die schützenden Ringmauern verlegt hätten. Bis 1489 blieben die Pfarreien jedoch getrennt. In diesem Jahr ließ sie Papst Innozenz VIII. vereinigen.[8] Nach Erhebung von Dambach zur Stadt wurde die Stephanuskapelle durch eine große »stattliche« Kirche ersetzt, aber erst 1365 übertrug Bischof Johann von Dirpheim mit Einwilligung des Stiftes Hohenburg den Pfarrgottesdienst endgültig der oberen und unteren Kirche.[9] Ein besonderes Ereignis soll auch hier erwähnt werden: Nach 1328 zog Rudolf von Ochsenstein mit »den Leuten des Bischofs und von Dambach« gegen das kaisertreue Schlettstadt, doch wurden die Angreifer zurückgeschlagen. Dambach selbst erlitt schwere Verluste und wurde zur Zahlung eines beträchtlichen Lösegeldes gezwungen.[10]

In Anbetracht dieser historischen Begebenheit ist eine Bereicherung der Sebastianskapelle durch Glasmalerei nach 1328 kaum noch anzunehmen. Falls man jedoch mit der Fertigstellung eines schon vorher aufgestellten Arbeitsprogramms rechnen müßte, ist mit einer endgültigen Einstellung der Arbeiten um 1333, bestimmt aber vor 1340 zu rechnen. So würde die in Dambach heute noch vorhandene Glasmalerei etwa zwischen 1328 und 1333 anzusetzen sein.[11]

Anmerkungen

1 Becksmann, R.: Die architektonische Rahmung des hochgotischen Bildfensters. Untersuchungen zur oberrheinischen Glasmalerei, von 1250 bis 1350, Berlin, 1967, S. 59
2 Wentzel, H.: Das Mutziger Kreuzigungsfenster und verwandte Glasmalereien der 1. Hälfte des 14. Jahrhunderts aus dem Elsaß, der Schweiz und Süddeutschland, in Zeitschrift für Schweizerische Archäologie und Kunstgeschichte, 14, 3/4 (1953) S. 159–179
3 Die Maße sind folgende:
Christusscheibe: Höhe 80 cm, Breite 34 cm
Mariascheibe: Höhe 80 cm, Breite 34 cm
Johannesscheibe: Höhe 80 cm, Breite 34 cm
Giebelscheiben: mittlere: Höhe 45 cm, Breite 34 cm, –
rechts und links: Höhe 28 cm, Breite 34 cm
Maßwerk: großes Viereck: Höhe 58 cm., Breite 58 cm, Rundelle rechts und links: ø 32 cm
4 Wentzel, H.: wie Anm. 2, Taf. 55–56. – Straßburger Münster, südl. Seitenschiff, CVMA, France Bd. IX–I, Les vitraux de la cathédrale Notre-Dame de Strasbourg, Bas-coté sud, Baie sV, S. 234, Abb. 199 (V. Beyer). – Lautenbach/Elsaß, H. Wentzel, loc. cit., Taf. 61, 8a. – Freiburger Münster/Konstanz, Klingenberg Fenster, H. Wentzel, loc. cit., Taf. 61, 8c und CVMA Deutschland II: Baden und Pfalz I, Die mittelalterlichen Glasmalereien in Baden und Pfalz, ohne Freiburg im Breisgau (R. Becksmann), DVK, Berlin 1979, S. 110, Taf. VIIIc, Farbtaf. III, Abb. 68, 121, 123f., 128. – Kappel am Albis, Kt. Zürich, (CVMA Schweiz, Bd. III, Die Glasmalereien der Schweiz aus dem 14. und 15. Jahrhundert ohne Königsfelden und Berner Münsterchor (Ellen J. Beer), S. 31–32, Taf. 1–7. – Segringen bei Dinkelsbühl (H. Wentzel, loc. cit., Taf. 61 8e, 70 16c. – Villingen, H. Wentzel, loc. cit., Taf. 64 IIb und CVMA Deutschland II (R. Becksmann), Abb. 154, Taf. 107, 335–337. – Frauenfeld-Oberkirch (CVMA Schweiz III [Ellen J. Beer]) S. 45–48, Taf. 2, 28–38. – Schloß Heiligenberg/Konstanzer Dominikanerkirche, H. Wentzel, loc. cit., Taf. 70 16a. – Colmar, St. Martin, H. Wentzel, loc. cit., Taf. 70 16b. – Freiburg, Augustiner-Museum, Inv. Nr. 122/M (R. Becksmann, Die ehemalige Farbverglasung der Mauritiusrotunde des Konstanzer Münsters, in: Jahrbuch der staatlichen Kunstsammlungen in Baden-Württemberg, 5 (1968), S. 64, Abb. 7. – Stiftskirche St. Florenz in Niederhaslach, R. Becksmann: Die ehemalige Farbverglasung der Mauritiusrotunde des Konstanzer Münsters, in: Jahrbuch der staatlichen Kunstsammlungen in Baden-Württemberg, 5 (1968)
5 Maurer, E.: Die Kunstdenkmäler des Kantons Aargau, Bd. III, Das Kloster Königsfelden, Basel, 1954
6 Médard Barth: Quellen und Untersuchungen zur Geschichte der Pfarreien des Bistums Straßburg im Mittelalter, in: Archives de l'Eglise d'Alsace, 2 (1947–48), Sp. 63–172
7 Médard Barth: Handbuch der elsässischen Kirchengeschichte, S. 248
8 Grandidier, Ph. A.: Œuvres inédites, V, S. 327–328
9 Grandidier, Ph. A.: op. cit., V, S. 328
10 Herbig, M.: Bernstein und Dambach, Straßburg, 1907, S. 67
11 »La chapelle Saint-Sébastien á Dambach (Bas-Rhin) a conservé, dans trois baies du choeur, de beaux restes de verrières du XVè siècle (!), dont les sujets principaux sont: le Christ au Calvaire, l'Agneau de Dieu avec les symboles des évangélistes«.
Die sonstige Literatur, die das Dambacher Glasgemälde flüchtig erwähnt, läßt meistens noch die Zeitansetzung des Barons von Schauenburg gelten, bringt aber hie und da nicht uninteressante Andeutungen. So F. X. Kraus: Kunst und Altertum in Elsaß-Lothringen, I, 1876, S. 40: »Schiff: Vier Fenster haben noch spätgotisches Maßwerk, die übrigen sind erneuert. Chor: In zwei Fenstern noch Reste alter schöner Glasmalereien (15. Jh.), darstellend die Kreuzigung und das Lamm Gottes mit den Symbolen der Evangelisten«, was Herbig in seinem Buch, 1906, übernimmt: »In den Chorfenstern sind noch Überreste der früheren Glasgemälde, ›Crucifix zwischen Maria und Johannes‹, ›Opfer Abrahams mit fein gemaltem Rasiermesser‹« (!)
Dr. René Hubner, Lucien Gall, Pierre Siegel, Dr. M. Krieg, S. Sebastian/Dambach la Ville, Monogr. n° 899, München-Zürich, Verl. Schnell und Steiner, 1968, 3. Aufl. 1975, sprechen seltsamerweise nur von »drei Mittelfenstern mit einigen Fragmenten aus dem 15. Jahrhundert.« (!)
Im Buch »Vitraux du Moyen-age à la Renaissance«, I, Alsace, Colmar-Ingersheim, Verl. SAEP, o. D., S. 20 hatte ich etwas voreilig die Dambacher Kreuzigung 1340 datiert.

Gabriela Laipple

Hainraich der Menger, Bürger zu Regensburg

Beobachtungen zu Organisation und Arbeitsweise
einer Glasmalereiwerkstatt
im letzten Drittel des 14. Jahrhunderts

Das südliche Seitenschiff des Regensburger Domes ist von fünf vierbahnigen, aus zwei Lanzetten zusammengesetzten Fenstern durchlichtet.[1] Die Verglasung dieser Doppelfenster spiegelt in den verschiedenen Stillagen den Baufortgang von Ost nach West.[2] Die beiden westlichsten Doppelfenster (Lhs. s XIV/XV), deren Bestandsuntersuchung das Material für diesen Aufsatz lieferte, sind zuletzt entstanden, und zwar gleichzeitig. Sie sind aufgrund der Stilkritik, aber auch historisch in die siebziger Jahre des 14. Jahrhunderts zu datieren. Zu dieser Zeit arbeitete im Regensburger Dom ein Glasmaler namens Heinrich Menger. Er hatte sich im Jahre 1372 vertraglich verpflichtet, die bereits vorhandenen Farbfenster des Domes zu warten und um geringen Lohn neue Fenster anzufertigen.[3] Ihm oder vielmehr seiner Werkstatt ist eine ganze Reihe von Domfenstern zuzuschreiben: Es sind dies außer den beiden Doppelfenstern im südlichen Langhaus vier große Fenster im Hauptchor, ein Südchorfenster, wahrscheinlich vier große Querhausfenster, von denen nur eines erhalten ist, und wohl auch mindestens ein Fenster in der Westfassade, deren mittelalterliche Verglasung ebenfalls nicht mehr erhalten ist.

Die beiden Langhausfenster s XIV und s XV (Abb. 1, 2) wurden, wie die Wappen in Zeile 1 aussagen, Bahn für Bahn von Regensburger Familien gestiftet. In Bahn a von Lhs. s XIV erscheint das Wappen der Woller, in Bahn b das der mit ihnen verschwägerten Waiter, in c das der Lech, in d das der Wakkamer. Die Wappen in Lhs. s XV wurden zwar 1905 erneuert, entsprechen jedoch ungefähr dem ehemaligen Bestand, wie ihn eine Überlieferung des 16. Jahrhunderts skizziert, die auch dem Restaurator vorlag.[4] Die vier Wappen erinnern somit ebenfalls an die Stiftungen von vier Regensburger Familien. Langhausfenster s XIV ist ein Tabernakelfenster mit Figuren (s. Abb. 1): In einem zweigeschossigen Architekturaufbau stehen monumentale Figuren über- und nebeneinander. Die Bahnen a/b von Langhausfenster s XV sind ebenso gegliedert, während die rechte Hälfte dieses Fensters (durch einen Treppenaufgang bedingt etwas schmaler und mit, aus demselben Grund, ungleich breiten Bahnen) eine mit Großmedaillons völlig anders komponierte Verglasung hat (s. Abb. 2). Trotz der Attraktivität seiner Gestaltung wollen wir diesen Teil vorerst außer acht lassen und uns auf die sechs Tabernakelbahnen konzentrieren. Sie sehen prima vista völlig gleich aus: In jeder Bahn türmt sich über einem Sokkelfeld mit dem Stifterwappen ein zweigeschossiger Tabernakelbau auf. Von Rippengewölben überfangen, stehen darin einzelne Heilige in leichter Seitwendung (Abb. 3, 4). Das Gewölbe des oberen Geschosses trägt einen oktogonalen Turmkörper mit abgestuften Trabantenfialen. Auch die Hintergründe stimmen überein: Im Untergeschoß besteht der Teppich aus aneinandergefügten Rosetten (s. Abb. 3, 4), im Obergeschoß aus wabenförmigen Leisten, die Blüten-Blatt-Arrangements umgeben. Hinter den Tabernakelarchitekturen läuft Karogrund durch. Farblich zeigen sich die sechs Tabernakelbahnen ebenfalls einheitlich. Dieser erste Eindruck entspricht dem, was von den Auftraggebern und wohl auch von der ausführenden Werkstatt beabsichtigt war: Die sechs Tabernakelbahnen der beiden benachbarten Fenster sollten eine formale Einheit bilden. Untersucht man die Fenster jedoch genauer – und das geschah in dem konkreten Fall erstmals bei der Bearbeitung im Rahmen des CVMA –, so entdeckt man Unterschiede zwischen den Bahnen a/b des Langhausfensters s XIV (s. Abb. 1, 3) und den vier westlichen Bahnen (s. Abb. 2, 4). Die Tabernakel in den erstgenannten Fensterbahnen sollen zwar durchaus räumlich dargestellt werden, wirken jedoch insgesamt kaum als Materie. Ihre Darstellung widerspricht oftmals den Gesetzen der Perspektive, Details bleiben trotz stereometrischer Ausgestaltung zweidimensional (s. Abb. 3). Als Vorbilder dieser für die Zeit von 1370 schon recht veralteten Gehäuse sind eine Generation ältere Straßburg-Königsfeldener Typen heranzuziehen.[5] In den vier westlich anschließenden Bahnen (c/d von Lhs. s XIV und a/b von Lhs. s XV) erweist sich diese Architekturdarstellung bei näherer Betrachtung eindeutig modernisiert (s. Abb. 4): Typus und Anlage der Gehäuse werden zwar übernommen, in bezug auf ihre Proportionierung und die Ausgestaltung

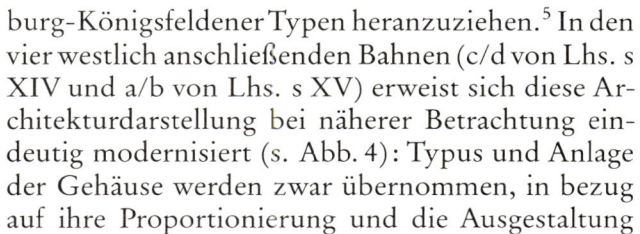

Abb. 1 Tabernakelfenster. Regensburg, Dom. Lhs. süd XIV. Um 1370

Abb. 2 Tabernakel-Medaillon-Fenster. Regensburg, Dom. Lhs. süd XV. Um 1370

Abb. 3 Hl. Verena. Regensburg, Dom.
Lhs. süd XIV, 2/3b. Um 1370 (Hand A).

der Details ist der Entwurf aber völlig anders interpretiert. Ein neuer Augpunkt erlaubt andere Einblicke in die nun viel weniger flächengebundenen Tabernakel, welche steiler, luftiger und perspektivischer gegeben sind als ihre Nachbarn.

Die charakterisierten Unterschiede wirken sich freilich für den ersten Augenschein überhaupt nicht aus; sie stören die Einheitlichkeit der Tabernakelfenstergruppe keineswegs und dürfen daher auf keinen Fall als bewußte Typenabwandlung im Sinne einer Rhythmisierung aufgefaßt werden. Sie betreffen nicht (wie etwa in Langhausfenster s XIII des Regensburger Domes[6]) die Komposition, ja nicht einmal das Ornament, sondern nur Details der Ausführung. Sie sind somit einzig und allein Indizien dafür, daß die einheitlich wirkenden Bahnen doch nicht so »in einem Guß« entstanden sind, wie es zunächst scheinen mag. Die registrierten Abweichungen werden freilich nicht allein von der Bemalung hervorgerufen, sondern bereits durch den Zuschnitt der Gläser. Diese Beobachtung zwingt zu dem Schluß, daß für die Bahnen a/b von Lhs. s XIV einerseits und für c/d von Lhs. s XIV und a/b von Lhs. s XV andererseits *zweierlei* Bleirißvorlagen benutzt worden sind. Das bedeutet jedoch, daß in der ausführenden Werkstatt nicht nur zwei Glas*maler*, ein älterer und ein jüngerer, arbeiteten – denn dann lägen die Unterschiede ja ausschließlich in der differierenden Bemalung –, sondern daß jedem von diesen beiden auch ein eigener Mitarbeiterstab zur Verfügung stand. Es gab also in der Werkstatt, für welche Heinrich Menger als geschäftsführender Leiter die Verträge abschloß, zwei Entwerfer, die wohl gleichzeitig auch malten, und zwei Formenschneider, die diese Entwürfe in die Bleirisse umsetzten. Die Stellung der beiden Maler dürfte daher eine ziemlich gleichwertige gewesen sein, so daß wohl nur nach außen hin Menger als Meister auftrat – vielleicht weil er als Regensburger Bürger das Recht zur Leitung einer Werkstatt besaß. Der andere Maler wird innerhalb der Werkstattgemeinschaft, als die wir die Organisation des Ateliers verstehen müssen, mit Menger gleichberechtigt und wohl kaum bloß sein Geselle gewesen sein.

Auch anhand des Figurenstils ergibt sich eine analoge Trennung der besprochenen Tabernakelfenster zwischen den zwei östlichen und den vier westlichen Bahnen. Somit sind die beiden Glasmaler, also Menger und sein Partner, auch was ihren Figurenstil betrifft, als deutlich unterscheidbare Charaktere zu erkennen. Der Individualstil des an den beiden östlichen Tabernakelbahnen tätigen Meisters verrät seine Schulung durch einen um 1330–1340 auf der Höhe seines Schaffens stehenden Lehrer; der andere zeigt in seinem Figurenstil ebenso wie in der Wiedergabe der Architekturen modernere Vorbilder. Die Figuren in den Bahnen a/b von Lhs. s XIV stellen plastisch greifbare Körpereinheiten dar – in ihre Gewänder gewickelt und mit ausgeprägtem Hüftschwung wirken sie desto koptischer. Sie besitzen relativ große Köpfe mit ausdrucksvollen großen Augen, deren Iris, durch Halbtonbemalung getönt, dem Blick etwas Weiches und Lebendiges verleiht, und derbe, an der Spitze verdickte Nasen sowie flossenartige Hände, die unbeholfen in die Gewänder greifen oder Bücher und Attribute halten. Die Körperlichkeit dieser Figuren ist organisch nicht eindeutig bestimmbar, wiewohl sie als plastische Einheiten durchaus präsent sind (s. Abb. 3). Ein ähnliches Prinzip bestimmt auch die zugehörigen Architekturen, deren Glieder zwar durch Schattierungen und dergleichen plastisch erscheinen, im Zusammenspiel jedoch trotz ihres klobigen Aussehens nicht in der Lage sind, Raumgrenzen glaubhaft vorspiegeln zu können.

Anders die Bahnen c/d von s XIV und a/b von s XV: Die Figuren sind wesentlich schlanker, primär wesentlich weniger haptisch in der Wirkung ihrer Volumina; sie sind zierlicher und gelängter als ihre Nachbarn, ihre Haltung kann oft als beinahe ekstatisch bezeichnet werden. Die Gesichtszüge entbehren der Drastik der Nachbarfiguren; sie sind introvertiert und verhaltener in ihrem Ausdruck, dabei aber durchaus natürlich. Die Pupillen sind zur Hälfte von den Oberlidern verdeckt, die Iris schwimmt im weißen Augapfel. Leider sind die Physiognomien, wie die Bemalung der von dieser Hand angefertigten Scheiben, generell sehr schlecht erhalten. Die eigentliche Körperhaftigkeit der Figuren wird von den schlauchartig anliegenden Gewändern weniger verhangen als bei den in ihren voluminös drapierten Stoffen verborgenen Nachbarfiguren. Die Körper bestimmen selbst – und daher wesentlich organischer – das Volumen (s. Abb. 4). Diese Eigenschaft ist ebenso an den die Figuren bergenden Tabernakeln festzustellen. Sie sehen zwar dünngliedriger und im einzelnen weniger greifbar aus als die in den zwei östlichen Bahnen, sind aber in ihrem Zusammenwirken und in der perspektivisch richtigen Darstellungsweise geeignet, raumhaltige Gebilde zu suggerieren.

Die beiden Meisterhände, deren enge Zusammenarbeit wir nun durch Analyse der dem ersten Augenschein nach in beinahe eintöniger Weise einheitlichen Tabernakelbahnen erkannt haben, sind eindeutig identifizierbar in den von der Menger-Werkstatt angefertigten Verglasungen im Regensburger Dom anzutreffen. Den überwiegenden Teil der Domfenster der Menger-Werkstatt hat Hand A, welche die Bahnen a/b von Lhs. s XIV verglaste, geschaffen: So sind die Hauptchorfenster nord III (Abb. 5), süd III und süd IV, das Nebenchorfenster

Abb. 4 Hl. Katharina. Regensburg, Dom. Lhs. süd XV, 2/3a. Um 1370 (Hand B)

Abb. 5 Drei Apostel. Regensburg, Dom.
Chor nord III, 2/3e. Nach 1370 (Hand A)

süd III sowie das Querhausfenster nord VI im großen und ganzen dieser Hand zuzuschreiben, während Hand B, die die anderen vier besprochenen Tabernakelbahnen im südlichen Langhaus ausgeführt hat, außer für den an sie anschließenden Katharinenzyklus in Lhs. s XV (Abb. 6) später nur noch für das Hauptchorfenster nord IV allein verantwortlich war. Sogar die Ergänzungen an den hochgotischen Fenstern sind eindeutig der einen oder der anderen Hand zuzuweisen.[7] Menger und sein Kollege arbeiteten also schon 1372 (Abschluß des Vertrages Heinrich Mengers über Wartungs- und Verglasungsarbeiten für den Dom) zusammen.

Die Regensburger Werkstattgemeinschaft dürfte aber bereits vor die Zeit der gemeinsamen Arbeit im Dom zurückreichen oder zumindest ältere Grundlagen haben. Die durch einen in Chorfenster süd II dargestellten Stifter auf einen terminus ante quem von 1371[8] festzulegende ehemalige Verglasung der beiden das Achsenfenster der Regensburger Minoritenkirche flankierenden Chorfenster n II und s II sind nämlich genau diesen beiden im Dom nachweisbaren Glasmalern zuzuschreiben. Hand A finden wir dort als Schöpfer des Fensters mit der Franziskuslegende (Chor süd II, Abb. 7), Hand B in dem alttestamentarischen Zyklus (Chor nord II, Abb. 8). Beide Fenster sind Medaillonfenster wie das christologische Chorfenster I, welches bereits vor 1360 von einem traditionell arbeitenden Meister angefertigt worden war.[9] Sind die drei ehemaligen Fenster des Chorschlusses der Minoritenkirche kompositionell auch aufeinander abgestimmt – sie bilden ja eine Art Typologie –, so merkt man doch einen deutlichen stilistischen Bruch (hier Hochgotik – da Spätgotik) zwischen dem Achsenfenster und den Fenstern in den Schrägen des Chores. Der Meister des Achsenfensters muß entweder seinen beiden Gesellen völlig freie Hand in der Gestaltung der Flankenfenster gelassen haben, oder – was wahrscheinlicher ist – Menger und sein Kollege erhielten unabhängig von ihm (weil er bereits nicht mehr am Leben war oder aus anderen Gründen die Arbeit nicht vollenden konnte) den Auftrag für den Franziskuszyklus und das Bibelfenster.

Die Identität des Meisters des Franziskuszyklus mit unserer Hand A der Mengerwerkstatt und die des Meisters des Bibelfensters mit der besprochenen Hand B seien durch zwei Vergleiche demonstriert.[10] Besser als die einzelnen Heiligenfiguren der behandelten Tabernakelbahnen eignen sich dafür szenische Darstellungen der beiden Meister. So kann man z. B. eine Apostelgruppe aus dem Christi-Himmelfahrt-Fenster (Chor nord III) des Domes (s. Abb. 5) dem »Überfall der Räuber auf den Hl. Franziskus« (s. Abb. 7) gegenüberstellen. Beiden Darstellungen ist primär eine Einbindung in den Dekor des Hintergrundes gemeinsam. Die Figuren werden in ihrer Einbettung in den Grundteppich beinahe selbst zum Schmuckelement, zumal ihnen Körperlichkeit eigentlich fehlt. Ihre Bewegungen sind demonstrativ ausgreifend und verspannen die Gestalten in der Rasterung des Grundes. Gut vergleichbar ist der jugendliche Apostel in Abbildung 5 oben mit dem hl. Franziskus in Abbildung 7: Kopf-

Abb. 6 Geißelung der hl. Katharina. Regensburg, Dom. Lhs. süd XV, 5c/d. Um 1370 (Hand B)

typus, Haartracht und Gesichtsausdruck ebenso wie das Dreiviertelprofil, aber auch die Gewandanordnung stimmen in auffälliger Weise überein. Zu berücksichtigen bleibt – als Erklärung für die Unterschiede –, daß das Domfenster in großer Höhe angebracht ist, während die Scheiben der Minoritenkirche eher mit nahsichtiger Betrachtung rechnen. Der Meister hat die Dichte seiner Zeichnung darauf eingestellt. So zeichnet er etwa bei den Ergänzungen der von ihm restaurierten kleinteiligen hochgotischen Domchorfenster sogar noch dichter als im Franziskusfenster.

Hand B erkennt man in einem Vergleich einer Szene aus dem Katharinenzyklus des Domes (s. Abb. 6) mit dem Brudermord aus dem alttestamentarischen Fenster der Minoritenkirche (s. Abb. 8) zweifelsfrei wieder: Bei den bewegten Szenen erweist sich die weniger theatralisch ausgestattete Körperhaftigkeit der natürlich komponierten Figuren als hervorragend geeignet, um dynamische Vorgänge klar und lesbar darzustellen. In beiden Fällen bildet der Künstler Körper nicht nur in zweidimensionaler Bewegung (wie Hand A) ab, sondern zeigt sie in Torsionen, die ihm glaubhaft gelingen. Dabei stört es ihn nicht, wenn ein Gesicht in der Bewegung, einer Momentaufnahme gleich, zur Hälfte durch einen Arm überschnitten wird, ja offenbar gehören solcherart die Dynamik des Geschehens betonende »Schnappschüsse« zu den von ihm bevorzugten Gestaltungsmitteln. Die Folterknechte und der König in der Katharinenszene scheinen, was Typus, Mimik und Gestik, aber auch Körperproportionen und Gesamthabitus betrifft, geschwisterlich mit Kain und Abel verwandt.

Während mir von Hand B kein vor der Arbeit für die Minoriten entstandenes Werk im Umkreis von Regensburg bekannt ist, meine ich eine frühe Arbeit von Hand A in der Ausstattung dreier Fenster der kleinen Ursulakapelle von Geisling mit Farbverglasungen erkennen zu können. Diese sehr kleinen, aber anspruchsvoll ausgeführten Farbfenster (Abb. 9) wurden vor 1365 von einem Mitglied des auch im Regensburger Dom als Donatoren hervorragenden Geschlechtes der Auer gestiftet.[11] Die Zeichnung scheint noch etwas unbestimmter als in den späteren Werken, die Vorliebe für das Orna-

Abb. 7 Der hl. Franziskus wird von Räubern überfallen. Ehemals Regensburg, Minoritenkirche. Chor süd II. München, Bayerisches Nationalmuseum. Gegen 1370 (Hand A)

Abb. 8 Kain erschlägt Abel. Ehemals Regensburg, Minoritenkirche. Chor nord II. München, Bayerisches Nationalmuseum. Gegen 1370 (Hand B)

menthafte und die Einbindung der Figuren in den sie umgebenden Fensterschmuck ist aber bereits ein deutlich ausgeprägtes Charakteristikum. Auch in den Physiognomien und in der Zeichnung der Hände sowie in den eckigen Bewegungen der von den Gewändern verhangenen Figuren gibt sich Hand A zu erkennen. Besonders enge Beziehungen bestehen mit dem Chorfenster s III des Regensburger Domes, welches um 1370 entstanden sein dürfte und ebenfalls von einem Auer bezahlt wurde.[12]

Abb. 9 Marienkrönung. Straßburg, Münster.
Lhs. süd VI, 1 A (Detail). Gegen 1360

Abb. 10 Hl. Georg. Geisling, Ursulakapelle.
Chor I, 2a. Vor 1365 (Hand A)

Anhand ihrer Werke haben wir die Werkstatt Heinrich Mengers also von etwa 1375–1380 (so muß man ihre letzten Arbeiten im Regensburger Dom datieren) bis in die frühen sechziger Jahre des 14. Jahrhunderts zurückverfolgt. Zur Person Heinrich Mengers gibt es darüber hinaus jedoch noch urkundliche Hinweise, die hier nachgetragen werden sollen.

Er erhielt wohl in Regensburg seine Grundausbildung: Im Zeitraum des zweiten Viertels des 14. Jahrhunderts erscheint in einem nicht genauer bestimmbaren Jahr ein »Heintzel Menger« als »dyener« bei einem in der Stadt ansässigen »wœlfflein moler«.[13] 1368 besaß Heinrich Menger ein Haus in Regensburg,[14] wo er urkundlich bis 1374 nachweisbar ist.[15] Die letzte Erwähnung datiert 1383: »Heinrich der Menger, Bürger zu Regensburg«.[16] Es ist durchaus möglich, daß Menger nach Abschluß seiner Lehre bei dem Maler Wölflein eine Wanderschaft zur Erweiterung seiner Kenntnisse unternahm. Vielleicht kam er dabei bis in den Raum von Straßburg – eine Vermutung, die durch Analogien seiner Werke mit elsässischen Glasmalereien an Wahrscheinlichkeit gewinnt. Zumal auf diese stilistischen Entsprechungen in dem 1987 erschienenen Corpusband nur kursorisch eingegangen werden konnte,[17] seien hier einige Beispiele dafür angeführt. Gerade die früheste Arbeit Mengers, denn wir müssen ihn wohl eher mit unserer Hand A als mit Hand B identifizieren, die Geislinger Scheiben also (Abb. 9), kann man recht gut mit einer in die Verglasung des Straßburger Münsters eingeflickten Marienkrönung, die gegen 1360 anzusetzen ist, vergleichen (s. Abb. 10).[18] Hier wie da besteht eine bewußte Einbindung der figuralen Darstellung in den Ornamentgrund. Hinzu kommt eine auffallende Ähnlichkeit im Physiognomischen. Ungleich routinierter als diese vereinzelte

Abb. 11 Böser Schächer. Niederhaslach, St. Florentius. Lhs. süd XIII, 3c. Um 1360/65.

Komposition im Straßburger Münster ist die Folge der Langhausfenster der Florentiuskirche von Niederhaslach ausgeführt,[19] aus der schließlich drei Beispiele zum Vergleich mit dem reiferen Stil Mengers hier abgebildet seien (s. Abb. 11, 13, 14). Der gekreuzigte Schächer aus dem Fenster der Passion Christi (Abb. 11) entspricht einerseits motivisch genau einer Komposition Mengers im Regensburger Dom (Abb. 12) und zeigt andererseits einmal mehr die für Hand A kennzeichnende dekorative Gesamtwirkung und die orthogonale Anordnung der figürlichen Kompositionselemente. Die Medaillonrahmung der Szene ähnelt den Minoritenfenstern und noch mehr dem Katharinenzyklus des Domes. Der Engel aus dem Maßwerk eines anderen Niederhaslacher Fensters (Abb. 13) zeigt in Körperhaltung, Körper-Gewand-Gefühl und Kopftypus sowie Gesichtszeichnung und -modellierung prinzipielle Verwandtschaft mit Mengers frühen Kompositionen für den Regensburger Dom – etwa dem behandelten Tabernakelfenster Lhs. s XIV (s. Abb. 3).

Abb. 12 Böser Schächer. Regensburg, Dom. Qhs. nord VI, 4/5e. Um 1370 (Hand A)

Das Detail des Frauenkopfes des Amor seculi aus dem Tugenden-Laster-Fenster von Niederhaslach (s. Abb. 14) mag zum Abschluß als Analogon für den Kopftypus unserer Hand A stehen: Die großen Augen mit den hellen Augensternen dominieren das Gesicht und geben ihm einen offenen, aufgeweckten Ausdruck. Die hl. Verena des Regensburger Domfensters, welches den Ausgangspunkt unserer Betrachtungen bildete (s. Abb. 3), ist ganz ähnlich im Dreiviertelprofil gegeben; übereinstimmend sind dabei die Wangenkontur mit dem fliehenden Kinn und die Stellung des geraden Nasenrückens. Es zeigt sich in diesem wie in den vorangegangenen Vergleichen, daß der Figurenstil Mengers eben nicht schlichtweg als »böhmisch« bezeichnet werden darf.[20]

Für die Regensburger Glasmalereiwerkstatt, als

Abb. 13 Posaunenengel. Niederhaslach, St. Florentius. Lhs. nord XIII. Um 1360/65

Abb. 14 Amor seculi (Detail). Niederhaslach, St. Florentius. Lhs. nord IX, 4b. Um 1360/65

deren Leiter Heinrich Menger ab 1372 urkundlich bezeugt ist, lassen sich aus den hier vorgetragenen Beobachtungen Vermutungen ableiten, die kurz zusammengefaßt folgende Vorstellung ergeben: Der in seiner Heimatstadt Regensburg bei einem Maler als Lehrjunge angestellte Heintzel Menger ging etwa um die Mitte des 14. Jahrhunderts auf Wanderschaft, wobei er tiefe Eindrücke im Elsaß gesammelt und sich insbesondere mit Glasmalerei beschäftigt haben dürfte. Vielleicht schloß er sich auch im Laufe dieser Wanderjahre bereits mit einem anderen Glasmalergesellen zusammen. Jedenfalls ließ er sich danach wieder in Regensburg nieder und trat dort bald darauf als Meister in Erscheinung. Die Verglasung der Fenster in den Chorschrägen der Minoritenkirche hat er aller Wahrscheinlichkeit nach bereits als selbständiger Werkstättenleiter übernommen. Wie Menger damals zu dem Schöpfer des alttestamentarischen Fensters stand, ist nicht eindeutig zu sagen. Möglich ist, daß dieser schon damals mit ihm in einer Werkstattgemeinschaft zusammenarbeitete, was für die Zeit der Verglasungskampagne im Regensburger Dom durch unsere Beobachtungen an den dortigen Langhausfenstern s XIV/XV ziemlich sicher anzunehmen ist.

Die steigende Anzahl bearbeiteter Bestände mittelalterlicher Glasmalereien läßt Fragen nach den Werkstätten, welche diese Verglasungen geschaffen haben, immer mehr in den Mittelpunkt des Interesses treten. Mit meiner »Fallstudie« möchte ich zu diesem auch schon zusammengefaßt behandelten Problem[21] einen neuen Ansatzpunkt für die Diskussion beitragen.

Anmerkungen

1 Siehe die Darstellung des Domes im Schnitt durch das südliche Seitenschiff in: CVMA Deutschland XIII, 1, Berlin 1987, Falttaf. 1b
2 Zur Baugeschichte des Regensburger Domes sowie zur allgemeinen Behandlung seiner Glasmalereien wird ebenfalls auf den 1987 erschienenen Band XIII, 1 des CVMA Deutschland, verwiesen.
3 Vgl. CVMA Deutschland XIII, 1, Berlin 1987, Reg.-Nr. 2
4 Ebd., Taf. VIII c, Reg.-Nr. 161, 181
5 Vgl. z. B. die beiden Apostelfenster im Königsfelder Chor; Maurer, E.: Das Kloster Königsfelden (Die Kunstdenkmäler der Schweiz XXXII: Kanton Aargau III), Basel 1954, Abb. 141f.
6 Siehe CVMA Deutschland XIII, 1, Berlin 1987, S. 259–272, Abb. 437–471
7 Hand A ist in Chorfenster nord II (CVMA Deutschland XIII, 1, 1987, Abb. 116, 122, 125, 130, 133), Hand B hingegen in Chorfenster nord II sowie im Triforium von Querhausfenster Süd VII (ebd., Abb. 51, 52, 60, 63, 64, 368, 369) restauratorisch tätig gewesen.
8 Im Liber anniversariorum fratrum minorum Ratisbonensium (MGH Necr. III, 1905, S. 251) finden wir zum

24. März den Eintrag über das Begräbnis des dargestellten Stifters: »Ob. reverendus p. fr. Wenzeslaus Meller, quondam custos Bavarie et valens lector, qui conventui multa bona fecit, hic sepultus, anno domini 1371.«

9 Der Stil des Meisters des Achsenfensters der Minoritenkirche (Schinnerer, J.: Die Glasgemälde des Bayerischen Nationalmuseums, München 1908, Taf. V, VI) hat seine Wurzeln in der Nähe der jüngeren Eßlinger und verwandter schwäbischer Glasmalerei (CVMA Deutschland I, 1, 1958, Abb. 254–428). In denselben Kunstkreis gehören das Achsenfenster von St. Jakob in Rothenburg o. d. T. sowie der Thron Salomonis im südlichen Turmjoch des Augsburger Domes und auch das Marienfenster im Regensburger Dom. Diese Stilgruppe soll in einem eigenen Aufsatz behandelt werden.

10 Eine Verbindung zwischen den Fenstern der Regensburger Minoritenkirche und den Domfenstern, die der Menger-Werkstatt entstammen, wurde schon sehr früh erwogen: Bereits 1908 stellt Schinnerer, J.: Katalog der Glasgemälde des Bayerischen Nationalmuseums, München 1908, S. 5, die Verwandtschaft der Minoritenkirchenverglasung mit dem Kreuzigungsfenster (Qhs. Nord VI) und dem Katharinenzyklus (Lhs. süd XV) des Domes fest. Auch Elsen, A.: Der Dom zu Regensburg. Die Bildfenster, Berlin 1940, S. 84–96 und passim, erkannte, daß die in der Minoritenkirche tätigen Meister auch im Dom gearbeitet haben. Seine Aufteilung der verschiedenen Hände ist jedoch wegen der allgemein unhaltbaren methodischen Vorgangsweise nicht nachzuvollziehen. E. Schürer-v. Witzleben (in: Kunstchronik 15, 1962, S. 293f., und in: Zs. des Deutschen Vereins für Kunstwissenschaft 36, 1982, S. 22–26) sieht ganz enge personelle Verbindungen zwischen den in der Minoritenkirche tätigen Glasmalern und der Menger-Werkstatt des Domes, wobei sie erstmals scharf zwischen Achsenfenstern und seitlichen Chorfenstern der Minoritenkirche unterscheidet. Hubel, A.: Die Glasmalereien des Regensburger Domes, München/Zürich 1981, S. 23f., argumentiert ebenso. Drexler, J.: Die Chorfenster der Regensburger Minoritenkirche, phil. Diss. München 1985 (Studien und Quellen II,) Regensburg 1988), zur Geschichte Regenburgs, spricht sich ausdrücklich gegen eine Werkstattverbindung zwischen Minoriten- und Domverglasung aus.

11 Die Verglasung der Ursulakapelle in Geisling wird ebenso wie die ehemalige Verglasung der Regensburger Minoritenkirche in dem in Vorbereitung befindlichen Band XIII, 2, des Corpus Vitrearum Medii Aevi Deutschland behandelt. Vgl. einstweilen zu Geisling: Die Kunstdenkmäler von Bayern, Bezirksamt Regensburg, Bd. XXI, München 1910, S. 74–77, Fig. 48f.

12 CVMA Deutschland XIII, 1, Berlin 1987, S. 166–170, Farbtaf. XIV, Abb. 303–310

13 Regensburger Urkundenbuch I, München 1912, Beil. 3, S. 753, 768

14 Regensburger Urkundenbuch II, München 1956, Nr. 768

15 Ebd., Nr. 1067

16 30. 11. 1383 und 21. 12. 1383 (München, HSAA Kurbayern U 14678/14679).

17 CVMA Deutschland XIII, 1, Berlin 1987, S. LXVI

18 Vgl. CVMA France IX, 1, Paris 1986, S. 245, Fig. 209

19 Keberle, B.: Die Glasmalereien in den Langhausfenstern der Florentiuskirche zu Niederhaslach; in: Société d'histoire et d'archéologie de Molsheim et environs, 1971, S. 15 bis 36, schlägt eine Datierung dieser Verglasung um 1360/65 vor.

20 Vgl. dazu den Versuch einer stilistischen Einordnung der Werke des Menger-Ateliers mit Berücksichtigung des Regensburger Stilmilieus in der kunstgeschichtlichen Einleitung des CVMA-Bandes XIII, 1, Berlin 1987, S. LXI bis LXVII

21 Vgl. Frodl-Kraft, E.: Zur Frage der Werkstattpraxis in der mittelalterlichen Glasmalerei; in: Glaskonservierung. Historische Glasfenster und ihre Erhaltung, Arbeitshefte der bayerischen Denkmalpflege 32, 1985, S. 10–22, sowie dies.: Problems of Gothic Workshop Practices in Light of a Group of Mid-Fourteenth-Century Austrian Stained-Glass Panels; in: Corpus Vitrearum United States Occasional Papers I, Studies on Medieval Stained Glass, New York 1985, S. 107–123

Johannes Voss

Der Standort des Kreuzaltars in der ehemaligen Zisterzienserklosterkirche zu Doberan

Abb. 1 Innenraum des Münsters, Blick v. W. n. O. Lithographie 1855

Die älteste bisher nachweisbare Information über den Doberaner Kreuzaltar ist in der Sammlung »Dobberanische Denkwürdigkeiten« aus dem Jahre 1664 zu finden. Darin notierte der Doberaner Pastor Peter Eddelin einen Vers »ad altare in pariete: Corpus. ave. Domini/salus et reparatio mundi«.[1] Diese Lokalisierung »in pariete« (= Scheidewand, Chorschranke) kann sich nur auf den Kreuzaltar beziehen, denn die Nebenaltäre an den Chorschranken des Altarraumes standen im Chorumgang, wie die im Fußboden eingelassenen Mensaplatten noch andeuten.[2] Dies widerlegt die bisherige Annahme, daß der Kreuzaltar um 1586 während der Umgestaltung der Klosterkirche zur Predigtkirche an das Westende des Mittelschiffes versetzt worden sei. Zieht man zum Vergleich die von Klüver 1728[3] und Schröder 1732[4] genannten »Fundorte« für den zitierten Vers heran, so läßt sich vermuten, die Umstellung sei erst um 1730 erfolgt.

Da Klüver die Funktion dieses Altars »vor die Communicanten« benennt, dürfte die Sakramentsfeier noch 1728 am Kreuzaltar gehalten worden sein, für die nur dieser Altar oder der Hochaltar bestimmt gewesen sein kann. Letzteren bezeichnen diese Autoren aber als »Hohen Altar«[5]. Schröders ausführliche Aufzählung der Münsterausstattung macht es zur Gewißheit, daß Schrein und Kreuz 1732 getrennt waren. Er erwähnt die Altäre an Ost- und Westseite der Kirche und das Kreuz in ihrer Mitte.[6] Das Kreuz scheint bis in das frühe 19. Jahrhundert so gestanden zu haben. Das Datum für den Abbau und die erneute Aufstellung über dem Schrein läßt sich nur annähernd bestimmen.

Nach den Einzelerwähnungen des Kreuzes 1774[7] und des Schreins 1805 und 1833[8] werden erst 1855 beide wieder im Zusammenhang genannt,[9] und zwar in Verbindung mit dem Abschluß der Restaurierungsarbeiten, die Baurat Bartning geleitet hatte.

Ursprünglich hatte dieser 1844 die »Anlegung eines Haupteinganges« im Westgiebel und die »Translocierung des großen Kreuzes in einen der Nebengänge« vorgeschlagen.[10] Der Querbalken mit dem Kreuz wurde wohl als störend in der neuen Bewegungsachse vom künftigen Haupteingang zum Hochaltar empfunden (Abb. 1).

In den folgenden Jahren tendierte Bartning zu einer Restaurierung ohne Eingriffe in die Bausubstanz, so daß 1853 konsequenterweise der Durchbruch in der Westwand von ihm verworfen und die Umgestaltung der vorhandenen Tür zur Klausur im südlichen Querhaus zum Haupteingang betrieben wurde.[11] In diesem Finanzplan fehlt die Position »Translocierung des großen Kreuzes«.

Der Abbau des Kreuzes müßte zwischen 1845 und 1847 erfolgt sein. 1845 teilt Severin, der die Arbeiten in Doberan leitete, an Bartning seinen Entschluß mit, das Konversengestühl um vier Sitze in die vierte Arkade von Westen hinein zu verlängern, um innerhalb dieser Arkade die Symmetrie zum Westende des Mönchsgestühls herzustellen.[12] Dies erforderte den Abbruch der Dienste am dritten Pfeilerpaar von Westen, die dem Querbalken als Auflager dienten (Abb. 3). Diese Gestühlsveränderungen sind im Sommer 1847 durchgeführt worden, wie eine Rechnung belegt.[13] Auch war an der neuen Konsole am südlichen Pfeiler eine Bleistiftsignatur »1847« zu finden. Nunmehr war die einfachste Lösung für die »Translocierung des großen Kreuzes« die Aufstellung über dem Schrein, der in die Mitte des Joches gerückt wurde, um die Kette des Kreuzes durch den Schlußstein führen zu können. Schrein und Kreuz erhielten Versteifungen gegen die Westwand (Abb. 3).

Diese Situation fand Möckel vor und mußte sie 1896 belassen, nachdem seine Absicht, das Kreuz auf einem Triumphbalken im Chor aufzustellen, am Veto der Kommission zur Erhaltung der Denkmale gescheitert war[14]. Die jahrelange Auseinandersetzung zwischen Möckel und der Kommission, aus der er 1894 austrat, hatte Edward Heyck, gebürtiger Doberaner und Geschichtsprofessor in Heidelberg,

Abb. 3 Kreuzaltar vor dem Westfenster. Blick aus dem südlichen Seitenschiff. Um 1890

links: Abb. 2 Nach Abnahme der 1847 angefügten Sitze im Konversengestühl ist der Bereich des abgeschlagenen Dienstes am 3. südlichen Pfeiler von Westen erkennbar: unten zwischen dem Anstrich von 1830, oben vom Anstrich von 1896 verdeckt; Konsole von »1847«. 1980

1892 mit einer Eingabe gegen die »fremdartigen, der Backsteingotik entgegenwirkenden Neuerungen« ausgelöst. Friedrich Schlie sprach sich für eine Rückführung des Lettneraltars »an den alten Ort in der 7. Arkade von Westen« (= Vierung) oder das Belassen vor dem großen Westfenster aus. Die Kommission scheint sich zunehmend der Unsicherheit über den ursprünglichen Standort bewußt geworden zu sein und regte Untersuchungen durch Möckel an, sofern es zur Rückversetzung käme. Die großherzogliche Entscheidung vom 16. 3. 1895 ordnete jedoch den Verbleib des Kreuzaltars vor dem Westfenster (Abb. 4) an und untersagte für alle Zeit die Versetzung in die Vierung. So wurde von Möckels Plänen einer »Kathedralisierung« (E. Badstübner) der Klosterkirche raumbestimmend nur die ornamentale Ausmalung realisiert, sieht man von der Beseitigung der Chorschranken ab, die von der Kommission anstatt einer Altarraumerhöhung begrüßt worden war, um Hochaltar und Sakramentsturm auch vom Chorumgang her erleben zu können.

Nach Abschluß der umfänglichen Renovierungsarbeiten scheint der Doberaner Gymnasialdirektor Dr. W. Kühne der erste gewesen zu sein, der die Forschungen von Lisch, Dolberg und Schlie zur Geschichte und Ausstattung des Klosters kritisch gesichtet hat.[15] Obwohl er in der gebotenen Kürze eines Führungsheftes diese Autoren und seine Einwände nur pauschal erwähnt, so muß doch seine Detailkenntnis vorausgesetzt werden, wenn er den Standort des Kreuzaltars zwischen dem Gestühl der Mönche und dem der Konversen vermutet. Dieser Auffassung schließt sich Jens Chr. Jensen in seiner Dissertation an und präzisiert sie zwischen dem dritten Pfeilerpaar von Westen.[16] Eine Gesamtvorstellung von der Ausstattung versucht A. F. Lorenz zu gewinnen und plaziert den Altar zwischen dem vierten Pfeilerpaar von Westen in der Annahme, das Mönchsgestühl sei 1586 bei Aufstellung der Kanzel um ein Joch nach Westen gerückt worden, was zu seinem Abbau geführt habe.[17]

Die Frage nach Ausmaß und Anordnung des Mönchsgestühls wird immer wieder durch die am ersten Chorpfeilerpaar angeordneten Konsolen ausgelöst, die hier das östliche Ende des Gestühls vermuten lassen. Eine endgültige Klärung steht noch aus. Die von Lorenz rekonstruierte Raumordnung sieht auch E. Fründt, scheint sich aber des Widerspruchs nicht bewußt zu sein, der durch den Hinweis auf die große Eisenöse am Zuganker im dritten Gurtbogen von Westen, die offensichtlich zur Führung der Halterungskette für das Kreuz gedient hatte, ausgelöst wird.[18]

Die in der denkmalpflegerischen Zielstellung vom 7. November 1972 empfohlene Rückversetzung des Kreuzaltars, um ihn besser gegen die Witterungseinflüsse vom Westfenster her schützen und die mittelalterliche Raumzäsur wieder erlebbar machen zu können, war nicht möglich, bevor diese voneinander abweichenden Auffassungen durch Untersuchungen geklärt waren. Die von G. Baier und H. Ende im Frühjahr 1973 durchgeführte Grabung erschloß westlich der Mittellinie des dritten Pfeilerpaares von Westen wohl Teile des Fundamentes für den Stipes, die aus unterschiedlich dich-

Abb. 4 Kreuzaltar nach der Restaurierung. Um 1900

Abb. 5 Vorschlag zur Aufstellung des Kreuzaltars von R. Rüger, 1982

ten Feldsteinpackungen und in Sand verlegten Klosterformatsteinen bestehen. Ergänzende Grabungen (1979) am Fuß beider Pfeiler erbrachten nur am südlichen Pfeiler westlich des Dienstes geringe, einschichtige Mauerreste, die zur Chorschranke gehört haben könnten. Schließlich konnte bei den Malerarbeiten im Mittelschiff nicht nur senkrecht über der Eisenöse das Loch im Gewölbe zur Kettenführung gefunden werden, sondern westlich und östlich davon wurden zwei weitere Gewölbelöcher entdeckt, durch die Ketten zum Verspannen geführt worden sein dürften. So ergab sich ein Standort für den Kreuzaltar westlich der Mittellinie des dritten Pfeilerpaares.

Unsicher blieb die Verbindung mit Chorschranke und Pfeilern, da Severin die Dienste (s. Abb. 2) und damit jede Spur einer Verankerung beseitigt hatte.[19] Dennoch wurde 1980 eine erste Verbildlichung die-

ser zwar noch lückenhaften Kenntnisse in einer Fotomontage anläßlich der Ausstellung »Restaurierte Kunstwerke in der DDR« gewagt.[20] Auch sie verdeutlichte die unvergleichliche Situation in Doberan mit ihrer genuinen Zusammengehörigkeit von Kreuz und Schrein, deren beiderseitigem Bildprogramm und ihren nur zu vermutenden liturgischen Funktionen. Die Fachliteratur gibt, abgesehen von Dolbergs und Jensens Bemerkungen zur Ikonographie, zu diesen Fragen keine Auskunft. Zusätzliche Verunsicherung löste der »Idealplan« von A. Dimier aus. In diesem Klostergrundriß sind vor der Chorschranke im Konversenchor zwei Altäre eingezeichnet.[21] Sollte in Doberan der eine Stipes an die Ostseite der Chorschranke unter die Marienseite versetzt worden sein?

Für die neue Aufstellung im Rahmen des Nachweisbaren und der gottesdienstlichen Erfordernisse wurden im Winter 1981–1982 zwei Entwürfe vorgelegt, die den Schrein entweder auf die Mensa oder auf einen Sockel unmittelbar hinter dem Stipes, der als Andeutung einer Chorschranke die Mensa um zwei bis drei Steinlagen überragen sollte, stellten. Der erste wurde angenommen und einschließlich der Rekonstruktion der Dienste ausgeführt (s. Abb. 4).[22]

Diese Aufstellung rief noch im Sommer 1982 Kritik bei den Architekten R. Rüger und G. Voß (Institut für Denkmalpflege, Arbeitsstelle Halle) hervor. Aus dem Vergleich mit Triumphkreuzgruppen wie denen in Halberstadt, Salzwedel oder Stendal erwuchs die Vorstellung, das Kreuz müsse erhöht und abgehoben vom Schrein, der wie ein Sockel wirke, stehen (Abb. 5). – Gestalterisch unzulänglich war sicherlich die unmittelbare Plazierung der Predella auf der Mensa, die auch eine Verringerung der Funktionsfläche für die Vasa sacra zur Folge hatte.[23]

Diese Argumente drängten nach Überprüfung der bisherigen Aussagen. Die Befunde an der Predella ließen eine erweiterte Interpretation zu, konnten für die Verbindung des Kreuzes mit dem Schrein aber keine neuen Erkenntnisse erbringen.

Die Predella

Im Verlauf der Restaurierung des Kreuzaltars zwischen 1896 und 1900 erfuhr die Predella eine Überformung, die dem Hang Möckels zu ornamentaler Bereicherung entsprach (s. Abb. 7). Für die seitlichen Konsolen und das Maßwerk im Kasten der Christusseite[24] gab es keine Befunde, wie zwei Aufnahmen des Vorzustandes (vor 1895–1896) und die jetzigen Untersuchungen bestätigten. An den Schmalseiten der Predella konnten umfassende Reste der Rotfassung freigelegt werden, die einer konstruktiven Verbindung der Konsolen mit dem Ka-

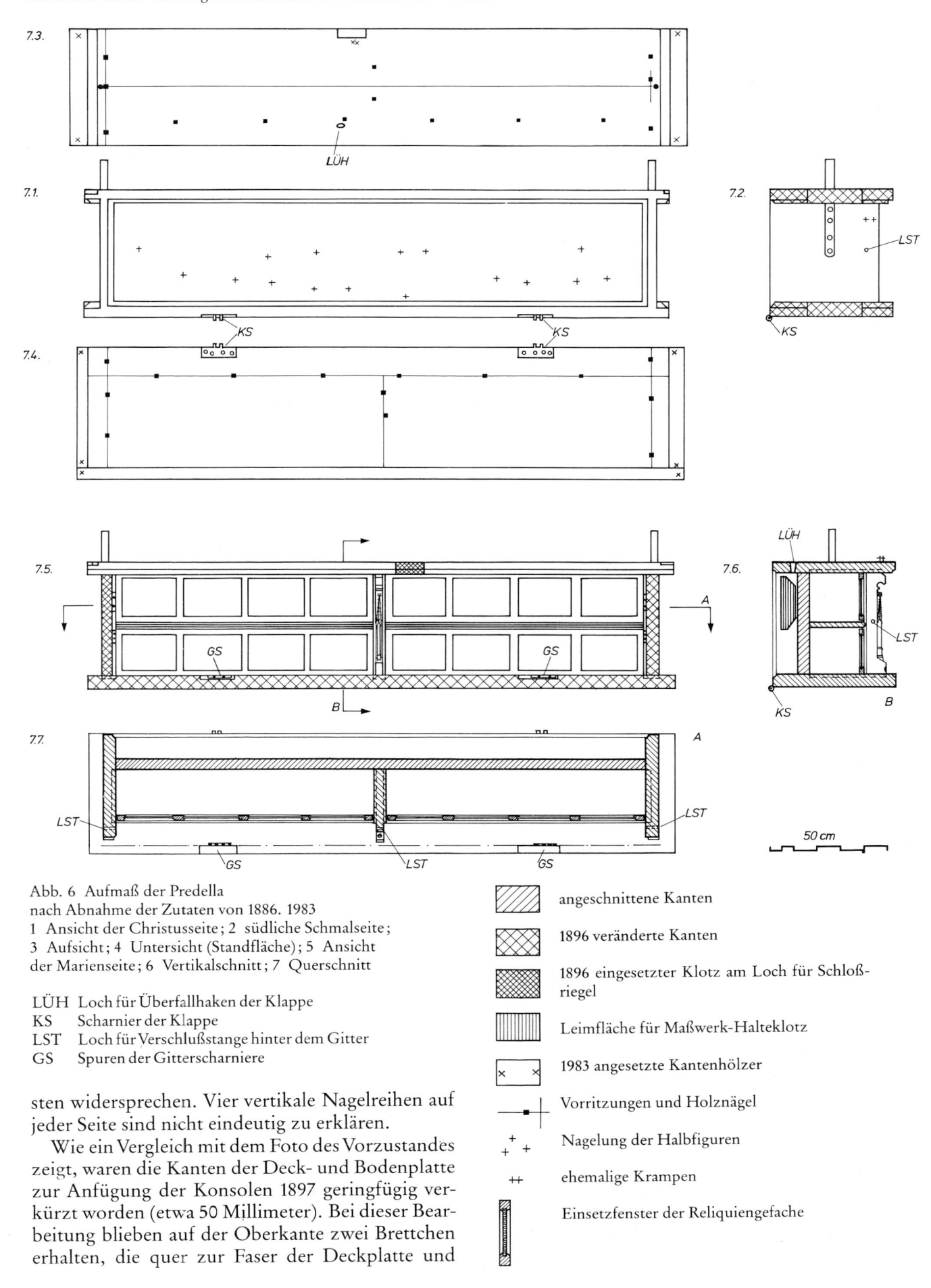

Abb. 6 Aufmaß der Predella
nach Abnahme der Zutaten von 1886. 1983
1 Ansicht der Christusseite; 2 südliche Schmalseite;
3 Aufsicht; 4 Untersicht (Standfläche); 5 Ansicht
der Marienseite; 6 Vertikalschnitt; 7 Querschnitt

LÜH Loch für Überfallhaken der Klappe
KS   Scharnier der Klappe
LST Loch für Verschlußstange hinter dem Gitter
GS   Spuren der Gitterscharniere

- angeschnittene Kanten
- 1896 veränderte Kanten
- 1896 eingesetzter Klotz am Loch für Schloßriegel
- Leimfläche für Maßwerk-Halteklotz
- 1983 angesetzte Kantenhölzer
- Vorritzungen und Holznägel
- Nagelung der Halbfiguren
- ehemalige Krampen
- Einsetzfenster der Reliquiengefache

sten widersprechen. Vier vertikale Nagelreihen auf jeder Seite sind nicht eindeutig zu erklären.

Wie ein Vergleich mit dem Foto des Vorzustandes zeigt, waren die Kanten der Deck- und Bodenplatte zur Anfügung der Konsolen 1897 geringfügig verkürzt worden (etwa 50 Millimeter). Bei dieser Bearbeitung blieben auf der Oberkante zwei Brettchen erhalten, die quer zur Faser der Deckplatte und bündig mit ihrer Oberfläche eingelassen sind. Ihre zusätzliche Befestigung mit drei Holznägeln läßt vermuten, daß die nach außen schwach abgeschrägten Hirnholzleisten ein Ausreißen der Kanten der Deckplatte beim Drehen der Flügel verhindern sollten. Vor dem Grundieren wurden sie (und die Außenkanten?) mit Leinwand überzogen (Abb. 6). Der Kasten war schon 1805 »leer von Statuen«[25]. Möckel schloß ihn mit 12 Fenstermaßwerken. Unerwarteterweise wurden unter der Neufassung der Rückwand Reste von Nägeln gefunden, die mit Nagellöchern in vier Halbfiguren übereinstimmten, die bislang im Kelchschrank aufbewahrt wurden.

Die vorhandenen Figuren stellen die vier Kirchenväter dar (s. Abb. 9), die von den Mönchsvätern Benedikt und Bernhard von Clairvaux flankiert gewesen sein könnten.[26] Die Beschriftung ihrer Spruchbänder ging bis auf geringe Reste verloren. – Jedoch widerspricht die rückseitige Numerierung der Figuren »1; 2; 3; 4« der Nagelung, der die Reihenfolge »2; 1; 3; 4« entspricht.

Von einem Maßwerk, das die Figurenreihe überspannte, sind nur Spuren seiner Befestigung nachweisbar. Möglicherweise sind Reste des Maßwerkes im Foto des Vorzustandes durch die Lücken im Gittertürchen vor Adam und Eva überliefert worden (Abb. 8). Die erkennbare Bogenführung und Glie-

Abb. 7 Aufstellung des Kreuzaltars 1982.
Blick aus dem nördlichen Seitenschiff auf die Marienseite. Predella mit den Klappen von 1896

Abb. 8 Kreuzaltar. Schrein der Christusseite.
Um 1890: Durch die Ausbrüche im Gitterchen ist das 1843 aus »moderner Decenz« eingesetzte Maßwerk erkennbar.

Abb. 9 Kreuzaltar. Predella der Christusseite mit den vier Kirchenvätern, 1984, rekonstruiertem Maßwerk (vgl. Abb. 7) und Klappe

derung wurden als Grundmotiv für das neue Maßwerk übernommen.

Im Zusammenhang mit diesem Nachweis des Figurenschmuckes der Predella konnte auch eine für die Aufstellung des Kreuzaltars entscheidende Entdeckung gemacht werden: die Verschließbarkeit des Predellenkastens mit einer horizontalen Klappe. An der Unterseite der Standplatte sind zwei Scharniere erhalten, deren Anbringung die Rekonstruktion einer Klappe erlaubt, die beim Schließen stumpf vor die Kanten der Predella schlug. Sie besaß vermutlich an der Oberkante einen Überfallhaken, der in ein Loch der Deckplatte einrastete und zusätzlich in das des linken Flügels hineingedrückt wurde.[27] So war ein Öffnen nur möglich, wenn die Reliefs im Schrein gezeigt wurden. Wie die Flügel anderer Predellen dürfte auch diese Klappe beiderseitig bemalt gewesen sein. Zu betrachten waren diese Bilder aber nur, wenn die geöffnete Klappe nicht auf der Mensa lag, sondern hing, was eine erhöhte Aufstellung des Kreuzaltars auf einem Sockel voraussetzt, der die Mensa um etwas mehr als die Höhe der Predella überragte.

Der ursprüngliche Funktionszusammenhang einer im Prinzip ähnlich verwendeten Klappe im Domschatz zu Brandenburg ist nicht mehr rekonstruierbar. Die vier bekanntgewordenen Predellen mit horizontalen Klappen bzw. deren Scharnieren weisen andere Drehpunkte auf (Erfurt, Lund, Wernigerode).

Eine solche Predella erfordert eine Sockelhöhe, die eine auffällige Übereinstimmung mit den Chorschranken im Presbyterium zeigt, die Möckel im Grundriß und Längsschnitt des Münsters (Abb. 10) noch erfaßte.[28] Ein Rest blieb als Unterbau des Oktogons erhalten; weitere Spuren konnten im Chor in Form von Mörtelresten an den Pfeilern bzw. deren Vorlagen in den Arkaden und von Vermauerungen der Aussparungen in den Vorlagen für die oberen Balken der Vergitterungen gefunden werden.[29] In derartigen Aussparungen dürfte auch der Querbalken für das Kreuz in die Dienste des dritten Pfeilerpaares eingesetzt worden sein.[30] Sie wurden beim Abbruch der Dienste mit zerstört. Der Sockel hätte dann wohl auch als Unterbau der Chorschranke bis zu den Pfeilern gedient.

Diese Hypothese vom Aufbau des Kreuzaltars konnte durch Befunde am Reliquienkasten der Marienseite weder bestätigt noch widerlegt werden. Sie vermitteln jedoch eine Vorstellung davon, daß die Predella den Wandreliquiaren zuzuordnen ist, deren Realien einer Betrachtung fast völlig entzogen sind.[31] Die Indizien von zwei herausgebrochenen Scharnieren in der Bodenplatte (s. Abb. 6.5–6.7) und von Rostspuren eines Schließbleches, das Loch für einen Schloßriegel an der Deckplatte (Abb. 11) sowie die Schleifspuren an der Mittelwand vermitteln die Gewißheit, daß die verglasten Reliquiengefache durch ein Eisengitter sicher verwahrt waren (Abb. 12). Höchstwahrscheinlich konnte das Gitter inwendig zusätzlich mit einer Schiebestange wie bei alten Reisekoffern verriegelt werden. – Weniger gesichert ist die Vermutung, daß eine schwere horizontale Klappe das Gitter abdeckte, so daß eine abgestufte Sicherung wie bei Sakramentsschränken vorhanden gewesen sein könnte.[32] Umstritten blieb weiterhin die zäsurlose Verbindung des Querbalkens mit dem Schrein bzw. das Einsetzen des Kreuzes in den Balken, obwohl das Stecksystem des Aufbaus dies gut belegt. Die Skizze von R. Rüger ver-

Abb. 10 Doberan. Münster.
Längsschnitt und Grundriß nach Möckel.
1892; markiert sind die 1895 abgebrochenen
Chorschranken (Symbol/kariert); im übrigen der Zustand von 1984 mit neuem Standort
des Kreuzaltars (KA) und Fürstenstuhl (FS)

deutlicht die verschiedenen Auffassungen, die bei dem Kolloquium am 26. November 1982 in Doberan geäußert wurden, ohne den Anspruch auf Allgemeingültigkeit erheben zu wollen.[33]

Das Stecksystem

An den Schmalseiten der Predella ist jeweils ein Rundeisen (Ø 30 Millimeter) befestigt (s. Abb. 6). Sie überragen die Deckplatte um 180 Millimeter und passen in entsprechende Bohrungen in der Unterseite des Mittelschreins. Die Rotfassung der Schmalseiten überzog ursprünglich auch die mit Mennige vorgestrichenen Eisendorne. In der Oberseite des Schreins sind Bohrungen mit demselben Durchmesser und in gleicher Anordnung eingearbeitet. Die entsprechenden Bohrungen im Querbalkenrest (»Sattelholz«)[34] sind vor der Umarbeitung des Balkens im frühen 19. Jahrhundert bei Aufstellung des Kreuzaltars vor dem Westfenster ausgeführt worden, aber nach dem Fassen des Balkens im Mittelalter. Die Abfärbung erfolgte nach dem Anreißen und Ausstemmen des Zapfenloches für den Kreuzfuß.

Die Befangenheit bei der Beurteilung dieser zäsurlosen Verbindung wurzelt in dem Vergleich der Triumphkreuzgruppen in Pfarrkirchen und Domen mit den Großkreuzen der Zisterzienser. Diese Kreuze – zunächst auch nur gemalt – waren ursprünglich das einzig zugelassene Bildwerk in ihren Kirchen. Die Aufstellung von Schreinen und Retabeln wurde erst am Ende des 13. Jahrhunderts möglich, als die Haltung des Generalkapitels zur Ausschmückung der Kirchen liberaler geworden war. Es mag ein Zeichen der Überwindung letzter Barrieren der Bildaskese sein, wenn in Loccum erst am Anfang des 16. Jahrhunderts dem romanischen Kreuz ein Schrein »unterstellt« wurde. Die Abbildung bei Mitthoff[35] – Blick vom Mönchschor in das Mittelschiff – veranschaulicht recht gut, wie ein solches Kreuz, das direkt auf der Chorschranke stand, im Kirchenraum wirkte.

Um Feinheiten der Rekonstruktion zu klären, wurde ein Raummodell des westlichen Mittelschif-

Abb. 11 Kreuzaltar.
Predella der Marienseite:
Rostspuren des Schließbleches und Aushebung für den Schließriegel in der Deckplatte. 1983

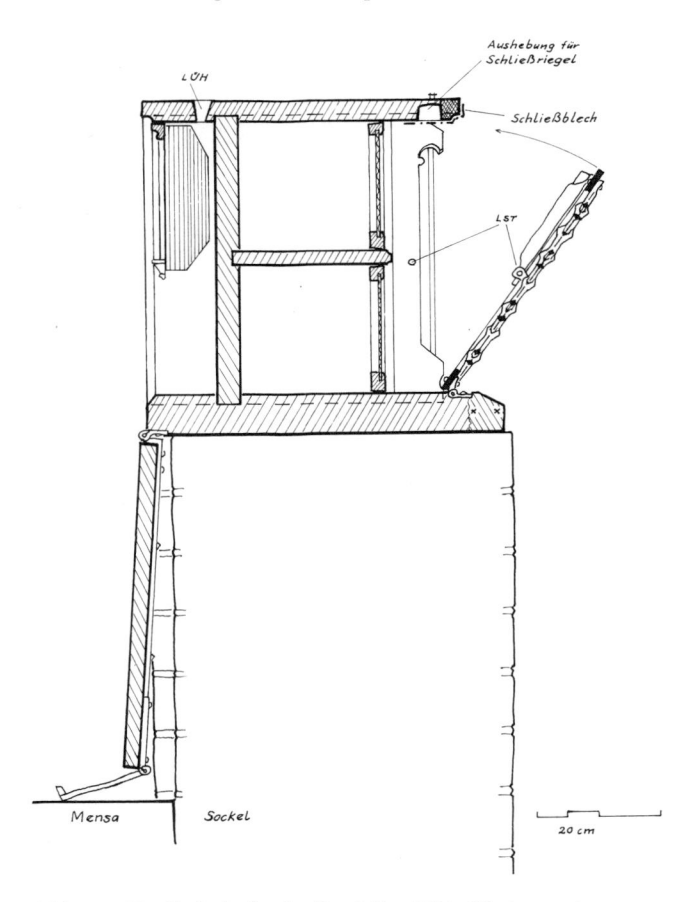

Abb. 12 Vertikalschnitt der Predella. 1984. Christusseite mit Klappe; Marienseite mit eingezeichnetem Gitter; Fiale an der Mittelwand ausgespart

LÜH Loch für Überfallhaken der Klappe
KS   Scharnier der Klappe
LST Loch für Verschlußstange hinter dem Gitter
GS   Spuren der Gitterscharniere

- angeschnittene Kanten
- 1896 veränderte Kanten
- 1896 eingesetzter Klotz am Loch für Schloßriegel
- Leimfläche für Maßwerk-Halteklotz
- 1983 angesetzte Kantenhölzer
- Vorritzungen und Holznägel
- Nagelung der Halbfiguren
- ehemalige Krampen
- Einsetzfenster der Reliquiengefache

Abb. 13 Raummodell: Blick von Osten
in das westliche Mittelschiff mit Kreuzaltar. 1983

Abb. 14 Kreuzaltar nach der Restaurierung.
Blick aus dem nördlichen Seitenschiff auf die Marienseite.
1984, vgl. Abb. 4

Seite 151:
Abb. 15 Kreuzaltar nach der Restaurierung, 1984

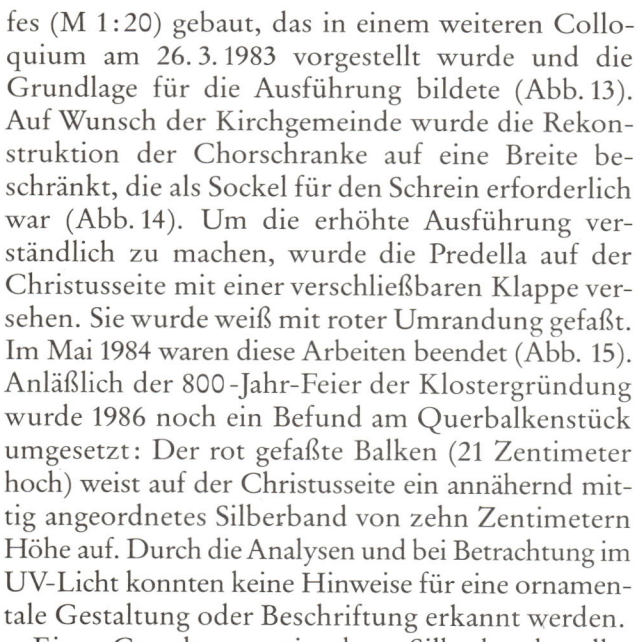

fes (M 1:20) gebaut, das in einem weiteren Colloquium am 26. 3. 1983 vorgestellt wurde und die Grundlage für die Ausführung bildete (Abb. 13). Auf Wunsch der Kirchgemeinde wurde die Rekonstruktion der Chorschranke auf eine Breite beschränkt, die als Sockel für den Schrein erforderlich war (Abb. 14). Um die erhöhte Ausführung verständlich zu machen, wurde die Predella auf der Christusseite mit einer verschließbaren Klappe versehen. Sie wurde weiß mit roter Umrandung gefaßt. Im Mai 1984 waren diese Arbeiten beendet (Abb. 15). Anläßlich der 800-Jahr-Feier der Klostergründung wurde 1986 noch ein Befund am Querbalkenstück umgesetzt: Der rot gefaßte Balken (21 Zentimeter hoch) weist auf der Christusseite ein annähernd mittig angeordnetes Silberband von zehn Zentimetern Höhe auf. Durch die Analysen und bei Betrachtung im UV-Licht konnten keine Hinweise für eine ornamentale Gestaltung oder Beschriftung erkannt werden.

Eine Gestaltung mit dem Silberband sollte einerseits die stets kritisierte kompakte Verbindung des Kreuzes mit dem Schrein durch eine Zäsur auflösen und zum anderen zwischen der Polychromie des Kreuzes und des Schreins vermitteln können. Damit aber die Gestaltung des Silberbandes möglichst auf die Länge des Balkenrestes begrenzt werden konnte, wurde statt eines Ornamentes der folgende, auch von Peter Eddelin notierte Satz übertragen: Effigiem Christi. qui transis pronus adora/sed non effigiem. sed quem designat adora (Dem Bilde Christi erweise immer die Ehre, wenn du vorübergehst. Doch nicht das Bild bete an, sondern den es abbildet).[36] In dieser Entscheidung bestärkte uns die Überlieferung einer Beschriftung an gleicher Stelle in Loccum.[37]

Beim Sichten dieser Verse wurde die Standortbezeichnung »in pariete« gefunden, die nunmehr die aus den Befunden gewonnene Vorstellung vom Aufbau des Kreuzaltars nachträglich bestätigte: eingebunden in die Chorschranke zwischen Mönchs- und Konversenchor.

Kreuzaltar in der ehemaligen Zisterzienserklosterkirche zu Doberan

Anmerkungen

1 Eddelin, P.: Dobberanische Denkwürdigkeiten, Dobberan 1664, S. 88 (Übersetzung S. 89). Zitiert nach dem Manuskript in der Wissenschaftl. Allgemein-Bibliothek Schwerin
2 Herrn Prof. Dr. Ernst Schubert in Halle habe ich für die Überprüfung und Bestätigung dieser Interpretation zu danken. – Möckel hat die Mensaplatten im Grundriß (1892) eingezeichnet; s. Kunst- und Geschichtsdenkmäler Mecklenburgs; Hrsg. E. Schlie, Schwerin 1899, Bd. III, S. 566
3 Klüver, H. H.: Beschreibung des Herzogtums Mecklenburg, Hamburg 1728, 2. Teil, S. 32: »Beym Altar vor die Communicanten: Der Leib des Herrn gegrüsset sey/...«
4 Schröder, D.: Wismarsche Erstlinge, Wismar 1732, S. 400: »An einem anderen Altar: Corpus. ave. Domini/...«
5 Eddelin, 1664, wie Anm. 1,; – Klüver, 1728, wie Anm. 3, S. 36; – Schröder, 1732, wie Anm. 4, S. 316, 342
6 Schröder, 1732, wie Anm. 4, S. 316: »An Altären sind/außer dem hohen Altar gegen Osten und dem diesen gegen Westen entgegen stehenden (Welcher doppelt/und vorinnen an der Westseite die vermeintlichen Reliquien liegen) in allen anitzo nur noch 13 vorhanden, die übrigen sind nach und nach weggebrochen.« – und: »Mitten in der Kirche ist ein hohes Creutz, auf welchem an der Seiten gegen Osten die Heilige Jungfrau Maria/an der Seiten gegen Westen aber der Herr Christus zu sehen.«
7 1774 wurden dem Sepulcrum im Kopfe der großen Madonnenfigur Reliquien entnommen, worüber folgende Notiz existiert: Diese Reliquien/diese sogenannten Reliquien sind bey Durchsuchung, ob das inmitten der Kirche stehende Kreuz an der Kette hinlänglich befestigt sey, in dem Kopfe der Mutter Maria gefunden worden. Dobberan die 2 Augusti 1774. D. Fiedler. – Reliquien und Schriftstück befinden sich heute in Privatbesitz.
8 Röper, J. P.: Geschichten und Anekdoten von Dobberan, Dobberan 1808[2], S. 233. – Nipperdey, C.: Gothische Rosetten altdtsch. Baukunst aus der Kirche zu Doberan, Rostock 1833, Bl. II
9 Schreiber, S. v.: Doberan und Heiliger Damm, Rostock 1855, S. 22: »... im Mittelschiff am westlichen Ende ... das gewalthige Hochkreuz hangend an Eisenketten und seinen Fuß stützend auf den ungläubig gewordenen Reliquienkasten ...«; S. 91: »... Darstellungen aus altem und neuem Testament, früher inmitten der Kirche, darunter der Reliquienkasten ...«
10 Archiv des Oberkirchenrates in Schwerin, Akten der Großherzogl. Central-Bauverwaltung, Vol. I/II/7, Bericht v. 31. 8. 1844: Wohin der Schrein versetzt werden sollte, wird nicht erwähnt, wie überhaupt zur Benennung der Posten des Kostenvoranschlages Erläuterungen fehlen.
11 wie Anm. 10, Bericht v. 24. 11. 1853
12 wie Anm. 10, Brief Severins v. 11. 12. 1845 an Bartning, der am Rand notiert: accepi d. 12. Decbr. 1845 B.
13 wie Anm. 10, Abrechnung v. 7. 9. 1847
14 Schriftstücke zu dieser Auseinandersetzung im Archiv des Instituts für Denkmalpflege/AST Schwerin ab 23. 12. 1892. – Die Zeichnungen Bartnings und Möckels zu gen. Akten scheinen verloren zu sein. – Eduard Heyck faßt sein Urteil über die Restaurierung Möckels zusammen in: Daheim, 46. Jg., Nr. 22, Berlin 1910, S. 11 ff. Die Arbeiten am Kreuzaltar unter Leitung von G. L. Möckel dürften – einer Inschrift an der Seitenkonsole der Predella zufolge – im Sommer 1897 zum Abschluß gekommen sein: »Carl Christmann Tischler/Doberan d. 29. April 1897.« Heinrich Schwark Tischler/Doberan d. 29. April 1897. Denn den Tischlerarbeiten folgten noch das Fassen bzw. partielle Übermalen.
15 Kühne, W.: Die Kirche zu Doberan, Doberan o. J. (nicht vor 1910); 1938[2]. – Lisch hat über den Kreuzaltar nichts publiziert. – Dolberg, L.: Die St.-Marien-Kirche der ehem. Cist.-Abtei Doberan, Doberan 1893, S. 14: Laienaltar als Trennung des Conversenchores vom Gästechor. – Schlie, F., wie Anm. 14, Stellungnahme v. 29. 12. 1893: »... wo Chor und Laienhaus aneinander grenzen.« (= Vierung/vgl. Entscheidung v. 16. 3. 1895)
16 Jensen, J. C.: Meister Bertram als Bildschnitzer – Das Verhältnis des Doberaner Lettneraltares zu den Skulpturen des Hamburger Petrialtares; Diss. Heidelberg 1956, S. 83 (Ms)
17 Lorenz, A. F.: Doberan, Berlin 1958, S. 68, Bild 11
18 Fründt, E.: Die Klosterkirche zu Doberan, Berlin 1976, S. 18. – Dieser Irrtum erneut im Grundriß des Münsters: Fründt, E.; Helms, Th.: Das Kloster Doberan, Berlin 1987, S. 13
19 Diese Lücke durch den Nachweis eines vergleichbaren Altaraufbaus in einer anderen Zisterzienserklosterkirche schließen zu können gelang nicht. Zwar stand in Loccum bis in das 19. Jahrhundert vor der Chorschranke ein Altarschrein, über dem das im 13. Jahrhundert gemalte Kreuz aufragte, aber der Schrein ist erst Anfang 16. Jh. entstanden; Nachrichten über einen Vorgänger scheinen zu fehlen. Mithoff: Kunstdenkmale u. Altertümer im Hannoverschen Fürstenthum Calenberg, Hannover 1871, Bd. I, S. 124
20 Bildende Kunst, H. 3, 1980 (Umschlagabb.)
21 Die Zisterzienser-Ordensleben zwischen Ideal und Wirklichkeit (Katalog), Bonn 1980, Abb. 2 auf S. 313
22 Entwurf I. (Kirchl. Baudienststelle Rostock/Dorsch) Entwurf II. (Inst. f. Denkmalpflege Schwerin/Voss)
23 Vermerk v. 23. 11. 1982 (G. Voß) über das Gespräch am 11. 10. 1982 R. Rüger u. G. Voß mit dem Verfasser
24 Irrtümlich als mittelalterlich datiert in »Die Parler und der Schöne Stil« (Katalog), Bd. 3, S. 51, Köln 1978
25 Röper, 1808, wie Anm. 8, S. 233
26 Diese Gruppierung erweitert um Origines, Dionysius, Chrysostomus und Johannes d. T. in der Predella des Hamburger Petrialtares
27 Abschürfungen in diesem Bereich der Unterkante des 1. Flügels
28 Siehe Grundriß u. Längsschnitt im Inventar der Bau- u. Kunstdenkmäler Mecklenburgs; Hrsg. F. Schlie, Schwerin 1899, Bd. 3, S. 566 u. 567, benutzt für Zeichnung 2
29 Ein entspr. Eisengitter ist überliefert in der Abb. auf S. 592 im Inventar, wie Anm. 28
30 In dieser Weise sind die Triumphkreuzbalken eingesetzt in den Kirchen zu Altenkirchen a. Rügen, Mestlin, Kr. Lübz, Neuburg, Kr. Wismar und Wismar, Nikolaikirche (Auswahl).
31 Diese Typisierung formulierte Hans Peter Hilger in einem Brief v. 29. 3. 1982. Der Verf. schuldet ihm auch Dank für den Hinweis auf folgende Publikation: Legner, A: Reliquienpräsenz und Wanddekoration; in: Die Jesuitenkirche St. Mariae Himmelfahrt in Köln (Beiträge z. d. Bau- u. Kunstdenkmälern im Rheinland, Bd. 28), Düsseldorf 1982. Auch werden Assoziationen zu erhöht aufgestellten Schreinen geweckt (vgl. Ausstellung »Kunst an Rhein und Maas«, Ergebnisband, Köln 1972, S. 89, Abb. 30 b). – In derartige Erwägungen wäre auch die um 1380 erfolgte Erhöhung des Doberaner Hochaltars einzubeziehen.
32 Sehr raffiniert ist der Verschluß der Reliquienkästen im Sokkelgeschoß des Retabels im Zisterzienserkloster Marienstatt: Drei aus einem Brett geschnitzte Maßwerkfenster lassen sich durch einen Schlitz in den Außenseiten des Mittel-

schreins und der Flügel einschieben und mit einem Schloß sichern. (Palm, Rainer, Einzelheiten am Marienstatter Retabel, in: 750 Jahre Abteikirche Marienstatt [Festschrift, Marienstatt 1977, S. 40/41, Abb. 5 u. 6])

33 Reinhard Rüger gestattete freundlicherweise die Veröffentlichung.
34 Dieses »Sattelholz« erregte auch die Vermutung, es sei eine »Abbreviatur« des Golgathahügels wie bei Triumphkreuzen in Italien und Jugoslawien.
35 Mithoff, 1871, wie Anm. 19, S. 123
36 Eddelin, 1664, wie Anm. 1, S. 82, mit der Lokalisierung »ad altare versus orientem«, was nach der Interpretation von Herrn Prof. Dr. Ernst Schubert so zu verstehen ist: nach Osten gewandt an dem Altar (zu lesen). Für diese Übersetzungshilfe sei herzlich gedankt.
37 Mithoff, 1871, wie Anm. 19, S. 125: Hic stah, ne cesses/veniunt semina messes//Post fletum risus. post hunc habitum paradisus. (Hier stehe, weiche nicht/den Saaten folgen Ernten//nach Weinen Lachen. Nach diesem Leben das Paradies.) Somit bestätigte sich auch die eine Vermutung F. Schlies »... in unserem Falle geradezu in dem Lettner...« (wie Anm. 28, S. 599), aber nicht seine Lokalisierung in der Vierung.

Ernst Badstübner

Das nördliche Querhausportal der Marienkirche in Frankfurt an der Oder

Die Marienkirche in Frankfurt an der Oder galt Georg Dehio als »die räumlich bedeutendste Kirche in den Marken«.[1] In der Tat hatte die Hallenkirche in ihrer vollendeten Gestalt am Ende des Mittelalters mit beachtlichen Dimensionen im Stadtbild gestanden, ein breitgedehntes fünfschiffiges Langhaus und ein langgestreckter dreischiffiger Umgangschor, dazwischen ein querhausartiger, die gesamte Breitenausdehnung übertreffender Raumteil, der eine im Erstbau grundgelegte Kreuzform des Ganzen bis zum Abschluß der Baugeschichte bewahrte.

Im Ursprung sollte die Frankfurter Marienkirche, mit deren Errichtung spätestens nach der Stadtrechtsverleihung durch die askanischen Markgrafen 1253 begonnen worden ist, vielleicht mehr als eine bloße Stadtpfarrkirche sein.[2] Das Konzept des Erstbaus, eine dreischiffige kreuzrippengewölbte Halle mit Querschiff und mehrteiligem Presbyterium sowie einer doppeltürmigen westlichen Eingangsfassade, hat mehr den Charakter einer Kathedral- oder Stiftskirche.[3] Diesen Eindruck unterstützt eine Feststellung des Jubilars, dem diese Zeilen gewidmet sind, nämlich, daß die quadratischen Mittelschiffs- und die betont längsoblongen Seitenschiffsjoche »sich ohne Zweifel aus der Benutzung von Fundamenten erklären, die für einen basilikalen Bau gedacht waren«.[4] Der neuerlich entdeckte Bauschmuck, in Sandstein gearbeitete Blatt- und Kopfkonsolen von teilweise hervorragender Qualität, lassen die erste Frankfurter Marienkirche schließlich als Ergebnis einer Bautätigkeit mit hohem künstlerischem Anspruch und Aufwand erscheinen, deren Träger der Landesherr und nicht die noch im Aufbau befindliche Stadt gewesen sein dürfte.[5] Die märkischen Städte bauten bis weit in die zweite Hälfte des 13. Jahrhunderts hinein ihre Kirchen nach den Notwendigkeiten des Raumbedarfs meist als einfache Säle oder als querschifflose Basiliken und immer mit Granitquadern, weil sie über die Ziegelproduktion noch nicht verfügten; diese befand sich, wie es scheint, bis zum Ende des 13. Jahrhunderts vorwiegend in landesherrschaftlichem Besitz. Frankfurt gehörte aber schon von Anfang an zu den begünstigten unter den märkischen Städten, und landesherrliche Förderung im Hinblick auf Kirchenbau und Kirchenausstattung

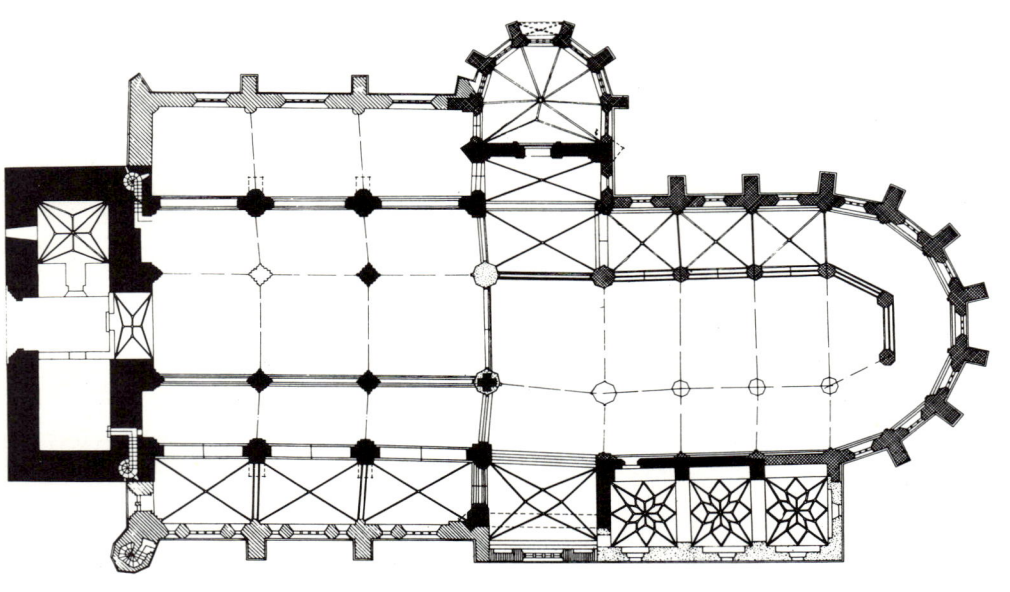

Abb. 1 Frankfurt (Oder), Grundriß der Marienkirche. Gegenwärtiger Erhaltungszustand (Aufnahme und Zeichnung von Christian Nülken)

1253 - ANFANG 14. JH
MITTE 14. JH. - 1376
ENDE 14. JH. - MITTE 15. JH.
ANFANG 16. JH - 1522
NACH 1522

Nördliches Querhausportal der Marienkirche in Frankfurt/Oder

Abb. 2 Gesamtansicht des Portals der Eingangshalle an der nördlichen Querhauswand. Alte Meßbildaufnahme, die Spuren einer ursprünglichen, zum Teil figürlichen Malerei erkennen läßt

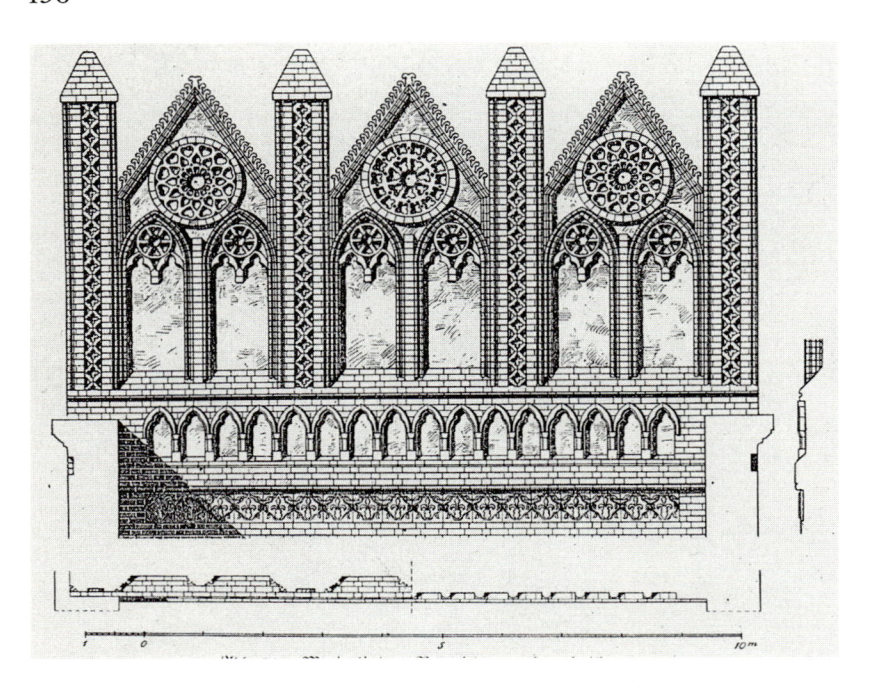

Abb. 3 Giebel der nördlichen Querhauswand. Rekonstruktionszeichnung aus »Die Kunstdenkmäler der Stadt Frankfurt a. d. O.«. Berlin 1912

Seite 157:
Abb. 4 a–c Wappen des Reichs, Böhmens und der Mark Brandenburg

wurde ihr nicht nur unter den askanischen Markgrafen, sondern auch späterhin zuteil.

Unter diesem Aspekt sei die Aufmerksamkeit nun auf die Gestaltungen der nördlichen Querhausfront gelenkt. Schon am Erstbau war sie, zumindest im (später durch das Dach des polygonalen Vorbaus verdeckten) Giebelbereich, nachweislich hervorgehoben: Über einem noch spätromanisch anmutenden Ornamentband in Dachgesimshöhe aus einer symmetrischen, auf zwei Ziegelplatten in gegenständiger Modellierung verteilten Lilienblattranke, die ihr Vorbild an den westlichen Teilen der Klosterkirche in Lehnin hat,[6] verläuft eine Blendarkatur aus gespitzten Kleeblattbögen auf achtkantigen Säulchen; die von ihnen gerahmten Blendfelder sind geputzt und tragen Reste figürlicher Malerei.

Während diese Blendgalerie zur Bauphase des 13. Jahrhunderts gehört, stammt die sich darüber aufbauende Giebelreihe dreier Wimperge aus einer späteren Periode. Fialenartige Pfosten mit durchbrochenen Bandmustern trennen die Felder voneinander. Sie selbst sind mit Doppelblenden gegliedert und tragen im Wimperg eine mehrringige Maßwerkrosette.[7] Diese Gruppe von Wimpergen hat ihre Entsprechung an der südlichen Schmalseite des Rathauses, das gleichzeitig auf dem nördlich der Kirche ringartig angelegten Markt errichtet worden ist. Hier standen sich also für eine kurze Zeit gleiche Gestaltungen zweier repräsentativer Fassaden gegenüber, einen städtebaulichen Raum einfassend und funktionelle Beziehungen von Gebäude zu Gebäude signalisierend: Zwischen Rathaus und Kirche bestand immer ein Wegezusammenhang, der in der ständig bewahrten Straßenverbindung von der Rathaussüdseite zum Nordquerarm der Marienkirche ausgedrückt blieb. In der Folge avancierte die Nordseite der Kirche zur Eingangsfassade und die Querhauspforte zum Hauptportal. Das anfängliche Kathedralkonzept der Bauanlage ging allmählich verloren, die Westseite büßte an Bedeutung ein und erfuhr eine gestalterische Aufwertung nicht mehr. Die Gestalt der Kirche wandelte sich entsprechend den Bedingungen, die sich von der Stadtgestalt her für sie ergaben.

Den Höhepunkt dieses Wandels stellte in der Mitte der siebziger Jahre des 14. Jahrhunderts die Anfügung einer polygonal geschlossenen Eingangshalle an die nördliche Querhausfront des Erstbaues dar. Durch diese Maßnahme wurde zwar die im vorangehenden beschriebene formal-gestalterische Korrespondenz zwischen Querhaus- und Rathausgiebel aufgehoben, aber durch die kapellenartige Gestaltung und vor allem durch die Anlage eines figurengeschmückten Sandsteinportals erfuhr die marktseitige Eingangssituation eine neuerliche Bedeutungssteigerung.

Noch zuvor, in den sechziger Jahren des 14. Jahrhunderts, ist der Hallenumgangschor – die Weihe des Kreuzaltars 1367 gilt als Vollendungsdatum[8] – an die Stelle des älteren Presbyteriums getreten. Man erkennt im 1361 begonnenen Chor der Nürnberger Sebalduskirche das Vorbild für den neuen Chor in Frankfurt, der dann von beiden, nach dem gleichen Plan gebauten Chören der zuerst vollendete gewesen wäre und den im süddeutschen Hausteingebiet unter wesentlichem Anteil der Baumeisterfamilie der Parler entwickelten und später auch in Böhmen verbreiteten neuen Bau- und Raumtyp für das märkische und pommersche Backsteingebiet übernommen und verwendbar gemacht hätte.[9] Der neue Chor der Frankfurter Marienkirche war in seiner Erscheinung gegenüber den Vorbildern

Nördliches Querhausportal der Marienkirche in Frankfurt/Oder

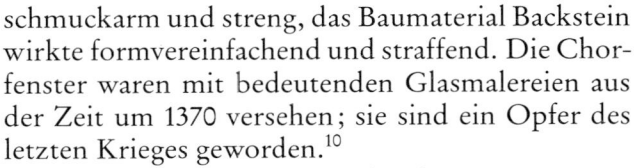

schmuckarm und streng, das Baumaterial Backstein wirkte formvereinfachend und straffend. Die Chorfenster waren mit bedeutenden Glasmalereien aus der Zeit um 1370 versehen; sie sind ein Opfer des letzten Krieges geworden.[10]

Noch einmal sei Georg Dehio herangezogen; er bemerkt zu den märkischen Hallenumgangschören in dem eingangs zitierten Zusammenhang: »Wir kennen dies Motiv als südostdeutsch. Die Vermutung einer Einwanderung aus Böhmen in der Zeit, als Kaiser Karl IV. Herr der Mark war, liegt nicht fern.«[11] Karl IV. hatte die Mark Brandenburg 1373 erworben,[12] und ein Zeichen böhmischer Herrschaft in dieser Zeit wurde nun an der Nordseite der Marienkirche in Frankfurt mit einer neuen repräsentativen Eingangsgestaltung am Querschiff gebaut, ein siebenseitiges Polygon wie eine Kapelle, mit schlanken spitzbogigen Fenstern zwischen Strebepfeilern an den Polygonecken und einem abgewalmten Satteldach, das seitdem die Wimpergreihe des alten Querhausgiebels verdeckt. Im Scheitelfeld des Polygons fand ein Portal seinen Platz, so daß Kapelle und Eingang zu einer Einheit von höherer Bedeutung zusammengewachsen scheinen. Das Portal ist von einem Kreuzrippengewölbe zwischen den flankierenden Strebepfeilern baldachinartig überdacht. Es war eine hohe Eingangsnische entstanden, deren Stirn- und Seitenwände plastischen Schmuck tragen, Figuren und Reliefs, die aus Sandstein gehauen sind wie das Portalgewände selbst und – was die Bedeutung des ganzen unterstreicht – auch die Rippen des Gewölbebaldachins. In dieser aufwendigen Form ist solche Eingangsgestaltung im märkischen Backsteingebiet einmalig, die Gründe dafür dürften in der geschichtlichen Situation zu suchen sein, in der sich die Mark Brandenburg seinerzeit befand. Karl IV. bemühte sich als Landesherr wie seine askanischen und wittelsbachischen Vorgänger um die blühende Fernhandelsmetropole an der Oder. Es ist denkbar, daß er sie zu »seiner« Stadt, zu einer Stadt des Reiches hat machen wollen. Das Portal jedenfalls zeugt davon, daß hier der Kaiser, der gleichzeitig böhmischer König und Markgraf von Brandenburg war, seinen Einzug halten wollte oder sollte: An der Stirnwand unter dem Baldachingewölbe sind in drei Rundfeldern Wappen modelliert, der Doppeladler des Reichs, Böhmens Löwe mit dem zweifachen geknoteten Schwanz und Brandenburgs (roter) Adler. Darunter sind an den Nischenwänden und in den Bögen des Portals Figuren nach einem inhaltlichen Programm angeordnet, wie es für Herrscherportale vorgeschrieben war:

Epiphanie und Parusie sind wesentlicher Bildgegenstand, wobei die Hinweise auf die Ankunft Christi überwiegen und die Zeichen seiner Wiederkunft beim Jüngsten Gericht auf Andeutungen beschränkt bleiben.

So symbolisieren Personen aus dem Alten Testament, Moses, König David und zwei Propheten, schmale, fast körperlose Figuren unter architektonischen Baldachinen in der inneren Kehle des Portalgewändes, die Ankündigung und Erwartung des Messias. Zu beiden Seiten des Portalbogens stehen zwei weitaus größere, nahezu vollplastische Figuren einander gegenüber, links der Erzengel Gabriel, ein majuskelbeschriebenes Schriftband vor sich haltend, und rechts die Maria, der die Geburt eines Sohnes angezeigt wird, eine Szene als Hinweis auf die Menschwerdung Christi. Der Verkündigungsengel und die Maria wollen mit den Fußplatten nicht so recht auf ihre mit Fabelwesen überaus reizvoll dekorierten Konsolen passen. Die Baldachine über dem Engel und der Maria dienen zwei Figuren aus einer weiteren Szene als Standfläche. Es sind Könige aus der Anbetung der Maria, gleichsam die dritte und höchste Stufe, die Zeugenschaft der Ankunft Christi in dem hier zur Darstellung gelangten ikonographischen Programm. Links kniet Balthasar, der Älteste, rechts steht Melchior, den rechten Arm im Zeigegestus angewinkelt erhoben; rechts neben ihm, auf eigener Greifenkonsole, vervollständigt Caspar, der Jüngste der drei Könige, die Gruppe. Alle drei wenden sich der Maria mit dem Kinde auf der Kreuzblume über dem Scheitel des Portals zu. Diese Mittelstellung der Maria ist selten, häufiger stehen alle Könige auf einer Seite. Die Anordnung dürfte hier inhaltliche Gründe haben: Die Gottesmutter ist nicht nur Teil einer Szene, sondern zugleich auch Hauptfigur des Portals. Obwohl die Gesten der Könige beweisen, daß die Komposition bewußt gewählt war, hat sich der Eindruck, die Figuren seien nicht für den Zusammenhang gearbeitet worden, in dem sie jetzt stehen, bei kürzlich durchgeführten restauratorischen Untersuchungen bestätigt: Die Madonna ist vollplastisch und trägt an der Rückseite deutliche Spuren der Vergoldung ihres Gewandes; die Aufstellung an einem anderen Ort war zumindest geplant.[13]

Als Zeugen der Epiphanie haben die Heiligen Drei Könige in der Ikonographie der »Goldenen Pforten« ihren festen Platz. Als Hinweis auf die Parusie wird man die Halbfigur eines segnenden Christus im Bogenscheitel des Portalgewändes ansprechen können. Sie ist das Bild des Weltenherrschers und Richters am Ende der Zeiten. Nicht leicht einzuordnen ist der Schmerzensmann an der Außen-

Abb. 5 a und b
Moses und David
aus dem Portalgewände

Nördliches Querhausportal der Marienkirche in Frankfurt/Oder

Abb. 6 a und b
Propheten aus dem
Portalgewände

Abb. 7 a und b
Verkündigungsgruppe

Ernst Badstübner

Abb. 8 a–d
Anbetung der Könige

Seite 161:
Abb. 9 Christus
im Scheitel des
Portalgewändes

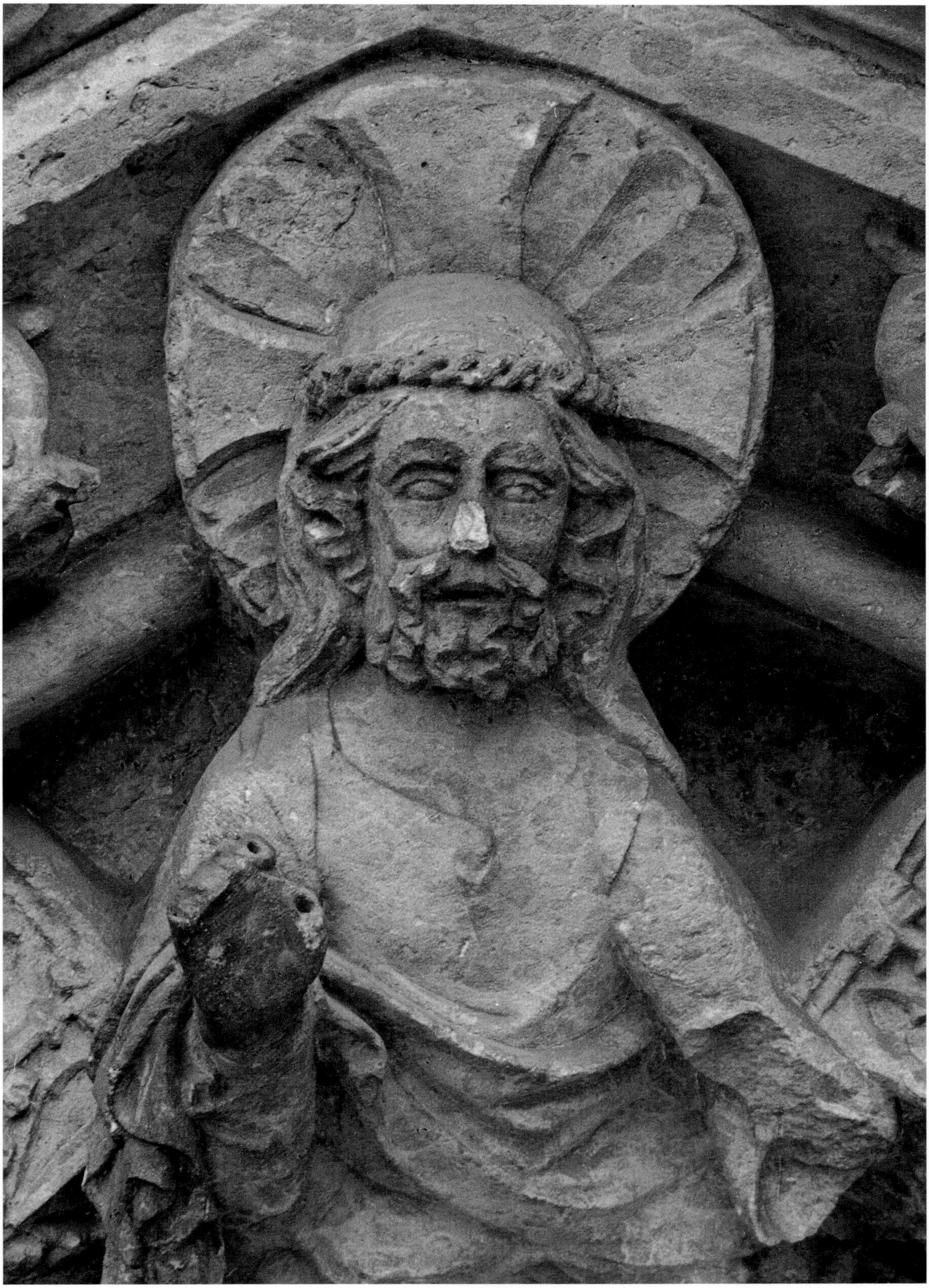

ecke des rechten Strebepfeilers neben dem Portal, vermutlich doch wohl auch eine Art Kurzformel innerhalb dieser ja offensichtlichen Reduktion eines universaler gemeinten Programms. In dieses gehören schließlich auch die Relieftafeln, die etwa in Höhe des Gewölbeansatzes vom Portalbaldachin die Fronten der Strebepfeiler zieren. Auf ihnen sind die Apostel Jakobus, Matthäus, Johannes und Petrus sowie Johannes der Täufer dargestellt, die Schutzpatrone von Patrizierfamilien und der Stadt, die sich mit ihren Wappen am Kirchbau verewigt wissen wollten und möglicherweise mit Stiftungen um ihres Seelenheils willen zu seiner Errichtung beigetragen haben. Ora pro nobis sagt die Majuskelinschrift jeder Tafel aus. Dadurch kommt ein bürgerlich-individuelles Element in das von hochmittelalterlichen Herrschaftsvorstellungen geprägte Bildprogramm, ein im übertragenen Sinne »realistisches« Element, wie es typisch ist für Haltungen im Umfeld der böhmischen Kunst der zweiten Hälfte des 14. Jahrhunderts.[14]

Aussagen über den Stil der Frankfurter Plastik zu machen fällt schwer. Manches wirkt zeittypisch wie die pfahlartigen Figuren im Portalgewände mit leichter, dem Bogen angepaßter Krümmung des Körpers und dekorativ behandeltem Faltenwurf der Kleidung, etwa beim David; charakteristisch auch die geknotete Kopfbedeckung beim linken Propheten. Altertümlicher erscheint dagegen die stärkere Plastizität der Verkündigungsgruppe in Körper- und Gewandauffassung. Und doch entdeckt man gemeinsame Äußerlichkeiten, wie die Nimbenrosetten bei den Figuren der Verkündigung und im Gewände (rechter Prophet) oder den Haarkranz aus Blumen beim Gabriel und einem Konsolkopf unter dem Baldachingewölbe. Man kommt nicht umhin, die ganze Arbeit in der Hand einer einheitlich geleiteten Steinmetzengruppe enstanden zu sehen. Auf einen stilistischen Zusammenhang mit dem »Böhmischen« befragt, scheinen gerade die Konsolbüsten am ehesten eine bejahende Antwort zuzulassen, vielleicht auch die etwas untersetzten (wegen der Untersicht?) großköpfigen Königsfiguren der Anbetungsgruppe, aber doch wohl mehr in dem Sinne, daß das Zeittypische damals eben das »Böhmische« war. Mehr kann auch der naheliegende Hinweis, daß Nürnberg wie für die Architektur so auch für die Plastik in Frankfurt anregende Vorbilder abgegeben haben könne,[15] nicht meinen wie

Abb. 10 Schmerzensmann am rechten Strebepfeiler

Seite 163:

Abb. 11 a und b Konsolbüsten unter einer Gewändefigur und im Gewölbe

Abb. 12 a und b Wappentafeln mit Aposteln von den Stirnseiten der Strebepfeiler

Nördliches Querhausportal der Marienkirche in Frankfurt/Oder

auch andere sich anbietende Vergleichsmöglichkeiten mit plastischen Arbeiten parlerschen Charakters im Südwesten oder Südosten aus der zweiten Hälfte des 14. Jahrhunderts. Und so ist auch die Frage nach dem tatsächlichen Herstellungsort der Steinplastik am Querschiff der Marienkirche nicht zu beantworten. Auf keinen Fall ist in Frankfurt selbst eine Steinbildhauerwerkstatt zu erwarten. Es müssen zeitweilig zugewanderte Steinmetzen vorausgesetzt werden, die möglicherweise Material (für

Abb. 13 Frankfurt (Oder). Ehemalige Marienkirche. Teilansicht des Portals der Eingangshalle an der nördlichen Querhauswand. Nach der Restaurierung von 1986/87

das eigentliche Portal) und fertige Stücke (die frei stehenden Figuren) mitgebracht haben.[16] Bildhauer mit herausragenden künstlerischen Fähigkeiten waren sie nicht, aber sie beherrschten ihr Handwerk und den Formenkanon der Zeit, um die gestellte Aufgabe nach einem vorgeschriebenen Programm zu erfüllen.

Anmerkungen

1 Dehio, G.: Geschichte der deutschen Kunst II, Berlin und Leipzig 1930, S. 76. Was in das Handbuch Dehios »Nordostdeutschland« (2. Aufl. 1922) eingeflossen ist, allerdings aus der Feder von Julius Kohte, ist baugeschichtlich völlig unzutreffend. Im Verlaufe der gegenwärtigen Wiederherstellungsarbeiten an dem im zweiten Weltkrieg bis auf die Umfassungswände zerstörten Bauwerk ergibt sich ein neues Bild von dessen Geschichte und ursprünglicher Gestalt; der derzeitige Stand der Erkenntnisse, zusammengefaßt in der Neubearbeitung des Handbuches der deutschen Kunstdenkmäler, Bezirke Cottbus und Frankfurt (Oder), Berlin 1987, S. 102–106; ferner in: Badstübner, E; Sachs, H.: Kirchen in Frankfurt (Oder), Berlin 1987, und in: Denkmale in Berlin und der Mark Brandenburg, Weimar 1987, S. 423–432 (Bericht von Christian Nülken). An älterer Literatur ist nachzutragen: Kunath, G.: Die mittelalterlichen Siedlungstypen Norddeutschlands und das Stadtbild von Frankfurt (Oder), 1939 (Ms. im Stadtarchiv Frankfurt (O.); Haese, K.: Die Marienkirche I zu Frankfurt (Oder), in: Wiss. Zeitschr. der Ernst-Moritz-Arndt-Universität Greifswald, Ges.- und sprachwiss. Reihe Nr. 4/5, X, 1961; Krause, A.: Die Marienkirche I zu Frankfurt (Oder), ebd., XVIII, 1969; Schade, G.: Zur Baugeschichte der Frankfurter Marienkirche, in: Jahrbuch für brandenburgische Landesgeschichte 15, 1964

2 Badstübner, E.: Stadtkirchen der Mark Brandenburg, Berlin 1983, S. 17

3 Die Annahme eines einschiffigen Chores mit Halbkreisapsis und Nebenapsiden an den Querschiffarmen (Schade, 1964, wie Anm. 1, S. 11, nach Haese, 1961, wie Anm. 1) hat sich als nicht zutreffend erwiesen (vgl. Nülken, 1987, wie Anm. 1).

4 Lehmann, E.: Bemerkungen zu den beiden Vorgängerbauten der Nikolaikirche; in: Reinbacher, E.: Die älteste Baugeschichte der Nikolaikirche in Alt-Berlin, Berlin 1963, S. 86

5 Backsteinarchitektur und Bauschmuck der Marienkirche in Frankfurt an der Oder (für den Druck vorliegendes Ms. des Verfassers)

6 Hamann, R.: Die Baugeschichte der Klosterkirche zu Lehnin und die normannische Invasion, Marburg 1923, S. 85, der das Ornament mit einem ähnlich symmetrisch komponierten Blattrankenmuster an der Ostapsis des Bamberger Doms vergleicht

7 Die Kunstdenkmäler der Stadt Frankfurt a. d. O., bearbeitet von Wilhelm Jung, Berlin 1912, S. 51, Abb. 34 und 35

8 Nach Kunath, 1939, wie Anm. 1, Krause, 1969, wie Anm. 1, S. 381, Anm. 4, u. a.

9 Schade, G.: Der Hallenumgangschor als bestimmende Raumform der bürgerlichen Pfarrkirchenarchitektur in den brandenburgischen Städten von 1355 bis zum Ende des 15. Jh., Diss. Halle 1962

10 Jung, 1912, wie Anm. 7, S. 63 f. und Tafeln 10–14; Wentzel, H.: Meisterwerke der Glasmalerei, Berlin 1951, Abb. 151, 152; Seeger, J.: Die Antichristlegende im Chorfenster der Marienkirche zu Frankfurt (Oder); in: Städel-Jahrbuch NF 6, 1977

11 wie Anm. 1

12 Schultze, J.: Die Mark Brandenburg, 2. Band, Berlin 1961, S. 161 ff.

13 Die Restauratoren (Restaurierungsbericht des VEB Denkmalpflege Berlin vom 30. 6. 1986, gez. Bernhard Klemm) vermuten eine Konzeptionsänderung, durch die zu einem späteren Zeitpunkt die Skulptur der Madonna dem Portalaufbau zugeordnet worden sei. Tatsächlich ist die obere Hälfte der Kreuzblume, deren Versatzwerkstein tief in das Backsteinmauerwerk der Portalwand einbindet, abgearbeitet und ausgehöhlt, um die vollplastische Marienfigur aufzunehmen, die ihrerseits die zu Tieren (Löwen?) ausgearbeiteten Krabben zum Sockel hat. Der Vorgang wird sich aber nicht nachträglich, sondern während der Portalentstehung abgespielt haben, es sei denn, die jetzige Figur ist zu einem nicht bekannten Zeitpunkt an die Stelle einer ursprünglichen getreten, die ja vom Bildprogramm her an dieser Stelle erforderlich war. Stilistisch aber besteht m. E. kein Grund, die Figur anders als in die Entstehungszeit des Portals zu datieren trotz des altertümlichen Habitus; auch erscheint sie als auf Untersicht, also für eine der jetzigen entsprechende Aufstellung gearbeitet. Bei der Restaurierung sind Reste einer freien Farbfassung sowie ein Zementschlemmputz auf dem Backsteinmauerwerk von 1936 (Akten des IfD Berlin) abgenommen worden. Die Untersuchungen galten den ursprünglichen Farbfassungen: Als älteste Farbfassung (Fassung I) konnte eine Rotlasur auf dem Mauerwerk, ein Blau (Azurit?) in den Hohlkehlen um die Wappenmedaillons und auf den geputzten Gewölbekappen festgestellt werden.

14 Vgl. dazu die Ausführungen von Stejskal, K.: Karl IV. und die Kultur und Kunst seiner Zeit, Prag 1978, S. 138 ff., zu den Porträtbüsten im unteren Triforium des Prager Domes, ihre Einbeziehung in das universale heilsgeschichtliche Programm, ihre Rezeption von Antike und ihre Antizipation von Renaissance; ferner Hausherr, R.: Zum Auftrag, Programm und Büstenzyklus des Prager Domchores; in: Zeitschrift für Kunstgeschichte 34, 1971

15 Bei Schade, 1962, wie Anm. 9. Auffallende Ähnlichkeit hat der David in Frankfurt mit einem Propheten an der Moritzkapelle in Nürnberg; dieser seinerseits verfügt über das geknotete Kopftuch, wie es der linke Prophet in Frankfurt besitzt, und das auch an die Köpfe vom Schönen Brunnen in der Skulpturensammlung der Staatlichen Museen zu Berlin erinnert (Die Parler und der Schöne Stil 1350–1400, Handbuch zur Ausstellung Köln 1978, Band 1, S. 369). Bier, J.: Nürnbergisch-fränkische Bildhauerkunst, Bonn 1922, S. 13, Abb. 19, datiert den Propheten an St. Moritz in die Spätzeit des 14. Jh., dagegen (eigentlich auch überzeugender) Pinder, W.: Die Kunst der ersten Bürgerzeit, Köln 1956 (Bilder), Abb. 91, S. 461, in die Erbauungszeit der Kapelle um 1303. Vielleicht ist das rückschrittliche Stilverhalten unter den Frankfurter Arbeiten tatsächlich eine Folge Nürnberger Einflusses. Die nachträgliche Zusammenstellung einer älteren Madonnenfigur mit jünger gearbeiteten Königen zu einer Anbetungsgruppe in gleicher Anordnung wie in Frankfurt findet sich um 1360 in St. Lorenz in Nürnberg (ebd., Abb. 10, 11 bzw. Abb. 210).

16 Definitive Aussagen seitens der bei der Reinigung und Konservierung herangezogenen Geologen über die Herkunft des Sandsteins liegen gegenwärtig nicht vor. Auf keinen Fall aber stammen alle Stücke aus dem gleichen Bruch.

Eva Frodl-Kraft

Das Bildfenster im Bild

Glasmalereien in den Interieurs der frühen Niederländer

Die Anregung zur erneuten Befassung mit einem so peripheren, d. h. einem Meta-Phänomen der Glasmalerei, verdanke ich einem hochbedeutenden Bodenfund von Glasmalereifragmenten in Gent und vor allem dem Bericht, den A. de Schryver darüber auf dem letzten internationalen Corpus-Vitrearum-Kolloquium in Amsterdam 1987 vorgelegt hat.

Es sind im besonderen jene höchst reizvollen, in Grisaille auf farbloses Glas gemalten Drôlerien aus dem Anfang des 14. Jahrhunderts, von denen einige Proben schon 1986 in Brüssel gezeigt worden sind.[1] Ihre Bedeutung beruht nicht allein auf ihrer Qualität und auf ihrer Einzigartigkeit im Hinblick auf den so weitgehenden Verlust der niederländischen Glasmalerei des Mittelalters. Ein zusätzliches Interesse verleiht ihnen vielmehr die Tatsache (worauf de Schryver hingewiesen hat), daß nahezu die gleichen Drôlerien in der Lucas-Madonna Rogiers van der Weyden erscheinen, und zwar in den Randborten der beiden Fenster, des Rundfensters in der Mitte und der Oberlichte des Seitenfensters rechts.[2] Es gab also in den Niederlanden tatsächlich auch Anfang des 14. Jahrhunderts eine höchst qualitätvolle Glasmalerei, und Rogier mußte keineswegs bis in die Normandie oder nach Paris gehen, um anregende Modelle von Sophistikation und ästhetischer Raffinesse zu finden.[3] Jedenfalls hat er sich mit penibler Treue nicht nur motivisch, sondern auch stilistisch an ein Vorbild von der Art der Genter Drôlerien gehalten.

Das sagt allerdings keineswegs, daß die Tafelmaler für die Glasgemäldefenster, mit denen sie häufig ihre sakralen oder profanen Interieurs bereicherten,[4] auf die Vorbilder in ihrer engeren Heimat angewiesen waren. Nebst den für die großen Meister zum Teil verbürgten Reisen ist jedenfalls auch eine pragmatische Vorgangsweise in den niederländischen Ateliers des 15. Jahrhunderts in Betracht zu ziehen[5]: Gewiß gehörten auch die Motive und Kompositionstypen von Bildfenstern zu jenem Werkstattgut, das, einmal gesammelt, weitertradiert und verwendet wurde. Das heißt zugleich, daß ein Glasgemälde oder ein Bildfenster in einem Tafelbild, auch wenn es durchaus individuell und einmalig erscheint, keineswegs auf ein unmittelbar übernommenes Vorbild zurückgeführt werden muß.

Damit sind zugleich die Vorbehalte gegen ein Rückschließen von den Bildfensterdarstellungen der Tafelmalerei in den Niederlanden auf deren verlorene Glasmalerei umrissen, so naheliegend eine Verallgemeinerung nach dem Fund von Gent auch wäre.

Es gibt zweierlei Glasgemälde bzw. Bildfenster auf den Interieurdarstellungen der frühen Niederländer: »archäologische«, d. h. solche, die Formtypen und Stil einer vergangenen Epoche nachbilden, und andere, die sowohl im Fenstertypus wie in der Instrumentierung und im Detail durchaus der Entstehungszeit der Bilder selbst entsprechen. In ihnen begegnen sich sowohl »verrières mixtes« bzw. »band windows«, d. h. bunte, von farblosen Partien eingefaßte Felder, als auch jener zur Gänze durchgestaltete Fenstertypus, in dem die Binnengliederung architektonischen Elementen obliegt, d. h. den reich ausgebildeten, oft mehrgeschossigen Baldachinen der Spätgotik.

Es ist zur Genüge bekannt, daß »archäologische« Elemente in den niederländischen Bildern des 15. Jahrhunderts in einem Bedeutungszusammenhang zu sehen sind; ihre altertümliche, einer abgeschlossenen Vergangenheit zugehörige Erscheinung soll häufig jene Epoche beschwören, die mit dem Erscheinen Jesu Christi beschlossen wurde, also das »Altertum« des Christentums, die Zeit vor und unter dem Gesetz Mosis, kurz das Alte Testament, allerdings nicht um seiner selbst willen, sondern als typologischer Hinweis auf das Heilsgeschehen, auf die noch fortdauernde Zeit der Gnade.

In diesem semantischen Kontext stehen auch – zumeist – die »archäologischen« Bildfenster; wie aber verhält es sich mit den »zeitgenössischen«? Gibt es etwa Darstellungsmodi, die die Wahl

Das Bildfenster im Bild der frühen Niederländer

Abb. 1 H. Memling. Diptychon des Maarten van Nieuwenhove. Brügge. Museum: linker Flügel

Abb. 2 H. Memling. Diptychon des Maarten van Nieuwenhove. Brügge. Museum: rechter Flügel

Abb. 3 H. Memling. Diptychon des Maarten van Nieuwenhove. Brügge. Museum: rechter Flügel, Ausschnitt: Glasgemälde mit dem hl. Martin

einerseits historisierender, andererseits zeitgemäßer Bildfenstertypen bestimmen? Die Frage stellt sich, und wir werden versuchen, sie im Auge zu behalten, aber es sei gleich vorausgeschickt, daß eine eindeutige Antwort darauf hier nicht erwartet werden kann.

Das Fensterbild als Attribut des Stiftes

In jeder Hinsicht am einfachsten ist der Fall der Übertragung einer realen zeitgenössischen Gepflogenheit in das Fenster im Bild: der Brauch nämlich, Stubenfenster mit dem Wappen des Besitzers zu schmücken. Die Wappen der Stifter erscheinen also häufig in den mit Butzen oder Rauten verglasten Oberlichten der auf den Bildern dargestellten Interieurs. In einem Akt anachronistischer Gleichsetzung dieses zeitgenössischen Brauchs wird das Doppel-Adler-Wappen des Heiligen Römischen Reichs aber auch Kaiser Augustus zuerkannt (Rogier, Bladelin-Altar, Kaiser Augustus mit der Sibylle von Tibur).[6]

Auf eine neue und komplexere Bedeutungsebene wird die attributive, d.h. rein lineare Beziehung Stifter–Wappen in Memlings Diptychon des Maarten van Nieuwenhove (auf dem Rahmen dat. 1487) gehoben.[7] Während der linke Flügel der Madonna und dem Stifterwappen vorbehalten war (Abb. 1), sollte der rechte nicht nur das Bildnis des Donators,

Abb. 4 H. Memling. Darbringung. Washington. National Gallery

sondern auch das seines Patrons, des hl. Martin, zeigen (Abb. 2, 3). Sei es, daß der Flügel neben dem Hauptgegenstand, dem Stifterporträt, nicht genügend Platz für eine Darstellung des Patrons in angemessener Größe auf der Realitätsebene des Stifterbildes bot, sei es, daß Memling (was wohl wahrscheinlicher ist) von vornherein das reizvolle Spiel mit zwei Realitätsebenen suchte: Er fand jedenfalls eine höchst originelle Lösung, indem er den Patron als Fensterbild im Bild darstellte. Die Scheibe hat einerseits Anteil an der illusionistischen Interpretation der Abschlußwand des Raumes: Fluchtlinien der Quereisen aller drei Fenster, also auch der Martinsscheibe, Überschneidung des rechten Randes der Scheibe samt dem Bettler durch eine Säule, Landschaftsdurchblick darunter; aber sie löst sich andererseits sehr merkbar aus dem bloßen Dienst an der »Wirklichkeits«-Illusion: frontales Herauswenden von Pferd und Reiter, Figurensockel von

eigener Räumlichkeit, vor allem aber die gegenüber der gedämpften Farbigkeit des gesamten Bildes betonte Buntheit (Martins roter Mantel!). Nicht nur Tracht und Stil des Heiligen, sondern auch der formale Typus der Scheibe entsprechen ganz der Entstehungszeit des Bildes. Damit fügt sich das Glasgemälde bruchlos dessen Gesamtstimmung ein. – Von der Wappenscheibe des linken Flügels (Abb. 5) wird noch zu sprechen sein.

Das Bildfenster als sakraler Kommentar

Die ebenfalls Memling zugeschriebene »Darbringung« der National Gallery in Washington (Abb. 4)[8] ist im Hinblick auf die darin wiedergegebenen Bildfenster von doppeltem Interesse. Gerade mit diesem Motiv nämlich weicht Memling von seinem berühmten Vorbild, dem Darbringungsflügel von Rogiers Columba-Altar, ab (Abb. 5).[9] Die beiden rech-

Abb. 5 Rogier van den Weyden.
Columba-Altar.
Darbringung.
München, Alte Pinakothek

Abb. 6 Meister von Flémalle (Werkstatt). Verkündigung. Brüssel. Musée de Beaux Arts

ten Fenster in Rogiers »romanischem« Zentralbau weisen ornamentale Vierpässe auf, die, nur durch die Eisenarmierung verankert, frei in einer blanken Rautenverglasung schweben. Auf eine sozusagen unverbindliche Weise unterstützen sie das Stilbild der Bauformen, das bekanntlich im Gegensatz zur »Darbringung« im Vordergrund die Epoche vor der Menschwerdung Christi evozieren soll.

Wollte jemand diese Deutung anzweifeln, so kann ihn gerade Memlings Fassung des Rogierschen Prototyps überzeugen. In der Tradition des Meisters von Flémalle (Vermählung Mariae im Prado) läßt er nämlich den altertümlichen, dem Alten Testament zugeordneten Bauteil im Hintergrund links vorne in eine gotische Kirche übergehen, die der Zeit »sub gratia« zugeordnet ist.[10] Zur sozusagen wörtlichen Erläuterung dieses Sinnzusammenhanges verwandelt er die ornamentalen Fenster Rogiers unter Beibehaltung des Vierpaßmotivs (das hier stilistisch eindeutiger auf das 13. Jahrhundert festgelegt wird) in figurale Fenster (s. Abb. 13): die Szenen aus der Schöpfungsgeschichte (Erschaffung des ersten Menschenpaares) sind unmißverständlich typologisch auf das im Vordergrund einsetzende Heilsgeschehen bezogen. Es ist sicher kein Zufall, daß das große, von einer Säule überschnittene Fenster rechts, nahe der Stelle, an welcher der Bau des Alten Testaments jäh abbricht, ein dezidiert anderes, und zwar eindeutig gotisches Stilbild zeigt. Ungeachtet der die Raumillusion fördernden Überschneidung ist es klar erkennbar: schmale gotische farbwechselnde Borte, große monochrome Figur vor blauem Grund unter reichem, ebenfalls monochromem Baldachin. So eindeutig das Fenster trotz seiner eingeschränkten Sichtbarkeit stilistisch definiert und damit geeignet ist, auf dieser räumlich offenen Bildseite auf die angebrochene Ära der Gnade hinzuweisen, sowenig kommt ihm andererseits eine präzise inhaltliche Aussage zu. Es gehört gleichermaßen in den Zusammenhang der Illusion schaffenden Elemente und in den übergeordneten Sinnzusammenhang, aber es sagt selbst nichts aus. Das gilt wohl auch für das ebenfalls überschnittene Fenster mit Ovalmedaillons: Der Betrachter oder zumindest der Besteller mußte um die ikonographische Bedeutung (sofern es eine solche gab) der gerade noch erkennbaren Figuren bereits wissen, ablesen konnte er sie nicht.

Das gewiß untergeordnete Motiv der Bildfenster im Bild vermag gleichwohl, vielleicht sogar besonders prägnant, einen Eindruck von dem Fluktuieren zwischen den Bedeutungs- bzw. Realitätsebenen zu vermitteln, dem die Bildelemente bei den frühen Niederländern unterworfen sind.

Es fällt auf, daß das Verhältnis, in dem Memlings Tafel zu der Rogiers steht, auch sonst häufig charakteristisch für das Verhältnis der Repliken bzw. Varianten zu ihren Prototypen ist: Wo in diesen die Vertiefung der Bedeutung, die Erweiterung der inhaltlichen Aussage oft den rein künstlerischen Mitteln, die ein bestimmtes Stilbild evozieren, überlassen bleibt, bemühen sich die Nachfolger, eine zusätzliche Verdeutlichung »expressis verbis« einzubringen.

Ein bezeichnendes Beispiel für die Möglichkeit einer nachträglichen Aus- bzw. Umdeutung durch das Bildmotiv des Fensters ist ein hochbedeutendes und daher oft wiederholtes bzw. paraphrasiertes

Das Bildfenster im Bild der frühen Niederländer

Abb. 7 Meister von Flémalle (Umkreis). Verkündigung. Madrid. Prado

Werk des Meisters von Flémalle: die Verkündigungstafel des Mérodealtars.[11] Das einzige Fenster der Rückwand gibt in seinem mittleren Teil (der untere Teil ist unvergittert, die Oberlichte enthalten in einer hellen Rautenverglasung die zwei Wappenschilde des Stifterpaares) den Blick auf einen lichten Himmel mit besonnten Wolken frei. Dieser das Auge unwillkürlich anziehende Durchblick in eine unbestimmte Ferne steht in Spannung zur Geschlossenheit des Innenraumes, dessen Intimität gesteigert erscheint.[12]

Eine abweichende Interpretation ist den – nun verdoppelten – Fenstern in der Rückwand der sonst so ähnlichen Brüsseler Version der Flémalleschen Verkündigung gegeben[13] (Abb. 6)[14].

Auf den ersten Blick scheinen die Fenster hier und dort allerdings gleich aufgebaut: offenstehende Läden, vergitterte Unterfelder, verglaste Oberlichte. Wo aber in der Mérode-Verkündigung unten der Blick in die Weite geht, da stößt er hier gegen eine einfarbige (bräunliche) Wand, die, lediglich etwas nach außen versetzt, die hintere Abschlußwand des Gemachs fortsetzt. Die ebenfalls dunkleren Oberlichte aber zeigen in schmalen rot- bzw. blaugrundigen, von großen Rauten eingefaßten Feldern vier Prophetenfiguren. Mit der Berufung auf die Propheten als Vorankündiger der Empfängnis des Erlösers hat die Darstellung eine in Verkündigungsdarstellungen geläufige typologische Anreicherung erfahren. Ihr ist allerdings das ästhetische Spannungsmoment der stimmungsmäßigen Steigerung der Interieurwirkung durch den unbegrenzten Ausblick zum Opfer gefallen.

Die ebenfalls aus dem Umkreis des Meisters von Flémalle stammende Fassung der Verkündigung im Prado[15] (Abb. 7) widersetzt sich insofern dem direkten Vergleich, als hier die Darstellung in der Tradition Broederlams statt im reinen Interieur in einer Doppelarchitektur (Außen- und Innenansicht) angesiedelt ist. Damit bekommt das rechte Bildfenster bildimmanent eine andere Funktion als die Fenster der Rückwand in den beiden anderen Verkündigungen. Sein Erscheinungsbild ist ein absolut zeitgemäßes, und damit reiht es sich unter die übrigen »wirklichkeits«-verpflichteten Elemente ein. Aber seine Aufgabe ist damit nicht erschöpft; die darin dargestellten (gerade noch lesbaren) Szenen sind dem Alten Testament entnommen (unter anderem Opferung Isaaks, Moses empfängt die Gesetzestafeln) und geben so die gewohnte typologische Allusion auf das Schlüsselereignis der Menschwerdung Christi.

Abb. 8 Umkreis des Dirck Bouts.
Maria zwischen Petrus und Paulus. London. National Gallery

Die dargestellten Bildfenster als Elemente des »sakralen Realismus« (Tolnay) mögen manchmal stärker dem »Realismus« (einschließlich seiner stimmungsmäßigen Komponente) verpflichtet sein; öfter allerdings ist ihre Rolle (zusammen mit anderen Bildelementen) zur Vertiefung oder Ausweitung der sakralen Bildbedeutung gleich wichtig oder sogar ausschlaggebend.

Das ist offenbar in Jan van Eycks Washingtoner Verkündigung[16] der Fall: Im Hochfenster direkt über Maria fällt das relativ große, von hellen Rauten eingefaßte Bild des von zwei Cherubim begleiteten Pantokrators in der Mandorla ins Auge. Die als monumentales Medaillon aufgefaßte Fensterdarstellung trägt zwar zu dem von den Bauformen erweckten Eindruck stilistischer »Altertümlichkeit« bei,[17] aber ihre wesentliche Bedeutung liegt wohl in ihrer sakralen Aussage: die göttliche Natur Christi im Zusammenhang mit dem Herrn des Alten Testaments.[18]

Auf den ersten Blick scheint das auch für ein späteres, dem Umkreis des Dirck Bouts zugewiesenes Werk zuzutreffen, die »Muttergottes zwischen den Heiligen Petrus und Paulus« in der Londoner National Gallery (Abb. 8)[19]. Im Fenster zwischen dem hl. Petrus und der Gottesmutter erscheint der thronende Weltenherrscher mit Sonne und Mond zu Häupten. Aber der durch seine Plazierung und isolierte Farbigkeit suggerierte ikonenhafte Eindruck des Fensterbildes täuscht eine Selbständigkeit vor, die zugleich wirksam durch seine Einbindung aufgehoben ist; es gehört einem zweibahnigen Fenster an, dessen rechte Hälfte fast ganz von der Thronrückwand verdeckt ist. Zugleich mit der Unselbständigkeit der Teilform erfährt der Betrachter die Illusionskraft der angedeuteten Gesamtform als Abschluß eines kleinen Kapellenraums, in dessen Seitenwand – noch nachdrücklicher überschnitten – ebenfalls ein Bildfenster sichtbar ist.

Der Einblick in die Kapelle antwortet dem Landschaftsdurchblick auf der anderen Bildseite und bildet mit ihm zusammen das zugleich stimmungsträchtige und gegenwärtige »Wirklichkeit« vermittelnde räumliche Ambiente für die Repräsentationsdarstellung im Vordergrund. Und wiederum obliegt es nicht zuletzt den als zeitgenössische »band windows« wiedergegebenen Bildfenstern, von farblosen Butzen eingefaßte bunte Figurenfelder im Stil des 15. Jahrhunderts, »Wirklichkeitsnähe« zu verkörpern.

Eine bestimmte Entwicklung der bildimmanenten Möglichkeiten bzw. eine diesbezügliche Fixierung des Motivs der Gemäldefenster oder Gemäldescheiben wird im Laufe des 15. Jahrhunderts nicht erkennbar. Schon die großen Meister der Gründergeneration der neuen Kunst, vor allem der Meister von Flémalle, haben, wie zu zeigen versucht wurde, das Motiv in künstlerischer wie in bedeutungsmäßiger Durchdringung ausgeschöpft. Wohl hat Jan van Eyck in der Berliner »Kirchenmadonna« um der tieferen Symbolik des Lichtes willen auf das bereichernde Motiv der Bildfenster verzichtet und ist damit von dem so eklatant ähnlichen Interieur der »Totenmesse« des Turiner Stundenbuches abgewichen (wie immer die Beziehung der beiden Werke zueinander zu erklären ist).[20] Aber sicher hat auch er durch die brillanten Formulierungen, die er in anderen Werken für das Motiv der »archäologischen« Bildfenster gefunden hat, zu dessen Aufnahme und Weiterwirkung beigetragen.

Das Verhältnis zum »Archäologischen« Modell

In mehrerlei Hinsicht besonders aufschlußreich ist Jans kleines Dresdner Triptychon (Abb. 9).[21] Während die Fenster der unteren Zone, sowohl im mittleren wie in den Seitenflügeln, eine zeitgenössische blanke Butzenverglasung aufweisen (in den Seitenflügeln nur im Maßwerk farbige Rosetten), ist das Hauptthema, die Madonna, gegenüber den niedrigerrangigen seitlichen Heiligen durch eine »romanische« Fenstertrias ausgezeichnet, die in der geraden Obergadenabschlußwand sitzt und so unmittelbar den Thronhimmel fortzusetzen scheint. Die immaterielle Buntheit dieser drei trotz ihrer Kleinheit minutiös ausgeführten Ornamentfenster kontrastiert ebenso wie in der Washingtoner Verkündigung effektvoll mit der profanen Realitätsbezogenheit der Glanz- und Spiegelungseffekte der Butzenfenster. Damit ist auch hier – wenn auch alles andere als aufdringlich – das Fenstermotiv in den Dienst sakraler Bedeutung gestellt.

Aber die drei miniaturhaften »romanischen« Fenster bieten auch einen guten Einstieg für die Beantwortung der Frage nach ihrer archäologischen Treue, d. h. nach dem Verhältnis zu einem real gegebenen Vorbildmaterial.

Trotz der Kleinheit der drei Fenster (die gesamte Höhe des Mittelflügels beträgt nur 33,1 Zentimeter) liegt ihr struktureller Aufbau, nicht zuletzt dank seiner farblichen Erläuterung, klar zutage. Mit den beiden Seitenfenstern der Dreiergruppe brauchen wir uns nicht aufzuhalten: In der vom kleinen Maßstab geforderten Vereinfachung des Details reproduzieren sie durchflochtene Palmetten- und Rankenmotive, wie sie in der Glasmalerei des 13. Jahrhunderts (nicht nur in der zisterziensischen), aber ebenso in der Initialornamentik der Buchmalerei gang und gäbe sind.[22]

Abb. 9 Jan van Eyck. Triptychon. Mittelteil.
Maria mit Kind. Dresden. Gemäldegalerie

Seite 175: oben:
Abb. 10 Ausschnitt aus dem Mittelteil.
Die drei Ornamentfenster

unten:
Abb. 11 Konstruktions-Rekonstruktion der drei Fenster

Spezifischer ist dagegen das Mittelfenster (Abb. 10). Die einander durchdringenden, scheinbar freien Ornamentformen geben sich nämlich als Teile einer streng geometrischen, allein auf dem Kreis aufgebauten Konstruktion zu erkennen. Das relativ einfache System besteht aus einander tangierenden großen und diese überschneidenden bzw. füllenden kleinen Kreisen (Abb. 11).[23] Die überraschend klare Konstruktion entspricht der formalen Logik der ersten Hälfte des 13. Jahrhunderts. Vergleichbar aufgebaut in monumentalem Maßstab ist etwa das Wurzel-Jesse-Fenster in der Achse des Chor-Obergadens in St. Kunibert in Köln, um 1220–1230.[24] Nun ist das gewiß nicht so zu verstehen, als habe Jan die winzige Fläche tatsächlich exakt durchkonstruiert; die vergrößerte Detailaufnahme (Abb. 10) zeigt deutlich die freie Pinselzeichnung. Er muß sich dafür jedoch auf eine Konstruktionsskizze in der Art der hier vorgeschlagenen gestützt haben. Offenbleiben muß, ob dies eine ihm zur Verfügung stehende originale Werkzeichnung gewesen ist oder ob Jan sich aufgrund eines eindringenden Studiums der alten Monumente der Glasmalerei so unmittelbar in den Geist des 13. Jahrhunderts eingelebt hat, daß er imstande war, in ihm selbständig neu zu schaffen. Wenn das letztere der Fall gewesen ist, wird Jan dadurch nur noch bewundernswerter. Dem Einfühlungsvermögen des Meisters von Flémalle in die Kompositionsweise des 13. Jahrhunderts und seiner erstaunlichen archäologischen Gewissenhaftigkeit bin ich seinerzeit an der »Vermählung Mariae« im Prado nachgegangen (vgl. Anm. 5).

Das Vierpaßschema des mittleren und rechten Fensters dieser Tafel hat Rogier in der »Darbringung« des Columba-Altars, und später hat es, wie wir gesehen haben, auf den ersten Blick noch ähnlicher, Memling übernommen (Abb. 4, 5).[25]

Aber auch das zweite Fenstermotiv der »Vermählung«, die szenischen, durch Eisenarmierung untereinander verbundenen Rundmedaillons, gibt es noch einmal im Werk des Flémallers, nämlich in der »Gregorsmesse«, von der sich nur Repliken in New York (Aquavella-Galerie), Brüssel (Musées Royaux des Beaux Arts) und Lissabon (Sammlung Moreira) erhalten haben (Abb. 12).[26] Die Medaillons sitzen in einem farblosen, mit Flechtwerkbändern ornamentierten Grund. In Brüssel findet sich auch ein reines Flechtwerkfenster, das allerdings gegenüber der New Yorker Fassung summarischer wiedergegeben ist und auch der Füllrosetten entbehrt.[27] Gleich dem ganzen Fensterschema lassen sich auch zu dem

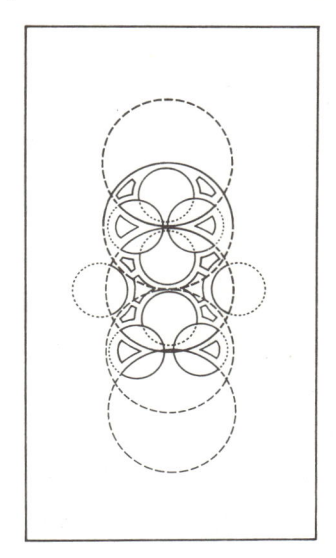

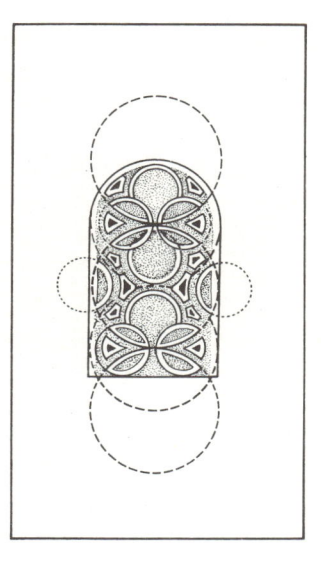

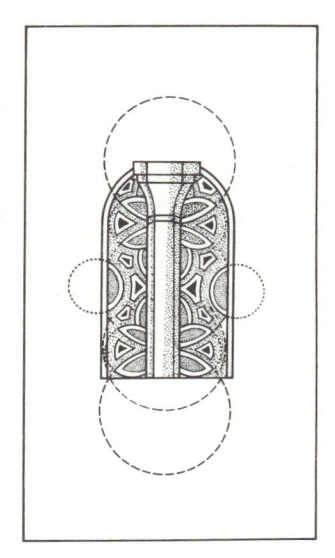

Abb. 13 H. Memling. Darbringung. Washington. National Gallery

Abb. 12 Meister von Flémalle (Kopie). Gregorsmesse. New York. Aquavella Galerie, Ausschnitt

einfachen Flechtwerk exakte Parallelen nicht nur in der Buchmalerei (Reuner Musterbuch), sondern auch in ausgeführten Fenstern nachweisen (z. B. Châlons-sur-Marne, Kathedrale[28]) oder auch im Kreuzgang von Heiligenkreuz.[29]

Auch Rogiers Fenstermotive in der »Lucas-Madonna« und im Columba-Altar sind Nachschöpfungen, in denen dem Maler sichtlich an der Authentizität des Eindrucks gelegen ist. Die Füllungen der Vierpässe in der »Darbringung« des Columba-Altars etwa haben in ihren gerahmten Blattmotiven eine unmittelbare Parallele in einer (deponierten) Rundscheibe aus Notre Dame in Semur-en-Auxois aus dem Ende des 13. oder dem Beginn des 14. Jahrhunderts;[30] vgl. auch die geometrische Konstruktion der Rundscheiben im Verkündigungsflügel des Columba-Altars.

Das durch strukturelles Verständnis erworbene Nahverhältnis der großen Meister zu ihren »archäologischen« Modellen weicht bei den Nachfolgern einer gewissen Beiläufigkeit. Auch dafür kann wiederum Memlings »Darbringung« (Abb. 13) bzw. ihr Vierpaßfenster herangezogen werden. Die geschmiedete Medailloneinfassung der historischen Fenster dieses Typs, die vom Meister von Flémalle

und von Rogier beibehalten wurde, ist hier zum (vergoldeten?) Steinmaßwerk uminterpretiert. In Anbetracht der Größe der realen Fenster wäre eine derartige Lösung technisch schwierig gewesen, und sie wurde, außer natürlich im Maßwerk, nicht praktiziert. Memling hat sich also zweifellos um des verdeutlichenden Farbkontrastes willen vom historischen Vorbild, das er wahrscheinlich nur aus zweiter Hand kannte, emanzipiert.

Das Beharren auf solch nebensächlichen Details erweckt allzuleicht den Eindruck von Haarspalterei als Selbstzweck. Gerade derartige Abweichungen in Einzelheiten sind jedoch manchmal verräterisch.

Das zeitgenössische Bildfenster

Die Nonchalance im Umgang mit den »archäologischen« Prototypen weicht sofort einer porträthaften Genauigkeit, sobald die wiedergegebenen Glasgemälde oder Bildfenster zeitgenössisch sind. Das gilt für die Gesamtstruktur (Farbigkeit, Verhältnis der Figuren zur architektonischen Rahmung), wie für alle einzelnen Stilelemente (schmale, farbwechselnde Rosettenborte, monochrome, reich ausgebildete Baldachine).

Das Bildfenster im Bild der frühen Niederländer

Abb. 14 Maria aus dem Marienfenster
aus Boppard. Karmeliterkirche.
New York. Metropolitan Museum, The Cloisters

Abb. 15 Ausschnitt aus dem linken Flügel:
Wappenscheibe des Maarten van Nieuwenhove

Das Bildfenster der Madrider Verkündigung nach dem Meister von Flémalle oder aus seinem Umkreis etwa (Abb. 7), mit der Wappenzeile unten, dem Wechsel von figuralen Geschossen und hohen Baldachinen, die sich auch im Maßwerk fortsetzen, gibt eine Standardkomposition der Zeit wieder und wirkt so authentisch, daß man das Fenster so, wie es ist, zu kennen meint.[31] Jedenfalls fällt es schwer, an eine Erfindung ohne reales Vorbild zu glauben, sei dies ein ausgeführtes Fenster oder ein Karton.

Wo Einzelscheiben dargestellt sind, ist die direkte Übersetzbarkeit in ein gleichzeitiges Glasgemälde womöglich noch augenfälliger. Wieder ist dafür auf den rechten Flügel von Memlings Diptychon des Maarten von Nieuwenhove zu verweisen (s. Abb. 2). Der kompositionelle Typus ist in der ersten Hälfte des 15. Jahrhunderts geprägt worden [vgl. z. B. die Mittelscheibe des Marienfensters aus der Karmeliterkirche in Boppard (1439–1443); Abb. 14],[32] hier ist er souverän im Sinn des ausgehenden Jahrhunderts interpretiert.

Man darf dabei jedoch nicht vergessen, daß die Bildvorstellungen der Glasmalerei des 15. Jahrhunderts sich mit jenen, die in der Tafelmalerei der »ars nova« zum Ausdruck kamen, keineswegs deckten. Die Tradition der monumentalen Glasmalerei, die Verräumlichung nur ganz eingeschränkt zulassen kann, wofür sie spezifische Formentypen gefunden

Abb. 16 Augustinusaltar. Mittelteil. Szenen aus der Legende des hl. Augustinus.
New York. Metropolitan Museum, The Cloisters

hat – Sockel, Nische, Baldachin – bestimmt bis zum Ende des Jahrhunderts eine gegenüber der Tafelmalerei archaische Bildauffassung. Die niederländischen Maler mußten also, auch wenn sie zeitgenössische Glasmalereien wiedergaben, in eine in gewissem Sinn »historisierte«, d. h. in eine fremd gewordene Bildauffassung hineinschlüpfen.

Im linken Flügel des Nieuwenhove-Diptychons hat Memling mit den »roundels« in den Oberlichten des rechten Fensters und der Wappenscheibe links diese Tradition jedoch zugunsten einer ganz andersartigen Auffassung von Glasmalerei verlassen (s. Abb. 1, 15).[33] Es ist eine monochrome, aber durch Silbergelb gehöhte, preziöse Malerei auf Monolithscheiben in kleinstem Maßstab. Den einzigen wirklichen Farbakzent setzt der blaue Wappenschild im

Zentrum einer ornamentalen Komposition, der ebenfalls vier »roundels« (wahrscheinlich enthalten sie das persönliche Emblem des Stifters[34]) eingefügt sind. Diese Scheibe muß zum Modernsten auf dem Gebiet der heraldisch-profanen Glasmalerei gehört haben, und man würde, sähe man die Martin-Scheibe des rechten und das dekorative Ensemble des linken Flügels getrennt, wohl kaum auf den Gedanken kommen, sie beide in dasselbe Entstehungsjahr, 1487, zu datieren. Memling muß also jedenfalls unmittelbaren Zugang zum aktuellen Entwurfsmaterial einer Glasmalereiwerkstätte gehabt haben. Welcher Art die Verbindung war, ob er etwa selbst Entwürfe für diesen zeitgemäßen Zweig der Glasmalerei geliefert hat, wissen wir nicht.[35]

In unserem Zusammenhang ist diese Frage allerdings auch weniger aufschlußreich als die nach der Art der Rezeption spezifischer Bildformen einer von den großen Niederländern bereits als fern empfundenen Vergangenheit. Es ging uns darum, an einem eng begrenzten, aber gerade deshalb aufschlußreichen Thema ein Stück Rezeptionsgeschichte aufzurollen, Rezeptionsgeschichte diesmal nicht im Hinblick auf den heutigen Betrachter, sondern auf die Schöpfer dieser Bilder selbst. Wo das »Altertum« der Zeit des Gesetzes Mosis evoziert werden soll, wird die Glasmalerei des 13. Jahrhunderts zum Modell, aber keineswegs nur als Vorrat von Motiven, sondern – das wurde besonders bei Jan van Eyck deutlich – in der Auseinandersetzung mit der Formstruktur der Glasmalerei selbst. Während der Meister von Flémalle und Jan van Eyck ihre Inspiration offensichtlich aus Glasmalereien der ersten Hälfte bis zur Mitte des 13. Jahrhunderts geschöpft haben,[36] scheint Rogier van der Weyden sich eher an jüngeren Vorbildern orientiert zu haben. Das jedenfalls ist sowohl in der Lucas-Madonna wie in der »Darbringung« des Columba-Altars ersichtlich (s. oben und Anm. 30).

Besteht aber die von uns aufgrund prominenter Werke aufgestellte Gleichung wirklich zu Recht: Romanische bzw. spätromanische Bildfenster gehören zum Altertum der Zeit ante legem und sub lege; zeitgenössische Bildfenster und Glasgemälde kommen dem Neuen Testament und darüber hinaus allen Ereignissen zu, die in der noch fortdauernden Ära sub gratia spielen? Viele Beispiele scheinen das zu bestätigen. So etwa werden jene Szenen in der Darstellung von Heiligenlegenden, die sich in einer Kirche abspielen, mit Vorliebe in ein gotisches, mit Retabeln und hohen Bildfenstern ausgestattetes Kirchenschiff verlegt, und die dargestellten Bildfenster ihrerseits zeigen große Heiligengestalten unter reichen Baldachinen. In ihrer optischen Authentizität besonders eindrucksvolle Beispiele dafür sind etwa die »Exhumierung des hl. Hubert« in London von einem Nachfolger (?) Rogiers[37] oder die Mitteltafel des Augustinusaltares in New York um 1437 (Abb. 16).[38]

Aber es gibt auch Gegenbeispiele. Wir haben bereits darauf hingewiesen, daß der Meister von Flémalle in der »Messe des hl. Gregor« die Kirche mit altertümlichen Medaillon- bzw. Flechtwerkfenstern ausstattet, obwohl in den Medaillons christologische Szenen dargestellt sind. Umgekehrt aber repräsentiert das alttestamentarische (typologische) Fenster in der Madrider Verkündigung aus dem Umkreis des Meisters von Flémalle formal einen eindeutig zeitgenössischen Typus.

Man muß sich also davor hüten, die Bildvorstellungen der großen Niederländer allzu schematisch zu interpretieren. Sie haben sich immer die Freiheit bewahrt, sich über die von ihnen selbst erfundene ikonographisch-formale Logik hinwegzusetzen. Sie haben dieses System vielmehr von vornherein offener aufgefaßt und der künstlerischen Phantasie Spielraum zugebilligt.

Schließlich aber darf man auch eines nicht vergessen: die »stofflich-materielle Beschreibung« mit dem Ziel, die »Fiktion direkter Wahrnehmung« zu schaffen, war ja von Anfang an ein wesentliches Faszinans und Movens für die Schöpfer der »ars nova«. Ihre Rolle bzw. der damit verbundene »Genauigkeitsanspruch«[39] mußte in dem Maß zunehmen, in dem bei den Erben die ursprüngliche und tiefere Quelle der Inspiration dünner wurde oder in den Repliken ganz versiegte.

Anmerkungen

1 Katalog »Magie du Verre«, Galerie CGER 15 mai–13 juillet 1986, Nr. 5 c, S. 42 mit Abb. A. De Schryver bereitet eine Publikation der im »Pand« in Gent gefundenen Fragmente in »Academiae Analecta« vor, der hier nicht vorzugreifen ist.

2 Sehr gute Detailabbildungen 1:1 in: Corpus des Primitifs Flamands 4, C. T. Eisler, New England Museums, Brüssel 1961, Nr. 73, Pl. XCVI, XCVII.

3 In höchster Qualität haben sich solche Drôlerien in Saint-Ouen in Rouen erhalten; vgl. CVMA France IV-2/1; Lafond, J.: Les vitraux de l'église Saint-Ouen de Rouen, T. I, Paris 1970, Pl. I, 27, und Nachzeichnung auf S. 29. Ferner vgl. Paris, Notre-Dame, CVMA France I, Paris 1959, Les vitraux de Notre-Dame et de la Sainte-Chapelle de Paris, S. 201, 204; Dives-sur-Mer (Calvados); vgl. Perrot, F.: Vitraux retrouvés de Dives-sur-Mer (XIVéme siécle); in: »Nobile claret opus«, ZAK Bd. 43, H. 1, 1986, Abb. 5

4 Aus Raummangel kann hier selbstverständlich nur eine paradigmatische Auswahl solcher Bildfensterdarstellungen vorgeführt werden. Im übrigen zeigt die Mehrzahl der in den Interieurbildern vorkommenden Fenster eine einfache farblose Rauten- oder Butzenverglasung.

5 Gerade Rogiers Lucas-Madonna ist ein ebenso prominentes wie allbekanntes Beispiel für die Praxis in den Werkstätten der frühen Niederländer: eine Eycksche Komposition (Rolin-Madonna) und Details aus dem Formenschatz des Meisters von Flémalle (für die letzteren vgl. Frodl-Kraft, E.: Der Tempel von Jerusalem in der »Vermählung Marias« des Meisters von Flémalle, archäologische Realien und ideale Bildwirklichkeit; in: Etudes d'Art Médiéval – Offertes à Louis Grodecki, Paris 1981, S. 293 ff.).

6 Selbstverständlich ist diese anachronistische Übertragung weder auf die Tafel des Bladelin-Altars noch auf das Fenstermotiv beschränkt; vgl. u. a. die Kopie nach Rogiers »Gerechtigkeit des Trajan und Harkinbald« in der Tapisserie des Historischen Museums Bern (Panofsky, E.: Early Netherlandish Painting II, Cambridge, Mass., 1953, Pl. 238 f.)

7 Ausgezeichnete Farbabb. in: »Classici dell'Arte« 27, Corti, M.; Faggin, G. T.: L'opera completa di Hans Memling, Milano 1969, Nr. 13 a, b, Farbt. XXIV (linker Flügel), XXV (rechter Flügel), und in Fabbri: »Maestri del Colore«, Hans Memling, Milano 1966, T. VIII, IX. Zum Typus des halbfigurigen Stifter-Diptychons, ». . . der von etwa 1450 an für ein Jahrhundert weit verbreitet war, . . . « s. Davies, M.: Rogier van der Weyden, München 1972, S. 38

8 Walker, J.: Die National-Galerie Washington; in: Knaurs Galerien der Welt, München, Zürich 1964, Nr. 1389, S. 100, mit Farbabb.: »Hans Memling, um 1463«; ebenfalls Memling zugeschrieben in: Walker, J.: Summary catalogue of the National Gallery, Washington 1975, S. 232, Nr. 1389. Die Zuschreibung an Memling wurde in jüngster Zeit zugunsten einer Einreihung in das von Hulin de Loo postulierte Oeuvre des »Master of the Prado Adoration of the Magi« aufgegeben. Danach wäre nicht Memling, sondern ein Zeitgenosse, ein im letzten Drittel des 15. Jh. tätiger und unter dem Einfluß von Rogiers reifem Werk stehender südniederländischer Meister, der Autor. Als Datierung wird »um 1470 oder etwas später« vorgeschlagen (Ausstellungskat. »Early Netherlandish Painting«, Nat. Gallery of Washington 1986, J. O. Hand, M. Wolff, S. 155–159). – Ganz allgemein können in dieser Skizze Zuschreibungsfragen nicht diskutiert werden.

9 Spätwerk, 1471 (Friedländer, M. J.: Early Netherlandish Painting II, Rogier van der Weyden and the Master of Flémalle, Leyden 1967, Pl. 72, Nr. 49, S. 69 f.). Ausgezeichnete Farbabb. in: Davies, wie Anm. 7, Farbt. neben S. 88

10 Smith, G.: The betrothal of the Virgin by the Master of Flémalle; in: Pantheon XXX, 1972, S. 115–132. Siehe auch Anm. 5. Zur typologischen Interpretation des Wechsels der Bauformen siehe Walker, 1964, wie Anm. 8, S. 100. Davies, 1972, wie Anm. 7, S. 42, sieht übrigens auch schon in der »Darbringung« des Columba-Altars ». . . außen gotische Anbauten: Strebepfeiler und ein gotisches Portal, die hier andeuten, daß der Neue auf dem Alten Bund errichtet wird«.

11 Friedländer, 1967, wie Anm. 9, Pl. 78. Otto Pächt: »Es gibt nur wenige Bilder des nordischen 15. Jh., deren Komposition auch nur annähernd so oft kopiert oder paraphrasiert wurde wie der Mérode-Altar« (Pächt, O.: Künstlerische Originalität und ikonographische Erneuerung; in: »Methodisches zur kunsthistorischen Praxis«, München 1977, S. 162). Die Auffassung, wonach die Verkündigung des Mérode-Altars das Urbild sei, von dem die verwandten Fassungen (vor allem in Brüssel, vgl. Anm. 13, und Madrid) abhängen, ist von Campbell in ihr Gegenteil verkehrt worden; danach wäre der Maler der Mérode-Verkündigung nicht identisch mit Campin bzw. dem Meister von Flémalle (»Mérode-Meister«). Die Verkündigung wäre ein Pasticcio aus der – qualitätsvolleren – Brüsseler und der Pradoversion (Campbell, L.: Robert Campin, the Master of Flémalle and the Master of Mérode; in: The Burlington Magazine CXVI, 1974, S. 643 f.). Selbstverständlich würde die Verifikation einer der beiden gegensätzlichen Thesen auch die Schlußfolgerungen aus unserer spezifischen Fragestellung beeinflussen. Solange jedoch das Verhältnis der verschiedenen Fassungen zueinander unentschieden bleiben muß, folgen wir der Meinung Otto Pächts.

12 Nach Pächt ist ». . . die Verkündigung des Mérodealtars das früheste bekannte Beispiel eines reinen Interieurbildes« (Pächt, 1977, wie Anm. 11, S. 158).

13 Bruxelles, Musées Royaux des Beaux Arts, catalogue inventaire de la peinture ancienne, Bruxelles 1984, S. 341. Siehe auch Anm. 11. In der Zuweisung der Brüsseler Verkündigung an die »Flémalle-work shop« bzw. die »Flémalle-group« sind sich die Forscher einig. Unterschiedlich ist jedoch die Wertung. Carla Gottlieb schreibt die Tafel (bzw. den Altar des Jean de Clercq) dem Schüler Flémalles, Jaques Daret, um 1434/35 zu und betont die kompositionelle Verarmung gegenüber der Mérode-Verkündigung (Gottlieb, C.: The Brussels Version of the Mérode Annunciation; in: The Art Bulletin XXXIX, 1957, S. 53–58). Campbell, 1974, wie Anm. 11, vertritt dagegen die Auffassung, die Brüsseler Verkündigung sei zu ihrer Zeit berühmt gewesen und vielfach kopiert worden, während die Kopien der Mérode-Verkündigung wahrscheinlich aus späterer Zeit stammen.

14 Ich danke Mme. Yvette Vanden Bemden, Brüssel, für ihre kollegiale Hilfe bei der Beschaffung von Detailaufnahmen und dem Institut Royal du Patrimoine Artistique, Brüssel, für die Anfertigung der Fotos und die freundliche Genehmigung zur Reproduktion.

15 Panofsky, 1953, wie Anm. 5, S. 175 f., hält die »Verkündigung« für eine Nachahmung nach einem Werk des Meisters von Flémalle. Davies, 1972, wie Anm. 7, »Katalog der Werke, die mit Campin in Verbindung gebracht werden«, Madrid 1, S. 119: rechts beschnitten. Martinez, E. B.: La pintura de los Primitivos Flamencos en España, Madrid 1980, S. 84. Hier, ebenso wie bei Friedländer II, 1967, wie Anm. 9, als »Meister von Flémalle (?)«.

16 Ausstellungskat. Early Netherlandish Painting, 1986, wie Anm. 8, S. 76–81, Farbt. S. 77

17 Details der insgesamt fiktiven Kirche wurden mit der Kathedrale von Tournai und mit Notre Dame in Dijon in Verbindung gebracht. Im Hinblick auf den typologischen Symbolismus der Architektur (Panofsky: oben romanisch, unten gotisch) wird jedoch ebd., S. 79, auf eine tatsächliche Eigenart einiger belgischer Kirchenbauten des späten Mittelalters hingewiesen. Gleichwohl könne sich die obere Zone auf die göttlichen, der untere Bauteil auf die irdischen Aspekte der Existenz Christi beziehen (ebd. S. 81). Purtle, C.: The Marian Paintings of Jan van Eyck, Princeton 1982, S. 54–57, gibt für die Darstellung der Majestas Domini den Hinweis auf die Bearbeitung des Buches Ezechiel durch Rupert von Deutz, in der eine Verbindung des ewigen Richters mit der Verkündigung hergestellt ist. Purtle beobachtet auch den Gegensatz zwischen dem »irdischen Licht des Kircheninneren« und dem »Licht des ewigen Christus«.

18 Das üblicherweise als Gott des Alten Testaments (Lord Sabaoth) identifizierte Fensterbild ist tatsächlich mehrdeutig, es läßt sich nicht mit einer einzigen biblischen Beschreibung Gottes gleichsetzen (Panofsky). Der Globus unter den Füßen Gottes mit der Inschrift »ASIA« kann sich auf Is. 66,1 beziehen (ebd., S. 80).

19 Corpus Les Primitifs Flamands 3; Davies, M.: The National Gallery, London, Vol. I, 1953, S. 39, Nr. 30: »Group Bouts«; The National Gallery, London, Illustrated General Catalogue, London 1973, Nr. 774, S. 73: »Dieric Bouts«

20 Auch spätere Kopien der »Kirchenmadonna« führen das »realistische« Motiv der Bildfenster wieder ein (Friedländer, I, wie Anm. 9 (Jan van Eyck, Petrus Christus), 1967, Pl. 107 A; Corpus Les Primitifs Flamands, Lavalleye, J.: Collections d'Espagne II/1, 1953, Nr. 30, Pl. XXXIV). Siehe auch Purtle, 1982, wie Anm. 17, Abb. 65, 66. Von H. Belting und D. Eichberger (Jan van Eyck als Erzähler, Worms 1983, S. 147, Farbt. S. 148, 149) wurde der bei aller Ähnlichkeit grundlegend verschiedene Charakter des Bildraumes in der »Totenmesse« und in der »Kirchenmadonna« treffend herausgearbeitet: In der »Totenmesse« ist es ein »Erzähl- oder Handlungsraum« (wozu die Ausstattung mit Bildfenstern paßt), in der »Kirchenmadonna« hingegen der »Erscheinungsort« einer Marienikone.

21 Kat. »Gemäldegalerie Alte Meister«, Dresden, o. J., Nr. 799, S. 173, Farbt. 28. Auf dem Rahmen bei der letzten Restaurierung die Datierung »1437« freigelegt. Ich danke Herrn Dr. Erhard Drachenberg, Berlin, für die Veranlassung von Neuaufnahmen durch die Sächsische Landesbibliothek, Abt. Deutsche Fotothek, und dieser für die freundliche Genehmigung zur Veröffentlichung.

22 Für das linke Fenster kann in einer mehr oder weniger willkürlichen Auswahl von Ornamentfenstern des 13. Jh. auf den Kreuzgang von Stift Heiligenkreuz, N. Ö., auf die Elisabethkirche in Marburg oder auf die ehemalige Klosterkirche von Nordhausen bei Kassel hingewiesen werden (CVMA Österreich II, Frodl-Kraft, E.: Die mittelalterlichen Glasgemälde in Niederösterreich, Wien, Köln, Graz 1972, Abb. 255, T. VI f, g). Als Beleg in der Initialornamentik sei hier nur das Antiphonar cod. 20 in Heiligenkreuz (f 106^V) angeführt; es verbindet das Palmettenmotiv des linken mit dem Rankenmotiv des rechten Fensters. Dieses hat aber seinerseits Parallelen in ausgeführten Glasmalereien, und zwar ebenfalls im Kreuzgang von Heiligenkreuz (ebd., Abb. 292).

23 Frau Ursula Wackenreuther, Österreichisches Bundesdenkmalamt, verdanke ich die Anfertigung der Konstruktionsskizze.

24 Gesamtabbildung in: Grodecki, L.: Romanische Glasmalerei (deutsche Ausgabe), Fribourg 1977, Farbt. S. 19

25 Das Kompositionsschema der schematisch aneinandergereihten Vierpaß- bzw. Kreis- oder Ovalmedaillons tritt bereits vor der Mitte des 12. Jh. in der Chorverglasung von Saint-Denis auf, verbreitet sich Anfang des 13. Jh., so begegnet es uns im Obergaden der Trinity Chapel von Canterbury, und bildet um die Mitte des Jahrhunderts, vereinfacht, aber vervielfacht und in größtem Maßstab, ein wesentliches Prinzip in der Oberkirche der Sainte-Chapelle (vgl. Frodl-Kraft, E., 1981, wie Anm. 5, S. 301, 308, Anm. 52–54, Abb. 12).

26 M. J. Friedländer II, wie Anm. 9, S. 92, Abb. 150, Pl. 100, Add. 73 a. Brüsseler Version: »Meister von Flémalle (?)«; New-Yorker Fassung: »Meister von Flémalle, Kopie«

27 Mme. Yvette Vanden Bemden, Brüssel, und dem Institut Royal du Patrimoine Artistique, ebd., bin ich für die Beschaffung von Detailfotos und die Genehmigung der Reproduktion verpflichtet.

28 Nachzeichnung von zwei Flechtwerkscheiben in: Day, L. F.: Windows, a book about stained and painted glass, London 1897, S. 167. Heute noch erhaltene Teile in den Oculi der Triforien (Foto: Frodl-Kraft).

29 CVMA Österreich II, N. Ö., wie Anm. 22, Abb. 310

30 CVMA France, Série complémentaire, Récensement des vitraux anciens de la France III, Paris 1986, Fig. 45

31 Es ist immerhin interessant, daß der wiedergegebene Typus (Szenen unter Einzelbaldachinen ohne Zusammenfassung zu einer Gesamtarchitektur) offensichtlich auch in der westlichen Glasmalerei der 1. H. des 15. Jh. geläufiger war, als aus den bisher zur Verfügung stehenden Veröffentlichungen, in denen Gesamtaufnahmen von Bildfenstern kaum enthalten sind, hervorgeht (vgl. Abb. 7 und CVMA France, Récensement III, 1986, wie Anm. 30, Pl. VII und XII). Ein direktes Vergleichsbeispiel bietet dagegen die österreichische Glasmalerei in einem fragmentarisch erhaltenen Bildfenster der Pfarrkirche von Friedersbach, N. Ö., um 1420 bis 1430 (CVMA Österreich II, N. Ö., wie Anm. 22, Abb. 85, Geschosse 4–6). Der wappenhaltende Engel in der untersten Zeile rechts auf der Verkündigungstafel ist zwar ein Standardmotiv, jedoch kann dafür auf ein allerdings etwas jüngeres Beispiel unter den wenigen erhaltenen flämischen Glasmalereien des 15. Jh. hingewiesen werden: Lüttich, Kollegialkirche Saint-Gommaire, Fenster des Rombaut Keldermans, um 1475/76, unterste Zeile (CVMA Belgique I, Helbig, J.: Les vitraux médiévaux conservés en Belgique 1200–1500, Bruxelles 1961, Fig. 59).

32 Sechs Bahnen des Marienfensters sind in der Gothic Chapel in den Cloisters, New York, installiert (s.: The Metropolitan Museum of Art, Bulletin, Dec. 1971, Jan. 1972, o. S.: Gesamtabb. von drei Bahnen).

33 wie Anm. 27

34 In diesem Sinne äußerte sich jedenfalls Mme. C. van den Bergen-Pantens, Bibliothèque Royale Albert I, Brüssel, Spezialistin für die Heraldik und Emblematik bei den frühen Niederländern, der ich für ihre freundliche briefliche Auskunft danke.

35 In Ergänzung zum Corpus Vitrearum wird in internationaler Zusammenarbeit unter Leitung von Mme. Yvette Vanden Bemden, Brüssel, auch an einem »Fichier du roundel« gearbeitet. Nach seiner Fertigstellung sind daraus jedenfalls weitere Aufschlüsse bzw. eine bessere Kenntnis der niederländischen Monolithscheiben vom Ausgang des 15. Jh. zu erwarten.

36 Siehe auch Frodl-Kraft, E., 1981, wie Anm. 5, S. 301–303

37 London, National Gallery, Corpus Les Primitifs Flamands, London II, 1954, Nr. 58; Davies, wie Anm. 7, S. 83 f.: entweder »unabhängiger Nachfolger« oder eher »Werkstättenarbeit«; farbige Abb. in: Ausstellungskat. »Rogier van der Weyden – Rogier de la Pasture«, Okt./Nov. 1979, Stedelijk Museum van Brussel, Broodhuis, Nr. 2/X

38 »Meister der Legende des hl. Augustinus« (M. J. Friedländer, wie Anm. 8, VI/2, Hans Memling and Gerard David, Leyden-Brüssel 1971, Suppl. 244); von N. Verhaegen dagegen dem »Meister der Lucia-Legende« zugeschrieben (Corpus Les Primitifs Flamands I, I, 2. ed. 1959, S. 116); ebenso in: Ausstellungskat. »Primitifs Flamands Anonymes«, Brügge 1969, S. 54

39 Zitate aus: Belting, H.; Eichberger, D.: Jan van Eyck als Erzähler, Worms 1983, S. 144 f.

Jane Hayward

Neue Funde zur Glasmalerei aus der Karmeliterkirche zu Boppard am Rhein

Unter den zahlreichen farbigen Verglasungen, die während der Napoleonischen Besetzung aus dem Rheinland verschwanden, ist keine besser dokumentiert als die der Karmeliterkirche zu Boppard am Rhein.[1] Dank den Fotografien, die während ihrer Restaurierung in Berlin – vor dem Verkauf an Friedrich Spitzer in Paris 1877 – angefertigt wurden, und dank der Aufnahme in den Spitzerschen Verkaufskatalog von 1893 hat es der ausgeprägte Stil der Boppardschen Fenster ermöglicht, auch Fragmente zu identifizieren, die fernab von ihrem Herkunftsort aufgetaucht waren.[2] Mein 1969 unternommener Versuch, die Pionierarbeit des verstorbenen Hans Wentzel über das Bopparder Glas in der Sammlung Burrell durch weitere Scheiben zu ergänzen, die sich in amerikanischen Sammlungen befanden, kann nun durch weitere Entdeckungen ergänzt werden.[3]

Wie zu erwarten war, haben die jüngst veröffentlichten Checklists für Glasmalerei in amerikanischen Sammlungen die Zahl bekannter Scheiben aus Boppard anwachsen lassen.[4] Einige dieser Entdeckungen waren vorauszusehen, andere waren absolute Überraschungen, während sich von dem Verbleib wieder anderer bisher keine Spuren gefunden haben. Identifiziert werden konnten Teile von vier Fenstern aus der Karmeliterkirche; in einem Fall wurde es dadurch möglich, ein Fenster vollständig zu ergänzen. Tragischerweise ist – wie so oft beim Bopparder Glas – ein bedeutender Teil der Wiederentdeckungen nur noch in Fragmenten erhalten; durch einen Brand ist das Glas im wesentlichen zerstört worden.[5]

Im Jahre 1956 hatte sich Dr. Hubert Eaton, der Direktor des Forest Lawn Memorial Park in Glendale/Kalifornien, entschlossen, auf dem Friedhof eine weitere Kapelle errichten zu lassen – in diesem Fall weniger für religiöse Zwecke als für den Tourismus.[6] Die Kapelle sollte der Sainte-Chapelle in Paris nachgebaut werden, mit Glasmalereiwänden auf drei Seiten. Schon vorher hatte Eaton aus der Sammlung Hearst Möbel und Skulpturen für Büro und Museum im Park angekauft, und so war er informiert, wo Glasmalereien zu erwerben waren. Obwohl sie bereits seit 1941 zum Verkauf standen, waren die umfangreichen Sammlungen von William Randolph Hearst 1956 noch keineswegs erschöpft. Durch die Verwicklung Amerikas in den Zweiten Weltkrieg hatte der Handel mit Kunstgegenständen so nachgelassen, daß die Gimpel Brothers – die mit dem Verkauf der Sammlung Hearst betraut waren – inzwischen die Preise drastisch reduziert hatten.[7] 1956 konnte Dr. Eaton für ein paar tausend Dollar unter den Resten der Sammlung auswählen. Er kaufte insgesamt 41 meist zu großen Fenstern gehörige Bahnen, darunter die drei aus Boppard (Abb. 1), alle vollständig mit Ausnahme der Predellafelder; sie zeigen die Heiligen Jakobus den Älteren, Norbert und Gerhard aus dem sogenannten Bourgeoisfenster.[8] Zusätzlich dazu erwarb Eaton die große liegende Jessefigur aus dem Wurzel-Jesse-Fenster von Boppard (Abb. 2).[9]

Die Umstände, die zu dem erwähnten Feuer geführt hatten, blieben unklar, doch ist Brandstiftung vermutet worden. Bei dem Bau handelte es sich um eine Stahlkonstruktion mit verputzten Sperrholzwänden. Einige Fenster waren bei Ausbruch des Feuers in der Nacht bereits montiert, während andere in Holzrahmen an den Wänden lehnten. Die Kapelle lag auf einer Höhe, einem windigen freien Platz in der Nähe der Halle der Kreuzigung. Das Feuer war nicht mehr zu löschen, und von den bereits eingefügten Bopparder Fenstern blieben nur wenige Fragmente erhalten, unter ihnen Jesse's Bart und Teile seines Gewandes. Vom Bourgeoisfenster gibt es nur noch die Inschrift »ora pro me sanctus Iacobus« auf dem Spruchband, das vom Mund des knienden Stifters zu Füßen des hl. Jakobus ausgeht, sowie wenige Fragmente von Ornamenten und der Drapierung.[10]

Die Vernichtung der Kapelle von Forest Lawn als einer der tragischen Zufälle in der Geschichte des Bopparder Glases findet einen gewissen Ausgleich

Abb. 1 St. Jakobus der Ältere, St. Norbertus und St. Gerhardus aus der Karmeliterkirche. Boppard am Rhein. Etwa 1445. Ehemals Sammlung von Caspar Bourgeois, Köln (zerstört)

durch die unerwartete Entdeckung noch völlig unversehrter Scheiben in einem Haus in Newport (Rhode Island). Ochre Court, ein Bau im Stil der französischen Schlösser des 16. Jahrhunderts, ist von Richard Morris Hunt für den Großgrundbesitzer Ogden Goelet errichtet worden. Er wurde 1884 oder 1888 begonnen und spätestens 1891 vollendet.[11] Er ist asymmetrisch angelegt, mit einer weitläufigen Halle im Zentrum, drei Stockwerke hoch über einem marmornen Erdgeschoß, mit bemalter und vergoldeter italienischer Decke. Auf dem Absatz der Marmortreppe ist ein großes vierbahniges Fenster mit Scheiben aus Boppard, fast im Zustand zur Zeit des Verkaufs von 1893 in Paris. Die Verglasung entstammt zwei verschiedenen Fenstern: die beiden Außenbahnen, die ehemals die Jungfrau im Piermonter Fenster rahmten, und zwei Bahnen des Zehn-Gebote-Fensters (Abb. 3). Ogden Goelet hatte wohl zunächst den Einbau weiterer Glasmalereien vorgesehen. Er erwarb nicht nur die 28 Felder für das Fenster auf dem Treppenabsatz, sondern noch 15 weitere aus Boppard, die jahrelang auf dem Boden von Ochre Court eingelagert waren und schließlich 1948 von Goelets Sohn Robert auf einer Auktion verkauft wurden.[12] Darüber gibt es im Archiv von Ochre Court eine umfangreiche Korrespondenz, doch keinerlei Dokumente über den ursprünglichen Erwerb des Glases. Ochre Court, dem Loireschloß Franz I. nachgebildet, wurde durch einen Architekten entworfen, der 12 Jahre in Frankreich gelebt und dort die Ecole des Beaux-Arts besucht hatte, eine seinerzeit bedeutende Ausbildungsstätte für Architekten in Europa. 1889, in der Zeit des Baus von Ochre Court, kehrte der überzeugte Frankophile Hunt nach Frankreich zurück, und die Erwerbung des Bopparder Glases durch Ogden Goelet mag durchaus auf seinen Einfluß zurückzuführen sein.[13] Das heutige Glasfenster ist augenscheinlich nicht die ursprüngliche Verglasung des Absatzfensters, denn die Glasmalereien sind etwa fußbreit vor einem liliengemusterten verbleiten Fenster aus Blankglas angebracht, das die originale Verglasung gebildet haben muß, die ihrerseits von außen durch Sturmstangen geschützt ist. Das Lilienfenster muß die Treppe von 1891 an beleuchtet haben, bevor das Bopparder Glas 1893 oder später aus Paris eintraf.

Die Bedeutung des Fensters von Ochre Court für das Studium der Bopparder Glasmalerei liegt in der Möglichkeit, das Zehn-Gebote-Fenster erstmals voll rekonstruieren zu können. Mit dem halben Fenster im Schnütgen-Museum in Köln (Abb. 4) und der einzelnen Bahn in der Sammlung Burrell (Abb. 5) vervollständigen die zwei Bahnen aus Newport ein weiteres Fenster.[14] Wie die anderen Fenster in Boppard bestand das Zehn-Gebote-Fenster aus zwei durch eine Steinblende getrennten Luchten von je drei Bahnen, und auch hier ist die Heilige Jungfrau Hauptthema. Sie ist von Szenen mit den Zehn Geboten und zwei Kaiserwappenschilden umgeben, die dem Fenster zu seiner traditionellen Bezeichnung »Kaiserfenster« verhalfen.[15] Wie schon früher festgestellt, weisen die beiden Kaiserwappen beiderseits der hl. Elisabeth von Ungarn in der untersten Reihe des Fensters auf die Stifter des Fensters, Albrecht II. und seine Gattin Elisabeth von Luxemburg.[16]

In ihrem jetzigen Zustand sind die beiden Seitenbahnen der Luchte im Schnütgen-Museum vertauscht worden. Die größeren quadratischen Türme in den Seitenlanzetten dienten dann als Strebepfeiler für den Bogen über dem Haupt der hl. Elisabeth und die Architekturbekrönung erschiene logischer.

Glasmalerei aus der Karmeliterkirche zu Boppard am Rhein

Seite 184: Abb. 2 Jesse aus der Karmeliterkirche.
Boppard am Rhein. Etwa 1445. Ehemals Sammlung
von William Randolph Hearst, Los Angeles (zerstört)

Abb. 3 Bopparder Glas in Ochre Court.
Ehemals Sammlung von Ogden Goelet, Newport, R. I.

Außerdem wäre auch der Ambrosianische Lobgesang auf den von Engeln gehaltenen Inschriften richtig lesbar.[17] Entscheidend ist aber, daß die Szenenfolge mit Moses, der die Gesetzestafeln empfängt, im unteren linken Sektor der oberen Zeile statt im unteren rechten begänne.[18] Diese veränderte Anordnung folgt dem Zehn-Gebote-Fenster in Saint-Thiebaut in Thann im Elsaß, etwa 1422–1424, das das Bopparder Glas gewiß beeinflußt hat, wenn es nicht gar als Vorbild diente.[19]

In der ersten Szene der Kölner Luchte nimmt Moses kniend mit ausgestreckten Händen die Gesetzestafeln von Gott in Empfang. Dieser – als bärtige Brustfigur dargestellt – hält in jeder Szene

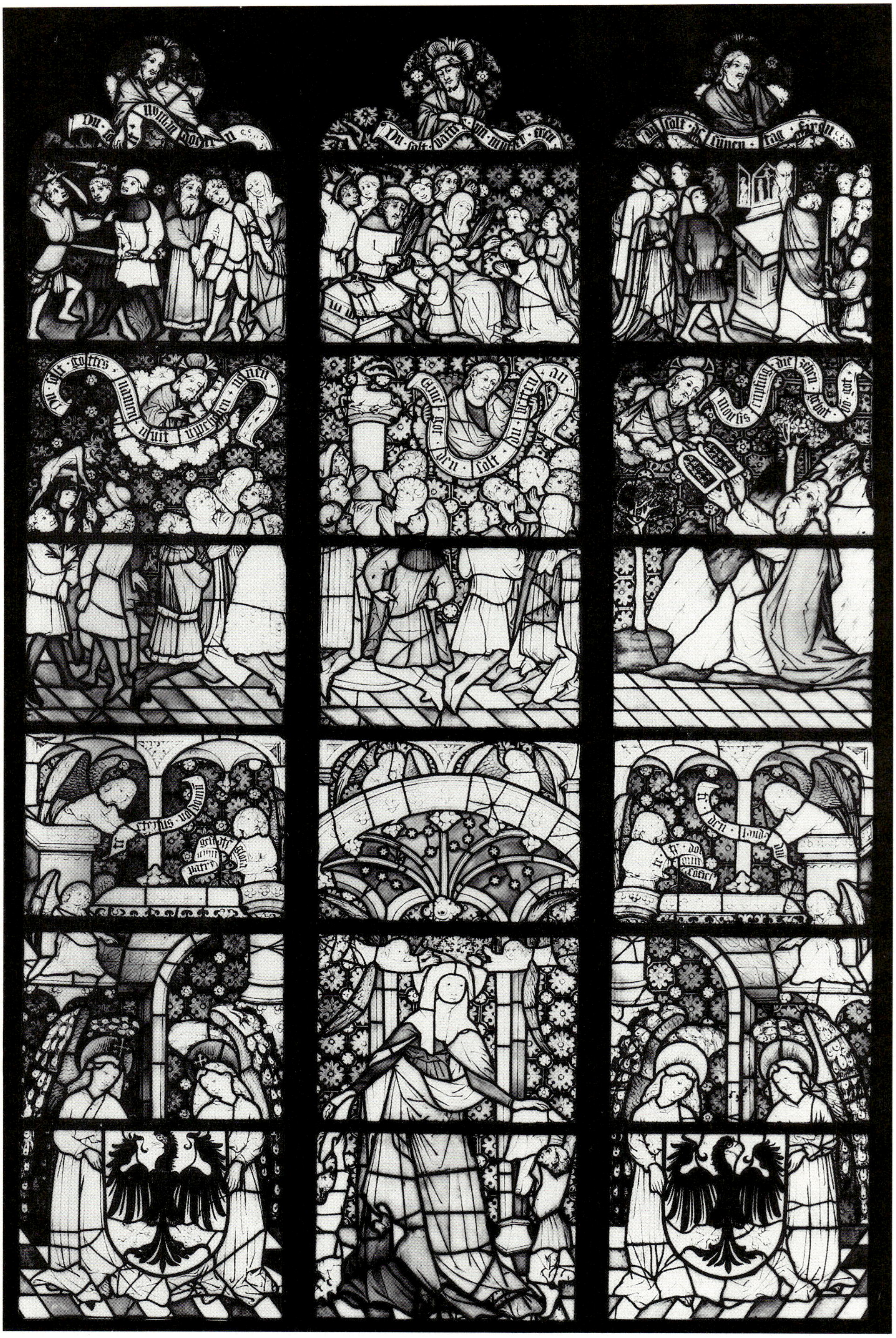

Seite 186: Abb. 4
Zehn-Gebote-Fenster aus der Karmeliterkirche. Boppard am Rhein.
Jetzt Schnütgen-Museum, Köln

Abb. 5
Die Heilige Jungfrau und das neunte Gebot aus der Karmeliterkirche. Boppard am Rhein.
Jetzt Sammlung Burrell, Glasgow

ein Band mit einer entsprechenden Inschrift, hier: »mousis.enpfing.die.sehen.gebot vo(n).got.«[20] Die Haltung des Moses, die felsige Landschaft, Art und Anordnung der Bäume, die Darstellung Gottes und der gemusterte Hintergrund – all das erinnert an ebendiese Szene in Saint-Thiebaut in Thann, wenn auch das Bopparder Glas stilistisch später einzuordnen ist.

Mit der zweiten Szene beginnen die Gebote. Inschrift: »Eine(n).got.den.solt.du.betten.an.«[21] Wie in allen anderen Gebotsszenen stehen die Gehorchenden rechts und die, die Gottes Wort mißachten, links. Die Götzendiener huldigen einem »Steinbock« auf einer Säule, während die Rechtgläubigen Gott kniend preisen. Die Sünder vor dem »Steinbock« finden sich auch in Thann, die Gerechten sind allerdings in einer anderen Szene verwandt.

Die dritte Szene illustriert das zweite Gebot und enthält die Inschrift: »Du.solt.gottes.namen.nuit. uppelichen. nen(n)en.«[22] Die Missetäter machen sprechende Gesten, dazu ermutigt von einem Teufel zu ihren Häupten, während die Gerechten knien wie in der vorigen Szene. Das Bild in Thann weicht völlig davon ab: Die Gottlosen zechen in einer Schenke, die Gläubigen mit Rosenkränzen sind auf dem Weg zur Kirche.

Die vierte Szene, das dritte Gebot, beschränkt sich auf ein Feld und den Kleeblattbogen der Bahn. Die Inschrift lautet im Dreipaß: »du.solt.de(n). sun(n)en.tag.firen.«[23] Links tritt ein Dämon an eine Menschengruppe heran, die sich von der Kirche abwendet, während die Guten zur Rechten mit einem Priester vor dem Altar die Messe feiern. Diese Szene mit dem Priester, der die Hostie vor einem Altar erhebt, findet sich in Thann beim ersten Gebot; das dritte zeigt dort einen predigenden Mönch. Die Szene der Missetäter ist dagegen in beiden Zyklen im wesentlichen gleich.

Die fünfte Szene nimmt ebensoviel Raum ein wie die vorhergehende: Vor nur einem Elternpaar knien die guten Kinder, während die bösen hinter seinem Rücken lachen und spöttische Gesten machen. Die Inschrift lautet: »Du.solt.vatter.un(d).muter. e(h)-ren.«[24] In Thann werden zwei Elternpaare dargestellt, wobei nur einer der vier Erwachsenen das Zeichen der Autorität, ein Bündel Ruten, hält.

In der sechsten Szene sehen wir zwei Männer mit Schwertern, die einen dritten töten wollen; auf der rechten Seite helfen ein Mann und eine Frau einem verwundeten Jugendlichen. Inschrift: »Du.solt. nyman.doeten.«[25] Die Handlung der Szene ist gegenüber der fast gleichen in Thann dramatisiert, der angegriffene Mann stürzt zu Boden.

Die Reihenfolge der übrigen fünf Gebote weicht von der im zweiten Buch Mosis ab; denn das nächste, das den Ehebruch untersagt, findet sich erst in

Abb. 6 Das sechste Gebot aus Boppard am Rhein. Jetzt Newport, R. I.

Abb. 7 Das siebente Gebot aus Boppard am Rhein. Jetzt Newport, R. I.

der untersten Zeile der dritten Bahn in Ochre Court (Abb. 6). Davor steht das Gebot gegen den Diebstahl.[26] Diese Umkehrung von sechstem und siebentem Gebot ist im Rheinland im 15. Jahrhundert nicht unbekannt und war wohl auch in Boppard beabsichtigt.[27] Das erklärt allerdings noch nicht die Stellung der Szene für das achte Gebot über das Ablegen eines falschen Zeugnisses in der mittleren Bahn (jetzt in Glasgow) unter der Gestalt der Jungfrau.[28] Daß diese Szene schon immer in der mittleren Bahn untergebracht war, ist durch die Farbe des Hintergrundes zu belegen. Die ganze Mittelbahn ist über und unter der Blende rot, während der Hintergrund der Seiten blau ist. Auch das Feld der Falsch-Zeugnis-Szene ist rot und sein Fußbodenmuster, schachbrettartig aus purpurnen und weißen Quadraten gefügt, stimmt mit dem der beiden anderen Szenen dieser Zeile überein. Es mag sein, daß die Karmeliter abgeneigt waren, das Verbot des Ehebruchs so nahe an das Bild der Jungfrau zu stellen. Wahrscheinlicher ist allerdings, daß sie auf den Seitenbahnen – Diebstahl unterhalb der Darstellung des Begehrens des Nächsten Weib zur Linken bzw. Ehebruch unter dem Begehren des Besitzes anderer zur Rechten – jeweils die Sünden des Fleisches und der Besitzgier gleichgewichtig einander gegenüberstellen wollten.

In der Ehebruchszene (s. Abb. 6) in Ochre Court sind die Sünder zur Linken zwei schäkernde Paare, über ihnen ist ein Teufel dargestellt. Die Gerechten gegenüber sind zwei tugendhafte Paare, mit zum Gebet gefalteten Händen. In der weitgehend restaurierten Szene in Thann sitzt zur Rechten ein Liebespaar, die Frau auf dem Schoß des Mannes; links geht ein tugendhaftes Paar mißbilligend von dannen. Die Szene in Boppard weicht deshalb von der Thanner ab. Die Inschrift lautet: »Du.solt.nut. unkuis.sin.«[29]

In den untersten Zeilen der zweiten Bahn in Ochre Court steht das siebente Gebot gegen Diebstahl (Abb. 7). Diese Szene zeigt einen alten Bettler, der heimlich die Börse eines anderen Mannes nimmt, der sich in lebhafter Unterhaltung mit zwei anderen befindet. Zur Rechten gibt eine Frau einem älteren Mann, der gegen ihre Großzügigkeit protestiert, einen Geldbeutel. Die Inschrift ist: »du.solt. nieman.guit.stellen.«[30] Auch hier weicht die Szene in Thann ab: Ein älterer Mann mit einer Börse und einem Dolch im Gürtel weist auf einen Jüngling, einen alten Mann und eine Frau, die an einem Tisch

Glasmalerei aus der Karmeliterkirche zu Boppard am Rhein

Abb. 8 Das achte Gebot aus Boppard am Rhein.
Jetzt Sammlung Burrell, Glasgow

Abb. 9 Das neunte Gebot aus Boppard am Rhein.
Jetzt Newport, R. I.

sitzen und Münzen zählen. Die Andeutung dessen, was folgen wird, ist deutlich.

Auf der Mittelbahn in der Glasgower Sammlung Burrell ist das achte Gebot dargestellt. Die Inschrift »Du. solt. kein(en). mey(n)eid. schwören.«[31] warnt vor dem Falsch-Zeugnis-Reden (Abb. 8). Zur Linken legt ein Mann vor einem Richter ein falsches Zeugnis ab, der Richter sitzt auf einem Thron und hält einen Stab und ein Kästchen. Der Angeklagte, den ein Freund unterstützt, steht im Hintergrund. Zur Rechten ist das übliche Quartett von Gestalten, die kniend beten. In Thann wie in Boppard ist die Szene mit dem falschen Zeugnis in der mittleren Bahn untergebracht, abweichend von der biblischen Reihenfolge der letzten zwei Gebote. Das Gebot gegen das Begehren des Nächsten Weib steht außerdem an zehnter Stelle rechts, das gegen das Begehren des Nächsten Gut an achter links davon, die Reihenfolge ist demnach: zehntes, achtes, neuntes. Die für die Umstellung in Boppard geäußerte Vermutung scheint auch auf Thann zuzutreffen, denn stünde dort das Gebot gegen das Begehren des Nächsten Weib links, befände es sich direkt über der Ehebruchszene. Die Mittelstellung des Falsch-Zeugnis-Gebotes in Boppard bestätigt das

Vorbild des Thanner Fensters trotz beträchtlicher Unterschiede in vielen Szenen. Doch sind jene gerade bei diesem Gebot gering, denn der thronende Richter, der Beschuldigte und die das falsche Zeugnis ablegenden Figuren sind ebenso ähnlich wie das betende Paar rechts. Nur die reduzierte Figurenanzahl in Thann ist abweichend. In den letzten beiden Bopparder Szenen (jetzt in Newport) wird die normale Reihenfolge wieder aufgenommen. Zur Linken ist das Gebot gegen das Begehren des Nächsten Weib (Abb. 9): Ein junger Mann bietet mit gebeugtem Knie einer Frau einen Ehering dar, die offensichtlich die Ehefrau des neben ihr stehenden Mannes ist. Die Gruppe der Tugendhaften zur Rechten besteht wie üblich aus zwei im Gebet knienden Paaren. Die Inschrift ist: »Du. solt. niemans. elicg. wip. begern.«[32] In Thann knien der gute Mann und seine Frau bei ihrer Eheschließung, während zur Linken ein junger Mann eine kniende Frau küßt. In diesem Fall weicht die Szene auch von der in Boppard ab.

In der Schlußszene in Newport (Abb. 10) umgeben Schmeichler einen reich gekleideten Mann; einer von ihnen trägt eine offene Börse am Gürtel. Über der Gruppe schwebt ein Teufel. Zur Rechten knien die Guten und beten, sie kümmern sich

Abb. 10 Das zehnte Gebot aus Boppard am Rhein.
Jetzt Newport, R. I.

nicht um einen großen Kasten mit Gold, der einem von ihnen gehört. Die Inschrift auf dem Band lautet: »Du.solt.kein.unreht.gut.begern.«[33] In Thann weicht die Szene inhaltlich ab, jedoch sind links dieselben zwei jungen Männer, die vom Teufel ermutigt werden. Zur Rechten dagegen steht das unschuldige Opfer ihrer Habsucht, dessen Eigentum von einem Richter weggenommen wird.

In den Zinnen des Architekturbaldachins, der sich über den Gebotsszenen erhebt, befinden sich kleine betende Figuren. Sie sind Zeugen der Krönung der Jungfrau als der »Kirche«. Dieses Bild der Maria als neuer Eva, jetzt in der Sammlung Burrell in Glasgow, verbindet das Fenster der Zehn Gebote mit dem übergreifenden ikonographischen Programm des nördlichen Seitenschiffes in Boppard, dessen Fenster als zentrales Thema jeweils einen Typ Mariä darstellen.[34]

Die Seitenbahnen in Ochre Court waren ursprünglich die des im Katalog der Sammlung Spitzer abgebildeten Piermont-Fensters.[35] Ogden Goelet hat die »apokalyptische Jungfrau« der Mittelbahn ebenfalls besessen, doch ist nichts über ihren Verbleib bekannt. Links steht Sankt Georg über der Stifterscheibe Cunos von Piermont und seiner drei Söhne. Über Cuno ist die Inschrift: »O.herre.got. sy.uns.alle.gnedig«[36] zu lesen. Unter Sankt Quirinus rechts erscheint Margarethe von Schonenberg, Gattin des Cuno von Piermont, mit ihren beiden Töchtern. Die Inschrift lautet: »herre.got.erbarme. dich.uber.uns.«[37] Zwei der drei Heiligen aus der oberen Fensterzeile befinden sich in Glasgow, der dritte, Sankt Michael, in San Francisco. Allein die Jungfrau fehlt noch.

Erst kürzlich wurde in einem anderen Newporter Haus ein weiterer Teil eines Fensters aus Boppard entdeckt. Es sind zwei Felder mit Johannes dem Evangelisten und dem römischen Hauptmann vor einem Hintergrund von blauer Damaszierung. Die Szene gehört zu dem sehr ungewöhnlichen Wurzel-Jesse-Fenster aus Boppard, das Szenen aus dem Leben Christi zeigt.[38] Sechs der Szenen sind jetzt in der Sammlung Burrell, vier im Metropolitan-Museum, eine, die drei Marien der Kreuzigung, im Museum Detroit, und zwei befanden sich einmal in der Sammlung Huber in Zürich. Die Johannesfelder werden in der Ergänzung des Spitzer-Verkaufskataloges als »Johannes und Longinus« bezeichnet; da die zweite Figur aber doch wohl ein Schwert und nicht einen Speer trägt, ist sie glaubwürdiger als römischer Hauptmann zu identifizieren.[39] Das Glas ist in äußerst schlechtem Zustand. Fast die ganze Farbbemalung außer den Hauptumrißlinien ist verschwunden, abgesehen vom damaszierten Muster des Hintergrundes und von den Grasbüscheln im Vordergrund.[40] Auch Spuren von Silberfärbung im Haar des Heiligen Johannes und Rötungen im Gesicht des Hauptmanns sind zu erkennen, aber es gibt einen beträchtlichen Verlust im Gewand des Apostels und zahlreiche Sprünge. Trotzdem läßt sich der Platz dieser Szene eindeutig bestimmen. Sie bildete das Pendant zu den drei Marien in Detroit, die die verlorene Zentralfigur des gekreuzigten Christus flankierten.[41]

Obwohl die Checklists die Auffindung vieler der Bopparder Scheiben möglich machten, konnten sie doch den Verbleib der Gesamtheit der Glasmalereien dort, von denen bekannt ist, daß sie nach den Vereinigten Staaten gekommen sind, nicht aufklären.[42] Nicht ein einziges der fünfzehn 1948 von den Goelets verkauften Felder ist jemals entdeckt worden. Zwar sind die Namen der Händler und Sammler, die dabei eine Rolle spielten, festgehalten worden, doch schlugen alle Versuche fehl, sie aufzufinden, und das Glas scheint verloren zu sein. Leider gehört auch der Rest des Piermonter Fensters dazu, der gut dokumentiert ist.[43] Über die anderen acht Scheiben hingegen ist nichts bekannt, abgesehen von vagen Beschreibungen im Auktionskatalog; dort werden zwei heraldische Felder und drei kniende Figuren aufgeführt, letztere zwei Zeilen hoch.⁴⁴ Die Scheiben hätten Auskunft über einige noch ungelöste Fragen bezüglich der Rekonstruktion der anderen Bopparder Fenster geben können.

Solange sie nicht gefunden sind, wird das Aussehen des vollständigen Glasprogramms und seine Bedeutung ein Geheimnis bleiben.

Anmerkungen

1 Das Karmeliterkloster in Boppard war eines der vielen, die während der Besetzung geschlossen wurden. Nachdem sein Besitz an die Stadt gefallen war, wurden die Glasfenster 1818 an den Fürsten Hermann Pückler verkauft, der die Fenster ausbauen und auf sein Gut in Bad Muskau in Brandenburg, nahe der polnischen Grenze, transportieren ließ. Als ich vor fast zwanzig Jahren begann, dem Verbleib der Reste des Bopparder Glases nachzuforschen, wurde mir diese Suche sehr durch Prof. Edgar Lehmann erleichtert, der mir seinerzeit den Besuch des Pücklerschen Schlosses in Muskau ermöglichte; ihm ist dieser Artikel gewidmet.

2 Die im Königlichen Institut für Glasmalerei in Berlin angefertigten Fotos sind sowohl von Schmitz, H.: Die Glasgemälde des Königlichen Kunstgewerbemuseums in Berlin, 2 Bände, Berlin 1913, I, Abb. 66, 67, 69 und 71, als auch von Oidtmann, H.: Die Rheinischen Glasmalereien, 2 Bände, Düsseldorf 1912–1929, I, Tafel XVIII und Abb. 400; II, Abb. 418–421, veröffentlicht worden. Im reich ausgestatteten Katalog der Sammlung Spitzer: »La Collection Spitzer, Antiquité, Moyen-Age, Renaissance«, Protat Frères, 5 Bände, Macon 1891, II, 73–75, Nr. 1953–1961, sind drei kolorierte Stiche von drei Halbfenstern veröffentlicht. Brauchbarer sind die Auktionskataloge: »Catalogue des Objets d'Art composant l'importante et précieuse Collection Spitzer (April 17–June 16) (Paris 1893), »Vitraux«, 65–66, Nr. 1953–1961, und »Supplément«, 269–271, Nr. 3349–3369

3 Wentzel, H.: Unbekannte mittelalterliche Glasmalereien der Burrell Collection zu Glasgow (3. Teil), Pantheon 19, 1961, S. 240–243. Mein eigener Artikel »Stained-Glass Windows from the Carmelite Church at Boppard-am-Rhein, A Reconstruction of the Glazing Program of the North Nave«, Metropolitan Museum Journal 2, 1969, S. 75–114, vermittelt das meiste der aktuellen Bibliographie. Seither sind zwei weitere sehr wichtige Werke erschienen, und zwar Beeh-Lustenberger, S.: Glasmalerei im Hessischen Landesmuseum in Darmstadt, II, Textband Ed. Gerhard Bott, Hanau 1973, S. 154–157, und Lymant, B.: Die Glasmalereien des Schnütgen-Museums, Bestandskatalog, Köln 1982, S. 104–109

4 Vergleichsliste I »Stained Glass before 1700 in American Collections: New England and New York«, Studies in the History of Art 15 (Washington, D. C.), wurde 1985 veröffentlicht; Vergleichsliste II »Mid Atlantic and Southeastern Seaboard States« folgte 1987, und Vergleichsliste III »Middle and Western States« wurde für 1988 erwartet.

5 Das Fenster mit dem Thron Salomonis, das Fürst Pückler in der Begräbniskapelle der Familie am Ostufer der Neiße bei Muskau, auf jetzt polnischem Gebiet, einbauen ließ, ist 1945 durch Bomben völlig zerstört worden.

6 Forest Lawn Cemetery ist eine sehr bekannte Begräbnisstätte für viele Filmstars aus Hollywood. Dazu gehören eine Anzahl von Kapellen und mindestens zwei Ausstellungshallen, in denen die großen Gemälde Dr. Eatons und eine lebensgroße Farbglaskopie des Abendmahls von Leonardo da Vinci in Originalgröße mit musikalischer Umrahmung und mit Erläuterungen besichtigt werden können. Einige der Begräbniskapellen sind mit farbigem Glas ausgestattet, doch handelt es sich dabei wie auch bei den betreffenden Bauten ausschließlich um moderne Arbeiten. Die Kunstwerke sind in den für Touristen bestimmten Bereichen ausgestellt.

7 Mit einer Anzeige in The Complete Collector vom August 1943 werden für alle noch vorhandenen Glasmalereien 80 % Nachlaß auf die Originalpreise angeboten, auch wurde die Möglichkeit der Ratenzahlung in Aussicht gestellt.

8 Nach den Angaben über die Auktion bei Spitzer, wo dieses Fenster unter Nr. 3349-3351 geführt wird, wurde das Glas von Caspar Bourgeois, Köln, gekauft und 1904 weiterverkauft, später wurde es von A. Seligmann Rey and Co., New York, erworben und möglicherweise an Hearst weiterverkauft. Vgl. Hayward: »Boppard«, 1969, Anm. 33

9 Zur Rekonstruktion dieses Fensters vgl. Hayward: »Boppard«, 1969, Abb. 25

10 Die Fenster und Fragmente aus Forest Lawn werden in Vergleichsliste III enthalten sein. Vgl. weiter oben Anm. 4

11 Gowans, A.: Images of American Living, Four Centuries of Architecture and Furniture as Cultural Expression, New York 1964, S. 368, nennt als Zeitraum 1885–1889, während Antoinette Downing, F., und Scully jr., V. J.: The Architectural Heritage of Newport, Rhode Island, Cambridge/Mass., 1952, S. 159, 1888 für den Beginn und 1891 für die Fertigstellung angeben.

12 »Gothic and Renaissance ... Stained Glass, Property of Mrs. Stanley Grafton Mortimer and Other Owners«, Auktionskatalog Parke-Bernet, 19. März, New York 1948, Nr. 161–166. John Dinkle veröffentlichte in »Stained Glass from Boppard, New Findings« in Scottish Art Review XIII Nr. 2, 1971, eine Teilskizze des Ochre-Court-Fensters, die bei den Papieren Wilfred Drakes in der Burrell-Sammlung, Glasgow, gefunden wurde. Die Skizze zeigt deutlich das Vorhandensein der beiden Heiligen aus dem Piermont-Fenster. Ich bin jedoch nicht einverstanden mit seiner Rekonstruktion dieses Fensters. Er plazierte die Madonna und die Stifter in der oberen Hälfte des Fensters. Die Stifter gaben, wie der Kaiser, das ganze Fenster, und ihre Schilde gehören an den Sockel des Fensters, dem Brauch gemäß, wie es bei den kaiserlichen Wappen der Fall war.

13 Ogden Goelet kann das Glas direkt auf der Spitzerauktion erworben, aber auch einen französischen Händler eingeschaltet haben. Beide Wege wurden bei dieser Auktion von anderen Käufern gewählt. Zum Beispiel kaufte der Sammler Caspar Bourgeois aus Köln direkt das in Forest Lawn später zerstörte Fenster sowie die Hälfte des Zehn-Gebote-Fensters, die sich jetzt im Schnütgen-Museum befindet. Die jetzt dem Museum in Darmstadt gehörenden Felder waren sämtlich vorher im Besitz der Großherzöge von Hessen – angekauft vermutlich auf der Spitzerauktion durch einen Agenten. Das meiste des Bopparder Glases ging durch viele Hände; ein klassisches Beispiel dafür ist das Bourgeoisfenster, das nach seinem Tod 1904 an H. Lem-

pertz' Söhne, Köln, gelangte; dann zu A. Seligmann, Rey & Co., Paris und New York; dann an William Randolph Hearst, Los Angeles, und schließlich nach Forest Lawn in Glendale. Der Schweizer Sammler A. Huber aus Zürich erwarb seine Felder über Händler. Sollte Ogden Goelet 1893 direkt auf der Spitzerauktion eingekauft haben, so kann sein Kauf als erste Erwerbung mittelalterlicher Glasmalereien durch einen amerikanischen Sammler gelten. Vorangegangen ist ihm dabei nur Frau Isabella Stewart Gardner, die ihre italienischen Renaissancefenster 1875 erwarb.

14 Bisher hatte als einziges komplettes bekanntes Fenster aus der Karmeliterkirche jenes gegolten, das sich jetzt in The Cloisters befindet (vgl. Hayward: Boppard, 1969, Abb. 1 und 2). Die Fensteröffnungen im Nordschiff der Kirche enthielten jeweils sechs Lanzetten mit Dreipaßabschlüssen, je drei, von einer Blende getrennt. Kein bisher aufgefundenes Glas ist jemals dem kunstvollen Flamboyant-Maßwerk dieser Bopparder Fenster an die Seite gestellt worden.

15 Eine sehr detaillierte Beschreibung des Fensters zur Zeit des Ankaufs durch Spitzer findet sich in Prufer, T.: Chorfenster aus der früheren Karmeliterkirche zu Boppard, Archive für Kirchliche Baukunst und Kirchenschmuck, Berlin 1877, II, S. 42–43, Dokumentation bei: Wentzel, Pantheon, 19, 1961, S. 243–244.

16 Wappen: Gold, ein kaiserlicher Adler mit gespreizten Flügeln schwarz, Schnabel und Klauen rot; zweimal wiederholt. Elisabeth als Tochter und Erbin Sigismunds, des vorigen Kaisers, war ebenso wie ihr Gatte Albrecht II., aus der Habsburger Linie, berechtigt, dieses Wappen zu führen, das dürfte die Tatsache erklären, daß es im Fenster zweimal erscheint. Die hl. Elisabeth im Fenster trägt einen Witwenschleier, das entspricht ihrer eigenen Stellung als Frau des verstorbenen Königs von Ungarn, ist vielleicht aber auch ein Hinweis auf die Stifterin, deren Schutzheilige sie ist. Albrecht II. starb 1439, im Jahr des Baubeginns für das Nordschiff der Karmeliterkirche in Boppard. Das Kaiserfenster war also eine postume Stiftung durch Albrechts Witwe Elisabeth, es unterstreicht ihre eigene Witwenschaft. Die Ikonographie des Fensters wird untersucht in Lymant: Schnütgenkatalog, 1982, S. 105–108, und Hayward: Boppard, 1969, S. 98–102

17 Nach der Umstellung würde die Inschrift wie folgt lauten: »te deu(m) lauda(mus)d(.)ni/ te dom(i)n(um) co(n)fite(mur)/te eter(n)us vo(s) dom(i)n(us)/ gestate(mus) gloria deus patru(s)«. Der Ambrosianische Lobgesang wird wiedergegeben in Migne, J. P.: Patrologiae Cursus Completus Series Latina, Paris, 1844–1867, LXXXVI, S. 944, mit folgenden Abweichungen in der dritten und vierten Zeile: »Te eternum Patrem omnis terra veneratur«. Vgl. auch Chevalier, Ch. U.: Repertorium Hymnologicum, II (»Extrait des Analecta Bollandiana«), Louvain 1892, S. 642, Nr. 20086

18 Ich vermerkte die Umstellungen in Hayward, Boppard, 1969, Abb. 21, Rekonstruktion des Fensters. Erzählende Fenster aus dem 15. Jahrhundert sind – wenn nicht besondere ikonographische Gründe dagegen sprechen – im allgemeinen von links nach rechts und von unten nach oben zu lesen. Das Zehn-Gebote-Fenster in Saint Thiebaut in Thann (1422/24) hält sich an diese Folge.

19 Vgl. Bruck, R.: Die Elsässische Glasmalerei, Straßburg 1902, S. 103–105, Tafel 50. Die Zehn Gebote waren in diesem Gebiet kein ungewöhnliches Thema für Verglasungen. In Saint-George in Selistat, ebenfalls im Elsaß, gibt es ein Fenster, das sie mit lateinischen Inschriften zeigt (um 1400).

20 »Moses empfängt von Gott die Zehn Gebote«. (Anm. d. Übers. zu Anm. 21–25 und 29–33: hier sind die Texte der Zehn Gebote deutsch und englisch zitiert. Ich habe in die Übersetzung die Lutherischen Bibeltexte eingesetzt).

21 Du sollst keine anderen Götter neben mir haben. 2. Mose 20/3

22 Du sollst den Namen des Herrn, deines Gottes, nicht mißbrauchen. 2. Mose 20/7

23 Gedenke des Sabbattags, daß du ihn heiligest. 2. Mose 20/8

24 Du sollst deinen Vater und deine Mutter ehren. 2. Mose 20/12

25 Du sollst nicht töten. 2. Mose 20/13

26 Zur Numerierung der Felder vgl. Wentzel, Pantheon, 19, 1961, S. 240–248, der als erster das System ermittelte und für das Zehn-Gebote-Fenster die Kennzeichnung »C« angab.

27 Ein einzelner Holzschnitt vom Oberrhein, 1460–1480, München, Staatliche Graphische Sammlung (Schreiber Nr. 1846), zeigt ebenfalls das siebente vor dem sechsten Gebot.

28 Diese Lanzette wurde zuerst von Wentzel, Pantheon, 19, 1961, S. 244, identifiziert. Wells: Burrell Collection, 1965, S. 65, identifizierte die Szene als das »neunte« Gebot, wobei er sich an die protestantische Einteilung der Gebote hielt, die auf Luther zurückgeht: Das Verbot, ein Bildnis zu machen, wurde zum zweiten Gebot, während alle folgenden jeweils um eine Zahl weiterrückten. Das neunte und zehnte Gebot mit den Verboten, des Nächsten Weib und des Nächsten Hab und Gut zu begehren, wurden von Luther zu einem Gebot zusammengefaßt. Das Feld aus Glasgow ist farbig veröffentlicht worden in Richard Marks u. a.: The Burrell Collection (Glasgow und London), S. 112, Abb. 4. Zur Einteilung der Gebote vgl. Schiller, G.: Ikonographie der christlichen Kunst, 4, Nr. 1, Die Kirche, Gütersloh 1976, S. 121–134.

29 Du sollst nicht ehebrechen. 2. Mose 20/14

30 Du sollst nicht stehlen. 2. Mose 20/15

31 Du sollst kein falsch Zeugnis reden wider deinen Nächsten. 2. Mose 20/16

32 Laß dich nicht gelüsten deines Nächsten Weibes. 2. Mose 20/17

33 Laß dich nicht gelüsten deines Nächsten Hauses ... noch alles, was dein Nächster hat. 2. Mose 20/17

34 Das ikonographische Programm ist beschrieben in Hayward: Boppard, 1969, S. 75–106.

35 »La Collection Spitzer, Antiquité, Moyen-Age, Renaissance«, Protat Frères, Mâcon 1891, II, S. 73–75, Nr. 1953 bis 1961

36 (Oh Herr Gott, sei uns gnädig.)

37 (Oh Herr Gott, erbarme dich über uns.)

38 Vgl. Hayward: Boppard, 1969, S. 93–98 und Abb. 25. Dieses Fenster wurde von Madeline H. Caviness und Virginia C. Raguin während ihrer Nachforschungen für die Vergleichsliste III aufgefunden. Ich danke ihnen für ihre Bereitschaft, mich davon in Kenntnis zu setzen.

39 Catalogue des Objets d'Art composant l'importante et précieuse Collection Spitzer (Auktionskatalog, 17. April bis 16. Juni) (Paris 1893), »Vitraux, Supplément«, S. 269–271, Nr. 3358–3360

40 Der gegenwärtige Zustand dieses Feldes kann Hinweise darauf geben, warum die Restaurierung des Bopparder Glases – mit einziger Ausnahme des Fensters mit der Darstellung des Thrones Salomonis, das in der Pücklerschen Begräbniskapelle eingebaut war – im Königlichen Institut in Berlin so unbefriedigend war. Bevor es von Spitzer angekauft wurde, hatte das Glas mehr als 40 Jahre lang in den Gewächshäusern des Pücklerschen Gutes gelagert, ungeschützt gegen die feuchte Luft, die – wie wir heute wissen – besonders gefährlich für bemaltes Glas ist. Wir wissen nicht, wie stark die Bemalung angegriffen war, doch gibt es genug Beweise für Übermalungen in dem noch vorhandenen Glas.

41 Die Felder in Newport entsprechen den Standardmaßen,

die alles Glas aus Boppard aufweist: etwa 53,5 cm × 75,0 cm (21 Zoll × 29 Zoll). Der blaue damaszierte Hintergrund und der büschelige Vordergrund finden sich in diesem Fenster sowohl in der Szene der drei Marien als auch in den meisten anderen Feldern. Die für das Gras der Felder im Metropolitan Museum in Detroit und bei Burrell verwendete olivgrüne Glasur – für das Jahr 1445 ein recht früher Gebrauch dieser Technik – war ehemals auch die Farbe für den Vordergrund dieses Feldes, leichte Spuren dieser Glasur lassen sich heute noch feststellen.

42 Siehe Anm. 4
43 Siehe Anm. 2
44 In Dinkles Artikel (siehe Anm. 12) wurden auch zwei Fotos aus den Papieren Drakes von zwei der Wappenscheiben in diesem Verkauf veröffentlicht, durch die wir wissen, wie diese Schilde aussahen. Sie werden gekennzeichnet als Posten Nr. 161, in dem ein »rot-weißer Schild mit goldenen Löwen als Schildhaltern« beschrieben wird, und Posten Nr. 164, in dem »ein Engel in silbernem Gewand, mit seinen ausgebreiteten Flügeln eine Gruppe von drei gold-blau-rubinfarbenen Wappen schirmend«, beschrieben wird, siehe Gothic and Renaissance Sculpture... Stained Glass... and Rugs, Property of Mrs. Stanley Grafton Mortimer and Other Owners (Verkaufskatalog, Parke-Bernet Galleries, Mar. 19) (New York, 1948), Nr. 161–166. Sein Versuch, die dritte heraldische Scheibe, Nr. 161, »geschmückt mit Doppelwappen mit Helmbusch und Blattsilberverkleidung auf rubinfarbenem Grund« mit der Stifterscheibe von Gelnhausen in der Burrell-Sammlung zu identifizieren, ist jedoch unmöglich. Beide heraldische Scheiben in Posten 161 wurden an einen Antiquitätenladen in New York mit dem Namen »Collectors Corner« verkauft. Das Geschäft wiederum verkaufte sie an zwei private Sammler: Ernest Lowie und André Du Bord. Das Gelnhausener Wappen wurde im Zweiten Weltkrieg von Burrell gekauft und von den Händlern Thomas und Drake für ihn in New York gelagert. Nach der Übergabe 1948 befindet sich die Scheibe bis heute in der Burrell-Sammlung. Das Engelwappen, Nr. 164, wurde an einen New Yorker Händler namens Paul Brey verkauft, sein Verbleib ist unbekannt.

Peter Kurmann und Brigitte Kurmann-Schwarz

Die Architektur und die frühe Glasmalerei des Berner Münsters in ihrem Verhältnis zu elsässischen Vorbildern

Zweifellos gehört das Berner Münster zu den bedeutendsten Denkmälern der deutschen Spätgotik aus dem 15. Jahrhundert. Dies gilt gleichermaßen von seiner Architektur und seiner glücklicherweise großenteils erhaltenen Ausstattung mit Werken der Glasmalerei. Sehr lange, bis in die Zeit nach dem zweiten Weltkrieg, nahm die Kunstgeschichte indessen von dieser Tatsache kaum Notiz: In den einschlägigen Handbüchern erscheint das Hauptwerk der Spätgotik in der Schweiz entweder gar nicht oder nur am Rande. Das Berner Münster zeigte zusammen mit manchen anderen Beispielen in Belgien, in Lothringen und in den sich südlich daran anschließenden Provinzen Ostfrankreichs sowie neben ein paar weiteren wichtigen Werken in der Schweiz, in welch hohem Maße unsere Disziplin von der durch die modernen Nationalstaaten geschaffenen Geographie auszugehen pflegte. Kunstlandschaften, die innerhalb des jeweiligen Sprachraums eine Randlage einnehmen, standen jedoch zumindest bis zur Schwelle der Neuzeit häufig mitten im politischen und kulturellen Geschehen, eine Tatsache, die sich heute nicht zuletzt anhand ihrer Kunstdenkmäler ablesen läßt. Hinsichtlich der bedeutenden Architekturwerke, die in den genannten Regionen das frühe und hohe Mittelalter hinterlassen hat, mag diese Feststellung in unseren Tagen wie ein Gemeinplatz klingen. Niemand bestreitet, daß die Kunstgeschichte – und dies ist nicht zuletzt eines der großen Verdienste Edgar Lehmanns – den Stellenwert der früh- und hochromanischen Baudenkmäler in den Grenzregionen des mittelalterlichen Imperiums richtig erkannt und deutlich herausgearbeitet hat. Was hingegen die hohen Leistungen der Gotik in diesen Grenzlandschaften betrifft, so ist in vielen Fällen ihre Relevanz noch ungenügend aufgedeckt. Ganz besonders trifft dies für Bauwerke der Spätgotik zu. Da der Jubilar sich mehrfach auch mit Problemen spätgotischer Architektur und Kunst intensiv auseinandergesetzt hat, sei es erlaubt, ihm ein paar Beobachtungen hinsichtlich des größten aus dem 15. Jahrhundert stammenden Bauwerks der Schweiz und seiner ältesten Glasmalereien zu widmen.

Daß wir uns dabei auf einen einzigen Aspekt, nämlich auf die Erörterung einer Filiationsfrage beschränken können, verdanken wir den Arbeiten von L. Mojon. Er hat das Berner Münster mit der Veröffentlichung seiner beiden Monographien über das Bauwerk[1] und dessen Schöpfer Matthäus Ensinger[2] von seinem Schattendasein in der Kunstwissenschaft befreit. Wie L. Mojon hervorgehoben hat, darf das Berner Münster nicht nur in seiner gesamten Baumasse, sondern auch in allen wichtigen Dispositionen seiner Detailgestaltung als authentisches Werk des von 1420 bis 1449/53 in Bern tätigen Matthäus Ensinger, eines der Söhne des großen Ulrich von Ensingen, gelten.[3] Lediglich der Westteil, d. h. der riesige Einturm und die ihn begleitenden beiden seitlichen Eingangshallen, stammt nicht von Ensinger. Da sich der Westteil aber bruchlos an die Langhausjoche anschließt und zumindest in seinen unteren Teilen von deren Formengut geprägt wird, nimmt Mojon zu Recht an, daß diese für die Hauptansicht und Fernwirkung entscheidende Partie zumindest der Idee nach ebenfalls auf Matthäus Ensinger zurückgeht. Sämtliche Gewölbe des Bauwerkes indessen – ausgenommen diejenigen der beiden östlichsten Seitenschiffsjoche auf der Südseite und einige Kapellengewölbe im Langhaus – weichen völlig vom Plan Ensingers ab.[4] Für die Gesamtwirkung des Inneren zieht dieser Umstand schwerwiegende Konsequenzen nach sich (Abb. 1): Anstelle der heute auf dem Mittelschiffsraum lastenden Masse eines engmaschigen Netzgewölbes muß man sich in der Ensingerschen Planung ein System ineinanderfließender reduzierter Rautensterne vorstellen. Sie hätten eine Decke gebildet, deren spannungsgeladene Leichtigkeit dem Betrachter eine Bewegung suggeriert hätte, die zwar von dem bereits durch Ensinger stark eingezogenen Triumphbogen gebremst, aber erst in dem über der Apsis des Altarraumes aus-

Architektur und Glasmalerei des Berner Münsters

Abb. 1 Bern. Münster. Inneres, Gesamtansicht

nahmsweise zu zwei Dritteln ausgebildeten Stern zur Ruhe gekommen wäre.[5]

Trotz der Gewölbe ist es erlaubt, das Innere des Berner Münsters als »den einzigen größeren, unangetasteten Innenraum, den je ein Meister aus dem Geschlecht der Ensinger gebaut hat«,[6] zu bezeichnen. Da Ensingers Nachfolger in der Leitung der Bauhütte in hohem Maße gemäß dem Konformitätsprinzip arbeiteten und somit die von ihnen errichteten Teile den älteren anglichen, können wir heute in Bern eines der einheitlichsten Werke spätgotischer Architektur im deutschen Sprachraum bewundern.

Besonders auffällig ist im Innern der Berner Hauptkirche die Gestalt der Freipfeiler (Abb. 2). Sie stellen übereck angeordnete, im Grundriß quadratische Massive mit glatten Flächen dar, deren Kanten unter den Arkaden sowie an der Stelle des Gurtbogens im Seitenschiff leicht abgefast sind.[7] Die Profile der Arkaden verschwinden ebenso wie diejenigen der Rippen und Gurte der Seitenschiffsgewölbe in den Flächen der Pfeiler; es bilden sich an diesen Stellen »Verschneidungen« verschiedener Elemente, wie sie für die Architektur der Spätgotik bekanntlich typisch sind. Als ähnlich »unorganisch« empfindet man den bereits vom Kämpferpunkt an sehr flach geführten Bogen der Arkaden; letztere scheinen von der Pfeilermasse »abgeknickt« zu sein, da die Kurve der Bogenprofile sich an der Stütze in keiner Weise fortsetzt. Vor der dem Mittelschiff zugewandten Pfeilerecke, deren Abfasung viel stärker ist als an den drei anderen Ecken der Stütze, steht ein kräftiges fünfteiliges Dienstbündel. In seiner plastischen Konsistenz entspricht es genau dem fehlenden Pfeilersporn, und es läuft ohne horizontale Unterteilung an Stütze und Mittelschiffswand bis zum Gewölbebekämpfer empor.

Die Wandzone zwischen Arkaden und Obergaden stellt eine zweite Besonderheit des Berner Innenaufrisses dar. Sie wird gegliedert durch einen rechteckigen Wandpanneau, der genau der Breite des Obergadenfensters entspricht und der dessen Gewände und Maßwerkpfosten bis knapp einen Meter über dem Arkadenscheitel als Blende verlängert.

Sowohl die Pfeilerform als auch die Fensterblende hat man zu Recht auf eine bis in das 13. Jahrhundert zurückreichende Tradition der deutschen Architektur bezogen; nämlich auf die Rezeption der hochgotischen Kathedrale, die östlich des Rheins in den meisten Fällen, selbst bei der Wahl des basilikalen Typus,[8] eine entscheidende Vereinfachung der komplexen Formenwelt der »klassischen« Vertreter dieser in Frankreich entwickelten Bauaufgabe anstrebte. Man kann die Berner Langhausstützen sehr wohl als eine auf die einfachste Grundform gebrachte Abart des hochgotischen Bündelpfeilers deuten, wie ihn etwa um 1240 der Entwerfer des Straßburger Münsterschiffs als neue Variante eines französischen Kathedralpfeilers in die deutsche Architektur eingeführt hatte.[9] Und ebenso sinnvoll ist es, das als Blende fortgesetzte Hochschiffenster in die Reihe der wesentlich älteren Versuche zu stellen, die Mauerzone zwischen Arkaden und Obergaden zu gliedern oder zu verzieren. Diese war in Deutschland besonders häufig nackt geblieben, da man sich bekanntlich östlich des Rheins nur äußerst selten mit der Anlage eines Triforiums befreunden konnte. Je höher manche gotischen Mittelschiffe in Deutschland wuchsen, desto größer wurden die ungegliederten Mauern über den Arkaden. Wie ein Blick auf die Langhäuser von Freiburg i. Br. oder Ulm lehrt, war die Problematik solch riesiger Flächen sogar innerhalb einer stark reduzierten gotischen Formensyntax offenkundig. Kein Wunder, daß im nordostdeutschen Backsteingebiet die in den 1270er Jahren getroffene Lösung der Lübecker Marienkirche[10] sehr lange vorbildlich wurde, welche die Hochfenster als Blenden über die ganze Mittelschiffswand bis zu den Arkaden hinunter verlängerte. Etwas später entwickelte die Halberstädter Dombauhütte für das Langhaus der mitteldeutschen Kathedrale am Fuß der Obergadenfenster eine mit Lübeck verwandte, wenn auch niedrigere Blendzone.[11] Eine andere, von Lübeck sicher unabhängige Variante findet sich am Ende des 13. Jahrhunderts im Langhaus der Abteikirche von Weißenburg in der südlichen Kurpfalz.[12]

Das einzige Bauwerk indessen, das die spezifische Form des uns aus Bern bekannten Freipfeilers mit einer als Blende gestalteten Lichtgadenverlängerung verbindet – und dies im Kontext eines zweizonigen basilikalen Wandaufrisses –, ist das im 14. Jahrhundert erbaute Langhaus der Stiftskirche von Niederhaslach im mittleren Elsaß[13] (Abb. 3, 4). Die einander entsprechenden Teile beider Kirchen gleichen sich trotz einiger Unterschiede derart, daß die Ähnlichkeit kaum auf einem Zufall beruhen kann.[14] Wie die Berner Pfeiler sind die völlig glattwandigen Niederhaslacher Stützen auf quadratischem Grundriß übereck gestellt, wie in Bern sind ihre Kanten unterhalb der Arkaden geringfügig abgefast. Mit Bern vergleichbar ist ferner die Verschneidung der Scheidbögen an den Pfeilern. Sogar die kontrastreiche Profilierung, die Ensinger für die Berner Arkaden gewählt hat, erinnert stark an die Bogenläufe von Niederhaslach: In beiden Fällen bildet eine kräftige Hauptkehle das auffallendste Moment der Leibung. Sowohl im elsässischen als auch im schweizerischen Beispiel sind die Obergadenfenster und ihre blendenförmigen Verlängerungen in tiefe Nischen hineinversetzt. Wie L. Mojon mit Recht vermutet, muß Matthäus Ensinger in Bern über den Langhausarkaden ein kräftiges Gesims geplant haben,[15] hat er doch selber in dem unter seiner Leitung errichteten Altarhaus die Sockelblenden auf eine

Seite 196
Abb. 2 Bern. Münster. Südliche Mittelschiffswand

Seite 197 rechts: Abb. 4 Niederhaslach. Stiftskirche St. Florentius. Westliche Langhausjoche. Blick von Südosten

Abb. 3 Niederhaslach. Stiftskirche St. Florentius. Inneres, Gesamtansicht

kräftige Stufe gelegt und darüber die Fenster auf einer deutlich hervorgezogenen, die Blenden überdachenden Sohlbank aufsitzen lassen. Wäre über den Berner Arkaden ein Gesims dieser Art vorhanden, so erschiene der Wandaufriß des Münsterlanghauses mit Hilfe dieser ausgeprägten Horizontale ebenso offenkundig zweigeteilt wie derjenige von Niederhaslach, wo tatsächlich die Sohlbank der Fensterblende als Gesims fortgesetzt wird, das sich sogar mit der Vertikale der sekundären Gewölbevorlagen überschneidet.

Es sind aber auch Unterschiede zwischen Bern und Niederhaslach zu nennen, die nicht auf eine Änderung der ursprünglichen Konzeption Ensingers zurückzuführen sind. Im Gegensatz zu deren Pfeiler zeigen die Stützen der elsässischen Stiftskirche an den quer zur Hauptachse der Kirche stehenden Ecken weder Abfasung im Seitenschiff noch Dienstbündel im Mittelschiff (s. Abb. 4). Im Seitenschiff steigt die Gurtrippe direkt aus der scharfen Kante des Pfeilers empor. Auf der Mittelschiffseite scheint dagegen das aus Birnstab und scharf profilierten Stegen gebildete Dienstbündel oberhalb einer auf Kämpferhöhe der innersten Arkadenleibung liegenden Schräge aus dem Pfeiler beziehungsweise dessen Fortsetzung an der Hochwand herausgeschnitten zu sein. Man kann hier nicht wie in dem in mancher Hinsicht konventionelleren Berner Bau[16] optisch zwischen Pfeiler und Wand einerseits sowie Gewölbegliedern andererseits trennen (s. Abb. 2). Die Niederhaslacher Struktur stellt sich als einheitlich geformte Masse dar. Nicht von ungefähr gleicht sich der Rahmen der Fensterblendennische dem Arkadenprofil an. Die allerdings wohl ursprünglich nicht so glatt geplanten Fenstergewände im Berner Langhausobergaden[17] nehmen dagegen wieder die glatten Schrägen der Pfeiler auf.

Trotz der Unterschiede zwischen beiden Bauten, die letztlich auf eine grundsätzlich divergierende Auffassung von der plastischen Erscheinung einer Wandstruktur hinauslaufen, glauben wir, daß Matthäus Ensinger das Niederhaslacher Langhaus gut gekannt hat. Offensichtlich fand er die Architektur der elsässischen Stiftskirche derart überzeugend, daß er wesentliche Formelemente daraus in seine

Oben Abb. 5 Niederhaslach.
Stiftskirche St. Florentius.
Blick auf die südliche Seitenschiffswand im Langhaus

Unten Abb. 6 Bern. Münster.
Strebepfeiler zwischen den Langhauskapellen (Südseite)

Planung für die Berner Hauptkirche übernahm. Dafür liefert ein weiteres Detail einen zusätzlichen Beweis, nämlich die über dreieckigem Grundriß sporenförmig gebildeten Gewölbevorlagen an der Innenwand der Niederhaslacher Seitenschiffsmauer (Abb. 5). Man findet sie an entsprechender Stelle in Bern zwischen den Langhauskapellen wieder (s. Abb. 2). Im Gegensatz zu Niederhaslach ist dort ihre Spitze allerdings leicht abgefast. Aber sie erscheinen in der zugespitzten Form des elsässischen Vorbildes am Berner Außenbau, und zwar dort der baulichen Situation entsprechend mit Wasserschlägen versehen (Abb. 6). Statt den Berner Sporenpfeiler von dem auch hinsichtlich dieses Details komplexeren Prager Veitsdom herzuleiten,[18] wäre zu überlegen, ob Matthäus Ensinger die Idee dazu nicht in Niederhaslach gewonnen hat.[19] Er hätte dann die dreieckigen Wandpfeiler des Vorbildes gleichsam an den Außenbau verlegt.[20] Betrachtet man ferner die sich in beiden Bauten einander annähernden Proportionsverhältnisse des Auf- und Grundrisses,[21] so wird die Vermutung noch wahrscheinlicher, Matthäus Ensinger habe an Niederhaslach gedacht, als er sich vor die Aufgabe gestellt sah, ein Konzept für die mittelgroße Kirche eines zwar ehrgeizigen, aber dennoch nur das Realisierbare anstrebenden Stadtstaates zu entwerfen. Schließlich weist die Niederhaslacher Kirche ebenso wie diejenige von Bern einen einzigen großen Turm im Westen auf, der ebenfalls von zwei Seitenräumen in der Verlängerung der Nebenschiffe eingefaßt wird. Man wird allerdings einwenden, daß der Vater des Berner Münsterbaumeisters um 1400 den Turm der Esslinger Frauenkirche ganz ähnlich mit dem Körper des Hauptbaus verschmolzen hat, obwohl es sich bei dieser Anlage um eine Halle handelt.[22] Erinnerte sich hier Ulrich von Ensingen an den im frühen 14. Jahrhundert begonnenen Westturm von Niederhaslach, oder hielt er sich an eine immer noch gültige ältere Esslinger Planung, die vielleicht auf die bereits um 1300 ähnlich gestalteten Westteile der basilikalen Marienkirche in Reutlingen[23] zurückging?

Wie dem auch gewesen sein mag, so muß man bezüglich des Verhältnisses zwischen Bern und Niederhaslach noch etwas anderes bedenken. Obwohl der Berner Chor ebenso breit wie das Mittelschiff ist, läßt Ensinger den Blick nicht ungehindert vom Langhaus in Chor und Altarhaus gleiten. Vielmehr verstellt er ihn durch den stark eingezogenen Triumphbogen derart, daß in der axialen Ansicht des Innenraums gerade noch die drei kostbar in Farben aufleuchtenden Fenster der Apsis ungehindert sichtbar bleiben. Diese zum kunstvoll eingefaßten »Bild« erhobene Choransicht[24] gehört zu den schönsten Eindrücken, die der Innenraum des Berner Münsters dem Betrachter vermittelt (s. Abb. 1). Obwohl die Abschnürung des Chors zweifellos im Zusammenhang mit der architektonischen Tradition der deutschen Bettelordensarchitektur gesehen werden muß,[25] stellt sich die Frage, ob Matthäus Ensinger zur bildhaften Gestaltung der Choransicht nicht doch in erster Linie von Niederhaslach angeregt gewesen sein kann. Die Art, wie in diesem elsässischen Bau der dreijochige Saal des Vorchors aus der Zeit um 1300 vom Entwerfer der jüngeren Langhausteile im 14. Jahrhundert dazu benutzt wurde, eine Überleitung zum wesentlich niedrigeren Chor des späten 13. Jahrhunderts[26] zu schaffen und diesen als kostbares Architekturkleinod gewissermaßen in die Ferne zu rücken (s. Abb. 3), zeugt von großem Können und dürfte den gegenüber Problemen der baukünstlerischen »Regie« offenen Sohn Ulrichs von Ensingen nachhaltig beeindruckt haben.

Unsere Annahme, Matthäus Ensinger sei mit der Kirche von Niederhaslach vertraut gewesen, läßt sich mit guten Argumenten stützen. Mit großer Wahrscheinlichkeit hat der junge Ensinger die Lehre unter seinem Vater in Straßburg absolviert, und es wird ihm auch dort der Meistertitel verliehen worden sein. Jedenfalls wandten sich 1420 Schultheiß und Rat von Bern direkt an den damals in Straßburg tätigen Matthäus Ensinger.[27] Wie Mojon hervorgehoben hat, stimmen viele Details der in der Amtszeit des jungen Ensinger gebauten Teile des Berner Münsters mit solchen überein, die sein Vater in der Straßburger Hütte konzipiert hatte.[28]

Die Architektur der Niederhaslacher Stiftskirche steht nun ihrerseits im engsten Umkreis der Straßburger Münsterbauhütte. Bekannt ist die heute noch in Niederhaslach vorhandene Grabplatte eines 1329 oder 1330 gestorbenen Werkmeisters der dortigen Kirche, auf der inschriftlich festgehalten wird, es handle sich um den Sohn von Magister Erwin, »des einstigen Werkmeisters der Straßburger Kathedrale«.[29] Man wird kaum fehlgehen, wenn man in Niederhaslach diesem Sohn Erwins nicht nur die Portalzone der Turmfront, sondern auch den Entwurf des Langhauses zuschreibt.[30] Es bleibt indessen offen, wie lange nach seinem Tod an diesem stattlichen Bauteil weitergearbeitet wurde. Da in einem Ablaßbrief von 1385 von der Befestigungsmauer und nicht von der Kirche die Rede ist, nimmt man allgemein an, diese sei damals vollendet gewesen.[31] Das scheinen die farbigen Glasfenster in den Seitenschiffen zu bestätigen, die zwischen 1350 und 1360 entstanden sind. Sie füllen sämtliche Fenster beider Nebenschiffe bis auf diejenigen im ersten Joch im Westen aus.[32] Es sei trotzdem die Frage erlaubt, ob man nicht auch noch nach 1385 an dem bis heute unvollendet gebliebenen Westturm arbeitete. War dies der Fall, so hätte Matthäus Ensinger unter Umständen selber an diesem Ableger der Straßburger Münsterbauhütte tätig gewesen sein können. Aber auch wenn man diese Möglichkeit ausschließt, so hat der Sohn Ulrichs von Ensingen entweder Niederhaslacher Planmaterial in Straßburg eingesehen oder die ausgesprochen progressive Architekturschöpfung des Sohnes Meister Erwins an Ort und Stelle aufgesucht.[33] Er wird mit sicherem Instinkt gespürt haben, in welch hohem Maße sie viele Eigenschaften der Baukunst vorweggenommen hatte, die für ihn die zeitgenössische, die »moderne« war.

Außer der Verglasung des Berner Münsterchors aus der Mitte des 15. Jahrhunderts,[34] die der kunsthistorischen Forschung gut bekannt ist, blieben der ehemaligen Stiftskirche neben einer großen Zahl von Wappenscheiben (15.–19. Jahrhundert) ein paar Fragmente eines älteren, wenig beachteten Zyklus von Glasmalereien erhalten. Diese Bilderfolge, die als sogenannte »Kleine Passion« in die kunsthistorische Literatur eingegangen ist,[35] umfaßt drei Felder: eine Kreuzigung (s. Abb. 9), eine Auferstehung Christi (s. Abb. 7) und das Martyrium des Apostels Matthias (s. Abb. 8).[36] Seit dem späten 19. Jahrhundert schmücken diese Scheiben die Krauchtal-Erlach-Kapelle (n VII) auf der Nordseite des Langhauses, wo sie zusammen mit dem Pilatus aus dem Passionsfenster (vor 1441) des Chores in die drei mittleren Fensterbahnen eingelassen worden sind [4 b: Pilatus, 4 c: Kreuzigung (s. Abb. 9), 4 d: Auferstehung (s. Abb. 7) und 3 c: Heiligenmartyrium (s. Abb. 8)]. Das wenige, was zur Geschichte dieser Glasmalereien bekannt ist, faßte L. Mojon in seiner ausgezeichneten Bestandsaufnahme für den Münsterband der Bernischen Kunstdenkmäler zusammen.[37] Die Scheiben saßen bis Ende des 19. Jahrhunderts als Lückenbüßer in den Chorfenstern des Münsters.[38] Damit man die Bildfelder dort einsetzen konnte, mußten sie brutal beschnitten werden [Auferstehungsbild (s. Abb. 7) und Matthias-Marter (s. Abb. 8) am linken Rand, Kreuzigung (s. Abb. 9) am rechten Rand: L. Mojon vermutet einen Substanzverlust von 5 bis 10 cm]. Bevor die Restauratoren der 1880er Jahre die Panneaus in die Krauchtal-Erlach-Kapelle übertrugen, nahmen sie nötige Ausbesserungen vor. Über frühere Veränderungen an den Scheiben ist nichts überliefert, doch weisen sie deutliche Spuren von Restaurierungen auf, die zu wiederholten Malen wohl seit dem 16. Jahrhundert erfolgten.[39] Zuletzt wurden die Scheiben 1973 gereinigt und restauriert. Dabei entfernte der Glasmaler die vielen, teilweise störenden Notbleie und stellte die Transparenz der Gläser durch deren Reinigung wieder her, was jedoch den weitgehenden Verlust der Schwarzlotmalerei zur Folge hatte. Die stark abgeriebene, seit der Reinigung äußerst dünne Malschicht vermag sich heute kaum noch gegen die leuchtenden Farbtöne der Gläser zu behaupten. Die hier abgebildeten Fotos, die in den vierziger Jahren unseres Jahrhunderts von diesen Scheiben gemacht worden sind und daher den Zustand vor der Restaurierung zeigen, überliefern einen dichten, tonigen und kontrastreichen Auftrag der Binnenmalerei. Diese hat, wie die Abbildungen zeigen, ein überzeugenderes Gleichgewicht zu den leuchtenden Farbtönen des Glases wiederhergestellt, als es heute die fragilen Reste der Malschicht vermögen.

Über den ursprünglichen Standort der drei Scheiben ist nichts bekannt. Da die Glasmalereien, wie noch gezeigt werden soll, sicher nicht lange nach 1430 entstanden sind, kommen im Münsterneubau nur eine der nördlichen Langhauskapellen oder die Matterkapelle auf der Südseite des Langchores als ursprünglicher Ort der Anbringung in Frage.[40] Diese Annexräume der Kirche enthalten jeweils ein einziges Fenster, was bedeutet, daß nur dann eine der Kapellen als ursprünglicher Standort der drei Scheiben angenommen werden darf, wenn diese tatsächlich, wie L. Mojon vermutet,[41] zur Verglasung ein und desselben Fensters gehörten. Falls es sich aber um Fragmente von verschiedenen Zyklen handelt, müssen die Scheiben ursprünglich entweder für die alte Leutkirche[42] oder für eine andere Berner Kirche geschaffen worden sein. Da im 17. und vor allem im 18. Jahrhundert die Produktion von farbigem Glas stark zurückging und schließlich ganz aufhörte, ging man dazu über, die mittelalterlichen Glasmalereien durch Scheiben und Scheibenfragmente aus fremden Zusammenhängen zu reparieren.[43] Aus diesem Grunde kann der ursprüngliche Standort der »Kleinen Passion« und des Apostelmartyriums heute kaum noch ausfindig gemacht werden.

Die Kreuzigung der »Kleinen Passion« (s. Abb. 9) nimmt heute die vierte Zeile der mittleren Fensterbahn in der Krauchtal-Erlach-Kapelle ein. Der Crucifixus und die Assistenzfiguren stehen vor einer purpurnen, kulissenartigen Architektur, die sich auf einen dunkelblauen, mit ausradierten Ranken geschmückten Grund öffnet. Christus hängt mit leicht angewinkelten Knien und nach unten gezogenen Armen am Querbalken des gelben Kreuzes. Sein zur Seite gesunkenes Haupt wird von der blaugrünen Dornenkrone umschlossen und von einem weißroten Nimbus gerahmt. Bart und Haare sind in Silbergelb auf den weißen Fleischton aufge-

Seite 201, Oben: Abb. 7 Bern. Münster. Krauchtal-Erlach-Kapelle (n VII). Auferstehung (4d)

rechts unten: Abb. 9 Bern. Münster. Krauchtal-Erlach-Kapelle (n VII). Kreuzigung (4c)

links unten: Abb. 8 Bern. Münster. Krauchtal-Erlach-Kapelle (n VII). Martyrium des heiligen Matthias (3c)

tragen. Ein hellblauer Mantel mit rotem Futter hüllt die trauernde Maria fast vollständig ein und läßt nur über der Brust eine kleine Fläche ihres dunkelpurpurnen Gewandes frei. Sie neigt ihr von einem gelben Nimbus mit weißem Rahmen umgebenes Haupt, das ein ebenfalls weißer Schleier bedeckt, gegen das Kreuz und führt trauernd ihre linke Hand an die Wange. Johannes trägt über einem Gewand von dunklem Blaugrün einen roten Mantel mit hellblauem Futter. Sein üppiges Blondhaar ist in gelbem Glas an das weiße Gesicht gefügt, hinter dem ein dunkelgrüner Nimbus mit ebenfalls gelbem Rand schwebt.

In der vierten Zeile von Bahn d des Fensters in der Krauchtal-Erlach-Kapelle sitzt heute die Scheibe, welche die Auferstehung Christi (s. Abb. 7) zeigt. Ihre purpurne Architektur mit blauen Kassettendecken in den Annexräumen öffnet sich auf einen roten, von ausradierten Ranken bedeckten Grund. Christus steigt aus dem purpurnen und violetten Sarkophag heraus, auf dessen Rand zwei blau gekleidete Engelchen mit blaugrünen Flügeln stehen. Im weißen Glas ihres Gesichtes sind die Haare anhand von Silbergelb aufgetragen. Ein roter, hellblau gefütterter Mantel umhüllt die weiße Gestalt des Auferstehenden. Bart und Haare malten die Glasmaler in Silbergelb auf das weiße Glas des Hauptes, hinter dem ein zweifarbiger Nimbus (gelbes Kreuz auf hellblauem Grund) schwebt. In seiner Linken hält Christus die weiße Stange der Siegesstandarte, an deren Ende das rote Fahnentuch flattert. Vor dem Sarkophag ruhen die Grabwächter auf einem hellen blaugrünen Wiesenpolster. Der Sitzende links trägt über der weißen Rüstung ein blaues, der Schlafende rechts ein rotes Wams. Die Szene war wahrscheinlich nach oben durch ein grünes Gewölbe abgeschlossen.

In der dritten Zeile unterhalb der Kreuzigung (Lanzette c) befindet sich heute die Scheibe mit dem Martyrium des hl. Matthias (s. Abb. 8). Ihr kastenartiger Raum, den purpurne Stützen tragen, öffnet sich nach hinten auf einen blauen Rankengrund mit gelben Sternen. Auf der rechten Seite läßt ein Rundbogen eine rote Fläche frei, die ebenfalls mit Ranken verziert ist. Eine rot kassettierte Decke, deren Felder durch hellblaue Leisten voneinander getrennt sind, schließt das Gehäuse oben ab. Nach vorn wird es von einer Reihe gelber hängender Dreipaßbögen begrenzt. Der in ein dunkelgrünes Gewand und

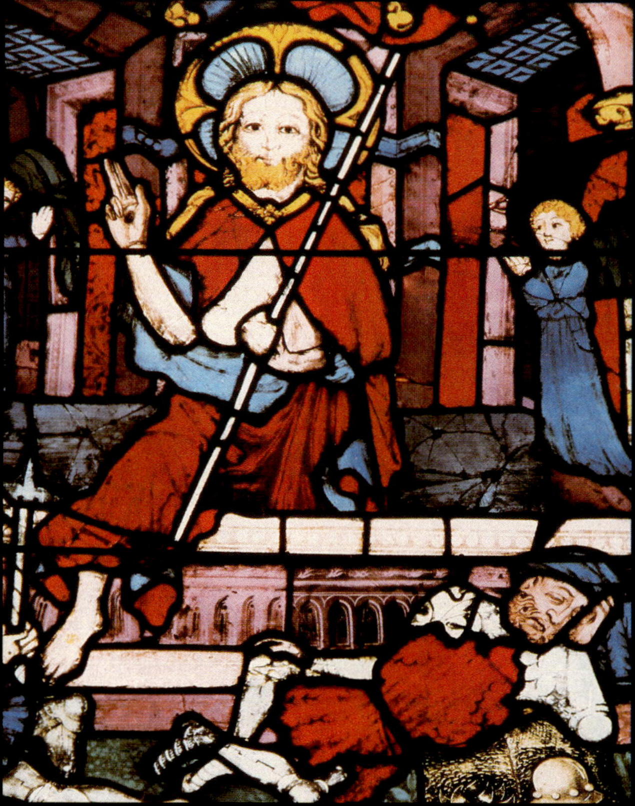
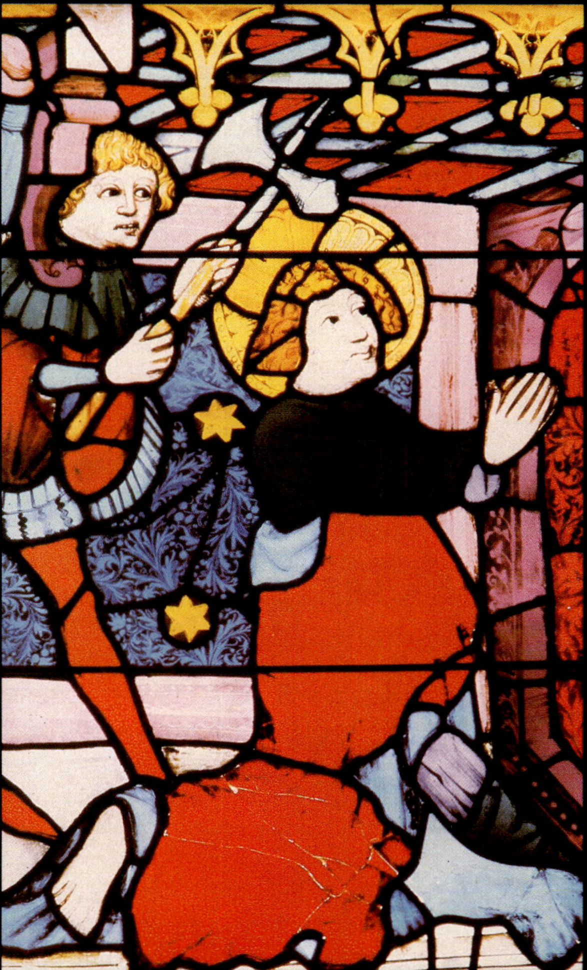
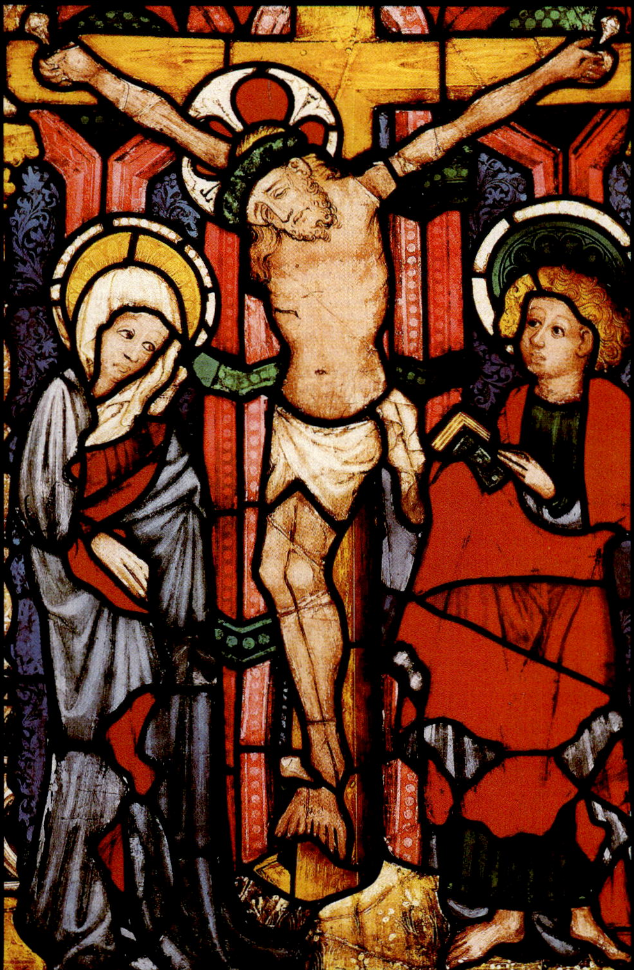

einen leuchtend roten Mantel mit hellblauem Futter gekleidete Märtyrer kniet auf dem blaßgelben Boden des Innenraumes. Sein Haar fügten die Glasmaler wie beim hl. Johannes der Kreuzigung mit gelbem Glas an das weiße Gesicht, hinter dem ein großer gelber Nimbus schwebt. Der Henker trägt rote Beinkleider sowie ein rotes Wams mit hellblauen Zaddeln und dunkelgrünem Kragen. Im Gegensatz zum Haar des Märtyrers gaben die Glasmaler das Haar des Henkers mit Silbergelb auf dem weißen Glas des Gesichtes wieder. Links vom Henker blieb von einem zweiten Schergen der linke Arm mit einem hellblauen Ärmel erhalten, der einen Stein nach dem Heiligen wirft.

Die beschriebenen Szenen spielen sich in Innenräumen ab, deren Struktur noch an die Phantasiearchitekturen aus der zweiten Hälfte des 14. Jahrhunderts erinnert.[44] Die Gehäuse öffnen sich nach allen Seiten und geben den Blick auf einen blauen beziehungsweise roten Rankengrund frei. Die drei Bildfelder haben im Laufe der Zeit ihre architektonische Bekrönung verloren [die beiden hängenden Konsolen über dem auferstehenden Christus in 4d (s. Abb. 7) scheinen Reste eines polygonalen Baldachins zu sein]. In den durch Annexe und Nischen erweiterten Innenräumen leben Schachtelarchitekturen nach, die unter dem Einfluß der italienischen Trecentomalerei entstanden sind und den Realitäten wirklicher Bauten widersprechen. Unter den Berner Scheiben veranschaulicht besonders die der Kreuzigung (s. Abb. 9) den atektonischen Charakter dieser Gehäuse. Hinter ihren beiden Assistenzfiguren öffnet sich je eine dreieckige Nische, deren architektonische Verbindung durch das Kreuz verdeckt ist. Das Martyrium des hl. Matthias (s. Abb. 8) spielt sich dagegen in einem klar aufgebauten kubischen Innenraum mit einer Kassettendecke ab. Aus unseren Beschreibungen geht hervor, daß die Schöpfer der Berner Scheiben phantastische Raumformen mit Darstellungen von Bauten gemischt haben, die bereits einen gewissen Realitätsgrad aufweisen. Wie E. Bacher darlegte, verdrängen im zweiten Viertel des 15. Jahrhunderts Formen der zeitgenössischen Baupraxis die altertümlichen Baukastenarchitekturen des italienischen Trecento mehr und mehr.[45] Da die gemalte Architektur auf den Scheiben in der Krauchtal-Erlach-Kapelle Eigentümlichkeiten beider Darstellungsweisen hat, dürfte eine Enstehungszeit im zweiten Viertel des 15. Jahrhunderts wahrscheinlich sein.

Die Figuren sind in üppige, weich gefaltete Gewänder gehüllt, die durch die Formen des ausgehenden Weichen Stils geprägt werden. Diese wirken gegenüber den frühen Werken der Kunst um 1400 bereits formelhaft, ein Eindruck, der durch die bevorzugt in Parallelen geführten wulstigen Faltenbahnen entsteht. Die Lichter sind auf den Graten der Stofferhebungen als breite Streifen angebracht, deren Leuchten die Parallelität der Reliefformen zusätzlich hervorhebt und das Schematische der Komposition unterstreicht. Die Gestalten der Kreuzigung und Auferstehung (s. Abb. 7 und 9) wirken wie Relieffiguren, die sich auf einem unsichtbaren Grund ausbreiten, während in der Martyrienszene (s. Abb. 8) erste Anzeichen einer räumlichen Anordnung der Figuren sichtbar werden. Der in der vordersten Ebene des Bildes kniende Apostel Matthias zeigt zwar immer noch einen stark ausgeprägten Reliefcharakter, der Scherge mit dem Beil jedoch schreitet bereits aus einer dem Betrachter deutlich vermittelten tieferen Raumschicht auf sein Opfer zu.

Leuchtendes Rot und Blau – H. Lehmann, einer der frühen Bearbeiter schweizerischer Glasmalereien, sprach von einer »aufdringlich bunten Farbgebung«[46] – beherrschen die Farbpalette der Scheiben. Blaues Glas kommt sowohl in einem hellen als auch in einem dunklen Ton vor. Zu den beiden Haupttönen treten ein dunkles Blaugrün und ein warmes Gelb (in der Masse gefärbt und als Silbergelb) sowie Purpur und Violett in heller und dunkler Tönung. Ein bräunliches Weiß, vor allem für die Fleischpartien verwendet, setzt neben Gelb helle Akzente. Vereinzelt wird Grün auch durch das Auftragen von Silbergelb auf blauem Glas erzielt [Dekoration auf der Kassettendecke in der Darstellung der Matthias-Marter (s. Abb. 8), Wiesenboden in der Auferstehung Christi (s. Abb. 7)].

Bisher haben nur zwei Autoren versucht, die drei Scheiben kunsthistorisch einzuordnen: H. Lehmann in der »Geschichte der Glasmalerei in der Schweiz«[47] und L. Mojon in dem bereits mehrfach zitierten Kunstdenkmälerband.[48] Der erste Autor nahm an, die drei Panneaus seien in der zweiten Hälfte des 15. Jahrhunderts von einem westschweizerischen Meister geschaffen worden.[49] Zu Recht hat L. Mojon diese Annahme korrigiert und ein Datum vor der Mitte des Jahrhunderts vorgeschlagen (1430–1440). Die Herkunft der Scheiben vermutet er mit Vorbehalten im südlichen Schwaben.[50] Sicher ist dieser Hinweis auf ein nicht weiter benanntes süddeutsches Kunstzentrum richtig, doch möchten wir in diesem Beitrag darlegen, daß die künstlerischen Voraussetzungen der drei Scheiben in der Krauchtal-Erlach-Kapelle des Berner Münsters eher im Elsaß als im Schwäbischen zu finden sind. In Straßburg – es wurde auch schon Colmar vorgeschlagen – sind seit der Zeit um 1400 Maler- und Glasmalerwerkstätten tätig, deren Schaffen bis gegen 1440 verfolgt werden kann. I. Futterer,[51] L. Fischel[52] und A. Stange[53] haben die Werke eines wahrscheinlich in Straßburg (A. Stange vermutet Colmar als zweites Zentrum) ansässigen Ateliers publiziert und die gegenseitigen Beziehungen der elsässischen Werke der Malerei aus der genannten Zeit dargestellt. Den Mittelpunkt dieser Gruppe bildet die Kreuzigung im Colmarer Unterlinden-Museum,[54] in deren Umkreis die Tafeln aus Bergheim[55] und die Scheibenfragmente aus Alt Sankt Peter in Straßburg[56] entstanden (heute im Musée de l'Oeuvre de Notre-Dame in Straßburg aufbewahrt). Eine weitere Gruppe bilden das sogenannte Frankfurter »Paradiesgärtlein« und die mit diesem Bild verwandten Werke.[57] E. J. Beer hat in ihrem dritten schweizerischen CVMA-Band auf Beziehungen zwischen den Scheibenfragmenten aus Alt Sankt Peter und einer Gruppe von Glasmalereien der heutigen Schweiz hingewiesen (Chorfenster von Sankt Mauritius zu Zofingen[58] und Offenburgfenster aus der Basler Karthause Sankt Margaretental[59]). Die Autorin ordnet außerdem zu Recht die Verglasung der Kirche auf dem Staufberg bei Lenzburg in den Strahlungsbereich des sogenannten Frankfurter »Paradiesgärtleins« ein.[60] In einer Untersuchung der Rüdiger-Schopf-Handschriften hat sich zuletzt L. E. Stamm mit den Werken aus dem Umkreis der Colmarer Kreuzigung auseinandergesetzt und deren Zugehörigkeit zu einer für die Gebiete am Oberrhein und der angrenzenden Schweiz charakteristischen künstlerischen Ausdrucksweise dargelegt.[61] Wie die Scheiben des Berner Münsters – nicht nur die hier vorgestellte »Kleine Passion« – zeigen, können diese engen künstlerischen Verbindungen zwischen dem Elsaß und den Städten der heutigen Schweiz deutlich über die bei L. E. Stamm aufgezählten Werke hinaus weiterverfolgt werden.

In der Nachfolge derjenigen Malereien und Scheiben, die zum Umkreis der Colmarer Kreuzigung gehören, entstanden die Verglasung des Chors der Theobaldkirche in Thann,[62] diejenige des Achsfensters von Sankt Martin in Colmar,[63] das Jüngste Gericht und der Credozyklus aus der ehemaligen Dominikanerkirche von Straßburg,[64] die Scheiben der Mittelöffnung in der Marienkapelle der Pfarrkirche von Zabern (Saverne)[65] sowie Glasmalereien des Achsfensters in der bereits außerhalb des Elsasses liegenden Kirche von Settingen (Zetting/Lothringen).[66] Weiter dürfte das Katharinenfenster im Chor der Georgskirche zu Schlettstadt (Sélestat)[67] lose mit diesen Werken verbunden sein. Der Schöpfer dieser Scheiben bediente sich jedoch sehr viel raffinierterer künstlerischer Ausdrucksmittel als die Glasmaler, die für die aufgezählten Kirchen in Straßburg, Thann, Colmar, Zabern und Settingen tätig waren. Von den erwähnten Scheiben ist nur die Verglasung des Chors von Sankt Theobald in Thann durch eine Inschrift sicher datiert (um und nach 1423–1424).[68] Der Bau des Chors an der Pfarrkirche von Settingen wurde laut einer Inschrift, die in einen der südlichen Strebepfeiler eingelassen wurde, 1434 begonnen.[69] Die Glasmalereien des Achsfensters können daher frühestens in der Mitte der dreißiger Jahre ausgeführt worden sein. Die Scheiben für die Pfarrkirche von Zabern dürften etwas älter sein, da sie wahrscheinlich auf eine Stiftung des Bischofs von Straßburg, Wilhelm von Diest, zurückgehen (1402–1429).[70] Die Verglasung des Achsfensters im Chor des Martinsmünsters zu Colmar entstand wohl erst einige Zeit nach der Vollendung dieses Bauteils, an dem von 1356 an fast ein halbes Jahrhundert gearbeitet wurde.[71] Aufgrund ihrer Formen, vor allem des klaren Aufbaus der gemalten Architektur, gehören diese Scheiben wohl ans Ende des ersten Jahrhundertviertels.[72] Die erwähnten Fragmente aus dem Chor der zerstörten Dominikanerkirche in Straßburg datiert V. Beyer in die Zeit um 1417.[73] Die Zusammenstellung der bekannten oder von der Geschichte der jeweiligen Bauten ableitbaren Daten deutet darauf hin, daß die oben aufgezählten Glasmalereien ungefähr im Zeitraum zwischen 1417 und 1440 entstanden sind. Wenn man von den Fragmenten aus der Dominikanerkirche in Straßburg absieht, lassen sich die aufgezählten Glasmalereien in zwei Gruppen einteilen, von denen die eine Settingen und Zabern, die andere die übrigen Scheiben umfaßt. Vielleicht deutet dieser Unterschied der formalen Mittel darauf hin, daß es im Elsaß während des dritten und des vierten Jahrzehnts des 15. Jahrhunderts mehrere bedeutende Zentren für die Herstellung von Glasmalereien gab, die möglicherweise in den beiden Städten Colmar und Straßburg ansässig waren. Im folgenden soll der postulierte Zusammenhang der »Kleinen Passion« und der Apostelmarter im Berner Münster mit den oben aufgezählten Glasmalereien anhand konkreter Vergleiche nachgewiesen werden.

Unter den Scheiben der Chorverglasung in der Theobaldskirche zu Thann bieten sich hauptsächlich diejenigen im Zehn-Gebote- (N III, s. Abb. 11), im Genesis- (N IV) und im Marienfenster zum Vergleich mit den drei Berner Bildfeldern an. Stellt man diese dem Dekalogfenster in Thann gegenüber, fallen dem Betrachter in beiden Glasmalereizyklen als erstes die phantastischen Architekturen auf, deren Pfeiler und Bogenzwickel wie aus Karton gefaltet zu sein scheinen. Die Gehäuse der Berner Scheiben sind im Unterschied zu denjenigen im Thanner Genesisfenster kräftiger und fester gebaut und außerdem vielfach durch Ranken und Perlstäbe geschmückt. Einen vergleichbaren dekorativen Reichtum weisen in Thann nicht die Scheiben mit den Zehn Geboten, sondern die Glasmalereien des Marienzyklus (S II) auf.[74] Sowohl in diesen Scheiben als auch im Genesisfenster treten außerdem Formen von Kassettendecken auf, die mit denjenigen in

Bern übereinstimmen. Die Gemeinsamkeiten zwischen den Berner Scheiben und der Chorverglasung des Theobaldmünsters beschränken sich indessen nicht allein auf diese dekorativen Elemente; sie umfassen vor allem die Gestaltung der Figuren. Der jugendliche Henkersknecht in der Berner Matthiasmarter (s. Abb. 8) darf als Bruder der Jünglinge im Dekalogfenster von Thann betrachtet werden (s. Abb. 11). Das in einem kleinen runden Kinn dreieckig zusammenlaufende Gesicht des Berner Henkers wird von einem Kranz schneckenförmiger, silbergelber Locken gerahmt. Zwei leicht schräggestellte Mandelaugen, deren Umriß von einem dunklen Konturstrich und zwei gleichförmigen Halbmonden für Lid und Tränensack gerahmt wird, beherrschen das Antlitz des Jünglings. Ein Pinselstrich, der sich in der regelmäßig gewölbten Braue fortsetzt, begrenzt den Rücken der geraden Nase. Schwarze Schatten vertiefen die Winkel des Mundes, zwischen dessen leicht geöffneten Lippen die Zähne sichtbar werden. Zwei dem Berner Schergen aufs engste verwandte Jünglinge stellten die Glasmaler des Thanner Dekalogs im noch weitgehend original erhaltenen Bildfeld 7a dar (s. Abb. 11), das sich auf das siebente Gebot bezieht (»Du sollst nicht stehlen«: Zwei junge Männer berauben die Kasse auf dem Ladentisch eines Händlers). Fast noch näher kommt der Berner Henker dem Engel mit der Geißelsäule im Maßwerk des Thanner Fensters N II [»Öffentliches Wirken Christi« (s. Abb. 10)], hinter dem wie in den Berner Scheiben ein Grund mit ausradierten Ranken ausgespannt ist. Die erwähnten Beispiele von Glasmalereien in Thann und Bern zeigen jedoch auch, daß die beiden Zyklen deutliche Unterschiede aufweisen: Die Binnenzeichnung der Scheiben im Theobaldmünster ist mit flüchtigen Linien und Schraffuren skizzenhaft hingeworfen, während der in Bern tätige Glasmaler die Oberfläche der Gesichter und der Gewänder mit Licht- und Schattenflächen modelliert und auf den Gebrauch der Linie weitgehend verzichtet. Diese Gestaltung der Oberflächen von Gewändern und Gesichtern ist nicht nur für die Berner Scheiben charakteristisch, sondern kennzeichnet auch die originalen Figuren des Achsfensters von Sankt Martin zu Colmar. Die Faltentäler am Mantel des hl. Martin (s. Abb. 12) sind als dichte Schwarzlotschicht aufgetragen, die durch Wischen mit einem borstigen Instrument teilweise wieder aufgehellt wurde. Dasselbe Vorgehen beobachtet der Betrachter auch am Mantel des auferstandenen Christus (s. Abb. 7) und an den Gewändern der Assistenzfiguren unter dem Kreuz (s. Abb. 9) in den Glasmalereien der Krauchtal-Erlach-Kapelle. Die zarte Modellierung ihrer Gesichter verbindet diese ebenfalls mit dem hl. Martin in Colmar. Sowohl in den Berner als auch in

Abb. 10 Thann. St. Theobald. Chor (n II). Engel mit Geißelsäule

den Colmarer Scheiben verzichten die Glasmaler häufig darauf, die Haare mit Silbergelb auf das weiße Glas des Antlitzes zu malen. Die Frisur wird durch ein in der Masse gefärbtes gelbes Glas an die Gesichter angesetzt [in Bern: Johannes des Kreuzigungsbilds (s. Abb. 9), Matthias in der Martyriumsszene (s. Abb. 8); in Colmar: hl. Martin (s. Abb. 12), Maria, musizierende Engel in den turmartigen Tabernakeln]. Außerdem setzt sich die gemalte Architektur der Colmarer Scheiben aus Elementen zusammen, die sowohl in den Glasmalereien von Thann als auch von Bern verwendet wurden.

Der Gesichtstypus des knienden Berner Matthias (s. Abb. 8) ist weder nach einer Figur der Glasmalereien in Thann noch nach einer solchen in Colmar gebildet. Vielmehr befinden sich die dem Märtyrer am nächsten verwandten Gestalten in den Scheiben von Settingen und Zabern. Große mandelförmige Augen, deren Oberlider von einer Hautfalte überschnitten werden, kennzeichnen das Gesicht des Berner Apostels. Ein dicker schwarzer Strich trennt die nach außen durch eine zarte Linie begrenzten Lippen seines geschwungenen Mundes. Dieselben in feinen Pinselstrichen aufgetragenen Formen prägen auch das Gesicht der Magdalena, die in Settingen den Stamm des Kreuzes Christi umfaßt (s. Abb. 13). Das üppige offene Haar der Heiligen ist

Abb. 13 Settingen (Zetting). Pfarrkirche, Chor (I). Magdalena der Kreuzigung

Abb. 12 Comar. St. Martin. Chor (I). Heiliger Martin

Seite 204, unten: Abb. 11 Thann. St. Theobald. Chor (n III). Dekalogfenster, siebtes Gebot (7a)

wie der Blondschopf des Apostels in gelbem Glas an das leicht purpur getönte, helle Gesicht angefügt. Der zartviolette Nimbus des lothringischen Gegenstücks mit dem gelben geperlten Rand erinnert seinerseits an die Berner Kreuzigung. Das realistische Element der zwischen den Lippen entblößten Zähne, das der Henkersknecht der Berner Matthiasmarter aufweist, charakterisiert in Settingen auch die Sänger zu beiden Seiten der Krönung des Papstes Marcellus. Ähnlich wie im Falle von Thann unterscheiden sich die Settinger Glasmalereien von den Scheiben in Bern durch den betonten Linearismus der Binnenzeichnung, was sich am Faltenwurf des prachtvollen roten Mantels von Maria Magdalena deutlich ablesen läßt.

Eine weitere Parallele zur malerischen Behandlung der Binnenzeichnung in den Berner Scheiben findet sich neben dem Achsfenster des Chors von Sankt Martin zu Colmar nur im Katharinenfenster der Georgskirche von Schlettstadt. Obwohl die Scheiben der Schlettstädter Katharinenlegende und der Berner »Kleinen Passion« zum Teil aus denselben Quellen schöpfen (ähnliche Buntheit des Farbeindrucks, malerischer Auftrag des Schwarzlots), ist ein direkter Zusammenhang zwischen beiden Werken nicht anzunehmen. Im Vergleich zur Raffinesse der Glasmalereien in Schlettstadt wirken die Formen der Berner Scheiben schwerer, zugleich aber monumentaler.

Diese Bildvergleiche bestätigen die Vermutung, daß die drei Berner Scheiben entweder in der Aarestadt selber von elsässischen Glasmalern ausgeführt oder aus deren Heimat (wahrscheinlich aus Straßburg) dahin importiert worden sind. Daß Berner Auftraggeber die Herstellung von Glasmalereien einem auswärtigen Atelier anvertrauten, ist um so wahrscheinlicher, als die Stadt bekanntlich kaum ein Jahrzehnt später die Verglasung des Achsfensters im Münsterchor wiederum bei Glasmalern bestellte, die anderswo arbeiteten, nämlich in der Acker-Werkstatt zu Ulm.[75] Die drei hier behandelten Scheiben bestätigen die von der Forschung geäußerte Vermutung, daß es vor der Bestellung des 10 000-Ritter-Fensters bei Niklaus Glaser keine in Bern ansässige Glasmalerwerkstatt gab, die in der Lage gewesen wäre, einen größeren Zyklus von farbigen Scheiben zur Zufriedenheit des Auftraggebers auszuführen.[76]

Die Bestellung der Scheiben in einem auswärtigen Atelier setzt voraus, daß der Stifter bestimmte technische und formale Qualitätsanforderungen an die Ausführung des von ihm in Auftrag gegebenen Werkes stellte. Er mußte daher Glasmalereien wenigstens vom Hörensagen kennen, von denen er annehmen konnte, daß sie seinen Vorstellungen entsprachen. Da die Person des Stifters unbekannt ist, sollen wenigstens einige allgemeine Überlegungen darüber angestellt werden, warum ein Berner Auftraggeber gerade ein elsässisches Glasmaleratelier für eine Scheibenstiftung herangezogen hat. Spätestens seit dem 14. Jahrhundert, vielleicht schon früher, pflegte die Stadt Bern auf verschiedenen Gebieten sehr enge Kontakte mit dem Land am Rande der Vogesen. Zu nennen ist der Handelsaustausch, besonders die Einfuhr von elsässischem Wein und Getreide nach Bern.[77] Ferner führte die wichtige Verkehrsverbindung vom Oberrhein über Basel zu den Genfer Messen durch bernisches Gebiet.[78] Außerdem gehörten die Niederlassungen der Deutschherren in Bern und Köniz zur Ordensballei Elsaß-Burgund.[79] Wie die späteren Fensterstiftungen für den Münsterchor zeigen, zählten viele Wohltäter der neuen Kirche zu jener Gruppe von Bürgern, die ihr Vermögen durch Handel und Gewerbe erworben hatten. Dazu gehörten z. B. der weitgereiste Hans Fränkli[80] und der frühere Straßburger Bürger Peter Stark, die um 1450 zusammen mit einem weiteren Mitglied aus der Gesellschaft der Gerber und Kürschner das Bibelfenster stifteten,[81] oder auch die bereits zum Patriziat aufgestiegenen Ringoltingen.[82] Es ist jedoch nicht anzunehmen, daß der unbekannte Stifter der »Kleinen Passion« so weit herumgekommen ist wie der erwähnte Hans Fränkli. In der Zeit um 1430, die schon L. Mojon als Entstehungsdatum der drei Scheiben vorgeschlagen hat, kann der heute namenlose Auftraggeber von einem ausgewiesenen Fachmann beraten worden sein. Es ist der 1420 von Straßburg nach Bern berufene Werkmeister Matthäus Ensinger, der die Rolle des Vermittlers gespielt haben dürfte. Zwischen Bauhütten und Glasmalerwerkstätten bestanden immer enge Beziehungen, und die für den Bau Verantwortlichen können bei der Vergabe von Verglasungsaufträgen Einfluß auf die Wahl der Werkstatt ausgeübt haben. Nicht nur kannte Matthäus Ensinger wahrscheinlich selber die Glasmalerwerkstätten des Elsaß, sondern er war wohl über deren Tätigkeit auch durch Mitglieder seiner Familie unterrichtet. Sein Bruder Caspar arbeitete ziemlich sicher am Bau der für die hier behandelten Berner Scheiben so wichtigen Theobaldkirche in Thann.[83] Die Frage, warum sich die Stadt am Ende der 1430er Jahre für die Bestellung des Passionsfensters in dem neuen Chor nicht mehr an ein elsässisches Atelier, sondern an die Acker-Werkstatt in Ulm wandte, ist nicht leicht zu beantworten. Man muß sich indessen vor Augen halten, daß dieses schwäbische Atelier in den zwanziger Jahren zu einer führenden Position aufstieg und daß überdies seine Formensprache auf die linksrheinischen Werkstätten ausstrahlte, wie das Theobaldfenster in Thann (S I)[84] oder Reste einer Bildfolge mit Szenen aus der Apokalypse in Settingen[85] beweisen. Trotzdem blieb die wenig früher erfolgte Bestellung der »Kleinen Passion« bei einer im Elsaß etablierten Werkstatt oder zumindest bei einem dort ausgebildeten Glasmaler für die Glasmalerei Berns in keiner Weise Episode. Wie die Forschung seit langem vermutet,[86] gaben um die Mitte des 15. Jahrhunderts nach dem ulmischen, sich auf das Achsfenster beschränkenden Zwischenspiel erneut elsässische Werkstätten die wichtigsten Impulse für die Chorverglasung des Münsters.

Anmerkungen

- Der Teil über die Glasmalereien entstand im Rahmen eines vom Schweizerischen Nationalfonds zur Förderung der wissenschaftlichen Forschung finanzierten Projektes über die Chorverglasung des Berner Münsters.
1 Mojon, L.: Das Berner Münster, Basel 1960, Die Kunstdenkmäler der Schweiz, Kanton Bern, Bd. 4
2 Mojon, L.: Der Münsterbaumeister Matthäus Ensinger, Bern 1967
3 Mojon, 1960, wie Anm. 1, Grundriß S. 15 mit Angabe der Bauetappen, S. 17–28, 30–31, 41, 53–54, 85–86, 98–99, 103 ff., 110–114, 132–133, 157, 164, 209, 215–224; Mojon, 1967, wie Anm. 2, S. 30, 48, 96–99
4 Mojon, 1960, wie Anm. 1, S. 29–30, 44–45, 46–48, 126–136
5 Mojon, 1967, wie Anm. 2, S. 48–56
6 Mojon, 1960, wie Anm. 1, Zitat S. 103 (dort zwar auf den Altarraum bezogen, aber der Satz läßt sich sinngemäß auf den ganzen Bau anwenden, wenn man »gebaut« durch »konzipiert« ersetzt)
7 Die den Seitenschiffen zugewandten Pfeilerseiten weisen in der Ebene der Grenze zwischen Arkadenbogen und anschließender Gewölbekappe eine durchgehende Kerbe auf.
8 Daß eine Rezeption des Typus »Kathedrale« auch im Bereich der Hallenkirche stattfand, hat H. J. Kunst gezeigt; siehe ders.: Die Entstehung des Hallenumgangschores; in: Marburger Jahrbuch für Kunstwissenschaft 18, 1969, S. 1 bis 104; ders.: Die Elisabethkirche in Marburg und die Bischofskirchen; in: 700 Jahre Elisabethkirche in Marburg, Bd. 1: Die Elisabethkirche – Architektur in der Geschichte, Marburg 1983, S. 69–75
9 Mojon, 1960, wie Anm. 1, S. 220
10 Hasse, M.: Die Marienkirche zu Lübeck, München und Berlin 1983, S. 28; Gross, W.: Die Hochgotik im deutschen Kirchenbau; in: Marburger Jahrbuch für Kunstwissenschaft 7, 1933, S. 290–346, bes. S. 316–319
11 Flemming, J.; Lehmann, E.; Schubert, E.: Dom und Domschatz zu Halberstadt, Berlin (DDR) 1976 (2. Aufl.), S. 17 bis 20; ein Hinweis auf die diesbezügliche Verwandtschaft zwischen Bern und Halberstadt schon bei Mojon, 1960, wie Anm. 1, S. 220, dort allerdings auf den späteren Chor der mitteldeutschen Kathedrale bezogen
12 Gross, 1933, wie Anm. 10, S. 320; Biedermann, R.: Die ehemalige Abteikirche St. Peter und Paul zu Weißenburg, Bamberg o. J. (Diss. Freiburg i. Br. 1964)
13 Literatur zur Architektur von Niederhaslach vollständig in: Echt, R.: Emile Boeswillwald als Denkmalpfleger, Bonn 1984 (Saarbrücker Beiträge zur Altertumskunde Bd. 39), S. 191–192
14 Hinweis auf die Verwandtschaft zwischen Bern und Niederhaslach in Sachen Fensterblende und Pfeilerform schon in Biedermann, 1964, wie Anm. 12, S. 139, 181 (dort Anm. 55)
15 Mojon, 1960, wie Anm. 1, S. 220 (dort Anm. 6)
16 Noch stärker als Mojon wies P. Frankl auf den letztlich konservativen Charakter der Berner Münsterarchitektur hin (wenn auch mit der Angabe falscher Baudaten): siehe ders.: Gothic Architecture, Harmondsworth 1962 (Pelican History of Art), S. 184
17 Man vergleiche die Berner Altarraumfenster, die eindeutig von Ensinger gebaut worden sind und deren Gewände eine breite Kehle aufweisen.
18 Mojon, 1960, wie Anm. 1, S. 219; der Autor weist indessen auf die in Bern einmalige, statisch richtige und konsequente Anwendung des Sporenpfeilers hin (daselbst, S. 62, 66 und dort Anm. 33)
19 R. Recht leitet mit guten Gründen einige spezifische Formen des Prager Veitsdoms, darunter die sporenförmige Außenstrebe, von Niederhaslach und (davon ausgehend) von der Katharinenkapelle am Straßburger Münster ab; ders.: L'Alsace gothique de 1300 à 1365, Colmar 1974, S. 161–166, 227–232
20 In Niederhaslach finden sich die »Sporen« am Außenbau nur an der Apsis der Marienkapelle (dort mehr oder weniger in der »Redaktion«, die der Prager Dom aufnehmen wird) und am oberen Drittel der Langhausstrebepfeiler. An den genannten Stellen geht die Disposition wohl nicht auf die Restaurierung Boeswillwalds zurück, der lediglich die frei aufragenden Fialen ergänzte: s. Echt, 1984, wie Anm. 13, S. 192–194
21 Das Breitenverhältnis zwischen dem Mittelschiff und den Seitenschiffen beträgt in Bern 1,64 : 1, in Niederhaslach 1,88 : 1; das Verhältnis der Höhe der Mittelschiffsarkaden zur Gesamthöhe des Mittelschiffs (Schlußstein) beträgt in Bern 1 : 2,07, in Niederhaslach 1 : 1,92; das Verhältnis zwischen Jochweite und Gesamthöhe im Mittelschiff beträgt in Bern 1 : 2,8, in Niederhaslach 1 : 3,2; das Verhältnis zwischen der Höhe der Arkade und des Obergadens einschließlich der Fensterblende beträgt in Bern 1 : 1, in Niederhaslach 1 : 0,9
22 Mojon, 1967, wie Anm. 2, S. 58–59
23 Zu diesem Bau jüngst Kadauke, B.: Die Marienkirche in Reutlingen, 1987 (der Wunsch nach einer präzisen Chronologie bleibt hier nach wie vor unerfüllt)
24 Zu diesem Thema siehe die immer noch grundlegenden, anhand des Beispiels von Sta. Croce in Florenz entwickelten Gedanken von W. Gross, die auch für viele Bauten nördlich der Alpen gültig sind; ders.: Die abendländische Architektur um 1300, Stuttgart o. J. (1948), S. 212–215
25 Mojon, 1960, wie Anm. 1, S. 217–218, 222
26 Lit. zur Chronologie siehe unten Anm. 30
27 Mojon, 1967, wie Anm. 2, S. 2–4, 33
28 Mojon, 1960, wie Anm. 1, S. 103; Mojon, 1967, wie Anm. 2, S. 25, 85
29 Mojon, L.: St. Johannsen (Saint-Jean-de-Cerlier), Beiträge zum Bauwesen des Mittelalters, Bern 1986 (Schriftenreihe der Erziehungsdirektion des Kantons Bern), S. 59–60; zur Diskussion über den in unserem Zusammenhang unwichtigen Namen des Dargestellten siehe Recht, 1974, wie Anm. 19, S. 234–235
30 Recht, 1974, wie Anm. 19, S. 157–166

31 daselbst, S. 156, 166
32 Bruck, R.: Die elsässische Glasmalerei vom Beginn des 12. bis zum Ende des 17. Jahrhunderts, Straßburg 1902, S. 72 bis 87; Die Parler und der Schöne Stil, Europäische Kunst unter den Luxemburgern, Bd. 1, Köln 1978, S. 289
33 Es wäre zu überlegen, ob die östlichen Turmpfeiler im Langhaus von Niederhaslach – sie sind gemäß ihrer Funktion viel dicker als die anderen Langhausstützen – den Anlaß zur Gestaltung der Berner Mittelschiffspfeiler gegeben haben: Als übereck gestellte quadratische Massive sind sie die einzigen der ganzen Kirche, die wie die Berner Freipfeiler mit einem Vorlagenbündel an der zum Mittelschiff gewendeten Ecke besetzt sind.
34 Hahnloser, H. R.: Chorfenster und Altäre des Berner Münsters, Bern 1950; Mojon, 1960, wie Anm. 1, S. 233–320
35 daselbst, S. 345–348
36 Mojon, 1960, wie Anm. 1, S. 345, bezeichnet die Szene als Martyrium des Evangelisten Matthäus, von dem auch die Enthauptung durch das Beil überliefert wird. Da jedoch links im Bildfeld noch die Hand eines Steinigers sichtbar ist, kann es sich nur um den Apostel Matthias handeln, der als einziger der Jünger gesteinigt und enthauptet wurde; vgl. Kirschbaum, E. (Hrsg.): Lexikon der christlichen Ikonographie 7, Rom, Freiburg, Basel, Wien 1974, Sp. 602
37 Mojon, 1960, wie Anm. 1, S. 346, Anm. 3
38 Stantz, L.: Münsterbuch, Eine artistisch-historische Beschreibung des St. Vinzenzen Münsters in Bern, Bern 1865, S. 102 (die Kreuzigung der »Kleinen Passion« als Feld 7 c im Passionsfenster, I), S. 118–119 (die Auferstehung als Feld 1 d im Dreikönigsfenster, n III), S. 125 (die Apostelmarter als Feld 1 d im Hostienmühlefenster, n IV)
39 In der Apostelmarter (3 c) wurden wahrscheinlich zu Beginn des 20. Jahrhunderts der rechte Ärmel des Henkers, Gläser des Bodens und ein Glas im Nimbus des Heiligen erneuert. Das Haar des Heiligen links von seinem Gesicht weist Ergänzungen auf, die möglicherweise der Zeit vor 1800 angehören. In der Kreuzigung (4 c) mußte vor allem die Figur des Johannes ausgebessert werden: mehrere Gläser seines roten Mantels und wahrscheinlich auch die rechte Hälfte seiner Frisur (19. Jahrhundert?). Im Bildfeld mit der Auferstehung ergänzte der Restaurator die vordere Wand des Sarkophags neben der Schulter des liegenden Soldaten (19. Jahrhundert). Das Rasenstück mit dem Helm des Liegenden wurde wahrscheinlich schon vor 1800 erneuert (16. Jahrhundert?).
40 Zur Geschichte des Münsterneubaus vgl. Mojon, 1960, wie Anm. 1, S. 17–22 [»Die Portalhallen und Seitenkapellen der Nordseite (1421–1435/50)«], S. 24–26 [»Die Ostjoche des südlichen Seitenschiffes und die Südwand des Chors (1430 bis 1452)«]
41 Mojon, 1960, wie Anm. 1, S. 346
42 Diese Vermutung teilte Frau Professor E. J. Beer mündlich mit.
43 Lafond, J.: Le vitrail, Paris 1978, S. 135 (»Au dixhuitième siècle, le bouche-trou devint la règle.«)
44 Bacher, E.: Der Bildraum in der Glasmalerei des 14. Jahrhunderts; in: Wiener Jahrbuch für Kunstgeschichte 25, 1972, S. 92 (Übernahme eines von der Tafelmalerei beeinflußten Baukastensystems zur Darstellung der Rahmenarchitekturen im 2. Viertel des 14. Jh., das bis in die Zeit um 1425 beibehalten wird. Es entwickeln sich reine Phantasiearchitekturen.)
45 daselbst, S. 95
46 Lehmann, H.: Zur Geschichte der Glasmalereien in der Schweiz. II. Teil: Die monumentale Glasmalerei im 15. Jahrhundert. 1. Hälfte: Zürich und die Innerschweiz; Bern, seine Landschaft und die Stadt Biel, Zürich 1907 (Mitteilungen der Antiquarischen Gesellschaft in Zürich 26), S. 250
47 daselbst, S. 250–251
48 Mojon, 1960, wie Anm. 1, S. 345–348
49 Lehmann, 1907, wie Anm. 46, S. 250
50 Mojon, 1960, wie Anm. 1, S. 346
51 Futterer, I.: Zur Malerei des frühen 15. Jahrhunderts im Elsaß; in: Jahrbuch der Preußischen Kunstsammlungen 49, 1928, S. 178–199, zur Lokalisierung: S. 197–198
52 Fischel, L.: Eine Straßburger Malerwerkstatt um 1400; in: Münchner Jahrbuch der Bildenden Kunst 3. F. 1, 1950, S. 159–169
53 Stange, A.: Deutsche Malerei der Gotik 4, Südwestdeutschland in der Zeit von 1400–1450, München 1951, S. 69–72,
54 Abgebildet in: Die Parler und der Schöne Stil, 1978, wie Anm. 32, S. 290
55 daselbst, S. 291
56 Fischel, 1950, wie Anm. 52, Abb. 7–9; vgl. auch Beyer, V.: Les vitraux des musées de Strasbourg. Catalogue, Strasbourg 1966, S. 21–22 (Nr. 65–71); ders.: Alsace, in: Vitraux de France, Alsace, Lorraine, Franche-Comté, Colmar-Ingersheim 1970, S. 26, Abb. S. 85
57 Futterer, 1928, wie Anm. 51, S. 196–197. Fischel, L.: Über die künstlerische Herkunft des Frankfurter »Paradiesgärtleins«; in: Beiträge für Georg Swarzenski, Berlin 1951, S. 85–95; Stange, 1951, wie Anm. 53, S. 61–68
58 Beer, E. J.: Die Glasmalereien der Schweiz aus dem 14. und 15. Jahrhundert; CVMA Schweiz 3, Basel 1965, S. 109–117, T. 93–105
59 daselbst, S. 133–144, bes. 137–138, T. 126–130
60 daselbst, S. 123–125
61 Stamm, L. E.: Die Rüdiger-Schopf-Handschriften. Die Meister einer Freiburger Werkstatt des späten 14. Jahrhunderts und ihre Arbeitsweise, Aarau, Frankfurt a. M., Salzburg 1981, S. 205–224 (Malerei am Oberrhein), 247–255 (Glasmalereien)
62 Inventaire général des monuments et des richesses artistiques de la France. Commission régionale d'Alsace, Haut-Rhin, Canton de Thann, Paris 1980, S. 172–178. Wild-Block, Ch.: Les vitraux du choeur de la collégiale Saint-Thiébaut à Thann; in: Congrès archéologique de France 136, 1978 (Haute-Alsace), S. 223–229. Beyer, 1970, wie Anm. 56, S. 28 bis 29. Bruck, 1902, wie Anm. 32, S. 100–109, T. 50–53
63 daselbst, S. 94–96, T. 48 (zeigt die Montage der Fenster vor der letzten Restaurierung). Beyer, 1970, wie Anm. 56, S. 28 (beschreibt ebenfalls die Montage vor der Restaurierung). Monnet, M. et Meyer, G.: La collégiale Saint-Martin de Colmar; in: Congrès archéologique de France 136, 1978 (Haute-Alsace), S. 33–51; zu den Scheiben: S. 49 (Die Autoren halten nur wenige Gläser des Achsenfensters für authentisch, nach der von Bruck veröffentlichten Fotografie darf man von der Madonna und dem hl. Martin sowie einem Teil der Architektur annehmen, daß diese größtenteils original sind.)
64 Beyer, V.: La verrière du jugement dernier à l'ancienne église des Dominicains de Strasbourg; in: Cahiers alsaciens d'archéologie, d'art et d'histoire 11, 1967, S. 33–44, ders., 1970, wie Anm. 56, S. 27
65 Inventaire général des monuments et des richesses artistiques de la France. Commission régionale d'Alsace. Bas-Rhin. Canton de Saverne, Paris 1978, S. 312–313
66 Hauck, M. L.: Die spätmittelalterlichen Glasmalereien in Settingen/Lothringen, in: Saarbrücker Hefte 15, 1962, S. 20–30 (zum Achsenfenster bes. S. 20–21); dies.: Die Glasgemälde der Kirche von Settingen, Lothringen; in: Beiträge zur saarländischen Archäologie und Kunstgeschichte (Staatliche Denkmalpflege im Saarland) 17, 1970, S. 117–234 (zum Achsenfenster besonders S. 137–150). Le vitrail en

Lorraine du XII au XXe siècle, o. O. (Pont-à-Mousson) 1983, S. 375–379
67 Bruck, 1902, wie Anm. 32, S. 96–100; Bannier, I.: Die spätgotischen Glasmalereien im Chor von St. Georg in Sélestat; in: Les vitraux du choeur de l'église Saint-Georges à Sélestat, Sélestat 1968, S. 21. Beyer, 1970, wie Anm. 56, S. 30; Becksmann, R.: Die mittelalterlichen Glasmalereien in Baden und der Pfalz; CVMA Deutschland 2, 1, Berlin 1979, S. XXXVIII, unterstreicht die Stellung Straßburgs als Zentrum der elsässischen Malerei und Glasmalerei und hält auch das Katharinenfenster der Georgskirche in Schlettstadt für ein Werk eines in dieser Stadt beheimateten Ateliers.
Die Autoren möchten an dieser Stelle Herrn Professor Becksmann für seine großzügige Unterstützung bei der Suche nach dem Material für das Glasmalereikapitel danken.
68 Das Genesisfenster N IV (Szene mit dem Turmbau zu Babel) ist mit dem Datum 1423 versehen: Inventaire 1980, wie Anm. 62, S. 173. Bruck, 1902, wie Anm. 32, S. 101, las 1422. Im oberen Teil des Dekalogfensters (N III) erscheint eine Inschrift 1424; daselbst, S. 105. Vgl. auch Wild-Block, 1978, wie Anm. 62, S. 228–229
69 Hauck, 1970, wie Anm. 66, S. 119–122, zum Datum: S. 121
70 Inventaire 1978, wie Anm. 65, S. 313
71 Anstett, P.: Das Martinsmünster zu Colmar, Beitrag zur Geschichte des gotischen Kirchenbaus im Elsaß, Berlin 1966, S. 59–60 und 78–79 (1356– um 1400). Monnet, Meyer, 1978, wie Anm. 63, S. 40–42 (Planung des Chors vor 1350)
72 Bacher, 1972, wie Anm. 44, S. 92 und 95
73 Beyer, 1966, wie Anm. 64, S. 42–44
74 Bruck, 1902, wie Anm. 32, T. 52, links
75 Mojon, 1960, wie Anm. 1, S. 238–259
76 Hahnloser, 1951, wie Anm. 34, S. 20; Mojon, 1960, wie Anm. 1, S. 267–268. Eine andere Sicht der Rolle von Niklaus Glaser vertritt Grütter, M.: Maler und Glasmaler Berns im 14. und 15. Jahrhundert; in: Zeitschrift für Schweizerische Archäologie und Kunstgeschichte 24, 1965/66, S. 211–238, bes. 231–232
77 Die Autoren bedanken sich bei Frau Dr. Lieselotte Saurma-Stamm für wichtige Hinweise bezüglich der Wirtschaftsgeschichte und des Problems der »Kommunikationslandschaft« sowie für das Beschaffen von schwer zugänglichem Material. Auch Herrn Bruno Boerner, Berlin, soll an dieser Stelle für seine Mühe um die Ergänzung der Bibliographie gedankt werden. Vgl. Ammann, H.: Elsässisch-schweizerische Wirtschaftsbeziehungen im Mittelalter, in: Elsaß-Lothringisches Jahrbuch 7, 1928, S. 36–61; de Capitani, F.: Adel, Bürger und Zünfte im Bern des 15. Jahrhunderts, Bern 1982, S. 11–18
78 Audetat, E.: Verkehrsstraßen und Handelsbeziehungen Berns im Mittelalter, Bern 1921, S. 92–96, 99, 111 (die Hagenauer Kaufleute genossen in Bern Zollfreiheit), 112–114; Ammann, H.: Freiburg und Bern und die Genfer Messen, Diss. phil. Zürich, Langensalza 1921, zu Bern S. 70ff., zu den Beziehungen Berns mit dem Elsaß bes. S. 76 und 81
79 Der Personalaustausch unter den Ordensniederlassungen der Ballei könnte auch die Kenntnis künstlerischer Entwicklungen außerhalb Berns gefördert haben. Einen Überblick über die Geschichte des Deutschen Ordens im Kanton Bern und über das Verhältnis der Deutschherren zur Stadt gibt Stettler, F.: Versuch einer Geschichte des deutschen Ritterordens im Kanton Bern. Ein Beitrag zur Geschichte der Stadt und des Kantons Bern, Bern 1842. Obwohl der Deutsche Orden gegenüber dem Münsterneubau in Opposition stand, nahm der von den Deutschherren gestellte Leutpriester an der feierlichen Grundsteinlegung im Jahre 1420 teil, vgl. dazu auch Mojon, 1960, wie Anm. 1, S. 17
80 Blösch, E.: Hans Fränkli; in: Sammlung Bernischer Biographien 1, 1884, S. 116; Ammann, 1921, wie Anm. 78, S. 85
81 Hahnloser, 1951, wie Anm. 34, S. 23
82 de Capitani, 1982, wie Anm. 77, S. 43–44
83 Mojon, 1967, wie Anm. 2, S. 1 und S. 14–15, Anm. 1
84 Bruck, 1902, wie Anm. 32, T. 52, rechts; Wild-Block, 1978, wie Anm. 62, S. 228; Inventaire, 1980, wie Anm. 62, S. 176
85 Hauck, 1970, wie Anm. 66, S. 132 mit Hinweis auf die Bessererkapelle; Abb. in: Le vitrail en Lorraine, wie Anm. 66, Umschlag und S. 379
86 Beer, 1965, wie Anm. 58, S. 165–166

Elisabeth Oberhaidacher-Herzig

Ein Stifterdiptychon in einem Fenster der Wallfahrtskirche St. Leonhard ob Tamsweg

Die Wallfahrtskirche St. Leonhard ob Tamsweg im salzburgischen Lungau wurde zu Beginn der dreißiger Jahre des 15. Jahrhunderts errichtet, nachdem sich im Jahr 1421 verschiedentlich Mirakel und Gebetserhörungen ereignet hatten.[1] Der Erzbischof von Salzburg tritt 1430 mit der Verleihung eines Ablasses für Kirchenbesucher in Erscheinung, und 1433 wird eine Meßstiftung des Leonhard von Liechtenstein-Murau bestätigt. Im selben Jahr weiht schließlich der Bischof von Chiemsee in Vertretung des Salzburger Erzbischofs den fertigen Bau.

Ab 1430 bis gegen 1450 ist auch die Verglasung der Kirche entstanden, die als eine von wenigen in Österreich noch zu einem großen Teil erhalten ist. Die noch zahlreich vorhandenen Stifter- und Wappenscheiben geben weiteren Aufschluß über den Personenkreis, der an der Ausschmückung des Baues beteiligt war. Es zeigt sich, daß von Anbeginn an reges Interesse an der neuen Wallfahrtsstätte bestanden zu haben scheint, und zwar sowohl von seiten des Adels und der hohen Klerisei als auch der Bürgerschaft. Dabei ist besonders bemerkenswert, daß es sich keineswegs nur um salzburgische Herren- und Rittergeschlechter sowie um Bürger aus der nahegelegenen Stadt Salzburg handelt, die als Stifter auftraten, sondern daß unter anderen auch ein Villacher Bürger und zwei Vertreter von Wiener Bürgerfamilien hier erscheinen. Diesem Umstand ist es wohl auch zuzuschreiben, daß wir es in St. Leonhard nicht mit einer einheitlichen Verglasung zu tun haben, sondern daß die Fenster im Gegenteil einen Querschnitt durch die etwa gleichzeitige Produktion in verschiedenen österreichischen Kunstlandschaften widerspiegeln.

Unter die in der bisherigen Literatur dem sogenannten Wiener Kunstkreis zugeordneten Fenster gehört unter anderen das Hostienmühlfenster. Von der zweiten Zeile bis in die Nonnen (Kopfscheiben) des dreibahnigen Langhausfensters (süd V) wird die Menschwerdung des Wortes Christi symbolisch durch die Hostienmühle illustriert. In der untersten Zeile ist in der Mitte ein jugendlicher Stifter dargestellt (1b), der, befürwortet vom Kirchenpatron, dem hl. Leonhard, die in der linken Scheibe (1a) thronende Maria mit Kind anbetet (Abb. 1). Hinter seinem Rücken sozusagen, in der rechten Scheibe (1c), ist ein Wappen mit Inschrift zu sehen, welche das Datum 1434 und den Namen Conrad Keltzlerr beinhaltet. Anläßlich des Ausbaus des Fensters für die Restaurierung 1987 hat sich nun die schon von Beate Rukschcio[2] vertretene Ansicht, daß die beiden Scheiben des Stifters und der Maria mit Kind nicht zu den übrigen Scheiben des Fensters gehören, also auch nicht zur Wappenscheibe, bestätigt: Neben der bereits von Rukschcio festgestellten Abweichung in der Farbskala, der »andersartigen stilistischen Haltung« und dem »gänzlich abweichenden architektonischen Konzept« konnte dabei auch eine völlig andere Technik im Bereich der Halbtonmalerei festgestellt werden. Zu diesen Beobachtungen gesellt sich noch die Tatsache, daß sämtliche Rechteckscheiben des Fensters mit Ausnahme der Madonnen- und Stifterscheibe seitlich einen schmalen weißen Rahmenstreifen besitzen, was möglicherweise auf eine vorangegangene schlechte Ausmessung seitens einer entfernt gelegenen Werkstatt deutet, sicher aber den Schluß zuläßt, daß sie ursprünglich nicht für dasselbe Langhausfenster bestimmt waren wie die Stifterscheiben. Die Annahme Rukschcios, daß diese später für das Hostienmühlfenster nachgefertigt wurden, erscheint allerdings nicht plausibel.

Die Langhausfenster in St. Leonhard haben alle etwa die gleichen Maße und bestehen teilweise aus Scheiben, die aus verschiedenen Zusammenhängen stammen, so etwa das Hansteinfenster (nord V), oder sind ihrer Verglasung verlustig gegangen wie die Fenster nord IV und süd IV. Daher ist es sehr wahrscheinlich, daß das »Stifterdiptychon« ehemals in einen heute nicht mehr erhaltenen Zusammenhang gehört hat.

Abb. 1 Tamsweg. Wallfahrtskirche St. Leonhard. Stifterdiptychon im Hostienmühlfenster (süd V).
2. Hälfte der 30er Jahre des 15. Jahrhunderts.

Das in der Tradition von Epitaphien des frühen 15. Jahrhunderts stehende Bildpaar[3] zeigt in der linken Scheibe die inmitten eines Kirchenraumes thronende Maria mit Kind. Sie sitzt mit angezogenen Knien eigentlich mehr in der Haltung einer Maria humilitatis auf einem eher bescheidenen Thron mit einem großgemusterten Sitzpolster. Auf dem Haupt trägt sie eine Bügelkrone, was sie als Himmelskönigin ausweist. Ihr blaues Gewand liegt weit ausladend auf dem rosaroten, schachbrettartig gemusterten Boden. Das mit seinem Körper dem Stifter zugewandte Kind dreht den Kopf der Mutter zu, wodurch eine lebhafte Bewegung entsteht. Ob es ehemals etwas in Händen hielt, wissen wir nicht, da die entsprechenden beiden Gläser spätere Ergänzungen sind. Hinter dem Thron Mariens ist ein vierbahniger Vorhang in Rauten- und Kreismusterung an einer Stange befestigt.

Die himmlische Erscheinung der Gottesmutter thront inmitten eines durchaus realen, irdischen Kirchenraumes, der, betrachtet man ihn gemeinsam mit seiner Fortsetzung in der Stifterscheibe, als ein durch hohe zweibahnige Maßwerkfenster durchlichteter Chor gesehen werden kann. Möglicherweise deuten die Säulenpaare im Hintergrund rechts von Maria und links vom Stifter den Chorumgang einer Hallenkirche an. Unzweifelhaft wird jedenfalls in der rechten Scheibe der Bau mit dem viel kompakteren Mauerwerk des Langhauses fortgesetzt, in dem auch wesentlich kleinere Fenster sitzen. Das durch Rippen und runde Schlußsteine ver-

zierte Gewölbe ist mit gemalten Sternen geschmückt, die im Bereich des Chores über der Himmelskönigin golden sind.

Die Person des Stifters ist ein Knabe oder Jüngling mit halblangem, hellblondem Haar. Er trägt einen kurzen rubinroten Mantel, der am Kragen, an den seitlichen Ärmelschlitzen und am Saum, in den diese übergehen, mit einem hellen Pelz verbrämt ist. Strümpfe und Schuhe sind der herrschenden Mode entsprechend im selben leuchtenden Rubinrot wie der Mantel gehalten; das an den Ärmeln sichtbare Untergewand, welches an den Bünden eng zuläuft, ist smaragdgrün. In auffälligem Gegensatz zur betonten Erscheinung des jugendlichen Stifters ist der hinter ihm stehende, ihn der Gottesmutter empfehlende Kirchenpatron in eine ganz blasse, zart amethystfarbige Kutte gewandet. Die abgenommene Kopfbedeckung des Stifters aus smaragdgrünem Stoff mit heller Pelzkrempe liegt auf der rechten Ecke der Betbank, die sowohl an der Vorderfront als auch an den Wangen mit reichen Schnitzereien geschmückt ist und auf einem durch die Maserung deutlich als hölzern gekennzeichneten Boden steht, der zum zugehörigen, nur in den Bildhintergrund geklappten Gestühl führt.

Diese so selbstverständlich dem knienden und betenden Stifter zugeordnete Betbank, die auf den ersten Blick keineswegs als etwas Ungewöhnliches erscheint, erweist sich jedoch bei Betrachtung der Stifterdarstellungen in der zeitgenössischen österreichischen Malerei als nahezu unikal. Üblicherweise knien die frommen Beter auf dem Boden, gelegentlich auf einem einfachen brettartigen Schemel und eher selten auf einer Wiese. Es erhebt sich also die Frage, aus welchem Grund unser Stifter auf diese unübliche Weise dargestellt wurde und wo die Vorbilder für eine so auffallende Präsentation zu suchen sind. In einem anderen Medium, nämlich in der Buchmalerei, begegnet uns schon rund hundert Jahre vor Entstehung der Tamsweger Scheibe der Typus der knienden Stifterin vor einer hölzernen Betbank, die teilweise mit einem Tuch verdeckt ist und auf der ein Polster mit einem aufgeschlagenen Buch liegt. Als Beispiele seien die Königin Jeanne de Bourgogne im Gebet vor der Erscheinung Christi in den Wolken[4] oder Johanna von Navarra in der Randleiste ihres Stundenbuches unterhalb der Szene der Anbetung der Könige genannt.[5] In den frühen sechziger Jahren des 14. Jahrhunderts wird der Dauphin, der spätere König Charles V. von Frankreich, in ähnlicher Weise dargestellt, doch hat er bereits die untergeordnete Rolle aufgegeben und ist nur durch einen mit seinem Wappentuch verhängten Betstuhl von der von ihm angebeteten Maria mit Kind getrennt.[6] Zahlreich sind dann zu Ende des Jahrhunderts die Beispiele, die Jean de Berry (?) im Gebet an einem durch einen kostbaren Stoff verdeckten Betstuhl zeigen, in mehreren Miniaturen auch die vor ihm stehende Maria mit Kind anbetend, unter anderem auch in einem kapellenartigen Gehäuse (Abb. 2).

In den frühen neunziger Jahren läßt sich, wohl unter dem Einfluß französischer Miniaturen, auch ein Habsburger, Albrecht III., im Gebet darstellen. In einer aus drei Medaillons gebildeten Bordürenminiatur des Rationale Durandi knien der Herzog und seine Gemahlin bei einer Meßfeier in hölzernen Betstühlen, die die Gestalt eines mit einem Fensterchen versehenen Beichtstuhls haben. In deutlicher Anlehnung an diese Miniatur erscheint in derselben Handschrift eine weitere, in ähnlicher Weise dreigeteilte Randillustration, nun Herzog Wilhelm und seine Gemahlin als betende Stifter zeigend. Sie gehört der dritten Phase der Illustration des Werkes an und muß in den Jahren zwischen 1401 und 1406 entstanden sein (Abb. 3). An die Stelle des die Messe zelebrierenden Priesters ist nun im Mittelmedaillon ein mit einem Triptychon geschmückter Altartisch getreten. Der Raum ist durch ein Rippengewölbe mit Schlußstein als Apsis einer Kapelle ausgewiesen. Das herzogliche Paar kniet in durch die Darstellung der Maserung als hölzerne Möbel gekennzeichneten Betbänken. Diese Form der Wiedergabe des herzoglichen Stifters bei der Meßfeier oder im Gebet in seiner Kapelle begegnet uns um 1435 auch im Gebetbuch für Albrecht V. (als deutscher König Albrecht II.; Abb. 4). Dieser kniet bei einer Meßfeier als einziger der anwesenden Personen in einer Betbank seitlich des Altars. Noch deutlicher ist hier die Darstellung des Interieurs nicht nur als attributives Symbol für einen Kapellenraum gemeint, sondern bezeichnet den realen Umraum der herzoglichen Andacht, aller Wahrscheinlichkeit nach seine Privatkapelle.[7] Einige Jahre später, um 1445–1450, wird auch der Knabe Ladislaus Postumus in einer Initiale des für ihn geschriebenen Lehrbuches innerhalb eines Kapellenraumes in einem kompliziert gebauten hölzernen Gestühl dargestellt.[8] Es scheint also die Ikonographie des in einem Sakralraum an einer Betbank knienden Stifters den Mitgliedern der herzoglichen Familie vorbehalten gewesen zu sein, womit eine hypothetische Identifizierung unseres Stifters mit einem Mitglied des Hauses Habsburg naheliegt.

An dieser Stelle sei in Erinnerung gerufen, daß das Stiften von Fenstern im Mittelalter nicht nur einen frommen, dem jenseitigen Leben dienenden Brauch bedeutete, sondern daß darin auch eine enge Verknüpfung von irdischer Prachtentfaltung und machtpolitischer Zielsetzung gesehen werden muß.[9] Die Habsburger scheinen in diesem Sinn das Medium der Glasfenster durchaus demonstrativ genutzt zu haben. Immerhin haben sich, abgesehen vom großen Komplex der Königsfeldener Verglasung, Stifterscheiben Rudolfs IV., Albrechts II. und seiner Gemahlin Johanna von Pfirt, Albrechts III. mit seinen beiden Gemahlinnen und Ernsts des Eisernen erhalten, wozu nach unserer Kenntnis eine nicht mehr existente Scheibe Friedrichs IV. von Tirol mit

Abb. 2 Paris. Bibl. nat., lat. 18014. Petites heures, fol. 103v: Jean de Berry (?) im Gebet vor der hl. Maria mit Kind. Ende 14. Jahrhundert

Stifterdiptychon von St. Leonhard ob Tamsweg

Abb. 3 Wien. ÖNB, Cod. 2765. Rationale Durandi, fol. 274v: Herzog Wilhelm und seine Gemahlin im Gebet. Zwischen 1401 und 1406

Unten Abb. 4 Wien. ÖNB, Cod. 2722. Gebetbuch für Albrecht V. (II.), fol. 18v: Herzog Albrecht bei der Meßfeier. Um 1435

seinem Sohn Siegmund kommt.[10] Bedenkt man, daß nur ein geringer Prozentsatz der ursprünglich vorhandenen Verglasungen auf uns gekommen ist, so ergibt das ein beachtliches Interesse von seiten der herzoglichen Familie. Es läge daher auch nahe anzunehmen, daß ein Mitglied des Hauses Habsburg an einer neugegründeten Wallfahrtsstätte wie St. Leonhard mit einer Fensterstiftung vertreten sein wollte. Von Friedrich V. (als Kaiser Friedrich III., geboren 1415) etwa ist bekannt, daß er die Freundschaft des Erzbischofs Johann von Salzburg, des Stifters des Tamsweger Goldfensters, suchte.[11] Anläßlich einer Ablaßgewährung durch Pius II. im Jahre 1460 wird Friedrich III. auch als Mitglied der Bruderschaft von St. Leonhard ob Tamsweg genannt.[12] Friedrich hatte außerdem 1435 nach langem, zähem Ringen mit seinem Oheim endlich die ersehnte Großjährigkeitserklärung erlangt und die Güter seines Vaters Ernst wenigstens zum Teil zurückerhalten. Der Zeitpunkt für einen demonstrativen Akt der Selbständigkeit in Form einer Fensterstiftung an einem neuen Wallfahrtsort fiele somit durchaus mit der Entstehungszeit unserer Scheiben zusammen. Der oben erwähnte Pius II., der vormals als Aeneas Silvius Mentor des Knaben Friedrich war und selbst wieder manche Anregungen, vor allem was die Baukunst betrifft, an seinem Hof erhalten hatte, forderte später für Kirchenbauten in seiner Heimat unter anderem einen »polygonalen Chorschluß mit Kapellenkranz, Chorgewölbe in der Höhe der Schiffe mit goldenen Sternen geschmückt, und weite hohe Maßwerkfenster, daß man nicht in einem Haus aus Stein, sondern von Glas umschlossen wäre«.[13] Beinahe ist man versucht, in der Architekturdarstellung auf unseren Scheiben ein Modell dieser Vorstellung verwirklicht zu sehen. Ergänzend sei noch erwähnt, daß wir zwei Fensterstiftungen Friedrichs aus späteren Jahren kennen, das »Kaiserfenster« in St. Lorenz in Nürnberg und die Glasgemäldeausstattung des Arforatoriums im Grazer Dom, von der nur mehr geringe Reste erhalten sind. Rukschcio hat für die Art und Weise, wie hier ein Raumausschnitt gezeigt wird, der »illusionistisch und zugleich realitätsbezogen« ist, Werke des Darbringungsmeisters zum Vergleich herangezogen und allgemein auf frankoflämische Miniaturen als Vorbilder für diesen Kreis der Wiener Malerei der dreißiger Jahre hingewiesen.[14] In einer Miniatur Jacquemarts findet sich eine bewußte Unterscheidung von Chor und Langhaus in der Wiedergabe einer Hintergrundarchitektur, die allerdings den Figuren noch kulissenartig hinterlegt erscheint und in welche diese nicht räumlich integriert sind (Abb. 5).

Auch eine Miniatur im Stundenbuch des Herzogs von Bedford, um 1423, zeigt jene Kombination von Außenansicht und Innenraum, wie sie vor dem Auftreten des neuen Realismus in der niederländischen Malerei geläufig ist (Abb. 6). In der Hauptszene sehen wir frontal in einen Chor, der allerdings durch den als Hintergrund für die Figuren eingezogenen Vorhang etwas zurücktritt. Die beiden unteren Nebenschauplätze hingegen zeigen bereits Schrägeinsichten in gewölbte Räume, die mit der Lösung auf unseren Scheiben verwandt sind. Das Von-außen-in-einen-Innenraum-Schauen wird hier wie auf den Tamsweger Scheiben durch einen Bogen, der seitlich in Säulchen mit Basen und Kapitellen ausläuft, angedeutet.

Über diese Einflüsse aus der französischen Buchmalerei hinaus hat schon Kieslinger auf das Neuartige und innerhalb der österreichischen Malerei die-

Abb. 5 Brüssel. Bibl. Royale, ms. 11060-1. Stundenbuch, p. 98: Darbringung im Tempel. Jacquemart. Vor 1410

Abb. 6 London. British Museum, Add. ms. 18850. Stundenbuch des Herzogs von Bedford, fol. 257v: Die Herzogin von Bedford im Gebet vor der hl. Anna. Um 1423

ser Zeit Ungewöhnliche hingewiesen. Er beschreibt »Maria, sitzend in einer weitläufigen Halle, wie solche uns bisher noch nie entgegen getreten« und zieht dann den Schluß: »Diese beiden Scheiben erinnern entfernt an niederländische Kompositionen, wie sie ein deutscher Meister damals etwa aus dem Kreise des Petrus Christus hätte sehen können.«[15] Der grundlegende Unterschied, der unsere Scheiben von den Werken der gleichzeitigen Niederländer trennt, besteht darin, daß diese den Innenraum so darstellen, daß seine Grenzen vom Bildrand überschnitten werden.[16] Wenn man von dieser Errungenschaft absieht und einen Vergleich etwa mit Jan van Eycks thematisch verwandter Tafel der Madonna des Kanzlers Rolin[17] wagt, so fällt auf, daß hier wie da der Stifter, in beiden Fällen eine höchstgestellte Persönlichkeit, fast demonstrativ zu einer ebenbürtigen Figur auf der gleichen Realitätsebene wie der von ihm verehrte Gegenstand geworden ist, während sowohl in der Wiener als auch in der Salzburger Tafelmalerei noch bis zum Ende des Jahrhunderts die Anwendung des Bedeutungsmaßstabes auf Votivtafeln gebräuchlich bleibt. Ebenso läßt das innerhalb der österreichischen Malerei dieser Zeit unikale Detail der abgenommenen und auf die Betbank gelegten Kopfbedeckung, diese realistische Schilderung eines im wirklichen Leben geübten Brauchs, an ein Vorbild aus dem Eyck-Kreis denken. Vergleichbare Miniaturen sind allerdings nur aus der westlichen Buchmalerei der zweiten Hälfte des Jahrhunderts bekannt.[18] Darüber hinaus lassen sich noch weitere Einflüsse von Werken Jan van Eycks aufzeigen. Das seitlich weit ausgebreitete Gewand Mariens auf unserer Scheibe erinnert an die Ince-Hall-Madonna,[19] während ihre betont angezogenen Knie, die optisch zu einer geraden Kante, auf der das Kind sitzt, werden, schon die stilistische Phase der Lucca-Madonna widerzuspiegeln scheinen.[20] So wird hier im Medium der Glasmalerei über den französisch-westlichen Einfluß hinaus auch schon ein Reflex der rezentesten niederländischen Kunstentwicklung greifbar, den wir in der österreichischen Tafelmalerei der zweiten Hälfte der dreißiger Jahre des 15. Jahrhunderts nicht in gleichem Ausmaß finden.

Die Werkstatt, in der die beiden Scheiben – nicht zuletzt aufgrund der oben beschriebenen Vergleiche – wohl nicht vor der zweiten Hälfte der dreißiger Jahre entstanden sind, gehört in den großen Kreis der Nachfolge des Meisters der Votivtafel von St. Lambrecht, dessen Werke sowohl nach Wien als auch nach Wiener Neustadt oder in das obere Murtal lokalisiert werden. Eine enge Abhängigkeit von der Tafelmalerei ist unleugbar an der Art und Weise festzustellen, wie die Halbtonmalerei den Lasuren auf Tafelbildern vergleichbar eingesetzt wird. Parallel dazu scheinen Erfahrungen mit der Technik der Glasmalerei zu mangeln. Das Schwarzlot ist nicht optimal eingebrannt worden, was das Abplatzen des Liniengerüstes der Zeichnung und inselförmige Ausbrüche im Bereich des Halbtones zur Folge hat.

Die hohe Qualität der beiden Scheiben, gepaart mit der Rezeption von Errungenschaften der neuesten niederländischen Malerei, gibt ihnen eine Bedeutung, die es verbietet, sie in einem Randbereich dieser Gruppe anzusiedeln. Sie werden daher innerhalb einer noch ausständigen Studie, welche die Glasmalerei erstmals in größerem Umfang miteinzubeziehen und ihr Verhältnis zur Tafelmalerei zu untersuchen haben wird, an vorderster Stelle stehen müssen.

Anmerkungen

1 Perger, R.: Wiener Bürger des 15. Jahrhunderts als Förderer der Leonhardskirche in Tamsweg; in: Jahrbuch des Vereins für Geschichte der Stadt Wien, Bd. 26, 1970, S. 76 ff.
2 Rukschcio, B.: Die Glasgemälde der St. Leonhardskirche ob Tamsweg. Studien zur österreichischen Glasmalerei in der ersten Hälfte des fünfzehnten Jahrhunderts, Diss., Wien 1973, S. 76 ff.
3 Vgl. beispielsweise das Epitaph des Ulrich Reichenecker, um 1410, Graz, Alte Galerie am Joanneum
4 Paris, Bibl. nat., Ms. n. a. fr. 24541, Gautier de Coincy, Miracles de Notre Dame, fol. 243 v, Paris, um 1330/35; abgebildet bei Schmidt, G.: Zur Datierung der Chorfenster von Königsfelden; in: Österreichische Zeitschrift für Kunst und Denkmalpflege, 1986, XL/3/4, S. 167, Abb. 195
5 Paris, Bibl. nat. nouv. acq. latine 3145, Stundenbuch der Johanna von Navarra, fol. 55 v, Paris, nach 1336; abgebildet in: Avril, F.: Buchmalerei am Hofe Frankreichs 1310–1380, München 1978, Tafel 16
6 Paris, Bibl. nat. ms latin 5707, Petite Bible historiale de Charles V, Paris, 1362–1363; abgebildet in: Les Fastes du Gothique, le siècle de Charles V, Paris 1981, S. 324 (Kat.-Nr. 278)
7 Vgl. Ziegler, Ch., in: Musik im mittelalterlichen Wien, Ausstellungskatalog, Wien 1986, S. 114, Kat.-Nr. 93
8 Wien, Österr. Nat. Bibl. (ÖNB), Cod 23$^+$, Grammatik für Ladislaus Postumus, fol. 1 r; abgebildet in: Wien im Mittelalter, Ausstellungskatalog, Wien 1975, Abb. 22
9 Becksmann, R.: Fensterstiftungen und Stifterbilder in der deutschen Glasmalerei des Mittelalters; in: Vitrea Dedicata, Das Stifterbild in der Glasmalerei des Mittelalters, Berlin 1975
10 Burglechner, M.: Tiroler Adler (um 1608), Wien, Haus-,

Hof- und Staatsarchiv, Codex W 231/2, fol. 254; abgebildet in: Baum, W.: Sigmund der Münzreiche, Bozen 1987, S. 31
11 Lhotsky, A.: Kaiser Friedrich III. Sein Leben und seine Persönlichkeit; in: Friedrich III. Kaiserresidenz Wiener Neustadt, Ausstellungskatalog, Wiener Neustadt 1966, S. 22
12 Martin, F.: Die Denkmale des politischen Bezirkes Tamsweg; Österreichische Kunsttopographie, Bd. XXII, Wien 1929, S. 209
13 Feuchtmüller, R.: Die kirchliche Baukunst am Hof des Kaisers und ihre Auswirkungen; in: Friedrich III., Kaiserresidenz Wiener Neustadt, Ausstellungskatalog, Wiener Neustadt 1966, S. 212
14 Rukschcio 1973, wie Anm. 2, S. 77
15 Kieslinger, F.: Die Glasmalerei in Österreich; Wien o. J. (1920), S. 86
16 Vgl. Rosenauer, A.: Zum Stil des Albrechtsmeisters; in: Der Albrechtsaltar und sein Meister, Wien 1981, S. 118
17 Paris, Musée du Louvre; abgebildet in: Friedländer, M. J.: Early Netherlandish Painting, Vol. I, Brüssel 1967, plate 51
18 Das Motiv findet sich vor allem in Dedikations- oder Stifterbildern der westlichen Buchmalerei, wobei in den mir bekannten Beispielen die abgenommene Kopfbedeckung allerdings immer auf dem Boden neben bzw. hinter dem Knienden liegt. Vgl. z. B. Giovanni Boccaccio, La Teseida, Wien, ÖNB, Cod. 2617, fol. 14v (abgebildet in: Pächt, O.; Thoss, D.: Die illuminierten Handschriften und Inkunabeln der Österreichischen Nationalbibliothek, Französische Schule I; Tafelband, Wien 1974, Farbtafel I), Stundenbuch (Fragment), Wien, ÖNB, Cod. 1929, fol. 15r (abgebildet in: Pächt; Thoss, ebd., Abb. 32), sowie Stundenbuch, Oxford, Bodleian Library, Douce BB 130 (abgebildet in: Pächt, O.; Alexander, J. J. G.: Illuminated Manuscripts in the Bodleian Library Oxford; 1, Oxford 1966, plate LIX, 795)
19 Melbourne, National Gallery of Victoria; abgebildet in: Friedländer, 1967, wie Anm. 17, plate 19
20 Frankfurt, Staedelsches Kunstinstitut; abgebildet in: Friedländer, 1967, wie Anm. 17, plate 52

Virginis Chieffo Raguin

Der heilige Gereon aus Köln in San Francisco

Als Teil des Projektes der »Checklist of Stained Glass Before 1700 in American Collections« führte das Amerikanische Komitee des Corpus Vitrearum 1986 eine systematische Bestandsaufnahme der Sammlungen der Museen für Bildende Künste von San Francisco durch.[1] Es wurde eine Reihe von Entdeckungen gemacht, die die Vielfalt der nordeuropäischen Glasmalerei und die hohe Qualität der Stücke bezeugen. Das Museum besitzt eine bisher nicht publizierte Scheibe aus dem 15. Jahrhundert, die einen von zwei einfachen Säulen umrahmten Kriegsheiligen zeigt (Abb. 1).[2] Vorläufige Untersuchungen gestatten es, den Ritter als den hl. Gereon von Köln zu identifizieren und das Werk einer bedeutenden Richtung der Glasmalerei gegen 1450 in Köln zuzuordnen.

Die San Franciscoer Scheibe zeigt einen jugendlichen Heiligen in voller Rüstung, aber ohne Helm, der eine Lanze mit Kreuzbanner hält. Über seine Schultern ist ein Umhang geworfen. In der Farbgebung der Scheiben herrschen lichte Klänge mit wenigen dunklen Akzenten vor. Die Rüstung und die Säulen sind in einem Goldton gehalten, Kopf, Stab und Banner des Heiligen in weißem Glas mit Silbergelb, Heiligenschein und Umhang in Königsblau, der Hintergrund in dunklem Rot mit einem damaszierten Muster. Größere Restaurierungsarbeiten wurden am linken Bein des Heiligen, am Umhang über seinen Schultern und an seiner linken Seite sowie an der angrenzenden Säule vorgenommen. Einige kleinere Partien des Hintergrunds wurden ebenfalls ersetzt. Die Malerei ist mit Ausnahme größerer Teile der Lasurmalerei, besonders im Gesicht und auf der Rüstung, größtenteils intakt.

Scheiben mit dem hl. Georg und einem Stifter der Familie Merode, die sich gegenwärtig im Hessischen Landesmuseum, Darmstadt (Abb. 2 und 3), befinden, zeigen starke Übereinstimmungen mit dem Heiligen von San Francisco.[3] Die San Franciscoer Scheibe ist etwas größer (89,5 Zentimeter × 49 Zentimeter) als die Darmstädter (76,5 Zentimeter × 57,5 Zentimeter). In der Farbstimmung entsprechen sich beide: überwiegend Gold und Silber, unterbrochen durch kleinere Partien intensiver Emaillefarben. Rüstung und Säulen in Darmstadt sind aus goldgelbem Glas, der Drachen ist hellgrün, Boden, Überwurf, Schild, Schwert und Kopf des Heiligen sind weiß mit Silbergelbzeichnung. Rot

Abb. 1 Heiliger Gereon.
The Fine Arts Museum von San Francisco

Seite 218:
Abb. 2 Heiliger Georg.
Abb. 3 Stifterin aus der Familie der Merode, begleitet von einem Engel.
Hessisches Landesmuseum Darmstadt

Seite 219:
Abb. 4 Maria mit Kind und heilige Ursula.
Abb. 5 Heiliger Johannes und heilige Maria Magdalena.
Schnütgen-Museum Köln

findet sich nur im Heiligenschein und im Kreuz auf dem Schild. Ein strahlendes Türkis erscheint im damaszierten Hintergrund.

Die Zeichnung des Kopfes liefert das überzeugendste Argument für die stilistische Einordnung dieser Figuren. Der Darmstädter wie der San Franciscoer Heilige weisen beide die gleichen Konturen und Details der Gesichter auf. Beide Köpfe haben eckige Umrisse mit kantigem Kiefer und kurzem Kinn. Die Brauen bilden einen horizontalen Akzent gegenüber den langen, geraden Nasenflächen. Die Augen sind von scharf umrissenen Ober- und Unterlidern gerahmt; ähnlich sitzen die Lippen aufeinander. Der Hut des San Franciscoer Heiligen und das Stirnband des hl. Georg halten das Haar eng am Kopf und lassen es von den Schläfen in reichen, üppigen Locken herabfallen. Die Gestaltung durch Tupfentechnik, lineare Akzente und Halbtonschattierung schafft plastische, dreidimensionale Bilder. Die San Franciscoer Scheibe wurde anscheinend jedoch einer umfangreichen Säuberung unterzogen. Ein großer Teil der bei ihrem Darmstädter Gegenstück so auffälligen Hintergrundmalerei fehlt, was die farbliche Brillanz und den Eindruck technischer Virtuosität reduziert.[4]

Der Stil dieser Werke wurde von der Forschung als repräsentativ für eine wichtige künstlerische Entwicklungsstufe im Kölner Gebiet anerkannt. Schmitz siedelte Anfang dieses Jahrhunderts den Darmstädter hl. Georg in dem Kreis der mit Stephan Lochner verbundenen Tafel- und Glasmaler an: »Von allen Kölner Glasgemälden zeigt dieses den Stil Stephan Lochners am stärksten, die breitbeinigen Ritter der thebäischen Legion im Kölner Dombild um 1440 sind Brüder dieses Georg.«[5] Besonders Werke von Lochners Schülern zeigen kompositorische und stilistische Eigenschaften, die für die Darmstädter und die San Franciscoer Scheibe charakteristisch sind. Der Meister der Legende der hl. Ursula in der Kölner St. Ursula-Kirche von 1456 zeigt die anmutige, vornehme Bewegung der Körper, schlicht fallende Gewänder, eckige Köpfe bei den männlichen und rundere bei den weiblichen Figuren.[6] Auch das Antlitz des von Engeln getragenen toten Christus auf der Tafel eines Lochnerschülers, den Stange der zweiten Hälfte des Jahrhunderts zuordnet, in den Staatlichen Museen Berlin-Dahlem erinnert an das des Darmstädter hl. Georg.[7]

Das Werk des Meisters des Heisterbacher Altars, vor allem die Figuren des hl. Gereon und seiner Anhänger auf der Tafel im Germanischen Nationalmuseum Nürnberg (Abb. 4) zeigt eine starke Beziehung zur Darmstädter und San Franciscoer Glasmalerei.[8] Der hl. Gereon trägt einen niedrigen Hut ähnlich einer Pagenkappe aus weißem Pelz, betont durch einen kreisförmigen Edelstein, wie der des Heiligen in San Francisco. Auch seine Haltung und die Form der Rüstung mit runden Platten am Ellenbogen ähneln denen des Kriegers von San Francisco.[9] Stange bemerkt, daß sich dieser Meister – bei Bewahrung von Lochners Anmut und Vorliebe für schlanke Figuren – in Richtung einer stärker zeichnerischen Gestaltungsweise entwickelte.[10] Diese Fähigkeit, Dreidimensionalität durch lineare Mittel zu erreichen, verbindet einen solchen Künstler mit der gleichzeitigen Glasmalerei.

Ein Vergleich mit anderen Werken auf Glas ist der entscheidende Punkt für das Verständnis der Bedeutung der San Franciscoer Scheibe. Auch unter den Glasmalereien von sehr hohem Niveau Mitte des Jahrhunderts in Köln nehmen diese Felder einen besonderen Platz ein. Oidtmann hob Anfang dieses Jahrhunderts vor allem die Merode-Scheibe unter den anderen Werken rheinischen Ursprungs hervor und bezeichnete sie als »ein Prachtstück.«[11] Rodes Analyse des Gnadenstuhl-Fensters im Kölner Dom von 1430 bis 1435 schafft einen umfassenden Kontext für die Glasmalereiwerkstätten der Stadt in der Jahrhundertmitte.[12] Er lokalisiert den Ursprung der neuen Farbsensibilität in den Gold- und Silbertönen von Arkadenfiguren im Westfenster von Altenberg und im nördlichen Seitenschiff von Xanten.[13] Diese Empfindsamkeit führte zu weiterer Verwendung heller Farben, die von dunklen Schattenzonen unterbrochen werden, in den Fenstern des »Kölner Meisters« der Karmeliterkirche von Boppard (1439–1447). Die auf dem Boppard-Glas dargestellten Gewänder mit ihren dünnen, linearen Mustern und die Vorliebe des Künstlers für volle Gesichter mit kleinen, aber scharf gezeichneten Zügen weisen auf Merkmale, die bei unseren beiden Kriegsheiligen sichtbar werden.[14] Eine Reihe von Scheiben im Schnütgen-Museum wurde ebenfalls mit dem Darmstädter hl. Georg in Verbindung gebracht und folglich auch mit der San Franciscoer Scheibe. Lymant glaubt, daß die Werkstatt des hl. Georg auch die Scheiben der Jungfrau mit dem Kind und der hl. Ursula (Abb. 5), ein Fragment des Kopfes und des Körpers der Eva, einen Kopf der trauernden Jungfrau und eine Scheibe mit dem hl. Jacobus und Maria Magdalena (Abb. 6) geschaffen hat. Schmitz hatte früher diese Stücke dem Fragment eines Festmahls, ehemals in Berlin, zugeordnet.[15] Die Ausführung unterscheidet sich jedoch z.T. beträchtlich. Der eher breite, einheitliche Pinselstrich in der Scheibe des hl. Jacobus und der Maria Magdalena können unmöglich von derselben Hand stammen, die über ein so außerordentlich breites Spektrum technischer Möglichkeiten, wie Halbtonschattierungen, Tupfentechnik und lineare Akzente, z. B. im Gesicht und in der Rüstung des hl. Georg, verfügt. Die klare Strenge der San Franciscoer Scheibe zeigt ebenfalls stärkere Parallelen zum hl. Georg als zur Sanftheit des hl. Jakob im Schnütgen-Museum. Die für diese Kölner Werke verantwortliche Werkstatt muß offenbar sehr groß und mit einer Vielzahl von Unternehmen beschäftigt gewesen sein. Es war gewiß eine Werkstatt, die sich mehr als eines Malermeisters rühmen konnte.

Das Gewand und die Rüstung des Heiligen in San Francisco bestätigen den zeitlichen Stil und die Verbindung zu Köln.[16] Beide Heiligen tragen eine Rüstung, die im Rheinland um die Zeit von 1450 bis 1455 üblich war. Es sind nur wenige Exemplare deutscher Rüstungen aus dieser Zeit erhalten geblieben, doch ein Vergleich mit den gerüsteten Heiligen auf rheinischen Gemälden jener Zeit bietet ausreichende Vergleichsmöglichkeiten. Das Bild des hl. Gereon vom Meister des Heisterbacher Altars (vgl. Abb. 4) weist nicht nur ähnliche stilistische Merkmale auf, sondern bestätigt auch den Rüstungstyp. Es vermittelt auch eine ikonographische Identifizierung. Das Kreuz, das auf der Brustplatte des Heiligen auf der gemalten Scheibe erscheint, ist das Emblem des hl. Gereon. Der Kult für diesen Heiligen in Köln war ungeheuer verbreitet. Eine der größten Kirchen Kölns ist ihm geweiht. Der hl. Gereon und seine Anhänger nahmen den einen Flügel und sein weibliches Gegenstück, die hl. Ursula, den anderen von Lochners Altarbild für den Dom ein.[17] Es war Mitglied der thebäischen Legion, die unter der Führung des hl. Mauritius im Dienste des Kaisers Diokletian im antiken Gallien kämpfte. Der hl. Gereon und seine Gefährten erlitten lieber das Martyrium, als den römischen Göttern zu opfern.[18] Beispiele des hl. Gereon an Glasfenstern in Köln und Umgebung gibt es viele – im Westfenster von Altenberg, St. Maria im Kapitol, St. Maria Lyskirchen, St. Pantaleon und in drei Fenstern des Doms.[19] Der Heilige in San Francisco trägt ein Banner mit dem Kreuz des Heiligen Gereon. Diese Tatsache und die Ähnlichkeiten in der Kleidung, wie das Barett mit der weißen Krempe, deuten darauf hin, daß der San Franciscoer Heilige niemand anderes als diese im Rheinland so beliebte Kriegerfigur ist.

Die Identität und die allgemeine Lokalisierung des San Franciscoer Heiligen erscheinen demzufolge sicher. Die Ermittlung seines genauen Standortes in dem Gebiet um Köln ist weitaus problematischer. Lymant lehnt es ab, eine Beziehung zwischen den Arbeiten, die sie für die Werkstatt des Darmstädter hl. Georg anführt, herzustellen.[20] Tatsächlich ist der ursprüngliche Standort eines großen Teils der Sammlung des Schnütgen-Museums ungewiß. Das Problem liegt in dem erstaunlichen Reichtum rheinländischer Glasmalereien im späten Mittelalter und in der beinahe unvorstellbaren Verheerung infolge der napoleonischen Kriege und der Säkularisierung der Klosterorden. Der Darmstädter hl. Georg ist z. B. ebenfalls ohne bestätigte Herkunft. Er erscheint in der Literatur erstmalig als Besitz des Christian Geerling, eines Kölner Weinhändlers, der vom Staat als »Schutzherr« des künstlerischen Erbes im Rheinland eingesetzt wurde. Im wesentlichen bewirkte sein Schutz die Entfernung von Werken aus säkularisierten Gebäuden und den – manchmal öffentlichen, manchmal privaten – Verkauf an Sammler. Geerling behauptete, daß der hl. Georg mit Stifterin ein Geschenk der Familie Merode an das Kloster Schwartzenbroich im Kreis Düren, zwischen Köln und Aachen, gewesen sei.[21] Als ein wahrscheinlicherer Standort wurde die Katharinenkirche des Johanniterordens in Köln genannt.[22] Sicherlich hätte ein Ritterorden ein Programm mit einer Reihe von heiligen Rittern unterstützt. Das führt zu der Vermutung, daß der hl. Gereon aus San Francisco im Rahmen desselben Programms entstand.

Die Werkstattfrage und die Frage der Beziehung zu anderen Kunstgattungen sind wichtige Probleme bei der Untersuchung der Werke. Bei genauer Prüfung der Scheiben von San Francisco, Darmstadt, der Scheibe der Jungfrau mit dem Kind und der hl. Ursula in Köln (s. Abb. 4) zeigt sich nicht nur eine Ähnlichkeit des Malstils, sondern auch der Beschaffenheit und der Farbe des Glases. Das Glas ist relativ glatt und hart und weist of Streifen von Blasenmustern auf. Es bietet somit eine aufnahmefähige Oberfläche für die im Gesicht, in der Rüstung und den Gewändern erkennbare Malerei. Schmitz und alle nachfolgenden Autoren sprachen von der außergewöhnlichen Qualität der Ausführung.[23] Die Feinheit einer Glasmalerei unterscheidet sich jedoch von der Tafelmalerei. Im Vergleich zu den von allen Autoritäten so häufig zitierten Werken muß daran erinnert werden, daß das Glas von viel größerem Format ist, es wird in eine Wandöffnung eingesetzt, viel weiter entfernt vom Beschauer als das Tafelbild, das zu näherer Betrachtung bestimmt ist – oft in einer privaten Kapelle oder einem Betraum. Wie stark auch immer Übereinstimmungen von Bild und Fenster in der Gestaltung der Figuren und der Komposition sein mögen, so verlangt doch die Ausführung auf Glas – einem durchsichtigen Medium – eine völlig andere Art der malerischen Behandlung, der Wiedergabe der Körper und der Betrachtungsweise.

Die Brillanz der Kontraste im Glas, erreicht durch schärferes Modellieren, gegensätzliches Nebeneinander von Licht und Dunkel und die Betonung der Konturen sprechen für die Selbständigkeit und Sicherheit des Glasmalers im 15. Jahrhundert.

Es ist sogar vorstellbar, daß die Vorliebe für strahlende Farben, damaszierte Hintergründe und die Versuche der Einbeziehung der architektonischen Rahmung, wie die des Bartolomäusmeisters im Kreuzigungsaltar im Wallraf-Richartz-Museum, zu den Bemühungen der Tafelmaler gehörten, die Brillanz der in der Glasmalerei erreichten Effekte zu imitieren.[24]

Anmerkungen

1 Studies in the History of Art, Monograph Series I: Stained Glass before 1700 in American Collections: Midwest and Western States (Corpus Vitrearum Checklist III), National Gallery of Art, Washington CD, im Druck. Ich bin meiner Kollegin Elizabeth Pastan von der University of Indiana sehr verpflichtet, die an der Checklist-Bestandsaufnahme mitarbeitete.
2 Fine Arts Museums of San Francisco (ehemals M. H. de Young Memorial Museum und Museum of the Legion of Honor), Inv. Nr. 64. 52. 1
3 Hessisches Landesmuseum, Darmstadt, Inv. Kg 33:2a, 2b, 2c; Beeh-Lustenberger, S.: Glasmalerei um 800–1900 im Hessischen Landesmuseum Darmstadt. Frankfurt/Main 1967, S. 160–162, Nr. 218–220, Abb. 133–135
4 Die peinlich genaue Bemalung der Innen- und Außenseite der Darmstädter Scheibe wird von Beeh-Lustenberger festgestellt, wie Anm. 3, S. 160.
5 Schmitz, H.: Die Glasgemälde des königlichen Kunstgewerbe-Museums in Berlin. Bd. 1. Berlin 1913, S. 38; Abbildung des Flügels des Altarbildes der Anbetung der Drei Könige, c. 1440, Kölner Dom, in: Stange, A.: Deutsche Malerei der Gotik. Bd. 3. Berlin 1938, S. 124
6 Stange, wie Anm. 5. S. 110, Abb. 149–150. Die Ähnlichkeiten im Stil der Gewänder der Frauen in den Gemälden des Meisters von 1456 und dem der Stifterin in der Merodescheibe sowie allgemeine Ähnlichkeiten im Stil wurden von Beeh-Lustenberger festgestellt (s. Anm. 3, S. 161), ebenfalls von Lymant, B.: Die Glasmalereien des Schnütgen-Museums. Köln 1982, S. 93, Abb. 53a, Scheibe aus dem kleinen Ursula-Zyklus, im Wallraf-Richartz-Museum
7 Stange, wie Anm. 5, S. 110, Abb. 147
8 Stange, wie Anm. 5, S. 111, Abb. 145
9 Schmitz, wie Anm. 5, S. 50, brachte den Darmstädter hl. Georg ebenfalls in Verbindung mit dem Bild eines Heiligen in Rüstung um 1460, dem hl. Georg von einer Tafel des Meisters der Legende des hl. Georg im Wallraf-Richartz-Museum, WRM 114/6
10 Stange, wie Anm. 5, S. 111
11 Oidtmann, H.: Die rheinischen Glasmalereien vom 12. bis zum 16. Jahrhundert, Bd. 2. Düsseldorf 1929, S. 334–335, Abb. 524
12 Rode, H.: Das Gnadenstuhlfenster im Kölner Dom, Kölner Domblatt, 18/19, 1960, S. 107–120; ders.: Die mittelalterlichen Glasmalereien des Kölner Domes, Corpus Vitrearum Medii Aevi, Bd. 4, 1, Berlin 1974, S. 35, Textabb. 53
13 Lymant, B.: Die mittelalterlichen Glasmalereien der Zisterzienserabteikirche Altenberg. Bergisch-Gladbach 1979
14 Dieser Künstler schuf die sechs stehenden Heiligen über den Predellascheiben im Metropolitan Museum, Cloisters Collection, New York, Inv. 37. 52. 1–6. Hayward, J.: Stained Glass Windows from the Carmelite Church of Boppard-am-Rhein: A Reconstruction of the Glazing Program of the North Nave, Metropolitan Museum Journal 2 (1969), S. 75–114; wie Anm. 1, Corpus Vitrearum, Checkliste I. 118–119
15 Schnütgen-Museum, Köln, Inv.-Nr. M 532, M 675 und M 120; Lymant, wie Anm. 13, S. 94–96, Nr. 54–56, Farbtafeln 5 und 6; Schmitz, wie Anm. 5, Bd. 2, Taf. 8
16 Ich verdanke die Information über die Rüstung und den Hinweis zur Identität des Heiligen W. J. Karcheski jr., dem Kurator für Waffen und Rüstungen im Higgins Armory Museum, Worcester, Massachusetts.
17 Stange, wie Anm. 5
18 Neumann, H.: Gereon von Köln, Lexikon der christlichen Ikonographie, Bd. 6, Braunfels, W., Hrsg. (Rom, Wien usw. 1974), S. 394–395
19 Die Figur des Heiligen in St. Maria im Kapitol trägt ebenfalls ein rotes Kreuz auf einem weißen Banner und das gleiche Barett mit breitem weißem Rand und einem Edelstein in der Mitte. Oidtmann, wie Anm. 11, Bd. I, Altenberg, Taf. XVL und Bd. II, St. Maria im Kapitol, Abb. 501, St. Maria Lyskirchen, Taf. XLIX, und St. Pantaleon, LIX; Rode, wie Anm. 12, 1974, Kathedrale, 57, Dreikönigskapelle, Abb. 44 und Textabb. 46, St. Agnes-Kapelle, Abb. 118, und Seitenschiff des nördlichen Hauptschiffes, Abb. 559
20 Lymant, wie Anm. 13, S. 96
21 Aufgezeichnet von Schmitz, wie Anm. 5, S. 37, der die Familie Merode auch in den Klosteraufzeichnungen von 1451 als Hauptstifter anführt. In bezug auf Geerling, siehe Eckert, K., S. Bernard von Clairvaux, Glasmalereien aus dem Kreuzgang von Altenberg bei Köln, Wuppertal 1953, S. 16–19, und von Witzleben, E.: Kölner Bibelfenster des 15. Jahrhunderts in Schottland, England und Amerika, Aachener Kunstblätter 43, 1972, S. 227–228
22 Oidtmann, wie Anm. 11, S. 335, nannte als ursprünglichen Standort die Kirche St. Katharina. Beeh-Lustenberger, wie Anm. 3, S. 161, nennt ebenfalls diese Möglichkeit und korrigiert die oft zitierte Identifizierung der Stifterin als Katharina von Merode. Die Stifterin hält eine Schriftrolle mit der Inschrift »STA KATHERINE ORA PRO ME«. Die Wappen des Zweiges der Familie Merode aus dem Hause Buir-Schloßberg sind gekennzeichnet durch den Schild zur Linken des Stifters: in Rot und Gold gestreift, Federbusch auf gestreiftem Helm mit Herzogskrone in Silber und Rot, Umhang von derselben Art. Die einzige Katharina in diesem Zweig im 15. Jh. war eine Tochter des Carsilius de Merode, die 1422 als Nonne in Füssenich starb. Das weltliche Gewand der Stifterin und der Stil des Werkes entsprechend der Mitte des Jahrhunderts schließen jegliche Identifizierung mit dieser Katharina aus. Beeh-Lustenberg weist darauf hin, daß es keineswegs notwendig ist, daß heilige Schutzpatrone denselben Namen wie der Stifter tragen. Die Anrufung der hl. Katharina jedoch könnte ein triftiger Grund sein für die Verbindung der Merodescheibe mit der der hl. Katharina gewidmeten Kölner Kirche.
23 Schmitz, wie Anm. 5, S. 38
24 Lymant, wie Anm. 6, Abb. 93b, Wallraf-Richartz-Museum, Köln

Ernst Ullmann

Der Altar Leonardo da Vincis für SS. Annunziata in Florenz

In der Vita des Leonardo berichtet Giorgio Vasari: »Er kehrte nach Florenz zurück; dort vernahm er, die Servitenbrüder hätten dem Filippino das Bild für den Hochaltar der Nunziata übertragen, und Leonardo äußerte: etwas Ähnliches würde auch er gerne übernommen haben. Als Filippino dies hörte, zog er sich, liebenswürdig wie er war, von der Sache zurück, und die Mönche übertrugen dem Leonardo das Bild. Sie nahmen ihn ins Haus, gaben ihm den Unterhalt für sich und alle seine Angehörigen, was er lange Zeit geschehen ließ, ohne je etwas anzufangen; ...«[1] Nach dem anschließenden Bericht über die Ausstellung eines Kartons der Anna Selbdritt, die nach dem Brief des Fra Pietro da Novellara an Isabella d'Este vom 3. April 1501 genau zu datieren ist, müßte der Auftrag bald nach Leonardos Rückkehr aus Mailand erfolgt sein; am 24. April 1500 hob Leonardo Geld von seinem Guthaben beim Ospedale di Santa Maria Nuova in Florenz ab. Die Leonardo-Forschung ist diesem Hinweis bisher nicht nachgegangen, zumal ja Vasari erklärt, Leonardo habe die Arbeit gar nicht erst begonnen, ein Vorwurf, der diesem von Vasari, aber auch von anderen Chronisten öfter gemacht wurde.[2]

Von einem Altar für SS. Annunziata in Florenz berichtet Vasari auch noch in den Viten des Filippino und des Perugino, mit bemerkenswerten Abweichungen von dem oben zitierten Text. Von einer Kreuzabnahme wird erzählt, die Filippino aufgetragen bekam, entwarf und begann, die dann aber nach seinem Tode Perugino zu Ende malte. Filippino malte »für den Hauptaltar bei den Mönchen der Nunziata eine Kreuzabnahme; er vollendete bei diesem letzteren Bilde jedoch nur die Figuren von der Mitte an aufwärts, denn, von einem heftigen Fieber ergriffen und von dem Halsübel befallen, das man Bräune nennt, starb er nach wenigen Tagen im fünfundvierzigsten Jahre seines Lebens.«[3] In der Lebensbeschreibung des Perugino ist zu lesen: »Unterdes trugen die Servitenmönche zu Florenz Verlangen, das Bild für ihren Hauptaltar von einem berühmten Meister malen zu lassen, und da Leonardo da Vinci nach Frankreich gegangen war, hatten sie dem Filippino den Auftrag dazu gegeben. Dieser hatte aber nur die Hälfte von dem einen der beiden Bilder, die dazu gehörten, vollendet, als er in ein anderes Leben überging, und die Mönche, die zu Pietro viel Zutrauen hegten, trugen nun diesem das ganze Werk auf ... Dieses Werk bestand aus zwei Bildern: eines gegen den Chor der Mönche, das andere gegen das Schiff der Kirche zu: nach dem Chore sollte die Kreuzabnahme kommen, nach vorn eine Himmelfahrt der Madonna; Pietro aber malte diese so gewöhnlich, daß man die Kreuzabnahme (heute in den Uffizien, Florenz, E. U.) nach vorn und die Himmelfahrt gegen den Chor zu setzte. Beide Bilder sind jetzt nicht mehr an ihrem Platze, weil das Tabernakel des Sakraments dorthin kam; sie wurden nach anderen Altären in derselben Kirche gebracht ...«[4]

In der Chronologie ergeben sich bei Vasari einige Unstimmigkeiten: Leonardo kehrte 1500 nach Florenz zurück und muß da schon den Auftrag erhalten haben, nach Frankreich ging er erst 1517. Der Auftrag an Filippino Lippi erging 1503. Am 5. August 1505 erhielt Perugino den Auftrag, da Filippino am 18. April 1504 gestorben war, am 9. Januar 1506 war die Kreuzabnahme vollendet. Vasari spricht in der Vita des Leonardo von einem Hochaltar, danach ist von einem Hauptaltar die Rede, der eine seiner Tafeln nach dem Mönchschor wenden sollte, die andere nach dem Gemeinderaum. Im ersten Fall muß man wohl den Hochaltar im Mönchschor annehmen, im zweiten kann es sich aber nur um den Kreuzaltar auf der Grenze zwischen Mönchschor und Gemeinderaum gehandelt haben, nur auf diesem kann sich eine doppelseitige Tafel an beide, Mönche und Laien, wenden. Schließlich ist festzuhalten, daß Vasari die genaue ursprüngliche Aufstellung der Tafeln nicht aus eigener Anschauung kannte, sie waren auf andere Altäre versetzt worden. Da Vasari offenbar nur ungenaue Kenntnis hatte, brachte er verschiedene Nachrichten in Zusammenhang mit einem einzigen Altar, und obwohl in der Vita des Filippino zunächst nur von einem beabsichtigten Auftrag an Leonardo die Rede ist, der nicht erfolgen kann, weil dieser in Frankreich sei, wird später alles zu einem Vorgang zusammengezogen und Leonardos Ausscheiden aus dem Vertrag wie oft mit dessen Untätigkeit erklärt. Wichtig in den Nachrichten Vasaris ist in diesem Zusammenhang wohl nur, daß es einen Auftrag an Leonardo – und dies sicher unabhängig von dem an Filippino/Perugino – gab und dieser zuerst erfolgt sein muß, daß es sich zum zweiten um zwei Altäre handelte, für die Tafeln in Auftrag gegeben wurden, für den Hochaltar im Mönchschor und für den Kreuzaltar zwischen Chor und Gemeindekirche, und daß drittens schon zu Vasaris Lebzeiten die Aufstellung der Tafeln in SS. Annunziata verändert worden war. Hinzuzufügen wäre, daß eine Kreuzabnahme auch auf dem Kreuzaltar zu erwarten wäre, während man sich auf dem Hochaltar der SS. Annunziata weit eher eine monumentale Verkündigung denken wollen wird.

Inzwischen ist nun ein Bildfragment aufgetaucht, das in dieser Problematik weiterführen kann (Abb. 1). In Privatbesitz in der Bundesrepublik Deutschland befindet sich das Fragment einer Verkündigungsmadonna.[5] Das Bild mißt 104,6 Zentimeter × 81,7 Zentimeter ohne Rahmenleiste und ist in einer nicht genauer zu bestimmenden Öl-Tempera-Mischung auf Pappelholz gemalt.[6] Später wurde es auf eine Stäbchenplatte übertragen. Das Bild ist an drei Seiten, oben, rechts und unten, beschnitten. Der untere Teil zeigt große Schadstellen mit nachträglich eingefügtem Kitt. Trotz der erheblichen Beschädigungen und alter, inzwischen weitgehend abgenommener Übermalungen ist der Gesamteindruck der eines Werkes von allererstem Rang. Komposition, Figurenauffassung und Körpermodellierung sowie die Farbigkeit sprechen für eine Entstehung des Bildes in Florenz an der Wende vom 15. zum 16. Jahrhundert. Im Kolorit scheinen Anregungen von Venedig, in der Maltechnik solche der altniederländischen Malerei eingeflossen zu sein.

Die physikalischen, mikroskopischen und mikrochemischen Untersuchungen des Schichtenaufbaus, der Grundierung, der Pigmente, Füllstoffe und Bindemittel ergaben keine Substanzen, die erst seit dem 18. Jahrhundert bekannt sind und benutzt werden.[7] Die restaurierende Übermalung muß der Analyse zufolge schon im 18. Jahrhundert erfolgt sein.[8] Veränderungen am linken Auge aber sind unmittelbar nach der Entstehung des Werkes erfolgt; sie gehen sehr wahrscheinlich auf den Maler selbst zurück.[9]

Insgesamt kommt die Analyse zu dem Ergebnis: »Obwohl man den emailartigen Charakter der Malfarbe frühniederländischer Gemälde in dem untersuchten Bild wiederzuerkennen glaubt, sprechen die Gipsgrundierung und das Verteilungsmuster der Spurenelemente im Bleiweiß eindeutig für Italien.«[10] Für Italien spricht auch das Pappelholz des ursprünglichen Bildträgers.[11] Dieser Befund stimmt mit allen Ergebnissen der Stilanalyse überein; Italien dürfte als Entstehungsland sicher anzunehmen sein. Da im 18. Jahrhundert bereits eine Restaurierung erfolgte, ist die Entstehung um einiges davor anzusetzen. Hier weist die Stilanalyse auf die Jahre um 1500, und die naturwissenschaftlichen Untersuchungen stehen dem nicht entgegen. Die Qualität der unbeschädigten Teile des Bildes ist so groß, daß um 1500 in Florenz eine Zuschreibung an Leonardo da Vinci am ehesten in Frage kommt.

In der Bildmitte, das Format des Fragments fast füllend, steht, leicht nach rechts gedreht, Maria und neigt den Kopf zu einem aufgeschlagenen Buch auf einem Lesepult. Die Rechte hat sie in einer Demutsgeste vor die Brust gelegt, die Linke in leiser Abwehr, aber auch wie zum Gruße erhoben. Maria trägt ein weißes, fein gefälteltes Untergewand, einen hellblauen Gürtel sowie Kopf- und Schultertuch von gleicher Farbe. Der Mantel ist aus dunkelblauem Tuch mit rotem Innenfutter.

Das Lesepult scheint drehbar auf einer Balustersäule angebracht zu sein, wie es auch Leonardos frühe Verkündigungen zeigen (Paris, Florenz). Links von Maria steht eine Sitzbank, darüber befindet sich ein Bücherbord; beide werden vom Bildrand überschnitten. Hinter Maria ragen auf Postamenten hochgestellt zwei goldene Balustersäulen auf, die oben abgeschnitten sind. Zwischen sie ist ein grüner Vorhang gespannt, hinter dem man noch den Alkoven mit der Ruhestatt zu erkennen glaubt. Die Infrarotaufnahme bestätigt dies, die erkennbaren Strukturen gehören zu dem nach vorn offenen Alkoven mit dem Bett Mariens. Die Ausstattung ist so zurückhaltend, daß die Mariengestalt nicht bedrängt wird, doch ausreichend, die Szene eindeutig zu lokalisieren.

Die Marienfigur ist von schönem, durch Farbkontraste rhythmisch gegliedertem Aufbau. Sie wird vom Mantel umfangen wie eine Perle von einer Muschel. Dabei ist ein schönes Gegenspiel zwischen dem fein gefälteten Untergewand und dem in großer, schwungvoller Bahn drapierten Mantel zur Wirkung gebracht. Die Gewandfalten sind präzise gezeichnet und zu tastbarer Form modelliert, sie geben Auskunft über die Stofflichkeit der Gewänder, den natürlichen Fall der Gewebe und sind zugleich in nicht geringem Maße Ausdrucksträger. Das Gesicht spricht von großer Erfahrung des Künstlers in

Ernst Ullmann

Abb. 1 Fragment einer Verkündigungsmadonna von Leonardo da Vinci. Um 1501/02, Öl, 104,6 cm × 81,7 cm. München, Privatbesitz

der Wiedergabe des Mimischen, die Hände sind von ausdrucksstarker, aber nicht manierierter Gestik. Der Maler hat nicht einen vorgegebenen Typ ins Bild gesetzt, sondern diese junge Frau aus seinem tiefen Wissen um die menschliche Psyche heraus gestaltet. Sie ist mit leisen, fließenden Übergängen model-liert, das relievo ist klar entwickelt, das sfumato vor allem bei der Gesichtsbildung sicher genutzt. Insgesamt vermittelt das Bild – zumindest das erhaltene Fragment – einen Eindruck von Größe, Ernst und Würde, die auf einer inneren Haltung beruhen.

Die Zeichnung ist in allen erhaltenen Partien sehr

sicher, von besonderer Feinheit ist sie in den sich lösenden Haarflechten Mariä. Die sichtbar gemachte Vorzeichnung zeigt am Kopf ein tastendes Suchen nach der endgültigen Form, sonst sind Pentimenti kaum nachzuweisen. Der Farbvortrag ist von großer Vollkommenheit, an den intakten Stellen von einem nahezu emailhaften Schmelz. Die Faltenbildung mit dem großartigen Motiv des Mantelumschlags hat Vergleichbares nur im Werk Leonardos. Nur er, der die Faltenbildung auch zum Gegenstand seiner Reflexionen erhob, baute Falten so als tastbare Formen im Raume auf, scharf gezeichnet und doch weich modelliert, nur er vermochte sie so zu zeichnen und zu malen, daß sie ganz in natürlichem Fall den Gesetzen der Schwerkraft folgen und die Konsistenz des Stoffes, seine Dicke, Dichte, Schwere, Struktur und Qualität berücksichtigen. Darin ist Leonardo keiner seiner Schüler, keiner seiner Zeitgenossen nahegekommen.

Rechts oben, fast genau über der erhobenen Linken Mariä, ist ein goldenes Gefäß; es ist leicht schräg, im Raume schwebend, in Untersicht dargestellt. Es besteht aus einem konischen Fuß und einem halbkugelförmigen Körper, der in drei Reihen mit Zungenblättern belegt ist. Sein Deckel, dessen Rand noch sichtbar ist, weist segmentförmige Öffnungen auf, zwischen denen »Nasen« über den Gefäßrand greifen. Es kann sich nur um ein Weihrauchgefäß handeln, die Öffnungen für den Rauch und das verdeckte Anbringen der Ketten am Gefäßrand sind deutlich erkennbar, und seine Situation im Raum ist nur verständlich, wenn man es sich an kurzer Kette über dem Haupte Mariens geschwungen denkt (Abb. 2).

Damit aber sind eindeutige Indizien dafür gegeben, daß das ursprüngliche Bild stark beschnitten worden ist und daß zumindest eine Figur zu ergänzen ist, deren Position durch das Weihrauchfaß fixiert wird: eben jene Gestalt, die inzensiert. Sie muß rechts hinter Maria, und zwar etwas erhöht, gestanden haben, was ausschließt, daß die Figur der Erzengel Gabriel gewesen ist. Nach Haltung und Blick Mariens muß Gabriel sich rechts vor Maria befunden haben.

Zur Ergänzung beider Figuren bieten sich Zeichnungen von beziehungsweise nach Leonardo von einem seiner Schüler an. Die Figur des Inzensierenden ist vielleicht identisch mit jenem Engel, der sich »unter den herrlichen Schätzen im Palast des Herzogs Cosimo« befand und den Vasari wie folgt beschreibt: ein »Engelskopf, mit erhobenem Arm, der von der Schulter bis zum Ellbogen verkürzt gezeichnet ist, so daß er nach vorn kommt, während die Hand des anderen Armes auf der Brust liegt«.[12] Seit langem wird die Schülerzeichnung eines Engels auf einem Blatte mit Leonardo-Zeichnungen (Wind-

Abb. 2 Weihrauchgefäß.
Detail aus dem Fragment einer Verkündigungsmadonna

sor, Royal Library, No. 12,328 recto) auf das von Vasari beschriebene Bild zurückgeführt. Sie zeigt den Engel in einer Haltung, die der eines inzensierenden Diakons entspricht, der das Weihrauchgefäß an kurzer Kette in Schulterhöhe schwingt und dabei den Ring, der die Ketten zusammenfaßt, mit der Linken vor der Brust hält. So wird inzensiert, wenn der Eucharistie auf dem Altar oder dem die Messe zelebrierenden Priester Weihrauch gespendet wird. Vasari hat sehr wahrscheinlich, ohne es zu wissen, ein zweites Fragment, das zu der Verkündigungsmadonna gehörte, gekannt und beschrieben. Die Reste der Kette dürften bereits übermalt gewesen sein, da sie im Fragment unverständlich waren.

Auch für die zweite Figur, Gabriel, scheint sich eine Studie Leonardos erhalten zu haben (Windsor, Royal Library, Nr. 12, 521); eine kniende Gewandfigur hat man bisher in Unkenntnis des wirklichen Zusammenhanges in die Nähe der zweiten Fassung der Felsgrottenmadonna (London, National Gallery) gerückt und auf 1506 datiert. Sie korrespondiert in überraschender Weise mit der Verkündigungsmadonna des Fragments, der große Schwung des Mantelsaums der Maria findet in der um die Hüfte der knienden Figur gelegten Faltenbahn eine solche Entsprechung, daß beide sich zu einem großen Oval ergänzen, das die ganze Komposition umfängt. In dieses Oval eingestellt sind die drei Figuren – Maria, der inzensierende Engel und Gabriel –, die so eine klassische Dreiecksfigur bilden. In deren linkem Teil (das erhaltene Fragment) ist Maria vor dem Alkoven am Lesepult dargestellt, wie sie sich, ihre Lektüre unterbrechend, dem zu ihr eingetretenen Gabriel zuwendet. Dieser kniet in der rechten Bildhälfte etwas vor Maria und verkündet ihr den Ratschluß Gottes.

Zwischen beiden, etwas in den Hintergrund gerückt, dafür aber erhöht, steht ein zweiter Engel und spendet Maria Weihrauch aus goldenem Weihrauchfaß, das er in Schulterhöhe an kurzer Kette schwingt. Auf der rechten Seite des Raumes, in dem die Verkündigung stattfindet, muß eine Arkade, eine Pforte oder etwas Ähnliches Gabriel den Zugang zum Gemach ermöglicht haben. Über den Standort des inzensierenden Engels sind Aussagen nicht möglich. Insgesamt ergibt sich eine Komposition, die kaum anders denn als Altartafel denkbar ist. Die Komposition zeigt ein ausgeprägtes Vermögen zu klarer Raumbildung bei gleichzeitiger sicherer Flächengliederung, das Verhältnis zwischen beiden ist ausgewogen. Bildparalleler, geschlossener, ruhiger Hintergrund und überzeugender Tiefenraum stehen in einem spannungsvollen Gegensatz.

Das Oval wirkt raumschaffend und raumumgreifend, es verbindet die Figuren. Die figura pyramidale ordnet die Körper im Raum und weist ihnen Rang und Bedeutung zu. Diese Figur ist raumhaltiger als bei der Felsgrottenmadonna (Paris, Louvre), hat aber nicht jene Kompaktheit der Figurenpyramide wie der Karton der Anna Selbdritt (London, National Gallery) und noch nicht die raumschaffende Wirkung wie die gemalte Fassung der Anna Selbdritt (Paris, Louvre). Sie steht in der Entwicklung innerhalb dieser Reihe von Kompositionsfiguren (Abb. 3).

Ausgehend von den Maßen des Fragments ist eine Tafel etwa in den Abmessungen von 180 Zentimeter × 240 Zentimeter zu rekonstruieren. Im Werk Leonardos findet sich zwar keine genaue Vorzeichnung zu dieser Verkündigungsmaria, aber diese ist in vielfältiger Weise mit seinen Arbeiten zu verbinden. Da sind manche Verwandtschaften mit der Madonna der Anbetung der Könige (Florenz, Uffizien) von 1480/81, wie die Kopfhaltung und die große Faltenbahn des Mantelumschlags. Der Kopf und seine

Abb. 3 Rekonstruktion des Hochaltars von SS Annunziata in Florenz. Fragment und die Zeichnung Windsor, Royal Library, No. 12,328 recto und No. 12,521

Haltung scheinen vorbereitet in der Silberstiftzeichnung auf rosa Papier der Royal Library in Windsor Castle, die Studien zu Kopf und Schulter einer Frau zeigt (No. 12,513), der Kopfstudie zur Madonna Litta in Silberstift auf grünem Papier (Paris, Louvre) und der Madonna Litta (Leningrad, Ermitage) selbst. Die Madonna des Fragments aber wirkt reifer als diese Vorläufer; in sie sind die Erfahrungen der Arbeiten an der Felsgrottenmadonna (Paris, Louvre) und am Abendmahl im Refektorium von Santa Maria delle Grazie in Mailand eingeflossen.

Schließlich erscheint die Madonna wie eine Synthese von Maria und Anna beider Fassungen der Anna Selbdritt (London, National Gallery, und Paris, Louvre), was die sichtbar gemachten Vorzeichnungen erkennen lassen. Am Anfang scheint eine Fassung gestanden zu haben mit einem Gesicht, das älter, ernster und leiderfahrener wirkte als das der folgenden mit dem Ausdruck milder Trauer, wissender Ergebenheit und etwas weiter geöffneten Augen. Am Ende steht dann die jungfräuliche Verkündigungsmadonna. Die erste Gesichtsfassung steht der Anna nahe, die zweite der Maria, die dritte ist dann die Schöpfung eines neuen Madonnentyps. Leonardos Auffassung scheint sich im Verlaufe der Arbeit von einer »Schmerzensmutter« zu einer demütigen Braut Gottes gewandelt zu haben.

Angeregt worden sein könnte Leonardo zu der Madonna durch Filippino Lippis Madonna mit Kind (New York, The Metropolitan Museum of Art), die dieser für die Strozzi-Kapelle bei Santa Maria Novella in Florenz gemalt hat. Von Leonardos Tafel wiederum muß der junge Raffael Kenntnis gehabt haben. Eine seiner Zeichnungen (Fischel Nr. 17, Oberhuber Nr. 43) scheint unmittelbar danach gezeichnet zu sein. Andere Madonnen aus der Zeit zwischen 1503 und 1506 zeigen Verwandtschaft: so die Madonna mit dem Granatapfel (Wien, Albertina) in der Kopfhaltung, die Madonna der Pala Colonna (New York, The Metropolitan Museum of Art) in ihrem Kopf. Auch in anderen Madonnen Raffaels dieser Zeit scheint die Erinnerung an die Verkündigungsmadonna lebendig zu sein. Ob auch Dürer Kenntnis von der Leonardo-Tafel hatte, als er die Rosenkranzmadonna malte (Prag, Nationalgalerie), ist kaum zu entscheiden, aber durchaus möglich. Nur angemerkt sei, daß Dürer bald nach der Italienreise in seine Kleine Holzschnittpassion das Blatt »Christus erscheint seiner Mutter« (Meder 155, Panofsky 266) aufgenommen hat; die Maria wirkt wie eine Übersetzung der Madonna Leonardos in die Formensprache Dürers.

Aus dem Gesagten ergibt sich, daß man die Entstehung der Tafel zwischen April 1500 und Mai 1502 während seines zweiten Florenzaufenthaltes ansetzen kann. In diesem Zeitraum fügt sich die Tafel in das Werk Leonardos ohne Schwierigkeiten ein, und gerade die Werke dieser Jahre haben auf den jungen Raffael gewirkt und könnten Dürer bekannt geworden sein. Eine Datierung in diese Zeit stellt auch den Zusammenhang her zu den Nachrichten von einer Altartafel für SS. Annunziata in Florenz, die wir Vasari verdanken, was auch dadurch verstärkt wird, daß mit zwei Zeichnungen Leonardos bzw. eines seiner Schüler nach seinem Vorbild das Fragment zu einer großen Komposition ergänzt werden kann. Dieser Altar scheint schon früh zerstört worden zu sein – möglicherweise bei den Versuchen des Eindringens der Medici in Florenz 1512 oder 1529/30. Das würde erklären, warum er kaum Nachfolge gefunden hat, und daß Vasari ein Fragment, den Engel, in der Sammlung des Herzogs Cosimo sehen konnte.[13]

Eine Verkündigungsdarstellung, bei der der Erzengel Gabriel von rechts auftritt und ein zweiter, weihrauchspendender Engel hinzugekommen ist, ist zwar nicht alltäglich, aber doch nicht ohne jeden Vergleich. Der von rechts kommende Gabriel findet sich mehrfach, so z. B. in der Verkündigung auf der Bronzetür an der Ostseite des Südquerhauses des Domes zu Pisa. Begleitende Engel treten bereits bei der Verkündigung am Triumphbogen von Santa Maria Maggiore in Rom auf. Am überraschendsten ist wohl die Weihrauchspende in Verbindung mit der Verkündigung. Auch diese ist möglicherweise in Pisa vorbereitet. Am Türsturz des Nordportals des Baptisteriums findet sich dort im Zentrum einer Figurenreihe unter Arkaden eine bärtige Männerfigur mit der Mitra des Hohepriesters – Gottvater also – und spendet der links stehenden Maria einer Verkündigung Weihrauch, während unter der Arkade rechts Gabriel herantritt.

Es drängt sich die Frage auf, ob die Darstellung in Pisa, die wohl um die Mitte des 13. Jahrhunderts zu datieren ist, in einem Zusammenhang steht mit dem Generalkapitel der Franziskaner, das an diesem Ort im Jahre 1236 die Feier des Festes der Unbefleckten Empfängnis beschlossen hatte. Eine solche Verbindung wäre bedeutsam für die Deutung des Motivs der Weihrauchspende bei einer Verkündigung. Das hypothetisch rekonstruierte Bild einer Verkündigung mit einem im Zentrum stehenden, Weihrauch spendenden Engel bedarf sicher einer tiefgreifenden ikonologischen Interpretation, die hier nur in ersten Umrissen angedeutet werden kann.

Die Verbindung von Weihrauch und Maria ist geläufig, sie findet ihre Begründung im Hohelied, besonders in Kapitel 4, Vers 13/14. Der Weihrauch verbindet sich aber auch mit dem Erscheinen der Herrlichkeit des Herrn, so etwa bei Jesaja 60, 1–3 und 6, in Erfüllung dieser Ankündigung bringen die Drei Könige dem neugeborenen Kinde den Weihrauch dar (Matth. 2, 1 und 2, 9–11). Schließlich kommt ein betont christologischer Sinn hinzu: Bereits der Frühscholastiker Honorius Augustodunensis gibt eine umfangreiche Deutung des Weihrauchgefäßes.[14] Das Thuribulum, das Weihrauchgefäß, bedeutet nach seiner Auslegung den Leib des Herrn, ein goldenes Gefäß weist die alles überstrahlende Gottheit Christi aus. Steht das Gefäß für den Leib Christi, so der Weihrauch für die Gottheit und das Feuer für den Heiligen Geist. Das Weihrauchfaß mit dem brennenden Weihrauch ist demnach ein Trinitätssymbol. Das an einer Kette hängende Gefäß gilt nach der gleichen Quelle als Hinweis darauf, daß Christus allein ohne den Makel der Erbsünde aus der Jungfrau geboren wurde. Damit ist der Zusammenhang zur Unbefleckten Empfängnis bei der Verkündigung an Maria gegeben. Die Weihrauchspende bei der Verkündigung ist also unmittelbar auf die damit verbundenen Vorgänge bezogen; sie verbindet marianische und christologische Symbolik mit Trinitätssymbolen, sie verweist auf die Epiphanie Christi und scheint stark beeinflußt von der Inkarnationstheologie. Diese Überlegungen finden eine gewisse Bekräftigung auch in der Liturgie: Während der Zelebrant die Eucharistie auf dem Altar bereitstellt, erfolgt in den gesprochenen Gebeten auch eine Anrufung Mariens, gleichzeitig wird Weihrauch gespendet. Inzensiert wird auch während des Benediktus und des Magnifikats, das in der messianischen Tradition des alttestamentlichen Verheißungsglaubens steht. Der Weihrauch, der Wohlgeruch, der gottähnlich macht, ist ein Mittel des Übergangs, ein zwischen Menschen und Gottheit Vermittelndes, in ihm steigt das Gebet zum Himmel (Ps. 141, 2), mit ihm senkt sich der Segen Gottes herab. Schließlich wäre zu bedenken, inwieweit die Weihrauchspende vor dem Vorhang zwischen goldenen Säulen auf den Tempel und den Räucheraltar verweist, gemäß 2. Mose 30, 5–7: »Die Stangen sollst du auch aus Akazienholz machen und mit Gold überziehen. Und du sollst ihn setzen vor den Vorhang, der vor der Lade mit dem Gesetz ist, wo ich dir begegnen werde. Und Aaron soll darauf verbrennen gutes Räucherwerk jeden Morgen...«. Die beiden Säulen könnten dabei auch über Simson (Richter 1,25) auf Christus verweisen, auf den sich auch der Vorhang beziehen könnte nach Hebräer 10, 19–22: »Weil wir denn nun, liebe Brüder, durch das Blut Jesu die Freiheit haben zum Eingang in das Heilige, welchen er uns bereitet hat als neuen und lebendigen Weg durch den Vorhang, das ist durch sein Fleisch, und haben einen Hohenpriester über das Haus Gottes, so lasset uns hinzugehen mit wahrhaftigem Herzen in völligem Glauben...«. Wie bei anderen Marienbildern – der Felsgrottenmadonna, der Anna Selbdritt, der Madonna mit der Garnwinde – hat Leonardo auf der Tafel den komplizierten theologischen Gehalt eines Mysteriums in einer Weise gestaltet, die ihn nicht in einen Widerspruch zu seiner Wirklichkeitserfahrung brachte.

Die Überlegungen zu dem Fragment einer Verkündigungsmadonna lassen es möglich erscheinen, ein Hauptwerk Leonardos zu rekonstruieren, von dem wir eine, wenn auch unsichere, schriftliche Nachricht in den Viten des Vasari finden, das mit sicheren Zeichnungen Leonardos zu ergänzen ist und das sich in die Reihe der Werke Leonardos zwischen der ersten Fassung der Felsgrottenmadonna (Paris, Louvre), dem Abendmahl in Santa Maria delle Grazie zu Mailand und der Anna Selbdritt, Karton (London, National Gallery) und Gemälde (Paris, Louvre) einfügt. Da das gemalte Œuvre Leonardos gering ist – nur von 72 Bildern haben wir Kunde, 32 sind erhalten, davon aber 17 in Eigenhändigkeit umstritten –, kommt einer solchen hypothetischen Rekonstruktion wohl einige Bedeutung im Hinblick auf das Gesamtschaffen Leonardos wie auf die Geschichte der Malerei der Renaissance in Italien zu. Die Komposition bereitet, wie die anderen Werke Leonardos auch, spätere Kompositionsprinzipien vor, sie dürfte somit ein Hauptwerk am Übergang vom Quattrocento zum Cinquecento gewesen sein.

Anmerkungen

1 Vasari, G.: Künstler der Renaissance. Lebensbeschreibungen der ausgezeichnetsten italienischen Baumeister, Maler und Bildhauer. Hrsg. v. Herbert Siebenhüner, Leipzig, 1940, S. 302
2 Ullmann, E.: O Leonardo, warum plagst Du Dich so sehr! Zur Frage des »Non-Finito« im Werke Leonardo da Vincis, Acta Historiae Artium, Academiae Sientiarum Hungaricae, Tom. XXIV, Budapest 1978, S. 185–188
3 Vasari, a. a. O., S. 268
4 ebd., S. 279/280
5 Ullmann, E.: Eine bislang unbekannte Verkündigungsmadonna Leonardo da Vincis, Bildende Kunst Heft 5, 1987, S. 196 bis 197
6 Brief von Dr. Kühn an Galerie Bubenik München vom 2. 2. 1985
7 Untersuchungsbericht von Dr. Kühn vom 30. 8. 1984, S. 24
8 Untersuchungsb. von Dr. Kühn vom 17. 12. 1985, S. 3 und 9
9 Untersuchungsbericht vom 30. 8. 1984, S. 23
10 ebd.
11 Brief vom 2. 2. 1985
12 Vasari, a. a. O., S. 296
13 ebd.
14 Honorius Augustodunensis, Lib. I. Cap. XII De thuribulo; J. P. Migne, Patrologiae cursus completus, series latina, 1854, 172, 548

Helga Neumann

Die Ausmalung von St. Martin in Kroppenstedt

Im Jahre 1931 wurden in der Kroppenstedter Kirche Wand- und Gewölbemalereien entdeckt. Aus dem damaligen Restaurierungsbericht, der allerdings mehr eine Mitteilung als eine exakte Dokumentation ist, geht nicht eindeutig hervor, ob bei der Freilegung Ergänzungen oder Retuschen vorgenommen wurden. Bei den Untersuchungen 1985 konnte jedoch festgestellt werden, daß nur an einigen Stellen im Gewölbe Nachzeichnungen vorhanden waren. In den darauffolgenden Jahren beschädigten eindringendes Wasser, damit verbundene Salzverkrustungen und Verfärbungen die Malschicht in so großem Maße, daß Überlegungen angestellt wurden, ob die Chorwände nicht auch genau wie das Langhaus nur neu geweißt werden sollten und die Malerei aufzugeben sei. In diesem Stadium konnte sich das Institut für Denkmalpflege, Arbeitsstelle Halle, einschalten und in den Jahren 1985 und 1986 sorgfältige Restaurierungsmaßnahmen im Chor vornehmen. Eine Ablösung der Salzverkrustung war nur bedingt möglich, da wirkungsvolle Methoden für einen solchen Prozeß dem Restaurierungsteam noch nicht vorlagen. Es wurden die noch erhaltenen Malereien fixiert und die zugesetzten und geglätteten Fehlstellen farbig angepaßt. Die Wandflächen im Chorraum, die keine erkennbaren Malschichten trugen, erhielten einen Anstrich, der zwischen dem sehr hellen Kirchenschiff und den dunkleren Zonen des Chores vermittelte. Die dunklen Gewölberippen und -anfänger wurden durch eine Steinlasur ästhetisch aufgewertet. Da ausreichender Befund vorhanden war, entschloß man sich, die Fugenmalerei der Rippen sowie die Begrenzungen der Gewölbeauflager zu rekonstruieren. Die weißen Fugenstriche, die nicht immer identisch mit den echten Fugen waren, erhielten nach dem Originalbefund schwarze Begrenzungslinien. An den Malereien selbst wurden keinerlei Nachzeichnungen vorgenommen. Der heutige Zustand des Chores ergibt einen guten Eindruck von der ursprünglichen Farbigkeit und Festlichkeit des Kirchenraumes.

Die Baugeschichte der Martinskirche in Kroppenstedt hat ihre Wurzeln im frühen Mittelalter. Der Ort, 20 Kilometer nordöstlich von Halberstadt gelegen, wird 934 erstmals urkundlich erwähnt. König Heinrich I. schenkte ihn dem Grafen Siegfried vom Schwabengau, einem Bruder des Markgrafen Gero. Siegfried schenkte seine ganzen Besitzungen, unter anderem Kroppenstedt und Gröningen, 936 dem Kloster Corvey. Im gleichen Jahr wurde von Corvey aus das Kloster Gröningen gegründet. Ob das Mutterkloster Corvey auch in Kroppenstedt eine Niederlassung errichtete, ist nicht bekannt. Beide Orte werden jedoch häufig zusammen erwähnt. So hatten bis 1253 die Grafen von Blankenburg die Vogtei über Kloster Gröningen und Kroppenstedt, danach gingen beide Orte in den Besitz des Domkapitels von Halberstadt über. Nach diesem Jahr wird zwar Kloster Gröningen häufig im Zusammenhang mit Streitigkeiten zwischen Corvey und dem Domkapitel Halberstadt erwähnt, von Kroppenstedt gibt es jedoch keine urkundlichen Nachrichten mehr in Verbindung mit Corvey.

Die ältesten Teile der heutigen Stadtkirche St. Martin sind im Turm erhalten. Der schmalrechteckige Unterbau stammt aus dem 12. Jahrhundert. Ein kreuzgewölbter Raum öffnete sich in zwei Arkaden nach dem Schiff hin. An den heute umbauten Stützen sind noch Kämpferfriese erhalten, deren wellenförmige Ornamente sich in Spiralen einrollen. Ganz ähnliche Schmuckformen finden sich auf dem Fries der Mittelschiffswände in Kloster Gröningen.

Im 15. Jahrhundert zerstörte ein Brand das romanische Kirchenschiff. Gegen Ende des Jahrhunderts wurde eine dreischiffige Hallenkirche errichtet, deren Seitenschiffe den Turmbau an seiner Nord- und Südwand umschließen. Der Chor ist zweijochig und in fünf Seiten des Achtecks geschlossen, wobei sein westliches Joch offenbar nach den Seitenschiffen hin abgetrennt war. Der heute vorhandene Durchbruch an der Nordseite nimmt keine Rücksicht auf die Wandmalerei, so daß er erst nachträglich erfolgt sein muß. Das nördliche Seitenschiff ist mit zwei Querdächern gedeckt, deren Giebel mit je einem großen dreistrahligen Blendmaßwerk geschmückt sind. Diese Form stammt von dem Giebel des Südquerhauses des Halberstädter Doms. In Kroppenstedt fehlen jedoch die Vierpässe in den Winkeln des Dreistrahls. Das Querhaus des Halberstädter Doms wurde in den 70er Jahren des 15. Jahrhunderts vollendet, was das Datum des Neubaus der spätgotischen Kroppenstedter Halle am Ende des Jahrhunderts bestätigt. 1553 erweiterte man die Kirche im Süden, indem anstelle des abgerissenen alten Seitenschiffes zwei gleichbreite Schiffe angebaut wurden. Sie erhielten eine Deckung mit drei Querdächern, niedriger als die Dächer der Nordseite. Die drei Giebel der Südseite zeigen Renaissanceformen, das 1593 fertiggestellte Portal und die Fenster sind mit Kielbögen geschlossen.

Sehr qualitätvoll sind die beiden Portale an der Nordseite. Sie zeigen entwickelte Renaissanceornamente, ihre Giebel sind mit Wappen und Skulpturen geschmückt. Die noch vorhandenen Wandmalereien bedecken die Seitenwände und die Kappen der Kreuzrippengewölbe im Chor. Wenn ursprünglich auch das Schiff ausgemalt war, so sind dort durch verschiedene Restaurierungen und Übermalungen heute keine Spuren mehr zu finden. Die Apsis des Chores wird durch ein frühbarockes Altarwerk von 1693 weitgehend ausgefüllt. Ihre Fenster und Wandflächen sind zum größten Teil verdeckt und etwa vorhandene Malspuren nicht sichtbar. Im Gewölbe ziehen sich Ornamente bis in den Chorscheitel.

Durch den Durchbruch vom nordwestlichen Chorjoch ins Seitenschiff wurde hier der untere Teil des Malfeldes zerstört. Die Jahreszahl 1707, angebracht auf einem steinernen Wappenschild über dem Scheitel der durchgebrochenen Arkade, könnte das Datum dieser Veränderung angeben. Eine kleine Tür zur gegenüberliegenden Sakristei, die zusammen mit der südlichen Seitenschiffserweiterung errichtet wurde, beeinträchtigt die Wandmalerei kaum.

Im Gegensatz zur Gewölbemalerei sind die Darstellungen an den Chorwänden relativ schlecht erhalten, eine ikonographische Deutung ist aber trotzdem möglich. Auf den vier Wandfeldern sind 13 Figuren, Christus und die 12 Apostel, zu erkennen. Die südliche Chorwand zeigt den besten Erhaltungszustand. Je zwei der vier Gestalten im Westjoch werden hier von einer Arkade zusammengefaßt. Christus befindet sich zwischen Petrus und Paulus im östlichen Joch der Chornordwand. Die Figuren stehen hier unter je einer Arkade, die entweder von einem Würfel- oder Kelchkapitell ausgeht. Zwei von ihnen im westlichen Joch sind nicht mehr zu identifizieren. Die spitzbogig endenden Wandfelder zwischen den Gewölbekappen werden von einem Rankenwerk ausgefüllt. Es handelt sich um weichlappige Akanthusblätter, die in große Spiralen eingeschlossen sind. Alle Figuren sind nimbiert und bärtig. Sie stehen streng frontal ausgerichtet, und nur einige Gesichter sind ins Dreiviertelprofil gerückt. Es fällt auf, daß in diesem doch recht monumentalen Programm Christus keine hervorragende Stellung einnimmt, sondern inmitten der Apostel zu finden ist. Aus dem Rahmen der etwas steifen Figurenreihung fällt eine kleine sitzende Gestalt auf dem unteren Teil der Nordwand. Sie wendet sich dem Altar zu, und neben ihrem Kopf stehen die beiden Buchstaben S und P. Eine seltsame Doppelung, wenn es sich hier um St. Paulus handeln sollte, da er auf dem Feld darüber schon einmal dargestellt ist.

Blüten und Rankenornamente überziehen die Kappen des Chorgewölbes. Sie gehen von den Zwickeln und den Schnittpunkten der Rippen aus, lassen stets aber noch genug Platz zwischen sich, um auch den weißen Untergrund ästhetisch wirken zu lassen. Spiralig gedrehte Stengel, die akanthusartige Blätter einschließen, tragen Phantasieblüten und lange, spitz zulaufende Knospen. Neben den weichen Formen der Blätter und Ranken stehen stachlige Zacken und zarte, punktförmig aneinandergereihte Blütenfäden. Jede Symmetrie wird vermieden zugunsten einer züngelnden, fast bizarren Formensprache.

In der Qualität durchaus mit den Ornamentfeldern des südlichen Seitenschiffs der Herzberger Stadtkirche zu vergleichen, zeigt sich in Kroppenstedt doch ein anderer stilistischer Einfluß. Die spitzen Knospen im fünften Joch des Herzberger Seitenschiffs haben in einigen Beispielen zwar große Ähnlichkeit mit Kroppenstedt, doch sind die Malereien in Herzberg flächiger und ruhiger. Die Stengel sind gerade, und die Blätter gehen regelmäßig nach beiden Seiten ab. In Kroppenstedt dagegen gibt es keine gerade Linie, Bewegung und Asymmetrie herrschen vor. Die Naturformen sind wieder Ornament geworden, nachdem sich im frühen 15. Jahrhundert ein genaues Naturstudium in der Malerei bemerkbar gemacht hatte. Die Blütenknospen erinnern an Gebilde auf den großen Tafelbildern von Hieronymus Bosch, so z. B. an die Formen des Paradiesbrunnens im Garten Eden oder an stilisierte Blüten im Mittelteil des »Gartens der Lüste«.

Näherliegende Vergleichsbeispiele bietet die Buchmalerei des frühen 16. Jahrhunderts vor allem in der Malerschule des 1540 säkularisierten Zisterzienserklosters Altzella. Hier erlebte die Buchmalerei eine letzte Blütezeit unter dem Abt Martin von Lochau, der dem Kloster 1493 bis 1522 vorstand.

Abb. 1–4 Kroppenstedt. St.-Martini-Kirche. Wandmalerei nach der Restaurierung von 1985

Die Randleisten vieler Miniaturen aus Altzella zeigen zartes, spiraliges Rankenwerk, locker oder auch dichter verflochten, und die gleichen Phantasieblüten wie in Kroppenstedt, so z. B. in einem Antiphonale von 1516 auf dem Blatt mit der Initiale D und dem hl. Andreas oder in einem Missale auf dem Blatt mit der Initiale R, entstanden 1529.

Wenn auch keine direkten Verbindungen zwischen Altzella und Kroppenstedt nachzuweisen sind, so haben sich doch beide Meister an den gleichen Ornamentvorlagen orientiert. Die Maltechnik von Kroppenstedt wurde während der letzten Restaurierungsarbeiten im Sommer 1985 eingehend untersucht. Man stellte fest, daß auf dem Grobputz bereits die großen Formen in Umrissen aufgetragen wurden. Danach erfolgte der Auftrag des Feinputzes, auf dem dann der eigentliche Malprozeß in Freskotechnik begann; an den Chorwänden in den Farben Ocker, Rot und einem ins Türkis übergehenden Grün, im Gewölbe in Ocker, Grün und einem dunklen Braun. Danach erst trug man auf den trocknen Putz die schwarzen Konturen und Binnenzeichnungen auf. Sie sind an den Wandflächen kaum erhalten, offenbar dort auch sparsamer verwendet. Nur die kleine sitzende Gestalt an der Nordwand zeigt eine starke Zeichnung in Seccotechnik. Die Darstellungen im Gewölbe dagegen erhalten ihren Reiz durch die schwungvollen schwarzen Linien. Besonders deutlich konnte diese Mischtechnik an dem Pflanzenornament in der nordwestlichen, vom Triumphbogen angeschnittenen Gewölbekappe nachgewiesen werden, an dem seit seiner Entstehung keinerlei Veränderungen vorgenommen wurden. Der Stengel ist al fresco in grüner Farbe aufgetragen, danach al secco in Schwarz nachgezeichnet. Auf der zuckerhutähnlichen Blütenknospe in Grün, Ocker und dunklem Braun sind kaum Binnenzeichnungen zu sehen, die schwarzen Blütenfäden dagegen sind wieder al secco in den hellen Putz getupft.

Läßt sich wegen des schlechten Erhaltungszustandes stilistisch nicht viel über die Malerei an den Chorwänden aussagen, so könnte man doch wegen der etwas vom Gewölbe abweichenden Maltechnik annehmen, daß es sich um zwei verschiedene Meister handelt. Der phantasievollere und eigenwilligere ist sicher der der Gewölbeornamente. Von seiner Hand könnte auch die kleine Gestalt des Paulus stammen, die in ungewöhnlicher Weise unter den großen Apostelfiguren sitzt. Sie ist so schwungvoll bewegt wie die Phantasieblüten der Gewölbe. Trüge sie nicht einen Nimbus, könnte man sie für eine Selbstdarstellung des Malers halten. Die Datierung der Malerei ist durch die Baugeschichte bestimmt. Ende des 15. Jahrhunderts wurden Langhaus und Chor errichtet. Zwischen 1500 und 1530 müßte die Malerei entstanden sein, wohl zuerst die der Chorwände.

Im südwestlichen Feld des Chores ist über den vier Aposteln eine Jahreszahl zu sehen, die im letzten Restaurierungsbericht, offenbar nach Befund im Putz, mit 1518 angegeben ist. Diese Zahl wurde augenscheinlich später verändert, denn heute ist eindeutig die Inschrift »Anno 1778« zu erkennen. Die künstlerische Qualität seiner Wandmalerei verdankt Kroppenstedt sicher der Nähe zu Halberstadt und seiner Zugehörigkeit zum Besitz des Domkapitels. Das strenge Figurenprogramm der Apostel mit Christus steht im 16. Jahrhundert ziemlich vereinzelt da. Hier gibt es eigentlich nur Vorbilder im 13. und 14. Jahrhundert; vielleicht wurde der Meister vom großen Zyklus der Propheten ehemals im Chor des Liebfrauenklosters in Halberstadt angeregt.

Ganz auf der Höhe der Zeit steht jedoch der Meister der Gewölbe. Seine Arbeiten lassen sich messen mit den besten der erhaltenen Wandmalereien aus einer Zeit, die den Übergang der Spätgotik zur Renaissance dokumentiert.

Literaturverzeichnis

Urkundenbuch des Hochstifts Halberstadt. 4 Bde., Hrsg. von Gustav Schmidt. Halberstadt 1883–1889

Rothe, Edith: Buchmalerei aus zwölf Jahrhunderten. Berlin 1966

Kober, Karl Max: Spätgotische Wandmalerei in Sachsen. In: Sächsische Heimatblätter 1973, H. 2, 49–56

Darstellung, Beschreibende, der älteren Bau- und Kunstdenkmäler des Kreises Oschersleben. Bearb. von Gustav Schmidt. Halle 1891

Nickel, Heinrich: Mittelalterliche Wandmalerei in der DDR. Leipzig 1979

Schulze, Ingrid: Die Herzberger Gewölbemalereien. Berlin 1981

Öhmig, Sven: Restaurierungsbericht der Wandmalerei von Kroppenstedt. Halle 1985–1986

Hans-Joachim Krause

Die Emporenanlage der Torgauer Schloßkapelle in ihrer ursprünglichen Gestalt und Funktion

Seit der Errichtung der Kapelle des Schlosses Hartenfels in Torgau im Jahre 1544 hat ihr Inneres verschiedene, teilweise durchgreifende Umgestaltungen erfahren. Die letzte größere von 1847 ist 1932 durch die umfassende denkmalpflegerische Erneuerung unter Leitung von F. Tucholski rückgängig gemacht worden, und nach der 1984 erfolgten Rekonstruktion der Farbigkeit des 16. Jahrhunderts bietet sich der Raum annähernd wieder in seiner ursprünglichen Erscheinung dar (Abb. 1, 2). Nur an einer Stelle weist das Restaurierungskonzept von 1932 in der Rückbildung verlorener Teile eine größere Unsicherheit auf: an der dem Altar gegenüberliegenden östlichen Schmalseite.[1] Die hier als Ersatz für die abgebrochene große Orgelempore von 1847 geschaffene, schmale untere Empore mit den von anderer Stelle übertragenen barocken Brüstungsfüllungen fügt sich strukturell in das Gesamtbild des Emporenraums nicht recht ein und wirkt wie eine Notlösung.

Nicht zufällig ist für die gleiche Stelle auch in der Beurteilung durch die Forschung eine auffallende Unentschiedenheit zu beobachten. Max Lewy legte 1908 eine Rekonstruktion der Kapelle, wie sie »nach ihrer Fertigstellung und zur Einweihung durch Luther« aussah, zu einer Zeit vor, als die Einbauten des 19. Jahrhunderts noch die Gestalt der Emporenanlage mitbestimmten.[2] Er nahm für die untere Ostempore eine gleich schmale, laufgangartige Form an, wie sie die darüber im zweiten Geschoß original erhaltene Empore hat. Die noch aus der Erbauungszeit stammende, reich geschmückte Konsole, auf der diese Empore im Mittelteil ruht, wiederholte Lewy in seiner Rekonstruktion der unteren jedoch nicht. Ohne Begründung zog Walter Ohle 1936 in seiner zeichnerischen Wiedergabe diese Empore mit ihrer Brüstung bis zum ersten östlichen Wandpfeilerpaar vor und gab ihr – analog zur Orgelempore von 1847, die zu dieser Zeit bereits entfernt war – die Tiefe des gesamten östlichen Raumjochs.[3] Walter Schliepe sparte dieses Problem in seiner ausführlichen Behandlung der Emporen – als einem konstitutiven Element der Raumbildung – gänzlich aus.[4] Alle späteren Darstellungen, soweit sie überhaupt darauf eingehen, folgen grundsätzlich und ohne weitere Begründung der bereits von Lewy vertretenen Auffassung. Eine ähnliche Unschlüssigkeit zeigt sich im übrigen bei der Beurteilung der gesamten aufgehenden Wand dieser Kapellenseite, vornehmlich der verschiedenen Öffnungen, die zwischen beiden Emporen und den östlich anschließenden Räumen des Schloßflügels B vermitteln bzw. früher vermittelt haben.

Bei dieser Sachlage wundert man sich, wenn man feststellt, daß ein umfangreiches archivalisches Quellenmaterial zur Verfügung steht, das zur Lösung des hier angesprochenen Einzelproblems sowie für die Rekonstruktion des Erstzustands der Torgauer Schloßkapelle eine Reihe wichtiger, bisher nicht beachteter Anhaltspunkte bietet. In einer Serie von Grundrißzeichnungen des Schlosses aus dem zweiten Drittel des 17. Jahrhunderts[5] befindet sich außer dem Erdgeschoßgrundriß der gesamten Anlage ein Ergänzungsblatt (Abb. 3, 4), bei dem besonderer Wert auf die Darstellung der Kapelle gelegt wurde. Diese ist hier – im Unterschied zum Gesamtgrundriß in Sockelhöhe – mit ihrer Unterwölbung der vollständig umlaufenden unteren Empore wiedergegeben, die entsprechend dem vorhandenen Bestand an beiden Längsseiten von tiefen Wandpfeilern getragen wird und hinter dem detailliert gezeichneten Altar auf einer Freistütze ruht.[6] Deutlich erkennbar ist auch auf der anderen Schmalseite eine solche frei stehende Stütze eingetragen, die in der Mittelachse eine gleichfalls zweiteilige Emporenwölbung aufnimmt. Eine sichere Auskunft freilich, ob es sich dabei wie hinter dem Altar um einen Pfeiler mit angearbeiteter Halbsäule bzw. ohne eine solche oder vielleicht um eine frei stehende Säule gehandelt hat, darf man bei der schematisierenden Kleinheit der Wiedergabe nicht erwarten. Daß diese Stütze zur ursprünglichen Emporengestaltung ge-

Abb. 1 Torgau. Schloßkapelle. Blick zur Altarseite

hörte, beweisen die Angaben in der Baurechnung von 1543/45.[7] Aber auch sie erlauben keinen eindeutigen Schluß auf die Form der Stütze. Unter den Bildhauer- und Steinmetzarbeiten sind die Zahlungen für insgesamt drei Kapitelle aufgeführt, die für ganz verschiedene Emporenabschnitte bestimmt waren. So erhielt der Steinmetz Andres von Freyburgk Ende August 1544 einen Betrag von 1 Gulden 4 Groschen für ein Kapitell *auff den schaft der poerkyrchen*.[8] Mit diesem »Schaft« ist – wie aus einer anderen Angabe im gleichen Abschnitt hervorgeht – die Stütze *vntter die hynderste porkyrchen uber dem Althaer* gemeint, also der schlanke Pfeiler mit der antikisierenden Halbsäulenvorlage an der Rückseite des Altartischs. Bereits 7 Wochen zuvor, am 8. Juli, war dem Bildhauer Simon Schröter die Aus-

Abb. 2 Blick zur östlichen Schmalseite

arbeitung von zwei anderen Kapitellen mit 2 bzw. 2½ Gulden bezahlt worden.[9] Das eine sollte dort angebracht werden, *do das gewelbe awff vorfasset wirth*, das andere *vntther die poerkyrchen, da meyn gnedigster herre awff stehet*. Bei dem ersteren kann es sich nur um das kompositartig gebildete Kapitell unter der mächtig auskragenden Konsole handeln, auf der die obere Empore der östlichen Schmalseite ruht. Das andere aber muß das Kapitell der Freistütze für die untere Empore gewesen sein, wie sich aus weiteren Zahlungen für Teile dieser »porkirche« ergibt. Sein Preis – der höchste aller drei Stücke – und die Tatsache, daß es wie das gestalterisch hervorgehobene Konsolenkapitell vom Bildhauer und nicht von einem der Steinmetze ausgehauen wurde, sprechen für eine noch größere und vielleicht präch-

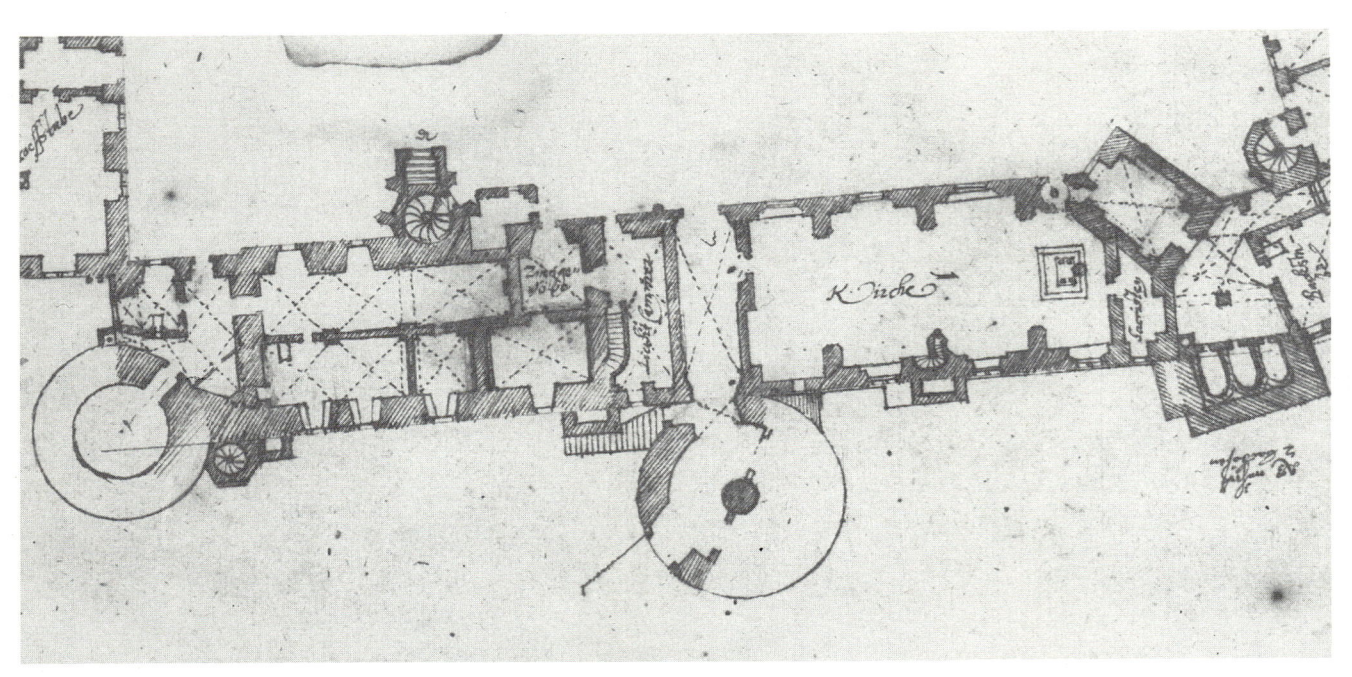

Abb. 3 Erdgeschoßgrundriß des Torgauer Schlosses: Ausschnitt des Flügels B. Zeichnung aus dem zweiten Drittel des 17. Jahrhunderts im Staatsarchiv Dresden

unten: Abb. 4 Ergänzungsblatt zum Erdgeschoßgrundriß

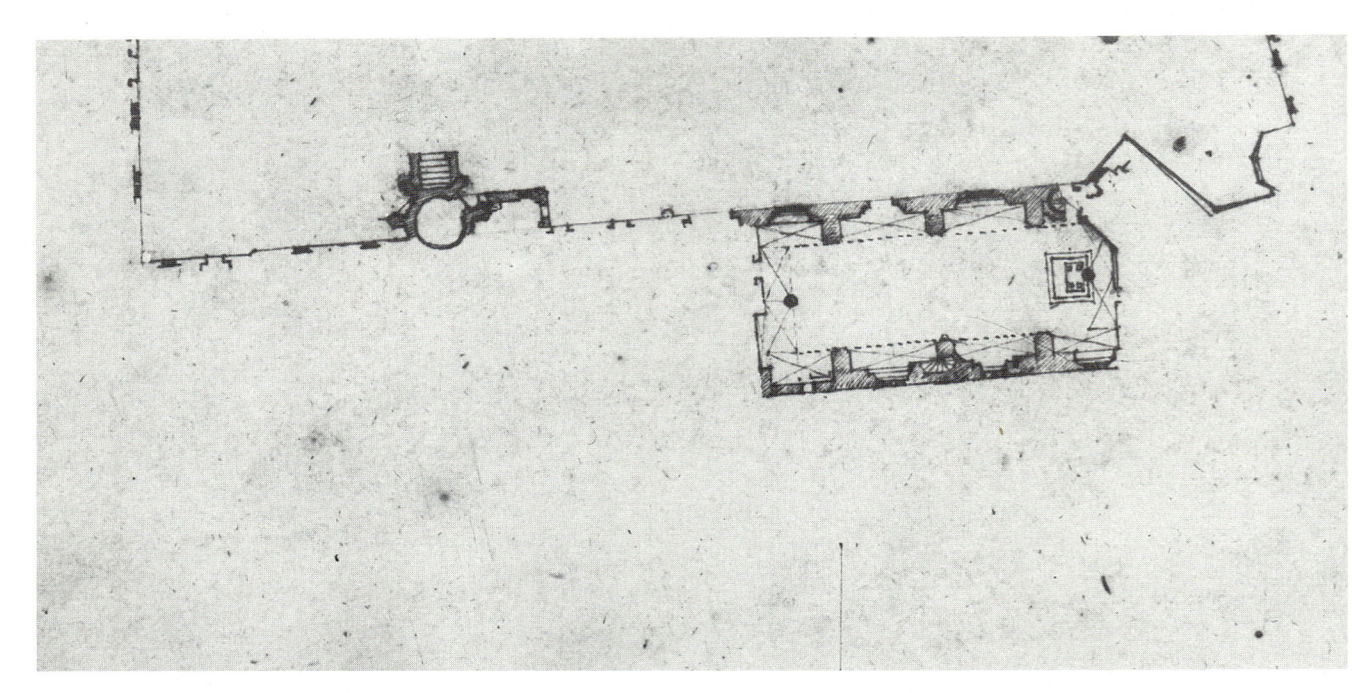

tigere Ausführung, besagen jedoch nichts über die Form selbst, wenngleich man doch eher an ein Säulen- als ein Pfeilerkapitell denken möchte.

Gewißheit darüber brachte eine bauarchäologische Untersuchung, die außer der Grabung im Bereich der heute fehlenden Stütze auch die Untersuchung des aufgehenden Mauerwerks hinter den beiden östlichen Queremporen umfaßte.[10] Bei der Bodenuntersuchung fand sich nach Aufnehmen von etwa 2,5 Quadratmeter Plattenbelag in der Längsachse des Raums schon in geringer Tiefe eine unregelmäßige, sehr feste Fundamentierung aus Ziegeln und Bruchsteinen, die in Kalkmörtel verlegt waren (Abb. 5, 6). Das sicher als Gründung der Stütze zu identifizierende Fundament ist auf eine dichte Lehmschicht aufgebracht, die ihrerseits unmittelbar auf dem Tonnengewölbe des Kellers unter der Kapelle liegt. An der Oberfläche dieser Fundamentierung zeichnet sich das Lager eines früher hier befindlichen kreisrunden Werksteins ab, dessen Durchmesser durch einen Kranz verschieden großer Schieferplättchen und die Reste von drei radial eingeschobenen Holzkeilen mit 44 bis 46 Zentimetern markiert wird. Die Ausgleichsschicht aus

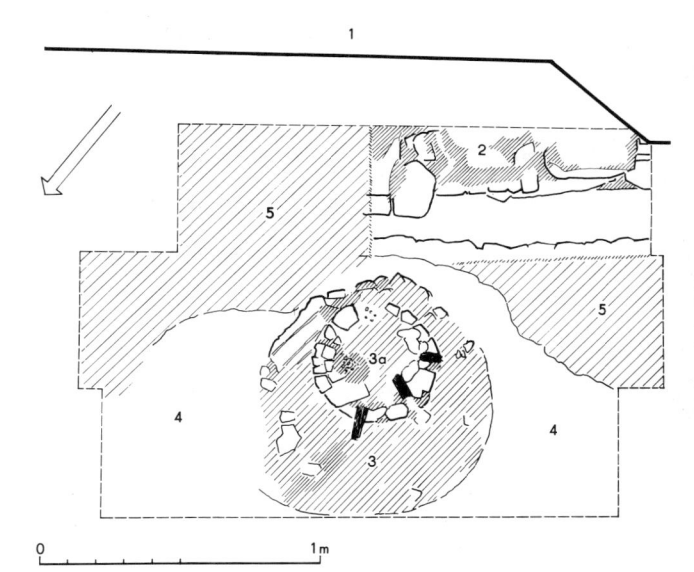

Abb. 5 Planum des Grabens vor der östlichen Schmalseite
1 Ostmauer der Kapelle
2 Fundament der Ostmauer
3 Fundamentierung für die Freistütze der unteren östlichen Empore (Ziegel und Bruchsteine in Mörtel)
3a Unterfütterung einer nicht mehr vorhandenen Steintrommel der Freistütze
4 dichte Lehmschicht
5 bauzeitliche Aufschütte

Abb. 6 Fundamentierung der Freistütze vor der östlichen Schmalseite (vgl. Abb. 5)

Abb. 7 Östlichster Emporenbogen der nördlichen Längsseite: Abschnitt unterhalb der 1932 eingefügten unteren Querempore mit Anschlußstelle des ursprünglichen Emporenbogens und -gewölbes (vgl. Abb. 8)

Abb. 8 Anschlußstelle des Werksteinbogens und Gewölbes der ursprünglichen unteren Querempore an der nördlichen Längsseite
1 östlichster Bogen der nördlichen Längsseite
2 Mauer der östlichen Schmalseite
3 Schnitt durch die Empore von 1932
4 verputzte Störung im Werksteinbogen 1, entstanden beim Abbruch des ursprünglich einbindenden Emporenbogens (a) und Gewölbes (b)
5 Mittelachse der Freistütze vor der östlichen Schmalseite
6 (gestrichelt) Rekonstruktion der ursprünglichen Querempore im Schnitt

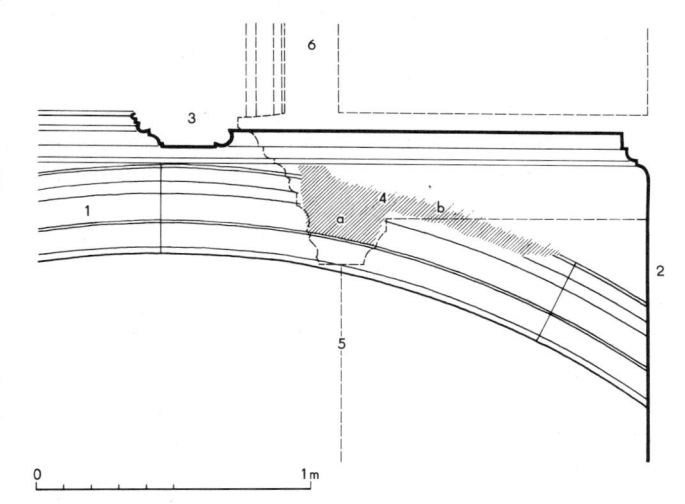

Schieferstücken und die Holzkeile dienten zweifellos zur lotrechten Aufstellung einer höheren Steintrommel. Der Träger der Empore kann hier also nur eine Vollsäule, aber ohne Plinthe, gewesen sein. Mit ihrer senkrechten Achse stand sie etwa 1,14 Meter vor der Kapellenwand.

Von diesem Maß ausgehend, ließen sich am östlichen Ende der beiden Längsemporen auch die Ausbruchstellen für den Anschluß der Unterwölbungen der Querempore ausmachen (Abb. 7, 8). Diese Empore ruhte demzufolge ebenfalls auf in die Zwickelflächen einbindenden Segmenttonnen mit vorgesetzten profilierten Werksteinbogen, die wie der nördliche Bogen der Altarseite in die Profilierung der längsseitigen Emporenbogen eingriffen. Um es noch exakter auszudrücken: Die beiden von der Säule aufgenommenen profilierten Bogen müssen – analog zur Altarempore – als halbe Stichbogen und ihre Hinterwölbung in entsprechender Form gebildet gewesen sein.

In der zeichnerischen Rekonstruktion (Abb. 9, 10) erweist sich die untere Querempore damit tatsächlich als ein verhältnismäßig enger Gang, der mit seiner Breite von etwa 1,15 Metern die Breite der

Abb. 9 Längsschnitt durch die Kapelle im rekonstruierten Zustand von 1544
rechts: Schnitt durch die Wandkämmerchen der östlichen Schmalseite

Empore darüber (etwa 0,88 Meter) zwar etwas übertraf, aber erheblich schmaler war als die Altarempore (1,69 bis 1,76 Meter breit) und vor allem als die Emporenräume der Süd- und Nordseite (1,97 bzw. etwa 2,50 Meter lichtes Maß von der Brüstung bis zur Außenwand).

Die Kapellenwand, der die beiden schmalen Emporen »vorgehängt« sind, wurde durch Baumaßnahmen nach 1770 teilweise erheblich verändert. So geht die nachträglich entstandene risalitartige Verstärkung im Erdgeschoß, an der seit 1932 die große Dedikationstafel von 1545 angebracht ist, auf einen massiven Eingriff zurück, dessentwegen man die Mauer in diesem Abschnitt bis ins 1. Obergeschoß hinauf völlig neu aufmauerte. Vielleicht nahm man damals dort einen Treppeneinbau vor? Der ursprüngliche Eingang, der von der großen Durchfahrt ebenerdig in die Kapelle führte, wurde dabei in die nördliche Wandhälfte verlegt und später durch einseitige Abmauerung zu der noch vorhandenen Nische reduziert. Im 1. Obergeschoß befindet sich am Südende das Gewände einer sekundär eingefügten (heute zugesetzten) Rechtecktür, die aber von einer anderen Umgestaltung stammt als die mit der Wandverstärkung vom Erdgeschoß herauf angelegte große und jetzt gleichfalls geschlossene Wandnische in dem der Kapelle östlich anliegenden Erkerraum.[11] Dagegen gehören die Türöffnung unter der großen Emporenkonsole und die gleichartige Tür am Nordende zum Bestand von 1544. Da beide Türen die Zugänge zur Kapelle von den Räumen des Schloßflügels B her bilden, sind ihre Renaissancegewände aus Sandstein diesen Räumen zugekehrt, während auf der Kapellenseite die »inneren« Leibungen mit dem Türanschlag zu sehen sind. Nach der Bauaufnahme des 1. Obergeschosses aus dem 17. Jahrhundert (Abb. 11) war früher südlich der mittleren Tür eine eigentümliche Mauerausparung vorhanden, die den Umbaumaßnahmen in diesem Bereich zum Opfer fiel. Sie ist aber sowohl in ihrer Gesamtform als auch in Einzelheiten genau vorstellbar; denn ein gleichartiges Wandkämmerchen im 2. Obergeschoß, das in den alten Plänen ebenfalls und mit identischem Grundriß dargestellt ist (Abb. 12), konnte während der Bauuntersuchungen 1984 wiedergefunden und freigelegt werden. Hier handelt es sich um einen auffallend kleinen, schmalhohen Raum mit flachem Stichbogengewölbe, der bei einer Grundfläche von 0,66/68 Metern × 1,36/39 Metern eine Scheitelhöhe von 2,57 Metern aufweist. Er ist von dem neben der Kapelle liegenden Erkerraum durch eine schlichte, ehemals verschließbare Rundbogentür zugänglich (Abb. 13) und öffnet sich dieser gegenüber mit einem rechteckigen Fenster zur Kapelle (Abb. 14). In dieser winzigen Kammer befand sich ursprünglich eine Sitzgelegenheit. Die Bestimmung der Kammer geht aus Bemerkungen in der Baurechnung von 1543/45 hervor. Danach hatten die beiden Wandkämmerchen, sowohl das im 1. als auch das im 2. Obergeschoß, als *stwben* zu dienen, *da seyn Churf. gnaden inne predige höret.*[12] Es waren also kleinste Sonderräume, die eine offenbar neue Architekturaufgabe zu erfüllen hatten: Sie sollten dem Kurfürsten Johann Friedrich ermöglichen, räumlich abgetrennt von der eigentlichen Kapelle und für sich allein am Predigtgottesdienst teilzunehmen. Bekanntlich hatte die Predigt nunmehr – abgelöst vom Meßgottesdienst – eine eigene, selb-

Emporenanlage der Torgauer Schloßkapelle   239

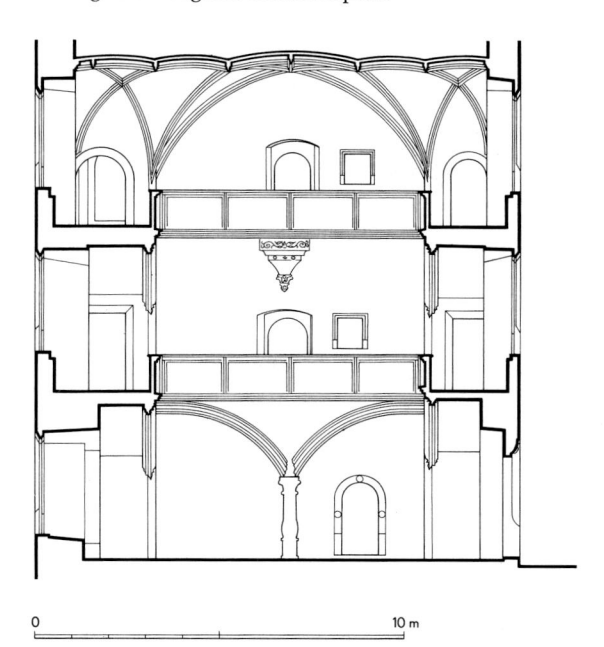

Abb. 10 Querschnitt
durch die Kapelle mit Rekonstruktion
der unteren Querempore und der Wandöffnungen
an der östlichen Schmalseite

oben: Abb. 11 Grundriß
vom zweiten Obergeschoß des Torgauer Schlosses:
Ausschnitt des Flügels B. Zeichnung aus dem zweiten Drittel
des 17. Jahrhunderts im Staatsarchiv Dresden

unten: Abb. 12 Grundriß
vom zweiten Obergeschoß:
Ausschnitt des Flügels B. Zeichnung aus dem zweiten Drittel
des 17. Jahrhunderts im Staatsarchiv Dresden

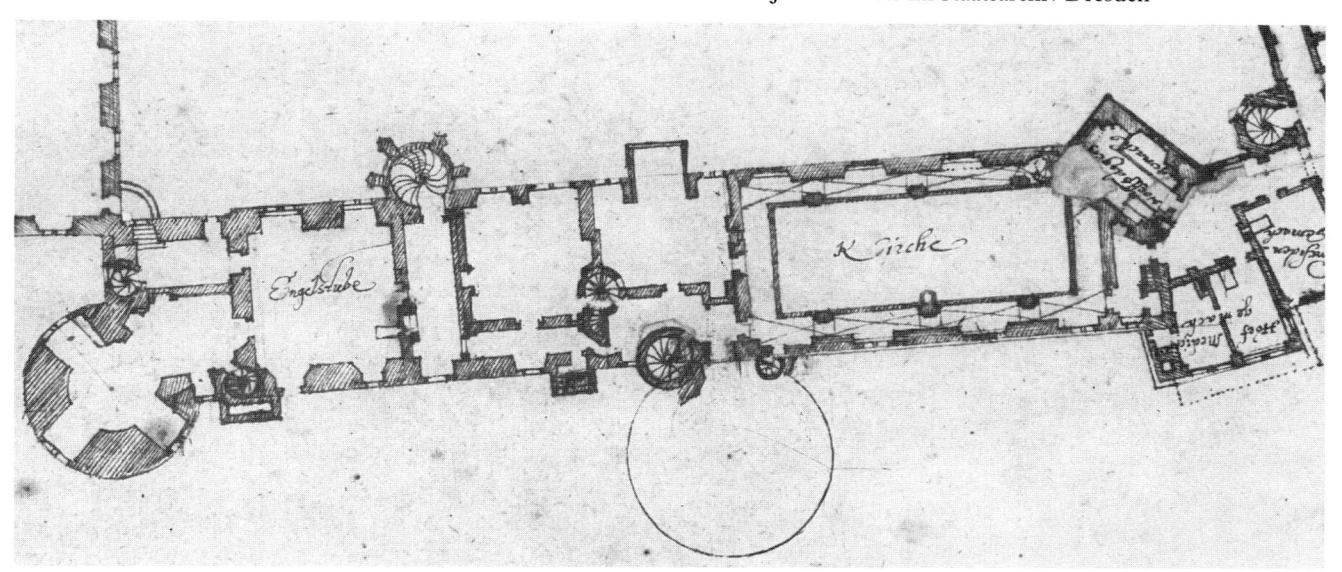

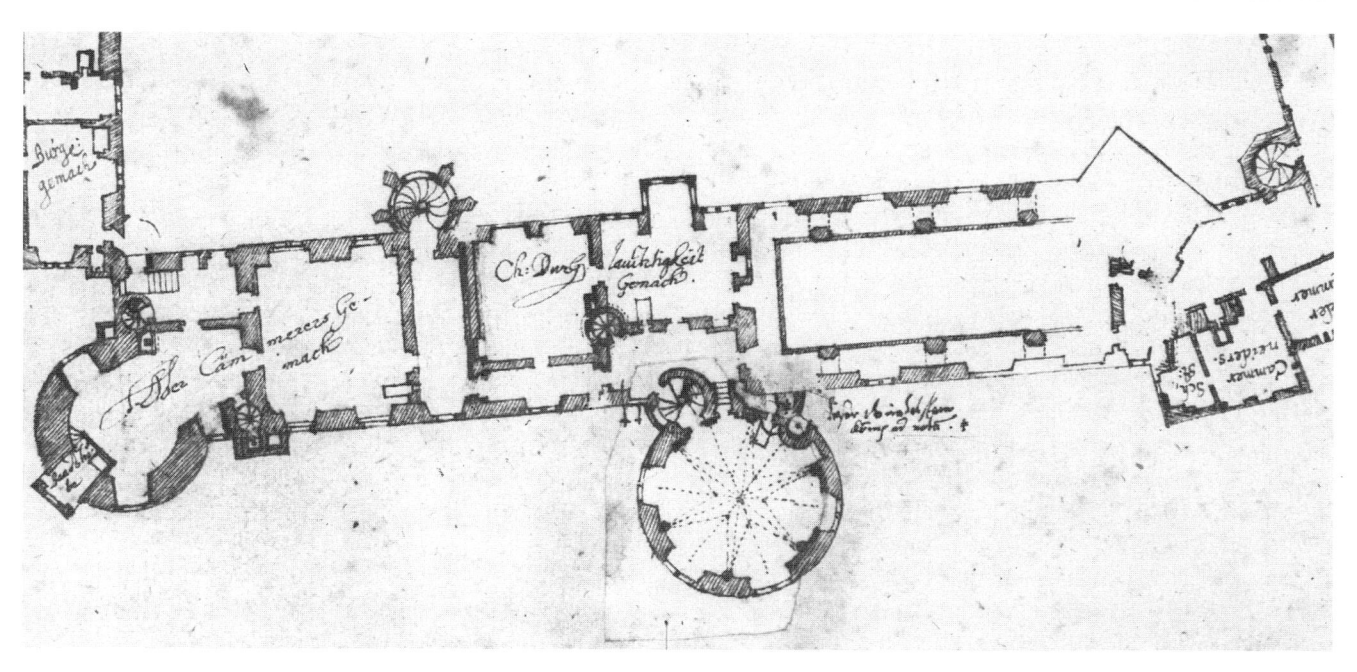

ständige Bedeutung erlangt, und dem trug das Bauwerk ja auch an anderen Stellen Rechnung.

Alle Befunde zusammengenommen ermöglichen jetzt eine genaue zeichnerische Rückbildung der östlichen Kapellenwand und damit der gesamten Emporenanlage in ihrer Gestalt von 1544. Entgegen der bisherigen Auffassung, wonach die beiden schmalen, auch als »Galerien« bezeichneten Querémporen lediglich als gangartige Verbindung zwischen den Längsemporen und zu den anstoßenden Gemächern fungierten und somit untergeordnet waren, erscheint die Ostseite in der rekonstruierten Form viel aufwendiger gestaltet. Man hat sie in Struktur und Dekor gegenüber den anderen Abschnitten sogar abgesetzt und deutlich ausgezeichnet: Die untere Empore fiel durch ihre mit prächtigem Kapitell gezierte Mittelsäule ins Auge, auf der die Bogenstellung ruhte, die obere durch die mächtige, ornamentierte Konsole sowie durch die nur hier ausgebildete dekorative Untersicht der an der Stirnseite zudem abweichend profilierten Bodenplatten. Dazu kam die in beiden Emporen axial angeordnete Türöffnung und das mit seinem kapellenseitig profilierten Gewände zur Gliederung beitragende Fenster des Wandkämmerchens. Die bislang stets als Raumdominante charakterisierte Altarseite – mit der unteren Empore auf dem halbsäulengeschmückten Pfeiler und mit der darüber gesondert angebrachten hölzernen Tribüne für die Orgel – besaß somit einst ein gestalterisch mindestens ebenso betontes, in seinem Formaufwand gewiß ebenbürtiges Gegenstück. Zurückhaltender und gleichmäßig geformt »verspannten« die Emporengeschosse der Längsseiten die zweifellos absichtlich und demonstrativ hervorgehobenen Schmalseiten. Dieser Akzentuierung widersprach nicht die (mit Ausnahme der erwähnten Profilvariation der oberen Ostempore) bis ins Detailmaß vollständig einheitliche Formgebung sowohl der über die Wandpfeiler bzw. Freistützen geschlagenen Segmentbogen als auch der Emporenbrüstungen mit ihren Gesimsen und feldtrennenden Pfosten.[13] Überhaupt muß davon ausgegangen werden, daß die Kapelle in ihrem rekonstruierbaren Zustand von 1544 völlig einheitlich geplant und ohne sichtliche Planänderung auch ausgeführt worden ist.

Ohle hatte noch gemeint, die nur etwa Dreiviertel der vollen Länge erreichenden Emporenbogen an beiden Enden der Längsseiten seien »vollkommen willkürlich abgeschnitten«, und daraus gefolgert, dieses »unschöne Totlaufen ... gegen die Querwände« könne nur durch die Wiederverwendung und nachträgliche Anpassung von Teilen der in Lichtenburg abgebrochenen Emporen erklärt werden.[14] Dagegen spricht schon, wie jetzt festgestellt werden konnte, das gleichmäßig verteilte Vorkom-

Abb. 13 Tür zum Wandkämmerchen im Erkerraum des zweiten Obergeschosses
Das Fenstergitter ist eine sinnwidrige Zutat von 1984.

men der 11 verschiedenen Steinmetzzeichen an allen formierten Werksteinteilen, d. h. an sämtlichen Bogensteinen und den Brüstungen mit ihren Simsen und Teilungspfosten, was doch deren gleichzeitige Herstellung erweist. Und diese erfolgte nachweislich weitestgehend in Pirna, von Baumeister Nickel Gromann Anfang Februar 1544 an Jörg Groemahn und Caspar von Chemnitz verdingt. Diese lieferten die Werksteine von Mitte April bis Anfang Mai, also rechtzeitig zum Emporenbau. Die restlichen, an verschiedenen Stellen zur Ergänzung benötigten Steine mußten während des Versatzes am Ort nachgearbeitet werden.[15]

Aber auch die architektonische Struktur der Emporen widerspricht der Auffassung Ohles. Das von der beabsichtigten Nutzung her bestimmte Bauprogramm verlangte in dem vorgegebenen Rechteckraum zum einen für die zentrale Stellung der Kanzel eine mittlere Pfeilerachse und zum andern für die akzentuierende Gegenüberstellung des Altars – mit der Orgel – und des Herrschaftssitzes eine entsprechend ausgewogene Gestaltung in der Längsrichtung. Die darauf abgestimmte Pfeiler-Bogen-Folge hatte zudem die einzubeziehende äußere (nördliche) Umfassungsmauer von 1516 zu berücksichtigen, deren Nischen die Disposition der neuen Fensterachsen »maßgeblich« beeinflußten. Eine gleich-

Abb. 14 Fenster des Wandkämmerchens und (links daneben) vermauerter Emporenzugang vom Erkerraum im zweiten Obergeschoß

mäßige Formgebung der Emporenabschnitte an allen vier Seiten war unter diesen Bedingungen nur mit der tatsächlich ausgeführten Bogengröße und einer im Maß entsprechenden Pfeilerstellung möglich. Sie hatte zur Folge, daß in den vier Ecken des von den Emporenfronten begrenzten »Binnenraums« keine Pfeiler stehen konnten, sondern dort jeweils zwei halbe, z.T. gestreckte Segmentbogen mit ihren Scheiteln im rechten Winkel zusammentrafen. Die von Ohle als »unschön« kritisierte Dreiviertelform der Längsbogen war demnach eine strukturelle und bautechnische Konsequenz! Angesichts der bestehenden äußeren Zwänge und der gestellten Aufgabe erscheint die Torgauer Emporenanlage sogar als eine architektonisch logische, ja elegante Lösung. Dabei mußte man geringe Maßdifferenzen in Kauf nehmen, vor allem die leichten Achsenverschiebungen zwischen den Fenstern und den Emporennischen auf der Nordseite. Die an beiden Längsseiten festzustellenden ungleichen Bogen- und Brüstungshöhen der unteren Empore dürften am ehesten aus dem Bauvorgang zu erklären sein: Die voneinander unabhängige Ausführung als Umformung einer bestehenden Außenmauer einerseits und als völliger Neubau andererseits führte hier offenbar zu einem erst mit der Brüstungsoberkante ausgeglichenen Meßfehler.

Die Inkongruenz wird noch verständlicher, wenn man die zeitliche Abfolge bedenkt: Beide Längsseiten und ihre Emporen wurden von Mitte April bis Juni 1544 jeweils für sich hochgezogen, die beiden Ostemporen aber erst danach im Juli »eingehängt« und die Altarempore noch später in der zweiten Hälfte August bis Anfang September. Trotzdem sind diese Queremporen – entgegen der Annahme Ohles[16] – von Anfang an vorgesehen und Teil eines einheitlichen Gesamtplans gewesen, der bereits 1543 vorlag.[17]

Mit den über Bogenstellungen umlaufenden steinernen Emporen griff N. Gromann ein Motiv auf, dessen Formgebung bekanntlich schon die spätgotische Sakralarchitektur und auch der Kapellenbau dieser Epoche ausgebildet hatte. Besonders hingewiesen wurde in diesem Zusammenhang auf die Ähnlichkeit mit der Schloßkapelle in Wittenberg und mit der Wolfgangskirche in Schneeberg. Im ersten Fall glaubte man sogar, eine direkte Verbindung nachweisen zu können, weil der in Torgau am Kapellenbau beschäftigte Wentzel Steynbrecher, wie berichtet wird, das Gewölbe und die Emporen in Wittenberg »ausgemessen« hat. Diese Messung darf jedoch nicht mit der Planung von Torgau in Verbindung gebracht werden; denn sie wurde erst zu einem Zeitpunkt vorgenommen, als der Bau N. Gromanns mit seinen Emporen und dem Gewölbe im wesentlichen ausgeführt war.[18] Aber auch unabhängig davon dürfte das Wittenberger Emporensystem kaum eine bestimmende oder gar unmittelbare Vorbildwirkung gehabt haben. Genauso erweist der Vergleich mit Schneeberg nur die Verwandtschaft der Konstruktion, nicht des Einzelzuschnitts. Mit der Emporenform griff man lediglich ein auch in Wittenberg und Schneeberg benutztes spätgotisches Muster auf und setzte es – auf die Symmetrie des Raumes bezogen und im Detail renaissancistisch vereinfacht – zu einer eigenen, ebenso konsequenten wie klaren Gesamtgestalt um, ohne damit etwas völlig Neues zu schaffen.

Dagegen war die an den genannten Bauten – Wittenberg, Schneeberg, Torgau – ablesbare Wandlung der Emporenfunktion eine Maßnahme von entwicklungsgeschichtlich weiterreichender Bedeutung. Eine durch die Reformation bedingte Adaptation zeichnet sich schon in Schneeberg ab. Die Emporengalerie hatte dort der Baumeister Hans Meltwitz zu Beginn der Arbeiten (1516) möglicherweise noch nicht als vollständigen Umgang vorgesehen, gewiß war sie jedoch für eine sakral-liturgische Nutzung ganz im spätmittelalterlichen Sinne bestimmt gewesen. Als der Bau der Empore aber 1536/37 – angeblich nach einer Planänderung an der Westseite – in nunmehr voll umlaufender Form abgeschlossen wurde,[19] hatten sich die kirchlichen Verhältnisse grundlegend geändert: 1533 war die Stadt von Kurfürst Johann Friedrich erworben worden, der im folgenden Jahr die Reformation einführen ließ. Die Vollendung der Wolfgangskirche (oder war es eine Veränderung längere Zeit nach dem eigentlichen Bauabschluß?) fand in dem Ernestiner einen entschiedenen Förderer, der gemeinsam mit dem Stadthauptmann und dem Rektor der Lateinschule gewiß nicht zufällig auch Anordnungen zum Emporenbau traf.[20] Dazu dürfte die Entscheidung gehört haben, daß der Kirchenstuhl des Kurfürsten nicht an der Westseite, sondern auf der nördlichen Längsempore aufgestellt wurde. Der Wahl dieses Platzes kam programmatische Bedeutung zu, war er doch dort direkt gegenüber der Kanzel angeordnet,[21] was die Aufwertung der Predigt ganz im Sinne Luthers unterstreichen konnte und wohl auch sollte.

Offenbar mit dem gleichen Ziel erfolgte 1540 unter Johann Friedrich in der Wittenberger Schloßkirche eine durchgreifende Umgestaltung, bei der man den schon längere Zeit überflüssigen Lettner abbrach.[22] Die spätgotische Kanzel am dritten südlichen Wandpfeiler, die Luther seit der Zeit Friedrichs des Weisen für die Predigt diente, wurde auf diese Weise gleichsam frei gestellt und erhielt so – auf die Gesamterstreckung des Raumes gesehen – einen zentralen Platz. Ihr gegenüber wurde an der Nordseite, und zwar unterhalb der im gesamten Kapellenraum umlaufenden Galerie, eine *naw phurkirche*, eine neue Empore, eingefügt, die wohl hauptsächlich den Zweck hatte, einen besseren Platz für die Teilnahme des Kurfürsten am Predigtgottesdienst zu schaffen. Ob damit die vorher durch die anschließenden Wohnräume gegebene Situierung des Herrschaftsstuhls im Westteil der Kapelle aufgehoben oder »erweitert« wurde, dürfte kaum noch festzustellen sein. Die 1540 vorgenommenen Veränderungen in der Kapelle, zu denen noch der Abbruch aller vorhandenen Nebenaltäre kam, erfolgte verhältnismäßig spät; denn der in Wittenberg zu höchstem Aufwand gesteigerte katholische Kult war schon 1525 mit Auflösung des in der Schloßkirche installierten Allerheiligenstifts endgültig abgeschafft worden. Damals ging die alte liturgische Funktion der Emporen zu Ende, nämlich Raum für den Dienst an zuletzt 16 Nebenaltären und für die Weisung des Heiligtums zu sein. Durch die Beseitigung der »geheiligten« Altäre kam es zu einer Profanierung dieser Zone, die es gestattete, alle Emporen (mit Ausnahme der Plätze für die beiden bis ins 18. Jahrhundert beibehaltenen Orgeln) wie den Erdgeschoßraum zur Teilnahme am nunmehr evangelischen Gottesdienst freizugeben und zu gebrauchen.

Was sich in Schneeberg und vor allem in Wittenberg erst aus der Adaptierung ergab, war für die Torgauer Kapelle Voraussetzung. Die hier mit dem Bau konzipierte Nutzung der einzelnen Emporen wie auch des Erdgeschosses ist anhand der zahlreichen Einträge in der Baurechnung von 1543/45 über die Herstellung des Gestühls im wesentlichen rekonstruierbar.[23] Danach stand der »Stuhl« des Kurfürsten nicht gegenüber der Kanzel, sondern auf der durch die einzige Freisäule ausgezeichneten unteren Empore an der östlichen Schmalseite,[24] und zwar höchstwahrscheinlich vor der Tür zum angrenzenden kurfürstlichen Gemach, das bedeutet: axial dem Altar gegenüber. Eine der beiden in gleicher Höhe an der südlichen Längsseite befindlichen Nischen war dem kurfürstlichen Kämmerer Hans von Ponickau vorbehalten, dessen »Stand« ein hölzerner Einbau mit Gitter und Tür bildete. Für die Wahl dieser Stelle dürfte die leichte Erreichbarkeit von den Wohnräumen des Kämmerers im westlich anschließenden Trakt mit dem Kapellenturm ausschlaggebend gewesen sein.[25] Für die Empore im Rücken der Kanzel fehlt jeglicher Hinweis auf eine Besetzung durch bestimmte Personen wie überhaupt auf eine Benutzung für Sitzplätze. Sie kann dennoch nicht ausgeschlossen werden, da man auf beiden Emporen – ohne nähere Lokalisierung – auch Bänke aufstellte.[26]

Anscheinend wurden beide Längsemporen an der Nordseite aber auch als »Gänge« gebraucht, d.h. als Verbindungsgänge zwischen den jeweils beiderseits der Kapelle gelegenen Räumen.[27] Die Querempore hinter dem Altar nutzte die *Cantorey*.[28] Darüber war, wie schon erwähnt, in Höhe des 2. Obergeschosses auf einer gesonderten Bühne die aus Lichtenburg übertragene Orgel aufgestellt, erreichbar durch einen eigenen Zugang in der Wand hinter dem Werk.[29] Von den oberen Emporen an beiden Längsseiten ist die südliche der *frawen kammer*, die nördliche den *Jungen herrn*, also den Söhnen des Kurfürsten, eingeräumt gewesen.[30] Ihre Aufenthaltsräume während der Anwesenheit in Torgau befanden sich teilweise im 2., überwiegend aber im 3. Obergeschoß des Schloßflügels B. Unklar bleibt, auf welcher *poerkyrchen* der »Stuhl der Herzogin« Sibylle[31] seinen Platz hatte. Er war offensichtlich getrennt von dem des kurfürstlichen Gemahls aufgebaut. Von den hierfür sich anbietenden Emporenräumen, für die sonst keine bestimmte Besetzung genannt wird, ist doch wohl die obere Empore an der östlichen Schmalseite, genau über dem Kirchenstuhl des Kurfürsten, als der wahrscheinlichste Aufstellungsort anzunehmen.

In enger Beziehung zur Besetzung und somit zur Funktion der Emporen muß auch die Bestuhlung der Kapelle zu ebener Erde gesehen werden. Sie war im Umfang keineswegs gering, sondern scheint den verfügbaren Raum weitgehend ausgefüllt zu haben, so daß wohl niemand zu stehen brauchte.[32] Dabei bot sie, wie die ungleichartige Gestaltung anzeigt, einem heterogenen Personenkreis Platz und diente obendrein unterschiedlichen Aufgaben. Denn *in der kyrchen* – so lautet die für das Erdgeschoß gebrauchte Bezeichnung – stand nicht nur das zahlreiche Sitzplätze umfassende allgemeine Gestühl, vermutlich ein Kastengestühl, hier waren auch weitere Einzel»stühle« untergebracht, z. B. für die Frau des Kämmerers.[33] Bei diesen Einzelstühlen dürfte es sich – analog zu den Ständen in den Emporenräumen – um hölzerne Einbauten mit Vergitterung und Tür in den Nischen zwischen den Wandpfeilern gehandelt haben, die wenig später auch ausdrücklich erwähnt werden.[34] Bemerkenswert ist aber vor allem, daß es zu ebener Erde außerdem wohl schon zur Zeit Johann Friedrichs noch einen gesonderten Sitz für den Kurfürsten gegeben hat; im Jahre 1563 war ein solcher jedenfalls vorhanden.[35] Ebenso verfügte die von Johann Walter geleitete Torgauer Kantorei über einen zweiten Platz »in der Kirche«. Denn die Sänger konnten nicht nur oben auf der »Cantorey«-Empore, sondern auch unten Aufstellung nehmen, wenn es die Aufführungspraxis erforderte: Sie standen dort – um das Chorpult geschart – vor den Altarstufen, wo ein abgegrenzter Raum für den Chor 1560 genau beschrieben ist.

Diese aus den Schriftquellen zu erschließende ursprüngliche Bestuhlung und Stuhlverteilung in der Kapelle verdeutlicht, obwohl sie noch nicht einmal vollständig sein dürfte,[36] daß die Ausstattung mit Sitzgelegenheiten weit umfangreicher war und ihre in den drei Geschossen ausgebildete gesellschaftliche »Ordnung« offenbar einem differenzierteren Konzept folgte, als bisher angenommen wurde. Soweit die Forschung sich zu diesem Problem überhaupt geäußert hat, faßte sie im allgemeinen nur die Emporen ins Auge und vertrat pauschal die Auffassung, daß diese zur Aufnahme von Plätzen vornehmlich des Fürsten und seiner Familie gedient hätten.[37] Über das Gestühl im »unteren Raum« der Kapelle gibt es nur wenige Bemerkungen. Während F. Tucholski noch annahm, ein solches sei gar nicht vorhanden gewesen, meinte P. Findeisen, der aufgrund seiner Quellenstudien von der früheren Existenz einer Bestuhlung wußte, diese Plätze wären von den »übrigen Mitgliedern der Hofhaltung« eingenommen worden.[38] Kürzlich hat sich R. Wex näher mit dieser Frage befaßt.[39] Er kommt zu dem Ergebnis, der Kurfürst habe auf der unteren Ostempore gesessen und »vor ihm« wäre, verteilt auf die übrigen Emporen und den Erdgeschoßraum »sein ganzer Hof wohl geordnet aufgebaut« gewesen. Über diese im einzelnen etwas weiter ausgeführte Sachfeststellung hinaus interpretiert er dann die Platzverteilung in der Kapelle und so mittelbar auch das architektonische Gefüge des Emporenbaus als eine Spiegelung der sozialen Struktur. Wex beruft sich dabei auf Luthers Äußerungen in seiner großen Predigt, die er zur Einweihung der Kapelle am 5. Oktober 1544 hielt und in der er – besonders im zweiten Teil – ausführlich auf »die unterscheid« zwischen dem »oben und unten sitzen« und deren Rechtfertigung einging. Wenngleich der Gedanke etwas Bestechendes hat, Luther könnte mit seinen Ausführungen auch auf die konkrete Situation, d. h. auf die Sitzordnung in dem von ihm zu weihenden Bau, angespielt haben, so erscheint dies doch zweifelhaft. Primär mußte es ihm in jedem Fall bei der Auslegung der für diesen Tag verbindlichen Perikope darauf ankommen, die Rechtmäßigkeit der bestehenden Obrigkeits- und Standesordnung theologisch zu begründen.

Daß der Aspekt einer demonstrativ hierarchischen Ordnung für die Planung des Architektursystems der Torgauer Kapelle und ihre Emporen nicht allein konstitutiv war, läßt zum einen die erfaßbare tatsächliche Sitzverteilung und zum anderen der mögliche Platzwechsel des Kurfürsten erkennen. Für die Situierung im einzelnen spielten sicher auch praktische Gründe eine nicht zu unterschätzende Rolle. So dürfte für die Vergabe der Emporenplätze – wie die jeweilige Nähe der Wohnräume des Kurfürsten, seiner Söhne und des Kämmerers sowie des Frauenzimmers anzeigt – die möglichst bequeme Erreichbarkeit des Kirchenstuhls für den Inhaber maßgeblich gewesen sein. Diese Absicht verband sich bei dem Emporenplatz des Kurfürsten durch die axiale Anordnung und zugleich »Erhöhung« zwanglos mit einer Auszeichnung im Sinne herrschaftlicher Repräsentation. Wie wir wissen, konnte Johann Friedrich aber ebenso – vielleicht weniger repräsentativ? – unten »in der Kirche« oder gar zurückgezogen hinter dem Fenster der Wandkämmerchen im 1. oder 2. Emporengeschoß sitzen. Diese auffallende Differenzierung läßt sich wohl nur durch Unterschiede in der evangelischen Gottesdienstpraxis erklären, die solchen Stuhl-Wechsel des Kurfürsten notwendig machte bzw. zuließ. Inhalt und Gestaltung des Gottesdienstes in der Schloßkapelle sind nicht näher bekannt, und ohne spezielle Forschungen dazu halten wir selbst allgemeine Schlüsse für schwierig.[40] Man hat aber angesichts des Baubefunds und der Quellenaussage wohl davon auszugehen, daß es in der Teilnahme Variationen gab, die aus der Formverschiedenheit des Gottesdienstes resultieren, d. h. je nachdem, ob es etwa ein fest- oder sonntäglicher Hauptgottesdienst mit der Feier des Abendmahls war oder ein werktäglicher Wortgottesdienst, der in kleinerem Kreise stattfand. Wahrscheinlich verlangte die Liturgie des Meßgottesdienstes eine andere räumliche Situierung als die Durchführung des Predigtgottesdienstes. Demzufolge könnte die Wahl des kurfürstlichen Platzes oben auf der Empore oder unten mit einer vorzugsweisen Orientierung entweder auf die Kanzel oder auf den Altar, also mit einer stärkeren Ausrichtung auf die Predigt oder auf das Sakrament des Abendmahls zusammenhängen. Daß innerhalb der noch näher zu ermittelnden gottesdienstlichen Ordnung der Torgauer Hofkirche die Predigt für den Bauherren eine ganz besondere und vielleicht wichtigere Rolle als die Meßfeier gespielt hat, wird nicht zuletzt sinnfällig durch die ausdrücklich genannte Zweckbestimmung der eigentümlichen Wandkämmerchen hinter der 1. und 2. Querempore.[41]

Die Schloßkapelle konnte durch Kurfürst Johann Friedrich nur kurze Zeit in dem von ihm bestimmten Sinne genutzt werden. Bereits 1547, zwei Jahre nach der endgültigen Fertigstellung, verlor der Ernestiner infolge seiner Niederlage bei Mühlberg mit der Kurwürde auch den Teil der Kurlande, zu dem Torgau gehörte, an seinen albertinischen Vetter Herzog Moritz. Dessen Bruder August, der wenig später – im Oktober 1548 – im Torgauer Schloß seine Hochzeit mit Anna von Dänemark feierte und 1553 selbst Kurfürst wurde, hat die Bestuhlung aus der Zeit Johann Friedrichs mit den unterschiedlichen fürstlichen Plätzen beibehalten und nur die beiden vorher getrennten Emporenplätze des Ernestiners und seiner Frau zu einem gemeinsamen, prachtvoll ausgestalteten Herrschaftsstand zusammenziehen lassen, der auf der oberen östlichen Querempore stand.[42] Als Bauherr der Schloßkapelle von Augustusburg – bekanntlich eine absichtsvolle Kopie des von Luther geweihten Torgauer Baus – wiederholte er im übrigen auch das seltene Motiv des zum Predigthören bestimmten Fensters im Rücken der Herrschaftsloge.[43] Die Vorbildlichkeit Torgaus verdichtet sich aber auch hinsichtlich der Raumgestaltung: Denn in der rekonstruierbaren ursprünglichen Form wies der erste für das neue, evangelische Bekenntnis konzipierte Kirchenbau paradigmatisch bereits eine Raumstruktur auf, die nicht nur für die engere, konfessionell verpflichtete Nachfolge bis Augustusburg, sondern darüber hinaus für die allgemeine architektonische Entwicklung des geschlossenen Emporenbaus maßgebend war.

Anmerkungen

1 In der Angabe der Himmelsrichtung folgen wir der leichteren Verständlichkeit halber dem Gebrauch im Inventarband, auch wenn sie – auf die tatsächliche Nordrichtung bezogen – um etwa 45° nach Nordosten gedreht ist; Findeisen, P., und H. Magirius: Die Denkmale der Stadt Torgau, Leipzig 1976, S. 105 ff.

2 Lewy, M.: Schloß Hartenfels bei Torgau, Beiträge zur Bauwissenschaft, 10, Berlin 1908, S. 87 und Abb. 40/41

3 Ohle, W.: Die protestantischen Schloßkapellen der Renaissance in Deutschland (im Anschluß an die Kapelle des Schlosses Hartenfels in Torgau), Leipzig, Phil. Diss. 1936, Stettin 1936, Tafel nach S. 6

4 Schliepe, W.: Über Zusammenhänge in der Entwicklungsgeschichte protestantischer Emporenkirchen bis zu George Bähr, Dresden, TH Diss. 1957 (Maschinenschr.)

5 Staatsarchiv Dresden, Rißschrank IV, Fach 49, Nr. 5 a–f

6 Die Gewölbe sind allerdings in Kreuzform eingetragen, während es sich in Wirklichkeit um Segmenttonnen handelt. Offensichtlich darf man diese Gewölbeangabe nicht im Sinne heutiger Darstellungsweise verstehen, sondern muß sie als Symbol für Gewölbe schlechthin begreifen.

7 Staatsarchiv Weimar, Reg. S fol. 290 Nr. 1^{zel}: Rechnung über den Schloßbau zu Torgau 1543/45. (Zitate daraus sind im folgenden kursiv wiedergegeben.)

8 Rechnung wie Anm. 7, Bl. 203^r

9 Rechnung wie Anm. 7, Bl. 213^r

10 Die Untersuchung konnte der Verfasser 1984 in Abstimmung mit dem Institut für Denkmalpflege, Arbeitsstelle Dresden, durchführen. Unterstützt wurde er dabei vom Küster der Ev. Kirchengemeinde in Torgau, Herrn W. Geppert, dem an dieser Stelle nochmals gedankt sei.

11 Auf einem Plan von etwa 1910 ist diese Tür noch als Durchgang eingetragen (Kortüm: Schloß Hartenfels bei Torgau, in: Jahrbuch der Denkmalpflege in der Provinz Sachsen 1910, S. 54, Abb. 1), obwohl sie damals nach dem bauarchäologischen Befund mit der bereits früher erfolgten Schließung der Nische im Erkerraum vermauert gewesen sein muß.

12 Rechnung wie Anm. 7, Bl. 208^v sowie 207^r, 110^r, 155^r und 282^v

13 Entgegen der Angabe von Findeisen (wie Anm. 1, S. 189), der aufgrund des heutigen Zustands noch eine geschoßweise Unterscheidung für möglich hielt, erwies sich diese Verschiedenartigkeit durch die Untersuchungen lediglich als Verballhornung einer ursprünglich gleichen Grundform.

14 Ohle 1936, wie Anm. 3, S. 8 ff. Obwohl schon Findeisen (wie Anm. 1, S. 189) Bedenken gekommen sind, ist diese Ansicht bis heute nicht stichhaltig widerlegt worden.

15 Das geht aus den Rechnungseinträgen hervor und wird auch durch die Mengenangaben bestätigt: Für die Bogen und Gesimse hat man aus Pirna mindestens 596 laufende Ellen Werkstücke geliefert, während die Steinmetze in Torgau mindestens 100 Ellen herstellten. Diese zusammen rund 394 laufenden Meter decken sich (bei der üblicherweise einzukalkulierenden Toleranz) ziemlich genau mit dem tatsächlichen Bedarf von annähernd 400 m. Die Lichtenburger Werksteine, darunter *schwiebogen .. auß der kirchen*, können demnach nur als »rauche« Stücke weiterverwendet worden sein, was sich im übrigen der Rechnung von 1543/45 ebenfalls entnehmen läßt.

16 Ohle 1936, wie Anm. 3, S. 13 und 21

17 Schon der 1543 datierte Anschlag (Staatsarchiv Weimar, Reg. S fol. 290^a Nr. 1^{ze}, Bl. 3) rechnet nach dem angegebenen Bedarf von 500 Ellen »sims vnd Bögen zw den borkir-

chen« mit der zweigeschossigen und vollständig herumgeführten Emporenfolge.

18 Obwohl sich schon Ohle (wie Anm. 3, Anm. 17) aufgrund der Datierung gegen die Annahme Lewys (wie Anm. 2, S. 23) gewandt hatte, die Vermessung in Wittenberg sei vor dem Baubeginn in Torgau vorgenommen worden, vermutete Findeisen (wie Anm. 1, S. 172) wieder eine zunächst angestrebte »Anlehnung an die Raumbildung der Wittenberger Schloßkirche«, und zwar unter der Voraussetzung, das Trinkgeld für die Nachmessung sei Wentzel Steynbrecher schon am 14. September 1543 gezahlt worden. Die richtige Datierung des Eintrags in der Rechnung (wie Anm. 7, Bl. 264[r]) ist jedoch »Dienstag nach Nativitas Mariae« (9. September) 1544; Ohle hatte fälschlich den 14. September angegeben. Welchen Sinn die Messung in Wittenberg hatte und ob sie mit Torgau überhaupt in Verbindung gebracht werden kann, ist nicht zu erklären.

19 Meltzer, Ch.: Historia Schneebergensis renovata. Das ist: Erneuerte Stadt- und Berg-Chronica der .. Wohl-löbl. Freyen Berg-Stadt Schneeberg, Schneeberg 1716, S. 79

20 Dost, A.: Die St. Wolfgangskirche zu Schneeberg, 3. Aufl., Schneeberg 1918, S. 22

21 Der von Johann Friedrich benutzte kurfürstliche Stuhl wurde 1686/91 verändert und schließlich 1712 durch den großen barocken Neubau des »Berg-Amts-Chors« ersetzt, der 1945 zugrunde ging; vgl. Meltzer 1716, wie Anm. 19, S. 99

22 Die damals durchgeführten Baumaßnahmen sind einer Rechnung zu entnehmen (Staatsarchiv Weimar, Reg. S fol. 47 b II 4), die bisher fälschlich mit einer »capittelchor Kirche« in Verbindung gebracht wurde. Der Gesamtvorgang bedarf der eingehenden Behandlung im Zusammenhang mit einer Darstellung der ursprünglichen Innengestalt der Wittenberger Schloßkirche, auf die in den folgenden Bemerkungen vorgegriffen wird.

23 Nur mit Einschränkung können dazu auch die Inventare von 1563 und besonders 1601 sowie 1610 herangezogen werden, da sie teilweise schon Veränderungen infolge gewandelter Anforderungen seitens der späteren Nutzer enthalten. Sie weisen aber auch einige wichtige Konstanten auf.

24 Rechnung wie Anm. 7, Bl. 108[r], 157[r], 213[r], 265[v]

25 Rechnung wie Anm. 7, Bl. 110[v]. Die Lage der Wohnräume läßt sich aus Angaben Bl. 138[r], 165[r] und 208[r] erschließen.

26 Rechnung wie Anm. 7, Bl. 152[r]

27 Rechnung wie Anm. 7, Bl. 154[v] und 111[v]

28 Rechnung wie Anm. 7, Bl. 157[r]

29 Belegt erst durch das ausführliche »Iventarium vber das schloß Harttenfelß zwe Torgaw« von 1610 [Staatsarchiv Dresden, Geh. Finanzkollegium (ehem. Magdeburg) Rep. A 25 a I Teil I Nr. 2343, unbez. Bl. 31[v]: »thuer nach der kirchen, in die orgel hinein«] und die Grundrißzeichnung des 2. Obergeschosses aus dem 17. Jh. (Abb. 12), aber sicher ursprünglich

30 Rechnung wie Anm. 7, Bl. 148[r] und 108[v]

31 Rechnung wie Anm. 7, Bl. 153[r] und 108[v]

32 Der Umfang dieses Gestühls wird aus den Einzelangaben sowie den hohen Herstellungskosten deutlich. Allein für die von drei Tischlern angefertigten »Stühle« im Binnenraum wurde der Preis von 75 Gulden gezahlt; 1 Stuhl der »Frauenkammer« kostete 12 Groschen, der Stuhl eines »Jungen herrn« 26. – Daß man »unter Umständen« habe stehen müssen, vermutete R. Wex (wie Anm. 39), S. 173.

33 Rechnung wie Anm. 7, Bl. 108[v] und 147[r]

34 In einer unpublizierten Beschreibung der Kapelle von 1560: Staatsarchiv Schwerin, Altes Archiv, Reisen fürstlicher Personen Nr. 57: Reisetagebuch Tilemann Stellas

35 Inuentarium im Schloß zu Torgau vortzeichnet 1563: Staatsarchiv Dresden, Geh. Finanzkollegium (ehem. Magdeburg) Rep. A 25 a I Teil I Nr. 2336, Bl. 15. Nicht unwahrscheinlich ist, daß der *stwel do meyn gnedige fraw inn steht* (Rechnung wie Anm. 7, Bl. 108[v]) für Herzogin Sibylle ebenfalls ein Platz im Erdgeschoß war, was entsprechend für *1 sthuel* gilt, der *dem jungen herlin .. in die kyrchen* hergerichtet wurde (ebd. Bl. 147[r]).

36 Man vermißt z. B. Angaben über Plätze für andere zeitweilig anwesende Hofbeamte, darunter für den Kanzler und den Hofmarschall sowie die übrigen kurfürstlichen Räte, ganz abgesehen von Mitgliedern der Kanzlei und der Finanzverwaltung, etwa die Kanzleisekretäre, den Landrentmeister und den Kammerschreiber. Auch fehlen Hinweise, wo Gäste plaziert werden konnten.

37 Zum Beispiel Lewy 1908 (wie Anm. 2), der aber dabei nicht beachtete, daß die von ihm dem Inventar von 1610 entnommene Zuordnung in verschiedenen Positionen schon eine etwas veränderte historische Situation spiegelt. Ohle 1936 (wie Anm. 3) und Schliepe 1957 (wie Anm. 4) sind der Frage nicht weiter nachgegangen.

38 Tucholski, F.: Die Wiederherstellung der Schloßkirche zu Torgau, in: Die Denkmalpflege 1933, S. 164; Findeisen/Magirius 1976, wie Anm. 1, S. 190

39 Wex R.: Ordnung und Unfriede. Raumprobleme des protestantischen Kirchenbaus im 17. und 18. Jh. in Deutschland; in: Kulturwissenschaftliche Reihe, 2, Marburg 1984, S. 147 bis 175

40 Zur Frage des evangelischen Gottesdienstes und seiner Formvielfalt in der Frühzeit des neuen Bekenntnisses allgemein: Fendt, L.: Der lutherische Gottesdienst des 16. Jahrhunderts. Sein Werden und sein Wachsen; in: Aus der Welt christlicher Frömmigkeit, 5; Schulz, F.: Der Gottesdienst bei Luther, in: Leben und Werk Martin Luthers von 1526 bis 1546. Hrsg. von H. Junghans, Berlin 1983, S. 297–302 und 811–825; Kalb, F.: Grundriß der Liturgik. Eine Einführung in die Geschichte, Grundsätze und Ordnungen des lutherischen Gottesdienstes, 3. Aufl., München 1985

41 Auch die in der Hofordnung von 1542 sowie in der Frauenzimmerordnung von 1546 an erster Stelle stehenden Ermahnungen zum Predigtbesuch (s. Mentz, G.: Johann Friedrich der Großmütige 1503–1554, 3. Teil, Jena 1908, S. 181–182) deuten eine vorrangige Wichtigkeit der Predigt an.

42 Nach den Angaben im Inuentarium 1563 (wie Anm. 35), Inuentarium vber das Churfürstl. Sechssische Schloß Harttenfels zu Torgau 1601 (Staatsarchiv Dresden, Geh. Finanzkollegium (ehem. Magdeburg) Rep. A 25 a I Teil I Nr. 2342) und Inventarium 1610 (wie Anm. 29)

43 Schon im Schloßinventar von 1576 werden die zwei kleinen Fenster in der Kirchstube angeführt, von denen es später heißt: »so hinab in die Kirche sich wenden«; Staatsarchiv Dresden: Loc. 8696. Unterschiedliche Verzeichnisse 1588 bis 1613, Bl. 231[r]; Loc. 32 445 Rep. XX Augustusburg Nr. 2 (Inventarium vber das hochlöbliche vnd weitberuhmete... schloß vnd hauß Augustusbürgk 1612), Bl. 122[r]; ebd. Nr. 4 (Inventarium 1673), Bl. 83[v]

Gottfried Frenzel

Zwei monumentale Nürnberger Fensterschöpfungen des Amalisten und Glasmalers Jacob Sprüngli aus Zürich

Auf die Ruhepause in der einheimischen Nürnberger Glasmalereitradition nach der Reformation folgen erst gegen 1600 Anzeichen einer Wiederbelebung. Die Schweizer Kabinettscheibe erfreut sich großer Beliebtheit, und zahlreiche Kirchenfenster werden »verneut«,[1] wobei man sich jedoch meist auf die Entfernung schadhafter Gemälde und die Erneuerung der Wappen beschränkt.[2] Selten bleiben komplette Neuschöpfungen wie die beiden Tucher-Fenster in St. Lorenz und das Imhoff-Fenster in St. Sebald erhalten, die, kennzeichnend für die künstlerische Situation der Nürnberger Glasmalerei, in Entwurf und Ausführung auf Schweizer Künstler zurückgehen, während einheimische Kräfte meist nur Ausbesserungsarbeiten vornehmen.[3] Ein Ratsverlaß vom 10. Oktober 1605 erwähnt überdies den Mangel an Glasmalern.[4]

Zu den von einem Schweizer Glasmaler geschaffenen Fenstern gehört das Tucher-Fenster süd im Hallenchor von St. Lorenz (Abb. 1). Dieses Monumentalfenster ist in Scheibe 2a signiert und datiert mit: »Sprüngli fecit 1601 Züricg« und bietet damit einen sicheren Anhaltspunkt für unsere Betrachtung. In den Rechnungen der Lorenz-Tucher-Stiftung aus den Jahren 1574 – 1602 fand sich darüber hinaus ein Eintrag über Erneuerung und Kosten der Tucherwappen und der ihrer Frauen in St. Lorenz, die Sprüngli von Zürich aus geliefert hätte, wie über die Entlohnung des Glasers Mertha Kestner für das Auswechseln der Scheiben.[5]

Trotz dieser eindeutigen Indizien waren die Glasmalereien lange in der kunsthistorischen Forschung umstritten, da sich im gleichen Fenster noch folgende Datierungen befinden: in Scheibe 2e »Jacob Sprüngli 1481 zu Zürich« und in den Wappenscheiben 2b, c, d und 3b, c, d die Jahreszahl 1639. Diese stark schwankenden Datierungsinschriften gaben zu den verschiedensten Vermutungen Anlaß.[6]

Bei richtiger Aufschlüsselung der einzelnen Fakten ergibt sich für das Fenster folgender historischer Sachverhalt: Die Datierung in Scheibe 2e »1481« nimmt zusammen mit der historisierenden Stifterscheibe 1a Bezug auf das Vorgängerfenster: eine Stiftung des Propstes Laurentius Tucher von 1481 im Rahmen der kompletten Farbfensterverglasung des Hallenchores. Ferner weisen die »historisierend verneuten« – oder wie es in den Stiftungsrechnungen heißt: »... in die vndersten fünff Tucherschild und helm wie solche zuvor in den alten gewest«[7] Wappenscheiben der Brüder des Propstes in 1b, c, d, e darauf hin, daß es sich auch hier – ähnlich wie bei den meisten Nürnberger Fenstern – um eine Familienstiftung gehandelt hat.[8] Bei der Neuanfertigung des schadhaft gewordenen Fensters im Rahmen der Tucherschen Familienstiftung 1601 durch Jacob Sprüngli waren die alten Stifterscheiben 1a bis 1e noch vorhanden und haben als direktes Vorbild gedient.[9] Hier ist auch der Ansatzpunkt zu suchen, warum die ältere, heraldisch gut fundierte Lokalforschung das Entstehungsdatum 1481 mit dem Sprünglifenster in Verbindung brachte, zumal sich gerade für diese Zeit ein Glasmaler Sprüngli in Nürnberg nachweisen läßt.[10]

1639 wurden in die ursprünglich nur mit Butzenscheiben versehenen Felder 2b–d und 3b–d ergänzende Wappenscheiben einzelner Familienmitglieder der Tucher eingesetzt.[11] Bei der Instandsetzung der Glasgemälde von St. Lorenz 1951–1952 wurden zusätzlich in Zeile sieben Tucher-Wappenscheiben in Dreipaßform eingesetzt, die aber nicht in dieses Fenster gehören, sondern aus dem Heilig-Geist-Spital Nürnberg stammen.[12]

Das fünfbahnige Fenster erstreckt sich über sieben Zeilen und besteht aus einer klar gegliederten, monumentalen Rahmenarchitektur vor dunkelrotem Grund (Abb. 2), auf der sich zwei große schwebende Engel erheben. Auch im Maßwerk sind musizierende Engel sowie Engelsköpfe zu sehen.

Die einzelnen architektonischen Glieder setzen sich in den Motiven aus dem Formengut des Übergangsstils zusammen: naturalistisches Frucht- und Laubwerk, Masken und Putten, reichprofilierte

Nürnberger Fenster von Jacob Sprüngli

247

Abb. 2 Musizierende Maßwerkengel. Tucher-Fenster. 9c

Abb. 1 St. Lorenz. Tucher-Fenster süd. 1601. Jacob Sprüngli, Zürich

Abb. 3
Rechte Randsäule
mit Putto.
Tucher-Fenster.
3a–5a

Konsolen und Gesimse mit gedrückten Voluten und Roll- und Beschlagwerk. Die Komposition ist auf reine Untersicht angelegt und wirkt im perspektivischen Aufbau sowie in der Behandlung der figürlichen Teile barock. Dieses Gestaltungsprinzip wird besonders an den bekrönenden Engeln deutlich (Abb. 3, 4, 5). Sie verjüngen sich jäh nach oben und scheinen zu schweben. Der Eindruck momentaner Bewegtheit wie der von Plastizität wird durch das Spiel der Gewänder und unruhige Lichtreflexe unterstützt. Das Gesicht des Engels in Scheibe 7a wirkt durch die zu starke, etwas übertriebene Perspektive verzerrt. Der Engel in Scheibe 7e dagegen neigt den schmalen Kopf in fast rokokohafter Anmut und läßt die zierliche Gesichtsbildung deutlich erkennen.

Eingeschlossen in die Kolossalordnung ist eine lichte, butzenverglaste Leerfläche, in die runde Wappenscheiben der »der zeit lebendigen verheiraten Nürnberger Tucher, auch derer weiber schild, neben ein ander, in ieder runden scheuben« – eingestreut sind.«[13] Ursprünglich setzten die Wappen erst in Scheibe 4 bis 6 ein, so daß über der ersten kompletten Wappenzeile eine glatte Butzenscheibenfläche von insgesamt sechs Feldern war, die erst 1639 durch Wappenstiftungen besetzt wurde.

Losgelöst von dieser sich vor einem imaginären Freiraum erhebenden Architektur und ohne Verbindung zur Gesamtkomposition bildet die erste Zeile einen Sockel aus in sich abgeschlossenen Einzelscheiben, die zwar stilistisch zum Bildganzen gehören, aber durch die bewußte Anwendung einer historisierenden Manier völlig isoliert wirken und nur auf direkte Veranlassung des Auftraggebers entstanden sein können. In Scheibe 1a befindet sich die Gedächtnisscheibe des Stifters des ersten Fensters: Propst Laurentius Tucher,[14] der vor einer steinernen Mensa kniet. Ein großes Tucherschild weist ihn als ein Mitglied dieser Patrizierfamilie aus. Abgesehen von den zeitgebundenen Stilelementen in der Architektur und in der figürlichen Behandlung bewegt sich die Darstellung im Rahmen des für Nürnberg kennzeichnenden Historiums, indem das ikonographische Schema der Vorgängerscheibe zugrunde gelegt wurde, die wiederum in Komposition und ikonographischem Programm Parallelen zu den gleichzeitigen knienden Stifterbildnissen des Knorr- und Kunhofer-Fensters (1476–1478) im Chor von St. Lorenz aufweist.[15]

Unter Beibehaltung der gleichen Rahmenarchitektur folgen die Gedächtniswappenscheiben der nächsten Angehörigen des Propstes: sein Vater Heinrich und seine Brüder Berthold, Hans und Sebald.[16] Diese vier Scheiben wirken besonders altertümlich. Die Schilde mit Stechhelm, Helmdecke und Helmzier entsprechen dem Formgut des späten

15. Jahrhunderts. In der Stiftungsscheibe des Hans Tucher in 1d sind außerdem das griechische Kreuz der Ritter des heiligen Grabes von Jerusalem, das mit einem Schriftband umwundene Schwert des Ordens der Equitum Ensiferorum Cypri und rechts die Zeichen des Katharinenordens sichtbar.[16]

Tatsächlich handelt es sich bei Hans Tucher um ein ausgezeichnetes Glied der Familie. 1479 unternimmt er zusammen mit Sebald Rieter und einigen anderen Nürnberger Patriziern eine Reise ins Gelobte Land,[17] kehrt 1480 wohlbehalten nach Nürnberg zurück und wird im gleichen Jahr zum Bürgermeister der Stadt ernannt. Die Eindrücke seiner Reise beschrieb er in einem vielgelesenen Reisetagebuch.[18] Wir wissen nun vom Rieter-Fenster im Chor von St. Lorenz n IV, daß es im Anschluß an die glücklich vollbrachte Pilgerfahrt entstanden ist. Dieses Fenster ist zwar 1479 datiert, wohl aber sicher erst 1480–1481 entstanden. Mit seinen alttestamentarischen Darstellungen – Szenen aus der Moses- und Exodusgeschichte – nimmt es direkten Bezug auf diese Ereignisse. Wie das alte, 1481 entstandene Tucher-Fenster süd genau ausgesehen hat, wissen wir nicht (erhalten hat sich nur das Kernstück der Hostienmühle mit Trog und Evangelisten), obwohl es zum Zeitpunkt der 1601 vorgenommenen »Verneuung« zwar beschädigt, in seiner Scheibenzahl aber noch komplett vorhanden war.[19]

Im Fensteraufbau fügt sich Sprünglis Schöpfung in die seit der Renaissance herrschende Nürnberger Tradition der rahmenden Architektur mit unterteilenden Zwischengeschossen ein, die durch die für die gesamte Weiterentwicklung der Glasmalerei so bedeutungsvollen Fensterentwürfe des Hans v. Kulmbach für das Kaiser-Markgrafen- und Welser-Fenster eingeleitet wurde.[20] Sprüngli entwickelt Kulmbachs Gestaltungsprinzip der Figuren vor imaginärem, d. h. unbemaltem Hintergrund weiter, indem er die Rahmenarchitektur zum alleinigen Bildträger erhebt. Die Mittelbahnen des Fensters sind fast völlig klarsichtig und nur durch kleine Rundwappen farblich aufgelockert. In der Wahl der Ornamentik und der Behandlung der Figurenkomposition sowie in der perspektivischen Auffassung des Fensters mit starker Untersicht, der sich Architektur und bekrönende Figuren unterordnen, erweist sich Jacob Sprüngli als ein phantasievoller, zeitnaher Glasmaler von beachtlicher künstlerischer Qualität. Die dem Tucher-Fenster zugrunde gelegte Gesamtkomposition sowie einzelne stilistische Merkmale und Motive finden sich an einer zweiten Nürnberger Monumentalverglasung: am Imhoff-Fenster im Hallenchor von St. Sebald (Abb. 6–8). Es ist in Scheibe 2a ebenfalls 1601 datiert, die gleiche Kolossalarchitektur rahmt die Familienwappen in den Mittelbahnen. Aufgrund der

Abb. 4
Engelskopf.
Tucher-Fenster. 8b

Abb. 5
Musizierender
Engel aus dem
Tucher-Fenster.
6e–7e

bauseitig bedingten Fenstermaße – es handelt sich um sehr hohe, schmale gotische Fensterbahnen – war der entwerfende Glasmaler gezwungen, sich den überlängten Proportionen anzupassen und zwei architektonische Geschosse übereinanderzustellen. Das Postament des oberen wird von den Statuen der Maria mit dem Kind und der hl. Barbara bekrönt.

In dem heute nicht mehr erhaltenen Maßwerk befanden sich zwei fliegende Engel mit Blasinstrumenten in Wolken und darüber das Imhoffsche Wappen. Trotz dieser auffallenden Übereinstimmung und der in Scheibe 5b befindlichen Signierung: »1601 (J in S)« wurden diese Glasmalereien von der Forschung kaum beachtet.[21] Anhand der in Scheibe 2a bis d befindlichen Wappen erweist sich das heute nicht mehr an seinem ursprünglichen Standort befindliche,[22] zehngeschossige, vierzeilige Fenster ebenfalls als »Verneuung« eines älteren Imhoff-Fensters, das im Rahmen der 1379 beginnenden Farbverglasung des Hallenchors von St. Sebald gestiftet wurde.[23] Die Wappen sind in der schon beim Tucher-Fenster beobachteten Anordnung gestaltet. Sie wirken zwar aufgrund des bis an das Ende des 15. Jahrhunderts in Nürnberg üblichen heraldischen Schemas altertümlich; sie sind aber keinesfalls historisierend im Sinne einer Kopie der ursprünglichen Stifterscheiben. Diese hat man sich – analog der übriger Sebalder Chorfenster des 14. Jahrhunderts – als kniende Stifter zu denken. Der gesamte alte Farbfensterbestand des Chors wurde am Ende des 15. Jahrhunderts durch die Hirsvogel-Werkstatt einer gründlichen Restaurierung unterzogen. Die Fenster waren bereits so stark beschädigt, daß wohl nur noch die Hälfte der Scheiben vorhanden war.[24] Um 1600 werden sich die Schäden noch vergrößert haben, so daß man mit Sicherheit annehmen kann, daß zum Zeitpunkt der »Verneuung« die alten Stifterscheiben nicht mehr erhalten und als direkte Vorbilder zu nutzen waren. Über die Darstellungen des alten Imhoff-Fensters ist nichts Genaues bekannt, es ist jedoch möglich, daß die bekrönende Maria mit dem Kind in den Scheiben 9–11 d Bezug auf ein ehemaliges Marienfenster nimmt, von dem sich vielleicht Reste in dem als »Fensterdepot« verwendeten Geuder-Fenster erhalten haben.[25]

Als Sprüngli 1601 den Auftrag für die »Verneuung« des alten Fensters von der Familie Imhoff erhielt – genaue Rechnungsbelege haben sich leider nicht erhalten –,[26] löste er die ihm gestellte Aufgabe durch die Anlage eines symmetrischen Architekturaufbaus, der sich auf profiliertem Sockelgeschoß erhebt. Dort plazierte er die Gedächtniswappenschilde der ersten Stifter auf Hängekonsolen.[27]

Die architektonische Funktion wird aber durch die additive Anwendung von malerischen Schmuckmotiven – ein von Roll- und Blattwerk umkränzter, gefiederter Puttenkopf mit rotem Krebs – verunklärt. Die Putten am Säulenfuß ähneln den bekrönenden Engeln des Tucher-Fensters. Sie sind in weichem Licht plastisch modelliert und von malerischer Feinheit. Eine rotviolette Gebälkzone schließt dieses erste Geschoß ab. Der pfeilerartigen Gliederung des zweiten sind weiße Architekturformen vorgeblendet, die aber unorganisch und zusammengesetzt wirken. Besonders die sich überkreuzenden Leisten und die mit Hohlkehlen versehenen Baluster erscheinen wie eine auf den Stein übertragene Schreiner- und Drechslerarbeit. Vor dem Postament liegt eine behelmte Kriegermaske. Eine im Sinne eines Atlanten aufgefaßte Halbfigur leitet zum abschließenden Sockelgeschoß über. Auf diesem, in seinen Formen etwas verworren wirken-

Abb. 6 St. Sebald. Imhoff-Fenster. 1601. Jacob Sprüngli, Zürich (Fotomontage Frenzel)

den Architekturgeschoß erhebt sich links eine fast männlich anmutende, kraftvolle Barbara-Gestalt mit Kreuzstab und Kelch vor blankem Hintergrund, die mit beiden Füßen fest auf der Standfläche des Postaments steht. Dünne, bewegte Gewänder umspielen die Figur – sich bauschend oder an sie schmiegend. Die Gesichtszüge der Heiligen wirken durch die starke Untersicht etwas herb, ihre Mimik mit dem aufwärtsgerichteten Blick und dem geöffneten Mund barock-theatralisch. Die rechte äußere Architekturzeile wird mit einer stehenden Maria mit dem Kind auf dem Arm abgeschlossen. Die Darstellung bildet in vielen Teilen den Gegensatz zu der amazonenhaften Barbara-Figur. Nicht nur der Körper ist organischer durchgebildet, sondern auch die Kopfform ist zierlicher. Die Gesichtszüge sind ebenmäßig, und der Ausdruck ist von einer anmutigen Innigkeit. Die niedergeschlagenen Augen sind dem Kind zugewandt. Ein kleiner Johannesknabe (?) umklammert das Standbein der Maria. Obwohl auch die Marienfigur mit einem Fuß noch fest an die Standfläche gebunden ist, wirkt diese Gruppe durch die aufgelockerte Umrißlinie und die räumlichen Überschneidungen bewegter und freier als die als »Standfigur« aufgefaßte und in ihrer Umrißlinie noch ganz geschlossene Barbaragestalt. In den beiden Mittelbahnen des Fensters sind in den Zeilen drei bis sieben runde, von Butzenscheiben umgebene Wappenschilde angebracht, die in ihrem Durchmesser die ganze Feldbreite füllen und dadurch – im Gegensatz zu denen des Tucher-Fensters – sehr kompakt wirken.[28]

Das violette Gebälk sollte die Einzelwappen kompositionell zusammenfassen. Die architektonische Funktion dieses Geschosses wird allerdings nicht deutlich, da es in keiner Beziehung zu der äußeren Rahmung steht. Ebenso isoliert wirken die in eine blaue Rundbogenarchitektur gestellten Wappenscheiben der achten und neunten Zeile.[29] Der gesprengte Abschlußgiebel mit den roten Vasen, deren Blumenschmuck bis in die Maßwerkscheiben

Abb. 7
Imhoff-Fenster.
3d–4d. Säulenbasis
mit zwei Putti

reicht, läßt den Eindruck aufkommen, daß die beiden mittleren Fensterbahnen eine selbständige Architektur verkörpern. Dieser Versuch ist allerdings nicht geglückt, und das Fenster leidet dadurch an einer Überfülle von Motiven und additiv zusammengesetzten architektonischen Details. Abgesehen von dem etwas ungünstigen steilen Fensterformat spürt man doch deutlich die Anlehnung an die Gliederung und Farbgebung des Kaiser- und Markgrafen-Fensters im Chor von St. Sebald. Auch die unbedingt neuartigen Formen täuschen nicht darüber hinweg, daß der Gesamtaufbau des Fensters – im Gegensatz zum Tucher-Fenster – etwas gewaltsam wirkt und nicht restlos gelungen ist.

Vergleicht man nun die beiden im gleichen Jahr entstandenen Sprüngli-Fenster miteinander, so erhebt sich die Frage, wie diese Glasgemälde chronologisch zu ordnen sind. Geht man von dem Kompositionsschema aus, das beiden Fenstern zugrunde liegt, so ist festzustellen, daß das Tucher-Fenster in St. Lorenz eine Weiterentwicklung des im Imhoff-Fenster angewandten Architekturaufbaus bedeutet, und zwar im Sinne einer Vereinfachung und Reduzierung der einzelnen architektonischen Motive zugunsten einer klaren Gesamtgliederung. Was im Imhoff-Fenster zunächst als eine Häufung neuartiger Formen in additiver Zusammensetzung erscheint, ist im Tucher-Fenster zu organischer, funktioneller Einheit verbunden. Die fortschrittlichen Gestaltungsabsichten klingen bereits in St. Sebald in allen entscheidenden Teilen an: in der Behandlung der Architektur als rahmenden selbständigen Bildträger, in der perspektivischen Sicht des Fensteraufbaus und in der räumlich bewegten Gestaltung der Figurenkomposition. Auch butzenverglaste Blankglasteile sind bereits in die Gesamtdarstellung einbezogen. Im Tucher-Fenster verbinden sich alle diese Merkmale zu künstlerischer Einheit: Eine klare Architekturgliederung umschließt die als lichten Freiraum belassenen Mittelbahnen des Fensters, in dem die kleinen Rundwappenscheiben locker eingestreut sind. Die bekrönenden Engel haben sich aus den Bindungen einer Standfigur gelöst und scheinen vollplastisch aus dem Raum hervorzutreten, um das ihnen zugedachte Postament nur noch wie im Fluge zu berühren. Die Figurenkomposition, die im Imhoff-Fenster für die bauseitig bedingten hohen, schmalen Scheibenmaße noch zu monumental gestaltet und daher etwas beengt und gewaltsam wirkt, ist im Tucher-Fenster harmonisch gelöst und läßt in ihrer Bewegungsfreiheit und in der Eroberung des Raumes die neuen Gestaltungsabsichten erst deutlich werden.

Ähnliches läßt sich auch über die von Sprüngli zur Anwendung gebrachten technischen Mittel sagen. Das Imhoff-Fenster lehnt sich noch stärker an die herkömmlichen Formen der Glasmalereitradition an, obgleich bereits die neuartigen Techniken der Emaille- und Schaumfarbenmalerei verwendet worden sind. Im Tucher-Fenster werden diese Möglichkeiten zu einer geglückten Virtuosität entwickelt, die in der gesamten deutschen Glasmalerei der Zeit beispiellos ist. Diese Merkmale legen eine frühere Entstehung des Imhoff-Fensters nahe, was auch durch die Stilanalyse bestätigt wird. So wurde wahrscheinlich, wie aus den Rechnungen zu ersehen ist, Ende April 1601 das Tucher-Fenster in Auftrag gegeben, als am Imhoff-Fenster noch gearbeitet wurde.

In dem neuartigen Versuch, die Schweizer Kabinettscheibenmalereitechnik auf das Gebiet der Monumentalglasmalerei wirkungsvoll zu übertragen, liegt zweifellos eines der großen Verdienste Jacob Sprünglis. Zur Aufhellung der farbigen Bildteile gegenüber den blankverglasten Flächen kann Sprüngli seine Erfahrungen als Auralist verwerten. Ähnlich wie Peter Hemmel von Andlau, der vorwiegend mit Ausschliffen arbeitete, baut er seine Fenster unter Zuhilfenahme von klar abgesetzten weißen und goldgelben Lichtpartien auf, die dem Bildgefüge einen »edelsteinhaften Glanz« verleihen. Da die verwendeten Farbgläser nur zu einem ganz kleinen Teil aus massiven oder überfangenen Hüttengläsern bestehen, kann der Künstler die technisch notwendige Farbteilung auf ein Mindestmaß reduzieren und sich auf die Festlegung von reinen Hauptkonturen beschränken. Fünf verschiedene Violetttöne, ein vom Dunkelrot bis zum reinen Weiß schwankendes Überfangglas, ein zartes Hellblau und ein verhaltenes Grün bilden den Hauptfarbakkord der Fenster. Aktiver in der Farbigkeit und akzentuierter in Helligkeitswert und Farbnuancierung sind hervorgehobene Teile der Bildkomposition, an denen die Gläser rückseitig mit Schaum- und Emaillefarben hinterlegt sind. Unter Anwendung von Silbergelb, dem weiß ausgesparte Lichtkanten und -flächen gegenübergestellt sind, entsteht ein gleitendes, malerisch abgestuftes Farbenspiel, das mit den überlieferten Formen der Monumentalglasmalereitechnik nur noch sehr wenig gemein hat. Rückseitige, partiell scharf begrenzte Abdecklagen in Rostbraun, Sepia und Graugrün bis Schwarz verleihen der Malerei Plastizität, Kraft und Tiefe. Aus dem halbdeckenden vorderseitigen Braunlotüberzug sind modellierende Lichter herausgewischt; die in ihn hineingezeichnete Konturierung ist von samtartigem Glanz, der den Figuren ihre eigentümliche Schwerelosigkeit verleiht. Im Farbcharakter passen sich die beiden Nürnberger Sprüngli-Fenster der vorgegebenen Raumsituation hervorragend an und lassen erkennen, daß sich Sprüngli mit den örtlichen Gegebenheiten gründlich vertraut gemacht hatte. Während der Chor von

Abb. 8
Weinlaubumrankte Säule mit korinthischem Kapitell. Imhoff-Fenster. 5d–6d

St. Sebald aufgrund der um 1500 vorgenommenen Restaurierungseingriffe und der sich anschließenden Neuverglasungen in wesentlichen Teilen von hellem Tageslicht durchflutet wird, dem die Fensterneuschöpfungen der Dürerzeit in ihrer kühlen, verhaltenen Farbnuancierung und den großen Blankglasteilen in jeder Hinsicht Rechnung tragen, lebt in dem Chor von St. Lorenz – trotz seiner späteren Entstehung – noch mittelalterlicher Geist mit starker Farbigkeit. Analog dazu ist das Imhoff-Fenster in seiner Farbwirkung lichter gehalten als das Tucher-Fenster. Helle blau- und rotviolette Gründe sind hinter die Architekturteile gelegt, und die Standfiguren stehen – sicher in Anlehnung an das Markgrafenfenster (St. Sebald s II) – vor blankverglastem Hintergrund. Das Tucher-Fenster in St. Lorenz ist dagegen auf dunkelrotem Hintergrund aufgebaut, der sich bis in die Maßwerkteile hinaufzieht. Der Künstler hat hier bewußt zu schweren Farbakkorden gegriffen, um sich mit seinem Fenster in der unmittelbaren Nachbarschaft des dunklen Hirs-Vogel-Fensters (Chor s V) und des in seiner sprühenden, satten Farbigkeit besonders hervorstechenden Volckamer-Fensters des Peter Hemmel von Andlau (Chor s III) behaupten zu können. Die unterschiedliche Farbwirkung der beiden Fenster ist also nicht im Sinne einer zeitlichen Fixierung, sondern als Anpassung an den Gesamteindruck zu werten.

Woher hatte nun der Züricher Glasmaler und Auralist die guten Beziehungen zu Nürnberger Patriziern? Wir wissen von ihm, daß er in den 90er Jahren wiederholt in Nürnberg war und anscheinend in einem besonders engen Kontakt zu dem Nürnberger Patrizier und Kunstliebhaber Paul v. Praun stand. Christoph Gottlieb Murr berichtet über dessen Kunstkabinett: »Er kaufte vieles von Jacob Sprüngli in Zürich, Jobst Amman, ... vornämlich aber von Wenzel, Albrecht und Christoph den Jamnitzern...« In dem Katalog zu der Sammlung zählt er sechs Glasmalereien des Jacob Sprüngli auf, u. a. als »Nr. 113 Venus et Cupidon endormis. Ce maitre offrit ces tableaux a Nuremberg, en 1591. a Mr. Paul de Praun qui lui faisoit un present de quarante ducats.« Über Paul v. Praun ist Sprüngli auch mit der Goldschmiedefamilie Jamnitzer bekannt geworden, für die Sprüngli nachweislich Hinterglasmalereien für kunstgewerbliche Gegenstände geliefert hat. Wie sich aus einer im Gange befindlichen Sonderuntersuchung von F. A. Dreier über die Eglomises ergibt, sind diese Arbeiten nach den verschiedensten künstlerischen Vorlagen gefertigt worden. Sprüngli pflegte darüber hinaus sicher auch die Bekanntschaft anderer Nürnberger Goldschmiede, was ein Streit um eine Glastafel von seiner Hand für den Goldschmied Hans Petzold belegt.[30] Leider hat sich das genannte Streitobjekt nicht erhalten; aus dem Preis von »200 f. oder 100 duc.« kann jedoch geschlossen werden, daß es sich um eine recht umfangreiche Arbeit gehandelt haben muß.

In einem 1599 in Zürich erschienen Buch über das Geschlecht der Brunen in Zürich wird Sprüngli noch einmal in Zusammenhang mit v. Praun genannt: »... Es hat mich die verschiene Feiertag Mr. Jak. Sp. unser Mitburger allhier zu Zürich, als er von Prag durch Nürnberg seinen Geschäften und Kunstarbeit halb reisende ...«

Daraus geht hervor, daß sich Sprüngli auf seinen Reisen um auswärtige Aufträge bemühte. Von möglichen Arbeiten für Prag läßt sich zunächst nichts nachweisen; doch wissen wir aus den Handwerks- und Bürgerbüchern der Stadt Frankfurt a. M., daß Sprüngli im Jahre 1612 im Auftrage eines Frankfurter Glasmalers namens Peter Behm mehrere Wappen für den Dom zu Mainz geliefert hat, u. a. das Dalbergsche und das Waldbotsche Wappen, und sie mit dessen Namen versehen hat. Bei seinem Nürnberger Aufenthalt 1598 hat sich Sprüngli offenbar nicht nur eingehend mit den örtlichen Traditionen der Glasmalerei vertraut gemacht, sondern er empfing auch zusätzliche Anregungen, die er bei seinen späteren Aufträgen verwertete. Es handelt sich dabei um das gerade zu diesem Zeitpunkt in Nürnberg in zweiter Auflage erschienene, ergänzte und verbesserte Kupferstichwerk des Wendel Dietterlin: »Architectura von Austheilung, Symmetrie und Proportion der Säulen« (Abb. 9–11).

Diese Sammlung neuartiger architektonischer Formen und Motive wurde für Sprüngli eine Quelle allererster Ranges. Bei seinen beiden Monumentalverglasungen für St. Sebald und St. Lorenz hat Sprüngli den Vorlagenschatz in reichem Maße ausgeschöpft und zur Anwendung gebracht. Dabei ist festzustellen, daß sich die Übernahmen aus dem Kupferstichwerk bis in letzte Einzelheiten an den Fenstern nachweisen lassen. Eine besondere Häufung identischer Motive findet sich am Imhoff-Fenster in St. Sebald. Hier sind nicht nur die großen architektonischen Akzente – weinlaubumwundene Rundsäule und pfeilerartiges Postament – übernommen, sondern die Anlehnung an Dietterlin läßt sich bis in die kleinsten Details verfolgen. Manche Architekturteile und Schmuckmotive sind sogar wörtlich kopiert, z. B. das Kapitell und der mit einem Puttenkopf geschmückte Architektursockel im Imhoff-Fenster und der zwischen Rollwerk eingespannte, stehende Putto am Säulenfuß des Tucher-Fensters. Auch die bewegten, barock aufgefaßten Figuren scheinen in ihrer Grundkonzeption auf Dietterlin zurückzugehen.

Die Nürnberger Glasmalerei war seit eh und je auf Monumentalität hin ausgerichtet als sichtbares

Nürnberger Fenster von Jacob Sprüngli

Abb. 9 Wendel Dietterlin »Architectura von Austheilung. Symmetrie und Proportionen der Säulen«, 2. Auflage, Nürnberg 1600. Vergleichsbeispiele zu den Fenstern

Abb. 10 Wedel Dietterlin »Architectura von Austheilung. Symmetrie und Proportionen der Säulen«, 2. Auflage, Nürnberg 1600. Vergleichsbeispiele zu den Fenstern

Nürnberger Fenster von Jacob Sprüngli 257

Abb. 11 Wendel Dietterlin »Architectura von Austheilung. Symmetrie und Proportionen der Säulen«,
2. Auflage, Nürnberg 1600. Vergleichsbeispiele zu den Fenstern

Zeichen eines äußeren Machtanspruches, in dem nicht nur Kaiser, Könige und Klerus miteinander wetteiferten, sondern auch das heimische, auf Repräsentation bedachte Patriziat. Und so ist es nicht verwunderlich, daß die Tucher den ersten Entwurf zum nördlichen Stiftungsfenster im Chor von St. Lorenz des Christof Maurer (Murer), der letztlich eine ins Monumentale gesteigerte Vergrößerung einer »Schweizer Kabinettscheibe« darstellt, abgelehnt haben (vgl. Anm. 6, Abb. 12) und man statt dessen dem Musterbuch des Wendel Dietterlin beim südlichen Tucher-Fenster den Vorzug gab.

Nach anfänglichen Schwierigkeiten im Imhoff-Fenster, St. Sebald, formte Jacob Sprüngli mit dem Tucher-Fenster in St. Lorenz ein Monument, das in der Glasmalerei seiner Zeit nicht seinesgleichen hat.

Abb. 12 Erster Entwurf zum nördlichen Stiftungsfenster im Chor von St. Lorenz des Christof Maurer (Murer)

Anmerkungen

1 St. Lorenz, St. Sebald, Frauenkirche, Leonhardtskirche, Augustinerkirche, Kreßsche Doppelkapelle im Augustinerkloster u. a. Stiftungen von Patrizierfamilien oder Einzelpersonen wurden, teilweise sogar nach vertraglichen Verpflichtungen, die der Rat der Stadt Nürnberg auferlegte, von den Stiftern mäzenatisch betreut und im Bedarfsfalle »verneut«, wie z. B. am Kaiserfenster in St. Sebald (Frenzel, G.: Kaiserliche Fensterstiftungen des Vierzehnten Jahrhunderts in Nürnberg; in: MVGN 51/1962 S. 12); am Imhoff-Fenster in St. Sebald (s. Frenzel, ebd.); am Haller-Fenster in St. Lorenz (s. Frenzel, G.: Das Hallerfenster (Restaurierungsbericht) in: Verein zur Wiederherstellung der St. Lorenzkirche (VzW St. Lo), Mitteilungsblatt NF Nr. 14 (März 1972); Fehring, G. P.; Ress, A.: Die Stadt Nürnberg, Bayerische Kunstdenkmale, Bd. X, München 1961, S. 89; Frenzel, F.: Die Farbverglasung aus St. Lorenz, Nürnberg, Augsburg 1968, S. 52; Fehring und Ress, a. a. O., S. 92, 93, Frenzel: Die Farbverglasung, a. a. O., 1968, S. 84, 101; vgl. Frenzel: Das Hallerfenster (Restaurierungsbericht), a. a. O., und im Chor der Lorenzkirche. Die entsprechenden Urkunden zum Tucher-Fenster dort sind in diesem Beitrag (s. Anm. 5) erstmals zitiert.

2 Als ein Beispiel dieser Art der Ahnenverehrung mag ein Zitat über das Hirsvogel-Fenster in St. Lorenz dienen: »auch ein Fenster in St. Laurenzer Kirch zieren laßen, mit vielen Gemählen, da selbe hat nemlich Julius Geuder, deßen Mutter die letzte Hirsvogelin geweßt ist, ausheben, und das unnütze Gemähl, welches nur das Licht aufgehalten hinweg thun, die Wappen aber wieder hinein sezen laßen ...« (STA Nbg. Wappen- u. Geschlechtsregister 1642, fol. 140)

3 Pilz, K.: Das graphische Werk des Jost Amman, Zürich, Nürnberg 1539–1591, Mch. 1930. Ferner »Tuchersche Monumenta«, Auszug aus den Stiftungsrechnungen, Hs. v. 1652 im Tucherschen Archiv Simmelsdorf. Vgl. dazu auch den nicht zur Ausführung gelangten Vorentwurf für die Neuverglasung des nördlichen Tucher-Fensters von dem Zürcher Glasmaler Christoph Maurer (Murer) bei Stolz, G.: Die Lorenzkirche – Eine Zukunft für ihre Vergangenheit. In: MVzE NF Nr. 17, St. Lorenz im europäischen Denkmalschutzjahr 1975, Abb. S. 5.

4 Hampe: Ratsverläße, Bd. II, Nr. 2031: »Hansen Jacob Reutter glaßmaler von Zürich, welcher sich wider die glaser beschwert, daß sie ine allhie nitt wollen arbeiten lassen, da er doch ihnen handwercks halben keinen eintrag thue, soll man anweisen, umb das bürgerrecht anzusuchen, weil diser Zeit wenig glasmaller alhie sein, und ime nichts destoweniger alhie zu arbeiten zulassen, weil die glaser keine glasmaler sein.« Wo einheimische Glasmaler an der Ausführung mit beteiligt waren, wie am Tucher-Fenster nord von St. Lorenz, ist ein deutlicher Qualitätsunterschied zu bemerken.

5 Auszug aus den Tucherschen Stiftungsrechnungen der Dr.-Lorenz-Tucher-Stiftung 1574–1602 (Tuchersches Archiv Simmelsdorf, R 343, pag. 269f. Für die freundliche Einsichtnahme in die Handschrift sei an dieser Stelle Herrn Freiherr v. Tucher herzlich gedankt): »Mer so ist in dissen jar, auf gut achtung und bewilligung der eltern Tucher hie das Tucherfenster in sant Lorenzenkirchen, neben der Sacristei gegen dem Pfarrhoff über gar verneuert worden, und hat kost, wie underschitlich volgt; Erstlich zalt dem Jacob Springli Amalist und glasmaler von Zürich von 22 stück oder Thürlein durch aus geschmelzt, nemlich in der understen fünff Tucherschild und helm, wie solche zuvor in den alten gewest, und auf beden seiten darob possiert von Collonen, mit Laubwergk und anderm, und zu oberst auff beden seiten Engel, und ein grossen Tucherschilt, in der miten. Mer herunder im mitel in neun thürlein, alzeit drei neben einander, in jeder ein grosse runde scheuben, der zeit lebendigen verheiraten Nürnberger Tucher, auch deren Weiber schilt, neben ein ander in runden scheuben. Solches alles hat er uns von Zürich bis her, auf sein kosten und gefahr gliffert und wir ime darfür zallen müssen, von den 22 stück für ieder 10 guldin und für 3 klaine in der höch ½ guldin, nach für die 9 grosse runde scheuben der Tucher und irer weiber schilt, für alle zu samen 10 guldin, und denen, so solche von Zürich hergetragen zu trinckgelt, ein guldin, thut alles zusammen f 231 4 6
Mer zalt den 25 aprillis einem galler poten von einem brieff an Jacob Springli nach Zürich 3 ½ patzen thut   1 29
Mer dem M Mertha Kestner glasser hie, für ein puch gros Regal papier, 6 patzen für papen und plei weis drei kreuzer für sein mühe, das alte glaswergk gemalte abzumessen 10 patzen thut alles   1 1
....
Mer zalt dem M Mertha Kestner glasser hie, erstlich vor 20 stück Fenster mit scheuben verglast, die hatten zusammen 2090 scheuben, vom hundert in plei ein zu fassen   6 20 thut nemlich   fl 16 4 20
Mer auf solche und die geschmelzten fenster in alles mit hafften   fl 3 7 10
Mer von den alten Fenstern 43 stück heraus zu thun und von den neuen 43 stück einzusezen zu ½ kreuzer vom stück thut ...   fl 5 6 5

Suma des glasser arbait thut   fl 26 1 27
Suma in alles   von wegen dises Fenster ausgeben worden fl 275 6«
6 Verwirrung stifteten einmal die unterschiedlichen Fensterinschriften im Fenster »Sprüngli fecit 1601 Zürich« und »Jacob Sprüngli 1481 zu Zürich«, zum anderen aber auch die Verwechslung mit dem nördlichen Tucher-Fenster im Chor von St. Lorenz. Auf Veranlassung von Meyer, H.: Die schweizerische Sitte der Fenster- und Wappenschenkung vom 15. bis 17. Jahrhundert, Frauenfeld 1884, S. 230ff schaffte A. Essenwein, Direktor des Germanischen Nationalmuseums, Rat und besorgte einen Auszug aus dem Tucherschen Familienarchiv folgenden Inhalts: »1590. Mehr ist das Tuchersche Fenster in der Kirche zu St. Lorentz erneuert worden, das hat cost, wie unterschidlich folgt: Erstlich den 19. Okt. 1590 dem Jobst Ammann Mahler, zahlt für 14 Stuck Visierung zu reyssen und andres, so er dazu gemacht, thut alles fl 10,– 1592 Hans Stein, Glasmahler allhie auf dem Lorentzenplatz, erstlich unten in der Mitten des Fensters zwey gross Tucherwappen in zwey Thürlein etc. 15.– fl. Mehr zu oberst die Dreyfaltigkeit, für drei Thürlein, darunter zu beiden Seiten zwei Engel, für zwey Thürlein, und ein Gehäng mit Laubwerk inmitten und anderes darbey, alles zusammen für 3⅓ Thürlein und zu beiden Seiten herab 12 Thürlein, thut alles 22½ Thürlein zu 6 fl. eins, fl 134.« Diese Nachricht bezieht sich, wie gesagt, auf das nördliche Tucherfenster, nicht aber auf das hier behandelte Tucherfenster süd: Die Wappenscheiben Tucher in Zeile 2 und 3 stammen von 1639. Die drei Tucher-Allianzwappen mit wappenhaltendem Engel in einem Dreipaß der obersten Zeile gehören ebenfalls nicht zu dem ursprünglichen Bestand. Sie sind Nürnberger Herkunft und stammen aus der Heiliggeistkirche zu Nürnberg. Sie wurden erst 1951 hier eingesetzt.
7 Vgl. Anm. 5
8 In dem Vorgängerfenster war die Hostienmühle dargestellt. Bedeutende Reste davon heute in Chor s IV, vgl. Frenzel, G.: Das Hostienmühlenfenster in St. Lorenz; VzW St. Lo. Nürnberg, 1967. Frenzel, G.: Die Farbverglasung aus St. Lorenz, Nürnberg, Augsburg 1968, S. 68, Abb. 14, 15
9 Vgl. den Auszug aus den Stiftungsrechnungen, wo der Glaser Kestner für die Abmessungen des alten Glaswerkes, ferner für das Auswechseln der alten Glasgemälde gegen die neuen entlohnt wird.
10 Vgl. Brun: Schweizerisches Künstler-Lexikon, Bd. 4, 1917, S. 410
11 Sie wurden von dem Nürnberger Glasmaler Franz Stengel ausgeführt. Vgl. Tuchersche Monumenta, Auszug aus den Stiftungsrechnungen. Hs. v. 1652, im Tucherschen Archiv Simmelsdorf, pag. 157/158. Die Wappen beziehen sich auf folgende Personen: Scheibe 2b: Allianz Tucher-Tucher; Wappen des Carl Tucher, gest. 1646; Scheibe 2c: Allianz Tucher-Vogt-Schwab; Wappen des Johann Christoph Tucher, gest. 1632; Scheibe 2d: Allianz Tucher-Vogt; Wappen des Tobias Tucher, gest. 1644
12 Vgl. Tuchersche Monumenta, Auszug aus den Stiftungsrechnungen. Hs. v. 1652 im Tucherschen Archiv Simmelsdorf, S. 330: »1591 mehr ausgeben den 16. Octob. 1591 zahlt dem Hannß Stain, glaßmahler nach inhalt seines zetels, für 3 große stück ganze thürlein Tucherschildt und helm für eines 6 fl mehr 3 formbstück in die höch, für eines 3 fl in die Kirchen zum neuen Spital fl 27«
13 Siehe dazu auch Anm. 6
14 Vgl. dazu Strieder, P.: Eine Scheibe mit dem Bildnis Lorenz Tucher; Ztschr. f. Kunstgeschichte, Bd. 21, Heft 2, 1958, S. 175
15 Abgebildet b. Strieder, a. a. O., Frenzel, G.: Die Farbverglasung aus St. Lorenz, Nürnberg, Augsburg 1968, Abb. 10, S. 43
16 Scheibe 1b: Allianz Tucher-Hegner-Haller; Wappen des Heinrich Tucher, gest. 1464; Scheibe 1c: Allianz Tucher-Mendel; Wappen des Berthold Tucher, gest. 1494; Scheibe 1d: Allianz Tucher-Ebener-Harßdörffer; Wappen des Hans Tucher, gest. 1491; Scheibe 1e: Allianz Tucher-Hirsvogel; Wappen des Sebald Tucher, gest. 1462
17 Nach Will: Münzbelustigungen, Bd. 4
18 1479 reisten mit Herzog Christoph von Bayern in das Heilige Land: Martin Löffelholz, Sebald Rieter, Sohn des Sebald Rieter und der von Lichtenstein, Endres Rieter Valentin Scheurl und Hans Tucher. In einer Chronik heißt es ferner: »Item 1479 jar am 6. tag des monats meji zoh auß Hanns Tucher und Sebold Rieter, ped des clainern rats, gen Jherusalem zu dem heiligen grab, da warden sie ped zu ritter geschlagen von hertzog Balthasar von Meckelburg ...« (Chronik der fränkischen Städte, Bd. V, S. 472 f.) Im Tucherschen Memorialbuch heißt es S. 256f.: »... und sie ped zugen von Jherusalem ferrer gen sant Katherina zu dem perg Synay und von dannen an das rot mer gen Alakeyro, Babilony und gen Allexandria und von dannen gen Venedig und her gen Nürnberg und sie warn aussen auf solcher rais 49 wochen ...«; erschienen 1482 in Augsburg
19 Vgl. Anm. 5: »Mer von den alten Fenstern 43 stück heraus

zu thun und von den neuen 43 stück einzusetzen zu ½ Kreuzer von stück ...«

20 Vgl. Winkler, F.: Die Zeichnungen des Hans Suess von Kulmbach und Hans Leonhard Schäufeleins, Berlin 1942; ders.: Hans von Kulmbach, Kulmbach 1959, S. 23–28, 75–80, Tafel 53–56

21 Vgl. Hoffmann, F.: Die Sebalduskirche in Nürnberg, Wien 1912, S. 180

22 Ursprünglich befand sich das Imhoff-Fenster im Chor n VIII und wurde im 19. Jahrhundert anläßlich der Aufstockung der Sakristei, die eine teilweise Vermauerung des Fensters mit sich brachte, mit dem in s VIII befindlichen und schon zur Hälfte reduzierten Grundherren-Fenster getauscht, wobei das zum Imhoff-Fenster gehörige Maßwerk nicht mit versetzt wurde.
Eine kolorierte Gesamtabbildung des Fensters von »G. G. Bemmel pinxit A. 1756 Mens November 2«, aber ohne das alte Maßwerk, das nur mit kleinen Wappenscheiben in Butzenverglasung dargestellt ist, befindet sich im Imhoff-Archiv, Familienbuch Germ. Nat. Mus. Auch ein Aquarell von »G. C. Wilder 1831« zeigt die gleiche Situation (Kupferstichkabinett Germ. Nat. Mus. Kirchen und Kapellen, Klöster Nr. 1066). Hoffmann, Fr., a. a. O., sah 1912 noch »zwei Engel mit Blasinstrumenten in Wolken, darüber das Imhoffsche Wappen, 17. Jhd.« (im heutigen Grundherren-Fenster). Im Imhoff-Archiv, Ausgabenbuch des Endres Imhoff 1552–1637 Fasc. 36/4, befindet sich lediglich folgender Hinweis: »addi 7 Dezembris Tag empfang ich aus der Höfischen Schreibstube fl. 716 h 5 ch 18; das vorig wie auch die gantze ausnutzung des jahrs 1601 ist auf das fenster bei S. Sebald gewant worden: Darüber Bruder Philip ein Rechnung bei handen«. Diese Abrechnung war aber nicht mehr auffindbar. Auf einem gesonderten Blatt über Restaurierungsausgaben heißt es ergänzt: »weilen der Älteren Meinung nach die 6 grosse Schild nicht sauber genug gemahlt, als sind solche zum dritten mahl und zugleich 2 Taffeln übermahlt worden, haben kost 20 fl. 42«.

23 Frenzel, G.: Nürnberger Glasmalerei der Parlerzeit, Mch. 1954, S. 11 ff.

24 Frenzel, wie Anm. 23, S. 12

25 Frenzel, wie Anm. 23, S. 15 f.

26 Eine Sichtung des diesbezüglichen Archivmaterials steht allerdings noch aus.

27 Scheibe 2 a: Allianz Imhoff-Stromer; Wappen des Nicolaus Imhoff, gest. 1414; 2 b: Allianz Imhoff-Groß: Wappen des Hans Imhoff, gest. 1389, Vater v. Nicolaus, Conrad und Balthasar; 2 c: Allianz Imhoff-Pfinzig-Schürstab; Wappen des Conrad Imhoff, gest. 1396; 2 d: Allianz Imhoff-Schröder; Wappen des Balthasar Imhoff

28 3 b: Allianz Imhoff-Tetzel; Wappen des Willibald Imhoff, gest. 1595; 3 c: Allianz Imhoff-Behaim; Wappen des Jakob Imhoff, gest. 1609; 4 b: Allianz Imhoff-Tucher; Wappen des Hans Jakob Imhoff, gest. 1615; 4 c: Allianz Imhoff-Rieter; Wappen des Philipp Imhoff, gest. 1627; 5 b: Allianz Imhoff-Schnitter-Albetshell-Rieter; Wappen des Carl Imhoff, gest. 1619; 5 c: Allianz Imhoff-Paumgärtner-Schmidtmair; Wappen des Hans Imhoff, gest. 1629; 6 b: Allianz Imhoff-Muffel; Wappen des Jeremias Imhoff, gest. 1632; 6 c: Allianz Imhoff-Gienger; Wappen des Hans Imhoff, gest. 1615; 7 b: Allianz Imhoff-Imhoff; Wappen des Wilhelm Imhoff, gest. 1630; 7 c: Allianz Imhoff-Relinger; Wappen des Endres Imhoff, gest. 1637

29 8 b: Allianz Imhoff-Harsdorf; Wappen des Willibald Imhoff, gest. 1580; 8 c: Allianz Imhoff-Geuder; Wappen des Hans Imhoff, gest. 1576; 9 b: Allianz Imhoff-Schmidtmair-Nömer-Manlich: Wappen des Anreas Imhoff, gest. 1597; 9 c: Allianz Imhoff-Schmidtmair; Wappen des Jakob Imhoff, gest. 1599

30 Aus einem Ratsverlaß von 1609 können wir folgenden Vorgang entnehmen: »Jakob Springli von Zürch, soll man auf seine supplication, betreffent ein glaßtafel, so er, Springle, auff Hansen Petzolts (ein Nürnberger Goldschmied) begern gamalirt und dafür 200 f. oder 100 ducaten erfordert, ...«

Sibylle Badstübner-Gröger

Bemerkungen zur deutschen Ausgabe von Cesare Ripas »Iconologia« aus den Jahren 1669–1670

Neben den umfangreichen Arbeiten zur hochmittelalterlichen Baukunst war es die Architektur barocker Klosterbibliotheken mit ihren bildkünstlerischen Ausstattungen und ikonographischen Programmen, denen Edgar Lehmann seine jahrelangen Untersuchungen widmete. Bei diesen Forschungen war Cesare Ripas »Iconologia« ein zuverlässiger und weiterführender Begleiter, und mit meiner Studie zur deutschen Übersetzung dieses Werkes entbiete ich dem Jubilar meine besten Wünsche.[1]

»Iconologia overo Descrittione dell'Imagini universali cavate dall'antichità et da altri luoghi Da Cesare Ripa Perugino. Opera non meno utile, che necessaria à Poeti, Pittori, et Scultori, per rappresentare le virtù, vitij, affetti, et passioni humane«, so lautet der vollständige Titel des 1593 erstmals in Rom bei den Erben von Giovanni Gigliotti erschienenen gelehrten Sammelwerkes von Cesare Ripa. Diese erste, im Quartformat herausgegebene Auflage enthielt Beschreibungen von 100 allegorischen Themen und enthielt noch keine Abbildungen. Ripa hatte die Notwendigkeit erkannt, mit seinem Sammelband dem fortschreitenden Wunsch, abstrakte Begriffe zu allegorisieren, Abhilfe zu schaffen. Der große Vorteil von Ripas »Iconologia« gegenüber älteren Veröffentlichungen dieser Art war die alphabetische Ordnung der Begriffe. Sie ermöglichte dem Leser eine schnellere Orientierung als die bisher übliche systematische Gliederung. Da die Nachfrage nach der »Iconologia« zunahm, entschloß man sich 1602, die Ausgabe von 1593 unverändert herauszubringen, nun allerdings in einem bescheidenen Oktavformat bei Gierolamo Bordone und Pietro Martire Locarni in Mailand. Jedoch schon ein Jahr später, 1603, veröffentlichte Ripa bei Lepido Facij in Rom die dritte, nun auch erweiterte Ausgabe der »Iconologia« mit mehr als »400 Imagini« und zahlreichen Holzschnitten, die zu großen Teilen nach der Erfindung des Malers Cav. d'Arpino gefertigt sein sollen.[2] Der Erfolg dieses Werkes ermöglichte noch zu Lebzeiten Ripas weitere illustrierte Ausgaben. Alle hatten gegenüber der ersten von 1593 an Umfang zugenommen. Nach Ripas Tod, zwischen 1620 und 1625, betreute sein Freund, Sig. Vac. Gio. Zaratino Castellini, der Mitarbeiter der Ausgaben von 1620 und 1624/25, die weiteren Editionen der »Iconologia«. Ein Vergleich der illustrierten Ausgaben läßt mit Sicherheit den Schluß zu, daß der deutschen Übersetzung von 1669/70 die bei P. P. Tozzi 1624/25 erschienene Ausgabe als Vorlage gedient hat.[3] Denn diese verzeichnet die gleichen illustrierten Allegorien wie die spätere deutsche Übersetzung, während in früheren Ausgaben viele der erst 1624/25 erstmals in die »Iconologia« aufgenommenen Allegorien noch nicht enthalten waren.[4]

Die bisher eingehendste Untersuchung zu Ripas »Iconologia« ist nach wie vor die 1934 erschienene Dissertation von Erna Mandowsky. Die gleiche Autorin führt in ihrer Einleitung zum Reprint der Ripaausgabe von 1603 namentlich jene Künstler auf, die die »Iconologia« für ihr künstlerisches Werk besonders konsultierten.[5] Zu ihnen zählen vor allem Lebrun, Annibale Carracci, Carlo Maratta, Domenichio, Luca Giordano, Tiepolo, Bernini, Poussin und Boucher. Eine genaue Erforschung des Einflusses, den Ripas Werk auf die deutsche Kunst genommen hat, steht m. E. noch aus. Schon in Mandowskys Arbeit von 1934 werden nur italienische und französische Beispiele angeführt, in denen die Benutzung von Ripas »Iconologia« evident wird. Bis in das 18. Jahrhundert hinein wurde die »Iconologia« von Poeten, Malern, Bildhauern, Kupferstechern, Rednern, Predigern und Festausstattern für den Gebrauch und zur Bildung von Sinnbildern und Allegorien gleichsam als Nachschlagwerk benutzt. Ripas enzyklopädisches Werk war das wichtigste Handbuch für die meisten Künstler in Westeuropa, daher wurde die »Iconologia« ins Französische, Deutsche, Niederländische und Spanische übersetzt.[6]

Die Übersetzung der »Iconologia oder Bilder-Sprach« des Cesare Ripa »in unsere hochteutsche

Mutter Sprach« verfaßte laut Titelblatt des ersten Teils ein gewisser »L.S.D.«, der sich im nachfolgenden Widmungstext »an Johann Ludwig Pöckhen« als ein Laurentius Strauß (Lorenz Strauß) / D(octore) zu erkennen gibt. Der zweite Teil der »Iconologia« wird von dem Verleger, dem »Buchführer« Wilhelm Serlin eingeleitet und »Johann Rudolff König«, einem Buchhändler in Basel, gewidmet. Serlins Widmungstext nennt den Übersetzer Strauß nicht mit Namen, sondern er erwähnt nur, daß er, Serlin, mit dieser Übersetzung »auß der Italiänischen in unsere Teutsche Sprach ... einen gelährten und selbiger Sprach wohlkündigen Mann« beauftragt habe. Der erste Teil der deutschen Übersetzung erschien 1669 auf der »Herbstmeß« in Frankfurt am Main, der zweite Teil im März 1670, beide Teile in Wilhelm Serlins Buchhandlung.

Laurentius Strauß war Mediziner und seit 1662 als Professor der »Arzeney gelahrtheit und der Physik« in Gießen tätig. Vor allem durch seine anatomischen Vorlesungen hatte er sich Ruhm erworben. Strauß war am 9. Februar 1633 in Ulm geboren. Er hatte an den Universitäten Jena, Montpellier, Genf und Basel die medizinischen und philosophischen Wissenschaften studiert. 1658 promovierte er in Heidelberg, und 1659 übernahm er in Darmstadt das Amt eines Hofmedikus. Unter den rund 35 medizinischen und physikalischen Abhandlungen in lateinischer Sprache, die Strieder anführt, – Jöcher nennt weniger Werke – erwähnt nur Strieder jene Übersetzung von »Caes. Ripae Iconologia oder Bildersprach, aus d. Italien. übers. von L.S.D. Frankf. 1669.4⁰«. Diese Übersetzung nimmt im Gesamtwerk von Strauß eine ausgesprochene Sonderstellung ein. Er begann und vollendete sie während seiner Professorentätigkeit in Gießen im Alter von 36 Jahren.[7] Strauß verstarb mit 54 Jahren an einem »Kataralfieber« auf einer seiner Reisen zur Frankfurter Ostermesse am 6. April 1687. Auf diesen Meßreisen pflegte er Freunde aufzusuchen, unter denen sich auch der Verleger Wilhelm Serlin befunden haben muß. Die Übersetzungsfähigkeiten des Doktors lagen in seiner humanistischen Bildung begründet, die er im Elternhaus erfahren hatte. Sein Vater, ein Ulmer Handelsherr, Lorenz Strauß, war schon ein Jahr nach der Geburt des Sohnes, 1634, verstorben. Er hatte also an dieser Ausbildung keinen Anteil.[8] Verantwortlich für die Bildung und Erziehung von Laurentius Strauß war sein Stiefvater, der Ulmer Ratsadvokat und Witwer Johann Ludwig Pöckh (gest. 1669), dem auch der erste Teil der »Iconologia« gewidmet ist. Im Widmungstext drückt Laurentius Strauß seinen Dank und seine Verehrung gegenüber dem »Vatter« aus, als der Pöckh hier bezeichnet wird. Pöckh hatte 1638 die Mutter von Laurentius Strauß, Ursula Fingerle verw. Strauß,

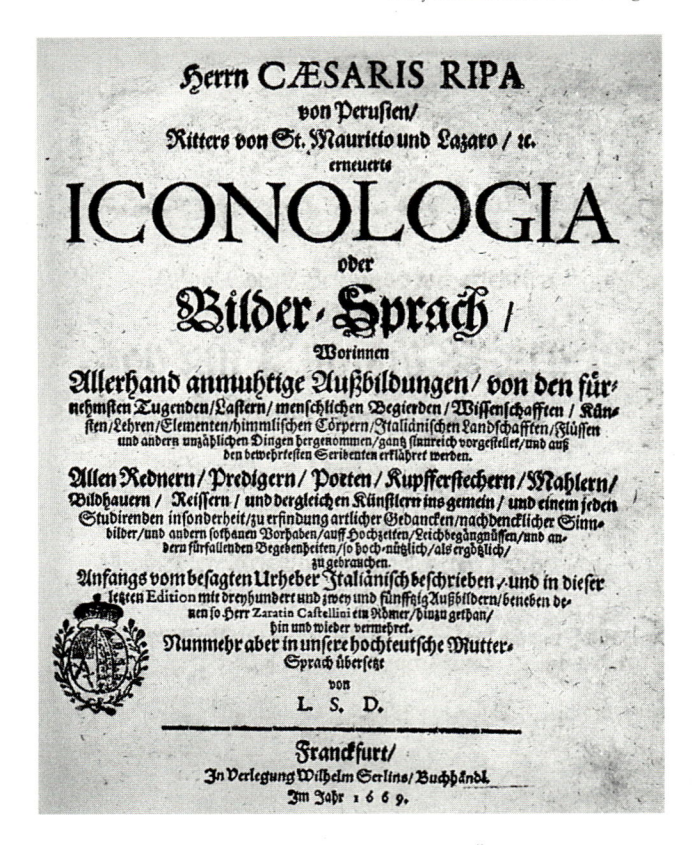

Abb. 1 Titelblatt zum Teil I der deutschen Übersetzung der Iconologia von Cesare Ripa.
Frankfurt am Main bei Wilhelm Serlin 1669

die Tochter des Ulmer Handels-, Ratsherrn und Oberrichters, Hans Fingerle, geheiratet.[9]

Der zweite Teil der »Iconologia«, im März 1670 herausgegeben, erschien mit einer Einleitung des Verlegers Wilhelm Serlin und einer Widmung für »Johann Rudolff König, Dem Edlen/Ehrenvesten/ Frommen und Großachtbahren ... Vornehmen Buchhändler in Basel.« König, am 4. März 1649 geboren, gehörte zu einer bekannten Basler Verleger-, Buchhändler- und Gelehrtenfamilie.[10] Serlin würdigte 1670 den noch jungen Mann, möglicherweise seinen Geschäftsfreund, mit einer Fülle von Ehrenbezeichnungen im Widmungstext des zweiten Teils, die Erstaunen hervorrufen, wenn man weiß, daß Johann Rudolff König kurz vor dem Bankrott stand und der Codex Nundinarius lediglich sechs Verlagswerke auf den Frankfurter Messen zwischen 1669 und 1680 aus seinem Verlag nennt.[11]

Der Verleger und Initiator der deutschen Ripaübersetzung, Wilhelm Serlin, gehörte zu den erfolgreichen, vielleicht auch risikofreudigen Frankfurter Buchhändlern der zweiten Hälfte des 17. Jahrhunderts, der Blütezeit des Frankfurter Verlagswesens. Er war ein Unternehmertyp mit Gespür für verlegerische Erfolgsgeschäfte. Bei seinem Tode, 1674, war er hoch verschuldet, dennoch führte seine Witwe das Verlagsgeschäft erfolgreich weiter.[12] Serlin war 1625 in Nürnberg geboren und seit 1649 als Buch-

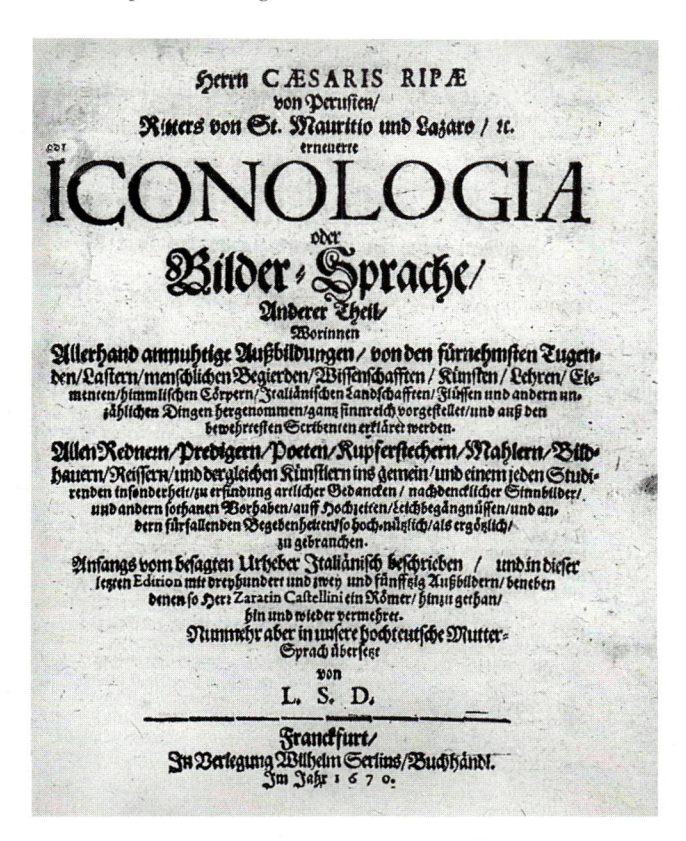

Abb. 2 Titelblatt zum Teil II der deutschen Übersetzung der Iconologia von Cesare Ripa.
Frankfurt am Main 1670

händler in Frankfurt am Main tätig, wo er am 4. Juli 1650 das Bürgerrecht erwarb. Zunächst betrieb er mit den Verlegern Georg Fickwirth (1655 bis 1656) und Johann Wilhelm Ammon (1658–1662) ein gemeinsames Verlagsgeschäft, darunter befand sich die Herausgabe eines Nachdrucks der Jenaischen Gesamtausgabe von Luthers Werken (»Lutherus redivivus«). Nach dem Codex Nundinarius edierte Serlin allein in den Jahren 1663–1674 die Anzahl von 92 Verlagswerken, darunter auch politische Zeitschriften, wie das umfangreiche »Diarium Europaeum« und das vielgelesene Frankfurter »Journal«.[13] In diesen Zeitraum fällt auch die Herausgabe der »Iconologia« von Ripa in der deutschen Übersetzung, deren Auflagenhöhe nicht zu ermitteln ist. Serlin gehörte zu einer Gruppe von Buchhändlern mit ausgeprägtem Geschäftssinn, die ihre Rechte sowohl gegenüber dem Rat der Stadt Frankfurt als auch einer vom Kaiser ernannten Bücherkommission, einem Kontrollorgan des Frankfurter Büchermarktes, entschieden vertraten. Insbesondere wendeten sie sich gegen den Versuch der kaiserlichen Reichsregierung, eine »Büchertaxe« auf den sonst handelsfreien Frankfurter Messen einzuführen.[14] 1669, im Erscheinungsjahr der »Iconologia«, war ein »Localverein« der Buchhändler gegründet worden, zu dem auch Serlin gehörte, der mit Statuten und Memoranden die Verhältnisse des Frankfurter

Buchhandels grundsätzlich festlegen wollte.[15] Die Frankfurter Buchmesse war der internationale Mittelpunkt buchhändlerischen Großverkehrs, und in den Jahren 1560–1630 erreichte sie ihre größte Ausdehnung. Noch 1649–1660 umfaßte die Buchproduktion 1272 Titel (Artikel). Erst nach 1680 ging der Frankfurter Buchhandel zugunsten von Leipzig allmählich zurück.[16]

Mit der Herausgabe einer deutschen Übersetzung von Cesare Ripas »Iconologia« kam Serlin ohne Zweifel einem großen Bedürfnis entgegen, denn nicht jeder deutsche Maler und Bildhauer, Poet oder Redner mag des Italienischen mächtig gewesen sein. Der mit Serlin befreundete Mediziner Strauß wurde mit der Übertragung betraut, und sie folgt dem Ripaschen Text weitgehend wörtlich. Jedoch ist zu beobachten, daß Strauß mitunter die längeren lateinischen Zitate ins Deutsche übersetzt. Die Schreibweise der deutschen Worte erfolgt nicht einheitlich. In der Begriffs- und Abbildungswahl weicht die deutsche Ausgabe von der italienischen Vorlage insofern an, als der Übersetzer Strauß eine für ihn oder für das deutsche Publikum verkürzte bzw. zweckmäßige Zusammenstellung vornahm. Die Ausgabe bei Serlin, 1669/70, erschien nur in zwei Teilen, möglicherweise waren ein dritter und weitere geplant, die aber nicht zustande kamen, da der Verleger verschuldet war, wie sich bei seinem Tode 1674 herausstellte. Im Vergleich mit dem italienischen Vorbild ist die deutsche Ausgabe ein Fragment geblieben, oder es war nur an eine Teiledition gedacht gewesen.

Der erste Teil der deutschen Fassung hat 188 Textseiten einschließlich der Register und ist bis zum allegorischen Sinnbild »Zerknirschung des Hertzens« (Compuntione) geführt. Der zweite Teil umfaßt 172 Seiten und 12 unpaginierte Registerseiten. Er beginnt mit einer neuen Seitenzählung und endet mit der Personifikation der »vier Elemente«. Strauß hat offensichtlich den ersten Teil von Ripas »Iconologia« in zwei Teile unterteilt. Die italienische Ausgabe von 1613 beispielsweise beschließt den ersten Teil mit »Legge« und umfaßt insgesamt 436 Seiten. Der »Parte seconda« beginnt auch in der italienischen Vorlage mit einer neuen Seitenzählung. Im Vergleich zum italienischen Vorbild ist der Text in Spalten und nicht im Block gesetzt. Die Auswahl der insgesamt 117 Holzschnitte (9,5/9,7 Zentimeter × 7,5/8,0 Zentimeter) orientiert sich in Format und Stil an den Holzschnitten der Ausgabe von 1624/25. Bei einem weiteren Vergleich der deutschen Ausgabe mit verschiedenen italienischen Editionen von 1603–1630 konnte darüber hinaus festgestellt werden, daß auch die Auswahl der behandelten allegorischen Begriffe mit jener Ausgabe von 1624/25 weitgehend übereinstimmt, ebenso die illustrierten Bei-

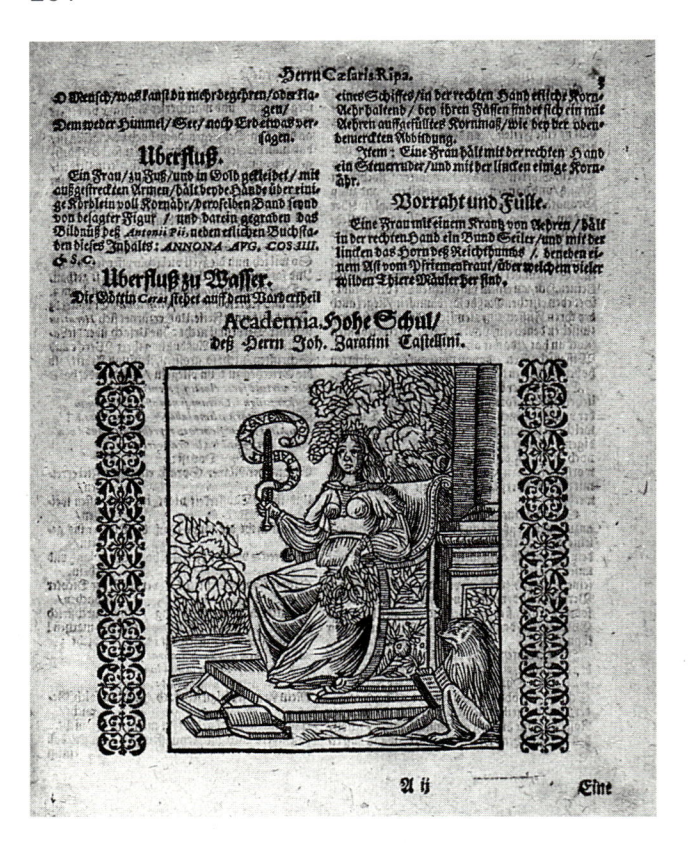

Abb. 3 Erste Seite des Teil I mit der Allegorie Menge / oder Überfluß aller Dinge. Frankfurt am Main 1669

Abb. 4 Allegorie der Academia, Hohe Schul. Seite 3 des ersten Teiles. Frankfurt am Main 1669

spiele, denn nicht alle Sinnbilder haben dort auch eine bildliche Darstellung erhalten.

Die Holzschnitte der 1624/25 in Padua edierten »Iconologia« Ripas unterscheiden sich von der ersten illustrierten Ausgabe des Jahres 1603 durch eine größere Einfachheit. Daher kann man annehmen, daß sie dem deutschen, nicht näher bekannten Holzschneider zur Vorlage dienten. Allerdings unterscheiden sich die deutschen Fassungen vom italienischen Vorbild in einigen Punkten. Die Kopf-, Hand- und Beinhaltungen der Figuren wurden verändert oder in Seitenverkehrung übernommen. Auch existieren schmückende Hintergrundsdarstellungen, die der italienischen Vorlage fehlen. Vor allem aber differieren die Holzschnitte in den Binnenschraffuren, und insgesamt wirken sie noch einfacher, ja uneleganter und einfallsloser als die reicheren und bewegteren Darstellungen der italienischen Ausgabe. Diese wiederum knüpft an die erste, sparsam ausgestattete Auflage von 1603 an, in der der Grundtypus der allegorischen Figuren im großen und ganzen festgelegt worden ist. Grundlegend verändert wurden die rahmenden ornamentalen Randleisten der Holzschnitte, die, gesondert gedruckt, in der deutschen Ausgabe ausgesprochen simpel ausfallen und sich wiederholen.[17]

Die Anordnung der Illustrationen folgt keiner bestimmten Regel. Entweder sind sie nach der Überschrift und vor dem Text, mitten in der Erläuterung oder auch nach der Begriffserklärung eingefügt. Sie nehmen den Platz von zwei Textspalten ein.

Der erste Teil der Frankfurter Edition enthält zwei Titelblätter, deren gleichlautender Text entsprechend der italienischen Ausgabe Inhalt und Funktion des Werkes knapp benennt. Das erste Deckblatt verzichtet allerdings auf den letzten Absatz, der mit einer Bemerkung zur deutschen Ausgabe schließt.[18]

Beide Titelblätter nennen die Themenkreise der »Iconologia« und führen entsprechend der italienischen Vorlage auch die himmlischen Körper und die Flüsse auf, obwohl diese in der deutschen Übersetzung nicht berücksichtigt wurden. Die Titelei des Deckblattes ist von 14 Medaillons gerahmt, die die wichtigsten Begriffe, die auch im Band selbst abgebildet sind, hier bildlich und in Seitenverkehrung vorwegnehmen: Academia – Hohe Schul, Faulheit, Hertzeleid, Ackerbau, Freundschaft, Liebe zum Vaterland, Astronomia, Schönheit, Große Gewalt und Ansehen, Reinigkeit des Hertzens, Tugendhafte Verrichtung, das liebreiche und freundliche Gemüt, Liebe zu Gott und Frölichkeit.

Die Reihenfolge der Allegorien in der Straußschen Übersetzung richtet sich nicht nach dem deutschen Alphabet, sondern nach der italienischen

Abb. 5 Titelblatt zur deutschen Übersetzung
der Iconologia von Cesare Ripa.
Frankfurt am Main bei Wilhelm Serlin dem Älteren, 1669

Bezeichnung. Insofern bleiben die Erklärungen und die Abfolge der Sinnbilder, wie sie Ripa geordnet hat, weitgehend erhalten. Allerdings hat schon Ripa die alphabetische Ordnung nicht konsequent durchgehalten, denn er gruppierte auch gegensätzliche Begriffspaare zueinander oder er faßte zu Gruppen zusammen, wie beispielsweise die Landschaften Italiens, die Temperamente, die Jahres- und Tageszeiten, die Monate und Stunden, die Erdteile, die Elemente, die Metalle, die Musen, die Wagen der Götter und die Seligpreisungen des Neuen Testaments. Von diesen Gruppen übernahm Strauß in seine Übersetzung lediglich die Elemente, die Temperamente und die Wagen der Götter. Die im Titel genannten »Wissenschaften, Künste, Lehren« sind nur in einzelnen Sinnbildern übernommen worden, die erwähnten »himlischen Körper, Italienischen Landschaften, Flüsse« sind nicht vertreten und auch nicht durch deutsche Entsprechungen ersetzt worden, obwohl das Titelblatt sie verzeichnet.

Die jeweiligen Texterläuterungen zu den einzelnen Begriffen sind in ihrem Umfang sehr unterschiedlich. Das entspricht der italienischen Vorlage. Gleichfalls stimmt die Auffächerung eines Sinnbildes in mehrere Varianten mit der italienischen Fassung überein. So kann der Umfang einer Sinnbilderklärung nur vier oder sechs Zeilen umfassen (z. B. Die Finsternust, Teil I, S. 131), aber er kann auch bis zu 12 Seiten reichen (z. B. Zierde/Wolanständigkeit, Teil II, S. 85–107). Die Begriffsvarianten versieht Strauß entweder mit der Überschrift »Ein anders« oder »Eine andere Vorstellung« oder er kennzeichnet sie nach ihrer unterschiedlichen Bedeutung mit einer eigenen Bezeichnung, wie z. B. das Sinnbild der »Liebe« (Liebe zur Tugend, Liebe zu Gott, Liebe deß Nächsten, Selbst-Lieb, Die bezwungene Lieb, Liebe zu einem grossen Nahmen und Nachruhm, Liebe zum Vatterland sowie Die Liebe – Carita – mit drei verschiedenen Versionen).

Da Laurentius Strauß sich in der Reihenfolge der allegorischen Begriffe nach den italienischen Originalbezeichnungen richtete, sind die Sinnbilder ausschließlich über ein sehr breit gefächertes Register zu erschließen. Beide Teile der deutschen Ausgaben enthalten je zehn Register, deren Stichwörter nach dem deutschen Alphabet geordnet sind: 1. die Begriffe (»In sich haltend die vornehmbsten Bilder / so in diesem gantzen Werck begriffen sind«); 2. Sachregister (»... merckwürdigste Materien und Sachen«); 3. »Gebehrden/Beweg- und Stellungen deß menschlichen Leibs«; 4. Register »... natürlicher Kunst-Handwercks- und anderer Sachen«; 5. »Thiere und Vögel«; 6. »Pflantzen Bäume/Kräuter und Gewächse«; 7. »Fische«; 8. »Farben«; 9. »Authoren und Scribenten«; 10. »alte Inscriptionen und Überschriften«. In diesen zehn Registern stellt Strauß die »verlorene Weltordnung« wieder her. Denn alle älteren enzyklopädischen Kompendien haben im Laufe der Zeit ein einheitliches alphabetisches Register sämtlicher Begriffe, Personen, Sachen usw. erhalten.

Die Übersetzung von Laurentius Strauß, 1669/70, war nicht die erste deutsche Ausgabe von Ripas »Iconologia«. Schon zehn Jahre früher, 1659, hatte Georg Grefflinger der »gecrönte kayserliche Poet« und »Notarius publicus« in zwei Teilen »200 Emblemata aus Cs. Ripa iconologia nebst einer Zugabe hamburgischen Stadt Receß, Zinckgefii emblemata ethico-politica theils ins Deutsche übersetzt, theils mit Anmerkungen erläutert«, herausgegeben.[19] Auch Georg Philippus Harsdoerffer, der Nürnberger Ratsherr, verwendete und benutzte Ripas »Iconologia« für seine »Gesprächsspiele«, die schon 1647 in Nürnberg ediert wurden.[20] Harsdoerffer nennt Ripa namentlich als Quelle und wählt einige allegorische Personifikationen aus, darunter die Fröhlichkeit, den Überfluß, die »Fuchsschwänzerei« (Schmeichelei), Hilf(e) und Beistand, Ehrgeiz, Freundschaft, Seele, Kunst und Geiz. Die bildlichen Darstellungen dieser Allegorien, reich ausgestattete Holzschnitte, fassen jeweils drei Personifikationen vor einem Landschafts- oder Stadthintergrund zusammen.

Fast gleichzeitig mit der Ripa-Übersetzung von

Strauß war 1670/71 in Augsburg in vier Teilen »Joannis Guilielmi Baurn Iconographia«, gestochen von Melchior Küssel, erschienen. 1682 besorgte Küssel eine Neuauflage in vier Teilen, deren erster Teil 13 Personifikationen in Anlehnung an Ripa enthält.[21] 1703 brachte Johann Ulrich Krauss eine weitere Neuauflage dieses Werkes unter neuem Titel in Augsburg heraus.

Die Übersetzung der »Iconologia« von Laurentius Strauß folgt mehr als alle anderen dem Ripaschen Text weitgehend genau, obwohl sie nur den ersten Teil berücksichtigt hat. Spätere deutsche Übersetzungen, wie die von 1704 oder 1732/34, gehen mit dem Text viel freier um, zumal auch die italienischen Ausgaben des späteren 17. Jahrhunderts immer weitschweifiger geworden sind und sich von Ripas Erstausgabe entfernten. Die bei J. G. Hertel in Augsburg um 1760 erschienene Ausgabe verzichtet sogar gänzlich auf den Text von Ripa. Die 200 Tafeln mit üppigen szenischen Rokokodarstellungen aus Mythologie, Historie und Bibel werden lediglich von kurzgefaßten Versen antiker Autoren in lateinischer und deutscher Sprache begleitet.[22]

In Anlehnung an Ripas Werk erschien in Wien 1798 und 1801 eine »Iconologie oder Ideen aus dem Gebiethe der Leidenschaften und Allegorien ...«. Schließlich schuf 1788 Karl Wilhelm Ramler in Berlin eine neuartige Zusammenstellung, teilweise mit zeitgenössischen Neuschöpfungen, die den Titel »Allegorische Personen zum Gebrauch der bildenden Künstler« trägt und mit Kupfern von Christian Bernard Rode ausgestattet ist.[23]

Anmerkungen

1 Dieser Beitrag ist der Teil eines Kommentars zur Neuedition der deutschen Übersetzung der »Iconologia«, erschienen 1669/70 in Frankfurt am Main, die der Edition Verlag Leipzig herausgeben wird. Mit freundlicher Genehmigung des Verlages erfolgt die geringfügig veränderte Fassung dieses Teilabdrucks in der Festschrift für Edgar Lehmann.

2 Dazu Mâle, E.: L'Art Religieux après le Concile de Trente, Paris 1932, S. 387, Anm. 1. – Donato Pasquardi, der Herausgeber der »Iconologia« von 1630, überliefert, daß die Holzschnitte der Ausgabe von 1603 auf Cav. d'Arpino zurückgehen. Cavaliere d'Arpino war der Name des vorwiegend in Rom lebenden Malers Guiseppe Cesari (1568–1640). Thieme/Becker verzeichnen Cesaris Werk, erwähnen die Entwürfe für die Holzschnitte der »Iconologia« aber nicht.

3 Eine Zusammenstellung aller Ripa-Ausgaben bei Mandowsky, E.: Untersuchungen zur Iconologia des Cesare Ripa, Phil. Diss. Hamburg 1934, S. 113–115; Mandowsky, E.: Richerche intorno all'Iconologia di Cesare Ripa, Firenze 1939, S. 117f.; Praz, M.: Studies in Seventeenth-Century imagery, Roma 1964, S. 472–475 (Sussidi eruditi 16)

4 Dr. Jochen Becker (Utrecht), dem Herausgeber der niederländischen Ripa-Ausgabe von Pers, Amsterdam 1644, verdanke ich die Durchsicht und den Vergleich der Ripaausgaben von 1603 bis 1630 in Hinblick auf die deutsche Ausgabe von 1669/70.

5 Mandowsky, E.: Einleitung zum Reprint der Ripa-Ausgabe von 1693, Georg Olms Verlag, Hildesheim und New York 1970, S. 2

6 Bei Mandowsky, 1934, wie Anm. 3, S. 113–115, und bei Praz, 1964, wie Anm. 3, S. 473 ff., sind auch die Übersetzungen der »Iconologia« aufgeführt.

7 Zu Leben und Werk von Laurentius Strauß siehe Strieder, F. W.: Grundlage zu einer Hessischen Gelehrten- und Schriftsteller Geschichte, Bd. 16, Marburg, 1812, S. 53 bis 57. Jöcher, C. G.: Allgemeines Gelehrtenlexikon, Bd. 4, Nachdruck Hildesheim 1961, Sp. 877f. – Weyermann, A.: Nachrichten von Gelehrten und Künstlern aus Ulm, Ulm 1798, S. 493 f.

8 v. Koenig-Warthausen, W.: Das Stammbuch des Ulmer Handelsherrn Lorenz Strauß (1622–1634); in: Ulm und Oberschwaben, Zeitschrift für Geschichte und Kunst 35, 1958, S. 201–209

9 Zu J. L. Pöckh siehe Gänßlen, G.: Die Ratsadvokaten und Ratskonsulenten der Reichsstadt Ulm. In: Forschungen zur Geschichte der Stadt Ulm, Bd. 6, Ulm 1966, S. 250f.

10 Zur Buchhändlerfamilie König siehe Lotz, A.: Genealogische Kollektaneen, Privatarchive 355 C 277. – Wappenbuch der Stadt Basel, ed. von W. R. Staehelin, dort auch der Stammbaum der Familie König. Johann Rudolf König war der Sohn des Ratsbuchhändlers Johannes König, vgl. Schweighauser, J.: Basler Buchdruckergeschichte. Manuskript in der UB Basel. Das Manuskript ist undatiert, Schweighauser lebte von 1738–1806.

11 Codex Nundinarius Germaniae literae bisecularis. Meß-Jahrbücher des Deutschen Buchhandels 1564–1765, mit einer Einleitung von Gustav Schwetschke, Halle 1850

12 Zu Wilhelm Serlin siehe Dietz, A.: Zur Geschichte der Frankfurter Büchermesse 1462–1792, Frankfurt am Main 1921; – ders.: Frankfurter Handelsgeschichte, Bd. 3, Neudruck Frankfurt am Main 1970, S. 135–138; – Benzing, J.: Die deutschen Verleger des 16. Jahrhunderts. Eine Neubearbeitung; in: Archiv der Geschichte des deutschen Buchwesens, Bd. 18, 1977, S. 1078–1322; – Mori, G.: Die Entwicklung des Zeitungswesens in Frankfurt a. M.; in: Archiv für Buchgewerbe 49, 1912, H. 8, S. 234–239 (Fortsetzung IV, hier auch ausführlich über die Schulden Serlins gehandelt)

13 Bis 1683 waren 45 Bände des »Diarium« erschienen, regelmäßig zu jeder Messe ein Band. Ab 1665 gab Serlin wöchentlich zweimal eine Zeitung heraus, die anfangs unter dem Titel »Die holländischen Progressen« erschien, ab 1671 die zweite Wochenzeitung unter dem Namen »Journal« oder »Serlinsche Zeitung«. Dazu siehe Mori, 1912, wie Anm. 12, Anm. 7a, S. 237 und Abb.

14 Dietz, A.: Frankfurter Handelsgeschichte, Frankfurt a. M. 1921, S. 141

15 Vgl. Kirchhoff, A.: Ein »Localverein« im 17. Jahrhundert. Frankfurt a. Main, 1669; in: Archiv für Geschichte des deutschen Buchhandels, Bd. VII, Leipzig 1880/81, S. 151 bis 161

16 Dietz, A.: Zur Geschichte der Frankfurter Büchermesse, Frankfurt a. M. 1921
17 Im Teil I sind zwei und im Teil II fünf unterschiedliche Rahmenleisten verwendet worden.
18 Der Zusatz lautet: »Anfangs vom besagten Urheber Italiänisch beschrieben/ und in dieser letzten Edition mit dreyhundert und zwey und fünfftzig Außbildern/ beneben denen so Herr Zaratin Castellini ein Römer/ hinzugethan/ hin und wieder vermehret. Nunmehr aber in unsere hochteutsche Mutter-Sprach übersetzt von L.S.D.« – Dieser Zusatz spricht von »dieser letzten Edition«, so daß auch als Vorlage für die deutsche Übersetzung die 1645 in Venetia herausgegebene Ausgabe (3 Bände) diente, »In questa ultima Edizione non solo dallo stesso Autore ... ma anchora arrichiata ... d'altre Imagini, discorsi, et equisita corretione dal Sig. Gio. Zaratino Castellini Romano«. Diese Formulierung steht schon in der 1624/25 in Padua herausgegebenen dreibändigen Ausgabe, und die Ausgaben 1630 (Padua), 1645 und 1669 in Venetia folgen weitgehend dieser Auflage. Diese Fassung der 1669 erschienenen Ripa-Ausgabe Zaratino Castellinis kommt für die deutsche Übersetzung nicht mehr in Frage, da beide ja im gleichen Jahr erschienen sind.
19 Der genaue Titel lautet: »Zwo Hundert Aussbildungen von Tugenden/ Lastern /Menschlichen Begirden/ Künsten/ Lehren/ und vielen anderen Arten. Aus der Iconologia oder Bilder-Sprache Dess Hochberühmten Caesaris Ripa von Perusien, Ritters von SS. Mauritio und Lazaro. gezogen / und verhochteutscht vom Georg Greflinger/ Kayserl. gekrönten Poeten und Notario. Hamburg/ gedruckt bey Michael Pfeiffern/ In Verlegung Joh. Raumans/ Buchh. 1659«. – Vgl. zu Greflinger auch Jöcher, Chr. G.: Allgemeines Gelehrtenlexikon, T. II. 1750, Sp. 1155–1156
20 Georg Philipp Harsdoerffer: Gesprächsspiele siebender Theil, handelnd von vielen Künsten, Fragen, Geschichten, Gedichten und absonderlich von der noch unbekanten Bildkunst, benebens einem Anhang benamt Frauenzimmer Bücherschrein ... Nürnberg bey Wolfgang Enster 1647 (S. 35–65). Ein Neudruck dieser Ausgabe erschien unter dem Titel »Frauenzimmer Gesprächsspiele«, hrsg. von Irmgard Böttcher VII. (Dt. Neudrucke, Reihe Barock 19, Tübingen 1969).
21 Die Neuauflage 1682 hat vier Teile, deren erster den Untertitel »Ioannis Guilielmi Bau*i*n Iconographia Erster Theil begreift in sich die ganze Passion und Auferstehung Christi. Darbei ein Anhang Sin und lehrreicher Emblema mit Figuren vorgebildet ...«
22 Die Ausgabe von Johann Georg Hertel erschien mit einer Einleitung von Ilse Wirth als Neudruck, München 1970. Die Autorin geht darin ausführlich auf die Entstehungsgeschichte, die Verfasser der Ausgabe, die Darstellungen, auf den Verleger und die Datierung ein, die zwischen 1759 und 1761 angesetzt wird. Ilse Wirth bereitet eine synoptische Ausgabe der deutschen Ikonologien des 17. und 18. Jh. vor. Für ihre Auskünfte bin ich sehr dankbar. – Zur Frage der Ripa-Bearbeitungen, Übersetzungen und zur Wirkungsgeschichte der »Iconologia« siehe Zimmermann, H. J.: Die drey Helden in dieser Wissenschaft: Cesare Ripa, Johann Joachim Winckelmann und Georg Richardson; in: Antike Tradition und Neuere Philologie. Symposium zu Ehren des 75. Geburtstages von Rudolf Kühnel, hrsg. v. H.-J. Zimmermann, Heidelberg 1984, S. 81–105
23 Die Publikation von Ramler wird von der Autorin für den Neudruck vorbereitet und mit einem Kommentar versehen. Zum Einfluß Ramlers u. a. auf die Tugendprogramme der Bauplastik am Französischen und Deutschen Dom auf dem ehem. Gendarmenmarkt (Platz der Akademie) in Berlin siehe Badstübner-Gröger, S.: Chodowieckis Anteil am Bildprogramm des französischen Domes in Berlin; in: Chodowiecki und die Kunst der Aufklärung in Polen und Preußen; hrsg. v. H. Röthe und A. Ryskiewicz, Köln, Wien 1986, S. 75–97, dazu besonders S. 90–93; – dies.: Untersuchungen zum ikonographischen Programm der Bauplastik an den Turmbauten auf dem ehemaligen Gendarmenmarkt in Berlin, Dokumentation 1978 (Maschinenschrift Institut für Denkmalpflege Berlin/DDR); – dies.: Zur Ikonographie der Bauplastik am Französischen Dom in Berlin; in: Acta Historiae Artium T. XXIX, Budapest 1983, S. 105–116

Elgin Vaassen und Peter van Treeck

Ein Fenster für St. Katharinen in Hamburg aus der königlichen Glasmalereianstalt Ainmillers in München vom Jahre 1854

Margaret Howitt, die Biographin Friedrich Overbecks, berichtete über eine Sepiazeichnung, die der Maler 1851 für den braunschweigischen Konsul in Hamburg, G. F. Vorwerk, fertigte. Die Darstellung zeigte Christus, der seine Jünger das Vaterunser lehrte. Sie »bereitete diesem trefflichen Manne eine solche Freude, daß ihm der Wunsch kam, auch seinen Mitbürgern zum Genusse derselben zu verhelfen, weshalb er sich entschloß, die schöne, ihm so werte Komposition durch Übertragung auf ein großes Kirchenfenster der größten kirchlichen Gemeinde Hamburgs als Glasgemälde zu übergeben«.[1]

Dem zwischen Overbeck und Vorwerk geführten Briefwechsel, der Margaret Howitt zur Verfügung stand, entnahm sie ferner, daß Vorwerk das Glasgemälde für St. Katharinen stiftete und daß es zum Gedenken an seine silberne Hochzeit 1854 im Chor der Kirche eingesetzt worden war. Wie der Donator geäußert hatte, prangte es in »hier nie gesehener Schönheit« über dem Altar; es hatte eine Höhe von 45 Fuß und eine Breite von 15 Fuß, die Figuren waren überlebensgroß. Ausgeführt worden war es in München, »wo unter König Ludwigs mächtigem Impuls und unter der Leitung von H. Hess und Ainmiller die Glasmalerei neuen Aufschwung gewonnen hatte«.

Diese Glasmalerei und ihre Anstalt waren 1827 ins Leben gerufen worden, als auf Wunsch König Ludwigs I. Fenster für den Regensburger Dom gefertigt werden sollten. Vorausgegangen waren Versuche, die seit 1818 der von Nürnberg berufene Glas- und Porzellanmaler Michael Sigmund Frank sowohl mit Glasmalfarben als auch zur Herstellung farbigen Glases auf der staatseigenen Hütte zu Benediktbeuern unternommen hatte.[2] Durch Förderung des Monarchen wurde die Anstalt die führende und einflußreichste ihrer Art in Europa. Der Regensburger und der Kölner Dom, in München die Maria-Hilf-Kirche, die Kathedrale von Zagreb, die Isaak-Kathedrale in Leningrad, das Schloß Hohenschwangau, die Stuttgarter Wilhelma und viele andere Bauten mehr hatten bis 1851 Fenster aus der kgl. Glasmalereianstalt erhalten. Entwürfe und Skizzen für die Fenster lieferten zumeist die Professoren der Münchner Akademie und ihre Schüler: Heinrich M. von Hess, Johann v. Schraudolph, Josef Anton Fischer u. a. m., später M. v. Schwind, Julius Schnorr v. Carolsfeld, Alexander Strähuber, Overbeck ...

Seit 1822 war Max E. Ainmiller (1807–1870) als Lehrling in der Nymphenburger Porzellanmanufaktur, der die Glasmalereianstalt untergeordnet war, tätig, 1828 wechselte er zur Glasmalereianstalt über, wurde bald als Aufseher dort mit vielen Aufgaben betraut, ersetzte Frank im Glashüttenbetrieb und übernahm ab 1837 die technische Leitung der Anstalt.[3] Als die Glasmalereianstalt, bedingt durch Revolution und Abdankung des Königs, im Jahre 1849 vorübergehend ihren Betrieb einstellen mußte, bemühte sich Ainmiller, sie auf Privatrechnung zu übernehmen, was ab Oktober 1851 auch gelang. Er leitete sie bis zu seinem Tode, danach wurde sie bis zu ihrer Auflösung im Jahre 1874 von seinem ersten Glasmaler und Techniker Leonhard Faustner weitergeführt. Soviel sei hier nur als Voraussetzung angemerkt.

Am 14. Oktober 1852 richtete G. F. Vorwerk einen Brief an die Juraten der Hauptkirche St. Katharinen: »Ein Ehepaar, in dankbarer Erinnerung des 27. Oktober, hegt die Absicht, der St. Katharinenkirche Glas und Glasmalerei zu einem der großen Fenster ... zu verehren. Man wünscht, daß daraus eine Zierde unseres Gotteshauses werde, sowohl durch die Würde des zu wählenden Gegenstandes als durch die Vorzüglichkeit der künstlerischen Vollendung; man bittet, daß die Ausführung im folgenden Jahre gestattet werde. – Zu den Kosten sind bis 5000 Mark courant bereitgestellt, wofür ich die Zahlungs-Verbindlichkeit hiermit übernehme ...«[4] Am 3. Februar 1853 beschloß das Kirchenkollegium, die Stiftung anzunehmen.[5]

Fenster für St. Katharinen in Hamburg

Abb. 1 Overbecks Fenster.
Ehemals St. Katharinen.
Hamburg.

Im »Journal« Ainmillers steht unter dem 6. August 1853 der Eintrag: »Von Herrn Konsul Vorwerk in Hamburg mittels Wechsel auf Frankfurt nach Kontrakt erhalten 1600 Gulden«. Und unter dem 15. August: »Prof. von Schwind für Zeichnung der großen Kartons der Hamburger Fenster 330 Gulden.«[6] Schwind hat wohl seinem Freund Ainmiller zuliebe[7] für den in Rom weilenden Overbeck diese Aufgabe übernommen. Laut C. v. Wurzbach[8] fertigte er auch ein Aquarell nach Overbecks Komposition – als Farbskizze. Es befand sich 1876 im Besitz der Erben Ainmillers. In einem Brief an Bernhard Schädel vom 25. August 1854 äußerte sich Schwind selber zu dieser Angelegenheit, die für ihn eine Art Ablenkung bedeutete, denn im Juli war seine kleine Tochter Louise gestorben. Er schrieb: »Froh war ich, daß eine dringende und ziemlich gleichgültige Arbeit an mich kam, eine Zeichnung von Overbeck ins Überlebensgroße zu bearbeiten, behufs einer Ausführung als Glasgemälde – Kirchenfenster nach Hamburg.«[9]

Im Oktober 1853 begann man in der kgl. Glasmalereianstalt mit der Ausführung auf Glas. Sowohl der erste Glasmaler Faustner als auch einer der »Verzierungsmaler«,[10] namens Louis Darée, erhielten eine Zahlung von 70 bzw. 50 Gulden. Im November notierte Ainmiller auch für seinen Glasmeister Anton Knoll eine Abschlagszahlung in Höhe von 200 Gulden auf das Fenster. Bei Faustner werden »Figuren« und bei Darée »Verzierungen und Ornamente« erwähnt.

Anfang März 1854 berichtete Ainmiller dem Kölner Dombaumeister Zwirner: »Ich beeile mich ... Sie zu benachrichtigen, daß ... es mir sehr leid (ist) wegen dringender Arbeiten (ein großes Fenster zur hiesigen Industrie-Ausstellung, ein noch größeres nach Hamburg, welches bis zum August eingesetzt sein muß ...) die Herstellung Ihres so schätzbaren Auftrages bis zu dem gewünschten Termin nicht übernehmen zu können.«[11] Die Zahlungen laufen im Journal weiter bis zum Juli des Jahres 1854, in dem auch Konsul Vorwerk die zweite Rate bezahlt in verschiedenen Wechseln, zusammen 4000 Gulden. Im Mai liest man von Veränderungen am unteren Teil der Fensterverzierungen, die Darée extra vergütet erhält; im Juni rechnete Ainmiller ab: Verakkordiert hatte er mit Darée 420 Gulden, und nach Abzug der bisherigen »Vorschüsse« darauf von 270 Gulden zahlte er dem Glasmaler noch einen Rest von 150 Gulden. Im Juli bekam Knoll die restlichen 100 Gulden von den vereinbarten 700 Gulden, dazu für Veränderungen und Verpackung weitere 55 Gulden. Im August schließlich wurde das Malerhonorar von 1000 Gulden mit Faustner verrechnet: 190 Gulden nach Abzug der geleisteten Vorschüsse.

Das Fenster wurde termingerecht eingesetzt. Am 19. August unterzeichnete Vorwerk das Übergabeprotokoll: »Hiermit beurkunde ich, daß das von mir errichtete, neue Altarfenster mit Glasmalerei, Sandsteinwerk, Mauer, Drahtgitter und sonstigem Zubehör, heute dem hochlöblichen Kirchen Collegio als freies Eigentum der St. Catharinen Kirche überwiesen ist.«[12] Auch im »extractus Protocolli des Kirchen Collegii zu St. Katharinen« und im Protokoll der »Versammlung des großen Kirchen Collegii« fand dieses Schriftstück Erwähnung, wobei es heißt, das Fenster stelle sich »in allen Teilen als höchst gelungenes Kunstwerk«, dar und sei »trefflich religiös«. Man beschloß, dem Geber Vorwerk »in dankbarster Anerkennung« zu versichern, daß man das Fenster »aufs sorgfältigste zu konservieren« für eine »heilige Pflicht« halte. Versehen mit den Unterschriften des gesamten versammelten Kollegiums stellte man Konsul Vorwerk die Danksagung am 24. August zu. Zur Übergabe selber wurde ein die Darstellung des Fensters erläuterndes Blatt gedruckt, in dem man auch der ausführenden Künstler – von Darée abgesehen – gedachte: »Das Glasgemälde ist in der kgl. Glasmalereianstalt von Ainmiller ausgeführt. – Der Karton des figuralischen Teiles desselben ist von v. Schwind gezeichnet und unter Leitung von Prof. H. v. Hess auf Glas ausgeführt von Faustner; die architektonische Malerei von Max Ainmiller selbst gezeichnet. Die Sandstein-Architektur des Fensters ist nach den Zeichnungen der hiesigen Architekten Luis und Hasstedt ausgeführt, welche mit der Leitung der ganzen Angelegenheit beauftragt waren.«

Beim Einsetzen des Glasgemäldes half Knoll ein Hamburger Kollege, Glasermeister Bauer, der dafür den Betrag von 108 Gulden und 12 Kreuzern erhielt. Knoll rechnete im September mit Ainmiller ab: Für Reisekosten, Lohn und Material wurden ihm 108 Gulden und 22 Kreuzer erstattet. Konsul Vorwerk schickte im gleichen Monat den Restbetrag in Höhe von 4000 Gulden. Als letzten Posten für Hamburg führt das Journal noch einen Betrag von fl. 96 auf und 32× für die Transportkosten, Verpackung, Kisten, Watte und Arbeitslohn.

Otto Speckter fertigte eine Lithographie nach der Sepiazeichnung, wodurch Overbecks Komposition »gewissermaßen zum Gemeingut der norddeutschen Christengemeinde gemacht wurde«.[13] Dieses Litho (Tondruck, royal qu.fol.) wurde »mit großer Liebe und nach einer unausgesetzten Arbeit von vier Monaten ... in der artistischen Anstalt des Herrn Charles Fuchs in Hamburg ... mit drei Steinen gedruckt«, berichtete im Dezember 1855 die Leipziger Illustrirte Zeitung.[14] Und weiter hieß es: »Für ein solches Werk würde ein Preis von 4 Talern im Kunsthandel immer noch als sehr mäßig erscheinen, die Herausgeber aber, die Vorsteher des ham-

Abb. 2 Kolorierte Lithographie (hrsg. von F. X. Eggert, 1841 ff.). Beispiel für Farbgestaltung und Architekturgehäuse der Fenster der Maria-Hilf-Kirche in München. Ausschnitt (Heimsuchung)

burgischen Hauptvereins der Gustav-Adolf-Stiftung, sind von dem Gedanken ausgegangen, diese erhebende Mahnung zum Gebet in alle Häuser zu bringen, und haben daher den Preis auf nur 1 Taler gesetzt.«

Die quittierte Rechnung des Charles Fuchs, »Lithographisches Institut, Kupferdruckerei und Kunsthandlung«, vom 13. Oktober 1855 über 100 Exemplare »Lith. Druck Papier, Zeichnung eines Altares« (sic!) über 50 Taler befindet sich unter den Schriftstücken »Spezielle Unterhaltung« der Katharinenkirche im Hamburger Staatsarchiv. Die Illustrirte Zeitung brachte auch eine Holzschnittwiedergabe des Fensters, dazu übernahm sie die Beschreibung, die für die Präsentation im August gedruckt worden war, und sie bezifferte den Kostenaufwand auf etwa 12 000 Taler.

Selbst das Organ für christliche Kunst, eine Zeitschrift aus der Hochburg der deutschen Neogotiker, Köln, bezeugte, das Fenster sei in Zeichnung und Komposition »äußerst edel« und in der Farbgebung »bei aller Frische voller Harmonie«.[15] Ein Besichtigungsprotokoll des Kirchspiels für St. Katharinen vom Dezember 1856 legte fest, man wolle in der Nachbarschaft der Kirche falsch angebrachte Ofenrohre durch Kamine ersetzen, um eine Verschmutzung des Fensters zu vermeiden. Man einigte sich schließlich auf Verwendung von Gas zum Heizen der betreffenden Häuser – eine äußerst moderne Lösung für die damalige Zeit! Im September 1857 bezeugte G. F. Vorwerk in einem Brief an einen Juratus von St. Katharinen seine Zufriedenheit darüber: »Mit Vergnügen habe ich bemerkt, daß nun kein Rauch mehr aus den kleinen Häusern in der Nähe des Altarfensters ... emporsteigen wird ...«, und großzügig überwies er einen Kostenbeitrag.[16]

Im zweiten Weltkrieg wurde das so achtsam gehütete Fenster zerstört.

»Der Rahmen des vierteiligen Fensters gleicht einem Tabernakel, durch dessen schlanke Gewölbeträger hindurch man die dargestellte Handlung sieht«, schilderte das Organ für christliche Kunst den architektonischen Aufbau des Glasgemäldes. Dem Faltblatt von 1854 war dagegen nur das Bild, der »große Moment der evangelischen Geschichte« wichtig, »wo Christus die Jünger beten lehrt (Luc. 11, 1 ff.): Christus, auf etwas erhöhtem Grund, öffnet den Mund, um vor seinen um ihn knienden Jüngern das ›Vaterunser‹ zu beten, mit zum Himmel gewendetem Blick. – Der freie Himmel belehrt sie, so hat der Künstler selbst sich darüber ausgesprochen, daß das Gebet hinfort an keinen Ort gebunden ist, und die Aussicht in die Ferne deutet an, daß die ganze Welt daran teilnehmen kann. Die Zwölfzahl der Jünger repräsentiert gleichsam das Menschengeschlecht«. Die Zeitschrift nannte auch die Jünger mit Namen, während Margaret Howitt mehr versuchte, die Stimmung des Bildes einzufangen: Johannes, der innig mitbetet – Petrus in auffahrender Begeisterung – Jakobus d. J. in kindlicher Hingabe – Judas fern und gleichgültig, die übrigen ergriffen und nachdenklich. »Sie sind beisammen auf einem blumigen Wiesengrund, eine Felswand rechts, links schattige Bäume, in der Ferne ein Fluß mit breitem Wasserspiegel und sanfte duftige Berge, und über die ganze Landschaft ein lichter sonniger Himmel gebreitet, dessen klares Blau sich nach oben allmählich in tiefes Dunkel verliert ...«

Der »Tabernakel« ist eine dreiteilige Loggienarchitektur mit überhöhtem Mittelteil, für dessen »hängende« Schlußsteine optisch das reale Steinwerk des Fensters die notwendige Stützfunktion übernimmt, wie auch die links und rechts die Steinrippen begleitenden kleinen Fialen andeuten. Andernfalls wäre eine Fiale in der Achse der Rippe des Fensters sinnvoller gewesen.

Diese »Gloriette«, deren Netzgewölbe von vier statt von acht Säulchen getragen werden (die hinteren, da in der Fluchtlinie der vorderen liegend, ergänzt man in Gedanken), ist ein merkwürdiges Zwittergebilde. Die zierlichen Redents der Bögen im Vordergrund wirken duftig, die im Hintergrund silhouettenhaft wie aus Spitze. Dagegen empfindet man das den Giebel begleitende und hinter den beiden seitlichen Wimpergen herlaufende helle, von vielen Vierpässen durchbrochene »Steinband« als hart. Ebenso machen die Türmchenaufbauten und die Kreuzblumen einen gläsernen, wie ›gesägten‹ Eindruck. Der obere mittlere Abschluß des Aufbaues, den das Foto nicht mehr wiedergibt, ist als große Kreuzblume zu denken, ähnlich wie bei den schreinartigen Gehäusen der Fenster der Maria-Hilf-Kirche oder bei denen des Kölner Domes, die König Ludwig I. stiftete. Die Unstimmigkeiten zwischen – grob gesprochen – Nazarenergemälde unten und neogotischer Architektur oben lassen sich auf den wachsenden Einfluß, den der Kreis um den Kölner A. Reichensperger ausübte, zurückführen. Man hatte sich in der Glasmalereianstalt für die Fenster der Maria-Hilf-Kirche und den Kölner Dom an spätgotischer süddeutscher Glasmalerei orientiert: Ulm, Salzburg, München und Nürnberg, und dort speziell an Peter Hemmels Fenstern.[17] Ornamentik der Zeit um 1480 hatte man mit Figurenkompositionen »altteutscher« und flämischer Meister[18] und solchen der italienischen Frührenaissance verbunden. Seit der König nicht mehr Hauptauftraggeber der Glasmalereianstalt war, mußte diese sich mehr am »Markt« orientieren. Und wenngleich man die figürlichen Szenen nicht den Forderungen der Neogotik-Theoretiker anpaßte, so wurde doch in der ornamentalen Umrahmung der Fenster eine Annäherung an den Formenkanon des frühen 14. Jahrhunderts angestrebt, entsprechend dem neuen »Trend«, der – zunehmend orthodoxer werdend und darin den Bestrebungen der englischen Ecclesiologisten folgend – allein diese Zeit als nachahmenswert empfahl. Im Falle des Hamburger Glasgemäldes war es der Versuch, in den Wimperg- und Fialenaufbauten eine »klassische« Formensprache zu benutzen. Auch die Verwendung eines Rautengrundes, wie er über dem Architekturgehäuse zu sehen ist, ist dazuzurechnen.[19]

Im folgenden Auftrag, dem 1855 ausgeführten Gedächtnisfenster für Josef Görres im südlichen Querschiff des Kölner Domes, gelang der kgl. Glasmalereianstalt eine einmalige Synthese – einmalig im doppelten Sinne von unwiederholt und einzigartig – zwischen architektonischem Aufbau der Stilstufe des mittleren 14. Jahrhunderts (Figuren unter Baldachinaufbauten vor ornamentalem Hintergrund) und nazarenischem Bildgedanken. Es sollte von keiner anderen Glasmalerwerkstatt der Zeit übertroffen werden.[20]

Die Umsetzung von Overbecks Komposition auf Glas geschah wie gewohnt: Farbglas, auch Überfangglas, wurde zusätzlich mit Glasmalfarben bemalt, sei es, um ein gewisses Farbspiel (von kalten zu warmtonigen Farben) zu erzielen, sei es, um eine Schattenpartie herauszuarbeiten.[21] Verwendet wurde die klassische Glasmalfarbe, das Schwarzlot: opak, deckend, zur Strichzeichnung; außerdem benutzte man Halbtöne, die halbdeckend, nur durchscheinend sind, je nach Auftragsweise: als grauer, grünlicher oder bräunlicher Überzug, ferner natürlich Silbergelb sowie eine dritte Gruppe von Farben, die man neue oder »Purpurfarben« nannte. Sie wurden mit einem Glasfluß (von z. B. hohem Boraxanteil) und den färbenden Metalloxiden vorgeschmolzen, um dann erst, erneut pulverisiert, als Malfarben verwendet zu werden, die jedoch trans-

links: Abb. 3
Ausschnitt aus der Lithographie einer unkolorierten Folge (Mariä Tempelgang). Beispiel für »Steinband« und Gestaltung eines oberen Gehäuseabschlusses eines Fensters der Maria-Hilf-Kirche, München

rechts: Abb. 4
Karton zum Fenster »Auferstehung Christi« der evangelischen Johanniskirche Baden-Baden. 1866. Donauwörth. Cassianeum

parent aufbrannten. Sie dienten daher nicht der Zeichnung, sondern wurden als zusätzliche Buntfarben benutzt, für Fleischtöne, Abschattierungen in Gewändern, Landschaftsdetails.

Der Glaszuschnitt und damit die Bleilinienführung dienten zunächst der Farbglastrennung, der formalen Linienführung dabei aber nur insoweit, als sie nicht das gewünschte Konturbild beeinträchtigten. Letzteres erfolgte nämlich als Binnenkontur durch eine »natürliche« Zeichnung, also mit dem Pinsel, nicht durch das starre Blei. Man bewältigte eine extreme Schattierungsspanne innerhalb der hellen wie der dunklen einzelnen Gläser und folgte einer raffinierten Lichtführung, da man nicht Flächigkeit und Graphik (wie in der frühen Gotik und wie später bei den reinen Neogotikern), sondern räumliche Tiefe und Bildhaftigkeit, Plastizität und eine abgerundete Farbigkeit wollte. In gewisser Weise wurde so die Maltechnik nazarenischer Ölbilder auf Glas übertragen, und man kam damit der perfekt-raffinierten Glasmalerei um 1550 sehr nahe, die ebenfalls räumliche Tiefe und eine der gleichzeitigen Tafelmalerei entlehnte Gestaltung bevorzugt hatte.

Nicht nur die Malweise des Glasbildes, auch der Ostensoriumcharakter des rahmenden Gehäuses knüpft an die Spätstufe gotischer Glasmalerei an. Die berühmten Vorbilder befinden sich in der Kathedrale St-Michel et Ste-Gudule in Brüssel; Ainmiller hatte sie vermutlich erstmals 1841 besichtigt, als er sich als Repräsentant der Glasmalereianstalt nach London begeben mußte, um zu den dort auszustellenden Fenstern für Kilndown (in der Grafschaft Kent) auf alle Fragen Auskunft geben zu können.[22]

Die Brüsseler Fenster, nach Zeichnungen des Bernhard van Orley 1537–1547 entstanden, befinden sich im Querhaus; dazu gehören noch vier Fenster in der Chapelle du St-Sacrement des Miracles.[23] Als Beispiel sei das Fenster Charles Quint herausgegriffen: Über einem sarkophagartigen Unterbau erhebt sich eine Triumphbogenarchitektur, unter der die agierenden Figuren sich bewegen vor hellem, lichtem Himmel. Die Partie über dem »Arc de triomphe« besteht aus klarer Rautenverglasung.

Abb. 5 F. Overbeck. Pinselzeichnung von 1851

Wenngleich Ainmiller sich für eine gotische Kirche wie St. Katharinen in der entsprechenden Formensprache, gotisch, ausdrücken mußte, so hat er doch ein auffälliges Schmuckelement übernommen: die filigranartigen Girlanden im Vorder- und Hintergrund der Bögen. Nirgends vorher wurden sie in dieser Art in der Glasmalereianstalt verwendet, später nur noch einmal: für ein Fenster der anglikanischen Kirche zu Baden-Baden, das nach einem Entwurf Johann von Schraudolphs gemalt wurde.[24] Auch für die Fenster der St-Pauls-Kathedrale in London wurde in den sechziger Jahren das Vorbild Brüssel aufgegriffen, dort auch in der gleichen Formensprache, da Wrens klassischer Bau einer solchen bedurfte – wie man meinte. Für London zeichnete allerdings der dortige Bauleiter, der Architekt F. C. Penrose, und nicht Ainmiller die monumentalen Gehäuse, deren Bilder nach Aquarellskizzen Schnorr von Carolsfelds ausgeführt wurden. Zur Besprechung dieser Maßnahmen traf man sich 1862 in Brüssel.[25]

Im Architekturgehäuse sind ein fast weißer, ein sandfarbener und zwei gelbe Töne für »Stein« verwendet worden; die Netzgewölbe waren in Rot gehalten. So weit läßt sich die Farbigkeit sicher durch Vergleiche der hellen und dunklen Grauwerte mit anderen Fotos noch vorhandener Fenster erschließen. Die Gewänder Christi und seiner Jünger wiesen bestimmt kein Rot auf, aber kräftige Farben: ein bräunliches Gelb, helles und kühles dunkles Grün, verschiedene Blautöne, kühles Violett, leuchtendes Rosa.

Vom Lichtwert her sind die Figuren in der Mitte hell gehalten, die äußeren dunkel. So versuchte man mit Hilfe der verwendeten Farben den Eindruck einer im Freien weilenden Gruppe zu vermitteln, von deren Personen einige vom Licht getroffen sind. Mit der unterschiedlichen Farbgebung »modellierte« man gleichzeitig den Raum, den die Figuren benötigen. Duftig und leicht verschwimmen Landschaft und See ineinander. Einen stärkeren Gegensatz zu neogotischen Theorien konnten Overbeck/Schwind und Ainmiller kaum schaffen. Landschaftsdarstellungen in Fenstern waren von Anfang an kritisiert worden[26] als nicht der »architektonischen Disposition« entsprechend, »die das Gemälde wieder zur Verzierung macht, welches ... unumgänglich nötig ist«;[27] sie wurden aber immer wieder verwendet: in Köln, Cambridge und natürlich in den Fenstern der Maria-Hilf-Kirche. »Es ist gleichsam ein farbig illuminiertes Mittelalter, das nicht vor einen gotischen, sondern vor einen zeitgenössischen Himmel gestellt wird«, charakterisierte Chr. Baur[28] diese Glaslandschaften, und er fuhr fort: »Das Himmelsbild entspricht nicht mehr einem statischen vorgegebenen Glaubensinhalt, sondern der Erfahrung des neuzeitlichen Ichs ...«

Die Aquarellskizze Schwinds, die genauere Auskunft über die Farbigkeit geben könnte, ließ sich bisher nicht finden. Sie soll sich nach Angaben der Katharinengemeinde in privater Hand im Moselgebiet befinden.[29] In der linken unteren Ecke des Glasgemäldes war die Signatur Overbecks, ein ligiertes F O, und die Jahreszahl 1851 angebracht. Man datierte also nach Entstehung der Sepiazeichnung, nicht nach Ausführungsjahr.

Nachtrag

Herr Prof. J. Chr. Jensen in Kiel machte uns freundlicherweise auf eine Zeichnung Overbecks aufmerksam, die sich in der Hamburger Kunsthalle befindet und dem gleichen Thema wie Vorwerks Sepiazeichnung gewidmet ist. Sie ist rechts unten signiert und datiert »F.O. 1851« (Pinsel in brauner Tusche auf braunem Papier, Maße 590 mm × 700 mm, Inv.Nr. 54.702).

Prof. Jensen kennt noch eine weitere Fassung dieser Zeichnung, die in privater Hand ist; inwieweit diese beiden Blätter als Vorstudie/Nachzeichnung für Vorwerks Sepiazeichnung zu betrachten sind, wird sich vielleicht anhand der von Prof. Jensen vorbereiteten Ausgabe der Briefe Overbecks klären lassen[30].

Anmerkungen

1 Howitt, M.: Friedrich Overbeck, sein Leben und Schaffen. Nach seinen Briefen und anderen Dokumenten des handschriftlichen Nachlasses geschildert. 2 Bde Freiburg/Br. 1886. Hier Bd. II, S. 153f. und S. 425; Hagen, P.: Fr. Over-

1. becks handschriftl. Nachlaß in der Lübeckischen Stadtbibliothek; Veröff. d. Stadtbibl. Lübeck 2/1926: S. 23, IV, 31 und 120
2. Vaassen, E.: Die ersten Fenster für den Regensburger Dom aus der kgl. Glasmalereianstalt, Gründung König Ludwigs I., aus dem Jahre 1828; in: Diversarum Artium Studia. Festschrift für Heinz Roosen-Runge zum 70. Geburtstag, Wiesbaden 1982, S. 165 ff.
Ähnlich frühe Versuche, z. B. durch Schinkel für die Fr.-Werdersche Kirche in Berlin, vgl. Graefrath, R.: Die Friedrich-Werdersche Kirche. Zur Glasmalerei in den Chorfenstern; in: Bildende Kunst 5/1987, S. 206
3. Zu Ainmiller vgl. Vaassen, E.: Ainmiller; in: Allgemeines Künstlerlexikon, Leipzig 1983 Bd. I, S. 669 f.
4. Hamburg, Staatsarchiv: Kirche St. Katharinen 1801–1900: B VIII b: Spezielle Unterhaltung
5. Vgl. Protokoll vom 24. Aug. 1854, s. u.
6. Das »Journal befindet sich im Besitz einer Ururenkelin Ainmillers, der wir für die Bereitstellung herzlich danken.
7. Schwind malte manchmal für Ainmillers Architekturbilder die figürlichen Staffagen, so etwa 1854 für das Bild »Hochzeit Herzog Wilhelms V. mit Renate von Lothringen in der Münchner Frauenkirche 1568« (München, Stadtmuseum, Inv. Nr. II a/27), abgebildet im Kat. Biedermeiers Glück und Ende. München 1987, S. 526; oder im Bild »Die Humpenburg« von 1852; Abb. im Kat. Vorwärts, vorwärts sollst du schauen...; Geschichte, Politik und Kunst unter Ludwig I., Nürnberg 1986, S. 295
8. von Wurzbach, C.: Biograph. Lexikon des Kaiserthums Österreich, Bd. 31, Wien 1876, S. 127 ff., Nr. 97
9. Stoessl, O.: Moritz von Schwind, Briefe. Leipzig 1924, S. 336; ebenfalls zitiert bei Trost, A.: M. v. Schwinds Entwürfe für Kirchenfenster; in: Mitt. d. Ges. für vervielfältigende Kunst. Beilage der »Graph. Künste«. Wien 1917, Nr. 4, S. 41 ff. Da Schwind Farbskizze und Kartons besorgte, rechnete Trost – eigentlich zu Recht – das Hamburger Fenster unter Schwinds Arbeiten.
10. Ehemals als »Glasmaler III. Klasse« eingestuft; vgl. Würsdörfer, J.: Die Geschichte der ehemaligen staatl. Glasmalereianstalt in Bayern. Diss. Würzburg (Mschr.) 1924
11. Köln, Dombauarchiv: H II Nr. 82: Ainmiller an Zwirner, 4. März 1854. Der abgelehnte Auftrag bezog sich auf Fenster für Zwirners Apollinariskirche bei Remagen.
12. Wie Anm. 4
13. Brief des Hamburger Senators Dr. Weber an Overbeck, zitiert nach Howitt, wie Anm. 1, II, S. 154, Anmerkung
14. Nr. 650 vom 15. Dez. 1855, S. 394
15. 4/1854, S. 135. Zwei Seiten weiter schlug das Lob wieder in (den gewohnten) Tadel um, als die Zeitschrift über die Münchner Fenster für den Kölner Dom berichtete: die Glasmalereianstalt habe »das Außerordentlichste geleistet – man betrachte nur die neuen Domfenster in Köln –, ob dieselben aber als organischer oder als integrierender Teil des Baues, gegen seinen Stilcharakter verstoßend, nicht stören, ist eine andere Frage, wie schön, wie ansprechend sie auch als für sich bestehende Kunstwerke sind...«
16. Wie Anm. 4. Auch später zeigte sich Vorwerk als großzügiger Mäzen; bei der Ausstattung der von Scott errichteten St.-Nicolai-Kirche in Hamburg stiftete er ein weiteres Fenster (vgl. Organ für christl. Kunst, XVII/1867, S. 189 f.). Ainmiller wurde allerdings bei diesem Projekt abgelehnt.
17. Eine Aquarellskizze des Volckamerfensters der Nürnberger St.-Lorenz-Kirche, vom Nürnberger Maler Chr. Wilder, befand sich im Besitz Ainmillers. Sie gehört noch heute seinen Nachkommen.
18. Anregungen dafür holte man sich aus der 1827 von König Ludwig I. angekauften Sammlung der Brüder Boisserée; sie bildet noch heute den Grundstock alter Malerei in der Alten Pinakothek zu München.
19. Entsprechendes im Johannes-Evangelist-Fenster des Kölner Domes (n XII) oder die Hintergrundbehandlung für die großen Könige des Chorobergadens (vgl. Rode, H.: Die mittelalterlichen Glasmalereien des Kölner Domes, CVMA Deutschland IV, 1. Berlin 1974, Taf. 153 und Taf. 89, S. II)
20. Vaassen, E. und van Treeck, P.: Das Görresfenster im Kölner Dom, Geschichte und Wiederherstellung; in: Kölner Domblatt 46, 1981, S. 21 ff.
21. Über den komplizierten Malaufbau s. Vaassen; van Treeck, 1981, wie Anm. 20
22. Damals hatte Ainmiller zwei Monate Urlaub erhalten und die Genehmigung, die Rückreise »des milderen Klimas und leichteren Fortkommens wegen durch Frankreich machen zu dürfen«. Zitiert nach Aktenauszügen im Besitz der Ururenkelin Ainmillers, s. Anm. 6. Es wäre mehr als unverständlich, wenn er diese Gelegenheit nicht zu einem Besuch in Brüssel benutzt hätte.
23. Vgl. Helbig, J. et van den Bemden Yv.: Les vitraux de la première moitié du XVIe siècle conservés en Belgique: Brabant et Limbourg. CVMA Belgien III, Gent 1974, S. 67 ff. und Abb. fig. 46 und 47
24. Heute evang. Johanniskirche. Das Fenster ist zwar noch in situ, aber durch Einbauten verstellt. – Der Karton, der sich leider in einem schlechten Zustand befindet, ist unten rechts »I. Schraudolph« gezeichnet; er wird im Cassianeum zu Donauwörth aufbewahrt. Der Karton zeigt Alternativen für die Bogenfüllungen, wovon die rechte in der Ausführung gewählt wurde. Die Entfernung der Mittelstreben – die die Bildhaftigkeit unterstrichen hätte – wurde allerdings nicht gestattet.
25. Die Fenster der St-Pauls-Kirche wurden im zweiten Weltkrieg zerstört.
26. Obgleich gerade das Dreikönigsfenster, das König Ludwig I. 1829 für Regensburg stiftete, eine zauberhafte Abendlandschaft aufweist. Als der Monarch 1833 ein weiteres Fenster für das südliche Querhaus stiftete, wurde beim Karton der landschaftliche Hintergrund bemängelt und abgeändert.
27. Kunstblatt 13/1832 Nr. 25, S. 102
28. Baur, Chr.: Neugotik; München 1981, S. 100
29. Vor einigen Jahren hatte sich in Hamburg telefonisch jemand gemeldet, der angab, das Schwindaquarell befinde sich in dem Besitz seiner Familie. Er wollte Auskünfte über eventuell vorhandene Akten vermittelt haben, da er vorhatte, sich in einem Aufsatz mit dem Fenster zu beschäftigen, hat sich aber nicht wieder bei St. Katharinen gemeldet. Weder Name noch Adresse sind bekannt. – Wir möchten uns an dieser Stelle sehr herzlich für die Bemühungen des »Trierischen Volksfreundes« bedanken. Diese Zeitung druckte auf eine Bitte hin am 9. 12. 1987 (Nr. 285, S. 16) den vorher geschilderten Sachbestand samt einer Kopie des Holzschnittes aus der Leipziger Illustrirten Zeitung (vgl. Anm. 14) ab und bat den Besitzer, sich zu melden – leider ohne Erfolg.
30. Brief von Prof. Jensen vom 14. 2. 1988. Die Bestände des Lübecker Archivs – vgl. P. Hagen, Anm. 1 – die sich in der DDR befanden, wurden vor einiger Zeit zurückgegeben, müssen aber erst neu geordnet werden.

Anne Prache

Le Corbusiers Begegnung mit Notre-Dame in Paris[1]

1908 unternahm Charles Edouard Jeanneret, der spätere Le Corbusier, eine Studienreise nach Frankreich und Paris, auf der er ein Heft mit Notizen und Skizzen füllte, das in einer Privatsammlung aufbewahrt und noch unveröffentlicht ist. An die zwanzig Seiten stehen im Zusammenhang mit Besuchen der Kathedrale Notre Dame. Für den Mittelalter-Kunsthistoriker ist es aufschlußreich, zu verfolgen, was den jungen Schweizer Architekten an einem Bauwerk des 12. und 13. Jahrhunderts gefesselt hat.

Er war empfänglich für die Umgebung der Kathedrale und die Aussicht, die sich von ihr aus bot. Doch konzentrierte er sich bei seinen Betrachtungen vor allem auf das Südquerhaus, besonders das Joch und die Fassade, die an die Bauabschnitte des 12. Jahrhunderts angefügt worden waren. Laut Inschrift an der äußeren Grundmauer von Jean de Chelles begonnen, ist diese Fassade größtenteils das Werk von Pierre de Montreuil und kann in die Jahre 1255 bis 1270 datiert werden.[2] Außerdem reizten Jeanneret die Verbindung der Fenster mit dem Bau und die farbigen Lichteffekte auf dem Wandrelief. Schließlich zeichnete er Einzelheiten der Medaillons in der südlichen Rosette und eines Fensters in einer Seitenkapelle, um das Zusammenspiel der farbigen Gläser, die Zeichnung und Detailgestaltung sowie die Zusammensetzung und Befestigung der Felder eines Fensters zu verstehen.

Zu technischen Fragen, wie der Verbleiung der Scheiben, ihrer Zusammenfügung durch Bleiruten und Eisenstäbe, fertigte Jeanneret detaillierte Skizzen an. So notiert er, »daß das Glas mit dem Stein ohne Eisenrahmen sondern allein durch Zement (im Text unterstrichen), der die Fugen bedeckt, verbunden wurde«. Oder auch: »Das Blei ist stellenweise an einem Stab mit einem am Blei angelöteten Bleistreifen befestigt, der um den Stab herumgelegt und danach in sich spiralförmig zusammengerollt wurde« ... »Haken im Stein halten die Verglasung ...« Die Stäbe oder Ruten »sind mit ihrem abgeplatteten Ende am Rand zwischen Haken und flachem Eisen eingelassen. So wird die Verglasung lotrecht in der Ebene gehalten«.

Die vom Künstler gezeichneten Fensterdetails überzeugen weniger. Auf der ersten Seite des Heftes sind ein Brustbild des segnenden Christus und zu seiner Rechten, aber niedriger, der Kopf eines bartlosen jungen Mannes zu sehen, der sich von Christus abwendet; beide sind von einem Heiligenschein umgeben. Es handelt sich um zwei verschiedene Bestandteile ein und derselben Auferstehungsszene. Der Jüngling ist ein Engel links von Christus und schaut zu ihm auf. Jeanneret konnte dieses Feld recht einfach erreichen, wenn er den inneren Gang zu Füßen der südlichen Rosette des Querschiffs über dem durchlichteten Triforium entlangging. Die völlig neue Auferstehungsszene befindet sich in der Mitte der kleinen, mit einem Sechspaß gefüllten Fensterrose, die die westliche untere Ecke der Rosette verziert; im Katalog des Corpus Vitrearum von Notre-Dame das Feld N I.[3]

Der Kopf eines bartlosen jungen Mannes findet sich auf Seite 2 des Heftes. Er gehört anscheinend zu dem mit einem Dreipaß gefüllten Medaillon F 23 unterhalb der großen Rosette mit einem ein Weihrauchfaß tragenden Engel. Jean Lafond vermerkt im Corpus-Band: »Nahezu völlig erneuertes Medaillon: Kopf, Hände, Weihrauchfaß und Gefäß neu.«[4] Ornamentale Details füllen die Seiten 3 und 4: Sie scheinen dem genannten und den mit Vierpässen gefüllten Medaillons darüber zu entstammen (F 12 und G 12), auf denen jeweils eine heilige Märtyrerin und eine kluge Jungfrau dargestellt sind. Seite 3 des Heftes zeigt ein Weihrauchfaß, wie das des Engels F 23 und Seite 4 eine Bogenreihe, wie auf den Medaillons F 12 und G 12, außerdem Blattwerkmotive, vergleichbar mit denen der Pässe von F 23.

Auf Seite 9 des Heftes vermerkt Jeanneret: »Adam und Eva. Fast natürliche Größe. Zu beachten der rote Apfelbaum mit grünem Apfel, während die beiden anderen Bäume mit rotem Apfel grün sind.« Daneben hat er lediglich einen Teil Adams

Le Corbusier und Notre-Dame in Paris

Abb. 1 Notre Dame in Paris. Innenansicht vom Südflügel des Querschiffs

und den Apfelbaum gezeichnet, um dessen Stamm sich die Schlange windet. Diese Szene ist im unteren, mit einem Dreipaß gefüllten Medaillon in der östlichen Ecke der südlichen Rosette, dem nach Jean Lafond[5] neuen Feld 16, zu lokalisieren. Das auf Seite 16 des Heftes gezeichnete Grisaillemotiv befindet sich nach Jeanneret in der »ersten Kapelle links«, gehört also zu einem neuen Fenster. Das hindert den Künstler keineswegs, es wie folgt zu beurteilen: »Ein Kirchenfenster, das leise singt, auf dem man seine Augen ruhen lassen kann – das seine Rolle spielt – da es den Blick nicht auf sich zieht, aber auf dem Altar der Schönheit Notre Dame eine Opfergabe mehr niederlegt. Die mittelalterlichen Erbauer wollten diese Fenster einfarbig. Sie wählten ein weißliches, von Grünlich ins Rosafarbene spielendes, kräftig getöntes Glas, um nur gedämpftes Licht einfallen zu lassen.« Wer ist hier mehr zu loben, der Restaurator des 19. Jahrhunderts oder sein leichtgläubiger Bewunderer?

Tatsächlich begeistert sich Jeanneret in diesem Heft kaum für das Kirchenfenster als solches, und es ist ihm gleich, ob die Fenster alt oder neu sind. Auf Seite 14 deutet er an, was ihn wirklich interessiert: »So lassen die bunten Scheiben der Rosette, die ich aufgenommen habe, die Farbe des angrenzenden Steins intensiv bis zum Paroxysmus vibrieren. Eher mathematisch ausgedrückt, könnte man es als gemeinsames Maß oder Mittel bezeichnen; mit einem Punkt, in dem sich die Materialien auf unsichtbare Weise miteinander verbinden. Die Fenster gewinnen mit der ›Veredlung‹ der Steinfarbe (dank ihrer lebhaften Farbigkeit und der Genialität der kompositorischen Linie) die Kraft eines Teils der lebendigen Natur, lassen sie – diese Kraft – in unsichtbaren Wellen auf die Mauern des Querschiffes übergehen, die zur Vervollkommnung der Illusion in der Nähe der Rosette mit einer zierlichen, in die Wand eingearbeiteten Arkatur überzogen wurden, und an den beiden großen Vierungspfeilern ersterben. Dieses Fenster, das eigentlich in die schmucklosen und kalten Mauern ein Loch hätte

Abb. 2 Notre Dame in Paris.
Obere Teile der Südfassade des Querschiffs

reißen müssen – und durch seinen außerordentlichen Reichtum ablenkt, verleiht im Gegenteil mit seinen warmen Liebkosungen der reglosen Steinmasse Leben und ihren Sinn, ihre – innere – Daseinsberechtigung.«

Das Verständnis der ganzen Subtilität des Pariser Rayonnant, das Robert Branner erst später untersuchen sollte, scheint durch die Anerkennungen des jungen Architekten hindurch.[6] Er huldigt, ohne ihn zu kennen, in bewegender Weise der Kunst Pierre de Montreuils, denn dessen Werk fasziniert ihn am Bau von Notre-Dame. So zeichnet er auf Seite 18 das Innere des Südflügels (Abb. 1) und schreibt an den Rand: »Dieser Teil des Querschiffes ist als etwas sehr Kostbares vom Ganzen abgehoben. Er gleicht einem Reliquienschrein und bildet mit den beiden Seitenwänden, deren Ornamente denen der Rosetten gleichen, keine Flächen, sondern einen Schmuckraum (»volume orné«). Die wuchtige Steinkonstruktion der Rosette mit ihren mächtigen Speichen läßt Schwarz zur beherrschenden Farbe werden (Abb. 2), und der Eindruck ist so ein wesentlich kraftvoller als bei der nördlichen Rosette.« Danach kommentiert er das durchlichtete Triforium: »Doppelte Bogenreihe, die einen Laufgang bildet und deren Bewegungseffekt (»l'effet mouvant«) die Illusion des Waldes vermittelt. Dieses Prinzip der Säulenschäfte in zwei parallelen Ebenen bei fast gleicher Gestaltung (auf jeden Fall gleicher Anordnung) erzeugt einen reizvollen Wechsel von hellen und dunklen Säulenschäften ... Was man sich bei dieser wundervollen doppelten Arkade, die gleichsam die Rosette trägt, merken muß, ist die konstruktive Kühnheit der Säulenschäfte auf zwei Ebenen, deren Anblick sich mit jedem Standortwechsel verändert und in vollkommener Weise an den Wald mit seinen Stämmen, das abwechslungsreiche Spiel des Lichtes auf den Blättern und dem Moos erinnert.«

Er fügt hinzu: »Vom konstruktiven Gesichtspunkt her ist diese doppelte Arkade ein Vorbild« und bemerkt die Feinheit der Säulenschäfte, den

Wagemut und die Kenntnisse des Steinmetzen, das Geschick beim Verbergen der Fugen und der Gestaltung der Kontraste von Licht und Schatten. »Ein Pfeiler«, schreibt er, »wird nicht aus vereinzelten Diensten gebildet, um eine größere Kraft zu erzeugen, wie man versucht sein könnte anzunehmen, sondern im Gegenteil, es entsteht auf diese Weise nur ein Kontrast zwischen konkaven und konvexen Formen, der diese um so mehr zur Geltung bringen soll.«

Auch außen erliegt Jeanneret dem Zauber der Südquerhausfassade, obwohl es den Anschein hat, daß er sie mit dem oberen Gang der Westfassade verwechselt, von dem er behauptet, er habe auch ihn durchschritten. »Der Säulengang der Südfassade ruft diese Wirkung hervor« – es handelt sich wahrscheinlich um den oberen Gang in Höhe des Giebels. »Seine zierlichen Einzelsäulen wechseln mit anderen, zu dritt gruppierten Säulen in zwei Reihen« (Eckglockentürmchen?), so daß sich die Breite der Zwischenräume bei jeder Bewegung ständig verändert. Das schafft etwas Lebendiges; um so stimmungsvoller, als die Höhe der Brüstung so gewählt wurde, daß man genießen kann, was die Stadt an Schönem bietet, die Dächer der Turmspitzen und Kuppeln, den blauen Horizont von Saint-Cloud und die schwarzen Bögen der Seine-Brücken, während die Wagen, die Züge und die zu nahen Häuser, die man sieht, wenn man sich über die Brüstung beugt, störend wirken. Obgleich man sich unter freiem Himmel befindet, erzeugt die Arkade mit ihren Formspielen nicht nur den Eindruck der Laubwand, die leicht und fröhlich in der Luft schwebt, sondern auch den der Intimität, da das tiefe Schwarz der Säulchen das Hôtel Dieu oder das Palais de Justice weit fort in ein grenzenloses Blau rückt, so nahe diese Gebäude auch sein mögen (ich muß mich bei einer schönen Villa daran erinnern).«

Hat sich Le Corbusier daran erinnert? Auf jeden Fall ist die Art der Begegnung des Einundzwanzigjährigen mit der Kunst Pierre de Montreuils bemerkenswert. Hat er nicht besser als jeder andere Künstler mit den wunderbaren Ausdrücken des »Schmuckraumes« (»volume orné«) und des »Bewegungseffektes« (»effet mouvant«) die feinen Nuancen des Rayonnant erfaßt, das oft als elegant, ornamental und graphisch bezeichnet worden ist? Als Architekt, nicht als Spezialist für Glasmalerei, verstand Jeanneret so wie wohl auch Pierre de Montreuil die Kunst der Glasfenster. Seine Beobachtungen zusammenfassend, notiert er: »Zu bedenken was Stein ist, wie sich die Flächen bewegen sollen und welches ihre Stellung zueinander sein soll, zu bedenken, was ein Kirchenfenster ist, welches Leben es in sich birgt, das Bindeglied zwischen Fenster und Stein finden; dies alles in idealer Weise zu verbinden.« Wie kann man dem Zusammenspiel von farbigem Licht und Stein in der Sakralarchitektur des 13. Jahrhunderts schöner huldigen?

Anmerkungen

1 Festschriftbeitrag für Professor Edgar Lehmann, den hervorragenden Fachmann für die Architektur des Mittelalters
2 Vgl. Aubert, M.: Pierre de Montreuil; in: Bulletin de la Société nationale des Antiquaires de France (Bulletin der nationalen Gesellschaft der Altertumsforscher Frankreichs), 1943/44, S. 115–118. Prache, A.: Pierre de Montreuil; in: Histoire et archéologie, dossiers (Geschichte und Archäologie, Materialien), H. 47, November 1980, S. 26–30
3 Corpus Vitrearum Medii Aevi, France, Bd. 1: Aubert, M.; Grodecki, K.; Lefond, J.; Verrier, J.: Les vitraux de Notre-Dame et de la Sainte-Chapelle de Paris (Die Kirchenfenster von Notre-Dame und der Sainte-Chapelle in Paris), Paris 1959, S. 67
4 Ebd., S. 64
5 Ebd., S. 66
6 Anspielung auf Branner, R.: Saint Louis and the Court Style, London 1965

Jean-Marie Bettembourg

Die Konservierung alter Glasmalereien
Forschungen am Laboratoire de Recherche des Monuments Historiques

Durch jahrhundertelange chemische und physikalische Umwelteinflüsse, wie Wind, Hagel, Steine, Lärm beim Durchbrechen der Schallmauer, chemische und biologische Verunreinigungen, befinden sich die Glasmalereien in einem besorgniserregenden Erhaltungszustand. Das Glas ist korrodiert und hat seine Durchsichtigkeit verloren, die einstmals auf der Oberfläche eingebrannte Malerei verschwindet. Die zum Schutz vor dem Wind erforderlichen Bleinetzgefüge verformen sich.

Wenn dieses Phänomen des Verfalls auch nicht neu ist, so ist doch der Begriff Konservierung, der jedwedes Verfahren zur Verlängerung des Lebens eines Werkes umfaßt, erst in den fünfziger Jahren entstanden. Die im Laufe der Jahrhunderte vorgenommenen, mehr oder weniger geglückten Restaurierungsarbeiten bestanden im Ersetzen des Bleigefüges, in oftmals schädlichen Reinigungsarbeiten, die das Glas und die Malerei angegriffen haben, sowie in der Auswechslung besonders stark beschädigter Teile. Beschränkten sich die früheren Restaurierungen auf eine Beseitigung der Auswirkungen des Verfalls, so erfordert die neue Konzeption eine Beschäftigung mit den Ursachen und die Suche nach Mitteln für deren Beseitigung und zur Erhaltung des ursprünglichen Materials. Die Erkenntnis dieser neuen Konservierungsaufgaben führte zu internationaler wissenschaftlicher Forschung über den Korrosionsprozeß (Grundlagenforschung), d. h. über die »Glaskrankheiten«, die zur Erarbeitung von Konservierungsmethoden unerläßlich ist (angewandte Forschung).

Die Entwicklung eines Konservierungsverfahrens erfordert sowohl die Kenntnis der alten Glasmaterialien als auch des Korrosionsprozesses. Die in Frankreich und anderen Ländern durchgeführten Forschungsarbeiten im Hinblick auf die Korrosionsprozesse haben es ermöglicht, die für den Verfall verantwortlichen Hauptfaktoren zu ermitteln: Zusammensetzung des mittelalterlichen Glases (kalireiches Glas), Einwirkung der Feuchtigkeit und der atmosphärischen Schmutzsubstanzen (Schwefelanhydride), Mikroorganismen.

Nach dem Ausbau eines Glasfensters steht der

Konservierung alter Glasmalereien

Glasermeister verschiedenen Problemen gegenüber, deren Lösung die Zusammenarbeit der Chefarchitekten und der Inspektoren für historische Denkmale sowie des Laboratoire de Recherche des Monuments Historiques, L. R. M. H. in Champs sur Marne, Frankr. erfordert.

Ein Restaurations- und Konservierungsvorhaben muß interdisziplinär sein, denn die ästhetischen, technischen und wissenschaftlichen Probleme sind nicht voneinander zu trennen. Ein solches Vorhaben kann in dem folgenden Schema dargestellt werden:

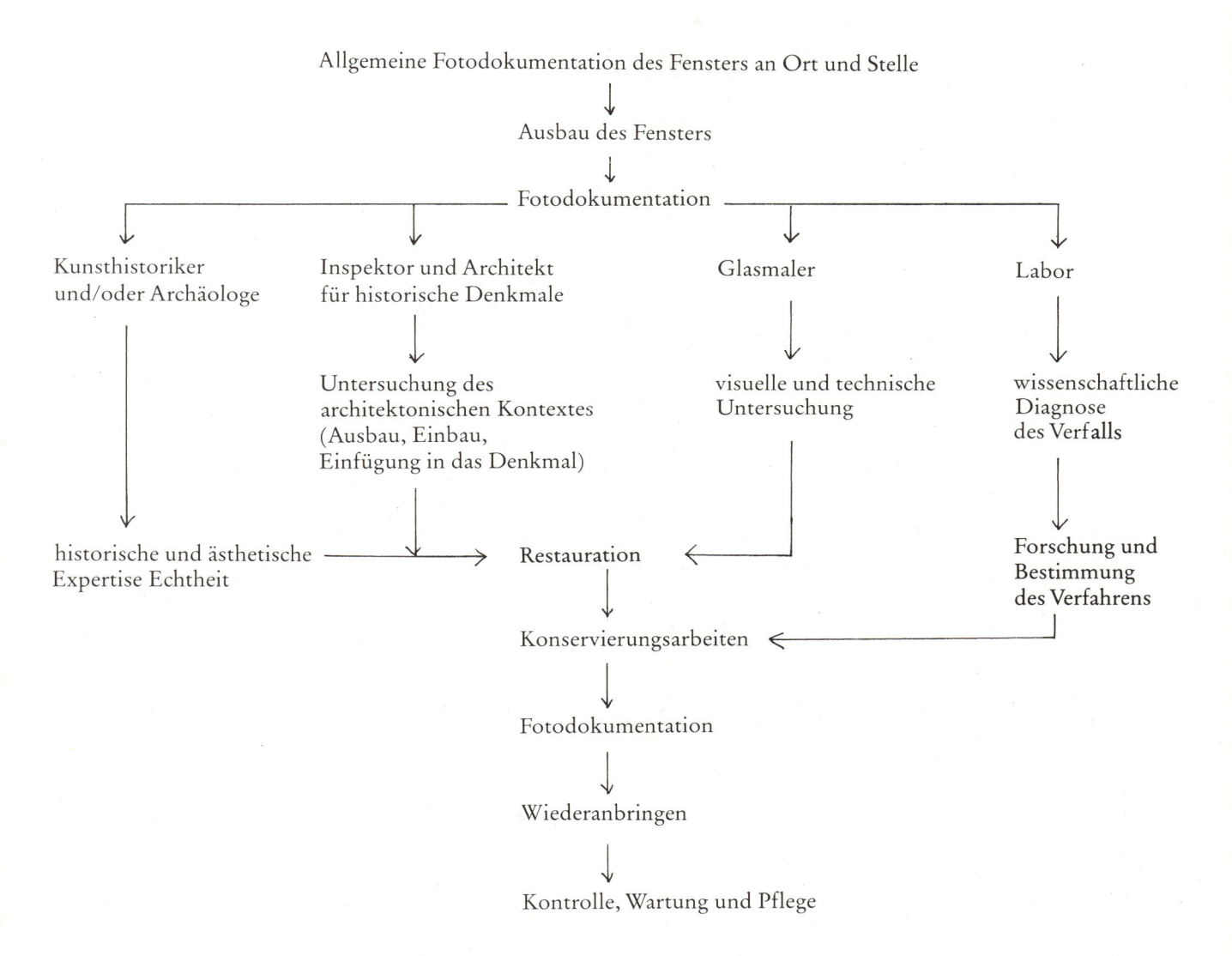

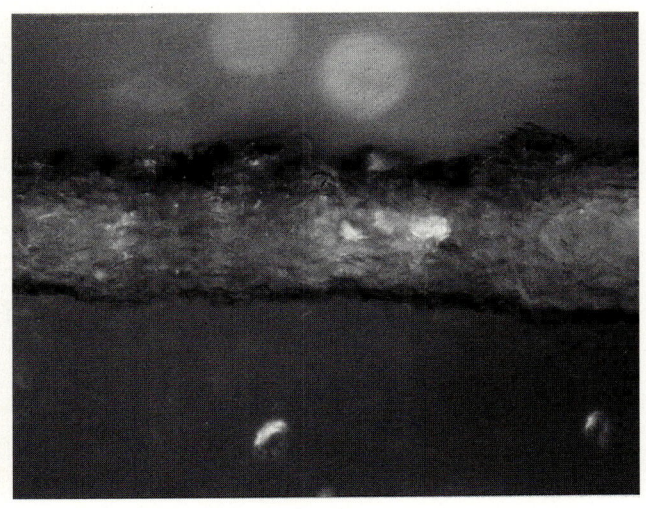

```
                    Allgemeine Fotodokumentation des Fensters an Ort und Stelle
                                              ↓
                                      Ausbau des Fensters
                                              ↓
                                       Fotodokumentation
            ┌──────────────┬──────────────────┼──────────────────┬──────────────┐
            ↓              ↓                                     ↓              ↓
   Kunsthistoriker    Inspektor und Architekt              Glasmaler          Labor
   und/oder Archäologe  für historische Denkmale              ↓                ↓
            │              ↓                         visuelle und technische  wissenschaftliche
            │          Untersuchung des                   Untersuchung         Diagnose
            │          architektonischen Kontextes                             des Verfalls
            │          (Ausbau, Einbau,                                         ↓
            │          Einfügung in das Denkmal)                            Forschung und
            ↓              ↓                                                Bestimmung
   historische und ästhetische  →       Restauration       ←                des Verfahrens
   Expertise Echtheit                        ↓
                                    Konservierungsarbeiten  ←─────────────────┘
                                              ↓
                                       Fotodokumentation
                                              ↓
                                        Wiederanbringen
                                              ↓
                                  Kontrolle, Wartung und Pflege
```

Troyes. Aube, 10. Glasmalereien der Kirche St. Urbain. Tafel in Grisaille. 13. Jahrhundert

Abb. 1 Die Trübung des Glases entstand durch die Einwirkung von Wasser und atmosphärischen Schmutzsubstanzen (SO_2) auf die äußeren Flächen des Glases, was zur Bildung einer Schicht einheitlicher Verfallsprodukte führte.

Abb. 2 Die Verfallsprodukte bestehen aus Gips ($CaSO_4$, $2H_2O$), aus Syngenit ($K_2Ca(SO_4)_2$, H_2O) sowie aus Produkten, die aus dem Verfall des Glasmaterials entstanden sind (Bestandteile enthalten Silizium-Sauerstoff-Verbindungen).

Abb. 3 Die Morphologie des Verfalls des Glases ist gekennzeichnet durch die Korrosion eines kalireichen Glases: kleine beschädigte Zone und einheitlicher Angriff auf die Glasoberfläche. Querschnitt durch ein Glas.
Untersuchung mit dem Lichtmikroskop
Korrosionsprodukte/beschädigte Zone/Glas

Die wissenschaftliche Diagnose zum Erhaltungszustand eines Werkes, die vom L.R.M.H. gestellt wird, bestimmt die in den einzelnen Fällen anzuwendende Behandlungsmethode. Die unterschiedliche Morphologie der Korrosion des Glases – einheitlicher Verfall, Beschädigung durch kraterähnliche Vertiefungen, Beschädigung durch Mikroorganismen – gestattet keine universelle Behandlung. Der Restaurator muß über eine Palette von Methoden verfügen, die der Schadensform und ihren Ursachen entsprechen.

Die Wahl des Konservierungsverfahrens erfolgt nach einer Reihe von Analysen und Beobachtungen, die in Verbindung mit dokumentarischer Forschung über eventuelle frühere Restaurierungsarbeiten folgendes umfassen:
– Analyse der Korrosionserscheinungen
– Feststellung der beeinträchtigten Zone des Glases (Untersuchungen mit dem Lichtmikroskop und dem Elektronenmikroskop)

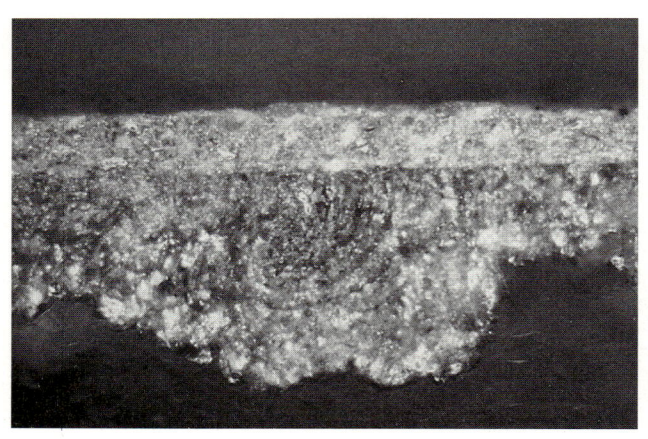

Troyes. Aube, 10. Glasmalereien der Kathedrale Saint-Pierre

oben links: Abb. 4 Glasmalerei der Legende des heiligen Andreas. 13. Jahrhundert

unten links: Abb. 5 Die Produkte der Korrosion bestehen aus Gips (CaSO$_4$, 2H$_2$O) und aus Produkten, die aus dem Verfall des Glasmaterials entstanden sind.

oben rechts: Abb. 6 Die beschädigte Zone des Glases ist groß und lichtundurchlässig (Vorhandensein von Mangan).
Produkte des Verfalls
beschädigte Zone
Querschnitt durch ein Glas

unten rechts: Abb. 7 Die Kondensation hat zu einer Korrosion der Malerei und des Glassubstrates geführt. Die Durchlässigkeit der Grisaille für Wasserdampf ist der Grund für den Entzug der veränderten Elemente aus dem Glas unter die Konturlinien.
Grisaille
beschädigte Zone

Seite 283 unten:
Bourges. Cher, 18. Glasmalerei der Kathedrale. Glasmalerei der Legende des heiligen Nikolaus. 13. Jahrhundert

Abb. 11 Trübung durch Verfall des Glases:
– Korrosion der äußeren Fläche durch atmosphärische Substanzen
– Korrosion der inneren Fläche durch Mikroorganismen

Abb. 12 Die Reinigung der äußeren Fläche mit einer Äthylen-Diamin-Tetracetat-Dinatriumsalzlösung und Ammoniumhydrokarbonat ermöglichte die Wiederherstellung der Farbskala. Die Braunfärbung des Glases (Kavernen), die durch den Angriff von Mikroorganismen entstanden ist, wurde nicht entfernt.

Konservierung alter Glasmalereien

283

Coutances. Manche, 50. Kathedrale. Glasmalereien des nördlichen Querschiffs aus dem 13. Jahrhundert

rechts: Abb. 8 Korrosion des Glases durch Mikroorganismen in Form von kleinen Kavernen

unten links: Abb. 9 Die beschädigte Fläche des Glases zeigt halbkreisförmige Zonen, die durch die Anreicherung mit Mangan undurchsichtig geworden sind.
Mit Mangan angereicherte Zone

unten rechts: Abb. 10 Die Korrosion der Außenfläche des Glases hat zur Bildung einer großen undurchsichtigen Zone geführt. Dieser Verfall des Glasmaterials ist das Ergebnis der Einwirkung atmosphärischer Substanzen und Mikroorganismen.

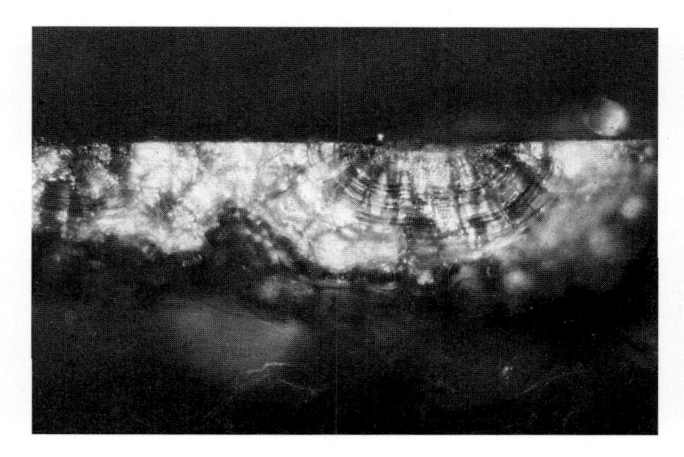

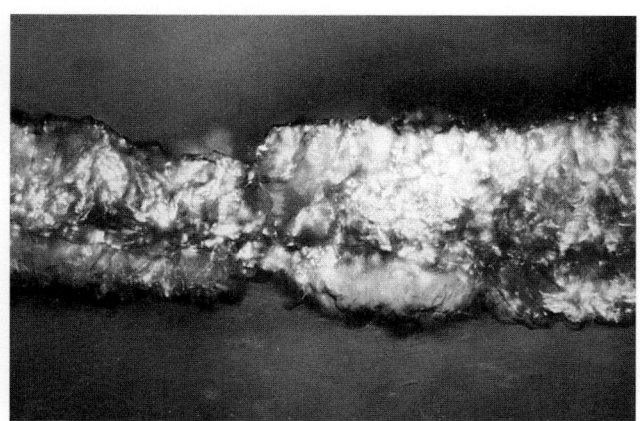

– Untersuchung des Erhaltungszustandes der Malereien (Grisaille und Emaille)
– Untersuchung des Erhaltungszustandes des Bleigefüges (Untersuchung des mechanischen Widerstands)
– Behandlungsversuche im Labor.

Um die entstehenden Probleme zu lösen, sind Forschungsarbeiten über verschiedene Reinigungsverfahren notwendig. Die Wirksamkeit einer chemischen Reinigung auf der Grundlage der Anwendung einer wäßrigen Lösung aus Natrium-Äthylen-Diamin-Tetraazetat, Dinatriumsalz und aus Ammoniumhydrogenkarbonat ist abhängig vom Gehalt an Sulfaten in den Verfallserscheinungen (Syngenit, Gips, Abbauprodukte des Glasmaterials) und vom Umfang der beschädigten Zone. Eingehende Forschungen über die mechanische Reinigung (Abtragen der Oberfläche mit Glasfiberpinsel oder Glaskügelchen) haben sich bei starkem Verfall als notwendig erwiesen. Es ist klar, daß diese Methode nur mit großer Vorsicht und bei Kenntnis ihres Einflusses auf die mechanische Widerstandsfähigkeit des Glases und ihrer Langzeitwirkung hinsichtlich des Fortschreitens der Korrosion anzuwenden ist.

Die Wahl einer Schutzmaßnahme hängt nicht nur von der Morphologie des Verfallsbildes ab, sondern auch von der Klimatologie des Bauwerkes. Der Schutz durch Aufbringen einer Kunstharzschicht auf die den Unbilden der Witterung ausgesetzte Außenfläche kann in einem Fall angebracht sein, in dem es keine Konservierungsprobleme mit der Innenfläche gibt, die die Malerei trägt, und der erreichte Reinigungsgrad die Anwendung dieser Methode gestattet.

Ein Fenster in einem feuchten Gebäude ist den Einflüssen starker Kondensation bei nächtlichen Frösten ausgesetzt. Diese führen zum Verfall des Glases und der Malereien, die ihre Haftfähigkeit verlieren. Nach Neufixierung der Grisaille und Emaille durch ein im Labor getestetes Harz kann man das Fenster vielleicht durch eine Schutzverglasung schützen, die die Kondensation verhindern soll. Untersuchungen dieses Konservierungsverfahrens werden an einem Fenster des Hochchors von Saint-Remi in Reims, an den Fenstern des nördlichen Triforiums von Saint-Père in Chartres und am Achsenfenster der Kathedrale von Troyes durchgeführt.

Die vom L.R.M.H. durchgeführten Forschungen sind Bestandteil eines internationalen Forschungsprogramms des Internationalen Technischen Komitees des Corpus Vitrearum Medii Aevi (C.V.M.A.). Es findet ein ständiger Austausch zwischen Forschern und Praktikern der betreffenden Länder statt, besonders auf den Kongressen des C.V.M.A.

Herman Janse

Bleiverglasungsmuster in den Niederlanden und das Glaserhandwerk

Während des 14. Kolloquiums des »Corpus Vitrearum« in Amsterdam 1987 haben die Teilnehmer mehrere Kirchen mit Glasmalereien des 16. und 17. Jahrhunderts besucht. Dabei wird manchem aufgefallen sein, daß die Kirchenfenster in vielen Fällen durch geometrische Bleiverglasungsmuster gegliedert sind. Diese Muster findet man auch in den niederländischen Tafelmalereien der genannten Zeit wieder.

In bürgerlichen Gebäuden wurden häufig in die unbemalten Verglasungen Ornamente aus Bleiruten eingelegt. Dabei waren im späten Mittelalter vor allem Rautenverglasungen üblich. Die Rauten wurden aus runden, geblasenen Glasscheiben ausgeschnitten. »Butzen«, wie sie in den deutschsprachigen Gebieten verwendet wurden, kommen in den Niederlanden kaum vor. Erst seit der Renaissance konnten größere, rechteckige Glasplatten aus geblasenen Zylindern hergestellt werden, die zur Anfertigung von Verglasungen mit komplizierten geometrischen Mustern dienten. Die Glasmuster waren oft die Proben des handwerklichen Könnens bei der Meisterprüfung.

Der Glaser

»Ich schneide das Glas in kleine und große Rauten,
damit sie in ihre Rahmen passen;
dann befestige ich sie in Bleiruten,
zum Schutz gegen Wind und Regen.«
Das ist in freier Übersetzung die Unterschrift des Stiches »Der Glaser« in dem bekannten Werk »Abbildung der menschlichen Geschäfte« von Jan Luyken, 1694 (Abb. 1). Ein Glaser repariert darauf die Bleiverglasung eines Hausfensters, wobei ihm sein Geselle Stücke von rechteckigem Glas aus einem Kasten heraussucht. Doch war zur Entstehungszeit dieser Abbildung die Blütezeit der Bleiverglasung bereits vorüber. Mit der Möglichkeit, größere und bessere Scheiben herzustellen, wurden bei Neubauten die Scheiben fast immer in hölzerne Sprossen gefaßt.[1] Nur bei großen Kirchenfenstern benutzte man noch regelmäßig die Bleiverglasung.

Mittelalter

In den bürgerlichen Bauten kam die helle Bleiverglasung am Anfang des 14. Jahrhunderts auf. Die für den Profanbau typische Rautengliederung findet sich ohne Bemalung gelegentlich auch in Kirchen. Diese Art der Verglasung wird in vielen spätmittelalterlichen Tafel- und Glasmalereien niederländischer

Abb. 1 Jan Luyken (1649–1712). Der Glaser. Stich 1694

und flämischer Meister abgebildet. Mittels horizontaler Windeisen werden die Glasfelder vor dem Durchbiegen bewahrt. Manchmal erhält das Rautenfeld einen rahmenden Rand aus kleinen, rechteckigen Farbglasstücken (Abb. 2, 3).

Durch Bodenfunde sind die hier beschriebenen Rauten oftmals nachgewiesen worden. Wie eine Malerei von Wouter van Nijmegen zeigt, erhielt das Rathaus von Nimwegen noch 1554 eine Rautenverglasung.

Sowohl in situ als auch bei Ausgrabungen und den Restbeständen aus alten Glaserwerkstätten sind keine »Butzen« gefunden worden, wohl aber Ränder und Mittelstücke von etwa 90 Zentimeter großen Glasscheiben. Entsprechend sind auch in der niederländischen Tafelmalerei des späten Mittelalters »Butzen« nur selten dargestellt worden. Um bei der Herstellung die Abfälle möglichst gering zu halten, wurden die Rauten mit einem rotglühenden Eisen geschnitten. In der Scheibenmitte blieb dann der dicke, fast unverwendbare Kern übrig, der unter den Abfällen noch häufig gefunden wurde.

Renaissance

Mit der aus Nordfrankreich übernommenen Herstellung von flachem Glas änderte sich das System der Bleiverglasung erheblich. Man war nun imstande, große Rechteckfelder anzufertigen, die man in den Niederlanden noch immer – wie bei der mittelalterlichen Form – Rauten nennt.

Innerhalb eines Bleiverglasungsfeldes konnte seit dem 16. Jahrhundert der obere Teil von einem System sich durchschneidender Kreisabschnitte eingenommen werden, die kleine Spitzbögen bilden (Abb. 4). Auch andere Verzierungen unter Verwendung von Kreis- und Spitzbögen wurden erfunden sowie auch solche auf der Grundlage gerader Linien (Abb. 5, 6). Auf mehreren Bilder von Johannes Vermeer van Delft und Pieter de Hooch sind dergleichen Muster dargestellt.[2] Bei Ausgrabungen, so auf der Festung Bourtange in Ost-Groningen, wurden zahlreiche Glasfragmente gefunden,[3] die wahrscheinlich die Stelle einer ehemaligen Glaserwerkstatt bezeichnen. Es fanden sich hier Reste der Muster, wie sie in den Abbildungen dargestellt sind (Abb. 7–10). Teile eines anderen Musters, das im 16. und 17. Jahrhundert regelmäßig vorkam, wurden ebenfalls in Bourtange gefunden. Es besteht aus rechteckigen Scheiben, die von länglichen sechseckigen Glasstücken umrahmt sind und mit diesen zusammen Achteckformen bilden (Abb. 11, 12). Wir wollen dieses Muster als »Vier-Sechs-Achteckmuster« bezeichnen. 1566 ist es bereits im Fenster 8 der Sint-Jans-Kirche zu Gouda in der Szene »Der Tempelräuber Heliodorus wird von Engeln bestraft« dargestellt worden. Es findet sich im 16. und 17. Jahrhundert auch in Frankreich, England und

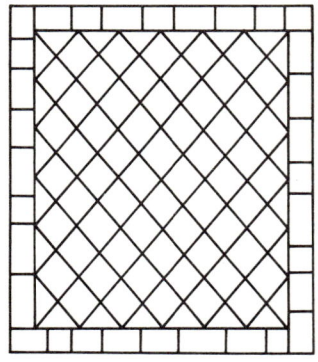

Abb. 2 Rautenmuster
Abb. 3 Rautenmuster mit Rand
Abb. 4 Spitzbogenmuster

Abb. 5 Rundbogenmuster
Abb. 6 Eselsrückenmuster
Abb. 7 Bogenmuster 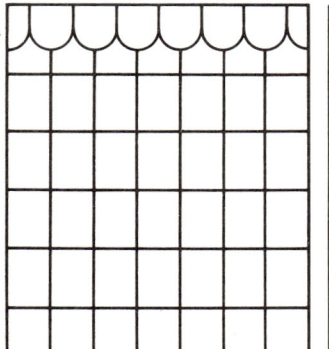
Abb. 8 Vereinfachtes Spitzbogenmuster

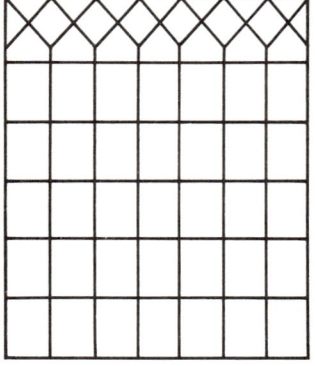

Spanien vor sowie in einer besonderen Variante in Brügge (Flandern).[4] Als »diagonales Vier-Sechs-Achteckmuster« kommt das System 1624–1625 in der Sint-Nicolaas-Kirche in Edam in den Fenstern 3 und 5 an der Nordseite vor (Abb. 13). In der reformierten Kirche zu Schermerhorn (Provinz Noord-Holland) war vor der Wiederherstellung von 1892 ein derartiges Ornament von 1634 rund um die bemalten Teile angebracht.

Ein anderes Glasmuster gibt es in Edam im Fenster der Stadt Leiden (n 10) von 1606. Hier sind Rauten an den Ecken abgeschnitten, so daß Raum entsteht für kleine Rechtecke (Abb. 14). Auch hier ergeben sich Variationsmöglichkeiten durch die Veränderung der Rechteckgrößen. In der reformierten Kirche zu De Rijp (Provinz Noord-Holland) befindet sich ein Fenster von 1655, gestiftet von der Stadt Edam, worin dieses Muster mit dem »diagonalen Vier-Sechs-Achteckmuster« zu einer neuen Variante verbunden ist (Abb. 15).

Während im deutschsprachigen Gebiet die Butzenverglasung von Verglasungen mit gleichseitigen Sechsecken abgelöst wurde, ist diese Form in den Niederlanden nur ausnahmsweise anzutreffen. So sind in der Festung Bourtange längliche Sechsecke aus Flachglas gefunden worden, womit sich ein derartiges Ornament rekonstruieren läßt (Abb. 16). Dort befindet sich auch ein Ornament aus kleinen Bogenstücken, das schwer rekonstruierbar ist.

Im Kreuzgang des Karmeliterklosters zu Boxmeer an der Maas (Provinz Noord-Brabant) gibt es noch 18 Fenster mit Eisenarmierung und Bleimustern, die im Mittelteil Scheiben mit farbigen Glasmalereien zeigen (Abb. 17). Es ist anzunehmen, daß beim Bau des Klosters 1651 bis 1653 die eisernen Fensterarmierungen mit dekorativ und erfinderisch zusammengestellten Verbleiungsmustern gefüllt worden waren und daß erst in den nächsten Jahren bis 1684 und später im 18. Jahrhundert verschiedene katholische Stifter, die nicht aus der Republik der Vereinigten Niederlande stammten, die farbigen Glasmalereien eingefügt haben. Hierbei ist darauf hinzuweisen, daß Boxmeer damals zum Territorium des katholischen Gebietes Kleve gehörte.[5] Schließlich sei noch erwähnt, daß Johannes Vermeer auf zwei Bildern (»Herr und Dame beim Virginal«[6] und »Junge Frau mit Wasserkanne«[7]) ein Muster gemalt hat, das von den einheimischen sehr abweicht und das er in Delft gesehen haben muß. Ein solches Muster ist bisher noch nie gefunden worden (Abb. 18).

Das Glaserhandwerk

Die verschiedenen Berufe, die sich mit Fensterglas beschäftigen, waren bis zur Französischen Revolution in Gilden zusammengefaßt. Die Ordnung innerhalb dieser Gilden differierte von Stadt zu Stadt.

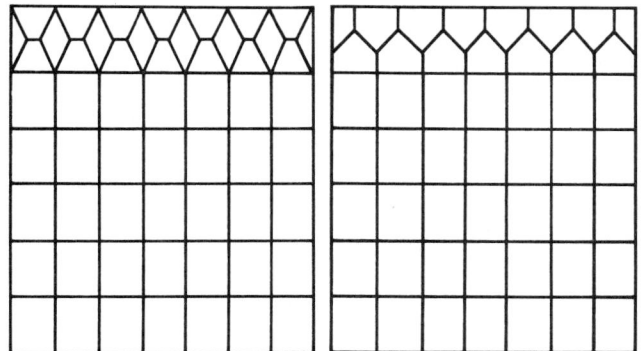

Abb. 9 Vereinfachtes Rundbogenmuster

Abb. 10 Vereinfachtes Eselsrückenmuster

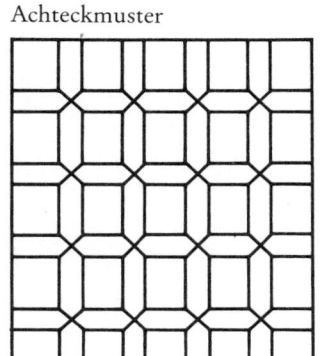

Abb. 11 Vier-Sechs-Achteckmuster

Abb. 12 Variante von 11. in Brügge, Belgien

Abb. 13 Diagonale Variante von 11.

Abb. 14 Rauten mit abgeschnittenen Ecken

Abb. 15 De Rijp (Provinz Noord-Holland). Reformierte Kirche

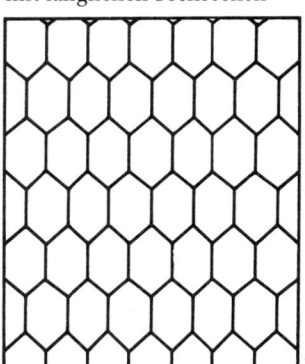

Abb. 16 Muster mit länglichen Sechsecken

Abb. 17 Boxmeer. Karmeliterkloster. Glasgemälde. Gestiftet von Magdalena da Pazzi, 1654

Es handelte sich um die Glaser, die Glas in Bleiruten faßten, Tafelglas in die Fenster einsetzten und Reparaturen ausführten, sodann um die Glasschreiber, die aus freier Hand Glas mit Wappen, Texten und einfachen Ornamenten bemalten, und schließlich um die eigentlichen Glasmaler, die künstlerische Arbeit leisteten. Nach der Handwerksordnung gehörten die Glaser zu den gebundenen Handwerken, die Glasschreiber und Glasmaler zu den freien artistischen Berufen. Gegenwärtig werden die letztgenannten unter dem Namen Kunstglaser zusammengefaßt. In Antwerpen gehörten alle drei Berufe der Sankt-Lukas-Gilde an.[8] A. Bommenee aus der Kleinstadt Veere (Provinz Zeeland) teilte in seinem sogenannten Testament von 1750[9] mit, daß in fast allen Städten Hollands die Glaser zugleich Zimmermaler waren, aber in Zeeland, vor allem auf der Insel Walcheren, gehörten Glaser und Maler zu verschiedenen Handwerken.

Um den Titel und die Rechte eines Glasermeisters zu erwerben, mußte eine Gildeprüfung abgelegt werden. Die geforderten Aufgaben waren in den sogenannten Gildebriefen genau umschrieben. In der Stadt Leiden ist eine Zeichnung von 1775 mit der Darstellung einer Gildeprüfung erhalten[10], auf der das Bleistegmuster Ähnlichkeiten mit dem Muster in Boxmeer hat. (Abb. 19). Ein interessantes Beispiel befindet sich in der Sint-Laurens-Kirche zu Alkmaar (Provinz Noord-Holland). Dort ist eine Leichenbahre der Glasergilde erhalten geblie-

Bleiverglasungsmuster in den Niederlanden

ben, auf deren Bemalung ein Glaser in seiner Werkstatt damit beschäftigt ist, ein Glasfeld aus einfachen rechteckigen Stücken zusammenzusetzen (Abb. 20).

Zusammenfassend kann man sagen, daß in den Niederlanden bis zur Mitte des 17. Jahrhunderts die Fensterverglasungen immer in Bleiruten gefaßt waren. Diese Sitte blieb für die Wohnräume auch später noch erhalten. Von der besonderen Formgebung dieser Glasscheiben zeugen noch einige erhaltene Beispiele und viele Funde von Fragmenten.

Abb. 18 Glasmuster. Gezeichnet von Johannes Vermeer

Abb. 19 Leiden. Muster der Gildeprüfung

Abb. 20 Alkmaar. St.-Laurens-Kirche. Leichenbahre mit Darstellung einer Glaserwerkstatt, Detail. 18. Jahrhundert

Anmerkungen

1 Janse, H.: Vensters, Nijmegen 1971, 2. Aufl., Schiedam 1977, S. 14–16
2 Zum Beispiel Duyster, W. C.: Kortegaerde, Pennsylvania Museum of Art, Philadelphia, Johnson Collection; Steen, J.: Het Sint Nicolaasfeest, Rijksmuseum Amsterdam; ders.: Gebed voor het eten, Privatbesitz, England; Hooch, P. d.: De Kelderkamer, Rijksmuseum Amsterdam; Vermeer, J.: Junge Frau am Fenster, Staatl. Gemäldegalerie Dresden
3 Nach Angaben der Arbeitsgruppe Ausgrabungen, Bourtange
4 Devliegher, L. u. Goossens, M.: Vensters in West-Vlaanderen, Tielt 1980, Abb. 68, 69
5 Roefs, V. J. u. Rosien, I.: Verborgen in een oude heerlijkheid, 's-Hertogenbosch 1948
6 Buckingham Palace, London
7 Metropolitan Museum of Art, New York
8 Denissen, S.: Het glazenmakersambacht te Antwerpen, Bulletin Antwerpse Vereniging voor Bodem-en Grotonderzoek, Nr. 3, S. 15–30
9 Het ›Testament‹ van Adriaan Bommenee, Middelburg 1988
10 Stedelijk Museum De Lakenhal

Robert Crêvecoeur, Bernhard A. H. G. Jütte und Eduard Melse

Die Spectramap in der Konservierungswissenschaft

Mehrdimensionale Datenanalyse einiger Meßdaten zur Glasmalerei von Gouda

Zusammenfassung

Obwohl den Konservierungswissenschaftlern viele Instrumente zum Sammeln von Daten zur Verfügung stehen, kann eine statistische Analyse der sich ergebenden Datentabellen, die aus umfangreichen, miteinander in Beziehung stehenden Datenmengen bestehen, ein Problem darstellen. Auf der Grundlage von Daten aus dem holländischen Testprogramm für Schutzverglasungen von Glasmalereien an ihrem ursprünglichen Standort sollen hier die Möglichkeiten von »Spectramap« für die Konservierungswissenschaften gezeigt werden.

Einleitung

Die Notwendigkeit der Sammlung von Daten über den Zustand der Objekte und ihrer Umgebung auf dem Gebiet der Konservierungswissenschaft wird weitgehend anerkannt. Die Glasmalerei ist sicherlich eines der reizvollsten Objekte. Ihr Schimmer zieht das Auge an, ihre Zerbrechlichkeit verlangt die größte Sorgsamkeit. 1981 traf eine Spezialistengruppe in Lunteren zusammen, um unter anderem den Zustand von Farbglas in den Niederlanden zu erörtern.[1] Im Mittelpunkt stand die Glasmalerei aus dem 16. Jahrhundert in der St.-Jans-Kirche in Gouda, eines der wertvollsten Denkmale in den Niederlanden. Es wurden Empfehlungen gegeben, um die Glasmalerei vor Schäden durch Wasser und Luftverschmutzung zu schützen.

In der St.-Jans-Kirche in Gouda erhielt ein Fenster entsprechend den architektonischen Möglichkeiten der Kirche unterschiedliche Arten von Schutzverglasungen. Das Central Research Laboratory for Objects of Art and Science (CL) wurde gebeten, in Zusammenarbeit mit dem Governmental Service for the Protection of Monuments (RDMZ) die vorgeschlagenen Methoden der Schutzverglasung einzuschätzen.[2,3]

Spectramap

Die Notwendigkeit statistischer Methoden, die zur Bewertung der Messungen beitragen können, und die Schwierigkeiten der Konservierungswissenschaftler bei einer solchen Analyse wurden bereits erwähnt.[4] Ein wichtiges Anliegen auf diesem Forschungsgebiet ist das Problem der Korrelierung heterogener Parameter, z. B. Temperatur, relative Luftfeuchtigkeit, Kohlenoxidgehalt usw. Es ist sehr schwer, solche Daten mit den klassischen kartesischen Rechenschemen zu analysieren.[5] Deshalb haben wir versucht, die Möglichkeiten einer anderen Methode zu untersuchen.

Eine neue statistische Methode zur Analyse mehrdimensionaler Daten ist die Spectramapanalyse (SMA).[6] SMA wurde von Ing. P. J. Lewi am Janssen-Labor für pharmazeutische Forschung entwickelt und über zehn Jahre lang in der medizinischen Forschung und in der Marketinganalyse angewandt.[7] Die Methode dient in erster Linie dazu, die Wechselwirkung zwischen gemessenen Variablen und ihren Parametern zu analysieren. Zusammen mit dem Programm, das über einen Standard-Personalcomputer läuft, wird ein Diagramm, genannt Spectramap, produziert, das das Datenformat in ein graphisches Format umwandelt. Der Vorteil dieser Methode besteht darin, daß die wichtigen, sachdienlichen Beziehungen und Trends aus den Daten herausgezogen und zur weiteren Auswertung sichtbar gemacht werden können. SMA sollte daher zu neuen Einsichten führen, weitere Erörterungen anregen und möglicherweise die Aufmerksamkeit auf neue Forschungsziele lenken.

Richtlinien

Bevor wir zu einem praktischen Beispiel aus der Konservierungswissenschaft kommen, müssen wir erst die Richtlinien zum Lesen einer Spectramap vorstellen. Es sind drei Hauptregeln zu berücksichtigen:

1. Die Spaltenwerte oder Parameter werden durch ein Quadrat dargestellt, die Reihenwerte oder Variablen durch einen Kreis.
2. Die Größe der Kreise und Quadrate kann dazu benutzt werden, die Bedeutung der Summe der Werte oder eines ausgewählten Wertes auszudrücken. Dies ermöglicht es, den »größten« oder den »kleinsten« Wert der Tabelle zu ermitteln. Bei den für diesen Beitrag benutzten Beispielen ist die Bemessung auf eine konstante Basis zu stellen.
3. Die Position der Kreise und Quadrate auf der Spectramap ist das Ergebnis der aus allen Daten der verwandten Tabellen errechneten mehrdimensionalen Verhältnisse. Durch Ziehen einer Achse zwischen zwei Quadraten werden die Verhältnisse sichtbar gemacht. Wenn man eine senkrechte Linie von einem bestimmten Kreis zu dieser Achse zieht, kann man das genaue, für den speziellen Reihenwert, den das Quadrat darstellt, gültige Verhältnis ablesen.

Es sollte bemerkt werden, daß die Verhältnisse für zwei Spaltenwerte in zwei Richtungen errechnet werden können (z. B. a:b oder b:a, die Richtung wird visuell durch einen Pfeil an den Achsen angezeigt). Wenn nach dem Ziehen einer senkrechten Linie von dem Kreis die Zahl auf der Achse
- kleiner als 1 ist, so ist die Zahl in der ersten Spalte kleiner als die Zahl der zweiten Spalte
- gleich 1 ist, so sind die Zahlen in den Spalten gleichwertig
- größer als 1 ist, so ist die Zahl in der ersten Spalte größer als die Zahl in der zweiten Spalte.

Weitere Analyse der Daten von Gouda

An einem Südfenster in der St.-Jans-Kirche von Gouda wurden im Laufe eines Jahres drei verschiedene Methoden von Schutzverglasungstechniken angewandt. Es sind dazu Messungen vieler unterschiedlicher Parameter vorgenommen worden.[8]

Zur Darstellung der Möglichkeiten von Spectramap in der Konservierungswissenschaft konnte nur ein kleiner Teil der Daten benutzt werden. Außerdem wurden diese Daten vereinfacht, um die mittleren Tageswerte von RL (relative Luftfeuchtigkeit) und T (Temperatur) darzustellen. Diese Vereinfachungen waren hier erlaubt, weil dadurch trotzdem die vielfältigen Möglichkeiten der Spectramap aufgezeigt werden können. Im Laufe der Analyse wurde deutlich, daß unabhängige Werte vorzuziehen sind. Daher wurden RL und die Lufttemperaturen auf der Grundlage der mittleren Tageswerte in Taupunkttemperaturen umgewandelt. Diese sind jedoch nicht die wirklichen Werte, die für jeden Zeitpunkt verwandt werden sollten. Eine intensivere, zeitbezogene Analyse der Meßdaten der Großen Kirche von Edam wird in Kürze vorgenommen. Die Messungen begannen im November 1987.

Eine weitere Veränderung, die wir vornahmen, ist das Ablesen der Temperaturen für die Zeiträume 1984 und 1985 in Kelvin anstatt in Grad Celsius (Tabellen). Die ersten drei Spalten in den Tabellen geben die niedrigsten Temperaturen der Glasmalerei in einem unbehandelten Zustand sowie der Glasmalerei bei zwei der drei vorgeschlagenen Schutzmethoden an. Die Spalten 4, 5 und 6 geben täglich den Taupunkt der feuchten Luft für die Kirche und für den

Konservierung der Glasmalerei, Gouda, Februar/März 1985: Taupunktvergleich

Datum	Niedrigste gemessene Temperatur			Taupunkte		
	TMin No Con	TMin M2	TMin M3	TD Chu	TD M2	TD M3
02-06	269	274	274	277	276	277
02-07	269	274	274	278	277	277
02-08	267	272	272	276	277	275
02-09	269	272	273	275	275	274
02-10	270	273	275	274	272	272
02-11	269	273	273	274	271	272
02-12	272	271	276	273	270	270
02-13	275	272	278	273	270	270
02-14	271	274	276	274	272	273
02-15	269	272	274	274	271	270
02-16	272	275	276	275	272	274
02-17	277	278	279	277	274	274
02-22	276	278	279	279	277	279
02-23	277	278	279	279	276	279
02-24	278	280	281	281	279	279
02-25	278	279	280	279	278	280
02-26	277	278	278	277	277	278
02-27	273	277	277	276	277	277
02-28	275	277	278	276	277	278

Konservierung der Glasmalerei, Gouda, November/Dezember 1984: Taupunktvergleich

Datum	Niedrigste gemessene Temperatur			Taupunkte		
	TMin No Con	TMin M1	TMin M3	TD Chu	TD M1	TD M3
11-15	277	281	279	278	279	280
11-16	279	282	281	282	280	281
11-17	277	281	280	280	279	279
11-18	279	281	281	281	280	280
11-19	279	280	279	280	280	281
11-28	278	279	280	279	279	279
11-29	279	280	280	280	280	280
11-30	278	279	279	277	278	279
12-01	279	281	281	281	280	280
12-02	277	280	281	281	279	280

M1, M2, M3	Methoden 1, 2 und 3 der Schutzverglasung
No Con	unbehandelter Zustand
TMin	niedrigste Temperatur in Kelvin in einem Zeitraum von 24 Stunden
Chu	Kirchenwert
TD	Taupunkt in Kelvin auf der Grundlage von RLmax und Tmin in Zeiträumen von 24 Stunden

Zwischenraum bei den zwei Schutzmethoden an. Die Messungen im Februar/März 1985 betreffen die Methoden 2 und 3, während die Messungen vom November/Dezember 1984 das Muster für Methode 1 und 3 zeigen.[9] Mit Spectramap 1008A und 1008B analysieren wir den Zeitraum Februar/März 1985, während Spectramap 1008C und 1008D sich auf den Zeitraum November/Dezember beziehen (s. Abb. 1–4). Auf diesen Karten finden wir Quadrate, die die Spalten darstellen, während jeder Tag durch einen kleinen Kreis sichtbar gemacht wird. Die Lage der einzelnen Quadrate und Kreise ergibt sich aus der mehrdimensionalen Beziehung, wie sie aus den Datentabellen errechnet werden kann. Wenn die Meßwerte für spezielle Parameter hoch sind, dann erscheint der Kreis eines bestimmten Tages in der Nähe dieser Parameter, z. B. nähern sich der 6. bis 8. Februar auf der Karte 1008A den Quadraten, die die Taupunktparameter darstellen, weil die Meßwerte an diesen Tagen hoch sind. Extrem niedrige Meßwerte erzeugen eine Gegenwirkung, da die Kreise von den Quadraten, die die Parameter mit den niedrigen Werten darstellen, zurückgedrängt werden.

Zum Zwecke einer korrekten Auswertung dieser Karten müssen wir uns die zwischen den Quadraten gezogenen Achsen genauer ansehen. Auf Spectramap 1008A (Abb. 1) sehen wir von den T-D-Quadraten gezogene Achsen der Kirche und die Methoden durch die T-Min-Quadrate derselben Gruppe. Diese Achsen scheinen auf der Karte willkürlich verteilt zu sein. Dies ist jedoch darauf zurückzuführen, daß wir eine mehrdimensionale Datentabelle untersuchen. Spectramap zeigt uns einen multidimensionalen Raum, in dem alle Beziehungen aktiv sind und gleichmäßig sowie korrekt dargestellt werden. Schlußfolgerungen können aus dem genauen Ablesen der Karte gezogen werden. Bei diesem Beispiel müssen wir die Zahl 1 auf jeder Achse suchen. Diese stellt den Taupunkt, d. h. den Gefahrenpunkt dar. In diesem Falle sehen wir Fläche 1 (Innenseite) der ungeschützten Glasmalerei und Fläche 2 (Außenseite) der geschützten Glasmalerei. Werte über 1 bedeuten die Möglichkeit einer Kondensation, weil T-Glas kleiner ist als TD.

Wenn wir uns die Achse des unbehandelten Zustandes ansehen, stellen wir fest, daß die Nummer 1 sich fast am Tiefpunkt der Achse befindet. Wenn wir die imaginären senkrechten Linien von den Tagen auf der Karte zu dieser Achse ziehen, sehen wir sofort, daß an fast allen Tagen im Februar im normalen

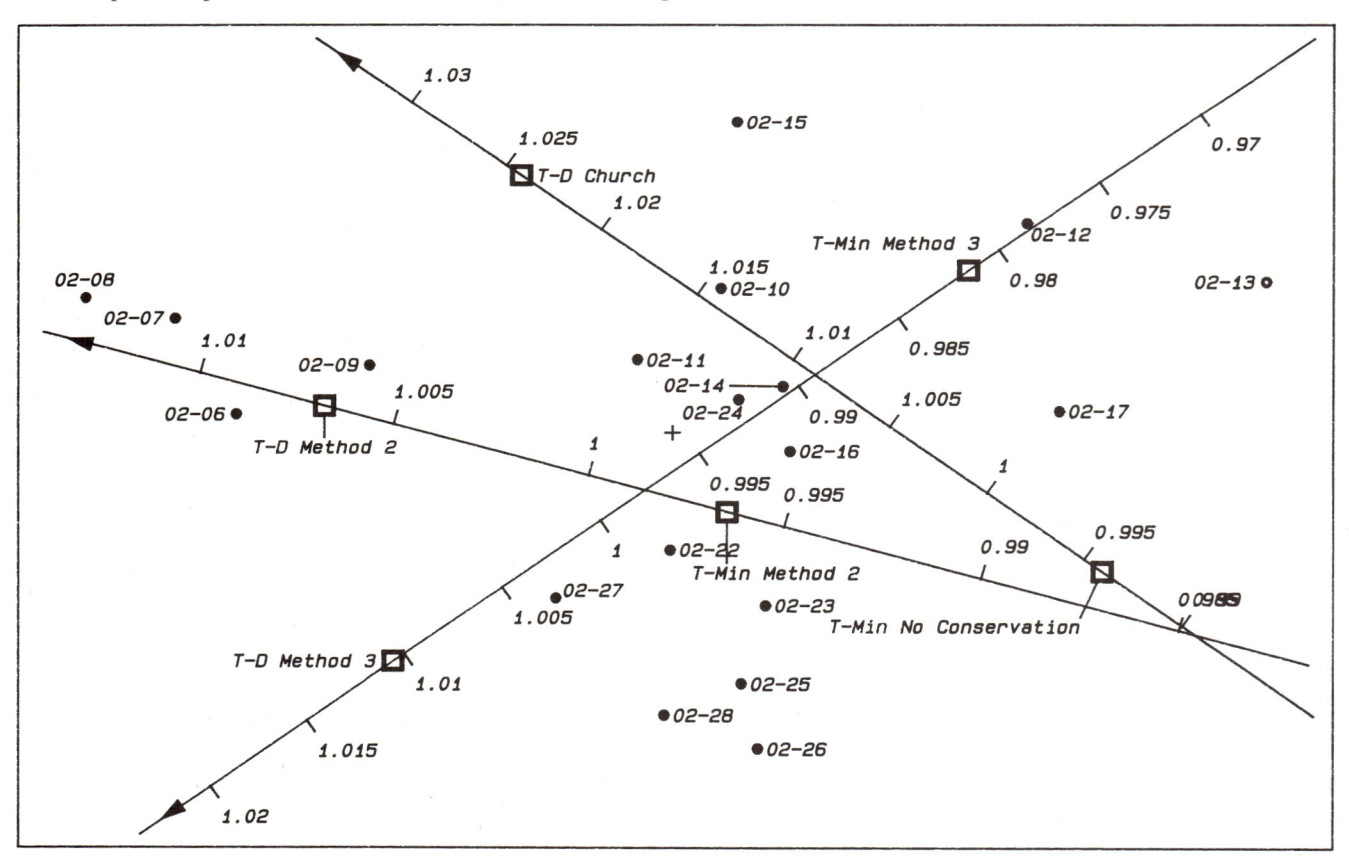

Abb. 1 Spectramap 1008A. Februar–März 1985. Kondensationsgefahr auf Fläche 2 der Glasmalerei

unbehandelten Zustand die Möglichkeit einer Kondensation existierte. Die Achsen von Methode 2 und 3 zeigen jedoch eine große Verbesserung. Bei Methode 2 bestand lediglich vom 6.–9. Februar eine Kondensationsgefahr. Methode 3 erwies sich als geringfügig weniger gut. Hier war die Kondensationsgefahr vom 26.–28. Februar gegeben. Man muß jedoch dabei beachten, daß diese Ergebnisse aus den mittleren Tageswerten erzielt wurden. Wenn die echten zeitbezogenen Werte verwandt worden wären, kämen wir zu besseren Ergebnissen. Dasselbe gilt für die anderen Karten.

Spectramap 1008B (Abb. 2) ist dieselbe wie 1008A, nur zwei der drei Achsen wurden unterschiedlich gezogen. Außer der Beziehung zwischen T-D der Kirche und unbehandeltem Zustand untersuchen wir hier die Beziehung zwischen der T-D der Kirche und den beiden Konservierungsmethoden. So prüfen wir hier die Möglichkeiten einer Kondensation auf Fläche 1 der geschützten und der ungeschützten Glasmalerei. In den meisten Fällen geht es um die bemalte Seite des Glases. Es ist interessant, den großen Unterschied zwischen Methode 2 und 3 festzustellen. Methode 3 ergab deutlich eine starke Verringerung der Kondensationsneigung, während Methode 2 und unbehandelte Zustände eine hohe Kondensationsgefahr zeigen.

Spectramap gibt uns hier zusätzliche Werte zu unseren Daten. So können wir einen Einblick in eine Beziehung erhalten, die wir zuerst nicht gemessen haben und auch nicht zu messen beabsichtigen. Spectramap 1008C und 1008D (Abb. 3 und 4) können wie die beiden vorher besprochenen Karten gelesen werden. Aufgrund unterschiedlicher Daten ist die Struktur der Karte völlig anders. Es sollte nicht versucht werden, die Ergebnisse der beiden Datentabellen miteinander in Verbindung zu bringen. Auch auf dieser Karte werden Achsen gezogen, um das mögliche Auftreten einer Kondensation zu ermitteln. Ein Vergleich der Position der Tage mit der Position der Nummer 1 auf den Achsen zeigen deutlich, daß in einem unbehandelten Zustand wiederum eine hohe Kondensationsgefahr besteht. Methode 3 zeigt eine Verbesserung von etwa 60 %. Nur an 3 von 9 Tagen existiert eine Kondensationsgefahr. Methode 1 erbringt jedoch das beste Ergebnis: Es besteht überhaupt keine Kondensationsgefahr. Wenn man die Beziehung der vorgeschlagenen Methoden zur T-D der Kirche vergleicht (s. Abb. 4), wird wiederum klar, daß Methode 1 besser als Methode 3 ist, obwohl der Unterschied gering bleibt.

Abb. 2 Spectramap 1008B. Februar–März 1985. Kondensationsgefahr auf Fläche 1 der Glasmalerei

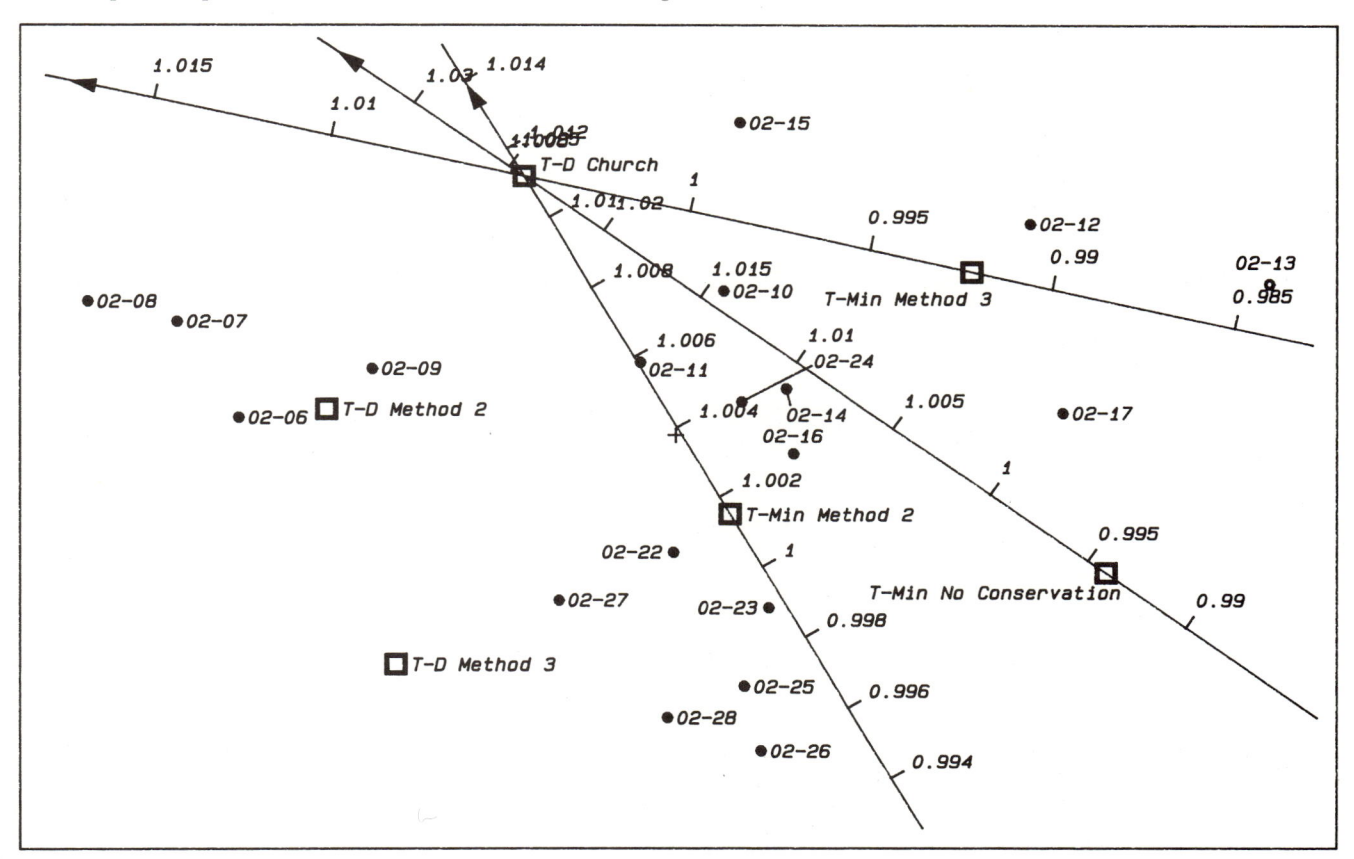

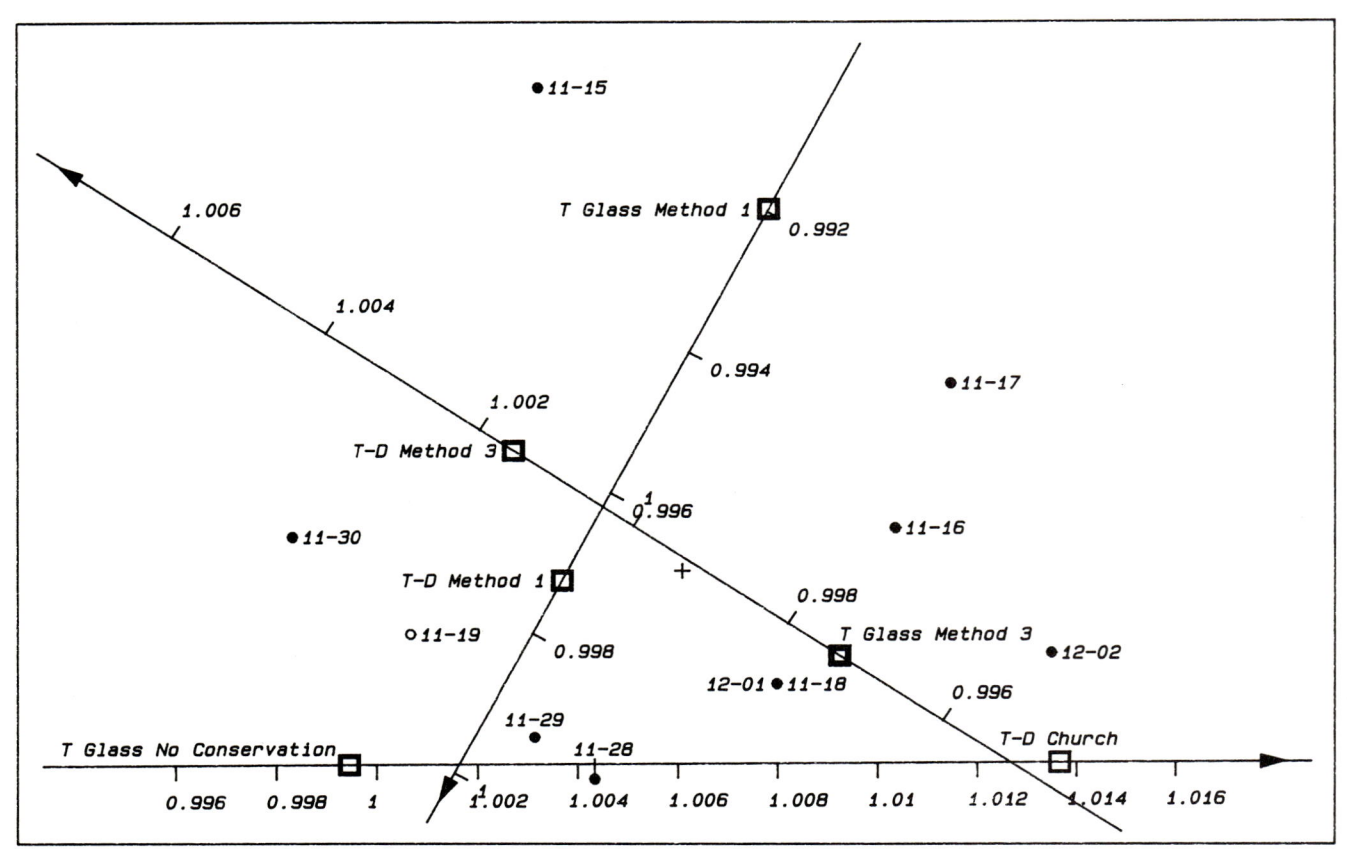

Abb. 3 Spectramap 1008C. November–Dezember 1984. Kondensationsgefahr auf Fläche 2 der Glasmalerei

Abb. 4 Spectramap 1008D. November–Dezember 1984. Kondensationsgefahr auf Fläche 1 der Glasmalerei

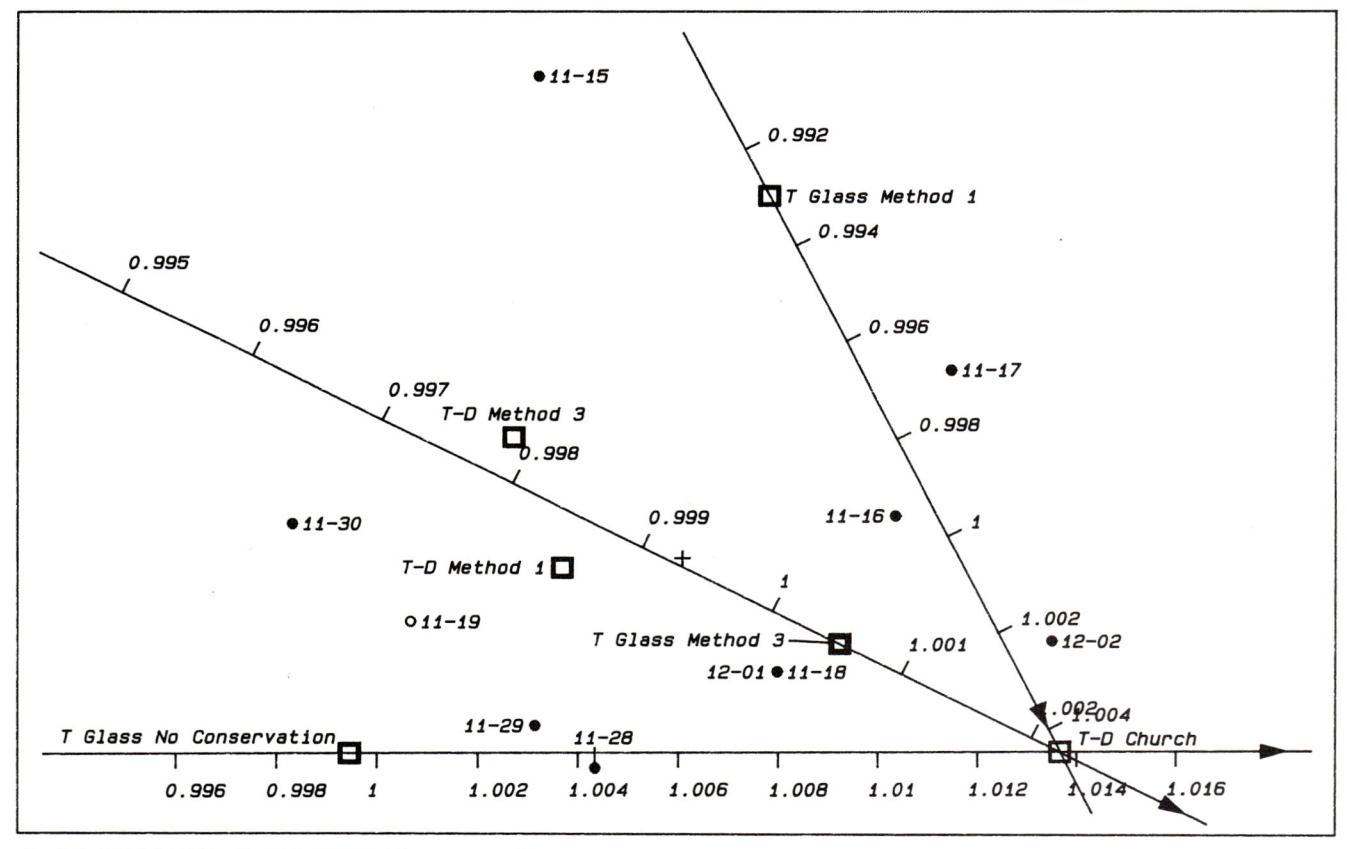

Erörterung

Eine wichtige Erkenntnis aus unserer Untersuchung besteht darin, daß mit Hilfe von Spectramap eine statistische Analyse in der Konservierungswissenschaft möglich ist. In diesem Fall wurden die Risiken einer Kondensation auf Fläche 2 sowie auf Fläche 1 der Glasmalerei für ungeschütztes und geschütztes Glas ermittelt. Aufgrund der Vereinfachung der Daten hat das Ergebnis der Analyse nur beschränkten Wert. Trotzdem ist die nähere Untersuchung der Daten von Gouda ein Beweis,

1. daß eine Messung der mikroklimatischen Parameter der Umgebung von Glasmalerei einen Einblick in die Ergebnisse einer Schutzverglasung vermitteln und die Auswahl einer Methode unterstützen kann;
2. daß es für Konservierungsspezialisten durch die Anwendung der Spectramap möglich ist, ihre Kenntnisse über komplexe, miteinander verbundene Prozesse zu vertiefen.

Empfehlungen für die Untersuchung von Schutzverglasungen

Zum Zwecke weiterer Tiefenstudien und zur Ermöglichung eines Vergleichs der Resultate im internationalen Rahmen empfehlen wir folgendes:

1. Es sollten Daten in Digitalformat gesammelt werden, um diese in international anerkannten Formaten (ASCII, DIF) zu importieren und zu exportieren und um so auch die Datenverarbeitung zu ermöglichen.
2. Wenn Daten nach unterschiedlichen Parametern gesammelt werden, die sich auf denselben Gegenstand und dieselbe Umgebung beziehen, ist abzusichern, daß die Zeit einen konstanten Faktor für alle in der Untersuchung enthaltenen Parameter darstellt, um eine zeitabhängige Verarbeitung zu ermöglichen.
3. Für internationale Vergleiche ist die Einheitlichkeit von Datensammlungen unbedingt angeraten.

Anmerkungen

1 Conservation and Preservation of Stained Glas (Konservierung und Erhaltung von Farbglas), internationale Konferenz, Lunteren, 1981
2 Jütte, B.A.H.G.: Außenschutzverglasung – Meßergebnisse in der St. Janskirche zu Gouda. In: Glaskonservierung, historische Glasfenster und ihre Erhaltung, Arbeitsheft 32 des Bayerischen Landesamtes für Denkmalpflege, 1985
3 Jütte, B.A.H.G.: Protective Glazing: Results of Measurements at Gouda, CV-Newsletters 39/40, 1986
4 Statistical Analysis in Conservation Science. The Getty Conservation Institute Newsletter. Winter 1987, Bd. II, Nr. 1, S. 7
5 Diese Diagramme stellen die Daten in einem ein-, zwei- oder dreidimensionalen arithmetischen Raum dar. Sie sind nach dem berühmten Mathematiker und Philosophen René Descartes benannt, der den dreiachsigen Koordinatenraum erfand.
6 Es würde über den Zweck dieses Artikels hinausgehen, die mit der Spectramapanalyse verbundenen mathematischen Schritte zu erörtern. Für den interessierten Leser weisen wir hin auf Anm. 7 und Lewi, Paul J.: Analysis of biological activity profiles by Spectramap. Eur. J. Med. Chem.-Chim. Ther., 1986 (21) Nr. 2, S. 155–162
7 Lewi, Paul J.: Multivariate Data Analysis in Industrial Practice. Research Study Press. 1982, New York, ISBN 0 471 10466 3
8 Vgl. Anm. 3
9 Vgl. Anm. 3
10 Vgl. Anm. 3

Anhang

Verzeichnis der wissenschaftlichen Veröffentlichungen und Rezensionen von Professor Edgar Lehmann

Ein didaktischer Bilderzyklus des späten Mittelalters an der St. Nikolaikirche zu Jena-Lichtenhain. Zugleich ein Beitrag zur Ikonographie des Alten Testaments. Straßburg 1932 (Studien z. deutschen Kunstgeschichte 289)

Betrachtungen über Ursprung und Zusammenhang von Westwerk und Westquerschiff. In: Sitzungsberichte der Kunstgeschichtlichen Gesellschaft Berlin. Okt. 1935 bis Mai 1936, S. 7–11

Der frühe deutsche Kirchenbau. Die Entwicklung seiner Raumanordnung bis 1080. Teildruck. Diss. phil. Jena 1935, Würzburg 1937

Der frühe deutsche Kirchenbau. Die Entwicklung seiner Raumanordnung bis 1080. Berlin 1938, 2., veränderte Aufl. 1949 (Forschungen zur deutschen Kunstgeschichte, hrsg. v. Dt. Verein f. Kunstwiss., Bd. 27)

Über die Bedeutung des Investiturstreites für die deutsche hochromanische Architektur. In: Zs. d. Dt. Vereins f. Kunstwiss. 7. (1940) S. 75–88

Von Sinn und Wesen der Wandlung in der Raumanordnung der deutschen Kirchen des Mittelalters. In: Zs. f. Kunst. 1947, S. 24–43

Die Michaelskirche zu Rohr und ihre Krypta. In: Arte del primo milennio. Atti del Convegno di Pavia (1950) per lo studio dell'Alto Medio Evo, Turin 1951, S. 343–351

Die Bedeutung des antikischen Bauschmucks am Dom zu Speyer. In: Zs. f. Kunstwiss. 5. (1951) S. 1–16

Die landschaftliche Gliederung der barocken Bibliotheksräume der deutschen Klöster. Referat auf der deutschen Kunsthistorikertagung in Berlin, 1951. Resumé in: Kunstchronik 4. (1951) S. 261–263

Zum Manierismus in der Baukunst des 16. Jahrhunderts. Referat auf der Koldeweytagung in Stuttgart 1951. Resümé in: Die Jubiläumstagung der Koldewey-Gesellschaft in Stuttgart, S. 54–55

Die entwicklungsgeschichtliche Stellung der karolingischen Klosterkirche zwischen Kirchenfamilie und Kathedrale. In: Wiss. Zs. der Friedrich-Schiller-Universität Jena. 1952/53, S. 131–144. Resümé in: Kunstchronik 6. (1953) S. 261–262

Der Jenaer Michael, ein Bildwerk des 13. Jahrhunderts. Jena 1954. (Schriften des Stadtmuseums Jena)

Angelus Jenensis. In: Zs. f. Kunstwiss. 7. (1953) S. 154–164

Von der Kirchenfamilie zur Kathedrale. Bemerkungen zu einer Entwicklungslinie der mittelalterlichen Baukunst. Resumé in:

Sitzungsberichte der Kunstgeschichtlichen Gesellschaft zu Berlin. Oktober 1954 bis Mai 1955, S. 3–5

Zur Baugeschichte des Zisterzienserklosters Langheim im 18. Jahrhundert. In: Zs. f. Kunstgeschichte 19. (1956) S. 259–277

Vom neuen Bild frühmittelalterlichen Kirchenbaus. In: Wiss. Zs. d. Martin-Luther-Universität Halle–Wittenberg, 6. (1956/57) Gesellschafts- und Sprachwissenschaftliche Reihe, S. 213 bis 234

Die Bibliotheksräume der deutschen Klöster im Mittelalter. Berlin 1957. (Schriften z. Kunstgeschichte H. 2)

Die Tätigkeit der Arbeitsstelle für Kunstgeschichte an der Deutschen Akademie der Wissenschaften zu Berlin in den ersten drei Jahren ihres Bestehens. In: Forschungen und Fortschritte 32. (1958) S. 115–120

Bemerkungen zum Staffelchor der Benediktinerklosterkirche Thalbürgel. In: Festschrift Johannes Jahn zum XXII. November MCMLVII. Leipzig 1958, S. 111–130

Saalraum und Basilika im frühen Mittelalter. Resumé in: Kunstchronik 11. (1958) S. 291–292

Saalraum und Basilika im frühen Mittelalter. In: Formositas romanica. Beiträge zur Erforschung der romanischen Kunst, Joseph Gantner zugeeignet. Frauenfeld 1958, S. 131–150

Richard Hamann zum 80. Geburtstag. In: Forschungen und Fortschritte 33. (1959) S. 156–158

Bemerkungen zu den baulichen Anfängen der deutschen Stadt im frühen Mittelalter. In: Settimane di studio del Centro italiano di studi sull'alto medioevo VI »La cittá nell'alto medioevo«; Spoleto, 10–16 aprile 1958. Spoleto 1959. S. 559–590

Zum Buche von Wilhelm Rave über Corvey. In: Westfalen 38. (1960) S. 12–35

Die frühchristlichen Kirchenfamilien der Bischofssitze im deutschen Raum und ihre Wandlung während des Frühmittelalters. In: Beiträge zur Kunstgeschichte u. Archäologie d. Frühmittelalters. Akten zum VII. Internationalen Kongreß für Frühmittelalterforschung, 21.–28. September 1958. Graz u. Köln 1962, S. 88–99

Arquitectura rómanica en Alemania. In: Revista »Goya« (1961) Nr. 43–45, S. 74–83

Von der Kirchenfamilie zur Kathedrale. Bemerkungen zu einer Entwicklungslinie der mittelalterlichen Baukunst. In: Festschrift Friedrich Gerke. Baden-Baden 1962, S. 21–37

Zum Typus von Santo Stefano in Verona. In: Stucchi e Mosaici alto Medioevoli. Atti dell'ottavo Congresso di studi sull'arte dell'alto Medioevo. Milano 1962, S. 287–296

Bartolomeo Altomontes Deckenbilder im Bibliotheksaal des Jesuitenkollegs zu Linz. In: Kunstjahrbuch der Stadt Linz 26 (1962) S. 213–242

Balthasar Neumann und Kloster Langenheim. In: Zs. f. Kunstgeschichte 25. 1962, S. 213–242

Zur Deutung des karolingischen Westwerkes. In: Forschungen und Fortschritte 37. (1963) S. 144–147

Die Baugeschichte des Marienmünsters auf der Reichenau. Bemerkungen zum Buche von Emil Reisser. In: Zs. f. Kunstgeschichte 26. (1963) S. 77–89

Nachruf auf Richard Hamann. In: Richard Hamann in memoriam. Berlin 1963, S. 7–17 (Schriften z. Kunstgeschichte 1)

Bemerkungen zu den beiden Vorgängerbauten der spätgotischen Nikolaikirche zu Berlin. In: Erwin Reinbacher: Die älteste Baugeschichte der Nikolaikirche in Berlin. Berlin 1963, S. 80–92 (Akad. d. Wiss. zu Berlin. Schriften der Sektion für Vor- und Frühgeschichte 15: Ergebnisse der archäologischen Stadtkernforschung in Berlin, hrsg. v. Institut für Vor- und Frühgeschichte und v. d. Arbeitsstelle für Kunstgeschichte d. Dt. Akad. d. Wiss. zu Berlin, Teil 2)

Eine Bemerkung zu den »Programmen« der Barockkunst. In: Forschungen u. Fortschritte 38. (1964) S. 207–209

Ein Freskenzyklus Altomontes in Linz und die »Programme« der Barockkunst (Sitzungsberichte d. Dt. Akad. d. Wiss. zu Berlin, Klasse für Sprachen, Literatur u. Kunst, 1964, H. 3)

Zum Bibliotheksbau des Klosters Schlierbach. In: Festschrift für Herbert v. Einem zum 16. Februar 1965. Berlin 1965, S. 136–142

Die Architektur zur Zeit Karls des Großen. In: Karolingische Kunst. Düsseldorf 1965, S. 301–319 (Karl der Große. Lebenswerk u. Nachleben 3)

Die Anordnung der Altäre in der karolingischen Klosterkirche zu Centula. In: Karolingische Kunst. Düsseldorf 1965, S. 374–383 (Karl der Große. Lebenswerk u. Nachleben 3)

Kaisertum und Reform als Bauherren in hochkarolingischer Zeit. In: Festschrift für Peter Metz. Berlin 1965, S. 74–98

Zur Neuherausgabe des »Handbuchs der deutschen Kunstdenkmäler«. In: Börsenblatt für den dt. Buchhandel 32. (1965) S. K 31–33

Die Ostteile des Meißener Domes. In: Gedenkschrift Ernst Gall. München 1965, S. 269–300

Ludwig Justi zum 90. Geburtstag. In: Spektrum (Mitteilungsblatt für die Mitarbeiter der Dt. Akad. d. Wiss. zu Berlin) 12. (1966) S. 165–166

Eberhard Hempel zum 80. Geburtstag. In: Forschungen und Fortschritte 40. (1966) S. 220–222

Die Ostteile des Meißner Doms. Resümé in: Kunstchronik 19. (1966) S. 288

Zur Entwicklung der kirchlichen Baukunst des 15. Jahrhunderts in Italien und Deutschland. In: Acta Historiae Artium 13. (1967) S. 61–67

Grundlinien einer Geschichte der romanischen Baukunst in Deutschland. In: Kunst des Mittelalters in Sachsen. Festschrift Wolf Schubert. Weimar 1967, S. 37–43

Lehmann, Edgar und Ernst Schubert: Der Meißner Dom. Beiträge zur Baugeschichte und Baugestalt bis zum Ende des 13. Jahrhunderts. Berlin 1968. 2. Aufl. Berlin 1969 (Schriften z. Kunstgeschichte, H. 14)

Lehmann, Edgar, und Ernst Schubert: Der Dom zu Meißen. Berlin 1971. 2., überarb. Aufl. Berlin 1975

Zur Bedeutung der mecklenburgischen Sakralarchitektur im 13. Jahrhundert. In: Actes du XXIIIᵉ Congrés international d'histoire de l'art Budapest 1969 »Evolution générale et Développements regionaux en Histoire de l'art«. Budapest 1972. Bd. 1, S. 493–499

Flemming, Johanna, Edgar Lehmann und Ernst Schubert: Dom und Domschatz zu Halberstadt. Berlin 1973. Lizenzausgabe Wien u. Köln 1974. 2., überarb. Aufl. Berlin 1976

Zur Neubearbeitung des Handbuchs der deutschen Kunstdenkmäler von Georg Dehio. In: Bildende Kunst 23. (1975) S. 97–98

Zur Baugeschichte von Cluny III. In: Wiener Jahrb. f. Kunstgeschichte 29. (1976) S. 7–19

Ein beinernes Muttergottesfigürchen aus Tilleda. In: Ausgrabungen u. Funde 22. (1977) S. 247–249 u. Taf. 44

Zur Rekonstruktion der Neumünsterkirche in Würzburg im 11. Jahrhundert. In: Acta Historiae Artium 24. (1978) S. 27–32

Die Halberstädter Skulptur in der zweiten Hälfte des 14. Jahrhunderts. – Drei Figuren von einem Heiligen Grab. Oberrheinisch beeinflußter Meister um 1350 bis 1360. In: Die Parler und der Schöne Stil 1350–1400. Europäische Kunst unter den Luxemburgern. Ein Handbuch zur Ausstellung des Schnütgen-Museums in der Kunsthalle Köln. Köln 1978, Bd. 2, S. 572–573

Zur Ikonographie der barocken Bibliotheken im deutschen Sprachraum. In: Kunstwiss. Beiträge 3. Beilage zu »Bildende Kunst« (1979) H. 10, S. 11–16

»Nachbemerkung« in: Klaus Voigtländer. Die Stiftskirche zu Gernrode und ihre Restaurierung 1858–1872. Mit Beiträgen von Hans Berger und Edgar Lehmann. Berlin 1980, S. 151–156

Zum Problem der zweischiffigen Kirchen des 13./14. Jahrhunderts im Ostseegebiet. In: Wiss. Zs. der Ernst-Moritz-Arndt-Universität Greifswald. Gesellschafts- und sprachwiss. Reihe, 29. (1980) H. 2–3, S. 31–35

Der Palast Ottos des Großen in Magdeburg. In: Architektur des Mittelalters. Funktion und Gestalt. Hrsg. v. Friedrich Möbius und Ernst Schubert. Weimar 1983, S. 42–62. 2. durchgesehene Aufl. Weimar 1984

Zu Querschiff, Vierung und Doppeltransept in der karolingisch-ottonischen Architektur. In: Acta Historiae Artium 28. 1982, S. 220–238

Ein vorromanisches Kapitellfragment. In: Gerhard Leopold und Ernst Schubert. Der Dom zu Halberstadt bis zum gotischen Neubau. Mit Beiträgen von Friedrich Bellmann, Paul Grimm, Friederike Happach, Edgar Lehmann und Ulrich Sieblist sowie einem Geleitwort von Hans Berger. Berlin 1984, S. 87–93

Die »Confessio« in der Servatiuskirche zu Qedlinburg. In: Skulptur des Mittelalters. Funktion und Gestalt. Hrsg. v. Friedrich Möbius und Ernst Schubert. Weimar 1987, S. 9–26

Zu den Heiliggrab-Nachbildungen mit figürlichen Programmen im Mittelalter. In: Symbolae Historiae Artium. Studia z historii sztuki Lechowi Kalinowskiemu Dedikawane. Warszawa 1986, S. 142–163 Festschrift für Lech Kalinowski)

Die Grisaille-Glasmalereien aus Schulpforta. In: Österr. Zs. f. Kunst- und Denkmalpflege 40. (1986) S. 135–142

Zur Kirche von Schöngrabern und ihren Skulpturen – Nachbemerkung zur Tagung vom 17. und 18. 9. 1985. In: Schöngrabern. Internationales Kolloquium 17./18. September 1985. Veranstaltet vom Österreichischen Nationalkomitee des C.I.H.A. (Comité International d'Histoire de l'Art) in Zusammenarbeit mit dem Bundesdenkmalamt. Wien 1987, S. 127f.

Dom und Severikirche zu Erfurt. Leipzig 1988 (zusammen mit Ernst Schubert, Fotos von Klaus G. Beyer)

Die Westbauten der Stiftskirche im deutschen Sprachgebiet zwischen 1150 und 1300. Im Druck

Rezensionen

Karolingische Architektur (Neuerscheinungen). In: Zs. f. Kunstgesch. 6. (1937) S. 257–260

Ottonische Architektur (Neuerscheinungen). In: Zs. f. Kunstgesch. 6. (1937) S. 395–396

Salische Architektur (Neuerscheinungen). In: Zs. f. Kunstgesch. 7. (1938) S. 174–178

Baukunst der Zisterzienser (Neuerscheinungen). In: Zs. f. Kunstgesch. 8. (1939) S. 87–90

Bader, Walter: Die Benediktinerabtei Brauweiler bei Köln. Köln 1937. In: Dt. Kunst u. Denkmalpflege 1938, S. 263–264

Graf v. Rothkirch, Wolfgang: Architektur und monumentale Darstellung im hohen Mittelalter. Leipzig 1938. In: Zs. f. Kunstgesch. 8. (1939) S. 302–303

Bloesch, Hans und Marga Steinmann: Das Berner Münster. Bern 1938. In: Dt. Kunst u. Denkmalpflege 1939. S. 32

Schreiber, Arndt: Frühklassizistische Kritik an der Gotik 1759–1789. Würzburg 1938. In: Dt. Kunst u. Denkmalpflege 1939, S. 140

Schorn, Wilhelm und Albert Verbeek: Die Kirche St. Georg in Köln. Berlin 1940. In: Dt. Kunst u. Denkmalpflege 1942–1943, S. 95–96

Krautheimer, Richard: Introduction to an Iconography of Mediaeval Architecture. Journal of the Warburg and Courtald Institues 5. (1942) In: Zs. f. Kunstgesch. 13. (1950) S. 163

Hempel, Eberhard: Geschichte der deutschen Baukunst. München 1949. In: Dt. Literaturzeitung 73. (1952) Sp. 109–114

Bandmann, Günther: Mittelalterliche Architektur als Bedeutungsträger. Berlin 1951. In: Dt. Literaturzeitung 73. (1952) Sp. 610–613

Denkmalpflege in Mecklenburg. Jahrbuch 1951/52. Dresden 1952. In: Dt. Literaturzeitung 74. (1953) Sp. 684–685

Buchowiecki, Walter: Die gotischen Kirchen Österreichs. Wien 1952. In: Dt. Literaturzeitung 75. (1954) Sp. 103–105

Braunfels, Wolfgang: Mittelalterliche Stadtbaukunst in der Toskana. Berlin 1953. In: Dt. Literaturzeitung 75. (1954) Sp. 358–360

Eydoux, Henri-Paul: L'Architecture des Eglises cisterciennes d'Allemagne. Paris 1952. In: Theol. Literaturzeitung 79. (1954) Sp. 493–494

Loertscher, Gottlieb: Die romanische Stiftskirche von Schönenwerd. Basel 1952. In: Dt. Literaturzeitung 75. (1954) Sp. 622–623

Maurer, Hans: Die romanischen und frühgotischen Kapitelle der Kathedrale St. Pierre in Genf. Basel 1952. In: Dt. Literaturzeitung 76. (1955) Sp. 119–121

Beiträge zur Kunst des Mittelalters. Berlin 1950. In: Theol. Literaturzeitung 80. (1955) Sp. 170–171

Beseler, Hartwig und Hans Roggenkamp: Die Michaelskirche in Hildesheim. Berlin 1954. In: Dt. Literaturzeitung 76. (1955) Sp. 445–449

Konow, Helma: Die Baukunst der Bettelorden am Oberrhein. Berlin 1954. In: Theol. Literaturzeitung 80. (1955) Sp. 475–476

Kasper, Alfons: Der Schussenrieder Bibliothekssaal und seine Schätze, und derselbe: Das Schussenrieder Chorgestühl. Erolzheim 1954. In: Dt. Literaturzeitung 76. (1955) Sp. 801–802

Klewitz, Martin: Die Baugeschichte der Stiftskirche St. Peter und Alexander zu Aschaffenburg. Aschaffenburg 1953. In: Dt. Literaturzeitung 77. (1956) Sp. 556–558

Thümmler, Hans: Der Dom zu Osnabrück. München 1954. In: Westfalen 34. (1956) S. 153–157

Wesenberg, Rudolf: Bernwardinische Plastik. Zur ottonischen Kunst unter Bernward von Hildesheim. Berlin 1955. In: Dt. Literaturzeitung 78. (1957) Sp. 143–149

Wessel, Klaus: Ein Grabstein des achten Jahrhunderts in Eisenach. Erlangen 1955. – Pückler-Limburg, Siegfried Graf v.: Das Münster Frauenchiemsee. Erlangen 1955. – Paulus, Herbert: Kleiner Katalog karolingischer Flechtwerksteine. Erlangen 1956 (Nachrichten des Dt. Inst. f. merowingisch-karolingische Kunstforschung, H. 9, 10 u. 12). In: Theol. Literaturzeitung 82. (1957) Sp. 212–213

Heliot, Pierre: L'abbaye de Corbie, ses églises et ses bâtiments. Löwen 1957. In: Kunstchronik 10. (1957) S. 315–322

Reiners, Heribert: Das Münster unserer lieben Frau zu Konstanz. Konstanz 1955. – Reiners-Ernst, Elisabeth: Regesten zur Bau- und Kunstgeschichte des Münsters zu Konstanz. Lindau und Konstanz 1956. In: Theol. Literaturzeitung 83. (1958) Sp. 368–369

Forschungen zur Kunstgeschichte und christlichen Archäologie (bes. Bd. 3: Karolingische und ottonische Kunst). Wiesbaden 1957. In: Dt. Literaturzeitung 79. (1958) Sp. 900–905

Wagner-Rieger, Renate: Die italienische Baukunst zu Beginn der Gotik. 2 Bde. Graz u. Köln 1956/57. In: Dt. Literaturzeitung 80. (1959) Sp. 340–345

Grodecki, Louis: L'Architecture ottonienné. Paris 1958. In: Dt. Literaturzeitung 80. (1959) Sp. 429–434

Hahn, Hanno: Die frühe Kirchenbaukunst der Zisterzienser. Berlin, 1957. – Buchner, François: Notre Dame de Bonmont und die ersten Zisterzienserabteien der Schweiz. Bern 1957. – Wiemer, Wolfgang: Die Baugeschichte und Bauhütte der Ebracher Abteikirche 1200–1285. Kallmünz/Opf. 1958. In: Dt. Literaturzeitung 80. (1959) Sp. 706–713

Die Kunstdenkmäler des Rheinlands. Essen, Bd. 3: Zimmermann, Walter: Das Münster zu Essen. 1956. Bd. 6: Borger, Hugo: Das Münster St. Vitus zu Mönchen-Gladbach. 1958. Bd. 7: Zimmermann, Walter: Die Kirchen zu Essen-Werden. 1959. In: Dt. Literaturzeitung 81. (1960) Sp. 818–822

Reißer, Emil: Die frühe Baugeschichte des Münsters zu Reichenau. In: Dt. Literaturzeitung 82. (1961) Sp. 706–712

Bibliographie der Kunst in Bayern. Bd. 1. Wiesbaden 1961. In: Dt. Literaturzeitung 83. (1962) Sp. 690–691

Hahn, Hanno: Hohenstaufenburgen in Süditalien. München 1961. In: Dt. Literaturzeitung 84. (1963) Sp. 242–243

Heitz, Carol: Recherches sur les rapports entre architecture et liturgie à l'époque carolingienne. Paris 1963. In: Kunstchronik 17. (1964) S. 160–169

Keller, Harald: Die Kunstlandschaften Frankreichs. Wiesbaden 1963. In: Dt. Literaturzeitung 85. (1964) Sp. 1054–1056

Kreusch, Felix: Beobachtungen an der Westanlage der Klosterkirche zu Corvey. Köln u. Graz 1963. In: Dt. Literaturzeitung 86. (1965) Sp. 445–447

Bibliographie der Kunst in Bayern. Bd. 2. Wiesbaden 1964. In: Dt. Literaturzeitung 86. (1965) Sp. 622

Schramm, Percy Ernst und Florentine Mütherich: Denkmale der deutschen Könige und Kaiser. München 1962. In: Dt. Literaturzeitung 86. (1965) Sp. 1115–1117

Seebach, Carl-Heinrich: Das Kieler Schloß. Neumünster 1965. In: Dt. Literaturzeitung 87. (1966) Sp. 1107–1108

Strobel, Richard: Romanische Architektur in Regensburg. Nürnberg 1965. In: Dt. Literaturzeitung 88. (1967) Sp. 1020 bis 1023

Oswald, Friedrich: Würzburger Kirchenbauten des 11. und 12. Jahrhunderts. Würzburg 1966. In: Dt. Literaturzeitung 89. (1968) Sp. 63–65

Milojčič, Vladimir: Bericht über die Ausgrabungen und Bauuntersuchungen in der Abtei Frauenwörth auf der Fraueninsel im Chiemsee 1961 bis 1964. München 1966. In: Dt. Literaturzeitung 89. (1968) Sp. 347–350

ARS. 1. (1967) H. 1. Bratislava. In: Dt. Literaturzeitung 89. (1968) Sp. 440–441

Krönig, Wolfgang: The Cathedral of Monreale and Norman Architecture in Sicily. Palermo 1965. In: Dt. Literaturzeitung 89. (1968) Sp. 543–544

Emblemata. Handbuch zur Sinnbildkunst des XVI. und XVII. Jahrhunderts. Hrsg. v. A. Henkel und A. Schöne. Stuttgart 1967. In: Dt. Literaturzeitung 89. (1968) Sp. 934–936

Schubert, Ernst: Der Naumburger Dom. In: »Neue Zeit« vom 7. 12. 1968 (24. Jg.)

Reinle, Adolf: Kunstgeschichte der Schweiz. 1. Bd. Von den helvetisch-römischen Anfängen bis zum Ende des romanischen Stils. 2. Aufl. Frauenfeld 1968. In: Dt. Literaturzeitung 90. (1969) Sp. 838–840

Rheinische Ausgrabungen 1. Beiträge zur Archäologie des Mittelalters. Köln und Graz 1968. In: Dt. Literaturzeitung 90. (1969) Sp. 1021–1023

Hubert, Jean, Jean Porcher und W. Fritz Volbach: Frühzeit des Mittelalters. München 1968. In: Dt. Literaturzeitung 90. (1969) Sp. 1129–1130

Bibliographie der Kunst in Bayern. Bd. 3. Wiesbaden 1967. In: Dt. Literaturzeitung 91. (1970) Sp. 163–164

Hubert, Jean, Jean Porcher und W. Fritz Volbach: Die Kunst der Karolinger. München 1969. – Braunfels, Wolfgang: Die Welt der Karolinger und ihre Kunst. München 1968. In: Dt. Literaturzeitung 91. (1970) Sp. 544–547

Frodl-Kraft, Eva: Die Glasmalerei. Entwicklung, Technik, Eigenart. München 1970. In: Dt. Literaturzeitung 92. (1971) Sp. 259–261

Schlink, Wilhelm: Zwischen Cluny und Clairvaux. Berlin 1970. In: Dt. Literaturzeitung 92. (1971) Sp. 504–506

Katedra Gnieźnieńska. 2 Bde. Poznań, Warszawa, Lublin 1968/70. In: Dt. Literaturzeitung 92. (1971) Sp. 705–708

Guldan, Ernst, Andreas Heindl. Wien u. München 1970. In: Dt. Literaturzeitung 92. (1971) Sp. 1063–1065

Baum, Elfriede: Katalog des Museums mittelalterlicher österreichischer Kunst. Wien u. München 1971. In: Dt. Literaturzeitung 93. (1972) Sp. 280

Sennhauser, Hans Rudolf: Romainmôtier und Payerne. Basel 1970. In: Dt. Literaturzeitung 93. (1972) Sp. 510–512

Frodl-Kraft, Eva: Die mittelalterlichen Glasgemälde in Niederösterreich. Teil 1. Wien 1972. In: Dt. Literaturzeitung 94. (1973) Sp. 163–165

Wesenberg, Rudolf: Frühe mittelalterliche Bildwerke. Die Schulen rheinischer Skulptur und ihre Ausstrahlung. Düsseldorf 1972. In: Dt. Literaturzeitung 94. (1973) Sp. 634–637

Der Dom zu Speyer. Bearb. v. Hans Erich Kubach und Walter Haas. München 1972. In: Dt. Literaturzeitung 95. (1974) Sp. 536–540

Der Magdeburger Dom – neu gedeutet. (Ernst Schubert: Der Magdeburger Dom, Berlin 1974.) In: Standpunkt. Evang. Monatsschrift 3. 1975, S. 186–187

Grodecki, Louis, Florentine Mütherich, Jean Taralon und Francis Wormald: Die Zeit der Ottonen und Salier. München 1973. In: Dt. Literaturzeitung 96. (1975) Sp. 241–243

Morel, Andreas F. A.: Andreas und Peter Anton Moosbrugger. Bern 1973. In: Dt. Literaturzeitung 98. (1975) Sp. 1083–1084

Rode, Herbert: Die mittelalterlichen Glasmalereien des Kölner Doms. Berlin (West) 1974. In: Dt. Literaturzeitung 97. (1976) Sp. 265–268

Die Kunstdenkmäler Österreichs. Kärnten. (Dehio-Handbuch). Wien 1976. In: Dt. Literaturzeitung 98. (1977) Sp. 282 bis 284

Reinle, Adolf: Zeichensprache der Architektur. Zürich u. München 1976. In: Dt. Literaturzeitung 99. (1978) Sp. 298–301

Kubach, Hans Erich und Albert Verbeek: Romanische Baukunst an Rhein und Maas. Berlin (West) 1976. 3 Bde. In: Dt. Literaturzeitung 99. (1978) Sp. 427–431

Becksmann, Rüdiger: Die mittelalterlichen Glasmalereien in Baden und der Pfalz. Berlin (West) 1979. In: Dt. Literaturzeitung 101. (1980) Sp. 507–511

Braunfels, Wolfgang: Die Kunst im Heiligen Römischen Reich Deutscher Nation. Bd. 1 und 2. München 1979/80. In: Dt. Literaturzeitung 103. (1982) Sp. 243–247

Winterfeld, Dethard v.: Der Dom zu Bamberg. 2 Bde. Berlin 1979 (zusammen mit Ernst Schubert). In: Dt. Literaturzeitung 103. (1982) Sp. 538–543

Caviness, Madeline Harrison: The Windows of Christ Church Cathedral Canterbury. London 1981. In: Dt. Literaturzeitung 104. (1983) Sp. 576–578

Die Kunstdenkmäler Österreichs. Graz und Steiermark (Dehio-Handbuch). Wien 1979 u. 1982. In: Dt. Literaturzeitung 104. (1983) Sp. 804–805

Braunfels, Wolfgang: Die Kunst im Heiligen Römischen Reich Deutscher Nation. Bd. 3. München 1981. In: Dt. Literaturzeitung 104. (1983) Sp. 1005–1007

Braunfels, Wolfgang: Die Kunst im Heiligen Römischen Reich Deutscher Nation. Bd. 4 und 5. München 1983, 1985. In: Dt. Literaturzeitung 107. (1986) Sp. 671–674

Die Kunstdenkmäler Österreichs. Salzburg. Stadt und Land. Wien 1980. In: Dt. Literaturzeitung 108. (1987) Sp. 72f.

Caviness, Madeline H., Jeane Hayward, Meredith Parson Lillich, Linda Morey Papanicolaou, Virginia Chieffo Raguin, Helen Jackson Zakin: Stained Glass before 1700 in American Collections. New England and New York (Corpus Vitrearum Checklist I). Washington 1981. In: Dt. Literaturzeitung 108. (1987) Sp. 328–329

Stained Glass before 1700 in American Collections: New England and New York (Corpus Vitrearum. Checklist I). Hannover and London 1981). – Corpus Vitrearum. Selected Papers from the XIth International Colloquium of the Corpus Vitrearum. New York, 1–6 June 1982 (Corpus Vitrearum. United States Occasional Papers I). New York 1985. In: Dt. Literaturzeitung 108. (1987) Sp. 328 f.

Becksmann, Rüdiger: Die mittelalterlichen Glasmalereien in Schwaben von 1350 bis 1530, ohne Ulm. Unter Mitwirkung von Fritz Herz auf der Grundlage der Vorarbeiten von Hans Wentzel und Ferdinand Werner. Berlin (West) 1986 (CVMA Deutschland, Bd. 1: Schwaben. Teil 2.) In: Sonderdruck Dt. Literaturzeitung 108. (1987) Sp. 596–598

Lobbedey, Uwe: Die Ausgrabungen im Dom zu Paderborn 1978/80 und 1983. 4 Bde. Bonn 1986. In: Dt. Literaturzeitung 109. (1988) Sp. 104–109 (zusammen mit Gerhard Leopold und Ernst Schubert)

Herausgebertätigkeit von Professor Edgar Lehmann

Im Rahmen der Arbeitsstelle für Kunstgeschichte bei der Deutschen Akademie der Wissenschaften zu Berlin

Corpus der romanischen Kunst

Mitteldeutschland, ab Band 2: Corpus der romanischen Kunst im sächsisch-thüringischen Gebiet, hrsg. von Richard Hamann und Edgar Lehmann, ab Band 2: hrsg. von Richard Hamann und Edgar Lehmann Berlin, Akademie-Verlag (Band 2: zusammen mit dem Verlag für Kunstwissenschaft, Berlin (West))
Reihe A: Architektur
Bd. 1: Ernst Badstübner: Die Prämonstratenser-Klosterkirche zu Veßra in Thüringen, 1961
Bd. 2: Die Stiftskirche zu Wechselburg
1. Teil: Herbert Küas und Hans-Joachim Krause: Ergebnisse der Grabungen und Bauuntersuchungen, 1968
2. Teil: Hans-Joachim Krause: Baugestalt und Baugeschichte, 1972
Bd. 3: Ernst Badstübner: Die romanischen Bauten in Breitungen an der Werra, 1972
Bd. 4: Gerhard Leopold und Ernst Schubert: Die frühen romanischen Vorgängerbauten des Naumburger Doms, 1972
Reihe B: Plastik
Bd. 1: Edith Neubauer: Die romanischen skulptierten Bogenfelder in Sachsen und Thüringen, 1972

Schriften zur Kunstgeschichte,

hrsg. von Richard Hamann und Edgar Lehmann (Heft 2–5), hrsg. von Richard Hamann und Edgar Lehmann (Heft 1 und 6–8), begründet von Richard Hamann, weitergeführt von Edgar Lehmann (Heft 9–16); Berlin: Akademie-Verlag

Heft 1: Richard Hamann in memoriam, 1963
Heft 2: Edgar Lehmann: Die Bibliotheksräume der deutschen Klöster im Mittelalter, 1957
Heft 3: Ernst Schubert: Der Naumburger Dreikönigsaltar. Ein historisch-philologischer Beitrag, 1957
Heft 4: Walter Hentschel: Bibliographie zur sächsischen Kunstgeschichte, 1960
Heft 5: Heinrich Trost: Norddeutsche Stadttore zwischen Elbe und Oder, 1959
Heft 6: Daniel Chodowiecki: Journal gehalten auf einer Lustreyse von Berlin nach Dresden. Mit einer Einleitung von Adam Wiecek, 1961
Heft 7: Edith Neubauer und Gerda Schlegelmilch: Bibliographie zur brandenburgischen Kunstgeschichte, 1961
Heft 8: Edith Fründt: Bibliographie zur Kunstgeschichte von Mecklenburg und Vorpommern, 1962
Heft 9: Karl-Heinz Hüter: Henry van de Velde. Sein Werk bis zum Ende seiner Tätigkeit in Deutschland, 1967
Heft 10: Helga Beier-Schröcke: Der Stuckdekor in Thüringen vom 16. bis zum 18. Jahrhundert, 1968
Heft 11: Sibylle Harksen: Bibliographie zur Kunstgeschichte von Sachsen-Anhalt, 1966
Heft 12: Kurt Hübner: Die mittelalterlichen Glockenritzungen, 1968
Heft 13: Sibylle Badstübner-Gröger: Bibliographie zur Kunstgeschichte von Berlin und Potsdam, 1968
Heft 14: Edgar Lehmann und Ernst Schubert: Der Meißner Dom. Beiträge zur Baugeschichte und Baugestalt bis zum Ende des 13. Jahrhunderts, 1968, 1969[2]
Heft 15: Walter Hentschel: Denkmale sächsischer Kunst. Die Verluste des zweiten Weltkrieges, 1973
Heft 16: Helga Möbius: Bibliographie zur thüringischen Kunstgeschichte, 1974

Die deutschen Inschriften. Berliner Reihe

Hrsg. von den Akademien der Wissenschaften in Berlin, Göttingen, Heidelberg, Leipzig und München und der Österreichischen Akademie der Wissenschaften in Wien; Berlin: Akademie-Verlag und Stuttgart: Verlag Druckenmüller
1. Band: Die Inschriften des Naumburger Doms und der Domfreiheit. Gesammelt und bearb. von Ernst Schubert und Jürgen Görlitz, 1959 (6. Band der Gesamtreihe)
2. Band: Die Inschriften der Stadt Naumburg an der Saale. Gesammelt und bearb. von Ernst Schubert, 1960 (7. Band der Gesamtreihe)
3. Band: Die Inschriften des Landkreises Naumburg an der Saale. Gesammelt und bearb. von Ernst Schubert, 1965 (9. Band der Gesamtreihe)
4. Band: Die Inschriften der Stadt Merseburg. Gesammelt und bearb. von Ernst Schubert und Peter Ramm, 1968 (11. Band der Gesamtreihe)

Georg Dehio, Handbuch der deutschen Kunstdenkmäler

Berlin: Akademie-Verlag, und München, Berlin (West): Deutscher Kunstverlag. Die Bezirke Dresden, Karl-Marx-Stadt und Leipzig. Bearb. von der Arbeitsstelle für Kunstgeschichte, 1965, 1966²

Die Bezirke Neubrandenburg, Rostock, Schwerin. Bearb. von der Arbeitsstelle für Kunstgeschichte, 1968

Bildbandreihe zum Handbuch von Georg Dehio

Berlin: Akademie-Verlag

Kunstdenkmäler der Bezirke Dresden, Karl-Marx-Stadt, Leipzig, Bildband. Bearb. von Ernst Badstübner, Beate Becker, Hans-Joachim Krause, Heinrich Trost, 1968, 1968², 1972³
Kunstdenkmäler der Bezirke Neubrandenburg, Rostock, Schwerin, Bildband. Bearb. von Sibylle Badstübner, Beate Becker, Christa Stepansky, Heinrich Trost, 1975, 1976²

Im Rahmen des Instituts für Denkmalpflege

Georg Dehio, Handbuch der deutschen Kunstdenkmäler,

Berlin: Akademie-Verlag, und München Berlin (West): Deutscher Kunstverlag
Die Bezirke Neubrandenburg, Rostock, Schwerin. Überarb. von der Abteilung Forschung des Instituts für Denkmalpflege, 1980²
Der Bezirk Magdeburg. Bearb. von der Abteilung Forschung des Instituts für Denkmalpflege, 1974, 1975²
Der Bezirk Halle. Bearb. von der Abteilung Forschung des Instituts für Denkmalpflege, 1976, 1978²
Bezirke Berlin/DDR und Potsdam. Bearb. von der Abteilung Forschung des Instituts für Denkmalpflege, 1963, 1988²
Die Bezirke Cottbus und Frankfurt/Oder. Bearb. im Institut für Denkmalpflege, 1987

Bildbandreihe zum Handbuch von Georg Dehio.

Berlin: Akademie-Verlag
Kunstdenkmäler des Bezirkes Magdeburg. Bildband. Bearb. von Horst Drescher, Gerda Herrmann, Christa Stepansky, 1983
Kunstdenkmäler der Bezirke Berlin/DDR und Potsdam. Bildband. Bearb. von Horst Büttner, Ilse Schröder, Christa Stepansky, 1987

Corpus Vitrearum Medii Aevi, Deutsche Demokratische Republik (Institut für Denkmalpflege, anfänglich Akademie der Wissenschaften) Berlin: Akademie-Verlag, und Wien: Verlag Böhlau
Band 1,1: Erhard Drachenberg, Karl-Joachim Maercker, Christa Schmidt: Die mittelalterliche Glasmalerei in den Ordenskirchen und im Angermuseum zu Erfurt, 1976
Band 1,2: Erhard Drachenberg: Die mittelalterliche Glasmalerei im Erfurter Dom, Textband 1980, Abbildungsband 1983
Band 4,1: Karl-Joachim Maercker: Die mittelalterliche Glasmalerei im Stendaler Dom, 1988
Band 2: Christa Richter: Die mittelalterliche Glasmalerei in Mühlhausen. Im Druck

Personenregister

Acker (Glasmalerei-Werkstatt in Ulm) 206
Adalbert, Erzbischof von Magdeburg 38
Adalbert, Mönch, Schreiber im Zisterzienserkloster Lützel 74
Adelheid, Kaiserin 27
Adelsreute, Guntram von 74
Agapitus, heiliger Märtyrer 83
Ainmiller, Kgl. Glasmalereianstalt München 268–275
Ainmiller, Max E. 268–275
Albertus Magnus 94
Albrecht II., König von Deutschland 212
 als Albrecht V. von Habsburg 212
Albrecht II., Kaiser 184
Albrecht III. von Habsburg 212
Albrecht V. von Habsburg 212
 als deutscher König Albrecht II. 212
Amman, Jobst 254
Ammon, Johann Wilhelm 261
Anna von Dänemark 244
d'Arpino, Cav. 261
Athyn, Bryn (Glencairn Museum) 43
Auer, Familie 135, 136
August I., Kurfürst von Sachsen 244
Augustinus, Bischof von Hippo 74, 103, 109

Bacher, Ernst 202
Badstübner, Ernst 143
Badstübner-Gröger, Sibylle 276
Baier, Gerd 143
Barnes, Carl F. jr. 49
Bartning, Otto 141, 142
Bauer, Glaser 270
Baumann, Wilfried 57
Baur, Chr. 274
Baurn, Joannus Guilielmus 266
Becket, Thomas, Erzbischof von Canterbury 83
Becksmann, Rüdiger 125, 127
Bedford, Herzog von 214
Beer, Ellen J. 203
Behm, Peter 254
Benedikt VII., Papst 38
Bergner, Heinrich 30
Bernhard von Clairvaux, Heiliger 72, 73, 77, 83, 85, 115, 146
Bernini, Gian Lorenzo 261
Berry, Jean de 212
Beyer, Victor 203
Bommenee, A. 288
Bordone, Girolamo 261
Bosch, Hieronymus 230
Bosham, Herbert of 83
Bosl, Karl 66
Boucher, François 261
Bouts, Dirk 173
Brand, Rudolf von 63, 66
Branner, Robert 278
Broederlam, Melchior 172
Brunen, Familie 254
Burrell, Sammler in Glasgow 182, 184, 188–190

Carracci, Annibale 261
Caspar von Chemnitz, Steinmetz 240
Castellini, Zaratino, Sig. Cav. Gio. 261
Charles V., König von Frankreich 212
Chelles, Jean de 276
Chevallier, Jaques Le 99
Christian, Abt des Zisterzienserklosters Lützel 74
Christian, Gaugraf im Grabfeldgau 27, 29, 33
Chruszczynska, Jadwiga 117
Cini, Giorgio, Fondazione in Venedig 118
Classen, K. A. 92
Colonna, Familie 227
Columbaaltar 170, 175, 176, 179
Comestor, Petrus 81
Corbusier Le, siehe Jeanneret, Charles Eduard
Cosimo, Herzog 225
Cuno von Piermont 183, 190
Czarny, Leszek, polnischer Fürst 116
Czeslaus, polnischer Seliger 116

Dahlberg 254
Darée, Louis 270
Dehio, Georg 10, 11, 52, 154, 157
Demus, Otto 15
Diest, Wilhelm von, Bischof von Strasbourg (Straßburg) 203
Dietrich, Bischof von Meißen 66
Dietterlin, Wendel 254, 258
Dill 91
Dimier, A. 144
Diokletian, römischer Kaiser 220
Dolberg, Ludwig 143, 144
Domenichino (Domenieo Zampieri) 261
Dominikus, Ordensstifter 116
Doree, Luis 270
Dreier, F. A. 254
Duccio di Buoninsegna 119
Dürer, Albrecht 227, 254
Durandus, Guilelmus 212

Eaton, Hubert 182
Eberhard I., Graf von Rohrdorf, Abt des Zisterzienserklosters 74, 75, 77, 81, 82
Eberhard III., Erzbischof von Salzburg 82
Eddelin, Peter 141, 150
Einhard, Biograph Karls d. Gr. 32, 33
Elisabeth von Luxemburg 184
Eltz, Graf Hugo von; Dompropst zu Mainz 91
Ende, Horst 143
Ensingen, Ulrich von 194, 198, 199
Ensinger, Caspar 206
Ensinger, Matthäus 194–199, 206
Ernst der Eiserne, Herzog von Österreich 212, 213
Erwin von Steinbach, Werkmeister des Straßburger Münsters 199
d'Este, Isabella 222
Euw, A. von 83
Eyck, Jan van 173, 175, 178, 179, 215

Facij, Lepido 262
Faustner, Leonhard 268, 270
Felicissimus, Heiliger 33
Felicitas, Heilige 33
Fickwirth, Georg 263
Findeisen, Peter 243
Fingerle, Hans 262
Fingerle, Ursula (verw. Strauß) 262
Fischel, Ludwig 202, 227
Fischer, Josef Anton 268
Fränkli, Hans 206
Frank, Michael Sigmund 268
Franz I., König von Frankreich 184
Freyburgk, Andres von 234
Friedrich I., Barbarossa, Kaiser 61, 62, 66–68, 81, 82
Friedrich II. von Hohenstaufen, Kaiser 82
Friedrich III., Kaiser (vormals Friedrich V. von Habsburg) 213
Friedrich IV. von Tirol 212
Friedrich V. von Habsburg (als Kaiser Friedrich III). 213
Friedrich der Weise, Kurfürst von Sachsen 242
Fründt, Edith 142
Fuchs, Charles 270, 271
Futterer, I. 202

Gäbel, Christoff 254
Geerling, Christian 220
Gerhardesca, Ugolino, Angehöriger einer toskanischen Adelsfamilie 118
Gereon 220
Gero, Markgraf von Sachsen 229
Getty, J. Paul, Museum in Malibu (Kalifornien) 83
Geuder, Familie 250
Giesau, Hermann 28, 29
Gigliotti, Giovanni 261
Gimpel, Kunsthändler 182
Giordano, Luca 261
Giselher, Bischof von Merseburg 39
Glaser, Niklaus, Glasmaler in Bern 206
Goelet, Ogden 183, 184, 190
Goelet, Robert 183, 184, 190
Görres, Josef 271, 272
Götz, W. 89
Gottfried, Abt des Zisterzienserklosters Salem 74
Gratianus Flavius, römischer Kaiser 83
Grefflinger, Georg 265
Gregor, Heiliger 72, 115
Grodecki, Louis 42
Groemahn, Jörg 240
Gromann, Nickel 240, 241
Guignard, Ph. 85
Guilhermy, François de 43–47
Guntram von Adelsreute 74

Haas, Walter 32
Hamann, Richard 10
Hanstein, Familie 210
Harding, Stephan, Abt des Zisterzienserklosters Citeaux 72

Personenregister

Harsdoerffer, Georg Philippus 265
Hassfeld, Luis v. 270
Hasstedt, Architekt 270
Hearst, William Randolph, Sammler 182
Heilwich, Gemahlin des Grafen Christian vom Grabfeldgau 27, 29
Heinrich I., deutscher König 27, 37, 229
Heinrich II., deutscher Kaiser 27, 37, 39
Heinrich II., König von England 83
Heinrich von Bayern, gen. der Zänker, Herzog 27
Heinrich von Murbach (Frater Henricus), Abt des Zisterzienserklosters Wettingen 86
Helinandus, Schreiber im Zisterzienserkloster Lützel 73
Hemmel, Peter, von Andlau 253, 254, 271, 272
Hempel, Eberhard 9
Henricus, siehe Heinrich von Murbach?
Hermann, Dominikanerkonvers 116
Hertel, J. G. 266
Hess, Heinrich M. von 268, 270
Heyck, Edward 143
Hieronymus, Heiliger 72
Hildegard von Bingen 74
Hirsvogel, Familie 250
Honorius III., Papst 109
Honorius Augustodunensis 228
Hooch, Pieter de 286
Howitt, Margaret 268, 271
Huber, Sammler in Zürich 190
Hug, Johann Leonhard 77
Hunt, Richard Morris 183, 184

Imhoff, Familie 246, 249, 250, 252–254, 258
Imma, Gemahlin des Einhard 32
Ingeborg, französische Königin 49
Innozenz IV., Papst 115
Innozenz VIII., Papst 128

Jacquemart, Hesdin de 214
Jamnitzer, Albrecht 254
Jamnitzer, Christoph 254
Jamnitzer, Wenzel 254
Janssen, Hans 291
Jeanneret, Charles Eduard (Le Corbusier) 276–295
Jensen, Jens Chr. 143, 144, 274
Jobst 254
Jöcher, C. G. 262
Johann, König von England 75
Johann von Dirpheim, Bischof 128
Johann von Salzburg, Erzbischof 213
Johann Friedrich, Kurfürst von Sachsen 238, 242–244
Johanna von Burgund 212
Johanna von Navarra 212
Johanna von Pfirt, Gemahlin Albrechts II. von Habsburg 212

Karl der Große, Kaiser 101
Karl IV., Kaiser 157
Karl V. 212
Keltzlerr, Conrad 210
Kempf, Th. K. 88

Kestner, Mertha 246
Kieslinger, F. 214
Klüver, H. H. 141
Knoll, Anton 270
Knorr, Familie 248
Kobuch, Manfred 63
Koch, Alfred 28, 31
König, Johann Rudolf 262 ff.
Konrad I., Abt des Zisterzienserklosters St. Urban 73
Konrad II., Abt des Zisterzienserklosters Lützel 73
Konrad III., deutscher König 74, 81
Konrad von Lichtenberg, Bischof 128
Krauchtal-Erlbach 199, 200, 202, 204
Krause, Hans-Joachim 54, 63, 66, 68
Krauss, Johann Ulrich 266
Krenkingen, Diethelm von, Bischof von Konstanz 81, 82
Krenkingen, Konrad von 81
Krenkingen, Walther von, Bischof von Gurk 82
Kroos, Renate 77
Kühne, W. 143
Küssel, Melchior 266
Kulmbach, Hans von 248
Kunhofer, Familie 248
Kwiatkowski, Edward 114

Lafond, Jean 276, 277
Langton, Stephan, Erzbischof von Canterbury 75
Lebrun, Charles 261
Lech, Familie 130
Lector, Stanislaus, Dominikanermönch 116
Lehmann, Edgar 9–13, 29, 61
Lehmann, Hans 202
Leonardo da Vinci 222–228
Leonhard von Liechtenstein-Murlau 210–228
Leopold, Gerhard 35
Łepkowski, Ludwik 114–116
Lewi, P. J. 290
Lewy, Max 233
Liebig, Baronin von, Sammlung in Schloß Gondorf 36
Lippi, Filippino 222, 223, 227
Lisch, G. C. F. 143
Litta, Familie 227
Locarni, Pietro Martire 261
Lochner, Stephan 218–220
Longinus, Joannes 116
Lorenz, A. F. 143
Lothar III., Kaiser 62
Ludwig, Sammlung in Aachen 83, 96
Ludwig I., König von Bayern 268, 271
Ludwig der Deutsche, König 27
Luis 270
Luther, Martin 233, 242, 244, 263
Luyken, Jan 285
Lymant, Brigitte 93, 219, 220

Mandowsky, Erna 261
Maratta, Carlo 261
Marcellinus, Heiliger 32
Martin von Lochau, Abt des Zisterzienserklosters Altzella 230
Maurer (Murer), Christof 258
Meder, Otto 227
Meister des Heisterbacher Altars 220
Meister von Flémalle (Robert Campin) 170, 171, 173, 175–177, 179
Meltwitz, Hans 241
Memling, Hans 167, 168, 170, 175, 176, 179
Menger, Heinrich (der) 130–140
Mérode, Familie 171, 217, 219, 220
Mitthoff 149
Möckel 143, 144, 146, 147
Mohr, Kölner Antiquar 93
Mojon, Lutz 194, 196, 199, 200, 202, 206
Montreuil, Pierre de 276, 278, 295
Moreira, Sammlung in Lissabon 175
Moritz, Kurfürst von Sachsen 244
Müller, Franz Tobias 9
Muratova, X. 45
Murr, Christoph Gottlieb 254

Nieuwenhove, Maarten van 167, 176, 178

Oberhuber, Karl 227
Ochsenstein, Rudolf von 128
Odrowaz, Iwo, Bischof von Kraków (Krakau) 114, 115
Ohle, Walter 233, 240, 241
Oidtmann, Heinrich 219
Orley, Bernhard von 273
Otto I., der Große, Kaiser 27, 35, 37, 38, 54, 101
Otto II., Kaiser 27, 35, 37, 38, 54
Otto III., Kaiser 27
Otto der Reiche 62
Otto von Friesach, Dominikanerpater 116
Otto III. von Hachberg, Bischof 78
Oursel, Charles 85
Overbeck, Friedrich 268, 270, 271, 274

Panofsky, Erwin 227
Parler, Baumeisterfamilie 156
Patze, Hans 54, 62
Penrose, F. C. 274
Perrins, C. W. Dyson, Sammlung in Malvern 83, 127
Perugino, Pietro Vannucci, gen. Pietro Perugino 222, 223
Petrus Christus, Maler 215
Petrus Lombardus, Bischof von Paris 78, 81, 82, 83
Petzold, Hans 254
Pfirt, Johanna von 212
Philippe »Auguste«, König von Frankreich 43, 49
Piermont, Cuno von 183, 190
Pierre de Montreuil 276, 278, 295
Pietro da Novellara, Fra (Servitenmönch) 222
Pius II., Papst 213
Plotzek, J. M. 83
Plotzek-Wederhake, Gisela 72
Podlacha, Władysław 117
Pöckh, Johann Ludwig 262
Ponickau, Hans von 442

Poussin, Nicolas 261
Praun, Paul von 254
Przeździecki, Aleksander, Graf 114
Pucelle, Jean 127

Raffael (Raffaello Santi) 227
Ramler, Karl Wilhelm 266
Regnaldus, Mönch im Zisterzienserkloster Salem 75
Reichensperger, A. 271
Richter, Christoph 60
Rieter, Sebald 248
Ringoltingen, Patriziergeschlecht 206
Ripa, Cesare 261–266
Rode, Christian Bernhard 266
Rode, Herbert 94, 219
Rohrdorf, Eberhard von 74, 82
Rolin, Kanzler 215
Rudolf IV. von Habsburg 212
Rüger, Reinhard 144, 147
Rukschcio, Beate 210, 214

Schädel, Bernhard 270
Schauenbourg, Baron von 127
Schiff-Giorgini, Sammler 118
Schilling, Rosy 83
Schlesinger, Walter 38, 54, 62
Schlie, Friedrich 143
Schliepe, Walter 233
Schmitz, A. 92
Schmitz, H. 218, 220
Schnorr von Carolsfeld, Julius 268, 274
Schönenberg, Margarethe von 190
Schopf, R. 203
Schraudolph, Johann von 268, 274
Schröder, D. 141
Schröter, Simon 234
Schryver, A. de 166
Schuba, Ludwig 77
Schwind, Louise von 270
Schwind, Moritz von 268, 279
Serlin, Wilhelm 262, 263
Severin 142, 144
Sibylle, Kurfürstin von Sachsen 242
Siegfried vom Schwabengau, Graf 229
Siegmund, Sohn Friedrichs IV. von Tirol 213

Silentiarius, Paulus, kaiserlicher Hofbeamter in Byzanz 101
Silvius, Aeneas 213
Specker, Otto 270
Spenlin, Johannes 81, 82
Spitzer, Friedrich 182, 190
Sprüngli, Jacob 246–258
Stamm, L. F. 203
Stange, Alfred 202, 218, 219
Stark, Peter 206
Statz, Vinzenz 92, 96, 99
Steinle, Eduard von 99
Steynbrecher, Wentzel 241
Stocklet 118
Strähuber, Alexander 268
Strauß, Laurentius 262, 263, 265, 266
Streich, Gerhard 37
Strieder, F. W. 262
Strozzi, Familie 227
Stubblebine, J. H. 118
Studziński, P. Adam 119
Supplinburg, Lothar von 37, 38
Sylvester, Papst 127

Theophanu, Kaiserin, Gemahlin Ottos II. 27
Thietmar von Merseburg 38
Tiefengruben, Johannes 112
Tiepolo, Giovanni Battista 261
Tolnay, F. 173
Tozzi, P. P. 261
Tucher, Familie 246–258
Tucher, Berthold 249
Tucher, Hans 249
Tucher, Heinrich 249
Tucher, Lorenz (Laurentius, Probst) 246, 248, 249
Tucholski, F. 233, 243

Ugolino, siehe Gerhardesca

Vasari, Giorgio 222, 223, 225, 227, 228

Vermeer van Delft, Jan 286, 287
Vockamer, Nürnberger Stifterfamilie 254

Vorwerk, G. F. 268, 270, 271, 274
Voß, G. 144

Waiter, Regensburger Stifterfamilie 130
Wakkamer, Regensburger Stifterfamilie 130
Wallraf, Ferdinand Franz, Sammlung (Köln?) 93
Walrand, J. M. 91, 92
Walter, Art Gallery in Baltimore 43
Walter, Johann 243
Wartha, Hugo von 63, 66
Welser, Nürnberger Stifterfamilie 249
Wentzel, Hans 125, 127, 182
Werner, Wilfried 74, 75
Westerburg, Siegfried von, Erzbischof von Köln 94
Wettingen, Abt von 86
Wex, R. 243
Weyden, Rogier van der 166–168, 170, 175, 176, 179
Wichmann, Erzbischof von Magdeburg 66
Wilhelm, Herzog von Österreich 212
Wilhelm, Mönch im Zisterzienserkloster Lützel 74
Wilhelm von Diest, Bischof von Straßburg 203
Wilhelm von Sens, Erzbischof von Canterburry 83
Wilmowski, J. N. von, Domkapitular in Trier 91, 92
Wincenty aus Kielcze, Kapellan des Krakauer Bischofs Odrawaz, später Dominikanerpater 115
Wölfflein, Regensburger Maler 137
Woller, Regensburger Stifterfamilie 130
Wouter van Nijmegen 286
Wren, Christopher 274
Wurzbach, C. von 270
Wyspiański, Stanisław, Maler 114
Wyttenbach, A. 92

Zajdzikowski, Teodor 114, 115
Zeleński, S. G. (Glasmalerei-Betrieb) 114
Zwirner, Dombaumeister in Köln 270

Ortsregister

Aachen 220
    Pfalzkapelle 37, 101
    Sammlung Ludwig 83, 96
Aarau
    Kantonsbibliothek 86
Aldersbach
    Zisterzienserkloster 72
Alkmaar
    Sankt Laurenskirche 288
Alspach
    Klosterkirche 66
Altenberg
    Zisterzienser-Abteikirche 219, 220
Altenburg
    Augustiner-Chorherrenstift St. Marien auf dem Berge 62, 63, 68
    Bartholomäikirche 52–68
Altenwilre
    Pfarrkirche 128
Altzella
    Zisterzienserklosterkirche 63, 68, 230, 232
Amiens
    Kathedrale 41
Amsterdam 166
Anagni 106
Antwerpen 288
Aquileja
    Dom 106
Arnstadt
    Liebfrauenkirche 110
Augsburg 266
Augustusburg
    Schloßkapelle 244
Auxerre
    Kathedrale 41, 48

Baden-Baden
    Anglikanische Kirche 274
Badia a Isola 118
Bad Lausick
    Kilianskirche 66
Baltimore
    Walter's Art Gallery 43, 47
Bamberg
    Dom 37
Basel
    Kartause Sankt Margarethental 206, 262
Bellevaux
    Zisterzienserkloster 72
Benediktbeuren
    Glashütte 268
Berghausen 106
Bergheim 203
Berlin 10, 182, 266
    Deutsche Akademie der Wissenschaften, Arbeitsstelle für Kunstgeschichte 10
    Humboldt-Universität 10
    Deutsche Staatsbibliothek 85, 86
    Museen 43
Berlin(West)
    Staatliche Museen, Preußischer Kulturbesitz 173, 218

Bern
    Leutkirche 200
    Münster 194–207
Berzé-la-Ville
    Kapelle 106
Blankenburg 229
Blumenstein
    Nikolauskirche 127
Bologna 116
Boppard
    Karmeliterkirche 1, 177
Borna
    Marienkirche 61
Bourges
    Kathedrale 41
Bourtange
    Festung 286, 287
Boxmeer
    Karmeliterkirche 287, 288
Braine
    Prämonstratenserabtei 45, 47, 49
Brandenburg
    Dom St. Peter und Paul 147
Brandis 112
Breitungen 10
Brixen 82
Bruck an der Mur
    Franziskanerkirche 115
Brügge 287
Bruxelles (Brüssel) 166, 171, 273, 274
    Kathedrale St. Michel et St. Gugule mit Chapelle du St. Sacrement des Miracles 273
    Musées Royaux des Beaux-Arts 95, 175

Cambridge 274
Canterbury 75, 83
    Kathedrale 48
Castelfiorentino
    Pinacoteca Santa Verdiana 119
Centula
    Klosterkirche St. Riquier 102
Châlons-sur-Marne
    Kathedrale 176
Champs sur Marne
    Forschungslabor für historische Denkmale 280
Chartres
    Kathedrale 41, 49
    Saint-Père 284
Chemnitz siehe Karl-Marx-Stadt
Citeaux
    Zisterzienserkloster 72, 77, 82, 83, 85
Città di Castello 118
Clairvaux
    Zisternzienserabtei 83, 85, 86
Colmar 76, 263
    Martinskirche 202–205
    Bibliothèque municipale 76, 81
    Unterlinden-Museum 203
Corvey
    Kloster 229
Crevole 118

Dambach
    Sebastianskapelle 125–128
Darmstadt 262
    Hessisches Landesmuseum 217–220
Delft 287
De Rijp
    Reformierte Kirche 287
Detroit
    Metropolitan Museum 190
Dijon
    Bibliothèque municipale 72, 85
Doberan
    Zisterzienserklosterkirche 141–153
Dorlisheim
    Johanneskirche 66
Dresden
    Institut für Denkmalpflege 56
    Staatliche Museen, Gemäldegalerie Alte Meister 173

Eberbach
    Zisterzienserabtei 83
Edam
    Sint Nicolaaskirche (Große Kirche) 287, 291
Eger
    Doppelkapelle auf der Stauferburg 66
Erfurt 11, 147
    Augustinerkirche 109
    Barfüßerkirche 97, 107, 110
    Dom St. Marien 11, 112
    Severikirche 11
Esslingen
    Frauenkirche 198
Esztergom
    Burgkapelle 103

Florenz 222, 223, 227
    SS. Annunziata 222–228
    Santa Maria Novella 222, 227
    Servitenkloster 222
    Uffizien 222, 226
Fontenay
    Zisterzienserkloster 85
Forest Lawen 182
Frankfurt a. M. 203, 254, 262, 263
Frankfurt a. O. 154, 162, 164
    Marienkirche 154–164
    Rathaus 156
Frauenfeld-Oberkirch 125, 127
Freiberg
    Augustinerchorherrenstift 61
    Marienkirche 61
    Nikolaikirche 61
Freiburg i. Br.
    Münster 125, 127, 196
    Universitätsbibliothek 77, 81
Frienisberg
    Zisterzienserkloster 73, 86
Friesach
    Bartholomäuskirche 116
    Dominikanerkloster St. Nikolaus 116
    Rupertuskapelle 105, 106
Fulda 74, 78, 81
    Kloster 27, 38

Gardelegen
  Nikolaikirche 61
Geisling
  Ursulakapelle 135, 137
Geithain
  Stadtkirche 62
Genf 206
  Universität 262
Gent 166, 262
Gera 11
Gernrode
  Stiftskirche 10
Gießen 262
Glasgow
  Sammlung Burrell 182, 184, 188–190
Glencairn
  Museum Bryn Athyn 43, 44, 46, 47
Glendale 182
  Forest Lawn Memorial Park
Göss
  Bischofskapelle 18
  Walpurgiskapelle 18
Gondorf
  Schloß, Sammlung der Baronin von Liebig 96
Goslar
  Marktkirche 109
  Rathaus 106
Gouda
  Johanniskirche 286, 290–295
Graz
  Steyerisches Landesmuseum Johanneum 115, 116
Grimma 61
  Frauenkirche 61
Gröningen
  Kloster 229
Groitzsch
  Ägidienkirche 61
Grosseto
  Museo d'Arte di Grosseto 118
Gurk
  Dom 14, 17, 18, 24, 25, 82, 105, 106

Halberstadt 38, 229
  Dom St. Stephan und St. Sixtus 10, 11, 111, 196, 229, 230, 232
  Liebfrauenkirche 144, 232
Halle
  Moritzkirche 66
  Institut für Denkmalpflege 144, 229
Hamburg 265, 268, 270, 272
  Katharinenkirche 268–275
  Artistische Anstalt 270
  Hauptverein der Gustav-Adolf-Stiftung 271
  Kunsthalle 274
  Staatsarchiv 271
Hassegau 38
Hauterive
  Zisterzienserabtei 127
Heidelberg 74, 142, 262
  Universitätsbibliothek 74
Heiligenkreuz 85
  Brunnenhaus 18
  Stiftskirche 15, 18, 176

Hersfeld
  Benediktinerkloster 38, 39
  Stadtkirche 31
Herzberg
  Stadtkirche 230
Hildesheim
  Michaelskirche 37, 106
Hirsau 74, 78
  Cluniazenserkloster
Hocheppan 106
Hohenburg
  Stift 128
Hohenschwangau
  Schloß 268
Igny (Marne)
  Zisterzienserkloster 85
Ilsenburg
  Klosterkirche St. Peter und Paul 66
Ince-Hall 219

Jena 9, 262, 263
  Michaelskirche 61
  Friedrich-Schiller-Universität 9
Jerusalem 15, 249
Judenburg
  Magdalenenkirche 25

Kamenz
  Justkirche 112
Karl-Marx-Stadt, ehemals Chemnitz
  Benediktinerklosterkirche 66
  Jakobikirche 61–63
Karlsruhe
  Badische Landesbibliothek 75, 78, 86
Katharinenthal 127
Kiel 274
Kielce 115
Kiew
  Museum der Westlichen und Östlichen Kunst 43–47
Kilndown (Kent) 273
Kleve 287
Klinga
  Dorfkirche 61
Köln 92–96, 99, 217–220, 268, 271
  Dom 32, 95, 219, 220, 268, 272, 274
  Georgskirche 220
  Katharinenkirche 220
  Dominikanerkirche 94
  Kreuzträgerkirche 220
  S. Francisco
  Museum für Bildende Künste 217–221
  Kunibertkirche 107, 115, 175
  St. Maria im Kapitol 220
  St. Maria Lyskirchen 220
  Pantaleonkirche 31, 220
  Ursulakirche 218
  Kunstgewerbemuseum 93
  Schnütgen-Museum 93, 184, 185, 219, 220
  Wallraf-Richartz-Museum 221
Königsfelden
  Klosterkirche 127, 130, 212
Königslutter
  Klosterkirche 38, 65
Köniz 206

Konstantinopel
  Hagia Sophia 101
Konstanz 74, 78, 81
  Münster Unserer lieben Frau 72, 75, 78, 81, 82, 83
Kopenhagen
  Staatliches Kunst-Museum 118
Kraków (Krakau)
  Dominikanerkirche 114–123
  Dreifaltigkeits-Pfarrkirche 114
  Wawel 114
  Wawel-Kathedrale 114
  Nationalmuseum 114, 120–122
  Glasmalereibetrieb S. G. Zelenski 114
Krems
  Dominikanerkirche 112
Kroppenstedt
  Martinskirche 229–232

Laon
  Kathedrale 48
Lautenbach
  Klosterkirche 66, 128
Leczyca 116
Lehnin
  Zisterzienserkirche 156
Leiden 287, 288
Leipzig 61, 263
  Augustinerchorherrenstift 66
  Nikolaikirche 61
  Thomaskirche 66
Leningrad
  Isaak-Kathedrale 268
  Staatliche Ermitage 227
Leoben 115
Leonhard, St. 210–215
Lichtenburg, bei Prettin, Bez. Cottbus 240, 242
Lissabon
  Sammlung Moreira 175
Loccum 150
Löbau
  Nikolaikirche 61
Loire-Schloß Franz I. 184
London 92–94, 273
  St. Pauls-Kathedrale 274
  British Library 83
  National Gallery 119, 173, 179, 225 bis 228
  Victoria and Albert Museum 93
Lorsch
  Benediktinerkloster 33
Lübeck
  Marienkirche 196
Lützel
  Zisterzienserkloster 72, 73, 74, 75, 77, 85, 86
Lugano 118
Lund 147
Lunteren 290

Madrid
  Prado 175, 177, 179
Magdeburg 10, 35, 37–39
  Dom 35–39, 63, 102
  Petrikirche 61
  Pfalz 37

Ortsregister

Maienfeld
  Schloß Brandis 111
Mailand 222, 261
  Santa Maria della Grazie 227, 228
Mainz 254
  Dom 254
Malibu
  J. Paul Getty Museum 83
Malvern
  Sammlung C. W. Dyson Perrins 127
Marburg
  Elisabethkirche 90, 96
Maursmünster
  Abteikirche 66
Meiningen 27
Meißen 38
  Dom Augustinerchorherrenstift St. Johannes Ev. und St. Donatus 11, 38, 66, 109
Memleben
  Benediktinerkloster 35, 37–39
Merseburg 38, 39
  Dom 63
  Maximikirche 61
Metz 9
  Kathedrale 89, 93, 96
  Beata Maria rotunda 89
Monte Oliveto 118
Montpellier
  Universität 262
Morimond
  Zisterzienserkloster, Bibliothek 72
Mühlberg 244
Mühlhausen
  Blasiuskirche 110
  Nikolaikirche 111
Mulhouse (Mühlhausen, Elsaß) 128
München 268, 272
  Maria-Hilf-Kirche 268, 272, 274
  Kgl. Glasmalereianstalt Ainmillers 268–275
  Kunst-Akademie 268
  Porzellanmanufaktur Nymphenburg 268
Müstair
  Kloster 106
Murbach
  Klosterkirche 66
Mutzig 125, 127

Naumburg
  Dom St. Peter und Paul 10, 63, 109, 115
  Moritzkloster 66
Nebra 35
Neuburg, Elsaß
  Zisterzienserkloster 73
New Haven
  Yale University Art Gallery 118
New Port (Rhode Island)
  Ochre Court 183, 184, 188
New York
  Aquavella Galerie 175
  Metropolitan Museum of Art 179, 190, 227
Niederhaslach
  Florentiuskirche 125, 127, 138, 196 bis 199

Nimwegen
  Rathaus 286
Noyon
  Kathedrale 48
Nürnberg 162, 246, 248, 249, 254, 262, 265, 268, 272
  Lorenzkirche 246, 248, 254, 258
  Sebalduskirche 156, 246, 249, 250, 252, 254, 258
  Heilig-Geist-Spital 246
  Germanisches Nationalmuseum 218

Oberkirch 125, 128
Odilienburg
  Heiligenkreuzkapelle 66
Offenburg 203
Ostritz
  Pfarrkirche 61

Padua 264
Pairis
  Zisterzienserkloster 73, 74, 76, 77, 81
Paris 75, 78, 81–83, 85
  Sainte Chapelle 94, 96, 182
  Saint-Cloud 279
  Notre Dame, Kathedrale 41, 276–279
  Saint-Germain-des-Prés 96
  Ecole des Beaux-Arts 184
  Hôtel Dieu 279
  Louvre 225, 227, 228
  Palais de Justice 279
Pegau
  Kloster 66
Perugia 261
  Kloster S. Domenico 118
  Galleria Nazionale dell'Umbria 118
Pfäfers
  Kloster 82
Pirna 240
Pisa
  Dom 227
  S. Francesco 118
Pontigny
  Zisterzienserabtei 72, 75, 83
Potsdam 10
Prag 254
  Veitsdom 198
  Nationalgalerie 227
Prüfening
  Klosterkirche 106

Quedlinburg
  Stiftskirche St. Servatius 37, 38, 64, 65

Rätha
  Kirche 61
Ravenna 102
Regensburg 130–140
  Dom 130, 133, 134, 136, 139, 268
  Minoritenkirche 134, 135, 138, 139
  Werkstatt 268
Reichenau
  Benediktinerkirche 38, 75, 78, 81, 82
Reims 97
  Kathedrale Notre Dame 42, 45, 48, 49, 90, 91, 95–97

Abtei Saint-Remi 41, 48, 49, 284
Reutlingen
  Marienkirche 198
Rheinau
  Kloster 82
Rochlitz
  Stadtkirche 61
Rohr 27–33
  Michaelskirche 27, 29, 31–33
Rom 27, 261, 270
  Petersdom 38
  Santa Maria Maggiore 227
Rouen
  Abtei von Saint-Quen 41
Ruvigliana 118

Salem
  Zisterzienserkloster 73–77, 81, 82, 86
Salmansweiler 73
Salzburg 81, 210, 215, 271
Salzwedel 144
Sandomierz 116
San Francisco
  Museen für Bildende Künste 190, 217 bis 221
Saverne (Zabern)
  Pfarrkirche 203, 205
Schermerhorn
  Reformierte Kirche 287
Schildau
  Stadtkirche (»Basilika«) 62
Schlettstadt (Sélestat)
  Sankt Fides 66
  Georgskirche 203, 206
Schneeberg
  Wolfgangskirche 241, 242
Schwartzenbroich, Kloster 220
Schweizzers
  Pfarrkirche 112
Seligenstadt
  Kirche 32, 33
Semur-en-Auxois
  Notre Dame 176
Senlis
  Kathedrale 49
Senones
  Marienkirche 89
Sens 83
  Benediktinerkloster Sainte Colombe 83
Settingen
  Pfarrkirche 203, 205, 206
Siena 117, 119
  Opera del Duomo 118
  Santuario della Madonna della Grotta 117, 118
  Pinakothek 118
Sieradz 116
Soest
  St. Patroklus 31, 106
Soissons
  Kathedrale 41–49
Speyer
  Dom 37
Staufberg bei Lenzberg 203
Steinbach
  Einhardsbasilika 32

Stendal
    Jakobikirche 144
    St. Denis 103
    St. Lamprecht 215
    St. Michael 115
Steyr
    Pfarrkirche 115, 119
Strasbourg (Straßburg) 137, 202, 203, 206
    Münster 41, 86, 93, 95, 96, 115, 125, 130, 137, 196, 197
    Alt-Sankt Peter 203
    Dominikanerkirche 128, 203
    Thomaskirche 93
    Muséé de l'Oeuvre de Notre Dame (Frauenhaus-Museum) 125, 203
Stuttgart
    Bibliothek (Landesbibliothek) 78, 81, 82
    Wilhelma 268
Suhl 11

Tambach siehe Dambach
Tamsweg siehe Leonhard, St.
Taufers (Müstairtal) 106
Tennenbach i. Br.
    Zisterzienserkloster 86
Thann
    Saint Thiebaut (Theobaldkirche) 185, 187–190, 203–205
Torgau
    Marienkirche 62
    Schloß Hartenfels mit Kapelle 233 bis 245
Torino (Turin) 173
Torun (Thorn) Restaurierungswerkstatt für Glasmalerei 114

Toul
    Kathedrale 90, 93, 96
Trier
    Dom 89
    Liebfrauenkirche (Stiftskirche des Domkapitels) 88–99
    Stephanuskapelle 89
    Bischofshof 88
    Pfarrkirche St. Laurentius 92
Troyes
    Kathedrale 41, 284
    Bibliothek 72, 83, 85

Ulm 262, 272
    Münster 196, 206

Veere 288
Venedig 223
    San Marco 101
    Fondazione Giorgio Cini 118
Vessra
    Prämonstratenserklosterkirche 10
Villach 210
Vreden
    Stiftskirche 33

Waldenburg
    Stadtkirche 63, 64
    Burg 63
Waldensburg 111
Washington
    National Gallery 168, 173
Wechselburg
    Stiftskirche 10, 63, 66, 68
Weida
    St. Maria zur Wieden 62
Weingarten
    Kloster 78, 81

Weißenburg
    Abteikirche 78, 196
Weißensee
    Nikolaikirche 62
Weißenstein 112
Werden, Ruhr 32, 33
Wernigerode 147
Wettingen
    Zisterzienserkloster 86
Wien 210, 214, 215
    Albertina 227
Wiener Neustadt 117, 215
Windsor Castle
    Royal Library 225, 227
Wittenberg
    Allerheiligenstift 242
    Schloßkapelle 241, 242
Worms
    Dom 66
Würzburg 27

Xanten
    Dom 219

Yale 118
    Labern 203, 205

Zagreb
    Kathedrale 268
Zeitz 38
Zofingen
    Moritzkirche 203
Zürich
    Sammlung Huber 190
Zwickau 62
    Stadtkirche 62, 63
    Katharinenkirche 62

Ikonographie

Aaron 228
Abel (und Kain) 135
Abendmahl s. Christuszyklen
Abraham, Gestalt des Alten Testaments 112
Adam (und Eva) 42, 125, 146, 219, 276
Adler 157, 167
Albrecht II., deutscher König 212
Albrecht III. von Habsburg 212
Allegorie (unter anderem: Academia, Ackerbau, Astronomia, Beistand, Caritas, Elemente, Erdteile, Freundschaft, Geiz, Jahreszeiten, Künste, Liebe, Monate, Muse, Tageszeiten, Temperamente, Tugendhafte Verrichtung, Wissenschaften) 261–266
Altes Testament 97, 170, 172, 228
Anbetung der Könige s. Christuszyklen
Andachtsbild 23
Andreas, Apostel 232
Anna, Mutter der Maria 118
Anna Selbdritt 222, 227, 228
–, Apokalypse 206
–, Apokalyptische Buchstaben 21, 22
–, Apokalyptische Jungfrau 190
Apostel 15, 22, 44, 47, 48, 49, 111, 127, 134, 190, 199, 202, 203, 205, 206, 230, 232
Arbor Jesse s. Wurzel Jesse
Arma Christi 23
Auferstehung Christi s. Christuszyklen
Augustinus, Bischof von Hippo, Heiliger 72, 109, 110, 114, 116, 117, 119, 120, 179
Augustus, römischer Kaiser 167 (mit der Sibylle von Tibur)

Balthasar, heiliger König 158
Barbara, heilige Märtyrerin 111, 250, 252
Bartholomäus, Apostel 221
Benedikt von Nursia, Heiliger 115, 146
Bernhard von Clairaux, Heiliger 115, 146
Berry, Jean de 212
Bettler 168, 188
Bibelfenster 94, 95, 206
Biblische Szenen 134, 206
Bildfenster 166–179, 182, 183
Biulfus, Bischof von Straßbourg 115
Brudermord 135

Caspar, einer der heiligen 3 Könige 158
Charles V., König von Frankreich 212
Cherubim 173
Chlotar II., König des Frankenreiches 107
Christophorus, Heiliger 92
Christus 15, 21, 22, 23, 48, 78, 115, 116, 117, 118, 119, 125, 127, 144, 150, 158, 166, 170, 171, 172, 173, 200, 202, 206, 210, 212, 218, 219, 228, 230, 232, 251, 252, 268, 271, 274, 276
Christus vor Pilatus s. Christuszyklen
Christuszyklen 15, 19, 78, 97, 134, 177, 190
–, Anbetung der Könige 109, 158, 212, 226, 228
–, Darbietung im Tempel 107, 168, 170, 175, 176, 179
–, Taufe 17
–, öffentliches Wirken 204
–, Einzug in Jerusalem 110
–, Abendmahl 17, 228
–, Ölberg 17
–, Passion 17, 112, 138, 199, 200, 203, 206, 207, 227
–, Judaskuß 111
–, Christus vor Pilatus 110
–, Geißelung 110, 204
–, Kreuztragung 110
–, Kreuzigung 17, 23, 95, 114, 125, 127, 182, 190, 199, 200, 202, 203, 206, 221
–, Kreuzabnahme 15, 17, 222, 223
–, Grablegung 17, 110, 200
–, Auferstehung 106, 109, 110, 199, 200, 202, 276
–, Epiphanie 158
–, Himmelfahrt 17, 134, 228
–, Verklärung 15, 20
–, Parusie 158
–, Jüngstes Gericht 42, 49, 78, 158
Concordia veteris et novi Testamenti 17
Credozyklus 111, 203
Cuno von Piermont 190
Cupido, Liebesgott 254
Czarny, Leszek, Fürst (vor dem hl. Stanislaus bei der Eucharistiefeier) 116

Dämon 187
Darbringung im Tempel s. Christuszyklen
David, König des Alten Testament 203, 204
Diakon 225
Donator s. Stifter
Doppeladler 157, 167
Drachen 81, 217
Drei Könige, Heilige 158, 228
Drôlerie 166

Einzug Christi in Jerusalem s. Christuszyklen
Elias, Gestalt des Alten Testaments 15
Elisabeth von Ungarn, Heilige 184
Emblem eines Stifters 179, 220
Engel 15, 22, 138, 158, 185, 200, 202, 204, 205, 218, 225, 227, 228, 247, 248, 250, 252, 276, 286
–, Erzengel 22, 225, 227
–, Gabriel 158, 162, 225, 226, 227
–, Michael 190
Epiphanie s. Christuszyklen
Ernst der Eiserne, österreichischer Erzherzog 212
Erzengel s. Engel
Eucharistie 116, 228
Eva s. Adam
Evangelisten 22, 249
Evangelistensymbole 22, 127

Fensterbild im Bild (u. a. figurale und ornamentale Fenster) s. Bildfenster
Folterknecht 135

Franziskus von Assisi, Ordensgründer 107, 109, 115, 134, 190
Friedrich IV. von Tirol 212

Gabriel s. Engel
Garten der Lüste 230
Garten Eden (Paradies) 230
Gebote, Zehn 184, 185, 187, 188, 189, 190, 203, 204
Geißelung Christi s. Christuszyklen
Genesis (Schöpfungsgeschichte) 112, 203
Georg, heiliger Ritter und Märtyrer 190, 217, 218, 219, 220
Gereon, römischer Krieger, Heiliger 217, 220
Gerhard, Gründer des Johanniterordens 182
Gesteine (u. a. Achat, Alabaster, Granit, Jaspis, Marmor, Onyx, Porphyr) 101 bis 112
Gnadenstuhl 219
Götter 222
Götzendiener 187
Golgathahügel 125
Gottvater 15, 185, 227, 228
Grablegung Christi s. Christuszyklen
Gregor der Große, Papst 115, 179
Gregormesse (Vision Gregors d. Gr.) 175, 179

Händler 204
Hauptmann, römischer 190
Heiliger Geist 17
Heinrich, Abt von Admont 115
Heliodorus, Tempelräuber 286
Henker, Henkersknecht 202, 204, 206
Hesekiel, Prophet 43, 44, 45, 47, 49
Himmelfahrt Christi s. Christuszyklen
Himmelfahrt Mariae s. Marienleben
Himmelskönigin 211
Hodegetria 118
Hostienmühle 210, 249
Hubert von Lüttich, Heiliger 179
Hyazinthus, heiliger 116

Iconologia 261–266
Isaaks Opferung 172

Jakobs Traum 15, 112
Jakobus, Apostel
–, der Ältere 162, 182, 219, 220
–, der Jüngere 271
Jeanne de Bourgogne 212
Jerusalem, himmlisches 15
Jesaja, Prophet 227
Jesse, Stammvater Christi 182
Jesus s. Christus
Johanna von Navarra 212
Johanna von Pfirt 212
Johannes, Apostel 125, 127, 128, 162, 190, 200, 202, 205, 271
Johannes der Täufer 22, 162, 251
Joseph, Gestalt des Alten Testaments 112

Judas, Apostel 271
Judaskuß s. Christuszyklen
Jünger Jesu 268, 271, 274
Jüngstes Gericht s. Christuszyklen
Jungfrauen, kluge und törichte 116, 276

Kain (und Abel), Brüderpaar des Alten Testaments 135
Kaiserdarstellung 184, 249, 252
Katharina von Alexandrien, Märtyrerin 112, 135, 138, 206, 220
Kirchenvater 22, 48, 49
Krebs 250
Kreuz 125, 204, 142, 143
–, Kruzifixus 142–153, 200
–, Triumphkreuz 144, 149
Kreuzabnahme s. Christuszyklen
Kreuzigung Christi s. Christuszyklen
Kreuztragung Christi s. Christuszyklen
Krönung Mariae s. Marienleben
Kruzifixus s. Kreuz
Kunibert, Bischof von Köln, Heiliger 107

Ladislaus Postumus, König von Ungarn und Böhmen, Herzog von Österreich 212
Lamm Gottes, Symbol Christi 19, 23, 127
Laster 138
Lazarus, Gestalt des Neuen Testaments 109
Leonhard von Noblac, Benediktinerabt 210
Leopold, österreichischer Herzog 115
Lilie 184
Liudger, Heiliger 32
Löwe 83, 157
Longinus, römischer Hauptmann, Gestalt des Neuen Testaments 190
Lukas, Evangelist 166, 179
Luna (und Sol) 22, 23, 173

Märtyrer 199, 205, 276
Magier s. Heilige Drei Könige
Maiestas Domini 22, 78
Marcellus, Papst 32, 206
Maria 1, 4, 6, 7, 9, 42, 43, 114, 117, 118, 119, 123, 125, 127, 128, 158, 162, 167, 170, 175, 183, 184, 188, 190, 200, 203, 205, 210, 211, 215, 219, 220, 222–228, 250, 251, 252
–, s. auch Himmelskönigin, Hodegetria
Maria Magdalena 17, 205, 219

Marien, drei Trauernde des Neuen Testaments 190
Marienleben 42, 78, 177, 203
–, Verkündigung 158, 171, 173, 177, 179, 223, 225, 226, 227, 228
–, Vermählung 175
–, Himmelfahrt 222
–, Krönung 137, 190
Martin, Bischof von Tour, Heiliger 168, 179, 204, 229
Martyrien 202, 205
Matthäus, Evangelist 158, 228
Matthias, Apostel 199, 200, 202, 204, 205, 206
Mauritius, Heiliger Ritter und Märtyrer 220
Melchior, heiliger König 158
Meßfeier 187, 212
Messias s. Christus
Michael s. Engel
Moses 15, 106, 158, 166, 172, 179, 184, 187, 228, 249
Mutter Gottes s. Maria

Nikolaus, Bischof von Myra, Heiliger 116, 127
Norbert von Xanten, Ordensgründer 182

öffentliches Wirken s. Christuszyklen
Ölberg s. Christuszyklen
Offenbarung 21

Pantokrator s. Christus
Paradies
-brunnen 230
-garten 203
–, irdisches 12
Parusie s. Christuszyklen
Passahmahl 109
Passion Christi s. Christuszyklen
Paulus, Apostel 45, 46, 127, 173, 230, 232
Petrus, Apostel 32, 127, 162, 173, 230, 271
Pilatus, römischer Stadthalter 111, 199
Propheten 15, 20, 22, 43, 44, 47, 48, 162, 171, 232

Quirinus, Heiliger 190

Ritter der thebäischen Legion 218, 221
Ritter, zehntausend 206
Rosenkranz 187
Rosenkranzmadonna 227

Rudolf IV. von Habsburg 212

Salomonis, Thron 15
Schächer, gekreuzigter 137
Schlange, eherne 9, 10, 11, 96, 97, 106
Schmerzensmann 22, 158
Schmerzensmutter 227
Schöpfung 22, 170
Sibylle von Tibur (und Kaiser Augustus) 167
Siegmund, Sohn Friedrichs IV. von Tirol 212
Simson, Held des Alten Testaments 228
Sol s. Luna
Stammbaum Christi 42, 49
Stanislaus, polnischer Heiliger 114, 115, 116, 117, 119, 121
Stephanus, heiliger Diakon 85, 93, 95, 97
Stifter (Donator) 138, 167, 168, 179, 182, 184, 190, 206, 210, 211, 212, 213, 215, 217, 246, 248, 250, 258, 268
Strahlenkranzmadonna s. Maria
Sündenfall 41, 42, 49
Sylvester, heiliger Papst 127

Taufe Christi s. Christuszyklen
Teufel 188, 190
Theobald, heiliger Einsiedler 206
Thomas, Apostel 48
Thron Salomonis 15
Thuribulum (Weihrauchgefäß) 228
Totenmesse 173
Trinitätssymbol 228
Triumphkreuz s. Kreuz
Typologie 17, 97, 134, 166

Ursula, heilige Märtyrerin 218, 220, 221

Venus 254
Verena, Schweizer Heilige 138
Verklärung Christi s. Christuszyklen
Verkündigung an Maria s. Marienleben
Vermählung Mariae s. Marienleben
Virginal 287

Wappen 130, 157, 162, 168, 178, 179, 199, 210, 211, 230, 246, 248, 250ff., 254, 288
Weihrauchgefäß als Symbol des Leibes Christi 225–228
Weltenherrscher s. Christus
Wilhelm, Herzog von Österreich und seine Gemahlin 212
Wurzel Jesse 78, 97, 109, 175, 182, 190

Abbildungsnachweis

Bacher, E.: Glasmalerei, Wandmalerei und Architektur. Zur Frage von Autonomie und Zusammenhang der Kunstgattungen im Mittelalter
Bildarchiv der Österreichischen Nationalbibliothek 7, 10, Bundesdenkmalamt Wien 3, 5, 6, 8, 9, 11–16, Hartwagner, S., Klagenfurt 1, 2

Leopold, G.: Zur frühen Baugeschichte der Michaelskirche in Rohr. Ein Vorbericht
Institut für Denkmalpflege, Arbeitsstelle Halle 7, Koch, A. 3, Produktionsleitung Denkmalpflege, Abt. Meßbild Erfurt 2, Ruszwurm, P. 1, Verfasser 4–6, Umzeichnungen von Ingrid Kube

Schubert, E.: Magdeburg statt Memleben?
Institut für Denkmalpflege, Arbeitsstelle Halle 1–4

Caviness, M.: Rekonstruktion der Hochchorfenster in der Kathedrale von Soissons. Ein Spiel des Zusammensetzens
Glencairn Museum 9, 5, Muratova 4, 3, S.P.A.D.E.M. 1, 2, 6, 10, Walther's Art Gallery Baltimore 8, 7

Magirius, H.: Der romanische Vorgängerbau der St.-Bartholomäi-Kirche in Altenburg und seine Krypta. Ergebnisse archäologischer Untersuchungen der Jahre 1981–1982
Institut für Denkmalpflege, Arbeitsstelle Dresden 2, 7, 9–14, 17, 18, (Rabich), Kavacs, G. (Plan) 4–6, 8, 15, 16 Sächsische Landesbibliothek Dresden, Abt. Deutsche Fotothek 1, (Richter) 3, (Walther)

Beer, E.: Zur Buchmalerei der Zisterzienser im oberdeutschen Gebiet im 12. und 13. Jahrhundert
Badische Landesbibliothek Karlsruhe 11–16, 22, Bayerische Staatsbibliothek München 17, Bibliothèque municipale 7, 8, Universitätsbibliothek Freiburg i. Br. 9, 10, Universitätsbibliothek Heidelberg 5, 6, Verfasser 1, 2, 4, 18–21

Becksmann, R.: Die ehemalige Farbverglasung der Trierer Liebfrauenkirche. Ein frühes Werk deutscher Hochgotik
ACL Brüssel 9, Bredol-Lepper, A., Aachen 12, CVMA Bundesrepublik Deutschland, Freiburg i. Br. 1, 3, 4 (Repros), 6, 8 (Wohlrabe, R.), 10 (Archiv), Rheinisches Bildarchiv Köln 11, Rheinisches Landesmuseum Trier 2 (Thörrig, H.), Städtisches Museum Trier 5, Victoria and Albert Museum London 7

Möller, R.: Steinstrukturbilder in Bauwesen, Wand- und Glasbilder in der Spätromanik und Gotik. Ihre Verwendung und Bedeutung in der mitteldeutschen Glasmalerei.
Institut für Denkmalpflege Berlin 13 (Richter, Ch.), Sächsische Landesbibliothek Dresden, Abt. Deutsche Fotothek 8, 9, VEB Denkmalpflege Erfurt 11, 12 (Richter, A.), Verfasser 1–4, 6, 7

Kalinowski, L.: Die ältesten Glasgemälde der Dominikanerkirche in Krakau
Nach Deuchler 5, nach Frodl-Kraft 7, Michta, St. 8–13, Reproduktion aus: Die Kunst der frühen Habsburger 2, nach Stubblebine, L.H. 4, 6, nach Wentzel, H. 1, 3

Beyer, V.: Die Chorverglasung der Sebastianskapelle in Dambach (Elsaß)
Direction régionale de'l Inventaire géneral, Strasbourg Cl Nr. 87, 67, 2203, 87. 67. 2204: 1, 2, Verfasser 3

Laipple, G.: »Hainraich der Menger, Bürger zu Regensburg«. Beobachtungen zu Organisation und Arbeitsweise einer Glasmalereiwerkstatt im letzten Drittel des 14. Jahrhunderts
CVMA Bundesrepublik Deutschland, Freiburg i. Br. 1–14

Voss, J.: Der Standort des Kreuzaltars in der ehemaligen Zisterzienser-Klosterkirche zu Doberan

Bötefür, A., Schwerin 1, 15, Institut für Denkmalpflege, Arbeitsstelle Halle 5 (Rüger, R.), Institut für Denkmalpflege, Arbeitsstelle Schwerin 3, 7, 11 (Helms, Th.), 10, 13, 14 (Spiller, W.), Sächsische Landesbibliothek Dresden, Abt. Deutsche Fotothek 3 (Beckmann), Universität Heidelberg, Kunsthistorisches Institut 4, 8, Verfasser 2, 6, 9, 12

Badstübner, E.: Das nördliche Querhausportal der Marienkirche in Frankfurt an der Oder
Hartmetz, R., Frankfurt/O. 2, Institut für Denkmalpflege, Abt. Meßbildarchiv 1, 3–13

Frodl-Kraft, E.: Das Bildfenster im Bild. Glasmalereien in den Interieurs der frühen Niederländer
Alte Pinakothek München 5, Institut Royal du Patrimoine Artistique, A.C.L., Brüssel 1–3, 6, 15, Kunsthistorisches Institut der Universität Wien, (Archiv) 4, 7, 8, 12, 13, Sächsische Landesbibliothek Dresden, Abt. Deutsche Fotothek 9, 10, The Cloisters Collection, Metropolitan Museum of Art New York 14, 16, Verfasser 11

Hayward, J.: Neue Funde zur Glasmalerei aus der Karmeliterkirche zu Bobbard am Rhein
Burrell Collection 5, 8, Hearst 1, 2, Leland Cook 6, 7, 9, 10, Schnütgen-Museum 4, Verfasser 3

Kurmann, P.; Kurmann-Schwarz, B.: Die Architektur und die frühe Glasmalerei des Berner Münsters in ihrem Verhältnis zu elsässischen Vorbildern
CVMA Bundesrepublik Deutschland, Freiburg i. Br. 10–12, Hesse, M. 7–9 (Reproduktion aus: Kunstdenkmäler des Kantons Bern), Hilbich, M. 3–5, Verfasser 1, 2, 6, 13

Oberhaidacher-Herzig, E.: Ein Stifterdiptychon in einem Fenster von St. Leonhard ob Tamsweg
Bundesdenkmalamt Wien 1, Reproduktion aus: Katalog Musik im mittelalterlichen Wien, Historisches Museum 1986/87, S. 115: 4 Reproduktion aus: M. Meiss, French Painting in the Time of Jean de Berry, The late fourteenth century and the patronage of the Duke, Bd. 2 (plate volume), London 1967, Abb. 116 u. 187: 2, 5, Reproduktionen aus: M. Thomas, Buchmalerei aus der Zeit des Jean de Berry, München 1979, Abb. 23: 6, Universität Wien, Institut für Kunstgeschichte, 3

Raguin, V.: Der heilige Gereon aus Köln in San Francisco
Hessisches Landesmuseum Darmstadt 2, 3, Landauer, J. 1 (Geschenk an The Fine Museums Arts of San Francisco), Rheinisches Bildarchiv (Nr. 186 048 und Nr. 184 978) 4, 5

Ullmann, E.: Der Altar Leonardo da Vincis für SS. Annunziata in Florenz
Verfasser 1–3

Neumann, H.: Die Ausmalung von St. Martin in Kroppenstedt
Institut für Denkmalpflege, Arbeitsstelle Halle 1–4 (Dehnung)

Krause, H.-J.: Die Emporenanlage der Torgauer Schloßkapelle in ihrer ursprünglichen Gestalt und Funktion
Institut für Denkmalpflege, Arbeitsstelle Dresden 3, 4, 11, 12, Verfasser 1, 2, 5–10, 13, 14 (Tuscheausführung der Zeichnungen zu Abb. 9 und 10 durch Ernst Wipprecht, Berlin)

Frenzel, G.: Zwei monumentale Nürnberger Fensterschöpfungen des Amalisten und Glasmalers Jacob Sprüngli aus Zürich
Institut für Glasgemäldeforschung und Restaurierung Nürnberg 1–12 (Frenzel, G.)

Badstübner-Gröger, S.: Bemerkungen zur deutschen Ausgabe von Cesare Ripas »Iconologia« aus den Jahren 1669–1670
Sächsische Landesbibliothek Dresden, Abt. Deutsche Foto-

thek 1–5 (nach einem Exemplar der Sächs. Landesbibliothek, Abzüge von Martin Dettloff, Berlin)

Vaassen, E.; Treeck, P. van: Ein Fenster für St. Katharinen in Hamburg aus der königlichen Glasmalereianstalt Ainmilters in München vom Jahre 1854
Hamburger Kunsthalle 5, Staatliche Landesbibliothek Hamburg 1, Verfasser 2–4

Prache, A.: Le Corbusiers Begegnung mit Notre-Dame in Paris
Caisse Nationale des Monuments Historiques et des Setes. Service Photographigue 1, Paris 56-P-741; MH 55. 356 Nr. 3745 : 1, 2

Bettembourg, J.-M.: Die Konservierung alter Glasmalereien. Forschungen am Laboratoire de Recherche des Monuments Historiques Laboratoire 77 420 Château de Champs-sur-Marne Nr. 85 708, 11 161, 11 169, 6728, 6729, 6757, 6759, 85 657, 85 664, 6291, 87 149, 87 148 : 1–12

Janse, H.: Bleiverglasungsmuster in den Niederlanden und das Glaserhandwerk
Reproduktion eines Stiches von Jan Luyken 1, Rijksdienst voor de Monumentenzorg, Broederplein 41, 3703 CD Zeist: 17, 20, Verfasser 2–16, 18, 19

Crêvecoeur, R.; Jütte, B.; Melse, E.: Die Spectramap in der Konservierungswissenschaft. Mehrdimensionale Datenanalyse einiger Meßdaten zur Glasmalerei von Gouda
Verfasser 1–4